ZPO
Überblick über das FamFG

2020

Günter Marschollek
Vorsitzender Richter am Landesarbeitsgericht

ALPMANN UND SCHMIDT Juristische Lehrgänge Verlagsges. mbH & Co. KG
48143 Münster, Alter Fischmarkt 8, 48001 Postfach 1169, Telefon (0251) 98109-0
AS-Online: www.alpmann-schmidt.de

Zitiervorschlag: Marschollek, ZPO, Rn.

Marschollek, Günter
ZPO
Überblick über das FamFG
23. Auflage 2020
ISBN: 978-3-86752-737-8

Verlag Alpmann und Schmidt Juristische Lehrgänge
Verlagsgesellschaft mbH & Co. KG, Münster

Unterstützen Sie uns bei der Weiterentwicklung unserer Produkte.
Wir freuen uns über Anregungen, Wünsche, Lob oder Kritik an:
feedback@alpmann-schmidt.de.

INHALTSVERZEICHNIS

LITERATURVERZEICHNIS

Verweise in den Fußnoten auf „RÜ" und „RÜ2" beziehen sich auf die Ausbildungszeitschriften von Alpmann Schmidt. Dort werden Urteile so dargestellt, wie sie in den Examensklausuren geprüft werden: in der RechtsprechungsÜbersicht als Gutachten und in der Rechtsprechungs-Übersicht 2 als Urteil/Behördenbescheid/Anwaltsschriftsatz etc.

RÜ-Leser wussten mehr: Immer wieder orientieren sich Examensklausuren an Gerichtsentscheidungen, die zuvor in der RÜ klausurmäßig aufbereitet wurden. Die aktuellsten RÜ-Treffer aus ganz Deutschland finden Sie auf unserer Homepage.

Abonnenten haben Zugriff auf unser digitales RÜ-Archiv.

des wichtigsten – meist abgekürzt zitierten – Schrifttums zum Zivilprozessrecht (Erkenntnisverfahren und Vollstreckungsrecht)

Alternativkommentar ZPO	1987 (zitiert: AK-ZPO-Bearbeiter)
Baumbach/Lauterbach	Baumbach/Lauterbach/Hartmann/Anders/Gehle, Zivilprozessordnung, 78. Auflage 2020 (zitiert: BL/Bearbeiter)
Baur/Stürner/Bruns	Zwangsvollstreckungsrecht, 13. Auflage 2006
Blomeyer	Zivilprozessrecht – Erkenntnisverfahren –, 2. Auflage 1985
Brox/Walker	Zwangsvollstreckungsrecht, 11. Auflage 2018
Gaul/Schilken/Becker-Eberhard	Zwangsvollstreckungsrecht, 12. Auflage 2010 (zitiert: GS/Bearbeiter)
Gottwald	Insolvenzrechts-Handbuch, 5. Auflage 2015 (zitiert: Gottwald/Bearbeiter)
Hk-ZPO	Saenger (Hrsg.), Zivilprozessordnung, 8. Auflage 2019 (zitiert: Hk-ZPO/Bearbeiter)
Jauernig/Hess	Zivilprozessrecht, 30. Auflage 2011
Jauernig/Berger	Zwangsvollstreckungs- und Insolvenzrecht, 23. Auflage 2010
Lüke, Wolfgang	Zivilprozessrecht, 11. Auflage 2020 (zitiert: Lüke ZPR)
Lüke/Hau	Zwangsvollstreckungsrecht, 3. Auflage 2008

Münchener Kommentar	Münchener Kommentar zur Zivilprozessordnung, Band I: 6. Auflage 2020, Band II: 5. Auflage 2016, Band III: 5. Auflage 2017, FamFG, Band I: 3. Auflage 2018, Band II, 3. Auflage 2019 (zitiert: MK/Bearbeiter)
Musielak/Voit	Kommentar zur Zivilprozessordnung, 17. Auflage 2020 (zitiert: MV/Bearbeiter)
Musielak/Voit	Grundkurs ZPO, 14. Auflage 2018 (zitiert: Musielak/Voit)
Musielak/Stadler	Grundfragen des Beweisrechts, 1984
Prütting/Gehrlein	ZPO Kommentar, 11. Auflage 2019 (zitiert: PG/Bearbeiter)
Prütting/Stickelbrock	Zwangsvollstreckungsrecht, 2002
Palandt	Bürgerliches Gesetzbuch 79. Auflage 2020 (zitiert: Palandt/Bearbeiter)
Rosenberg/Schwab/Gottwald	Zivilprozessrecht, 18. Auflage 2018 (zitiert: RS/Gottwald)
Schellhammer	Zivilprozess, 15. Auflage 2016
Schilken	Zivilprozessrecht, 7. Auflage 2014 (zitiert: Schilken)
Schuschke/Walker/Kessen/Thole	Vollstreckung und Vorläufiger Rechtsschutz, 7. Auflage 2020 (zitiert: Schuschke/Bearbeiter)
Stein/Jonas	Kommentar zur Zivilprozessordnung, 22. Auflage ab 2002 und 23. Auflage ab 2014 (zitiert: StJ/Bearbeiter)
Stöber	Zwangsversteigerungsgesetz, 22. Auflage 2019
Thomas/Putzo	Zivilprozessordnung, 41. Auflage 2020 (zitiert: ThP/Bearbeiter)
Uhlenbruck	Insolvenzordnung, 15. Auflage 2019 (zitiert: Uhlenbruck/Bearbeiter)
Wieczorek	Zivilprozessordnung, 4. Auflage ab 2013 (zitiert: Wieczorek bzw. Wieczorek/Bearbeiter)
Zöller	Zivilprozessordnung, 33. Auflage 2020 (zitiert: Zöller/Bearbeiter)

1. Teil: Das Erkenntnisverfahren

1. Abschnitt: Einführung

A. Justizmonopol des Staates – Justizgewährungspflicht

I. In einer funktionierenden Rechtsordnung genügt es nicht, dass Rechte objektiv beste-   1
hen. Sie müssen für den Rechtsinhaber für den Fall, dass sie nicht freiwillig erfüllt werden, auch durchsetzbar sein, weil sie sonst weitgehend wertlos wären. Das ursprüngliche Mittel der Rechtsdurchsetzung war bei den primitiven Völkern die Selbstjustiz, also
die eigenmächtige Durchsetzung eines Rechts, u.U. mit Hilfe der Sippe und notfalls mit
Gewalt. Dies hatte zur Folge, dass oft nur derjenige, der die Macht hatte, also den
„Kampf um das Recht" gewonnen hatte, im Ergebnis auch im „Recht" war. Ein solches
„Recht des Stärkeren", das nicht immer der objektiven Rechtslage entsprach, ist für eine
zivilisierte Völkergemeinschaft nicht akzeptabel. Eine Selbstjustiz ist daher im Interesse
des Rechtsfriedens grds. verboten. Der moderne Staat nimmt die Wahrung und Durchsetzung der Rechtsordnung selbst in die Hand und damit das **Justizmonopol** (Rechts-
pflegemonopol) für sich in Anspruch.

Wenn der wirksam gekündigte Mieter nicht freiwillig auszieht, darf der Vermieter die Wohnung nicht
eigenmächtig ausräumen. Vielmehr muss er zunächst gegen den Mieter vor Gericht auf Räumung klagen und kann erst aus einem zusprechenden Urteil (Vollstreckungstitel) ebenfalls durch staatliche Organe (Gerichtsvollzieher) die Räumung der Wohnung vollstrecken lassen.[1]

Der Verletzte einer Straftat hat zwar das Recht zur Notwehr und vorläufigen Festnahme des Täters
(§ 127 StPO), darf aber den Täter nicht selbst bestrafen (auch nicht bei „handhafter" Tat, wie im germa-
nischen Recht). Die Bestrafung ist allein Sache des Staates. Der Verletzte kann nur auf sie hinwirken
(Strafanzeige, Klageerzwingungsverfahren, Nebenklage, Privatklage), nicht aber sie vollstrecken.

Ausnahmsweise Gestattung eigenmächtigen Tätigwerdens im Zivilrecht: Notwehr (§ 227 BGB), Not-
stand (§§ 228, 904 BGB), Selbsthilfe (§§ 229 ff. BGB), Besitzschutz (§§ 859 ff. BGB).

II. Aus dem Justizmonopol folgt – korrespondierend – die Pflicht des Staates gegenüber   2
dem Einzelnen zur Justizgewährung. Der Einzelne hat also einen Anspruch darauf, dass
der Staat eine Rechtsordnung schafft, die es ihm ermöglicht, „sein Recht" in einem Verfahren vor einem Gericht in einem Gerichtsprozess durchzusetzen.

1. Die **Justizgewährungspflicht** ist öffentlich-rechtlicher Natur. Sie bedeutet die Pflicht
des Staates, Rechtspflegeorgane (Gerichte) zu schaffen und ein wirkungsvolles rechts-
staatliches Verfahren zu gewähren.[2]

2. Aus dieser Pflicht folgt ein subjektiv-öffentliches Recht des Einzelnen gegen den Staat
dahin, dass die um Rechtsschutz angegangenen Rechtspflegeorgane nach Maßgabe
der jeweiligen Verfahrensordnungen in angemessener Zeit tätig werden (**Justizgewäh-
rungsanspruch**, gerichtet auf einen **effektiven Rechtsschutz**).[3]

Ableitung: **Rechtsstaatsprinzip** (u.a. Art. 19 Abs. 4, 20 Abs. 3, 101, 103 GG), Art. 6 Abs. 1 EMRK.

---

1 BGH RÜ 2010, 619 zur verschuldensunabhängigen Haftung des Vermieters bei eigenmächtiger Wohnungsräumung.
2 BVerfG NStZ-RR 2020, 51; BVerfG, Beschl. v. 04.07.2017 – 2 BvR 2157/15 BeckRS 2017, 117816; BVerfG NJW 2002, 2227.
3 BVerfG JA 2020, 157 m. Anm. Muckel; BVerfG NJW 2019, 3137; BVerfG NJW 2019, 1866; BGH, Beschl. v. 18.12.2019 – XII
   ZB 445/18, BeckRS 2019, 36253.

3. Bei einer **Verletzung des Justizgewährungsanspruchs** – (z.B. durch Untätigkeit des angerufenen Gerichts) – kommen für den Betroffenen eine Dienstaufsichtsbeschwerde (§ 26 DRiG), ein Richterablehnungsrecht, Entschädigungsansprüche wegen unverhältnismäßig langer Verfahrensdauer nach vorheriger Verfahrensrüge (§§ 198, 201 GVG),[4] u.U. Amtshaftungsansprüche nach Art. 34 GG, § 839 BGB (vgl. aber Abs. 2 S. 2!)[5] und letztlich nach Rechtswegerschöpfung die Verfassungsbeschwerde (sog. materielle Subsidiarität der Verfassungsbeschwerde) nach Maßgabe der §§ 90 ff. BVerfGG[6] in Betracht.

Nach dem Inkrafttreten des Gesetzes über den Rechtsschutz bei überlangen Gerichtsverfahren und strafrechtlichen Ermittlungsverfahren (§§ 198 ff. GVG, vgl. auch § 173 S. 2 VwGO, § 202 SGG) am 03.12.2011 ist die sog. **Untätigkeitsbeschwerde** entsprechend § 567 ZPO, deren Zulässigkeit schon früher umstritten war, mangels Rechtsschutzbedürfnisses nicht mehr zulässig. Denn mit diesem Gesetz ist der Gesetzgeber dem vom EGMR geforderten Schutz vor überlanger Verfahrensdauer nachgekommen, sodass für eine Untätigkeitsbeschwerde keine gesetzliche Regelungslücke mehr besteht.[7]

3 **III.** Zunehmend wird aber auch eine **außergerichtliche Beilegung zivilrechtlicher Streitigkeiten** angestrebt und ermöglicht.

Gründe u.a.: Vermeidung langdauernder kostenträchtiger Gerichtsverfahren, Stärkung der Eigeninitiative der Streitbeteiligten zur Konfliktlösung, größere Flexibilität hinsichtlich der Lösungsmöglichkeiten, und Entlastung der Gerichte.[8] – Wege:

■ **Selbstständiges Beweisverfahren gemäß § 485 Abs. 2 ZPO** zur Vorwegklärung von Sachverhalten, um so ggf. einen Rechtsstreit zu vermeiden (s. Satz 2!).

■ **Außergerichtliche Schlichtungsstellen,**

die angerufen werden können (nicht müssen): u.a. bei Gemeinden, der Bundesrechtsanwaltskammer (§§ 191 f. BRAO), den Handwerkskammern (§ 91 Abs. 1 Nr. 11 HandwO), Banken (§ 14 UKlaG), Ärztekammern für Arzthaftungsfälle, wettbewerbsrechtliche Einigungsstellen (§ 15 UWG), Ombudsmann für die privat Kranken- und Pflegeversicherten[9] und Verbraucherschlichtungsstellen nach dem zum 01.01.2020 geänderten VerbraucherstreitbeilegungsG (vgl. insb. §§ 29, 30 VSBG zu der neu eingeführten Universalschlichtungsstelle des Bundes), die bei zivilrechtlichen Streitigkeiten aus den meisten Verträgen zwischen Verbrauchern und Unternehmern von dem Verbraucher als Antragsteller mit Zustimmung des Unternehmers angerufen werden können.[10]

■ **Mediation** (aus dem amerikanischen Rechtsbereich stammend):

Versuch der Konfliktparteien, mit Hilfe eines **sachkundigen neutralen Vermittlers – des Mediators – „freiwillig und eigenverantwortlich eine einvernehmliche Lösung ihres Konflikts" zu erreichen** (vgl. § 1 MediationsG), insbesondere durch gemeinsames Erarbeiten von im Interesse beider Parteien liegenden Lösungen („win-win-Lösungen") statt der im Prozess oft nur möglichen „win-loser-Situation", bei dem ein Vorteil für eine Partei einen Nachteil für die andere bedeutet.

Zunehmende Bedeutung, insbes. bei familienrechtlichen Problemen, Arzthaftungsfällen und Konflikten im Bereich der Wirtschaft.[11] – Dabei handelt es sich um eine allgemeine internationale Ent-

---

4 Vgl. dazu Schmidt NZS 2018, 255; Kainz, NZS 2018, 543; Fischer JuS 2015, 797; v. Stein/Brand NZA 2014, 113.

5 Vgl. dazu BVerfG NJW 2013, 3630; BGH JZ 2011, 471 m. Anm. Zuck; Staudinger/Wöstmann § 839 BGB Rn. 36 b.

6 Vgl. dazu BVerfG, Beschl. v. 04.06.2018 – 1 BvR 1928/16, BeckRS 2018, 20230; Vielmeier NJW 2013, 346.

7 Vgl. dazu EGMR NJW 2020, 601; BVerfG NJW 2016, 2018; BGH NJW 2013, 385; ThP/Reichold § 567 Rn. 10.

8 Vgl. dazu Katzenmeier ZZP 115 (2002), 51 ff.

9 Dazu Felix SGb 2015, 241; Brömmelmeyer WM 2012, 337; Griep PflR 2011, 387; Müller VersMed 2008, 161.

10 Dazu BGH NJW 2019, 3588; Althammer/Lohr DRiZ 2017, 354 und zu Änderungen zum 01.01.2020 Greger MDR 2020, 65.

11 Vgl. dazu Spangenberg/Spangenberg FamRB 2020, 122; Prütting ZAP 2018, 335 und Eckstein JuS 2014, 698.

wicklung (alternative dispute resolution, ADR). Das MediationsG dient der Umsetzung der EU-Richtlinie 2008/52/EG v. 20.08.2008 zur Mediation in grenzüberschreitenden Zivil- und Handelssachen.

Eine solche Mediation kann unabhängig von einem Gerichtsverfahren stattfinden („außergerichtliche Mediation"), aber auch vom Gericht zur Beilegung eines bereits anhängigen Gerichtsverfahrens nach § 278 a ZPO vorgeschlagen werden.[12]

■ **Güterichterverfahren nach § 278 Abs. 5 S. 1 ZPO**

Zur Beilegung eines Prozesses kann das Gericht die Parteien für die Güteverhandlung sowie für weitere Güteversuche an einen Güterichter („gerichtsnahe Mediation") verweisen, der aber nicht entscheidungsbefugt ist, sondern nur vermitteln soll.[13] Die Güteverhandlung i.S.d. § 278 Abs. 2 S. 1 ZPO ist damit vor dem erkennenden Gericht, aber auch vor einem besonderen Güterichter zulässig.

■ **Gütestellen i.S.v. § 794 Abs. 1 Nr. 1 ZPO** (u.a. Hamburg, Bayern).[14]

■ **Anwaltsvergleich** (§§ 796 a ff. ZPO, s.u. Rn. 269).

■ Anrufung eines – vereinbarten – **Schiedsgerichts** (§§ 1025 ff. ZPO, s. u. Rn. 373 ff.).

■ **Obligatorisches Schlichtungsverfahren: § 15 a EG ZPO**[15] ermöglicht es den **Bundesländern,** für bestimmte Streitigkeiten – vermögensrechtlich bis 750 € (Amtsgericht), bestimmte Nachbarschafts- und Beleidigungsstreitigkeiten – die Durchführung eines obligatorischen Schlichtungsverfahrens vor Zulässigkeit der Anrufung des Gerichts anzuordnen **(„Schlichten statt Richten").**

Umgesetzt in Bayern, Brandenburg, Hessen, Mecklenburg-Vorpommern, Niedersachsen, NRW, Rhl.-Pfalz, Saarland, Sachsen-Anhalt, Schleswig-Holstein.

B. Begriff und Aufgabe des Zivilprozesses

I. Jeder Prozess, gleichgültig ob Zivil-, Verwaltungs- oder Strafprozess, dient als Institution sowohl dem Rechtsfrieden als auch der Durchsetzung und Bewährung des objektiven Rechts, der Rechtsordnung. Das Zivilprozessrecht regelt das Verfahren, mit dem der Staat seiner Justizgewährungspflicht auf dem Gebiete des **Privatrechts** nachkommt. Während also das (materielle) Privatrecht die Fragen regelt, ob und unter welchen Voraussetzungen dem Einzelnen Rechte und Ansprüche zustehen, regelt das Zivilprozessrecht, unter welchen Voraussetzungen im Einzelnen die geltend gemachten Ansprüche und Rechte vor Gericht erstritten und notfalls zwangsweise durchgesetzt werden können. Die **Problematik des Zivil- und Zivilprozessrechts** lässt sich somit mit den kurzen Begriffen: **„Recht haben, Recht bekommen und Recht durchsetzen"** beschreiben.

4

II. Das Verfahren nach der **Zivilprozessordnung (ZPO)** gilt für die **„bürgerlichen Rechtsstreitigkeiten" i.S.d. § 13 GVG,** d.h. für alle zivilrechtlichen Streitigkeiten von Privatpersonen untereinander und für diejenigen Sachen, die, ohne Zivilsachen zu sein, ausdrücklich den ordentlichen Gerichten zur Entscheidung zugewiesen sind (z.B. Enteignungsentschädigung, Art. 14 Abs. 3 GG) – vgl. näher dazu unten Rn. 160.

---

12 Vgl. zum MediationsG Windau jM 2019, 52; Prütting ZAP 2018, 335; Klose NJ 2018, 12; Saam JR 2015, 163.

13 Dazu Windau jM 2019, 52; Greger/Weber MDR 2019, S1; Prütting ZAP 2018, 335 u. MDR 2016, 965; Natter/Wesche DRiZ 2018, 388; Greger MDR 2017, 1107; Huber JuS 2015, 210; vgl. aber Hirtz NJW 2012, 1686 zu Vorzügen des Zivilprozesses ggü. der außergerichtlichen Streitbeilegung u. Nistler JuS 2020, 419: Güterichterverfahren in der Covid-19-Pandemie.

14 Vgl. Deckenbrock/Jordans MDR 2017, 376; Greger NJW 2011, 1478 mit Übersichten über die einzelnen Landesgesetze.

15 Vgl. BVerfG NJW-RR 2007, 1073: keine Verletzung des Justizgewährungsanspruchs; BGH RÜ2 2018, 145 und ausführlich zum § 15 a EGZPO Stöber JA 2014, 607; Deckenbrock/Jordans MDR 2017, 376 und 2013, 945.

III. Zwar zu den Zivilsachen, aber **nicht** (mehr) zu den bürgerlichen Rechtsstreitigkeiten i.S.d. § 13 GVG gehören die **Familiensachen** und die Angelegenheiten der **freiwilligen Gerichtsbarkeit**. Diese sind im Gesetz über die Verfahren in Familiensachen und in Angelegenheiten der freiwilligen Gerichtsbarkeit **(FamFG)** geregelt: **Für sie gilt daher die ZPO nicht** (unmittelbar). Das FamFG enthält aber zahlreiche Verweisungen auf die ZPO.

Das Verfahren in Familiensachen war bis zum 31.08.2009 im 6. Buch der ZPO, die freiwillige Gerichtsbarkeit im FGG geregelt. Die Neuregelung im FamFG weist trotz der Verweisungen erhebliche Verfahrensunterschiede zur ZPO auf, u.a. in der Einleitung, der Entscheidungsform (nur Beschluss), den Rechtsmitteln (nur Beschwerde), dem Instanzenzug, vgl. näher unten Rn. 570 ff.

Zu den Zivilsachen, aber nicht zu den „bürgerlichen Rechtsstreitigkeiten" i.S.d. § 13 GVG gehören auch die arbeitsrechtlichen Streitigkeiten, für die das Arbeitsgerichtsgesetz gilt (§ 2 ArbGG) und die Arbeitsgerichte zuständig sind. Das ArbGG enthält zwar viele Sonderregelungen, verweist aber im Übrigen in § 46 Abs. 2 ArbGG für das Verfahren in der 1. Instanz, in § 64 Abs. 6 ArbGG für das Berufungsverfahren und in § 72 Abs. 5 ArbGG für das Revisionsverfahren auf die ZPO, sofern es selbst keine Sonderregelungen enthält.[16]

IV. Der Zivilprozess ist in der ZPO als Zwei-Parteien-Prozess ausgestaltet: **des Klägers gegen den Beklagten (Zweiparteienprinzip).** Dies bedeutet allerdings nicht, dass in einem Prozess auf der Kläger- bzw. der Beklagtenseite immer nur eine Person vertreten sein darf, sondern dass der Zivilprozess zwischen zwei Prozessgegnern (Parteien) vor einem staatlichen Gericht geführt wird, das Staatsgewalt ausübt.

Der Staat verfolgt also nicht von sich aus die privatrechtlichen Ansprüche der Bürger untereinander, sondern überlässt dies den Bürgern selbst. Ob also ein Zivilprozess in Gang kommt, liegt ausschließlich in der Hand der Parteien („Wo kein Kläger, da kein Richter"). Nach der ZPO liegt in den Händen der Parteien auch die letzte Verantwortung für die Beibringung des Prozessstoffes, also dafür, was Grundlage der gerichtlichen Entscheidung ist (vgl. dazu 3. Abschnitt, Rn. 61 ff.).

C. Gliederung des Zivilprozesses

5 Entsprechend seiner Aufgabe gliedert sich der Zivilprozess in:

- das **Erkenntnisverfahren** (auch Klage- oder Urteilsverfahren genannt) dient der richterlichen Prüfung des mit der Klage verfolgten Anspruchs und hat eine Entscheidung darüber (im Regelfall durch Urteil) zum Ziel und als Ergebnis.

  Die ZPO regelt das Erkenntnisverfahren im 1.–5. und 7. Buch.

- das **Zwangsvollstreckungsverfahren** hat die zwangsweise Durchsetzung des in einem Vollstreckungstitel – wichtigster Fall: das Urteil des Erkenntnisverfahrens – niedergelegten Anspruchs mit Hilfe staatlicher Vollstreckungsorgane zum Ziel, also Durchsetzung privater Ansprüche mit staatlichen Zwangsmitteln.

  Es ist im 8. Buch der ZPO und – soweit es die Vollstreckung in Grundstücke betrifft – auch im ZVG, als Teil der ZPO (§ 869 ZPO), geregelt.

- das **Arrest- und einstweilige Verfügungsverfahren**: Eilverfahren zur Sicherung künftiger Rechtsdurchsetzung und zur vorläufigen Sicherung oder Regelung von Rechten und Rechtsverhältnissen.

  Ebenfalls im 8. Buch (§§ 916 ff.); dogmatisch ungenau, weil es sich insoweit um ein vorläufiges Erkenntnisverfahren mit Sonderregelungen für die Vollstreckung handelt.

---

16 Vgl. Überblick über das arbeitsgerichtliche Verfahren bei AS-Skript Arbeitsrecht (2019), Rn. 173 ff.

D. Aufbau, Organisation und Instanzenzug der Zivilgerichtsbarkeit

I. Die Zivilgerichtsbarkeit als Teil der sog. „ordentlichen Gerichtsbarkeit"

1. Unter der „ordentlichen Gerichtsbarkeit" wird allgemein die nach dem GVG (§§ 12, 13) **6** bestehende Gerichtsbarkeit in **Zivil- und Strafsachen** verstanden.

Dieser Begriff der „ordentlichen Gerichtsbarkeit" ist **historisch** bedingt. Als er entstand (GVG von 1877), waren nur die Gerichte des GVG unabhängige Gerichte i.S.d. Gewaltenteilungsprinzips, während Verwaltungs- und Finanzgerichte noch in die Verwaltung eingegliedert waren. Heute sind **alle** in Art. 95 GG genannten Gerichtszweige („ordentliche Gerichtsbarkeit", Verwaltungs-, Finanz-, Arbeits- und Sozialgerichtsbarkeit) unabhängige Gerichte. Die Begriffe „ordentliche Gerichtsbarkeit", „ordentliche Gerichte", „ordentlicher Rechtsweg" sind jedoch gleichwohl als feststehende Begriffe beibehalten worden.

2. Aufbau und Organisation der „ordentlichen Gerichte" sind im **Gerichtsverfassungsgesetz** (GVG) geregelt: Amts-, Land- und Oberlandesgerichte als Gerichte der Länder, der Bundesgerichtshof in Karlsruhe als Gericht des Bundes.

„Vierstufiger" Gerichtsaufbau. – Reformüberlegungen befürworten seit langem eine Dreistufigkeit, durch Verschmelzung von Amts- und Landgerichten zu sog. „Eingangsgerichten".

3. Vor diese „ordentlichen Gerichte" gehören nach § 13 GVG die **bürgerlichen Rechtsstreitigkeiten** mit Ausnahme der arbeitsrechtlichen Streitigkeiten, für die die Arbeitsgerichte zuständig sind, § 2 ArbGG (vgl. Rn. 4), die Familiensachen und die Angelegenheiten der freiwilligen Gerichtsbarkeit sowie die Strafsachen.

II. Gerichte und Spruchkörper

Die Gerichte sind organisatorische Einheiten (Behörden), bei denen wiederum einzelne **7** – i.d.R. mehrere gleichartige – **„Spruchkörper"** bestehen. Diese einzelnen Spruchkörper sind „das Prozessgericht" (erkennendes Gericht) i.S.d. ZPO. Von und vor den Spruchkörpern wird das Verfahren durchgeführt, sie fällen auch die Entscheidungen.

1. Die Spruchkörper sind mit **Richtern** besetzt, die sachlich – d.h. in ihren Entscheidungen – und persönlich **unabhängig** sind (Art. 97 GG, § 1 GVG).

Die Richter sind bei ihren Entscheidungen gemäß Art. 97 GG nur an Recht und Gesetz gebunden und verpflichtet, ihre Tätigkeit entsprechend ihrem Amtseid (vgl. § 38 DRiG) auszuüben.[17] An die höchstrichterliche Rspr. (z.B. BGH, BAG) als solche sind sie dagegen nicht gebunden, also **keine Präjudizienrechtsprechung!**[18] wie weitgehend noch im englischen Recht.[19] Die höchstrichterliche Rspr. ist allerdings in der Praxis natürlich von großer Bedeutung und wird von den Richtern, insbes. auch aus Gründen der Rechtssicherheit und des Vertrauensschutzes, weitgehend berücksichtigt.[20]

Schutz der Unabhängigkeit u.a. durch das **Spruchrichterprivileg** gemäß § 839 Abs. 2 S. 1 BGB: Grds. keine Amtshaftung wegen objektiv unrichtiger Rechtsanwendung.[21] Die Richter sollen grds. ihren Auffassungen von Recht und Gesetz folgen können.

---

17 Vgl. BVerfG NVwZ 2016, 764; Säcker NJW 2018, 2375; zu Grundlagen und Grenzen der richterlichen Rechtsfortbildung; Tombrink AL 2016, 85; Wiedemann NJW 2014, 2407; Sagan jM 2020, 52; zu Grenzen auch BVerfG RÜ 2018, 775.

18 Vgl. BGH NJW-RR 2002, 1498; BGH NJW 2010, 302; vgl. aber § 31 BVerfGG: Bindung an die Entscheidungen des BVerfG.

19 Vgl. Vogenauer ZNR 2006, 48 zur Geschichte des Präjudizienrechts in England.

20 BVerfG FamRZ 2008, 131; RS/Gottwald § 149 Rn. 10 ff.; Fleischer ZIP 2018, 605 ff.

21 Vgl. BVerfG NJW 2013, 3630; Voßkuhle/Kaiser JuS 2015, 1076; Palandt/Sprau § 839 BGB Rn. 63 ff.

2. Spruchkörper in Zivilprozesssachen sind:

8
- beim **Amtsgericht** immer ein **Einzelrichter** (§ 22 GVG).

- beim **Landgericht** die Zivilkammern (§ 75 GVG) und die Kammer für Handelssachen (§§ 93 ff. GVG).

  - Die **Zivilkammer** ist zwar gemäß § 75 GVG grds. mit **drei Berufsrichtern** besetzt, sie entscheidet grds. aber nicht in ihrer vollen Besetzung, sondern durch eines ihrer Mitglieder als Einzelrichter (vgl. dazu unten Rn. 27).

    Vorsitzender einer Zivilkammer kann nur ein Richter auf Lebenszeit sein (§ 28 Abs. 2 DRiG), also der Präsident des Landgerichts, Vorsitzende Richter am Landgericht und u.U. auch Richter am Landgericht (vgl. § 21 f GVG; zu den Amtsbezeichnungen s. § 19 a DRiG). Die anderen Mitglieder können dagegen auch Richter auf Probe sein (§ 29 DRiG). Bei einer gerichtlichen Entscheidung müssen jedoch immer mindestens zwei Richter auf Lebenszeit mitwirken (§ 29 DRiG).

  - Die **Kammer für Handelssachen** (KfH) ist mit einem Berufsrichter als Vorsitzendem und zwei ehrenamtlichen Richtern besetzt (§ 105 GVG).[22]

    Die ehrenamtlichen Richter führen die Bezeichnung **Handelsrichter** (§ 45 a DRiG). Sie müssen kaufmännisch qualifiziert sein (vgl. § 109 GVG) und werden auf Vorschlag der Industrie- und Handelskammer für die Dauer von fünf Jahren ernannt (§ 108 GVG).

    Die KfH ist zuständig für **Handelssachen** (§ 95 GVG). Soweit jedoch bei einem LG eine KfH nicht gebildet ist oder ihre Zuständigkeit aufgrund des Parteiverhaltens nicht eingreift (§§ 96 ff. GVG), ist die (allgemeine) Zivilkammer auch für Handelssachen zuständig.

    Bei den Amtsgerichten und den Oberlandesgerichten gibt es keine besonderen Spruchkörper für Handelssachen.

- beim **Oberlandesgericht die Zivilsenate** (§ 116 GVG), besetzt mit drei Berufsrichtern (Vorsitzenden und zwei Beisitzern, § 122 Abs. 1 GVG).

  Grds. Entscheidung in Vollbesetzung; Zulässigkeit von Einzelrichterentscheidungen: § 526 ZPO.

- beim **Bundesgerichtshof die Zivilsenate** (§ 130 GVG), besetzt mit fünf Berufsrichtern (Vorsitzenden und vier Beisitzern, § 139 GVG),

  Außerdem: der „Große Senat für Zivilsachen" und die „Vereinigten Großen Senate" (§ 132 GVG), zur Sicherung einer einheitlichen Rspr. innerhalb des BGH.

  Zur Wahrung der Einheit der Rspr. zwischen den verschiedenen Gerichtsbarkeiten: Gemeinsamer Senat der obersten Gerichtshöfe des Bundes, Art. 95 GG.

9   **3.** Jedes Kollegialgericht (Kammer, Senat) hat einen **Vorsitzenden**, dem die Prozessleitung und Verhandlungsführung obliegt (§§ 136 ZPO, 176 GVG), soweit nicht ein Einzelrichter tätig wird. Für die Entscheidung haben jedoch die Stimmen der Beisitzer das gleiche Gewicht wie die des Vorsitzenden (s. § 196 GVG).

10   **4.** „**Gesetzlicher Richter**" i.S.d. Art. 101 Abs. 1 S. 2 GG sind die Kammer (Einzelrichter) und die einzelnen Kammermitglieder. Art. 101 GG garantiert, dass der Rechtsuchende im Einzelfall vor einem zuständigen Richter steht, der unabhängig und unparteilich ist sowie die Gewähr für die gebotene Neutralität und Distanz gegenüber den Verfahrensbeteiligten und dem Verfahrensgegenstand bietet.[23]

---

22 Vgl. dazu Neumann/Bovelett NJW 2018, 3498 und Podszun/Rohner: NJW 2019, 131 zur Zukunft der KfH.

23 Vgl. BVerfG NJW 2019, 505; BVerfG RÜ 2013, 319 und Otto JuS 2012, 21 mit Beispielsfällen zum gesetzlichen Richter.

Welcher Spruchkörper für eine Sache zuständig ist und welche Richter dem Spruchkörper angehören, wird durch den **Geschäftsverteilungsplan des Gerichts** (= Zuständigkeitsordnung) bestimmt (§ 21 e GVG), den das Präsidium des Gerichts in richterlicher Unabhängigkeit (Selbstverwaltung) beschließt.

Welcher Richter innerhalb des Spruchkörpers als Einzelrichter oder Berichterstatter zuständig ist, bestimmt der kollegiumsinterne Geschäftsverteilungsplan (§ 21 g GVG).

Diese Geschäftsverteilungspläne müssen die zur Entscheidung berufenen Richter **generell-abstrakt** im Voraus bestimmen, damit Manipulationen ausgeschlossen sind.

Bei Verstoß gegen den gesetzlichen Richter: Rechtsmittel, ggf. Verfassungsbeschwerde.

III. Instanzenzug in Zivilprozesssachen

1. Erste Instanz in Zivilsachen ist **entweder** das **Amtsgericht oder** das **Landgericht**.

■ Das **Amtsgericht** ist gemäß § 23 GVG zuständig: 11

  ■ Streitwertabhängig: für Streitigkeiten mit einem **Streitwert bis einschließlich 5.000 €** (§ 23 Nr. 1 GVG),

  ■ Streitwertunabhängig: in den Fällen des § 23 Nr. 2 GVG, insbes. für Mietstreitigkeiten über Wohnraum, (vgl. auch § 23 a GVG: u.a. Familiensachen).

■ Das **Landgericht** ist für alle anderen Streitigkeiten zuständig (§ 71 GVG):

  ■ Streitwertabhängig: Streitigkeiten mit einem **Streitwert über 5.000 €**,

  ■ Streitwertunabhängig: Fälle des § 71 Abs. 2 GVG, insbes. Klagen aus Amtshaftung.

Die Streitwertzuständigkeit ist allerdings nicht zwingend. Die Parteien können insoweit eine andere Zuständigkeit nach Maßgabe der §§ 38 ff. ZPO vereinbaren, sodass z.B. beim Amtsgericht auch ein Prozess mit einem höheren Streitwert als 5.000 € geführt werden kann.[24]

2. Zweite Instanz:

■ Gegen Urteile des **Amtsgerichts** gibt es die **Berufung** zum **Landgericht** (§ 72 GVG).   12
  Gegen erstinstanzliche Urteile des **Landgerichts** gibt es die **Berufung zum Oberlandesgericht** (§ 119 Abs. 1 Nr. 2 GVG).

■ Die Berufung gegen erstinstanzliche Urteile des Amts- und des Landgerichts ist nach § 511 Abs. 2 Nr. 1 und 2 ZPO nur zulässig, wenn

  ■ Nr. 1: Wert des Beschwerdegegenstandes 600 € übersteigt (Nr. 1) oder

  ■ Nr. 2: Zulassung der Berufung durch Gericht der 1. Instanz (s. dazu später Rn. 319)

3. Dritte Instanz: Gegen die Berufungsurteile gibt es die **Revision an den Bundesgerichtshof** (§§ 133 GVG, 542 ZPO).

Die Revision ist also gegen **alle – daher auch gegen landgerichtliche – Berufungsurteile** möglich, natürlich aber nur unter ihren besonderen Voraussetzungen (§§ 543, 544 ZPO: Zulassung oder erfolgreiche Nichtzulassungsbeschwerde, vgl. dazu unten Rn. 326).

Möglich ist unter bestimmten Voraussetzungen auch eine **Sprungrevision** unmittelbar gegen ein erstinstanzliches Urteil unter Überspringung der Berufung: § 566 ZPO.

---

24 Vgl. Cuypers MDR 2012, 381: Streitwertbemessung und Zuständigkeit; Schreiber Jura 2012, 268: Gerichtsstände der ZPO.

IV. Übersicht über den Instanzenzug in Zivilprozesssachen

13

E. Kurzer Überblick über die Geschichte der ZPO

14 **I.** Die ZPO gehört zusammen mit dem GVG, der StPO und der früheren KO zu den sog. **„Reichsjustizgesetzen" von 1877**, die am **01.10.1879** in Kraft getreten sind.

II. Zuvor war das Zivilprozessrecht in Deutschland stark zersplittert: Aus dem mit der Rezeption des römischen Rechts eingedrungenen italienisch-kanonischen Prozess (1495 Reichskammergericht) hatte sich – als Seitenstück zum Gemeinen Recht – der „Gemeine Prozess" gebildet; dieser galt zwar nur subsidiär, hat aber die Verfahrensordnungen der Territorien stark beeinflusst (Eventualmaxime, feste Beweisregeln). In Preußen galt seit 1793 die Allgemeine Gerichtsordnung für die preußischen Staaten (Inquisitionsmaxime, beamtete Justizkommissare an Stelle der Anwälte). In einigen Territorien galt der code de procedure civile von 1806 (Öffentlichkeit, Mündlichkeit, Parteibetrieb, Anwaltsprozess). Diese Rechtszersplitterung durch das Nebeneinander von preußischem, französischem und Gemeinem Prozess nahm weiter zu, als sich mehrere Einzelstaaten eigene Prozessordnungen gaben.[25]

III. Oberstes Gericht war bis 1945 das **Reichsgericht** mit Sitz in Leipzig.

IV. Seit ihrem Inkrafttreten vor nunmehr hundertvierzig Jahren ist die ZPO naturgemäß wiederholt geändert worden, um sie an die veränderten Auffassungen, Verhältnisse und Erfordernisse anzupassen, insbes. auch, um die Verfahren zu beschleunigen.

Die **Zivilprozessreform 2002 (ZPO-RG)** diente nach ihrer Begründung dem Ziel, die Zivilprozesse bürgernäher, effizienter (straffer) und transparenter zu machen, u.a. durch eine Stärkung der ersten Instanz, grundsätzliche Ausgestaltung der Berufung lediglich zur Fehlerkontrolle und -beseitigung, Abschaffung der Streitwertrevision (zur Ermöglichung der Revision auch bei geringem Streitwert). Mit Wirkung zum **01.01.2020** trat eine sog. **„kleine ZPO-Reform"** in Kraft, mit der zum einen einzelne Vorschriften geändert wurden (z.B. §§ 130 a, 139, 169, 174, 320). Zum anderen kommen nach **§§ 72 a, 119 a ZPO** zu den zum 01.01.2018 eingeführten **Spezialkammern bzw. -senaten** für Bank-, Bau-, Medizin- und Versicherungsangelegenheiten ab dem 01.01.2021 weitere Kammern/Senate für Presse- und Insolvenzsachen und erbrechtliche Streitigkeiten hinzu, wobei durch Landesrecht weitere Kammern/Senate für besondere Sachgebiete geregelt werden können. Außerdem regelt **§ 13 a ZPO** eine Konzentrationsermächtigung, durch Landesrecht gerichts- bzw. landesübergreifende Zuständigkeiten festzulegen.[26]

Das **FamFG vom 17.12.2008** griff zwar insofern stark in die ZPO ein, als das Verfahren in Familiensachen völlig aus ihr herausgenommen und – zusammen mit dem Verfahren der freiwilligen Gerichtsbarkeit – neu geregelt wurde; die ZPO im Übrigen ist jedoch praktisch unverändert geblieben.

---

25 Vgl. zur Geschichte des Zivilprozesses RS/Gottwald §§ 4, 5; StJ/Brehm Einl. Rn. 127 ff. und Roth JR 2018, 159 ff.

26 Vgl. dazu Schultzky MDR 2020, 1; Fölsch NJW 2020, 801 und u.a. Roth ZZP 2016, 3 zu der seit längerer Zeit kontrovers diskutierten sog. „großen Justizreform", die auch die Zusammenlegung der einzelnen Gerichtsbarkeiten zum Ziel hat.

2. Abschnitt: **Klageerhebung und Verfahrensablauf im Allgemeinen**

A. Überlegungen vor Klageerhebung – Kostenrisiko – Beauftragung eines Rechtsanwalts

I. Das Zivilprozessrecht ermöglicht den Parteien die Durchsetzung subjektiver Privatrechte in einem gerichtlichen Verfahren. Ob es allerdings **sinnvoll** ist, einen Prozess anzustrengen, der u.U. eine erhebliche Zeit-, Kosten- und Nervenbelastung bedeutet, hängt von vielfältigen rechtlichen und wirtschaftlichen Überlegungen ab.

1. Die rechtlichen Überlegungen gehen dahin, ob überhaupt hinreichende Aussicht **15** besteht, den Prozess zu gewinnen. Dafür reicht es nicht aus, dass eine Partei der Überzeugung ist, dass sie Recht hat. Vielmehr muss sie zum einen nach der bestehenden objektiven Rechtslage tatsächlich Recht haben. Zum anderen muss sie in einem Prozess auch Recht bekommen. Die insoweit vielfach anzutreffende Formulierung „Recht haben und Recht bekommen ist ein Unterschied" ist insofern berechtigt, als der Kläger ein obsiegendes Urteil nur dann erstreiten kann, wenn er sein objektiv bestehendes Recht in einem Zivilprozess nach den Regeln des Zivilprozesses auch durchsetzen kann.

Dies setzt voraus, dass eine Klage

- **zulässig** ist, d.h., dass alle Prozessvoraussetzungen vorliegen, und

- **begründet** ist, d.h., dass das Klagebegehren seine Rechtfertigung in einem bestehenden materiell-rechtlichen Anspruch findet (schlüssig ist) und dass das Bestehen dieses Anspruchs im Falle des Bestreitens der Anspruchsvoraussetzungen durch den Gegner auch bewiesen werden kann.

2. In wirtschaftlicher Hinsicht ist **16**

- zum einen die Erfolgsaussicht **mit dem Kostenrisiko abzuwägen**, denn bei einem Unterliegen hat der Kläger die gesamten durch den Prozess entstehenden Kosten – auch des Gerichts und des Gegners – zu tragen (§ 91 ZPO),[27]

- zum anderen die **Vollstreckungsaussicht** zu bedenken, da ein obsiegendes Urteil wirtschaftlich nahezu wertlos ist (Verjährungsfrist für den titulierten Anspruch, § 197 Nr. 3 BGB), wenn der Schuldner kein Vermögen hat, in das vollstreckt werden kann.

  Dann sind für den Kläger u.U. auch die Prozesskosten verloren, die er – auch bei einem gewonnenen Prozess – an das Gericht und an seinen Rechtsanwalt zu zahlen hat. In diesem Fall hat also der obsiegende Kläger trotz des gewonnenen Prozesses wegen Vermögenslosigkeit des Beklagten letztlich nur wirtschaftliche Nachteile.

II. Für die vor einem Prozess anzustellenden wirtschaftlichen und vor allem rechtlichen **17** Überlegungen fehlen dem Bürger meist die notwendigen juristischen Kenntnisse. Häufig wird er daher schon vor Klageerhebung einen **Rechtsanwalt** einschalten müssen, um eine Beratung über das Prozess- und Kostenrisiko zu erhalten.

1. Ist das Landgericht in 1. Instanz zuständig, muss ohnehin ein Anwalt mit der Prozessdurchführung beauftragt werden. Denn **vor den Landgerichten und den höheren**

---

27 Paragrafen ohne Gesetzesbezeichnung beziehen sich im Folgenden auf die ZPO.

Gerichten (OLG, BGH) besteht **gemäß § 78 ZPO ein Anwaltszwang**, d.h. die Parteien müssen sich durch einen Rechtsanwalt als Bevollmächtigten vertreten lassen. Nur Rechtsanwälte sind insoweit **postulationsfähig,** d.h. fähig, prozessual wirksam zu handeln, also wirksame Prozesshandlungen vorzunehmen (Anwaltsprozess).

Vor Land- u. Oberlandesgerichten ist heute **jeder Rechtsanwalt postulationsfähig.** Das frühere System der Zulassung nur bei bestimmten Gerichten (Lokalisationsgrundsatz) ist insoweit vollständig aufgehoben (G. v. 26.03.2007, BGBl. I, S. 358; Ausnahme nur noch beim BGH, vgl. dazu §§ 164 ff. BRAO).

Gründe für den Anwaltszwang: Geordnete Rechtspflege, Schutz und Beratung der Parteien.

2. Ist das **Amtsgericht in der 1. Instanz zuständig,** müssen sich dagegen die Parteien nicht zwingend durch einen Anwalt vertreten lassen. Vor den **Amtsgerichten** sind also auch die Parteien selber postulationsfähig – sog. **Parteiprozess** (§ 79).

18   **III.** In den **Beziehungen zwischen dem Rechtsanwalt und seinem Mandanten** sind Innenverhältnis und Außenverhältnis zu unterscheiden.

1. Für das **Innenverhältnis** ist der **Anwaltsvertrag** maßgeblich, der **i.d.R. ein Dienstvertrag** ist, der eine **Geschäftsbesorgung** zum Gegenstand hat (§ 675 BGB).[28]

Kein Werkvertrag, da kein Erfolg geschuldet wird.

Gegenüber den Regelungen des BGB – § 675 verweist auf Auftragsrecht, §§ 663 ff. – ergeben sich jedoch Modifikationen: Der Anwalt ist zwar grds. an die Weisungen seines Mandanten gebunden, als **„unabhängiges Organ der Rechtspflege"** (§ 1 BRAO) aber nur insoweit, als diese nicht im Widerspruch zu seinen Pflichten als Rechtspflegeorgan (vgl. zu Grundpflichten § 43a BRAO) stehen.[29]

a) Der Anwalt ist zur sorgfältigen Prüfung der Rechtslage unter Beachtung der höchstrichterlichen Rspr. zu einer umfassenden und erschöpfenden Beratung seines Mandanten über Erfolgsaussichten und Prozessrisiken unter deutlichen Hinweisen auf Zweifel und Bedenken und zur sorgfältigen Prozessführung verpflichtet. Bei verschiedenen Möglichkeiten hat er zur Erreichung des Prozessziels stets den **sichersten und kostengünstigsten** Weg vorzuschlagen und einzuhalten.[30] Den Angaben seines Mandanten tatsächlicher Art (nicht aber Rechtstatsachen) darf der Anwalt dabei grds. vertrauen.[31]

b) Verletzt der Anwalt schuldhaft seine Vertragspflichten, so ist er gemäß §§ 280 ff. BGB seinem Mandanten zum Schadensersatz verpflichtet, z.B. für einen schuldhaft verlorenen Prozess oder den Abschluss eines nicht sachgerechten Prozessvergleichs.[32] Er muss nach § 51 BRAO eine entsprechende Berufshaftpflichtversicherung abschließen.

19   **c)** Die **Anwaltsvergütung** richtet sich grds. nach dem **RVG** (i.d.F. vom 19.06.2019), ist also i.d.R. streitwertabhängig.

Eine höhere erfolgsunabhängige Honorarvereinbarung – auch von Stundensätzen, heute vielfach üblich – ist nach Maßgabe der §§ 3 a, 4 RVG grds. zulässig (vgl. für die außerprozessuale Beratung, § 34 RVG). Eine niedrigere Vereinbarung ist dagegen für eine Prozessvertretung grds. nicht gestattet (§ 49 b Abs. 1 BRAO, § 4 Abs. 1 RVG). Die Vereinbarung eines **Erfolgshonorars ist weiterhin grds. unzulässig.** Wenn

---

28   BGH DB 2020, 439; BGH NJW 2019, 1870.

29   Umfassend zum Anwaltsvertrag: Schnabl JA 2005, 896 und Szerkus JA 2018, 328.

30   St.Rspr. des BGH DB 2020, 446; BGH RÜ 2019, 346 und Glasmacher JA 2018, 207 zu Zweckmäßigkeitserwägungen).

31   BGH RÜ 2019, 346 (Kein Verlass auf Angabe: Kündigungszugang am...); BGH NJW 2006, 501; BGH NJW 2000, 730.

32   BGH RÜ 2019, 346; BGH NJW 2014, 1800; Deckenbrock NJW 2018, 1636; Hermanns Jura 2014, 365: Einführung in Anwaltshaftungsrecht; Bernhard JuS 2014, 205: Anwaltshaftung in der Klausurbearbeitung; Borgmann NJW 2019, 3557; NJW 2018, 3493: Rspr.-Übersichten zur RA-Haftung; Fischer DB 2019, Sonderbeil. 1, S. 3: Rspr. zur Rechtsberaterhaftung.

aber der Mandant anderenfalls aufgrund verständiger wirtschaftlicher Erwägungen davon absehen müsste, seine Rechte zu verfolgen, dann **ausnahmsweise zulässig** (§ 49 b Abs. 2 BRAO, § 4 a RVG).[33]

2. Die **Vertretungsmacht im Außenverhältnis** ergibt sich durch die **Prozessvollmacht**. – Umfang der Vollmacht: §§ 81 ff.   **20**

Das Bestehen der Vollmacht wird bei einem Anwalt nur auf Rüge geprüft (§ 88).

3. Der Anwalt unterliegt dem **Standesrecht** (§ 43 BRAO, z.B. dem Sachlichkeitsgebot gemäß § 43 a Abs. 3 BRAO; einer – zunehmend gelockerten – Einschränkung der Werbung gemäß § 43 b BRAO[34]). Dieses Standesrecht ist in der **Berufsordnung (BORA)** der Bundesrechtsanwaltskammer konkretisiert worden.

Standesrechtlich zulässig ist eine Beratung über eine **Telefon-Hotline**.[35]

IV. Das **Kostenrisiko**, das insbesondere bei Einschaltung eines Rechtsanwalts hoch ist, ist naturgemäß ein besonders bedeutsamer Gesichtspunkt bei der Entscheidung für einen Prozess, oft sogar ein schweres Hindernis („Kostenbarriere").   **21**

Die voraussichtlich entstehenden Prozesskosten lassen sich anhand der Gebührentabellen des GKG und des RVG und der Entschädigungssätze des JVEG abschätzen.

1. Dieses Kostenrisiko kann durch den Rechtsuchenden selbst durch den Abschluss einer **Rechtsschutzversicherung** beseitigt oder verringert werden.

Diese übernimmt im Rahmen der allgemeinen Bedingungen für Rechtsschutzversicherungen (ARB) nach einer Deckungszusage die Kosten einer erforderlichen anwaltlichen Beratung und eines Prozesses.

Von geringerer praktischer Bedeutung waren bisher die grds. zulässigen **Prozessfinanzierungsverträge** mit einem Finanzierungsunternehmen, das gegen quotenmäßige Beteiligung bei Prozessgewinn die gesamten Prozesskosten, auch im Falle eines Prozessverlustes, übernimmt.[36]

2. Bei minderbemittelten Rechtsuchenden kann dagegen das Kostenrisiko durch **Prozesskostenhilfe und Beratungshilfe** vermieden oder verringert werden.   **22**

Eine Partei, die nach ihren persönlichen und wirtschaftlichen Verhältnissen die Prozesskosten nicht, nur zum Teil oder nur in Raten aufbringen kann, erhält auf Antrag **Prozesskostenhilfe**, wenn die beabsichtigte Rechtsverfolgung oder Rechtsverteidigung hinreichende Aussicht auf Erfolg bietet und nicht mutwillig erscheint, §§ 114 ff.

Die Prozesskostenhilfe (PKH) soll als Teil der staatlichen Sozialhilfe auch mittellosen Parteien erfolgversprechende Rechtsverfolgung ermöglichen. Dies ist von erheblicher sozialer Bedeutung. So wird in knapp 10% aller erstinstanzlichen Zivilprozesse PKH beantragt.[37]

Die PKH wird nur für gerichtliche Verfahren vor staatlichen Gerichten gewährt, bezüglich außergerichtlicher Gegenstände ist dagegen das **BeratungshilfeG** einschlägig, das Minderbemittelten anwaltliche Beratung und Vertretung auch außerhalb von Rechtsstreitigkeiten ermöglicht.[38] Durch die Beratungshilfe und die PKH soll sichergestellt werden, dass der Zugang zu fachkundiger Beratung und Vertretung sowie zu den Gerichten für Minderbemittelte nicht aus Kostengründen scheitert.

---

33 Vgl. dazu BGH NJW 2020, 1811; BGH NJW 2014, 2653 m. Anm. v. Seltmann; Deckenbrock NJW 2020, 1776.

34 BVerfG VersR 2005, 384; BGH NJW-RR 2019, 1019; BGH NJW 2017, 407; AGH Hamm AnwBl 2020, 172; Rohrlich ZAP 2019, 201; Becker-Eberhard AnwBl 2017, 148; Deckenbrock/Markworth ZAP 2017, 837; Böckenholt GRURPrax 2017, 63.

35 BGH JurBüro 2008, 267; BGH NJW-RR 2006, 215; BGH NJW 2005, 1266.

36 Vgl. auch § 49 b Abs. 2 S. 2 BRAO; Henssler AnwBl 2020, 154; Pieronczyk AnwBl Online 2020, 193; Kilian NJW 2019, 140 zum Verbot der Finanzierung fremder Rechtsverfolgungskosten für u.a. Rechtsanwälte; OLG München WM 2018, 426 zum Umgehungsgeschäft und Sittenwidrigkeit und BGH NJW 2020, 208 zur Reichweite einer Inkassoerlaubnis.

37 RS/Gottwald § 87 Rn. 1; v. Katte/Danfa JA 2016, 847; Muckl JA 2015, 876 u. Nickel NJW 2016, 853 zum PKH-Antrag.

38 Dazu Nickel NZFam 2015, 294; Korinth NJW 2020, 208: PKH im ArbeitsR u. Nickel MDR 2018, 369; 2017, 499: Rspr.-Übers.

aa) Prozesskostenhilfe wird einer Partei auf Antrag von dem Gericht, vor dem der Prozess geführt werden soll bzw. geführt wird, unter folgenden Voraussetzungen bewilligt:

- die beabsichtigte Rechtsverfolgung oder -verteidigung bietet hinreichende Aussicht auf Erfolg und erscheint nicht mutwillig.

  Die Anforderungen an diese Erfolgsprognose dürfen nicht überspannt werden. Das Prozesskostenhilfeverfahren soll den gerichtlichen Rechtsschutz für die mittellose Partei zugänglich machen und damit die Rechtsschutzgleichheit gewährleisten. Die Prüfung der Erfolgsaussichten kann deshalb nicht dazu dienen, die Rechtsverfolgung oder Rechtsverteidigung selbst in das summarische Verfahren der Prozesskostenhilfe zu verlagern und dieses an die Stelle des Hauptsacheverfahrens treten zu lassen. Prozesskostenhilfe darf daher nur verweigert werden, wenn ein Erfolg in der Hauptsache zwar nicht schlechthin ausgeschlossen, die Erfolgschance aber nur eine entfernte ist. Sind ungeklärte Rechts- und Beweisfragen entscheidungserheblich, ist grds. PKH zu bewilligen, da solche Fragen grds. im Hauptsacheverfahren zu klären sind. Eine negative Beweisprognose und damit eine PKH-Ablehnung ist nur dann gestattet, wenn ein für den Antragsteller günstiges Beweisergebnis sehr unwahrscheinlich ist.[39] Die Erhebung einer neuen Klage anstatt der kostengünstigeren Erweiterung einer bereits anhängigen Klage ist mutwillig i.S.v. § 114 S. 1 ZPO, wenn eine bemittelte Partei keinen begründeten Anlass gehabt hätte, ein gesondertes Verfahren anhängig zu machen.[40]

- die Partei kann die Kosten nicht, nur zum Teil oder nur in Raten aufbringen.

  Mittellosigkeit, s. §§ 114, 115: Berücksichtigung der Einkommens- und Vermögensverhältnisse der Partei nach sozialrechtlichen Grundsätzen und einer amtlichen **Tabelle**.

  Grds. nicht bei Rechtsschutz oder einem Anspruch auf Prozesskostenvorschuss (z.B. § 1360 a BGB).[41]

bb) Wirkung der Prozesskostenhilfe (§ 122): Die Partei hat die Gerichtskosten und die Kosten eines ihr beigeordneten Anwalts (§ 121) – nach Maßgabe des Bewilligungsbeschlusses – nicht, nur zum Teil oder nur in Raten zu bezahlen.

Allerdings wird die Partei nicht von einer Verpflichtung zur Erstattung von Kosten an den Gegner befreit (§ 123); d.h., soweit sie den Prozess **verliert**, muss sie die **Kosten des Gegners** tragen. Insoweit bleibt daher auch bei Bewilligung von PKH ein **Kostenrisiko**!

Der beigeordnete Rechtsanwalt hat gegen seine Partei keine Vergütungsansprüche (§ 122 Abs. 1 Nr. 3), sondern erhält eine – verminderte – Vergütung aus der Staatskasse (§§ 45 ff. RVG), bei Prozessgewinn in voller Höhe vom unterlegenen Prozessgegner (§ 126).

B. Von der Erhebung bis zur Zustellung der Klage

23 Die Klageerhebung erfolgt in zwei Akten, nämlich durch Einreichung der Klageschrift und durch die vom Gericht durchzuführende Zustellung der Klage an den Beklagten:

- Mit der Einreichung der Klageschrift bei Gericht (Eingang der Klage) ist der Rechtsstreit **anhängig**.

- Mit der Zustellung der Klage an den Beklagten ist die Klage erhoben (§ 253 Abs. 1). Dadurch wird der Rechtsstreit **rechtshängig** (§ 261 Abs. 1).

Vor den Verwaltungs- und Sozialgerichten tritt dagegen die Rechtshängigkeit bereits mit Klageeinreichung ein (§§ 81, 90 VwGO, 90, 94 SozGG). – Näher zur Rechtshängigkeit unten Rn. 102 ff.

---

39 BVerfG NJW 2020, 534; BVerfG NVwZ 2018, 31; BVerfG FamRZ 2017, 2031; BVerfG NJW 2015, 2173.
40 Vgl. dazu BGH NJW-RR 2017, 127; BAG NJW 2011, 3260; Nickel FamRB 2017, 96; Tiedemann ArbRB 2012, 97.
41 BGH, Beschl. v. 22.04.2013 – VII ZA 21/12, BeckRS 2013, 8454; BAG NZA 2013, 110.

I. Die Einreichung der Klage

1. Der **Inhalt der Klageschrift** bestimmt sich nach § 253. – Zwingend:　**24**

- Bezeichnung der Parteien und des Gerichts

- Bestimmte Angabe des Gegenstandes und des Grundes des Anspruchs

- Ankündigung eines bestimmten Antrages

- Unterschrift:

Die Klageschrift muss als sog. **bestimmender Schriftsatz** eigenhändig – im Anwaltsprozess von einem Anwalt – unterschrieben sein (§§ 253 Abs. 4, 129, 130 Nr. 6). Die Einreichung durch **Telefax** ist wirksam, wenn die Faxvorlage eigenhändig unterschrieben ist,[42] bei Computerfax auch bei eingescannter Unterschrift,[43] nicht aber bei bloßer Computerschrift.[44] Eine **E-Mail** genügt nicht, anders aber, wenn als Anlage die Klageschrift mit eingescannter Unterschrift beigefügt ist, die vom Gericht ausgedruckt wird.[45]

Durch das JustizkommunikationsG v. 22.03.2005 wurden die rechtlichen Voraussetzungen für die **elektronische Einreichung der Schriftsätze** (§§ 130 a, 130 b, 130 c) und eine **elektronische Aktenführung** (§ 298 a) geschaffen. Die Unterschrift wird danach durch eine qualifizierte elektronische Signatur ersetzt § 130 a Abs. 3 n.F.).[46] Mit dem Gesetz zur Förderung des elektronischen Rechtsverkehrs v. 10.10.2013 i.d.F. v. 24.11.2017 soll die Nutzung des elektronischen Rechtsverkehrs verstärkt und vereinheitlicht werden. Seit dem 01.01.2018 gestattet der zum 01.01.2020 geänderte § 130 a generell die Einreichung elektronischer Dokumente, sofern die Voraussetzungen von Abs. 2–4 erfüllt sind. Nach § 31 a Abs. 6 BRAO sind Rechtsanwälte aufgrund der passiven Nutzungspflicht des besonderen elektronischen Anwaltspostfachs (beA) verpflichtet, Zustellungen auf diesem Weg entgegen zu nehmen. Ab 01.01.2022 soll die Pflicht zur Nutzung des elektronischen Rechtsverkehrs (§ 130 d) bundesweit gelten, wobei z.T. bereits jetzt schon eine aktive Nutzungspflicht für Anwälte besteht.[47] Außerdem gibt das Gesetz zur Einführung der elektronischen Akte in der Justiz und zur weiteren Förderung des elektronischen Rechtsverkehrs die elektronische Aktenführung für alle gerichtlichen Verfahren ab dem 01.01.2026 verbindlich vor.

2. Nach dem Ziel der Klage sind **drei Klagearten** zu unterscheiden:　**25**

- **Leistungsklage:** gerichtet auf die Verurteilung des Beklagten zu einer Leistung,

- **Feststellungsklage:** gerichtet auf die Feststellung des Bestehens oder Nichtbestehens eines Rechtsverhältnisses,

- **Gestaltungsklage:** gerichtet auf eine (Um-)Gestaltung der Rechtslage durch gerichtliche Entscheidung.

II. Der Eingang der Klage bei Gericht

1. Die Klageschrift erhält zunächst einen **Eingangsstempel,** da der genaue Zeitpunkt　**26** ihres Eingangs von erheblicher Bedeutung sein kann (s.u. Rn. 102 ff.).

2. Sodann wird festgestellt, vor welche Zivilkammer die Sache nach dem Geschäftsverteilungsplan des Gerichts gehört.

42　Vgl. u.a. BGH NJW 1993, 3141; 1994, 2097.

43　BGH NJW-RR 2015, 624; BGH NJW 2006, 3784; BVerfG NJW 2007, 3118.

44　BGH NJW 2005, 2086.

45　BGH NJW-RR 2009, 357 (Mail); BGH RÜ 2019, 702 (Anl. mit eingescanter Unterschrift); Bacher MDR 2019, 851.

46　Vgl. dazu BGH NJW 2019, 2230; Zöller/Greger § 130 a Rn. 8; Schultzky MDR 2020, 1, 5: „Kleine ZPO-Reform 2020".

47　Vgl. zum elektronischen Rechtsverkehr Guckelberger/Starosta DRiZ 2020, 22; Schmieder jM 2020, 22; Bacher MDR 2019, 1; Fischer ZAP 2019, 147; Effer-Uhe MDR 2019, 69; Müller NZA 2019, 11; FA 2019, 170; 198; 272; JuS 2018, 1193.

Die Sache erhält dann das entsprechende **Aktenzeichen**. Wenn z.B. die 2. Zivilkammer zuständig und die Klageschrift die 170. Sache für diese Kammer im Jahr 2020 ist, so lautet das Aktenzeichen 2 O 170/20. Dabei bedeutet „O": Allgemeine Zivilsachen beim Landgericht (beim Amtsgericht führen die allgemeinen Zivilsachen das Aktenzeichen „C"; s. Schönfelder Anhang Registerzeichen).

3. Beginnend mit der Klageschrift wird von der **Geschäftsstelle der Kammer** – gewissermaßen dem Büro der Kammer – eine **Prozessakte** angelegt, in die dann im Folgenden alle den Prozess betreffenden Schriftstücke, wie z.B. Verfügungen des Gerichts, Zustellungsurkunden, Schriftsätze der Anwälte, Verhandlungsprotokolle, das Urteil, aufgenommen werden.

Zu Stellung und Aufgaben des Urkundsbeamten der Geschäftsstelle s. § 153 GVG. Die Geschäftsstelle („Service-Einheit") verwaltet auch die Akten und führt Register und Kalender.

4. Die Akte wird dann von der Geschäftsstelle dem für die Bearbeitung des Prozesses zuständigen Richter vorgelegt. Das ist bei einer Kammersache der Kammervorsitzende, bei einer Einzelrichtersache der Einzelrichter.

III. Landgericht: Einzelrichter – Kammer

27　Die Zivilkammer beim Landgericht ist zwar nach § 75 GVG grds. mit drei Berufsrichtern (Vollkammer) besetzt, die Rechtsstreitigkeiten werden aber nach § 348

- ■ im **Regelfall** von einem einzigen Kammermitglied **als Einzelrichter (originärer Einzelrichter, § 348 Abs. 1 S. 1)** und nur

- ■ im **Ausnahmefall** durch die **vollbesetzte Kammer** entschieden (§ 348 S. 2), wenn

  - ▪ das an sich als Einzelrichter berufene Kammermitglied noch Proberichter ist und noch kein Jahr in Zivilsachen tätig war (§ 348 Abs. 1 S. 2 Nr. 1) oder

  - ▪ die Kammer nach § 348 Abs. 1 S. 2 Nr. 2 zwingend originär für die Spezialgebiete des § 72 a Abs. 1 Nr. 1–4 GVG (1. Alt.) oder in den in § 348 Abs. 2 S. 2 Nr. 2 genannten Spezialbereichen, in denen keine originäre Kammerzuständigkeit besteht, nach dem Geschäftsverteilungsplan des Gerichts (2. Alt.), zuständig ist.

    Da die Bildung von Kammern für die in § 72 a Abs. 1 GVG aufgezählten Rechtsgebiete, die auch in § 348 Abs. 1 S. 2 Nr. 2 a bis c und e genannt sind, zwingend ist, kann zusätzlich durch einen Geschäftsverteilungsplan eine originäre Spezialzuständigkeit der Kammer nur in den Rechtsgebieten begründet werden, die nicht von § 72 a GVG erfasst sind. § 72 a GVG wird dabei mit Wirkung zum 01.01.2021 geändert, insb. wird der Katalog der Spezialgebiete erweitert (vgl. oben Rn. 14).

1. Vorlage an die Kammer durch den Einzelrichter, § 348 Abs. 3

28　Wird eine Sache dem nach dem kammerinternen Geschäftsverteilungsplan zuständigen Kammermitglied als Einzelrichter von der Geschäftsstelle zugeleitet, hat dieser nach § 348 Abs. 3 die Sache der Kammer vorzulegen, wenn er sie für besonders schwierig hält, ihr grundsätzliche Bedeutung beimisst oder die Parteien die Vorlage beantragen. Bejaht die Kammer die besondere Schwierigkeit und/oder die grundsätzliche Bedeutung der Sache, so übernimmt sie die Sache und wird dadurch zuständig, die Zuständigkeit des Einzelrichters endet.[48] Außerdem hat der Einzelrichter die Sache der

---

48　Zum erstinstanzlichen Verfahren vor dem LG Kontusch JA 2015, 210; Huber JuS 2011, 114 u. Stackmann JuS 2008, 129.

Kammer nach § 348 a Abs. 2 auch dann vorzulegen, wenn sich aus einer nachträglichen Änderung der Prozesslage (z.B. Klageänderung, Widerklage) besondere Schwierigkeiten in rechtlicher oder tatsächlicher Hinsicht oder die grundsätzliche Bedeutung der Rechtssache ergeben oder beide Parteien dies übereinstimmend beantragen.

Die beiderseitigen Anträge begründen nur eine Vorlage-, Prüfungs- und Entscheidungspflicht, nicht aber eine Übernahmepflicht, da übereinstimmende Parteianträge allein die richterliche Zuständigkeit (gesetzlicher Richter) nicht verändern können. Die Kammer hat bei ihrer Übernahmeentscheidung nach übereinstimmenden Parteianträgen auch keinen Ermessensspielraum, sodass eine Übernahme in die Kammerzuständigkeit nur erfolgen kann, wenn die Übernahmevoraussetzungen nach § 348 Abs. 3 S. 1 Nr. 1 oder Nr. 2 vorliegen (vgl. § 348 Abs. 3 S. 2, der § 348 Abs. 3 S. 1 Nr. 3 nicht erwähnt).[49]

2. Übertragung an den Einzelrichter durch die Kammer, § 348 a Abs. 1

Umgekehrt ist die nach § 348 Abs. 1. S. 1 originär zuständige Kammer nach § 348 a Abs. 1 verpflichtet, den Rechtsstreit auf den Einzelrichter zu übertragen, wenn der Rechtsstreit keine besonderen Schwierigkeiten aufweist und keine grundlegende Bedeutung hat, wenn der Übertragungszeitraum des § 348 a Abs. 1 Nr. 3 noch nicht verstrichen ist, sog. **Obligatorischer Einzelrichter**.   **29**

Durch diese Regelungen wird erreicht, dass letztlich (nur) die besonders schwierigen und grds. bedeutsamen Prozesse von der Vollkammer – also dem Kollegium von drei Richtern mit der entsprechend eingehenderen Beratungsmöglichkeit – entschieden werden, während die „einfachen" Rechtsstreitigkeiten der Einzelrichter entscheidet.

Auf die erfolgte oder unterlassene Übertragung, Vorlage oder Übernahme kann ein Rechtsmittel nicht gestützt werden, sodass die **Vorlage- und Übernahmeentscheidungen nicht anfechtbar** sind, §§ 348 Abs. 4, 348 a Abs. 3.

3. Die Rechtsstellung des Einzelrichters

Der Einzelrichter **tritt an die Stelle und hat die volle Entscheidungskraft der Vollkammer.** Er führt das Verfahren und die Verhandlung, tritt also auch an die Stelle des Vorsitzenden und vereinigt dessen Funktionen und die der Kammer in sich. Seine Entscheidungen – z.B. seine Urteile – sind Entscheidungen der Kammer.[50] Welches Kammermitglied Einzelrichter für eine bestimmte Sache ist, richtet sich nach dem kammerinternen Geschäftsverteilungsplan.   **30**

Da somit der **Einzelrichter die Kammer** ist, betreffen alle Verfahrensregelungen nunmehr **nur noch ihn** und sind auch entsprechend zu verstehen: Überall dort, wo es in der ZPO „Kammer" oder „Vorsitzender" heißt, bedeutet dies daher insoweit: „der Einzelrichter".

IV. Die grundsätzliche Wahl des Verfahrens

Wegen des Grundsatzes der Mündlichkeit der Verhandlung (§ 128 Abs. 1 und unten Rn. 82 ff.) muss zur Entscheidung über die Klage grds. ein Verhandlungstermin durchgeführt werden.   **31**

---

49 BL/Göertz § 348 Rn. 43 f.; Zöller/Greger § 348 Rn. 20; ThP/Reichold § 348 Rn. 10; a.A. MV/Wittschier § 348 Rn. 19, § 348 a Rn. 18: „freies Ermessen" – im Hinblick auf den gesetzl. Richter (Zufallsprinzip) kaum zu rechtfertigen; vgl. auch BGH ZInsO 2020, 85: Verstoß gegen den gesetzl. Richter (Art. 101 Abs. 1 S. 2 GG) bei unzulässiger Einzelrichterentscheidung.

50 BGH NJW-RR 2012, 702; ThP/Reichold § 348 Rn. 6; Stackmann JuS 2008, 129.

Hierfür stehen dem Einzelrichter bzw. Kammervorsitzenden **zwei Wege zur Auswahl**, um auf zweckmäßige Weise den sog. **Haupttermin** – d.h. den Verhandlungstermin, in dem die Sache erledigt werden soll (§ 272 Abs. 1) – umfassend vorzubereiten: Er kann

- einen „frühen ersten Termin" zur mündlichen Verhandlung bestimmen oder

- ein schriftliches Vorverfahren veranlassen (§ 272 Abs. 2).

Welche Wahl der Richter trifft, ist eine nicht überprüfbare **Ermessensentscheidung**.[51] Absolute Grundsätze darüber, welcher Weg zweckmäßiger ist, lassen sich kaum aufstellen. Generelle Richtschnur ist, auf welche Weise im Einzelfall die zur Entscheidung notwendige Sammlung und Klärung des Prozessstoffes besser herbeigeführt und die **Entscheidungsreife früher erreicht** werden kann.

Das Vorverfahren dient der weiteren Auf- und Vorbereitung des Prozessstoffes und ist deshalb dann angebracht, wenn eine weitere Klärung vor dem Verhandlungstermin – insbesondere durch weiteren Vortrag der Parteien – notwendig erscheint.

Die Anberaumung eines frühen ersten Termins ist dann zweckmäßig, wenn der Rechtsstreit keiner weiteren Vorbereitung bedarf, also eine schnelle Entscheidung (z.B. Vergleich, Versäumnisurteil) zu erwarten ist oder eine weitere Vorbereitung besser durch mündliche Erörterung – insbesondere mit den Parteien persönlich (s. § 141) – als durch ein schriftliches Vorverfahren erreicht werden kann.[52]

32   **1.** Wählt der Richter **einen frühen ersten Termin**, so hat er diesen Termin unverzüglich zu bestimmen (§ 216 Abs. 2), die Klage zuzustellen, die Parteien zu dem Termin zu laden und dem Beklagten aufzugeben, auf die Klage zu erwidern (§ 275).

Bei der Terminsbestimmung muss die dem Beklagten zustehende **Einlassungsfrist** beachtet werden (§ 274 Abs. 3). Einlassungsfrist ist die Frist, die zwischen der Klagezustellung und dem Verhandlungstermin liegen muss. Sie beträgt grds. mindestens **zwei Wochen**.

Immer dann, wenn es sich um die Einleitung des Verfahrens handelt, tritt die längere Einlassungsfrist an die Stelle der allgemeinen **Ladungsfrist** nach § 217, die im Übrigen bei der Anberaumung von Terminen gewahrt werden muss. In Anwaltsprozessen beträgt die Ladungsfrist mindestens **eine Woche**, in anderen Prozessen mindestens drei Tage.

Bei Nichteinhaltung dieser Fristen ist nicht ordnungsgemäß geladen; daher ist bei Nichterscheinen kein Versäumnisurteil möglich (§ 335 Abs. 1 Nr. 2). Die Fristen sind jedoch abkürzbar (§ 226).

33   **2.** Entscheidet sich der Richter für ein **schriftliches Vorverfahren**, verfügt er, dass dem Beklagten die Klageschrift mit der Aufforderung zugestellt wird, binnen einer Frist von zwei Wochen schriftlich anzuzeigen, ob er sich gegen die Klage verteidigen will. Zugleich wird ihm eine weitere Frist zur Klageerwiderung gesetzt (§ 276).

Erklärt der Beklagte seine Verteidigungsabsicht nicht oder nicht rechtzeitig, kann gegen ihn auf Antrag, der i.d.R. bereits in der Klageschrift gestellt wird, ein **Versäumnisurteil** im schriftlichen Verfahren ergehen (§ 331 Abs. 3 und unten Rn. 238 ff.; daher der VU-Antrag in der Klageschrift). Darüber ist der Beklagte zu belehren, § 276 Abs. 2 und § 335 Abs. 1 Nr. 4: VU bei Verstoß gegen § 276 Abs. 1 bzw. 2 unzulässig.

Der Beklagte ist über die Folgen einer Versäumung der Klageerwiderungsfrist – Zurückweisung von Vorbringen als verspätet (§ 296) – zu belehren, ferner über den Anwaltszwang. Üblich sind auch Belehrungen über andere wichtige Umstände, wie die Möglichkeit von Prozesskostenhilfe. Diese Belehrungen erfolgen i.d.R. durch Verwendung eines entsprechenden (auch EDV-)**Formulars**.

Die Geschäftsstelle führt diese Verfügung aus und veranlasst die erforderlichen Zustellungen.

---

51   BGHZ 86, 31, 35; 98, 11; MK/Prütting § 272 Rn. 5 u. Greger 2020, 509 zur Verfahrensauswirkungen der Corona-Pandemie.
52   Vgl. MK/Prütting § 272 Rn. 5 ff.; Huber JuS 2009, 683.

V. Die Zustellung der Klage

Zustellung ist ein in gesetzlicher Form zu bewirkender und zu beurkundender Vorgang, durch den dem Adressaten Gelegenheit zur Kenntnisnahme eines Schriftstücks oder eines elektronischen Dokuments verschafft wird (s. § 166 Abs. 1). **34**

Das Zustellungsverfahren ist in den §§ 166 ff. geregelt.

1. Zugestellt wird i.d.R. eine beglaubigte Abschrift des zuzustellenden Schriftstücks (hier: der Klageschrift). Das Original selbst verbleibt bei den Gerichtsakten.

2. Die Zustellung erfolgt – mit Ausnahme der Zustellung von Anwalt zu Anwalt (§ 195) – als ein öffentlich-rechtlicher Staatsakt durch amtlich handelnde Zustellungsorgane (Urkundsbeamter der Geschäftsstelle, § 168; Gerichtsvollzieher, § 192). Diese Zustellungsorgane bedienen sich dabei in der Praxis i.d.R. der Post (§§ 168 Abs. 1 S. 2, 176, 193), wobei nach Maßgabe des § 174 Abs. 4, 5 auch ein elektronisches Dokument an die in § 174 Abs. 1 Genannten zugestellt werden kann.

3. Zuzustellen ist:

- Grds. an den **Adressaten** selbst, bei Vertretung an den Vertreter (§ 170), in einem anhängigen Rechtsstreit an den Prozessbevollmächtigten (§ 172).

- Kann die Zustellung an den Adressaten oder seinen Vertreter nicht ausgeführt werden, ist die **Ersatzzustellung** an Familienangehörige, Hausgehilfen und Mitbewohner zulässig (§ 178, daher auch an einen Lebensgefährten, der mit dem Adressaten zusammenwohnt),

- und ist auch dies nicht möglich, so kann durch Niederlegung zugestellt werden (§ 181).

- Ist der Aufenthaltsort unbekannt, kommt die öffentliche Zustellung in Betracht (§ 185).

4. Von der Einhaltung der gesetzlichen Form und der Beurkundung hängt die Wirksamkeit der Zustellung ab. Mängel sind aber gemäß § 189 durch tatsächlichen Zugang beim Zustellungsempfänger und im Übrigen gemäß § 295 heilbar.

C. Vorbereitung des Termins zur mündlichen Verhandlung

Der in § 272 Abs. 1 ausgesprochene Leitgedanke geht dahin, dass der Rechtsstreit möglichst **in einem einzigen umfassend vorbereiteten Verhandlungstermin erledigt** werden soll. **35**

Dies gilt unabhängig davon, ob ein schriftliches Vorverfahren mit späterem Haupttermin angeordnet oder ein früher erster Termin anberaumt worden ist; denn auch der frühe erste Termin ist – wie aus § 275 Abs. 2 folgt – ein vollwertiger Verhandlungstermin, der vorzubereiten und in dem bei Entscheidungsreife der Rechtsstreit zu erledigen ist, gegebenenfalls auch durch streitiges Urteil.[53]

I. Die **Parteien** haben zur Vorbereitung des Termins **vorbereitende Schriftsätze** einzureichen (§§ 129, 130; Fristen vgl. §§ 132, 282). **36**

II. Auch das **Gericht** hat den Termin vorzubereiten: Die Konzentrationsmaxime (Beschleunigungsgrundsatz, dazu unten Rn. 89 ff.) verpflichtet das Gericht, in jedem Stadium des Verfahrens zu überprüfen, ob durch prozessuale Maßnahmen die Entscheidungsreife des Rechtsstreits gefördert werden kann (§ 273, **Förderungspflicht**).[54]

---

53 BGHZ 86, 31, 36; 88, 180, 182; StJ/Thole § 275 Rn. 18 ff; Zöller/Greger § 275 Rn. 8.
54 Vgl. Gärtner NJW 2017, 2596.

Ob und welche vorbereitenden Maßnahmen i.S.d. § 273 angebracht sind, hängt davon ab, wie sich nach den bisher gewechselten Schriftsätzen der Parteien der Sach- und Streitstand darstellt. Deshalb muss das Gericht bereits in diesem Stadium – und nicht erst bei der Festlegung (Beratung) der Entscheidung – die Klage auf ihre Zulässigkeit und Schlüssigkeit und das Vorbringen des Beklagten auf seine Erheblichkeit prüfen.[55]

Eine solche Prüfung bereits im Vorbereitungsstadium der mündlichen Verhandlung ist auch deshalb notwendig, weil das Gericht seiner in der mündlichen Verhandlung bestehenden Aufklärungs- und Erörterungspflicht (§ 139) nur dann sachgemäß nachkommen kann, wenn es sich selbst vorher den Streitstand in rechtlicher und tatsächlicher Hinsicht klargemacht hat. Zu diesem Zweck macht sich der Richter regelmäßig ein **„Votum"**, in dem er seine Überlegungen in Form eines Kurzgutachtens niederlegt.

■ **Zulässigkeit:** das Vorliegen der Sachurteilsvoraussetzungen (s.u. Rn. 113 ff.).

37 ■ **Schlüssigkeit der Klage** ist gegeben, wenn die vom Kläger vorgetragenen Tatsachen – diese zunächst einmal als wahr unterstellt – den vom Kläger geltend gemachten Anspruch nach materiellem Recht ergeben:[56] also rechtliche Prüfung des Klagevortrags. Ist die Klage bereits nicht schlüssig, d.h. ergibt sich aus dem eigenen Vorbringen des Klägers kein Anspruch, so ist die Klage zugleich auch unbegründet.

Die in diesem Sinne unschlüssige Klage ist bereits aufgrund des Vorbringens des Klägers abzuweisen, ohne dass es eines Eingehens auf die Darstellung des Beklagten bedarf. Dies gilt auch bei Säumnis des Beklagten (vgl. § 331 Abs. 2). Die für die Schlüssigkeit der Klage erforderlichen Tatsachen hat grds. der **Kläger** vorzutragen, d.h., er hat insoweit die **Darlegungs- oder Behauptungslast**.

38 ■ **Erheblich** ist das Verteidigungsvorbringen des Beklagten (**„Einlassung"**), wenn und soweit bei dem von ihm vorgetragenen Sachverhalt – wiederum die Richtigkeit des Vorbringens unterstellt – das Klagebegehren nicht gerechtfertigt wäre: Also ebenfalls rein rechtliche Untersuchung. Ist die Einlassung nicht erheblich, also nicht geeignet, das Klagebegehren auszuräumen, ist die schlüssige Klage begründet.

■ Ist das Klagevorbringen schlüssig, das Verteidigungsvorbringen des Beklagten erheblich – was nur dann der Fall sein kann, wenn die Parteien unterschiedliche Sachdarstellungen vortragen –, so muss das Gericht bei entsprechenden Beweisantritten der Parteien **Beweis** darüber erheben, welche der unterschiedlichen Sachdarstellungen zutrifft, um so zur Entscheidung des Falles zu kommen.

Die getrennte Schlüssigkeits-, Erheblichkeits- und Beweisprüfung wird in erster Linie bei streitigem Parteivortrag von Bedeutung, d.h., wenn die Parteien – wie oft in der Praxis – zu dem der Klage zugrunde liegenden Sachverhalt unterschiedliche Sachdarstellungen geben. Denn in einem solchen Fall muss zunächst durch eine rein rechtliche Untersuchung festgestellt werden, auf welche streitigen Tatsachen es für die Entscheidung ankommt, und dann, welche der insoweit entscheidungsrelevanten streitigen Tatsachenbehauptungen zutreffen: Juristische Arbeitsmethode zur Klärung streitiger Rechtsfälle (Relationstechnik).[57] – Bei der Lösung von im Tatsächlichen unstreitigen Fällen, wie i.d.R. im Studium, ist diese Arbeitsmethode dagegen weniger von Bedeutung.

Ist die Klage zwar nicht nach dem Klägervorbringen, wohl aber nach dem streitigen Tatsachenvorbringen des Beklagten schlüssig, darf das Gericht dieses Vorbringen nur dann zugunsten des Klägers verwerten, wenn er sich dieses Vorbringen **hilfsweise zu eigen** macht und seine Klage hierauf stützt.[58]

---

55 BGH NJW 2020, 391; BGH NJW-RR 2018, 647, 649; ThP/Seiler § 331 Rn. 5 und ausführlich Schultz NJW 2017, 16 ff.
56 BGH NJW 2020, 391; BGH NJW-RR 2018, 647, 649; ThP/Seiler § 331 Rn. 5 und ausführlich Schultz NJW 2017, 16 ff.
57 Vgl. dazu AS-Skript Die zivilgerichtliche Assessorklausur (2018), Rn. 60 ff.
58 Vgl. BGH RÜ2 2018, 169; ThP/Seiler § 138 Rn. 6 und unten zum Beibringungsgrundsatz Rn. 63.

D. Die mündliche Verhandlung

Grds. ist über den Rechtsstreit vor dem erkennenden Gericht mündlich zu verhandeln **39** (**Mündlichkeitsgrundsatz**, § 128 Abs. 1, dazu unten Rn. 82 ff.):

Entscheidungsgrundlage können daher grds. nur diejenigen Tatsachen werden, die in mündlicher Verhandlung als Prozessstoff eingeführt worden sind.[59]

§ 128 a ermöglicht auf Antrag einer Partei oder von Amts wegen nach Anhörung der Parteien die Zuschaltung einer Partei und/oder ihres Prozessbevollmächtigten per Video in die im Sitzungsraum stattfindende Verhandlung (Videokonferenz), was wegen der technischen Ausstattung der Gerichte praktisch immer noch nur selten möglich ist, gerade während der Corona-Pandemie aber hilfreich wäre.[60]

I. Der Ablauf einer gerichtlichen Verhandlung

grds. bei jedem Termin, ob Güteverhandlung, früher erster Termin oder Haupttermin. **40**

1. Nach dem Aufruf der Sache (§ 220) eröffnet der Vorsitzende bzw. Einzelrichter die Sitzung und **leitet sie** (§ 136).

2. Der mündlichen Verhandlung **ist** grds. eine **Güteverhandlung vorgeschaltet**, die **41** selbst noch kein Teil der mündlichen Verhandlung ist (vgl. §§ 272 Abs. 2, 279 Abs. 1). In diesem Termin wird mit den Parteien der Rechtsstreit zum Zweck seiner gütlichen – vergleichsweisen – Beilegung erörtert (§ 278 Abs. 2).

Kommt eine Einigung zustande, wird ein Vergleich protokolliert (§ 160 Abs. 3 Nr. 1; Vollstreckungstitel, § 794 Abs. 1 Nr. 1). Der Prozess ist dann beendet. Anderenfalls schließt sich unmittelbar an die Güteverhandlung die mündliche Verhandlung an, wenn auch dazu vorsorglich geladen wurde, was der Regelfall ist (§ 279 Abs. 1). Die Güteverhandlung kann aber auch gesondert vorweg durchgeführt werden,

Die Zweckmäßigkeit der grds. zwingenden Güteverhandlung für den Zivilprozess, die durch das ZPO-RG in Anlehnung an § 54 ArbGG eingeführt worden ist, wird teilweise kritisch beurteilt.[61]

3. Die Parteien haben ihre **Sachanträge** zu stellen und **zu begründen** (§ 137).

a) Die Anträge sind nach § 297 Abs. 1 aus den vorbereitenden Schriftsätzen zu verlesen oder zu Protokoll zu erklären. Der zur Begründung erforderliche Sachvortrag ist gemäß § 137 Abs. 2 in freier Rede zu halten.

In der Praxis ist es jedoch üblich, dass die Anwälte für Anträge und Sachvortrag auf ihre vorbereitenden Schriftsätze, deren Inhalt den Prozessbeteiligten bekannt ist, Bezug nehmen (§§ 297 Abs. 2, 137 Abs. 3) und sich nur noch zu besonders bedeutsamen Umständen oder zu Fragen des Gerichts konkret äußern.

b) Für den Tatsachenvortrag der Parteien und ihrer Prozessbevollmächtigten besteht die Pflicht zur **Wahrheit und Vollständigkeit** (§ 138 Abs. 1, dazu unten Rn. 70 ff.).

Jede Partei muss grds. auch zu den Tatsachenbehauptungen des Gegners Stellung nehmen (§ 138 Abs. 2). Nimmt eine Partei zu einer Tatsachenbehauptung des Gegners weder ausdrücklich noch konkludent Stellung, gilt sie als zugestanden und ist der Entscheidung zugrunde zu legen (§ 138 Abs. 3; s.u. Rn. 203).

4. Das Gericht hat die Verpflichtung, durch umfassende rechtliche und tatsächliche Er- **42** örterung und Aufklärung des Streitstoffes die sachgerechte Entscheidung des Rechtsstreits zu fördern und herbeizuführen.

---

59 BGH NJW 1997, 398; BAG NZA 2008, 1084; StJ/Leipold § 128 Rn. 29; PG/Prütting § 128 Rn. 11; ThP/Seiler § 128 Rn. 6.

60 Vgl. dazu Schmidt/Saam DRiZ 2020, 216; Greger MDR 2020, 509; Greib JuS 2020, 521; Denninger, BB 2020, 1464.

61 Vgl. z.B. Kaufmann MDR 2004, 1035; vgl. aber Gross JA 2018, 845; Knauss ZRP 2009, 206 und Zöller/Greger § 278 Rn. 6 ff.

Dazu hat das Gericht:

- in den Sach- und Streitstand einzuführen[62] – durch Darlegung des Sachverhalts und der entscheidungserheblichen Rechtsfragen – und

- die Sache tatsächlich und rechtlich zu erörtern (§§ 136 Abs. 3, 139 Abs. 1),

- die erschienenen Parteien persönlich zu hören (§ 278 Abs. 2 S. 3),

- auf die entscheidungserheblichen Gesichtspunkte hinzuweisen (§ 139 Abs. 2),

- den Prozessbeteiligten hierzu Gelegenheit zur Stellungnahme zu geben,

- im Rahmen seiner umfassenden Aufklärungspflicht (§ 139) darauf hinzuwirken, dass die Parteien sich über alle erheblichen Tatsachen vollständig erklären und sachdienliche Anträge (z.B. Beweisanträge) stellen,

- und letztlich generell – in jeder Lage des Verfahrens – auf eine Beilegung des Rechtsstreits durch Vergleich bedacht zu sein (§ 278 Abs. 1).

- ggf. auch durch Vorschlag einer gerichtsnahen oder gerichtsinternen Mediation (§ 278 a, s.o. Rn. 3).

43　**5.** Im Anschluss an diese streitige Verhandlung und Erörterung des Rechtsstreits folgt, soweit erforderlich und möglich, die **Beweisaufnahme** (§ 279 Abs. 2, z.B. durch Vernehmung von Zeugen). Der bisher übliche Ablauf ist zzt. teilweise zumindest erschwert.[63]

6. Der Rechtsstreit kann im Termin durch **Prozesshandlungen der Parteien beendet** werden: Klagerücknahme, Vergleich, übereinstimmende Erledigungserklärung.

7. Der **Abschluss** des Verhandlungstermins

Falls keine anderweitige Erledigung des Rechtsstreits eintritt, kann der Termin enden:

- Bei Entscheidungsreife durch Schluss der mündlichen Verhandlung (§ 136 Abs. 4) und Verkündung des Urteils, entweder noch im Termin (sog. Stuhl-Urteil) oder in einem sofort kurzfristig anzuberaumenden Verkündungstermin (§ 310 Abs. 1).

- Ergibt sich im frühen ersten Termin noch keine Entscheidungsreife, so muss das Gericht alle Anordnungen treffen, die zur Vorbereitung des Haupttermins noch erforderlich sind (§ 275 Abs. 2; z.B. richterliche Hinweise oder Auflagen an die Parteien, Erlass eines Beweisbeschlusses, § 358).

- Ergibt sich im Haupttermin wider Erwarten noch keine Entscheidungsreife, so muss der neue Termin möglichst kurzfristig anberaumt werden (§ 272 Abs. 3) mit den erforderlichen Maßnahmen zu seiner Vorbereitung.

Unnötige Vertagungen sind nicht gestattet: Konzentrationsmaxime, s.u. Rn. 89 ff.

44　**8.** Über den Ablauf der Verhandlung ist ein **Verhandlungsprotokoll** aufzunehmen (§ 159 ff.), in dem die wesentlichen Vorgänge und Ergebnisse, insbesondere die verkündeten gerichtlichen Entscheidungen festgehalten werden.

62　Zum Ablauf der mündl. Verhandlung: Schilken, Rn. 450 ff.; Schellhammer, Rn. 496 ff.; Goldkamp ZAP Fach 13, 2023 ff.
63　Vgl. dazu MK/Rauscher Bd. 1, Beil.: „Durch die COVID-19-Situation verursachte Fragestellungen im Zivilprozessrecht".

II. Der Erlass und die Verkündung eines Urteils

1. Der Einzelrichter/Kammervorsitzende schließt die mündliche Verhandlung (§ 136 **45** Abs. 4). Nach Schluss der mündlichen Verhandlung können Angriffs- und Verteidigungsmittel grds. nicht mehr vorgebracht werden (§ 296 a).

2. Vor Erlass des Urteils muss die Sache noch vom **Gericht beraten** werden (§ 309), natürlich bei einer Kammersache vom Kollegium, aber auch vom Einzelrichter, der die Entscheidung aufgrund der Erörterungen in der mündlichen Verhandlung, die er zu berücksichtigen hat, nochmals überdenken muss.

Um eine sorgfältige Beratung zu ermöglichen, wird in der Praxis nicht selten ein **Verkündungstermin** anberaumt und nur in einfach gelagerten Fällen eine sofortige Verkündung des Urteils vorgenommen.

Die Beratung ist geheim (**§ 43 DRiG: Beratungsgeheimnis!**). – Dem Richter zur Ausbildung zugewiesene Referendare können zugelassen werden (§ 193 GVG), Studenten dagegen nicht.[64]

3. Die **Verkündung** dieses Urteils erfolgt dadurch, dass der Richter die vorher schriftlich niedergelegte Urteilsformel verliest (§§ 136 Abs. 4, 311 Abs. 2).

4. Mit dieser Verkündung wird das Urteil existent: Ohne Verkündung kein wirksames Ur-*teil* (s.u. Rn. 307). – Es kann nun nicht mehr geändert werden (§ 318), und zwar auch dann nicht, wenn der Richter bei der Abfassung der Urteilsgründe feststellt, dass ihm ein Fehler unterlaufen ist, und er daher die Entscheidung gerne korrigieren würde.

5. Das **vollständig abgefasste Urteil** hat folgenden Inhalt (vgl. dazu Beispiel, Rn. 56):

a) Die Eingangsformel: **„Im Namen des Volkes!"** (§ 311 Abs. 1), als Ausfluss von Art. 20 **46** Abs. 2 S. 1 GG.

b) Urteilskopf (sog. **Rubrum**, weil früher mit roter Tinte, § 313 Abs. 1 Nr. 1–3).

c) Urteilsformel (**Urteilstenor**, § 313 Abs. 1 Nr. 4): der hoheitliche Entscheidungsausspruch, äußerlich von der Urteilsbegründung abgesetzt und – i.d.R. durch Einrücken – hervorgehoben.

Der Urteilstenor besteht aus:

- dem **Hauptausspruch:** die eigentliche Entscheidung des Prozesses, wie z.B. die Verurteilung des Beklagten zu einer Zahlung oder die – völlige oder teilweise – Abweisung der Klage.

- der **Kostenentscheidung:** Diese richtet sich grds. danach, welche Partei im Rechtsstreit unterlegen bzw. wie das Verhältnis des beiderseitigen Obsiegens bzw. Unterliegens ist (§§ 91, 92; vgl. aber auch § 93 beim sofortigen Anerkenntnis[65]).

- der **Entscheidung über die vorläufige Vollstreckbarkeit** des Urteils (§§ 708 ff.).

d) Die **Begründung des Urteils** gliedert sich in **47**

- **Tatbestand**

- **Entscheidungsgründe.**

---

64 BGH JuS 1996, 686 m. abl. Anm. Bayreuther; Einsiedler NJ 2014, 6.

65 Vgl. dazu BGH NJW 2020, 1442; BGH RÜ2 2019, 241; Golz/Schneidenbach JA 2019, 291 ff.

aa) Tatbestand: Darstellung des Sach- und Streitstandes – Ansprüche, Angriffs- und Verteidigungsmittel, Anträge – in knapper Form (§ 313 Abs. 2).[66]

bb) Entscheidungsgründe: Kurze Darstellung der Erwägungen, auf denen das Urteil in tatsächlicher und rechtlicher Hinsicht beruht (§ 313 Abs. 3).[67]

(1) Nur die entscheidungserheblichen (tragenden) Gründe sind mitzuteilen, nicht tragende Erwägungen (sog. obiter dicta) dagegen sind grds. wegzulassen.

Zur **Zulässigkeit der Klage** braucht daher nur dann etwas ausgeführt zu werden, wenn insoweit Bedenken bestehen, die Parteien darüber streiten oder wenn gar die Klage als unzulässig (= tragender Grund) abgewiesen wird.

Zur **Begründetheit** genügt es bei einem zusprechenden Urteil i.d.R. nur die einfachste, sicherste oder umfassendste Anspruchsgrundlage heranzuziehen. Bei Klageabweisung müssen dagegen alle in Betracht kommenden Anspruchsgrundlagen verneint werden. Doppel- und Hilfsbegründungen sind aber zulässig und auch weitgehend üblich.

(2) Die Formulierung erfolgt grds. im sog. **Urteilsstil** (Denn-Stil). Denn die getroffene Entscheidung soll begründet und nicht im untersuchenden Gutachtenstil erst gefunden werden.

Es wird nur das Endergebnis der Beratung mitgeteilt. Ein überstimmter Richter darf seine abweichende Meinung nicht zum Ausdruck bringen (kein dissenting vote; anders nur beim Bundesverfassungsgericht, § 30 Abs. 2 S. 1 BVerfGG).

e) Unterschrift des Richters bzw. der Richter (§ 315 Abs. 1).

48   **f) Rechtsmittelbelehrung:** Nach § 232 muss grds. jede anfechtbare gerichtliche Entscheidung eine Rechtsmittelbelehrung enthalten. Dies gilt, unabhängig davon, ob sie im Rahmen der funktionellen Zuständigkeit vom Richter, Rechtspfleger oder Urkundsbeamten der Geschäftsstelle erlassen wurde. Eingeschränkt ist die Belehrungspflicht bei Verfahren mit Anwaltszwang (§ 78).[68]

In Verfahren mit Anwaltszwang muss die Prozesspartei nur über die Rechtsbehelfe Einspruch und Widerspruch belehrt werden, da diese Entscheidungen auch gegen eine nicht anwaltlich vertretene Partei ergehen können (z.B. Versäumnisurteil gegen nicht anwaltlich vertretene Partei im Prozessverfahren vor dem Landgericht; Widerspruch gegen Beschlüsse im einstweiligen Rechtsschutz) sowie bei Entscheidungen gegenüber Zeugen oder Sachverständigen (z.B. §§ 380, 409).

E. Verfahren und Entscheidung durch Urteil im praktischen Fall

Fall 1: Verfahrensablauf in der Praxis

Der Kraftfahrzeughändler Karl König aus Münster hat am 17.03.2020 von dem Viehhändler Berthold Balzer aus Warendorf – Ort im Landgerichtsbezirk Münster – dessen gebrauchten Pkw Mercedes C 200 CDI für 19.500 € gekauft. Als König die Lieferung des Wagens anmahnte, erklärte Balzer, dass er den Wagen nicht mehr liefern könne,

---

66 Dazu Gruber/Stöbe NZA 2018, 826; Stein JuS 2014, 607; AS-Skript Die zivilgerichtliche Assessorklausur (2018), Rn. 207 ff.
67 Vgl. im Einzelnen dazu: ThP/Seiler § 313 Rn. 27 ff.; Zöller/Feskorn § 313 Rn. 19 ff.; Stein JuS 2015, 320 ff.
68 Vgl. zum § 232: Koch/Wellimann JR 2017, 401; Hartmann NJW 2014, 117; ders. MDR 2013, 61; Huber JuS 2014, 972; Koch/Wallimann JR 2014, 271; Süß Jura 2013, 1206; Fölsch NJW 2013, 970; Rellermeyer Rpfleger 2013, 61.

er sei ihm gestohlen worden. König erfuhr, dass dies nicht stimme, dass Balzer vielmehr den Wagen am 24.03.2020 in betrunkenem Zustand an einem Baum zu Schrott
gefahren hatte. Da König den Wagen für 25.500 € an den Handelsvertreter Anton
Ziegler hätte weiter verkaufen können, verlangte er mit Schreiben vom 04.04.2020
von Balzer den Verdienstausfall von 6.000 € als Schadensersatz. In seinem Antwort-
schreiben vom 16.04.2020 gab Balzer zwar zu, dass der zunächst behauptete Dieb-
stahl nicht zutreffe, weigerte sich aber trotzdem zu zahlen, weil er bei dem Unfall keineswegs betrunken gewesen sei und den Unfall auch nicht verschuldet habe.

A. Ausgangslage: Hat Balzer – was König annimmt – den Untergang des Pkw zu vertre- **49**
ten, kann König den entgangenen Gewinn von 6.000 € als Schadensersatz aus §§ 433
Abs. 1, 275, 280 Abs. 1, 3, 283 BGB verlangen. Da Balzer diesen Anspruch nicht freiwillig
erfüllen will, muss König Klage gegen ihn erheben, um so ein Urteil (Vollstreckungstitel)
zu erwirken, aus dem er dann notfalls die Zwangsvollstreckung gegen Balzer betreiben
kann. König wird also einen Anwalt aufsuchen, zumal er eine Forderung über mehr als
5.000 € geltend machen will, sodass für eine Klage das Landgericht sachlich zuständig
ist (§§ 71 Abs. 1, 23 Nr. 1 GVG), er also zur Durchführung eines Prozesses wegen des Anwaltszwanges nach § 78 gerade auch einen Anwalt benötigt.

Bei einem Anspruch, gegen den sich der Schuldner voraussichtlich nicht wehren wird, kann auch ein
Vorgehen im **Mahnverfahren** erwogen werden: Ein vereinfachtes Verfahren zur Titulierung zivilrecht-
licher, voraussichtlich unstreitiger Ansprüche (s.u. Rn. 369 ff.). – Das ist hier jedoch nach dem bisherigen
Verhalten von Balzer nicht zweckmäßig.

B. Verfahrensablauf

I. Klageerhebung: Da nach dem Sachverhalt Anhaltspunkte für eine wirtschaftliche **50**
Sinnlosigkeit der Klage nicht bestehen, wird sich König nach der Beratung mit seinem
Anwalt zur Klage entschließen und diesem **Klageauftrag und Prozessvollmacht** ertei-
len. Da König erstrebt, dass Balzer verurteilt wird, an ihn eine Leistung – Zahlung eines
Schadensersatzbetrages – zu erbringen, ist eine entsprechende **Leistungsklage** ange-
bracht. **Örtlich zuständiges Gericht** für die Klage ist das **LG Münster** (§§ 13, 29). Die
Klageschrift wird daher beim LG Münster eingereicht (§ 253 Abs. 5).

Mit der Klageeinreichung ist zugleich ein **Gerichtskostenvorschuss** einzuzahlen, da – soweit keine
Ausnahme vorliegt, z.B. Bewilligung von Prozesskostenhilfe – die Zustellung der Klage nur nach Einzah-
lung dieses Kostenvorschusses erfolgen soll (§ 12 GKG): KV GKG Nr. 1210.

Die von dem von König beauftragten Anwalt Dr. Maier gefertigte und unterschriebene
Klageschrift wird demnach etwa wie folgt aussehen:

Hinweis: Klageschriften, Urteile und sonstige Schriftsätze müssen erst im 2. Staatsexamen angefertigt werden. Die nachfolgenden Schriftstücke sollen nur den praktischen Verfahrensablauf veranschaulichen.

Rechtsanwalt Dr. Maier   *Münster, den 14.05.2020*
An das
Landgericht Münster

Klage

des Kraftfahrzeughändlers Karl König, Telgterstr. 7, 48167 Münster, Klägers,

– Prozessbevollmächtigter: Rechtsanwalt Dr. Maier, Annette Allee 57, Münster –

gegen

den Viehhändler Berthold Balzer, Bahnhofstraße 3, 48231 Warendorf, Beklagten.

Namens und in Vollmacht des Klägers erhebe ich hiermit Klage gegen den Beklagten,

mit dem Antrag,

> *den Beklagten zu verurteilen, an den Kläger 6.000 € nebst Zinsen i.H.v. 5 Prozentpunkten über dem Basiszinssatz seit Klagezustellung zu zahlen.*

Für den Fall eines Vorverfahrens beantrage ich, den Beklagten bei nicht rechtzeitiger Anzeige der Verteidigungsabsicht durch Versäumnisurteil zu verurteilen.

Gegen eine Entscheidung durch den Einzelrichter bestehen keine Bedenken.

Gründe:

Der Kläger hat mit Vertrag vom 17.03.2020 von dem Beklagten dessen gebrauchten Kraftwagen, Typ Mercedes C 200 CDI, zum Preis von 19.500 € gekauft.

Beweis: *Vorlage der Vertragsurkunde*

Der Beklagte hat den Wagen trotz Anmahnung nicht geliefert und kann dies auch nicht mehr, da der Wagen am 24.03.2020 durch einen vom Beklagten verschuldeten Unfall einen Totalschaden erlitten hat.

Beweis: *beizuziehende polizeiliche Unfallakte*

Der Kläger hatte für den Wagen bereits einen festen Kunden, der den Wagen für 25.500 € abgenommen hätte.

Beweis: *Zeugnis des Vertreters Anton Ziegler, Querweg 123, 48149 Münster*

Dem Kläger ist somit ein Gewinn von 6.000 € entgangen.

Er hat den Beklagten mit Schreiben vom 04.04.2020 zum Ersatz dieses Schadens aufgefordert.

Da der Beklagte die Zahlung mit Schreiben vom 16.04.2020 verweigert hat, ist Klage geboten.

Dr. Maier, Rechtsanwalt

---

51   II. **Klageeingang und Zustellung:** Die beim LG Münster eingegangene Klage wird mit einem Eingangsstempel (hier: 15.05.2020) versehen und der nach dem Geschäftsverteilungsplan des LG Münster zuständigen Zivilkammer unter Vergabe eines Aktenzeichens zugewiesen. Da es sich um eine relativ einfach gelagerte Streitigkeit handelt, liegt nach § 348 a Abs. 1 S. 1 eine originäre Einzelrichtersache vor. Sie wird von der Geschäftsstelle dem nach dem kammerinternen Geschäftsverteilungsplan zuständigen Kammermitglied als Einzelrichter von der Geschäftsstelle zugeleitet.

Es wird davon ausgegangen, dass für die Sache die 2. Zivilkammer zuständig ist, sodass sie als allgemeine Zivilsache das Aktenzeichen 2 O 170/20 erhält. Angenommen wird auch, dass das betreffende Kammermitglied ein Richter auf Lebenszeit und daher als Einzelrichter zuständig ist, § 348 a Abs. 1 S. 2 Nr. 1.

Der zuständige Einzelrichter Dr. Kraft wird eine weitere Vorbereitung zur Zeit nicht für erforderlich halten (§ 273) und daher einen frühen ersten Termin anberaumen (§§ 272 Abs. 2, 275), eine Zustellung der Klage und Ladung der Parteien (§§ 271, 274) verfügen, den Beklagten zu einer Klageerwiderung unter Fristsetzung auffordern und über Folgen der Fristversäumung sowie Anwaltszwang belehren (vgl. dazu oben Rn. 32 f.).

---

2 O 170/20

Verfügung

1. Gütetermin und früher erster Termin zur mündlichen Verhandlung: 02.07.2020, 9.00 Uhr. Das persönliche Erscheinen der Parteien wird angeordnet.

2. An Beklagten (ZU):

   a) Ladung mit ZP 72 b,

   b) beglaubigte und einfache Abschrift der Klageschrift,

   c) Frist zur Klageerwiderung (§ 275 Abs. 1): 08.06.2020.

3. Kläger-Vertreter laden (EB).   *Münster, den 15.05.2020*

4. Kläger persönlich laden (ZU).   *LG-Zivilkammer II*

5. Wiedervorlage: zum Termin.   *Dr. Kraft, Einzelrichter*

ZU bedeutet: Zustellungsurkunde (§ 182). **EB** bedeutet: Empfangsbekenntnis (§ 174); bei Zustellung an Anwälte genügt dieses zum Nachweis des Zugangs.

Die Belehrungen über die Folgen der Fristversäumung (§ 296) und den Anwaltszwang erfolgen i.d.R. durch Verwendung eines entsprechenden (auch EDV-)**Formulars**, hier: als „ZP 72 b" bezeichnet.

III. **Klageerwiderung:** Der Beklagte, der auf die zugestellte Klage (Zustellung: **52** 18.05.2020) erwidern muss (§ 275), muss wegen des Anwaltszwangs beim Landgericht (§ 78) ebenfalls einen Rechtsanwalt beauftragen. Schriftsätze des Beklagten selbst sind unwirksam.

Einen **Prozesskostenhilfeantrag** zur Verteidigung gegen die Klage könnte der Beklagte allerdings auch persönlich stellen (§§ 117 Abs. 1, 78 Abs. 3); nach PKH-Bewilligung muss ihm dann vom Gericht ein Anwalt beigeordnet werden (§ 121), der dann die Klageerwiderung wirksam für den Beklagten einreichen kann.

Für den Beklagten wird folgender Schriftsatz von Rechtsanwalt Hans eingereicht:

Rechtsanwalt Hans   *Münster, den 06.06.2020*

In Sachen

König ./. Balzer – 2 O 170/20

zeige ich an, dass ich den Beklagten vertrete.

Ich werde beantragen,

   die Klage abzuweisen.

Begründung: Es ist zwar richtig, dass der Beklagte den Pkw wegen des Verkehrsunfalls nicht mehr liefern kann; es trifft aber nicht zu, dass der Beklagte diese Unmöglichkeit verschuldet hat. Denn der Beklagte war keineswegs – wie der Kläger ihm in der Vorkorrespondenz vorgeworfen hat – betrunken, als er mit dem Wagen gegen den Baum geriet.

       Hans, Rechtsanwalt

IV. **Vorbereitung des frühen Termins durch das Gericht**   **53**

Zur Vorbereitung des anberaumten Termins wird der Einzelrichter Dr. Kraft die Zulässigkeit und Begründetheit der Klage prüfen, um möglichst in dem Termin zu einer Entscheidung zu kommen.

1. Gegen die **Zulässigkeit der Klage** bestehen keine Bedenken.

2. Das Klagebegehren ist auch **schlüssig** aus §§ 433 Abs. 1, 275 Abs. 1 u. 4, 283 S. 1, 280 Abs. 1 S. 1 BGB: Nach dem Vortrag des Klägers ist dem Beklagten die Erfüllung des Kaufvertrages unmöglich geworden. Dass und weshalb der Beklagte diese Unmöglichkeit zu vertreten hat, braucht der Kläger nicht vorzutragen; gemäß § 280 Abs. 1 S. 2 BGB ist es Sache des Beklagten, sich hinsichtlich eines fehlenden Verschuldens zu entlasten. Daher steht der Schlüssigkeit der Klage nicht entgegen, dass der Kläger keine konkreten Tatsachen für das Verschulden vorgetragen hat. Nach §§ 280, 283 BGB hat der Beklagte Schadensersatz wegen der Pflichtverletzung (Nichtlieferung des Wagens) zu leisten; darunter fällt gemäß § 252 BGB auch der entgangene Gewinn von 6.000 €. Der Zinsanspruch ist schlüssig aus §§ 291, 288 BGB (Prozesszinsen), darüber hinaus möglicherweise auch aus §§ 286, 288 BGB bei Verzug.

54   3. Gegenüber dem schlüssigen Schadensersatzanspruch ist die bloße Erklärung des Beklagten, er habe die Unmöglichkeit nicht verschuldet, **unerheblich**: Dieses Vorbringen enthält keine Tatsachen, aus denen sich ergibt, dass der Beklagte den Untergang des Wagens – des Kaufgegenstandes – nicht verschuldet und daher nicht zu vertreten habe. Auch die Angabe, bei dem Unfall nicht betrunken gewesen zu sein, ist keine hinreichende Tatsachenangabe, mit der der Beklagte seiner aus § 280 Abs. 1 S. 2 BGB folgenden Vortragslast für das Nichtvertretenmüssen nachgekommen wäre, denn auch wenn ein nüchterner Fahrer mit einem Kraftfahrzeug gegen einen Baum prallt, würde der Anschein zunächst für ein Verschulden des Fahrers sprechen. Zur Entlastung wäre daher erforderlich, dass der Beklagte – was er aber gerade nicht getan hat – **konkrete** Tatsachen vorgetragen hätte, die den Unfallhergang als unverschuldet erscheinen ließen.

Somit ist auch nach der Einlassung des Beklagten die Klageforderung gerechtfertigt, die Klage also begründet.

Es genügt wegen § 280 Abs. 1 S. 2 BGB eben nicht, dass der Beklagte lediglich ihm in der Klage oder vorher im Schriftwechsel vom Kläger vorgeworfene Verschuldenstatsachen pauschal bestreitet. Vielmehr muss er selber Tatsachen vortragen, aus denen sich positiv ergibt, dass er den Unfall nicht verschuldet und daher die Unmöglichkeit der Leistung nicht zu vertreten habe, etwa: er habe einem plötzlich in die Fahrbahn springenden Kind ausweichen müssen, oder: an dem Wagen sei ein Reifen geplatzt.

Aus diesen Überlegungen des Gerichts folgt, dass dann, wenn in der kommenden mündlichen Verhandlung die angekündigten Anträge gestellt und nur die bisherigen schriftlichen Begründungen vorgetragen werden, der Beklagte also keine neuen Tatsachen vorbringt, der Beklagte nach dem Klageantrag verurteilt werden muss. Ob der Beklagte überhaupt in der Lage ist, erhebliche – das Nichtvertretenmüssen der Unmöglichkeit ergebende – Tatsachen vorzutragen, ist in diesem Stadium ungewiss. Da jedenfalls keine Anhaltspunkte aus dem bisherigen Vorbringen in dieser Richtung ersichtlich sind, hat das Gericht keine Veranlassung, nach § 273 Abs. 2 Nr. 1 eine Ergänzung des Vorbringens zu veranlassen.

55   **V. Die mündliche Verhandlung**

Es wird angenommen, dass die Güteverhandlung erfolglos bleibt, die Anwälte der Parteien die schriftsätzlich angekündigten Anträge stellen, den bisherigen schriftlichen

Vortrag durch Bezugnahme auf die Schriftsätze (§ 137 Abs. 3) in die mündliche Verhandlung einführen und der Beklagte auch nach Ausübung der richterlichen Hinweispflicht (§ 139) keine neuen erheblichen Tatsachen vorgetragen hat. Da die Klage zulässig und schlüssig, das Vorbringen des Beklagten dagegen unerheblich ist, ist der Rechtsstreit **entscheidungsreif** (§ 300). Es muss ein Urteil zugunsten des Klägers ergehen. Da hier die Entscheidung klar ist, wird die Sache sofort beraten und das Urteil im Anschluss an die Beratung sogleich verkündet werden können.

Das anzufertigende **Verhandlungsprotokoll** wird hier etwa wie folgt aussehen:

Öffentliche Sitzung des Landgerichts   *Münster, den 02.07.2020*

2. Zivilkammer – 2 O 170/20 –

Gegenwärtig:

Richter am Landgericht Dr. Kraft als Einzelrichter,
ohne Zuziehung eines Urkundsbeamten

In dem Rechtsstreit

König ./. Balzer

erschienen bei Aufruf:

1) der Kläger mit Rechtsanwalt Dr. Maier,

2) der Beklagte mit Rechtsanwalt Hans.

Die Güteverhandlung blieb erfolglos.

Der Rechtsstreit wurde erörtert. Die Parteien wurden persönlich angehört.

Der Prozessbevollmächtigte des Klägers stellte den Antrag aus der Klageschrift.

Der Prozessbevollmächtigte des Beklagten stellte den Antrag aus dem Schriftsatz vom 06.06.2020 (Bl. 7 der Akten).

Die Prozessbevollmächtigten verhandelten mit diesen Anträgen zur Sache.

Das Gericht wies den Beklagten darauf hin, dass er für fehlendes Verschulden an dem Unfall darlegungs- und beweisbelastet sei.

Nach Beratung wurde folgendes Urteil durch Verlesung des Tenors verkündet:

> *Der Beklagte wird verurteilt, an den Kläger 6.000 € nebst Zinsen i.H.v. 5 Prozentpunkten über dem Basiszinssatz seit dem 19.05.2020 zu zahlen.*

> *Der Beklagte trägt die Kosten des Rechtsstreits.*

> *Das Urteil ist gegen Sicherheitsleistung des Klägers in Höhe von 110% des jeweils zu vollstreckenden Betrages vorläufig vollstreckbar.*

Dr. Kraft   *Bauer, Justizangestellte*

                                 für die Richtigkeit der Übertragung

---

56 F. Das Urteil

I. Vorliegend hat das vollständige Urteil (vgl. auch Rn. 45 ff.) etwa folgenden Inhalt:

Landgericht Münster
– 2 O 170/20 –

Urteil
Im Namen des Volkes!
In dem Rechtsstreit

des Kraftfahrzeughändlers Karl König, Telgter Straße 7, 48167 Münster,

Klägers,

– Prozessbevollmächtigter: Rechtsanwalt Dr. Maier in Münster –
gegen
den Viehhändler Berthold Balzer, Bahnhofstraße 3, 48231 Warendorf,

Beklagten,

– Prozessbevollmächtigter: Rechtsanwalt Hans in Münster –

hat die 2. Zivilkammer des Landgerichts Münster auf die mündliche Verhandlung vom 02.07.2020 durch den Richter am Landgericht Dr. Kraft als Einzelrichter

für Recht erkannt:

> *Der Beklagte wird verurteilt, an den Kläger 6.000 € nebst Zinsen i.H.v. 5 Prozentpunkten über dem Basiszinssatz seit dem 19.05.2020 zu zahlen.*
> *Der Beklagte trägt die Kosten des Rechtsstreits.*
>
> *Das Urteil ist gegen Sicherheitsleistung des Klägers in Höhe von 110% des jeweils zu vollstreckenden Betrages vorläufig vollstreckbar.*

Tatbestand

Der Kläger kaufte mit Vertrag vom 17.03.2020 vom Beklagten dessen gebrauchten Mercedes C 200 CDI zum Preis von 19.500 €. Der Beklagte konnte den Vertrag nicht erfüllen, denn am 24.03.2020 geriet der vom Beklagten gesteuerte Wagen gegen einen Baum und wurde dabei völlig zerstört. Der Kläger, der den Wagen für 25.500 € hätte weiterverkaufen können, verlangt vom Beklagten Ersatz des ihm entgangenen Gewinns.

Der Kläger beantragt,

> *den Beklagten zu verurteilen, an den Kläger 6.000 € nebst Zinsen i.H.v. 5 Prozentpunkten über dem Basiszinssatz seit Klagezustellung zu zahlen.*

Der Beklagte beantragt,

> *die Klage abzuweisen.*

Er trägt vor, er habe die Unmöglichkeit der Lieferung des Wagens nicht zu vertreten; denn er sei bei dem Unfall nicht – wie ihm der Kläger in der Vorkorrespondenz vorgeworfen habe – betrunken gewesen.

Wegen der Einzelheiten des Vorbringens der Parteien wird auf den Inhalt ihrer Schriftsätze verwiesen.

Entscheidungsgründe

Die Klage ist begründet.

Dem Kläger steht gemäß §§ 433 Abs. 1, 275, 283, 280 Abs. 1 S. 1 BGB ein Schadensersatzanspruch wegen Nichterfüllung gegen den Beklagten zu, weil diesem die Lieferung des verkauften Wagens unmöglich geworden ist.

Der Beklagte hat nicht dargetan, dass er diese Unmöglichkeit nicht zu vertreten habe, was seine Haftung gemäß § 280 Abs. 1 S. 2 BGB entfallen ließe, denn er hat keine konkreten Tatsachen vorgetragen, die den Unfall, der zu der Zerstörung des Wagens geführt hat, als unverschuldet erscheinen lassen würden. Sein Vortrag, er sei bei dem Unfall nicht betrunken gewesen, reicht dazu nicht aus; denn auch wenn ein nüchterner Fahrer ohne einen ersichtlichen Anlass gegen einen Baum gerät, spricht ein solcher Unfallhergang für sein Verschulden, und irgendwelche den Unfall erklärenden entlastenden Umstände hat der Beklagte nicht dargetan.

Die Höhe des vom Kläger erstattet verlangten entgangenen Gewinns (§ 252 BGB) von 6.000 € hat der Beklagte nicht bestritten.

Der geltend gemachte Zinsanspruch ist aus § 291 BGB gerechtfertigt.

Die Entscheidung über die Kosten ergibt sich aus § 91 ZPO, die über die vorläufige Vollstreckbarkeit des Urteils aus § 709 ZPO.

Dr. Kraft

II. Erläuterungen zum Urteilstenor im vorliegenden Fall[69]

1. Zum Hauptausspruch:

Neben der Entscheidung über die Hauptforderung (Zahlung von 6.000 €) muss auch über geltend gemachte Nebenforderungen entschieden werden (hier Zinsanspruch: Prozesszinsen, § 291 BGB).

57

Materiell-rechtlich wäre zwar die Zinsforderung schon ab einem etwaigen früheren Verzug – nicht erst ab Rechtshängigkeit – begründet (§ 288 BGB); die Verurteilung darf jedoch **nicht weitergehen**, **als vom Kläger beantragt** worden war (§ 308 Abs. 1: Dispositionsmaxime, dazu unten Rn. 61).

Der Zinsbeginn muss datumsmäßig festgelegt werden (Tag nach der Klagezustellung, §§ 261, 253 ZPO, 187 Abs. 1 BGB); denn der Tenor des Urteils muss so **bestimmt** sein, dass das Vollstreckungsorgan aus ihm entnehmen kann, **was der Schuldner genau schuldet**.

2. Zur Kostenentscheidung:

Die hier gemäß § 91 zulasten des unterlegenen Beklagten ergangene Kostenentscheidung besagt, dass der Beklagte dem Kläger die durch den Prozess entstandenen Kosten (Anwaltskosten, Gerichtskosten, sonstige zur Rechtsverfolgung notwendige Auslagen) zu erstatten hat. Aufgrund dieser Kostenentscheidung kann der Kläger über die ihm konkret erwachsenen Kosten gegen den Beklagten einen **Kostenfestsetzungsbeschluss** (§§ 103 ff.) erwirken und aus diesem vollstrecken (§ 794 Abs. 1 Nr. 2).

---

69 Vgl. auch Weigl: JA 2019, 59: Aufbauregeln für die Entscheidungsgründe in einem Zivilurteil.

3. Zur vorläufigen Vollstreckbarkeit:

Grds. ist jedes Urteil für vorläufig vollstreckbar – d.h. noch vor Eintritt der Rechtskraft vollstreckbar – zu erklären. Die Sicherheitsleistung, die hier nach § 709 für den Kläger festzusetzen ist, soll den Beklagten (Schuldner) vor dem Schaden schützen, der ihm bei einer Vollstreckung aus dem vorläufig vollstreckbaren Urteil – das möglicherweise in der Rechtsmittelinstanz aufgehoben wird – entstehen kann.

Höhe der Sicherheitsleistung: hier unbeziffert gemäß § 709 S. 2, aber auch gemäß § 709 S. 1 beziffert möglich nach dem berechneten Betrag, den der Kläger aus dem Urteil gegen den Beklagten vollstrecken kann (Hauptforderung, Zinsen, Kosten).

III. Zustellung des Urteils – Eintritt der Rechtskraft

58 **1.** Mit dem Urteil ist das Verfahren in der betreffenden Instanz abgeschlossen.

2. Eine Ausfertigung des vollständigen Urteils wird den Parteien von Amts wegen zugestellt (§§ 317 Abs. 1, 166 Abs. 2).

3. Mit der Zustellung beginnen die Rechtsmittelfristen (§§ 517, 548).

Legt die unterlegene Partei – auch die nur teilweise unterlegene, möglicherweise also beide Parteien! – ein Rechtsmittel gegen das Urteil ein, wird der Prozess in der Rechtsmittelinstanz fortgesetzt.

4. Die **formelle Rechtskraft** des Urteils tritt ein, sobald es mit Rechtsmitteln nicht mehr angegriffen werden kann. Der Prozess ist dann **endgültig beendet**.

G. Das Verfahren vor den Amtsgerichten (§§ 495 ff.)

59 Die Vorschriften im 2. Buch der ZPO (§§ 253 ff.) sind auf das landgerichtliche Verfahren bezogen. Sie gelten jedoch grds. **auch für das amtsgerichtliche Verfahren**, soweit die §§ 495 a–510 b nichts anderes bestimmen und sich aus der Verfassung der Amtsgerichte keine Abweichungen ergeben (§ 495).

Der Amtsgerichtsprozess läuft daher grds. so ab wie das dargestellte Verfahren vor dem Landgericht: Früher erster Termin oder schriftliches Vorverfahren zum Haupttermin.

Wesentliche Abweichungen für das Verfahren vor den Amtsgerichten:

- Der **Amtsrichter – als Einzelrichter** – vereinigt in sich die Funktionen des Vorsitzenden und des Prozessgerichts.

- In Zivilprozesssachen besteht beim Amtsgericht **kein Anwaltszwang**.

  Die Parteien können also selbst verhandeln und sich auch durch andere Personen vertreten lassen (s. § 79, Parteiprozess). Vertreter kann natürlich **auch ein Anwalt** sein, was **weitgehend der Fall** ist.

  Anwaltszwang dagegen zum Teil in Familiensachen, vgl. § 114 FamFG.

- Besondere Zulässigkeitsvoraussetzung des **obligatorischen Schlichtungsverfahrens** für Zahlungsklagen bis 750 €, soweit die Regelung des § 15 a EG ZPO in dem betreffenden Bundesland eingeführt worden ist.[70]

---

70 Dazu ThP/Hüßtege § 15 a EG ZPO; Stöber JA 2014, 607; Deckenbrock/Jordans MDR 2013, 945; 2009, 1202 u. oben Rn. 3.

■ Zulässigkeit des sog. **Schiedsverfahrens** („Bagatellverfahren") gemäß **§ 495 a:**

Wenn der Streitwert 600 € nicht übersteigt, kann das Gericht sein Verfahren nach billigem – natürlich pflichtgemäßem, nicht willkürlichem – Ermessen bestimmen. Es ist zwar an die **wesentlichen Grundsätze des Verfahrens** gebunden, wie z.B. insbesondere die Gewährung des rechtlichen Gehörs (Hinweis auf beabsichtigte Entscheidung nach § 495 a und Gewährung einer Stellungnahmefrist).[71] Es kann aber im Rahmen dieser Grundsätze das **Verfahren frei gestalten und vereinfachen.**

z.B.: telefonische Anhörung von Zeugen/Sachverständigen.[72] Ob Endurteil statt Versäumnisurteil zulässig ist, obwohl die säumige Partei dann die Einspruchsmöglichkeit (§ 338) verliert, ist umstritten.[73]

Mündliche Verhandlung nur auf Antrag, dann aber zwingend durchzuführen.[74]

Das Urteil braucht keinen Tatbestand zu enthalten und Entscheidungsgründe dann nicht, wenn ihr wesentlicher Inhalt ins Protokoll aufgenommen worden ist (§ 313 a Abs. 1).

Freie Gestaltung nur des Verfahrens; **an das materielle Recht bleibt der Richter dagegen gebunden** (also keine Entscheidung nach billigem Ermessen!).

Die Regelung gilt **nur für das Amtsgericht**, nicht auch – bei geringen Streitwerten – entsprechend für das Landgericht.

■ Da beim Amtsgericht kein Anwaltszwang besteht, ist zwar die richterliche Hinweis- und Aufklärungspflicht nach § 139, auch im Hinblick auf das Grundrecht auf ein faires Verfahren, für die Parteien weitergehend. Die richterliche Pflicht zu Neutralität und Gleichbehandlung der Parteien muss aber stets gewahrt bleiben, sodass der Richter auch einer anwaltlich nicht vertretenen Partei nicht einseitig Ratschläge und Empfehlungen erteilen darf, die auf eine Beratung und Bevorzugung dieser Partei hinauslaufen und damit eine Befangenheit des Richters (§ 42) begründen.

Es ist z.B. auf eine Unzuständigkeit und die Folge einer rügelosen Einlassung hinzuweisen (§ 504). Unterbleibt dieser Hinweis, so wird durch eine rügelose Einlassung zur Hauptsache entgegen dem Grundsatz des § 39 S. 1 die Zuständigkeit des Gerichts nicht begründet (§ 39 S. 2).

Nach h.M. stellt dagegen ein Hinweis an eine anwaltlich nicht vertretene Partei, dass sie wegen des zwischenzeitlichen Zeitablaufs die Verjährungseinrede (§ 214 BGB) erheben könne, eine Überschreitung der richterlichen Hinweis- und Aufklärungspflicht aus § 139 dar (vgl. dazu Rn. 74 ff.).

---

71 Vgl. BVerfG, Beschl. v. 13.02.2019 – 2 BvR 633/16, BeckRS 2019, 2004; ThP/Reichold § 495 a Rn. 2.
72 BL/Brünningmann § 495 a Rn. 42; Zöller/Herget § 495 a Rn. 10.
73 BVerfG NJW 2007, 3486 (keine Willkür); ThP/Reichold § 495 a Rn. 3; Zöller/Herget § 495 a Rn. 12 m.w.N.
74 BVerfG, Beschl. v. 08.06.2018 – 1 BvR 701/17, BeckRS 2018, 14019: Verletzung rechtlichen Gehörs BVerfG bei Verstoß.

60

Erstinstanzliche Verfahren

I. Ob ein Prozess angestrengt werden sollte, hängt von rechtlichen, tatsächlichen und wirtschaftlichen Erwägungen ab:

- rechtlich: Erfolgsaussicht der Klage in tatsächlicher, rechtlicher und beweismäßiger Hinsicht,

- wirtschaftlich: Kosten- und Vollstreckungsrisiko.

Zweckmäßig: Beauftragung eines Anwalts (vor dem Landgericht besteht ohnehin Anwaltszwang).

II. Klageerhebung durch

1. Einreichung der Klageschrift (notwendiger Inhalt: § 253): **Anhängigkeit**,

2. Zustellung: **Rechtshängigkeit** (§§ 253, 261).

III. Verfahren vor dem Landgericht (und **grds. auch vor dem Amtsgericht**):

1. Grds. **originärer/obligatorischer Einzelrichter** (§§ 348, 348 a): Dieser tritt an die Stelle der (Voll-)Kammer.

2. Gericht hat zur Wahl (Ermessen, Ziel: Entscheidungsreife):

- **früher erster Termin** (vollwertiger Verhandlungstermin),

- schriftliches Vorverfahren zur Vorbereitung des **Haupttermins**.

3. Vorbereitung des Termins: vorbereitende Schriftsätze der Parteien, Förderungsmaßnahmen des Gerichts.

4. Grds. obligatorische **Güteverhandlung** (§§ 278, 279): Vor, i.d.R. aber als Beginn der mündlichen Verhandlung.

5. Mündliche Verhandlung (Mündlichkeitsgrundsatz):

- Parteien: Pflicht zur Wahrheit und Vollständigkeit (§ 138),

- Gericht: Erörterungs-, Aufklärungs- und Hinweispflicht (§§ 136, 139).

6. Abschluss des Verhandlungstermins:

- Beendigung des Prozesses durch Parteierklärung (z.B. Klagerücknahme, Vergleich, Anerkenntnis),

- bei Entscheidungsreife: Urteil (Inhalt: § 313),

- bei fehlender Entscheidungsreife: neuer Termin mit Vorbereitung.

7. Ab Zustellung des Urteils: Rechtsmittelfristen.

IV. Abweichungen für das Verfahren vor dem Amtsgericht: §§ 495 ff. Insbesondere: Immer Amtsrichter als Einzelrichter; kein Anwaltszwang; vereinfachtes Verfahren: § 495 a.

3. Abschnitt: Die allgemeinen Verfahrensgrundsätze (Prozessmaximen) des Zivilprozesses

A. Dispositionsmaxime (Verfügungsgrundsatz)

Die Dispositionsmaxime bedeutet, dass die Parteien die Herren des Verfahrens sind und **61**
dass sie daher den **Streitgegenstand bestimmen** und **über ihn verfügen können**.[75]

Diese Dispositionsmaxime ist gewissermaßen das prozessuale Seitenstück zur Privatautonomie des
materiellen Rechts.[76]

I. Es liegt in der Hand der Parteien (Parteiherrschaft), **ob überhaupt ein Verfahren in Gang kommt** (Klage, Antrag) oder ob es bei Zulässigkeit des Rechtsmittels in die nächsthöhere Instanz gelangt: **Ohne Antrag kein Verfahren!**

Rechtssprichwort: Wo kein Kläger, da kein Richter.

II. Die Parteien bestimmen durch ihre **Anträge** auch den Gegenstand und den Umfang der richterlichen Prüfung und Entscheidung (§§ 308, 528, 557). Das Gericht darf daher den Parteien nicht mehr und nichts anderes zusprechen, als sie beantragt haben (**ne** eat judex **ultra petita** partium).

§ 308 Abs. 1 verbietet dem Gericht lediglich, den Parteien quantitativ mehr oder etwas qualitativ anderes (ein „aliud") zuzusprechen, als beantragt worden ist. Dem Gericht ist es dagegen natürlich gestattet, **weniger als beantragt** zuzusprechen, also der Klage nur zum Teil stattzugeben und sie **im Übrigen abzuweisen**, wenn sie nur zu einem Teil begründet ist. Zu prüfen ist

Beispiele: Der Kläger klagt Schadensersatz i.H.v. 2.000 € ein. Das Gericht ist zwar der Ansicht, dass die Klage auch i.H.v. 3.000 € begründet wäre, darf dem Kläger aber nach § 308 Abs. 1 nicht mehr als die beantragten 2.000 € zusprechen. Statt der vom Kläger beantragten uneingeschränkten Verurteilung kann allerdings der Beklagte zur Leistung Zug um Zug verurteilt werden, da dies im Verhältnis zum Klageantrag kein aliud, sondern ein Weniger (minus) ist.[77]

Durchbrechung in §§ 308 a, 721: Räumungsfrist für Mieter ggf. auch ohne dessen Antrag.

III. Die Parteien besitzen auch **während des Verfahrens** die Verfügungsmacht über **62**
den Streitgegenstand, sie können daher:

- das Verfahren durch Klagerücknahme (§ 269), Rechtsmittelrücknahme (§§ 516, 565) oder durch Vergleich beenden,

- durch Klageänderung (§ 263) den Streitgegenstand des Verfahrens ändern,

- durch Erledigung des sachlichen Streits eine Sachprüfung durch das Gericht ausschließen: durch Erledigungserklärung in der Hauptsache (§ 91 a), durch Verzicht (§ 306), Säumnis des Klägers (§ 330) oder durch Anerkenntnis des Beklagten (§ 307).

IV. Einschränkungen der Dispositionsmaxime: Die Dispositionsmaxime ermöglicht – entsprechend zur Privatautonomie – **nicht**, im Prozesswege Rechtsfolgen herbeizuführen, die **nach materiellem Recht unzulässig** sind. So kann z.B. bei einer auf eine nach materiellem Recht unmögliche, gesetzlich verbotene oder sittenwidrige Rechts-

---

75 Vgl. BGH MDR 2020, 282; Zöller/Greger Vorbem. v. § 128 Rn. 9 ff.; ThP/Reichold Einl. I Rn. 5; Brand NJW 2017, 3558.

76 Lüke ZPR, § 2 Rn. 2; Schilken, Rn. 339; Jauernig/Hess § 24 Rn. 1 ff.

77 Vgl. dazu BAG NZA-RR 2019, 596; BGH MDR 2018, 291; ThP/Reichold § 308 Rn. 3; Zöller/Vollkommer § 308 Rn. 4.

folge gerichteten Klage kein Anerkenntnisurteil erlassen oder ein dem Klageantrag entsprechender Prozessvergleich geschlossen werden.[78]

Daher ist z.B. kein Anerkenntnisurteil auf Eintragung eines Mietverhältnisses im Grundbuch zulässig, da ein Mietverhältnis nicht eintragungsfähig ist.

V. Gegensatz zur Dispositionsmaxime ist die **Offizialmaxime**, d.h. die Einleitung des Verfahrens und Bestimmung des Verfahrensinhalts von Amts wegen. Sie gilt grds. insbesondere im Strafprozess (Einschränkung: Antrags-, Ermächtigungsdelikte; Durchbrechung: Privatklagedelikte), zum Teil auch im Verfahren nach dem FamFG (z.B. für erforderliche Maßnahmen des Familiengerichts bei Gefährdung des Kindeswohls, § 1666 BGB, §§ 151 ff. FamFG, s.u. Rn. 570 ff.).

B. Verhandlungsmaxime (Verhandlungs-, Beibringungsgrundsatz)

I. Bedeutung

63 **1.** Die ZPO geht vom Verhandlungsgrundsatz aus.[79] Dieser Grundsatz besagt, dass der vom Gericht seiner Entscheidung zugrunde zu legende **tatsächliche Prozessstoff von den Parteien** – und zwar grds. **nur von ihnen** (und nicht vom Gericht) – beizubringen ist und beigebracht werden kann. Dies bedeutet, dass:

- die **Parteien entscheiden, welcher Tatsachenstoff** in den Prozess eingeführt wird, und dass das Gericht seinem Urteil nur die Tatsachen zugrunde legen darf, die die Parteien vorgetragen haben.[80]

- **unstreitige Tatsachen** – von beiden Parteien vorgetragene oder zugestandene Tatsachen – vom Gericht grds. ohne Nachprüfung auf ihre Wahrheit zu berücksichtigen sind (§§ 138 Abs. 3, 288).[81]

- grds. die Parteien darüber entscheiden, ob sie für **beweisbedürftige Tatsachen** Beweis antreten wollen, und das Gericht grds. nur dann Beweis erheben darf, wenn eine Partei dies beantragt hat (vgl. aber auch §§ 142, 144).[82]

64 Der Verhandlungsgrundsatz beruht darauf, dass die Parteien die Herren des Verfahrens und damit dann auch des tatsächlichen Prozessstoffes sind (Parteiautonomie). Da es im Zivilprozess um eigene Interessen der Parteien geht, kann zudem davon ausgegangen werden, dass die Parteien, die die dem Streit zugrunde liegenden Vorgänge kennen, jeweils das ihnen Günstige vortragen werden und dass daher übereinstimmend Vorgetragenes auch der Wirklichkeit entsprechen wird (Grundsatz der „formellen Wahrheit").[83] Es gibt also im Zivilprozess **keine Aufklärung des Sachverhalts von Amts wegen**.

Eine Verletzung des Verhandlungsgrundsatzes durch das Gericht kann die Verfassungsbeschwerde wegen Verletzung des rechtlichen Gehörs oder des Willkürverbots begründen und dann zur Aufhebung des Urteils führen.[84]

---

78 Vgl. StJ/Leipold vor § 128 Rn. 144; § 307 Rn. 33 ff.; Zöller/Stöber § 794 Rn. 8.

79 BVerfGE 67, 42; BVerfG NJW 2008, 2170; BGH NJW 2018, 2489.

80 BVerfG NJW 1995, 40; BGH NJW-RR 1996, 1009, 1010; ThP/Reichold Einl. I Rn. 2; vgl. aber auch Windau NJOZ 2018, 761.

81 Vgl. BGH NJW-RR 1987, 1018, 1019; KG NJW 2017, 3792; Scherer DRiZ 1996, 58.

82 BVerfG NJW 1994, 1210; Zöller/Greger Vorbem. v. § 128 Rn. 11; Laumen MDR 2020, 145; 193; Muthorst JuS 2014, 686.

83 Vgl. dazu RS/Gottwald § 77 Rn. 6; ThP/Reichold Einl. I Rn. 3.

84 BVerfG FA 2019, 104; BVerfG NJW 2017, 3218; ThP/Reichold Einl. I Rn. 9 ff.

Fall 2: Der betrunkene Totogewinner

Der Kläger K klagt vor dem Amtsgericht auf Zahlung von 200 €. Er behauptet, am 12.06.2020 dem Beklagten B den Betrag als Darlehen, rückzahlbar in einem Monat, gegeben zu haben (Beweis: Zeugnis des Z). Der Beklagte B beantragt Klageabweisung. Er behauptet, der Kläger habe ihm das Geld geschenkt: Er habe den Kläger, einen früheren Arbeitskollegen, an jenem Tag in der Gastwirtschaft „Zur schnellen Pumpe" getroffen und dabei erfahren, dass dieser im Toto gewonnen habe. Als er ihm erzählt habe, dass er mit einer Rate für sein Motorrad in Verzug sei, habe ihm der Kläger die 200 € in die Hand gedrückt und gesagt: „Da hast du sie!" (Beweis ebenfalls: Zeugnis Z).

Das Amtsgericht hat Z als Zeugen vernommen. Dieser hat bekundet, dass der Kläger, sehr stark angetrunken, dem Beklagten die 200 € gegeben und dabei mit lallender Stimme gesagt habe: „Schmeiß es dem Gerichtsvollzieher vor die Füße!"

In der Verhandlung zur Beweisaufnahme haben sowohl der Kläger als auch der Beklagte erklärt, dass die Aussage des Z jedenfalls insoweit unrichtig sei, als er den Kläger als Betrunkenen hingestellt habe.

Das Amtsgericht hat den Beklagten zur Zahlung von 200 € an den Kläger verurteilt. In den Urteilsgründen hat es ausgeführt, ein Rückzahlungsanspruch des Klägers aus Darlehen (§ 488 BGB) sei zwar nicht bewiesen, umgekehrt allerdings auch nicht, dass der Kläger das Geld dem Beklagten habe schenken wollen. Da der Kläger jedoch bei der Hingabe des Geldes – wie sich aus der überzeugenden Aussage des Zeugen Z ergebe – betrunken gewesen sei, könne eine Schenkung ohnedies nicht zustande gekommen sein. Der Kläger habe daher zumindest einen Rückzahlungsanspruch aus ungerechtfertigter Bereicherung (§ 812 BGB).

Durfte das Amtsgericht so entscheiden?

1. Ausgehend von der Aussage des Zeugen Z besteht materiell-rechtlich in der Tat ein **65** Anspruch aus § 812 BGB. Wenn nämlich K bei der Hingabe des Geldes an B hochgradig betrunken war, war eine Willenserklärung des K gemäß § 105 Abs. 2 BGB nichtig. Es ist daher – gleichgültig, worauf die Willenserklärung des K gerichtet war – weder ein wirksamer Darlehensvertrag noch eine wirksame Schenkung zustande gekommen.

2. Fraglich ist jedoch, ob das Gericht die lediglich vom Zeugen Z in den Prozess eingeführte Trunkenheit des Klägers seiner Entscheidung zugrunde legen durfte. Es kann damit den Verhandlungsgrundsatz verletzt haben.

   Die Beweisaufnahme durch Vernehmung des Zeugen Z als solche war kein Verstoß gegen den Verhandlungsgrundsatz, da insoweit ein Beweisantritt vorgelegen hat. Die Beweisaufnahme soll jedoch immer nur das Vorliegen bzw. Nichtvorliegen der von den Parteien bereits behaupteten erheblichen Tatsachen klären. Treten anlässlich einer Beweisaufnahme von den Parteien bisher nicht vorgetragene Tatsachen hervor, wie hier die Trunkenheit des Klägers, so sind diese Tatsachen damit noch nicht ohne Weiteres Prozessstoff. Sie müssen erst durch die Parteien in den Prozess eingeführt werden, und zwar dadurch, dass mindestens eine der Parteien diese neue Tatsache zum Gegenstand ihres Vortrages macht.[85] Dies kann zwar auch konkludent

---

85 BGH JR 1990, 337; Zöller/Greger § 286 Rn. 2.

geschehen, und es wird i.d.R. auch davon ausgegangen werden können, dass eine Partei ihr günstige Umstände, die sich bei der Beweisaufnahme ergeben, zumindest hilfsweise auch vortragen will, also sich zu eigen macht.[86] Hier aber haben beide Parteien der Zeugenaussage insoweit gerade ausdrücklich widersprochen. Die Trunkenheit des Klägers bei der Geldhingabe ist somit nicht Prozessstoff geworden und konnte und **durfte daher vom Gericht der Entscheidung nicht zugrunde gelegt werden.**

66 3. Ohne diesen Verstoß gegen den Verhandlungsgrundsatz war richtigerweise wie folgt zu prüfen:

    a) Schlüssigkeit der Klage: aus dem von K behaupteten Darlehen (§ 488 Abs. 1 BGB).

    b) Einlassung des Beklagten: Seine Behauptung, die 200 € als Schenkung erhalten zu haben, ist erheblich, denn wenn eine Schenkung vorliegt, hat K keinen Rückzahlungsanspruch aus Darlehen.

    c) Beweiserheblich: Ob es sich bei der Hingabe des Geldes um ein Darlehen gehandelt hat.

    Für diese anspruchsbegründende Tatsache trägt der Kläger die Beweislast; der Beklagte hat nicht etwa die Schenkung zu beweisen, denn gegenüber der anspruchsbegründenden Norm „Darlehen" ist die Behauptung „Schenkung" keine Einrede, sondern ein substantiiertes Bestreiten einer Anspruchsvoraussetzung (s.u. Rn. 204).

    d) Beweisaufnahme: Die Anspruchsvoraussetzung „Darlehen" ist durch die Aussage des Zeugen Z nicht bewiesen worden. Die Klage war daher abzuweisen.

---

67 **2.** Der Verhandlungsgrundsatz bezieht sich **nur auf Tatsachen**, sodass nur diese von den Parteien durch ihren Vortrag zum Prozessstoff gemacht werden müssen. Dagegen müssen **Rechtssätze** nicht von den Parteien vorgetragen werden. **Die Anwendung der Rechtssätze ist vielmehr Aufgabe des Gerichts („iura novit curia"** – „das Recht kennt das Gericht"; **„da mihi facta, dabo tibi ius"** – „gib mir die Tatsachen, ich gebe dir das Recht").[87] Die Parteien haben daher auch nicht die Befugnis, dem Gericht eine bestimmte Rechtsanwendung vorzuschreiben. Das Gericht ist daher auch nicht an eine von den Parteien übereinstimmend vorgetragene Rechtsansicht gebunden.[88]

Beispiel: Keine Bindung des Gerichts an die übereinstimmende Rechtsansicht der Parteien, dass ein Grundstückskaufvertrag trotz unvollständiger Beurkundung des Kaufpreises (§ 311 b BGB) wirksam ist.[89]

Natürlich können (und werden) die Parteien aber auch ihre Rechtsansichten vortragen, insbesondere bei Vertretung durch Rechtsanwälte, die gerade auch versuchen müssen, das Gericht von ihren zugunsten ihrer Mandanten vorgetragenen Rechtsansichten zu überzeugen.[90] Das Gericht muss diese Rechtsausführungen dann auch zur Kenntnis nehmen und in Erwägung ziehen (rechtliches Gehör, vgl. dazu unten Rn. 78 ff.).

68 **3.** Gegensatz zur Verhandlungsmaxime ist der **Untersuchungsgrundsatz** (Inquisitionsmaxime), nach dem das Gericht von sich aus die Wahrheit zu erforschen, also auch ohne diesbezüglichen Vortrag der Parteien und ohne Bindung an ihren Vortrag den Sachverhalt aufzuklären hat. Dieser Grundsatz ist typisch für das Strafverfahren und gilt grds. auch nach dem FamFG (§ 26 FamFG).

---

86 BGH NJW 2001, 2177; Zöller/Greger § 286 Rn. 2.
87 BGH NJW 1999, 645; BGH NJW 2003, 1390; OLG Brandenburg, Beschl. v. 23.01.2020 – 6 W 7/20, BeckRS 2020, 1558.
88 BAG NZA 2020, 227; BGH MDR 1969, 468; 1991, 222; RS/Gottwald § 77 Rn. 9, 10.
89 BGH NJW 1994, 2547; MDR 1969, 468; ThP/Seiler Einl. I Rn. 4.
90 BGH FamRZ 2010, 2067; BGH RÜ 2009, 211; BGH NJW 2002, 1413; ausführlich dazu Harbst JA 2018, 129.

II. Einschränkungen des Verhandlungsgrundsatzes

Der Verhandlungsgrundsatz wird eingeschränkt bzw. abgemildert durch: **69**

- den Grundsatz der Amtsprüfung,

- die Wahrheits- und Vollständigkeitspflicht der Parteien gemäß § 138 und

- die richterliche Frage-, Aufklärungs-, Erörterungs- und Hinweispflicht des § 139.

1. Der Grundsatz der Amtsprüfung

Eine Verpflichtung des Gerichts zur **„Prüfung von Amts wegen"** besteht für die Feststellung der **Zulässigkeitsvoraussetzungen** des Verfahrens (Prozess- und Sachurteilsvoraussetzungen), von Rechtsmitteln und Rechtsbehelfen und von Prozesshandlungen (allgemeiner Grundsatz, vgl. §§ 56, 88 Abs. 2, 341, 522, 552). Die **Prüfung von Amts wegen** bedeutet aber noch **keine Amtsermittlung**. Das Gericht hat also nicht die Aufgabe, selbstständig von Amts wegen zu ermitteln, ob die Prozessvoraussetzungen tatsächlich vorliegen. Erst wenn sich aufgrund des vorgetragenen Sachverhalts oder dem sonstigen Akteninhalt ausreichende Anhaltspunkte für das Nichtvorliegen einer Prozessvoraussetzung ergeben, setzt die Prüfungspflicht des Gerichts ein, das die Parteien **auf bestehende Bedenken hinzuweisen** hat (§ 139 Abs. 3). Die Prüfung hat dabei unabhängig von der Rüge einer Partei zu erfolgen, da die Prozessvoraussetzungen nicht der Parteidisposition unterliegen. Auch im Bereich der Prozessvoraussetzungen ist es allerdings grds. Aufgabe der Parteien, die erforderlichen Tatsachen vorzutragen und unter Beweis zu stellen und damit die Bedenken des Gerichts auszuräumen.[91]

Die Prüfung von Amts wegen steht somit gewissermaßen „in der Mitte" zwischen Verhandlungs- und Untersuchungsgrundsatz.

Der BGH[92] hat in Abweichung von diesen Grundsätzen ausgeführt, dass das Gericht bei der Prüfung von Prozessvoraussetzungen „alle in Frage kommenden Beweise von Amts wegen zu erheben" habe. Der Fall betraf allerdings die Einholung eines Gutachtens zur Klärung der Prozessfähigkeit des Klägers (vgl. § 56). Ob dies für alle Prozess- und Sachurteilsvoraussetzungen zu gelten hat, ist problematisch.[93]

2. Die Wahrheits- und Vollständigkeitspflicht der Parteien (§ 138 Abs. 1)

a) § 138 Abs. 1 stellt für die Parteien und ihre Vertreter die Pflicht zur **Wahrheit und**   **70**
Vollständigkeit ihres Vorbringens auf. Die Wahrheitspflicht ist allerdings lediglich auf die **subjektive Wahrhaftigkeit** gerichtet, nicht dagegen auf die objektive Wahrheit, die die Partei oft nicht kennt und kennen kann und die ja oft gerade auch erst im Prozess festgestellt werden kann und soll. Ein Verstoß gegen die Wahrheitspflicht ist daher nur das **bewusste Lügen**, also nur der Vortrag **wider besseres Wissen** (sog. **prozessuale Lüge**). Dies gilt unabhängig davon, ob das Vorbringen für erheblich gehalten wird oder nicht.[94] Eine Partei darf auch nicht den Gesamteindruck dadurch verfälschen, dass sie

---

91 BGH, Beschl. v. 14.02.2017 – XI ZR 283/16, BeckRS 2017, 106800; BGH NJW 2013, 1535; Philipp/Rothermel Jura 2016, 232.
92 BGH, Beschl. v. 14.02.2017, Fn. 87; BGH FamRZ 2012, 631; BGH NJW-RR 2011, 284; BAG NZA 2014, 799.
93 Ablehnend MK/Lindacher/Hau § 56 Fn. 1; Zöller/Vollkommer § 56 Rn. 4; kritisch auch StJ/Leipold vor § 128 Rn. 172.
94 BGH NJW 2018, 65; BGH NJW 2011, 2794; MV/Stadler § 138 Rn. 2 ff.; ThP/Seiler § 138 Rn. 3 ff.

ihr ungünstige Einzelheiten bewusst weglässt. Prozesstaktische Überlegungen müssen insoweit wegen Vorrangs der Wahrheitspflicht zurücktreten.[95]

Umstritten ist, ob die Vollständigkeitspflicht auch die Tatsachen umfasst, die eine rechtshindernde oder -vernichtende Einwendung des Gegners begründen (z.B.: Anfechtung, Aufrechnung, anspruchsminderndes Mitverschulden) oder eine bereits erhobene Einrede betreffen.[96]

71 **aa)** Die Parteien dürfen ohne Verstoß gegen die Wahrheitspflicht grds. auch nur **vermutete Tatsachen** vortragen. Ob bei Behauptungen, die willkürlich „ins Blaue hinein", also ohne jegliche tatsächliche Anhaltspunkte aufgestellt werden, ein Verstoß gegen die Wahrheitspflicht vorliegt oder das Vorbringen „nur" unschlüssig ist, ist umstritten.[97]

Beispiel: K, Erbe des E, findet in den Unterlagen des E ein Darlehen von 10.000 € an B verzeichnet. Als er B darauf anspricht, erklärt dieser, dass er das Darlehen nicht erhalten, sondern mit E nur aus steuerlichen Gründen die Buchung eines Darlehens vereinbart habe. K hält dies für möglich, klagt aber gleichwohl gegen B auf Zahlung mit der Behauptung der Darlehenshingabe, weil er als ebenfalls möglich annimmt, dass B die Gelegenheit des Erbfalles ausnutzen möchte, um sich vor der Rückzahlung des erhaltenen Darlehens zu drücken. – Hier liegt in der Klägerbehauptung, das Darlehen sei gewährt worden, auch wenn sich dies als unrichtig erweisen sollte, kein Verstoß gegen die Wahrheitspflicht, weil K nicht wider besseres Wissen oder willkürlich – allenfalls bedingt vorsätzlich – falsch vorgetragen hat.

bb) Die Parteien dürfen auch im Eventualverhältnis **unterschiedliche Tatsachenbehauptungen** aufstellen, die sich gegenseitig ausschließen, das aber nur solange, wie sie nicht von der Unwahrheit der einen überzeugt sind.[98] Eine Partei kann sich hilfsweise das Vorbringen der anderen auch dann zu eigen machen, wenn es mit dem eigenen Vortrag nicht vereinbar ist. Sie muss es aber auch tun, wenn das Gericht es verwerten soll.[99]

72 **b)** Rechtsfolgen einer **Verletzung der Wahrheitspflicht**

■ Eine für die lügende Partei günstige bewusst unwahre Tatsachenbehauptung bleibt nach ganz überwiegender Ansicht unberücksichtigt.[100]

Daher kann trotz § 331 Abs. 1 S. 1 auf eine bewusst unwahre Tatsachenbehauptung hin kein Versäumnisurteil ergehen, wenn das Gericht den Vortrag des Klägers als unwahr erkannt hat.[101]

■ Unbeachtlich und vom Gericht nicht zu berücksichtigen ist der übereinstimmende, aber bewusst unwahre Tatsachenvortrag beider Parteien bei kollusivem Zusammenwirken zur Schädigung eines Dritten (z.B. einem Versicherer). Dagegen kann eine Partei nach h.M. ohne Verstoß gegen die Wahrheitspflicht ihr ungünstige gegnerische Behauptungen, obwohl sie die Unwahrheit kennt, gegen sich gelten lassen, und ihr günstige Umstände verschweigen.[102]

■ Auch ein bewusst unrichtiger Vortrag für die Partei **ungünstiger** Tatsachen ist an sich eine Verletzung der Wahrheitspflicht. An ein bewusst falsches Geständnis ist die Partei jedoch wegen § 290 gebunden; Ausnahme: offenkundige Unwahrheit (§ 291).[103]

95 OLG Köln MDR 2005, 168; Zöller/Greger § 138 Rn. 6; MV/Stadler § 138 Rn. 5; Grunwald GRUR 2016, 1126.
96 Dafür MV/Stadler § 138 Rn. 5 m.w.N.; a.A. ThP/Seiler § 138 Rn. 4: Abwarten auf Berufung darauf zulässig.
97 Vgl. BGH, Urt. v. 31.10.2019 – 1 StR 219/17, BeckRS 2019, 30065; MV/Stadler § 138 Rn. 6; jeweils m.w.N. u. unten Rn. 284.
98 BGH ZInsO 2017, 1753; BGH NJW-RR 2015, 829; BGH NJW 1995, 2846; MK/Fritsche § 138 Rn.12.
99 BGH RÜ2 2018, 169; BGH NJW-RR 1994, 1405; MK/Fritsche § 138 Rn.12 und oben Rn. 38 a.E.
100 BGH NJW 1968, 1233; 1979, 2089; StJ/Leipold § 138 Rn. 14, 15; Schilken, Rn. 156.
101 BGH NJW 1979, 2089; StJ/Leipold § 138 Rn. 15; MV/Stadler § 138 Rn. 7; Zöller/Greger § 291 Rn. 2.
102 BGH VersR 1970, 826; OLG Düsseldorf NJW-RR 1998, 606; ThP/Seiler § 138 Rn. 7, 9; a.A. MV/Stadler § 138 Rn. 4.
103 H.M.: BGH NJW 2011, 2794; Zöller/Greger § 288 Rn. 7; BL/Anders § 138 Rn. 63 f.

■ Materiell-rechtlich können sich aus einer Verletzung der Wahrheitspflicht eine Strafbarkeit wegen Prozessbetruges (§ 263 StGB) und eine Schadensersatzverpflichtung aus unerlaubter Handlung ergeben (§ 823 Abs. 2 BGB, § 263 StGB, § 826 BGB), ferner prozessrechtlich eine Wiederaufnahme des Verfahrens gemäß § 580 Nr. 4.

c) Über die Pflicht zur Wahrhaftigkeit und Vollständigkeit des § 138 Abs. 1 hinaus besteht im Zivilprozess grds. **keine allgemeine Aufklärungspflicht** der nicht darlegungs- und beweisbelasteten Partei. Sie braucht daher grds. nicht – über § 138 Abs. 1 hinaus – durch Mitteilung ihres Wissens dem Gegner die Prozessführung zu erleichtern oder gar zu ermöglichen.[104] Der Beklagte muss daher auch nicht die Klage schlüssig machen.   **73**

Allerdings kann sich aus Treu und Glauben (§ 242 BGB) eine Aufklärungspflicht – sog. **sekundäre Darlegungslast** – der an sich nicht darlegungsbelasteten Partei ergeben, wenn die an sich darlegungs- und beweisbelastete Partei außerhalb des von ihr darzulegenden Geschehensablaufs steht und keine Kenntnis der maßgebenden Tatsachen besitzt, während die nicht darlegungsbelastete Partei diese Kenntnis hat und ihr nähere Angaben zumutbar sind.[105]

Beispiel: Wenn ein auf Schadensersatz Verklagter eine Verletzung der Schadensminderungspflicht durch den Kläger einwendet – für die er darlegungs- und beweisbelastet ist –, muss erforderlichenfalls zunächst der geschädigte Kläger vortragen, was er zur Schadensminderung unternommen hat, wenn der Beklagte außerhalb des von ihm darzulegenden Geschehensablaufs steht und dem Kläger nähere Angaben zumutbar sind;[106] der Beklagte hat dann nur diese Darstellung zu widerlegen.

III. Beeinflussung des Verhandlungsgrundsatzes durch die richterliche Erörterungs-, Aufklärungs-, Hinweis- u. Fragepflicht (§ 139)

In § 139 werden generalklauselartig die bisher an verschiedenen Stellen der ZPO geregelten materiellen Prozessleitungsaufgaben des Gerichts systematisch zusammengefasst. Dem Gericht wird danach eine Amtspflicht und Mitverantwortung für ein faires, willkürfreies und tunlichst auf richtiges Prozessergebnis gerichtetes Verfahren auferlegt. Diese Pflichten dienen der Vermeidung von Überraschungsentscheidungen und konkretisieren den Anspruch der Parteien auf rechtliches Gehör. Das Gericht ist nach der Generalklausel des § 139, die wegen ihrer Bedeutung oft als „Kernstück der richterlichen Pflichten, die magna charta des Zivilprozesses", bezeichnet wird,[107] insbesondere verpflichtet: **74**

■ mit den Parteien das Sach- und Streitverhältnis, soweit erforderlich, in tatsächlicher und rechtlicher Hinsicht zu erörtern und durch Fragen und Hinweise aufzuklären

■ darauf hinzuwirken, dass sich die Parteien über alle entscheidungserheblichen Tatsachen vollständig erklären (vgl. auch § 136 Abs. 3), sachdienliche Anträge stellen und Beweismittel benennen

■ rechtliche Hinweise nach § 139 Abs. 2, 3 auf entscheidungserhebliche Umstände so frühzeitig zu erteilen, dass die Parteien ihr Prozessverhalten darauf einstellen und ihr Vorbringen gegebenenfalls ergänzen können, um dem Verbot der Überraschungsentscheidungen gerecht zu werden

---

104 BAG NZA 2017, 1631; BGH NJW 2007, 155; ThP/Seiler § 138 Rn. 12; a.A. MV/Stadler § 138 Rn. 11.

105 BGH RÜ2 2019, 193; BGH WuW 2018, 326; Laumen MDR 2019, 193 und unten Rn. 204.

106 BGH BB 2014, 1743 m. Anm. Unseld; Palandt/Grüneberg § 254 BGB Rn. 72 m.N.

107 BL/Anders § 139 Rn. 1; Schmädicke NZA 2007, 1029, 1030; Teplitzky GRUR 2008, 34, 35.

1. Richterliche Aufklärungspflicht und Parteiherrschaft

Die richterliche Aufklärungs- und Hinweispflicht nach § 139 ZPO ist keine Durchbrechung, sondern nur eine Modifizierung des Verhandlungsgrundsatzes durch das Gebot der richterlichen Hilfestellung. Denn folgen die Parteien den Hinweisen des Gerichtes nicht, kann das Gericht auch über § 139 nicht von sich aus neue Tatsachen in den Prozess einführen, sondern es bleibt an den Vortrag der Parteien gebunden.[108] Die richterliche Aufklärungspflicht führt aber gleichwohl in der Praxis zu einer **starken Beeinflussung der Parteiherrschaft**, da die Parteien i.d.R. auf die Hinweise des Gerichts mit weiterem Vortrag reagieren werden. Das Gericht gewinnt daher über § 139 mittelbar starken Einfluss auf den Vortrag der Parteien und damit auf den Umfang des Prozessstoffes.

2. Umfang und Grenzen der Aufklärungspflicht

75 § 139 regelt nur, was das Gericht aufgrund der ihm obliegenden „prozessualen Fürsorgepflicht" tun muss, setzt aber keine Grenze dafür, was es tun darf. Einigkeit besteht insoweit darüber, dass die Pflichten des Gerichts aus § 139 durch die richterliche Pflicht zur Unparteilichkeit und Neutralität begrenzt sind. Insoweit ist allerdings zu beachten, dass aufgrund des streitigen Verhältnisses der Parteien zueinander die der einen Partei gewährte Hilfe notwendigerweise einen prozessualen Nachteil für die andere Partei darstellt. Die Grenzen des § 139 müssen aber dort gezogen werden, wo ein Anschein der Parteilichkeit des Richters entstehen und somit der Ablehnungsgrund wegen Besorgnis der Befangenheit (§ 42 Abs. 2) eingreifen kann. Denn ein Gericht muss auch bei Erfüllung der ihm aus § 139 folgenden Pflichten darauf achten, dass kein berechtigter Zweifel an seiner Unvoreingenommenheit und objektiven Einstellung entsteht.[109]

Nach h.M. bestehen diese Pflichten grds. unabhängig davon, ob die Parteien anwaltlich vertreten sind. Deren Umfang kann aber im Einzelfall aufgrund des Merkmals „erforderlich" unterschiedlich sein.[110]

Ein zulässiger rechtlicher Hinweis allein kann noch nicht die Besorgnis der Befangenheit begründen.[111]

a) Die Erörterungs-, Hinweis- und Aufklärungspflicht bezieht sich nur auf das dem Gericht zur Entscheidung unterbreitete Sach- und Rechtsverhältnis. Nur hinsichtlich **dieses** bestehenden Verhältnisses hat das Gericht mit den Parteien die für die Entscheidung bedeutsamen Tatsachen- und Rechtsfragen zu erörtern, sie auf Unklarheiten und Unvollständigkeiten ihres Vortrags – auch auf fehlende oder unklare Beweisantritte – hinzuweisen und ggf. eine Klarstellung und Ergänzung anzuregen.[112]

Dabei hat das Gericht grds. auch auf die Unschlüssigkeit einer Klagebegründung hinzuweisen, sodass es daher eine ungenügend begründete (unsubstantiierte) Klage nicht ohne Weiteres, sondern – auch im Anwaltsprozess – nur nach einem entsprechenden Hinweis abweisen darf.[113] Entsprechendes gilt natürlich auch bei unvollständigem Vortrag des Beklagten.[114]

---

108 Zöller/Greger § 139 Rn. 2 ff.; MV/Stadler § 139 Rn. 1; ausführlich zum § 139 ZPO und zur Verhandlungsführung des Richters Gaier NJW 2020, 177; Nober/Ghassemi-Tabar NJW 2017, 3265; Kurpat DRiZ 2017, 170.

109 Dazu BGH MDR 2020, 303 („Dieselskandal"); BGH NJW 2004, 164; MV/Stadler § 139 Rn. 5; Huber JuS 2017, 211: Grundwissen zur Richterablehnung und Grohmann/Grohmann DRiZ 2017, 60: Aktuelle Rspr. zur Befangenheit des Richters.

110 Vgl. BGH BauR 2011, 1850; ThP/Reichold § 139 Rn. 11 ff.; Gaier NJW 2020, 177 ff. und oben Rn. 59.

111 BGH NJW-RR 2016, 887; OLG Celle BauR 2019, 301; OLG München MDR 2019, 889; MV/Stadler § 139 Rn. 5.

112 BGH NJW-RR 2017, 672; BGH NJW-RR 2002, 1071; BGH MDR 1997, 876; MV/Stadler § 139 Rn. 5 ff.

113 BGH RÜ2 2016, 197; BGH NJW-RR 2006, 524; BGH NJW-RR 2004, 281; OLG Brandenburg NZFam 2020, 218.

114 BGH MDR 1993, 496; eingehend dazu Piekenbrock NJW 1999, 1360; Neuhaus MDR 2002, 438.

Der mit Wirkung zum 01.01.2020 eingeführte § 139 Abs. 1 S. 3 regelt ausdrücklich, dass **76** das Gericht durch Maßnahmen der Prozessleitung das Verfahren strukturieren und den Streitstoff abschichten kann. Diese Regelung hat allerdings nur deklaratorischen Charakter, weil das Gericht diese Befugnis schon nach der bisherigen Rechtslage hatte.[115] Nach § 139 Abs. 4 ist das Gericht verpflichtet, die nach § 139 Abs. 1–3 an die Parteien zu richtenden tatsächlichen und rechtlichen **Hinweise und Fragen „so früh wie möglich" vorzunehmen und aktenkundig zu machen**, d.h. schon vor der mündlichen Verhandlung, damit sie darauf auch reagieren und den Vortrag ergänzen können. Wird der richterliche Hinweis erst in der mündlichen Verhandlung erteilt, muss notfalls ein neuer Verhandlungstermin (vgl. auch § 139 Abs. 5: Schriftsatzfrist auf Antrag) anberaumt werden, da anderenfalls der Anspruch auf rechtliches Gehör verletzt wird.[116]

b) Das Gericht darf dagegen **nicht auf eine Änderung** des Sach- und Rechtsverhältnisses hinwirken, sich also zum Berater einer Partei machen. Es darf daher grds. **nicht**:

■ auf andere Sachverhalte oder neue Angriffs-/Verteidigungsmittel hinweisen,[117]

■ den Beklagten auf eine von ihm bisher nicht gesehene **Verjährung** der Klageforderung hinweisen. Ausnahme: Im Rahmen von Vergleichsgesprächen.[118]

■ eine Partei zur Abgabe von Erklärungen auffordern, die die materielle Rechtslage erst zugunsten der Partei **verändern** würden (z.B. Anfechtung, Rücktritt, Kündigung).[119]

c) Eine Anregung zu **sachdienlichen Anträgen** ist geboten, wenn Zweifel hinsichtlich des von der Partei Gewollten bestehen oder wenn deutlich wird, dass der nach dem vorgetragenen Sachverhalt sachgerechte Antrag aus Verkennung der rechtlichen Gesichtspunkte oder aus Versehen nicht oder nicht bestimmt genug gestellt wird.[120]

Hinweis aber nur im Rahmen des generellen Prozessziels. Eine Anregung zur Änderung oder Erweiterung des Prozessziels – etwa zur Klageerhöhung – ist dem Richter nicht gestattet.[121]

Beispiel: Der Kläger klagt vor dem Landgericht gegen die Gemeinde aus Amtspflichtverletzung auf Wiederaufbau eines abgebrochenen Hauses. Da es nach § 839 BGB, Art. 34 GG grds. nur Schadensersatz (Prozessziel) in Geld, nicht aber Wiederherstellung des früheren Zustandes (Naturalrestitution) gibt,[122] muss das Gericht darauf nach § 139 Abs. 1, 2 hinweisen, damit der Kläger die Gelegenheit bekommt, den Klageantrag entsprechend der Rechtslage und seinem Prozessziel auf Geldzahlung umzustellen.

IV. Durchbrechung des Verhandlungsgrundsatzes: Beweisverfahren

Für das Beweisverfahren ist der Verhandlungsgrundsatz – keine Beweisaufnahme ohne **77** Beweisantrag der Parteien – weitgehend durchbrochen. Er gilt heute uneingeschränkt **nur noch für den Zeugenbeweis** (§§ 373 ff.). Zeugen können daher nur vernommen werden, wenn eine Partei dies beantragt hat. Dagegen kann das Gericht im Rahmen sei-

---

115 Vgl. Schultzky MDR 2020, 1, 3 und ausführlich dazu Gaier NJW 2020, 177 ff.; Adam ZIP 2020, 701 ff.
116 BVerfG NJW 2015, 1166; BGH NJW-RR 2020, 284; BGH NJW 2018, 3316; BGH NJW 2018, 2202; OLG Köln NJW-RR 2015, 82.
117 BGH NJW-RR 2016, 887; BGH NJW 2006, 434, 435; BGH NJW 2004, 164.
118 Dazu BGH NJW 2004, 164; BGH NJW 1998, 612; OLG Hamm MDR 2013, 1121; Zöller/Greger § 139 Rn. 17; ThP/Reichold § 139 Rn. 6; Burballa NJW 2004, 905; a.A. Zöller/Vollkommer § 42 Rn. 27; Rensen MDR 2004, 489; dazu auch oben Rn. 59.
119 BGH NJW 2004, 164; Schellhammer, Rn. 416.
120 BGH MDR 2010, 1072; BAG NZA 2017, 1623; ThP/Reichold § 139 Rn. 9 ff.; MV/Stadler § 139 Rn. 10 ff.
121 Zöller/Greger § 139 Rn. 15; MV/Stadler § 139 Rn. 13; ThP/Reichold § 139 Rn. 10.
122 BGH NJW-RR 2003, 1004; Palandt/Sprau § 839 BGB Rn. 78 m.w.N.

ner Prozessförderungs- und Aufklärungspflicht nach seinem Ermessen von sich aus Augenscheins- und Sachverständigenbeweis erheben (§ 144), Parteivernehmung anordnen (§ 448) und Urkundenvorlage – auch durch Dritte – veranlassen (§ 142). Insoweit ist das Gericht zur Beweiserhebung **berechtigt, nicht aber verpflichtet.**[123]

Die Anordnung der Beweiserhebung steht zwar in diesen Fällen im pflichtgemäßen Ermessen des Gerichts, sie darf aber nicht zu einer unzulässigen Ausforschung von Amts wegen führen, sodass im Vortrag der Parteien ausreichende Anknüpfungstatsachen vorhanden sein müssen. Hält das Gericht eine Beweiserhebung für nötig, will es sie aber von Amts wegen nicht anordnen, ist ein Hinweis nach § 139 an die beweisbelastete Partei erforderlich. Reagiert die beweisbelastete Partei auf diesen Hinweis nicht, so ist regelmäßig ein Tätigwerden von Amts wegen nicht geboten (vgl. auch Rn. 279).[124]

C. Grundsatz des rechtlichen Gehörs

78 **I.** Der Anspruch der Parteien auf rechtliches Gehör ist in **Art. 103 Abs. 1 GG** (ferner Art. 6 Abs. 1 EMRK) verfassungsrechtlich garantiert und gilt als allgemeiner rechtsstaatlicher Grundsatz für alle gerichtlichen Verfahren. In der ZPO ist dieser Grundsatz zwar nicht ausdrücklich normiert, wird jedoch **als selbstverständlich vorausgesetzt** (vgl. § 321 a: Anhörungsrüge), denn gerade für den Zivilprozess ist er geschichtlich gewachsen.[125]

Der Grundsatz ergibt sich u.a. auch aus §§ 136 Abs. 3, 139, 278 Abs. 2, 279 Abs. 3, 283, 285; ferner aus dem Gebot eines fairen Verfahrens,[126] der „Waffengleichheit" im Zivilprozess,[127] dem allgemeinen Rechtsstaatsgedanken[128] und der Rechtsschutzgarantie.[129]

Eine Versagung des rechtlichen Gehörs kann mit Rechtsmitteln (Verfahrensfehler!),[130] mit der Gehörsrüge (§ 321 a) und letztlich mit der Verfassungsbeschwerde gerügt werden *(s.u. Rn. 361).*

II. Der Grundsatz des rechtlichen Gehörs geht in eine **dreifache Richtung: Jede Partei hat einen Anspruch bevor eine Entscheidung zu ihrem Nachteil ergeht auf:**

- **Information,**
- **Gelegenheit zur Äußerung** und
- **Beachtung ihres Vorbringens.**

79 **1. Information über alle entscheidungserheblichen Umstände**, z.B. den Vortrag des Gegners, Beweisergebnisse (§ 279 Abs. 3). Die Parteien müssen alle entscheidungserheblichen Tatsachen zur Kenntnis nehmen und nachprüfen können.[131]

Damit korrespondiert die Pflicht des Gerichts aus § 139 Abs. 1 zur Erörterung des Rechtsstreits in rechtlicher und tatsächlicher Hinsicht (s.o. Rn. 75).

Diese Information erfordert auch, dass das Gericht auf entscheidungserhebliche tatsächliche und rechtliche Gesichtspunkte **hinweist**, die eine Partei erkennbar übersehen oder für unerheblich gehalten hat

---

123 Vgl. BGH MDR 2020, 237 m. Anm. Lauman MDR 2020, 334; BGH VersR 2017, 908; BGH NJW 2007, 2989: Ermessensausübung notwendig; Zöller/Greger § 142 Rn. 8.

124 Vgl. dazu OLG Naumburg FamRZ 2003, 385; ThP/Reichold § 144 Rn. 1; MV/Stadler § 144 Rn. 3 ff. m.w.N.

125 Vgl. BVerfG NZFam 2018, 677 m. Anm. Brauer; BVerfG NJW 2017, 3218; BVerfG NJW 2017, 318; Musielak/Voit, Rn. 199.

126 Vgl. BVerfG, Beschl. v. 30.08.2017 – 1 BvR 776/14, BeckRS 2017, 130738; BGH NJW-RR 2018, 506; ThP/Seiler Einl. I Rn. 27.

127 Vgl. EGMR NJW 1995, 1413; BVerfG NJW 2018, 3631; BGH MDR 2017, 352; BGH NJW 2013, 2601 und unten Rn. 278.

128 BVerfG MDR 2013, 113; BVerfG NJW 1996, 3202; BGH, Beschl. v. 26.11.2019 – VI ZR 84/18, BeckRS 2019, 35506.

129 BVerfG, Beschl. v. 25.03.2020 – 2 BvR 113/20, BeckRS 2020, 5848; BVerfG JurBüro 2018, 96; StJ/Leipold vor § 128 Rn. 16.

130 BGH NJW-RR 2020, 573; BGH NJW-RR 2018, 1003; BGH NJW 2016, 1171; Zöller/Greger vor § 128 Rn. 8 a und BGH NJW-RR 2020, 312: Vorrang der Anhörungsrüge vor Nichtzulassungsbeschwerde (§ 544) bei Gehörsrüge (Art. 103 Abs. 1 GG).

131 BVerfG NJW 2017, 318; BGH ZIP 2020, 583; BGH JZ 1996, 737; BayObLG NJW-RR 1996, 1478.

oder die das Gericht anders beurteilt als beide Parteien (§ 139 Abs. 2). Ohne vorherigen Hinweis darf das Gericht eine Entscheidung nicht auf einen Gesichtspunkt stützen, mit dem auch ein gewissenhafter und kundiger Prozessbeteiligter nicht zu rechnen brauchte. Die Parteien müssen also bei Anwendung der von ihnen zu verlangenden Sorgfalt erkennen können, auf welche Gesichtspunkte es für die Entscheidung ankommen kann, um die Möglichkeit zur Reaktion hierauf zu haben.

Daraus folgen auch das **Verbot von Überraschungsentscheidungen**[132] und der Anspruch auf ein **faires Verfahren sowie Gleichbehandlung** der Parteien,[133] die zum Teil auch als eigenständige Verfahrensgrundsätze verstanden werden, aus denen umgekehrt ihrerseits u.a. die Informationspflicht folgt.

Das Gericht hat somit weitreichende Erörterungs-, Mitteilungs- u. Hinweispflichten. Über § 139 hinaus gehen diese Pflichten jedoch nicht, z.B. nicht zur Mitteilung der Rechtsansicht vor Schluss der mündlichen Verhandlung, die es der Entscheidung zugrunde legen will,[134] oder zum Hinweis bei anderer Beurteilung im Verhältnis zu nur einer Partei. Es ist aber gleichwohl i.d.R. angebracht, dass das Gericht auch weitergehend seine Ansichten offenlegt und mit den Parteien erörtert („Rechtsgespräch").[135]

2. Äußerung: Jede Partei muss sich zum Sachverhalt äußern, ihre Rechtsansichten vortragen und auf Hinweise des Gerichts reagieren können,[136] was auch die Einräumung der hierzu erforderlichen Zeit einschließt (vgl. auch § 139 Abs. 5). **80**

Die Partei darf sich dabei frei, uneingeschränkt und auch in deutlichen Worten äußern. Daher gibt es grds. keinen Anspruch auf Unterlassung von beleidigendem Prozessvorbringen (grds. Ausschluss von Ehrenschutzklagen gegenüber Parteivorbringen und Zeugenaussagen, auch seitens Dritter).[137]

3. Beachtung: Zum rechtlichen Gehör gehört schließlich, dass das Gericht die Ausführungen der Parteien auch zur Kenntnis nehmen, in Erwägung ziehen und wesentliches Parteivorbringen (z.B. wesentliche Beweisanträge)[138] bei der Entscheidung berücksichtigen muss.[139] **81**

III. Ausnahmen vom Grundsatz des vorherigen rechtlichen Gehörs bestehen dort, wo eine vorherige Anhörung gerade dem Sinn des Verfahrens zuwiderliefe, weil dies die Gefahr der Vereitelung staatlicher Maßnahmen heraufbeschwören würde.

z.B.: Im Vollstreckungsverfahren (vgl. § 834), im Arrest- und einstweiligen Verfügungsverfahren (§§ 922 Abs. 1, 937 Abs. 2). Der Betroffene kann dann aber immer nachträglich seine Auffassung durch Rechtsbehelfe vortragen; dadurch wird ihm dann **nachträglich auch das rechtliche Gehör gewährt**.

D. Mündlichkeit, Unmittelbarkeit, Öffentlichkeit

I. Der **Grundsatz der Mündlichkeit** bedeutet, dass die Parteien ihre Anträge und ihren Tatsachenvortrag in der mündlichen Verhandlung vorbringen müssen und dass grds. nur der Streitstoff, der in der Verhandlung vorgetragen worden ist, Grundlage der Entscheidung sein kann (§ 128 Abs. 1).[140] **82**

---

132 BVerfG AnwBl 2019, 494; BVerfG NZM 2018, 440; BGH NJW-RR 2020, 188; BGH NJW 2020, 60.

133 BVerfG ArbuR 2013, 103, Musielak/Voit, Rn. 201; Siegmann JZ 2017, 598 ff.

134 Vgl. BVefG NZM 2018, 440; BGH MDR 2018, 1209; BGH NJW 2016, 3100; BAG NJW 2006, 3371; StJ/Leipold § 139 Rn.19; MV/Stadler § 139 Rn. 16; vgl. aber auch BVerfG, Beschl. v. 04.07.2016 – 2 BvR 1552/14, BeckRS 2016, 48897; BGH ZIP 2020, 583: Ausnahmsweise Hinweispflicht, wenn das Gericht von der bisher einhelligen Rechtsansicht abweichen möchte.

135 StJ/Leipold § 139 Rn. 19; Schellhammer, Rn. 420; Jauernig/Hess § 29 Rn. 14.

136 BVerfG NJW 2017, 318; BGH NJW-RR 2020, 574; ThP/Reichold § 139 Rn. 32 f.; Zöller/Greger § 139 Rn. 2 ff., 10 ff.

137 BVerfG NJW-RR 2007, 840; BGH RÜ2 2018, 241; BGH NZFam 2018, 576; BGH NJW 2012, 1659; BGH NJW 2008, 996; OLG Frankfurt MDR 2019, 420; Fleck JR 2008, 441; kritisch: Kiethe MDR 2007, 625; Piepenbrock JZ 2006, 586.

138 BVerfG NJW 2017, 3218; BVerfG NJW 2009, 1585; BGH NJW 2020, 934; BGH ZInsO 2020, 893.

139 St.Rspr. des BVerfG u.a. BVerfG NJW-RR 2018, 694; BVerfG NJW 2017, 318; BGH NJW-RR 2020, 284; BGH ArztR 2020, 71.

140 BVerfG NJW 2019, 2919; BGH NJW 1999, 1339; BAG NJW 1996, 2749; Oltmanns/Fuhlrott, DB 2020, 841 ff.

Sinn und Zweck des Mündlichkeitsgrundsatzes ist es, durch wechselseitigen Vortrag der Parteien und durch Hinweise und Fragen des Gerichts einen unmittelbaren Eindruck vom Streit der Parteien und dem Streitstoff entstehen zu lassen. Insoweit hängt der Mündlichkeitsgrundsatz auch mit dem Unmittelbarkeitsgrundsatz zusammen. Die Öffentlichkeit der Verhandlung – und die Kontrolle der Rspr. durch die Öffentlichkeit – ist nur bei mündlicher Verhandlung denkbar.

Allerdings wird in der Praxis in der mündlichen Verhandlung weitgehend nur noch auf die Schriftsätze Bezug genommen. Dabei gilt der Grundsatz, dass mit der Antragstellung und der mündlichen Verhandlung im Zweifel auch ohne ausdrückliche Erklärung eine Bezugnahme der Parteien auf den gesamten Inhalt der entspr. §§ 129 ff. zur Vorbereitung vorgelegten Schriftstücke verbunden ist.[141]

1. Mündlichkeit – mündliche Verhandlung – ist obligatorisch für die Verhandlung vor dem erkennenden Gericht im **Urteilsverfahren**.

Im Beschlussverfahren, z.B. zur Bewilligung von Prozesskostenhilfe, im Beschwerde- und Arrest-/Verfügungsverfahren, **kann** mündliche Verhandlung anberaumt werden (sog. fakultative mündliche Verhandlung, § 128 Abs. 4), braucht es aber nicht.

83   **2.** Der Mündlichkeitsgrundsatz ist **durchbrochen**:

- für den Erlass eines Anerkenntnisurteils (§ 307 S. 2).
- beim Versäumnisurteil im schriftlichen Vorverfahren (§ 331 Abs. 3).
- nach § 128 Abs. 2, wenn sich beide Parteien dem Gericht gegenüber mit einem schriftlichen Verfahren einverstanden erklären.
- nach § 128 Abs. 3, wenn nur noch eine Kostenentscheidung zu treffen ist.
- bei sog. Bagatellverfahren nach § 495 a vor dem Amtsgericht: Mündliche Verhandlung zwingend nur auf Antrag (vgl. dazu oben Rn. 59).
- bei der Entscheidung nach Aktenlage (§§ 251 a, 331 a) und der Berücksichtigung nachgereichter Schriftsätze (§ 283), da hier auch in nicht vorgetragenen Schriftsätzen enthaltene Ausführungen Entscheidungsgrundlage werden können.

84   **3.** Es gilt der Grundsatz der **Einheit der mündlichen Verhandlung**. Finden in einem Prozess mehrere Verhandlungstermine statt, so bilden alle zusammen die „einheitliche mündliche Verhandlung". Grundlage der Entscheidung wird daher der gesamte – sich u.U. aus mehreren Terminen ergebende – Prozessstoff.[142]

a) Die einzelnen Verhandlungstermine sind gleichwertig: Was in einem Termin Prozessstoff geworden ist, bleibt grds. auch in den folgenden Terminen Prozessstoff; eine bindend gewordene Prozesslage bleibt auch für die späteren Termine bestehen.

Beispiele: Das durch rügelose Einlassung zuständig gewordene Gericht (vgl. § 39) bleibt zuständig; ein durch rügelose Einlassung geheilter Verfahrensmangel (§ 295) bleibt geheilt; eine Einwilligung in eine Klageänderung (§§ 263, 267) ist endgültig; ein Geständnis (§ 288) wirkt fort und kann nur unter den Voraussetzungen des § 290 widerrufen werden.

b) Soweit keine bindenden Prozesshandlungen vorliegen, kann sich die Prozesslage jedoch durch das prozessuale Verhalten in einem folgenden Termin ändern („Prozess"!). Es entscheidet daher der **letzte Verhandlungstermin**, über welchen Klageantrag zu entscheiden und was aus den früheren Terminen noch an Prozessstoff erheblich ist.

---

141 BGH NJW 2004, 1876, 1879; BGH NJW-RR 1996, 379; ThP/Reichold § 128 Rn. 6; Zöller/Greger § 128 Rn. 1; Vanetta/Lemmer BB 2020, 1098; Huber, JuS 2020, 417 zur Bedeutung der Covid-19-Pandemie für den Ablauf des Zivilprozesses.
142 BGH NJW 1980, 2313; BAG, Urt. v. 05.12.2019 – 2 AZR 240/19, BeckRS 2019, 38127; MV/Stadler § 128 Rn. 1 ff. m.w.N.

Neuer Vortrag, neue Anträge sowie Angriffs- und Verteidigungsmittel können daher grds. bis zum Schluss der mündlichen Verhandlung, auf die das Urteil ergeht, vorgebracht werden (Umkehrschluss aus § 296 a).[143] Bisher unbestrittene Tatsachen können noch bestritten und bisheriges Vorbringen kann noch ergänzt werden. Allerdings ergeben sich Einschränkungen aus der Pflicht der Parteien zur Prozessförderung, die „rechtzeitiges Vorbringen" (§ 282) verlangt und die vom Gericht durch Fristsetzungen und Ausschluss verspäteten Vorbringens durchgesetzt werden kann (§ 296).

c) Ein **Vortrag nach Schluss der mündlichen Verhandlung bleibt gemäß § 296 a S. 1 grds. unberücksichtigt** (Ausnahme: Schriftsatznachlass, § 296 a S. 2 i.V.m. §§ 139 Abs. 5, 283), kann aber gemäß § 156 die Wiedereröffnung der Verhandlung begründen.

Aus § 296 a S. 1 folgt also nicht zwingend, dass das Gericht einen nach Schluss der mündlichen Verhandlung eingereichten – nicht nachgelassenen – Schriftsatz von vornherein unberücksichtigt lassen darf. Das Gericht muss das Vorbringen vielmehr in jedem Fall beachten, insbesondere wenn damit nur Rechtsausführungen nachgeschoben werden. Es hat darüber hinaus zu prüfen, ob Gründe für eine Wiedereröffnung der mündlichen Verhandlung nach § 156 Abs. 2 gegeben sind oder ob nach dem Ermessen des Gerichts die mündliche Verhandlung wieder zu eröffnen ist.[144]

4. Die **Gerichtssprache ist deutsch** (§ 184 GVG). Eingaben in ausländischer Sprache sind daher grds. unbeachtlich.[145] Fremdsprachige Urkunden und Augenscheinsobjekte können allerdings als Beweismittel verwertet werden, was bereits aus § 142 Abs. 3 folgt.[146] Sind an der Verhandlung nicht hinreichend der deutschen Sprache mächtige Personen beteiligt, so ist ein **Dolmetscher** hinzuzuziehen (§ 185 GVG).

85

Es wird darüber diskutiert, ob bei ausgewählten Landgerichten spezielle **Kammern für internationale Handelssachen** eingerichtet werden sollen, vor denen auch in **englischer Sprache** verhandelt werden kann, um so u.a. auch zu verhindern, dass solche Streitigkeiten – wie zunehmend zu beobachten ist – weitgehend nur noch vor privaten Schiedsgerichten ausgetragen werden. Fraglich ist allerdings, ob dies nach deutschem Recht zulässig ist, insbesondere wegen Verletzung des Öffentlichkeitsgrundsatzes, weil insoweit dann die Kontrolle der Rspr. durch die Allgemeinheit erschwert werden könnte.[147]

II. Der **Grundsatz der Unmittelbarkeit** bedeutet, dass die mündliche Verhandlung vor dem erkennenden Gericht stattzufinden hat. Nur Richter, die an dieser Verhandlung teilgenommen haben, dürfen am Urteil mitwirken (§ 309).[148]

86

Grds. muss auch die Beweisaufnahme vor dem erkennenden Gericht stattfinden (§ 355 Abs. 1, **Unmittelbarkeit der Beweisaufnahme**).[149] Sie kann aber unter bestimmten Voraussetzungen einem beauftragten Richter (= Mitglied des erkennenden Gerichts, § 361) oder einem ersuchten Richter (= anderweitiger Richter, Rechtshilfe, § 362) übertragen werden, insbes. zur Vernehmung von Zeugen (§ 375).

Zeugenaussagen aus einem anderen Prozess (z.B. Strafprozess, anderer Zivilprozess) können als Urkundenbeweis verwertet werden. Der unmittelbare Zeugenbeweis muss aber erhoben werden, wenn dies beantragt wird[150] oder Glaubwürdigkeitsprobleme bestehen.[151] Will das Berufungsgericht Zeu-

---

143 BGH NJW 2002, 2862; ThP/Reichold § 128 Rn. 6, 10.
144 Vgl. BGH ,Beschl. v. 21.09.2017 – V ZR 64/17, BeckRS 2017, 134558; BGH NJW-RR 2014, 177; MV/Huber § 296 a Rn. 4 m.w.N.
145 BAG ZIP 2018, 1094; BGH NJW 1982, 532; Neidhart DAR 2014, 611; Armbrüster NJW 2011, 812 f. m.w.N.
146 OLG Koblenz, Urt. v. 02.10.2014 – 6 U 1127/13, BeckRS 2014, 123626; ThP/Hüßtege § 184 GVG Rn. 1.
147 Vgl. dazu Sturm/Schulz, ZRP 2019, 71; Hoffmann DRiZ 2018, 6; Meier WM 2018, 1827; Armbrüster ZRP 2011, 102.
148 Vgl. BVerfG NJW 2019, 291; ausführl. zum Unmittelbarkeitsgrundsatz im Zivilprozess Kern ZZP 2012, 55; Möller JA 2010, 47.
149 BGH JR 2019, 155; BAG, Urt. v. 05.12.2019 – 2 AZR 240/19, BeckRS 2019, 38127; Völzmann-Stickelbrock ZZP 2005, 359.
150 BGH NJW 2016, 950; ThP/Seiler § 286 Rn. 11 m.w.N.; vgl. auch BAG NZA 2017, 1051, 1053; BAG NZA 2015, 353 zur Berücksichtigung im Rahmen der freien Beweiswürdigung nach § 286.
151 BGH NJW 2000, 1420; OLG Koblenz MDR 2006, 771; ThP/Seiler § 286 Rn. 11 m.w.N.

genaussagen anders als die Vorinstanz verstehen oder werten oder die Glaubwürdigkeit der Zeugen anders beurteilen, muss es die Zeugen bzw. Parteien erneut vernehmen.[152]

Durchbrechung: Verwertbarkeit von Gutachten aus anderen Gerichtsverfahren: § 411 a.[153]

87 **III.** Der **Grundsatz der Öffentlichkeit des Verfahrens** ist in §§ 169 ff. GVG (ferner Art. 6 EMRK) niedergelegt und im Einzelnen geregelt, mit dem Zweck, eine Kontrolle der Vorgänge vor Gericht durch die Allgemeinheit zu gewährleisten.

Entstanden im 19. Jahrhundert als Forderung gegen die geheime Kabinettsjustiz. Art. 178 Paulskirchenverfassung von 1849: „Das Gerichtsverfahren soll öffentlich und mündlich sein".

1. Öffentlich sind die Verhandlung und Beweisaufnahme vor dem erkennenden Gericht einschließlich der Verkündung der Entscheidungen.

Ein **Ausschluss der Öffentlichkeit** ist (nur) unter den Voraussetzungen der §§ 171 b, 172 GVG zulässig, z.B. zum Schutz von Persönlichkeitsrechten der Parteien. Die Urteilsverkündung bleibt aber öffentlich, § 173 GVG. Die Parteien selbst können natürlich auch an nichtöffentlichen Verhandlungen teilnehmen.

Die Prozessakten sind nicht allgemein zugänglich (Datenschutz, s. § 299).[154]

88 **2.** Öffentlichkeit bedeutet, dass im Rahmen der tatsächlichen Gegebenheiten des Verhandlungsortes der Zutritt für beliebige Zuhörer bis zum Schluss der mündlichen Verhandlung und Urteilsverkündung (vgl. § 173 GVG) möglich sein muss.

Beispiel: In einem Schadensersatzprozess gegen den Organisator eines Sitzstreiks vor einer Deponie können viele Studenten, die zuhören wollten, wegen Überfüllung nicht mehr in den Sitzungssaal.

Der Öffentlichkeitsgrundsatz ist nur dann verletzt, wenn der Sitzungssaal so klein ist, dass praktisch kein Zuhörer Platz findet, oder wenn ohne zwingenden Grund ein kleiner Raum gewählt wurde, um eine Einschränkung der Zuhörerzahl zu erreichen. Die tatsächliche Begrenzung des Platzangebotes im Sitzungssaal ist aber für sich keine Verletzung der Öffentlichkeit, ebenso nicht, wenn dann die Zuhörerzahl durch Ausgabe von Eintrittskarten an beliebige, nicht individuell ausgewählte Personen rein tatsächlich beschränkt wird. Insb. dann nicht, wenn dies aus Gründen des Infektionsschutzes geschieht. [155]

Einlasskontrollen im Gerichtsgebäude bedeuten grds. keine Einschränkung der Öffentlichkeit;[156] streitig ist, ob dies auch für eine generelle Videoüberwachung des Gerichtsgebäudes/-eingangs gilt.[157]

Der Verstoß gegen den Grundsatz der Öffentlichkeit stellt einen Verfahrensfehler dar, dessen Kausalität für die angegriffene Entscheidung auch im Berufungsverfahren unwiderlegbar vermutet wird.[158]

3. Auch nach dem Inkrafttreten des Gesetzes zur Erweiterung der Medienöffentlichkeit in Gerichtsverfahren am 18.04.2018 ist nach § 169 GVG n.F. weiterhin grds. nur eine „Saalöffentlichkeit" gewährleistet. Nach § 169 Abs. 1 S. 2 GVG sind daher **Rundfunk-, Fernseh- und Filmaufnahmen während der Verhandlung** einschließlich der Urteilsverkündung (vgl. aber § 169 Abs. 3 GVG zum BGH) zum Zwecke der öffentlichen Vorführung oder Veröffentlichung ihres Inhalts grds. unzulässig. Tonaufnahmen können allerdings jetzt nach Maßgabe des § 169 GVG zugelassen werden.[159] Das stellt keine verfassungswidrige Verletzung des Informationsrechts der Öffentlichkeit, der Informationspflicht der Presse oder der Rundfunkfreiheit dar, da die Erfordernisse des Persönlichkeitsschutzes, eines fairen Verfahrens und der

---

152 Vgl. BVerfG NJW 2008, 2243; BGH NJW-RR 2019, 134; BGH NJW-RR 2018, 551; MV/Stadler § 355 Rn. 6 ff., auch zur Notwendigkeit erneuter Zeugenvernehmung beim Richterwechsel und Glaubwürdigkeitsproblemen.

153 Vgl. BGH NJW 2018, 1171 zu formellen Anforderungen an die Verwertung eines Gutachtens nach § 411a und Dölling NJW 2018, 2092 ff.

154 Vgl. dazu BGH NJW-RR 2020, 246; Müller/Aldick ZIP 2020, 9; Zuck NJW 2010, 2913.

155 Vgl. Zöller/Lückemann § 169 GVG Rn. 6 ff.; BL/Becker § 169 GVG Rn. 4 ff.; Greger MDR 2020, 509, 511.

156 BVerwG NJW 2011, 2530; OVG Berlin-Brandenburg NJW 2010, 1620; Greger MDR 2020, 509, 511.

157 Dagegen LG Itzehoe NJW 2010, 3525; dafür VG Wiesbaden NJW 2010, 1220; ausführlich dazu Klotz NJW 2011, 1186.

158 BGH NJW 2000, 2508: Beweisaufnahme unter Verstoß gegen den Öffentlichkeitsgrundsatz.

159 BGH ZWH 2019, 326 m. Anm. Wick; Trentmann MMR 2018, 441; Rademacker AuR 2018, 400; Kilian AnwBl 2018, 290.

Wahrheits- und Rechtsfindung, die durch eine Medienöffentlichkeit gefährdet sind, überwiegen.[160]

Eingeschränkt zulässig sind Aufnahmen beim Bundesverfassungsgericht: § 17 a BVerfGG.

E. Beschleunigungsgrundsatz (Konzentrationsmaxime)

Die Zivilprozesse sind oft – bedingt auch durch Überlastung der Gerichte – von beträchtlicher Dauer: Durchschnittlich in erster Instanz rund sechs Monate, in der Berufungsinstanz etwa ähnlich; einzelne Prozesse dauern allerdings oft mehrere Jahre. Den vom BVerfG und EGMR geforderten Schutz vor überlanger Verfahrensdauer bezwecken jetzt die §§ 198–201 GVG (dazu oben Rn. 2). **89**

Das angestrebte Ziel ist es, das Verfahren möglichst zügig **in einem einzigen umfassend vorbereiteten Verhandlungstermin** – Haupttermin oder früher erster Termin – abzuschließen. Diesem Ziel dienen:

I. Beschleunigungsmaßnahmen des Gerichts

1. Unverzügliche kurzfristige Terminierungen (§§ 216, 272, 279 Abs. 1). **90**

Terminsaufhebung, Verlegung oder Vertagung ist nur bei erheblichen Gründen zulässig (§ 227 Abs. 1), damit ein einmal angesetzter und vorbereiteter Termin auch wirklich durchgeführt wird und sich der Prozess nicht von Termin zu Termin hinschleppt.

2. Möglichst frühe Ausübung der Aufklärungs- und Hinweispflicht (§ 139).

3. Maßnahmen zur Vorbereitung des Verhandlungstermins (§ 273).

4. Beweisbeschlüsse und -erhebungen vor dem Termin (§ 358 a).

5. Fristen an die Parteien für Angriffs- und Verteidigungsvorbringen, bei deren Nichteinhaltung ein Ausschluss des verspäteten Vortrags droht (§§ 275, 276).

II. Die Prozessförderungspflicht der Parteien (§ 282)

1. Nach § 282 sind die Parteien verpflichtet, alle ihre Angriffs- und Verteidigungsmittel, insbesondere Behauptungen, Bestreiten, Einwendungen, Einreden und Beweismittel, so rechtzeitig vorzubringen, wie es einer sorgfältigen und auf Förderung des Verfahrens bedachten Prozessführung entspricht. § 282 steht in einem engen Zusammenhang mit § 296, wonach verspätetem Vorbringen eine Zurückweisung droht (dazu u. Rn. 92). **91**

§ 282 Abs. 1 gilt nur für die Erfüllung der Prozessförderungspflicht der Parteien in der mündlichen Verhandlung. Da der erste Termin der frühestmögliche Zeitpunkt ist, kann ein Vorbringen in der ersten mündlichen Verhandlung nie nach § 282 Abs. 1 verspätet sein. Diese Vorschrift kommt daher nur dann zum Tragen, wenn innerhalb einer Instanz mehrere Verhandlungstermine stattfinden.[161]

§ 282 Abs. 2 betrifft dagegen die schriftsätzliche Vorbereitung der mündlichen Verhandlung, die in Anwaltsprozessen (§ 78) obligatorisch ist, § 129 Abs. 1. In Parteiprozessen (§§ 78 Abs. 2, 79) ist sie es dagegen nur, wenn eine richterliche Anordnung der schriftlichen Vorbereitung nach § 129 Abs. 2 vorliegt.

Die Prozessförderungspflicht der Parteien soll als Gegenstück zu der Konzentrations- und Beschleunigungspflicht des Gerichts einem „tröpfchenweisen" Vortrag entgegenwirken und dazu beitragen, dass das Gericht und der Gegner möglichst schnell über den gesamten Prozessstoff informiert werden. Denn nur dann kann das Gericht seiner Prozessvorbereitungspflicht (Aufklärungs- und Hinweispflicht) sachgerecht nachkommen und der Gegner rechtzeitig Stellung nehmen. Allerdings ist es nicht erforderlich, dass die Parteien sogleich alles das, was eventuell von Bedeutung werden könnte, vortragen, da dies

---

160 Vgl. BVerfG 2017, 798 m. Anm. Berenzen; Renner/Pille AfP 2018, 23: Grds. zulässig waren schon nach der früheren Rechtslage Aufnahmen vor bzw. nach der Verhandlung und in den Pausen. Beschränkungen der Medienberichterstattung beim großen Medienandrang einer besonderen Rechtfertigung, die darzulegen ist, vgl. BVerfG NJW 2020, 38.

161 BGH, Beschl. v. 03.05.2018 – III ZR 429/16, BeckRS 2018, 9232; BGH NJW 2012, 3787 m. krit. Anm. Kaiser.

der gebotenen Konzentration des Verfahrens gerade zuwiderlaufen würde (keine Eventualmaxime!). Abzustellen ist vielmehr darauf, welcher Vortrag wegen des bereits vorliegenden Vorbringens des Gegners bei einer sorgfältigen und förderungsbedachten Prozessführung veranlasst ist.[162]

Gegen die Prozessförderungspflicht verstößt, wer ein Beweismittel bewusst zurückhält, um zunächst abzuwarten, zu welchem Ergebnis die angebotenen Beweise führen.[163]

2. Problematisch ist, ob und inwieweit gleichwohl erlaubt ist, aus **prozesstaktischen Gründen** Angriffs- und Verteidigungsmittel zunächst zurückzuhalten.[164]

Beispiel: Darf der Beklagte, der sich mit umstrittenen Einwendungen verteidigt, das Ergebnis der Beweisaufnahme abwarten, bevor er als „Notbremse" die **Verjährungseinrede** erhebt?

Die Prozessförderungspflicht der Parteien zwingt nicht zum Verzicht auf jegliche Prozesstaktik, was bereits aus dem Wortlaut des § 282 Abs. 1 folgt, der ausdrücklich auf die jeweilige „Prozesslage" abstellt. Unzulässig ist aber ein Prozessverhalten, das vornehmlich der Verzögerung und Verschleppung dient. Jede Partei ist daher gehalten, alle nach dem Vorbringen des Gegners, jedoch auch unter Berücksichtigung von Auflagen und Hinweisen des Gerichts, auch nur hilfsweise in Erwägung zu ziehenden Angriffs- und Verteidigungsmittel vorzutragen, wenn dies geeignet ist, das Verfahren abzukürzen. Ob danach die nachträgliche Erhebung der Verjährungseinrede, deren Berechtigung wegen des streitigen Vorbringens dazu in einem neuen Termin zu klären wäre, zulässig ist, ist umstritten. Nach Anders[165] darf der Beklagte die Verjährungseinrede solange zurückstellen, bis objektiv erkennbar ist, dass der Anspruch ausreichend dargelegt und bewiesen ist, damit er eine Klärung des Anspruchs erreichen kann, bevor er das „moralisch oft umstrittene Notmittel der Verjährung" einsetzt. Nach überwiegender Ansicht[166] ist dagegen durch § 282 Abs. 1 geboten, dass der Beklagte, wenn er entschlossen ist, den Anspruch notfalls auch durch die Verjährungseinrede zu Fall zu bringen, dies von vornherein macht; mit der nachträglichen Erhebung wäre er dann unter den Voraussetzungen des § 296 auszuschließen.

III. Die Zurückweisung verspäteten Vorbringens (Präklusion, § 296)

92 als das **schärfste Mittel, einer Verzögerung der Erledigung des Rechtsstreits durch die Parteien zu begegnen.** – Dabei sind **zwei Fälle zu unterscheiden:**

- ◼ **Versäumung einer Frist: § 296 Abs. 1**

- ◼ **Verletzung der allgemeinen Prozessförderungspflicht: § 296 Abs. 2.**

93 **1.** Für **Angriffs- und Verteidigungsmittel**, die von einer Partei **erst nach Ablauf einer ihr gesetzten Frist vorgebracht** werden, gilt nach **§ 296 Abs. 1:** Die Partei ist mit dem verspäteten Vorbringen **grds. ausgeschlossen (gebundene Entscheidung).** Das Vorbringen ist nur dann noch zuzulassen, wenn dadurch eine Verzögerung des Rechtsstreits nicht eintritt oder wenn die Partei die Verspätung genügend entschuldigt (leichte Fahrlässigkeit schadet!).

Die Zurückweisung wegen Versäumung der enumerativ in § 296 Abs. 1 aufgezählten Fristen setzt eine **wirksame Fristsetzung** voraus. Es müssen also alle Förmlichkeiten (z.B. Unterzeichnung durch den zuständigen Richter, förmliche Zustellung, erforderliche Belehrung) beachtet worden und die zu erfüllenden Fristen sowie Anforderungen (z.B. klärungsbedürftige Punkte) eindeutig erkennbar sein. Die allgemeine Aufforderung, „den Vortrag zu präzisieren", genügt diesen Anforderungen nicht.[167]

---

162 BGH NJW 1986, 2320; StJ/Thole § 282 Rn. 12 ff.; Zöller/Greger § 282 Rn. 3; MV/Foerste § 282 Rn. 3 ff.

163 BGH, Beschl. v. 25.01.2012 – IV ZR 230/11, BeckRS 2012, 4075; KG MDR 2009, 1244; Schwaiger AnwBl 2014, 554 ff.

164 Vgl. BVerfG NJW 1980, 1737; BGH, Beschl. v. 25.01.2012, Fn. 160; Zöller/Greger § 282 Rn. 3; Schwaiger AnwBl 2014, 554.

165 BL/Anders § 282 Rn. 8.

166 OLG Hamm MDR 1993, 686; ThP/Seiler § 282 Rn. 2; MV/Foerste § 282 Rn. 5; Zöller/Greger § 282 Rn. 3 m.w.N.

167 Vgl. dazu BVerfG NJW 1982, 1453; BGH NJW-RR 2019, 726; OLG Hamm NJW-RR 2018, 989; MV/Huber § 296 Rn. 8, 11.

a) Für die Beurteilung der **Verzögerung i.S.v. § 296** ist nach heute **ganz h.M. grds. der absolute Verzögerungsbegriff** maßgeblich.

■ Eine Verzögerung tritt bereits dann ein, wenn der Rechtsstreit bei Zulassung des verspäteten Vorbringens **länger als bei Zurückweisung** dauern würde. Darauf, wann das Verfahren bei rechtzeitigem Vorbringen beendet worden wäre, kommt es grds. nicht an. **Ausnahme:** es ist **offenkundig**, dass **dieselbe Verzögerung auch bei rechtzeitigem Vortrag** eingetreten wäre, die Verspätung allein also **eindeutig nicht kausal** für die Verzögerung ist.[168]

> Die zivilprozessualen Präklusionsvorschriften haben im Blick auf Art. 103 Abs. 1 GG strengen Ausnahmecharakter, weil sie sich zwangsläufig nachteilig auf das Bemühen um eine materiell richtige Entscheidung auswirken und einschneidende Folgen für die säumige Partei nach sich ziehen. Durch die Präklusion verspäteten Vorbringens kann daher nicht die prozessuale Nachlässigkeit einer Partei als solche sanktioniert werden. Die Einschränkung des Prozessgrundrechts auf rechtliches Gehör kann vielmehr nur der mit der Präklusion verfolgte Zweck, die Abwehr pflichtwidriger Verfahrensverzögerungen durch die Parteien, rechtfertigen. Wenn ohne jeden Aufwand erkennbar ist, dass die Verspätung allein nicht kausal für eine Verzögerung ist, dann wäre die Präklusion rechtsmissbräuchlich; denn sie würde erkennbar nicht dem mit ihr verfolgten Zweck dienen. In einem solchen Rechtsmissbrauch würde zugleich ein Verstoß gegen Art. 103 Abs. 1 GG liegen.

■ Nach dem teilweise vertretenen **hypothetischen – relativen – Verzögerungsbegriff** ist dagegen zur Vermeidung einer „Überbeschleunigung" auf den hypothetischen Ablauf des Rechtsstreits bei fristgemäßem Vortrag abzustellen. Eine Verzögerung liegt danach nicht vor, wenn der Rechtsstreit voraussichtlich auch nicht früher erledigt wäre als bei Zulassung des verspäteten Vortrags.[169]

> Diese Ansicht ist abzulehnen, weil es nicht Sinn der der Beschleunigung dienenden Präklusionsvorschriften sein kann, das Gericht mit schwierigen und unsicheren Prognosen über hypothetische Kausalverläufe zu belasten und damit weitere Verzögerungen zu bewirken.

b) Die **Zurückweisung wegen einer Verzögerung setzt immer voraus, dass:**

■ das **Tatsachenvorbringen streitig** ist. Unstreitiges Vorbringen kann als solches die Entscheidung des Rechtsstreits nicht verzögern und ist daher immer zuzulassen.[170]   **94**

> **Rechtsausführungen** unterliegen dagegen schon deswegen nicht dem Gebot der Rechtzeitigkeit, weil die Parteien dazu ohnehin nicht verpflichtet sind. Die Rechtsanwendung ist vielmehr eine Aufgabe des Gerichts, das den Prozess (§ 139) vorbereiten und rechtzeitig Hinweise erteilen muss. Will das Gericht das Urteil auf diese neuen rechtlichen Gesichtspunkte stützen, muss es dem Gegner rechtliches Gehör gewähren. Die darin u.U. liegende Verzögerung ist nicht der Partei anzulasten, sondern durch die unzureichende Verhandlungsvorbereitung vom Gericht hervorgerufen.[171]

■ der Rechtsstreit **ohne das verspätete Vorbringen bereits entscheidungsreif** ist.

> Wenn der Prozess ohnehin fortgesetzt werden müsste, weil z.B. noch zu einer anderen Frage Beweis zu erheben war oder wenn nach der Sach- und Rechtslage eine Streitbeendigung in diesem Termin von vornherein ausscheidet, etwa weil es sich erkennbar um einen Durchlauftermin oder um einen offensichtlich schwierigen Prozess handelt. Denn in diesem Fall würde dieselbe Verzögerung auch bei rechtzeitigem Vorbringen eintreten, sodass die Zulassung den Prozess nicht verzögert.[172]

---

168 BVerfG NJW 1987, 2733; BVerfG NJW 1995, 1417; BGH NJW 2012, 2808; OLG Düsseldorf ZIP 2019, 87; MV/Foerste § 296 Rn. 13 ff.; ThP/Seiler § 296 Rn. 12 ff.; Zöller/Greger § 296 Rn. 22; Schultzky MDR 2020, 1, 3; ausführlich zum § 296 Baudewin/Wegner NJW 2014, 1479.

169 OLG Dresden MDR 1998, 1117; AK-ZPO/Deppe-Hilgenberg § 296 Rn. 18.

170 BGH NJW 2005, 291; OLG Düsseldorf BauR 2015, 271; vgl. auch StJ/Thole § 296 Rn. 62 ff.

171 OLG Düsseldorf GRUR 2014, 1219; Zöller/Greger § 282 Rn. 2 b; ThP/Seiler § 282 Rn. 4; MV/Foerste § 282 Rn. 2.

172 BGH MDR 2005, 1366; OLG Hamm NJW-RR 2003, 1651; ThP/Seiler § 296 Rn. 12 ff.; Geisler AnwBl 2006, 524, 525.

■ **das Gericht selbst** seine Verpflichtung aus § 139 zur Aufklärung und Vorbereitung erfüllt hat und nicht durch eine Verletzung dieser Verpflichtung – etwa durch Unterlassung gebotener Hinweise oder durch zu kurze Fristen – an der Verspätung des Vorbringens **mitursächlich** geworden ist.[173]

Das Gericht darf daher ein verspätetes Vorbringen, das bei einem erforderlichen, aber unterbliebenen Hinweis nach § 139 rechtzeitig gekommen wäre, nicht zurückweisen.

■ das Gericht die Verzögerung nicht noch seinerseits durch **zumutbare Maßnahmen ausgleichen** kann.[174]

Beispiel: Wird ein Zeuge verspätet benannt, hat das Gericht zu prüfen, ob dieser Zeuge nicht sogleich noch gemäß § 273 Abs. 2 Nr. 4 zum Termin geladen werden kann, um einen den Rechtsstreit verzögernden weiteren Termin zu vermeiden.

95   **2. § 296 Abs. 2** betrifft die **Zurückweisung bei Verletzung der allgemeinen Prozessförderungspflicht** nach § 282 Abs. 1 und 2. In diesem Fall ist die Präklusion nicht der Grundsatz, sondern es besteht nur die Möglichkeit der Zurückweisung des verspäteten Vorbringens. Die Voraussetzungen dafür, dass das Gericht das Vorbringen zurückweisen **kann** (**Ermessensentscheidung**; nicht gebundene Entscheidung wie bei § 296 Abs. 1!): Verzögerung und grobe Nachlässigkeit.

Grobe Nachlässigkeit bedeutet prozessförderungswidriges Verhalten durch ausnehmende Sorglosigkeit, Nichtbeachtung dessen, was jedem einleuchten muss.[175]

Beispiel: Die Partei fährt während des Rechtsstreits für mehrere Wochen in Urlaub, ohne ihren Rechtsanwalt vorher zu verständigen und zur Sache zu informieren.[176]

Bei seiner Entscheidung hat das Gericht auch zu erwägen, ob die durch eine Zurückweisung bewirkte Beschleunigung noch in einem vernünftigen Verhältnis zu den Konsequenzen steht, die die dann zu fällende Entscheidung für die mit ihrem verspäteten Vorbringen ausgeschlossene Partei hat. Trotz aller Notwendigkeit einer Verfahrensbeschleunigung muss **die sachliche Richtigkeit und nicht die Schnelligkeit der Entscheidung das Leitbild** bleiben.

96   **3.** Eine **Zurückweisung** von Vorbringen **erfolgt** erst im **Endurteil**, nicht vorweg durch Beschluss. Der Fall ist dann ohne den zurückgewiesenen Vortrag zu entscheiden.[177]

Wird das Vorbringen zurückgewiesen, kann die Nichtzulassung mit einem zulässigen Rechtsmittel (Berufung, Revision) als Verfahrensverstoß gerügt werden.[178]

Lässt dagegen die erste Instanz ein Vorbringen zu, obwohl es nach § 296 hätte zurückgewiesen werden müssen, ist dies wirksam und kann vom Berufungsgericht nicht mehr zurückgewiesen werden, da der mit § 296 verfolgte Beschleunigungseffekt nicht mehr erreicht werden kann.[179] Ausnahme: § 296 Abs. 3, da der Kläger ein Recht auf die Verzichtswirkung der unterlassenen Zulässigkeitsrügen hat.[180]

Umstritten ist, ob mit der Revision gerügt werden kann, dass das in erster Instanz zu Recht zurückgewiesene Vorbringen vom Berufungsgericht unter Verstoß gegen § 531 Abs. 1 zugelassen wurde. Dafür könnte sprechen, dass § 531 auf eine Stärkung der ersten Instanz und Festschreibung der dort festgestellten Tatsachen auch für die Rechtsmittelzüge abzielt, dagegen, dass die Beschleunigung auch in diesem Fall nicht mehr erreichbar ist, sodass die Berücksichtigung des wahren Sachverhalts Vorrang hat.[181]

---

173 BVerfG NJW-RR 1999, 1079; BGH NJW 2018, 1171; BGH NJW-RR 2013, 655; ThP/Seiler§ 296 Rn. 9.

174 BVerfG NJW-RR1999, 1079; BGH NJW 2012, 2808; Zöller/Greger § 296 Rn. 14 a; ThP/Seiler § 296 Rn. 9, 18.

175 BGH NJW 2019, 3456 m. Anm. Schäfer; BGH TranspR 2016, 44; ThP/Seiler § 296 Rn. 37, 38.

176 BVerfG NJW 2007, 3486; BGH NJW 2009, 1608.

177 BGH NJW-RR 1996, 961; Zöller/Greger § 296 Rn. 31; ThP/Seiler § 296 Rn. 43.

178 BGH NJW-RR 2019, 726; BGH, Beschl. v. 25.01.2012 – IV ZR 230/11, BeckRS 2012, 4075; ThP/Reichold § 531 Rn. 17 ff.

179 BGH RÜ 2006, 300; BAG NJW 2008, 2362.

180 BGH NJW 1985, 743; Zöller/Greger § 296 Rn. 35; ThP/Seiler § 296 Rn. 39.

181 So BGH NJW-RR 2011, 72; BGH RÜ 2004, 64; Zöller/Heßler § 531 Rn. 35; a.A. MV/Ball § 531 Rn. 24 m.w.N.

4. Prozesstaktische „Fluchtwege" zur Vermeidung einer Zurückweisung in der Praxis: **97**

Für den Kläger: Klagerücknahme (§ 269), falls ohne Einwilligung des Beklagten möglich, und Neuerhebung der Klage sogleich mit dem verspäteten Vortrag (Nachteil: Kostenfolge gemäß § 269 Abs. 3 S. 2).

Für den Kläger und Beklagten: „Flucht in die Säumnis", d.h. Nichtverhandeln, Hinnahme eines Versäumnisurteils, gegen das dann Einspruch eingelegt wird. Der Vortrag bleibt zwar an sich verspätet; die Frage einer Verzögerung ist aber vom Einspruchstermin aus zu beurteilen, sodass dann u.U., auch aufgrund von zumutbaren Förderungsmaßnahmen des Gerichts, eine Verzögerung zu verneinen sein kann.[182] – Nachteil: ohne Sicherheitsleistung vorläufig vollstreckbares VU (§ 708 Nr. 2), Kostenfolge gemäß § 344.

5. Die Präklusionsbestimmungen sind **verfassungsgemäß**. Eine fehlerhafte Zurückweisung verspäteten Vorbringens kann jedoch bei nicht rechtsmittelfähigen Urteilen wegen Verletzung des rechtlichen Gehörs die Gehörsrüge gemäß § 321 a und letztlich die **Verfassungsbeschwerde** begründen.[183] **98**

IV. Die Konzentration und Beschleunigung des Berufungsverfahrens

dient ebenfalls der Beschleunigung der endgültigen Erledigung des Prozesses, auch durch die damit verbundene Stärkung des Verfahrens und des Urteils der ersten Instanz, um so Rechtsmittel möglichst zu vermeiden (s.u. Rn. 318). **99**

U.a. Konzentration der Berufungsangriffe (§ 520), Einschränkung von neuem Vorbringen (§ 531), Eingrenzung des Prüfungsumfangs (§ 529), vereinfachte Erledigung erfolgloser Berufungen ohne mündliche Verhandlung durch Beschluss (§ 522).[184]

F. Bestreben nach gütlicher Streitbeilegung

Als besonderer Verfahrensgrundsatz wird auch – insbesondere wegen der Stärkung des Vergleichsgedankens durch die ZPO-Reform 2002 – das Bestreben zu werten sein, Streitigkeiten möglichst durch gütliche Regelungen beizulegen, nicht durch streitiges Verfahren und Urteil. Diesem Ziel dienen (s.o. Rn. 3): **100**

- das **selbstständige Beweisverfahren gemäß § 485 Abs. 2**,

- das **vorprozessuale Schlichtungsverfahren nach § 15 a EG ZPO**,

- Vergleichsverhandlungen im **PKH-Prüfungsverfahren** (§ 118 Abs. 1 S. 3),

- die grds. **obligatorische Güteverhandlung** (§ 278 Abs. 2–6),

- die Möglichkeit der Verweisung auf eine **Mediation** (§ 278 a) und

- die **generelle Verpflichtung des Gerichts**, in jeder Lage des Verfahrens **auf eine gütliche Beilegung des Rechtsstreits hinzuwirken** (§ 278 Abs. 1):

  Vorrang der Streitschlichtung und -beilegung vor streitigem Prozess.

---

182 BGH NJW 2002, 290; StJ/Thole § 296 Rn. 79 ff.; MV/Huber § 296 Rn. 41; Metzig JuS 2016, 678, 680; Huber JuS 2015, 985, 987; Baudewin/Wegner NJW 2014, 1479, 1482.

183 BVerfG FA 2019, 10; NJW 1993, 1319; 1995, 1417; 1998, 2044; NJW-RR 1995, 1469; 1999, 1079; s.u. Rn. 361.

184 Vgl. dazu BGH NJW-RR 2020, 60; BGH NJW-RR 2018, 303; Fellner MDR 2017, 435; Hinrichs DRiZ 2016, 66.

101

Die wesentlichen Verfahrensgrundsätze (Prozessmaximen)

1. **Dispositionsmaxime (Verfügungsgrundsatz):** Die Parteien bestimmen den Streitgegenstand und können über ihn verfügen.

   ■ **Ohne Antrag** (Klage, Rechtsmittel) **kein Verfahren**.

   ■ Die Anträge bestimmen den Umfang der Entscheidung. Das Gericht darf nicht mehr oder anderes als beantragt zusprechen (§ 308: **ne ultra petita**).

   ■ Die Parteien können von sich aus den Streitgegenstand ändern (Klageänderung) oder das Verfahren oder den sachlichen Streit beenden (Klagerücknahme, Vergleich, Erledigungserklärung, Anerkenntnis, Verzicht).

2. **Verhandlungsgrundsatz:** Der vom Gericht der Entscheidung zugrunde zu legende Tatsachenstoff wird – nur! – von den Parteien, nicht vom Gericht beigebracht. Übereinstimmend vorgetragene – unstreitige – Tatsachen hat das Gericht ohne Nachprüfung auf ihre Richtigkeit der Entscheidung zugrunde zu legen (formelle Wahrheit).

   Wichtige Einschränkungen:

   ■ Die **Wahrheitspflicht der Parteien** (§ 138 Abs. 1) verbietet bewusst unwahren Vortrag. Bewusst unwahrer Vortrag von für die Partei günstigen Tatsachen bleibt unberücksichtigt; an bewusst falschem Geständnis wird die Partei festgehalten.

   ■ Die **richterliche Aufklärungs-, Hinweis- und Fragepflicht (§ 139)** ist gerichtet auf Vervollständigung des tatsächlichen Vorbringens durch die Parteien, Stellung sachdienlicher Anträge und Erörterung des Sach- und Streitverhältnisses (auch in rechtlicher Hinsicht).

3. **Rechtliches Gehör:** Anspruch der Parteien auf Information über alle entscheidungserheblichen Umstände, auf Gelegenheit zur Äußerung und auf Beachtung ihres Vorbringens.

4. Der Verhandlungstermin ist grds.: **mündlich, öffentlich, unmittelbar** vor dem erkennenden Gericht.

5. **Beschleunigungsgrundsatz (Konzentrationsmaxime):** Das Verfahren soll beschleunigt – möglichst in **einem einzigen** entsprechend vorbereiteten **Verhandlungstermin** – abgeschlossen werden. Dazu dienen u.a.:

   ■ die richterlichen Förderungspflichten (Aufklärungspflicht nach § 139; Vorbereitungspflicht; Fristsetzungen an die Parteien),

   ■ die Prozessförderungspflicht der Parteien (§ 282),

   ■ die **Zurückweisung verspäteten Vorbringens (Präklusion, § 296)**.

6. **Bestreben nach gütlicher Beilegung des Rechtsstreits.**

4. Abschnitt: Rechtshängigkeit, Streitgegenstand

A. Rechtshängigkeit

Rechtshängigkeit bedeutet, dass ein prozessualer Anspruch Gegenstand eines Urteils-verfahrens ist.[185] Sie tritt **mit der Erhebung der Klage** ein, was nicht bereits mit dem Eingang beim Gericht, sondern erst mit der **Zustellung** an den Beklagten erfolgt (§§ 261 Abs. 1, 253 Abs. 1) und endet mit dem rechtskräftigen Abschluss des Prozesses.

102

Für erst im Laufe des Prozesses erhobene prozessuale Ansprüche (z.B. Klageerweiterung, Widerklage) entsteht die Rechtshängigkeit mit der Geltendmachung in der mündlichen Verhandlung oder mit der Zustellung eines entsprechenden Schriftsatzes (§ 261 Abs. 2).

„Anhängigkeit" tritt dagegen bereits mit dem Eingang der Klageschrift bei Gericht ein.

Der Eintritt der Rechtshängigkeit hat materiell-rechtliche und prozessuale Wirkungen.

I. Materiell-rechtliche Wirkungen der Rechtshängigkeit, § 262

■ **Hemmung der Verjährung** (§ 204 Abs. 1 Nr. 1 BGB).

103

Nur hinsichtlich des konkreten Streitgegenstandes,[186] bei – auch verdeckter – **Teilklage** daher nur hinsichtlich des eingeklagten Teilbetrages.[187]

Verjährungshemmung auch durch eine wirksam erhobene, aber nicht schlüssige Klage und unzu-lässige Klage[188] (aber Beendigung der Hemmung bei Klageabweisung durch Prozessurteil nach sechs Monaten, § 204 Abs. 2 BGB).

Vorwirkung bereits des Eingangs der Klage gemäß § 167 bei „demnächstiger" Zustellung.[189]

■ Ersetzung einer zum **Verzug** erforderlichen Mahnung und bedeutet ggf. eine ver-zugsauslösende Zahlungsaufforderung (§ 286 Abs. 1 S. 2, Abs. 3 BGB).

■ Begründung des Anspruchs auf **Prozesszinsen** (§§ 291, 288 BGB).

■ Bewirkung von **Haftungsverschärfungen** (z.B. §§ 292, 818 Abs. 4, 987 ff. BGB).

■ Unterbrechung bestimmter **Ausschlussfristen** (z.B. §§ 864, 1002 BGB).

■ Begründung der **Pfändbarkeit** des Pflichtteilsanspruchs, Rückforderungsanspruchs wegen Notbedarfs aus § 528 BGB und Zugewinnausgleichsanspruchs (§ 852).

II. Prozessuale Wirkungen, § 261 Abs. 3

■ Eine weitere Klage mit demselben Streitgegenstand ist während der Rechtshängig-keit der ersten Klage unzulässig (§ 261 Abs. 3 Nr. 1).

104

■ § 261 Abs. 3 Nr. 2: Eine einmal eingetretene Zuständigkeit des Gerichts bleibt beste-hen, auch wenn sich die zuständigkeitsbegründenden Umstände nach Eintritt der Rechtshängigkeit verändern (sog. **perpetuatio fori**).

---

185 Vgl. MK/Becker-Eberhard § 261 Rn. 3; ThP/Seiler § 261 Rn. 1; MV/Foerste § 261 Rn. 3; Kleinbauer JA 2007, 416 ff.

186 BGH RÜ 2018, 1; BGH, Urt. v. 12.01.2016 – II ZR 280/14, BeckRS 2016, 2556; BGH RÜ 2007, 397.

187 BGH NJW 2014, 3298; BGH NJW-RR 2008, 521; OLG Hamburg TranspR 2018, 65.

188 BGH NJW 2016, 2747; BGH MDR 2003, 764 (unschlüssig); BGH NJW 2004, 3772; BGH NJW 2000, 1420, 1421 (unzulässig).

189 Vgl. zum „demnächst" BGH NZG 2020, 70 (vier Monate nach Klageeingang) und ausführlich Koechel JA 2020, 211 ff.

Beispiel: Verlegt der Beklagte nach Eintritt der Rechtshängigkeit seinen Wohnsitz, bleibt das bei Klageerhebung nach § 13 zuständige Gericht auch weiterhin zuständig.

Ausnahmen: Änderung der Zuständigkeit nach Klageänderung;[190] ferner gemäß **§ 506:** Bei nachträglicher entsprechender Klageerhöhung ist **Verweisung vom Amts- zum Landgericht** möglich (**nicht umgekehrt** bei Verringerung des Streitwerts: Fall des § 261 Abs. 3 Nr. 2!).

- Der durch die Klage festgelegte Streitgegenstand kann nach Eintritt der Rechtshängigkeit nur noch unter besonderen Voraussetzungen geändert werden (Einschränkung der Klageänderung, §§ 263, 264).

- Die Veräußerung der streitbefangenen Sache nach Eintritt der Rechtshängigkeit – z.B. der mit einer Eigentumsherausgabeklage gemäß § 985 BGB herausverlangten Sache – berührt grds. nicht die Parteirolle des Veräußernden (§§ 265, 266): Er führt den Prozess als Partei in Prozessstandschaft über das nunmehr fremde Recht im eigenen Namen weiter (s.u. Rn. 198).

B. Der Streitgegenstand (Verfahrensgegenstand, prozessualer Anspruch)

105 **I.** Jedes gerichtliche Verfahren hat einen bestimmten „Gegenstand", über den prozessiert wird und über den entschieden werden soll. Im Zivilprozess wird dieser Gegenstand herkömmlicherweise als **Streitgegenstand** bezeichnet.

Dieser Gegenstand muss **bestimmt und abgegrenzt** sein; denn

- die Parteien müssen wissen, worüber in diesem Rechtsstreit prozessiert wird.

- das Gericht muss wissen, worüber genau es zu entscheiden hat.

- nach der Entscheidung muss sicher feststehen, worüber das Gericht in diesem Prozess entschieden hat, damit der Umfang der Rechtskraft feststeht.

106 **II.** Der Streitgegenstand ist insbesondere für folgende Fragen von Bedeutung:

1. Die **sachliche Zuständigkeit** hängt weitgehend vom Wert des Streitgegenstandes ab (§§ 23 Nr. 1, 71 GVG). Der Zuständigkeitsstreitwert ist in §§ 2–9 geregelt.

2. Eine **ordnungsgemäße Klageerhebung** liegt nur vor, wenn der Streitgegenstand mittels Antrag und Begründung eindeutig festgelegt ist (§ 253 Abs. 2 Nr. 2). Die Angaben müssen so bestimmt sein, dass der Streitgegenstand dieses Prozesses eindeutig gegenüber möglichen anderen Gegenständen abgegrenzt werden kann.[191]

3. Falls in einem Prozess mehrere Streitgegenstände miteinander verbunden werden, handelt es sich um eine **objektive Klagehäufung** (§ 260).

4. Sobald Entscheidungsreife hinsichtlich eines von mehreren verbundenen Streitgegenständen oder eines selbstständigen Teils eines Streitgegenstandes eingetreten ist,

---

190 BGH MDR 2001, 1190; vgl. aber auch BAG NZG 2015, 159 zum nachträglichen Wegfall der Rechtswegzuständigkeit allein aufgrund der Fiktion des § 5 Abs. 1 S. 3 ArbGG.

191 BGH NJW-RR 2019, 399; BGH NJW 2018, 1259, BGH NJW-RR 2013, 748; BGH NJW-RR 2004, 639; s. näher u. Rn. 128.

ist darüber grds. durch **Teilurteil** zu entscheiden, wenn es unabhängig von der Entscheidung des Rest-Streits ist (sog. Widerspruchsfreiheit zum Schlussurteil, § 301).

5. Die Einführung eines weiteren oder die Änderung des bisherigen Streitgegenstandes in einen anderen ist eine **Klageänderung**, die – falls nicht § 264 eingreift – nur bei Zustimmung des Beklagten oder Sachdienlichkeit zulässig ist (§§ 263, 267).

6. Während der **Rechtshängigkeit** ist eine weitere Klage mit **identischem** Streitgegenstand wegen doppelter Rechtshängigkeit unzulässig (§ 261 Abs. 3 Nr. 1).

7. Nach der **rechtskräftigen Entscheidung** des Rechtsstreits ist es grds. unzulässig, dieselbe Sache – also eine Sache mit **identischem** Streitgegenstand – erneut einzuklagen: Die materielle Rechtskraft des Urteils (§ 322) verbietet dies.

Näheres hierzu in diesem Skript bei den betreffenden Prozessinstituten.

III. Die Bestimmung des Streitgegenstandes

Die ZPO selbst sagt darüber nichts. Sie setzt den Begriff voraus, wobei sie außerdem (vgl. z.B. §§ 81, 83, **107** 253, 261, 306, 307, 322) in unterschiedlicher Terminologie dafür auch die Begriffe „geltend gemachter (erhobener/streitiger) Anspruch", „Streitsache" verwendet.

1. Unstreitiger Ausgangspunkt ist, dass grds. **der Kläger** durch seinen Antrag und auch durch die zu dessen Begründung vorgetragenen Tatsachen den Streitgegenstand bestimmt **(Dispositionsmaxime!)**.[192] Wie jedoch im Einzelnen hieraus der Streitgegenstand des konkreten Prozesses zu bestimmen ist, ist umstritten.

Im Wesentlichen werden dazu – heute – **drei Auffassungen vertreten**:

a) Der **prozessuale zweigliedrige Streitgegenstandsbegriff** **108**

Inhalt und Umfang des Streitgegenstandes werden sowohl durch den **Klageantrag als auch** gleichrangig durch den zu seiner Begründung vorgetragenen **Lebenssachverhalt (Klagegrund)** festgelegt. Diese beiden Komponenten – **Antrag und Lebenssachverhalt** – bestimmen **zusammen** den Streitgegenstand. Ändert sich auch nur eines dieser beiden Bestimmungsmerkmale, so ändert sich auch der Streitgegenstand.[193]

Bestätigt wird diese Auffassung durch **§ 253 Abs. 2 Nr. 2**.

Schwierig – der „neuralgische Punkt"[194] – ist für diese Ansicht, wie der „Lebenssachverhalt" im Einzelnen festzulegen ist, d.h., ob und wann ein bestimmter Lebenssachverhalt bei Hinzutreten weiterer tatsächlicher Umstände noch derselbe Lebenssachverhalt bleibt oder zu einem anderen wird.

Dabei wird unter „Lebenssachverhalt" verstanden: Alle Tatsachen, die bei einer natürlichen, vom Standpunkt der Parteien ausgehenden Betrachtungsweise zu dem durch den Vortrag des Klägers zur Entscheidung gestellten Tatsachenkomplex gehören, den der Kläger zur Stützung seines Rechtsschutzbegehrens dem Gericht zu unterbreiten hat.[195] Ein anderer bzw. weiterer Lebenssachverhalt liegt dagegen vor, wenn der **Kern dieses Lebenssachverhalts** verändert wird.[196]

---

192 BGH NJW-RR 2020, 373; BAG NZA 2019, 552; ausführlich zum Streitgegenstandsbegriff Stein JuS 2016, 122 ff.

193 Absolut h.M. in der st.Rspr. und der Lit.: BGH NJW-RR 2020, 373; BGH GRUR 2020, 550; BGH NJW-RR 2019, 246; BGH GRUR 2018, 431 m. Anm. Alexander; BAG NZA 2020, 248; im Schrifttum u.a. MK/Becker-Eberhard vor § 253 Rn. 32 ff.; MV/Musielak Einl. Rn. 68 ff.; BL/Becker § 2 Rn. 4; ThP/Seiler Einl. II Rn. 24 f.; Schellhammer, Rn. 129 ff.; Stein JuS 2016, 122 ff.

194 Musielak NJW 2000, 3593, 3594.

195 Vgl. auch BGH GRUR 2020, 550; BGH NJW 2018, 1250; BGH NJW 2017, 61; BAG NZA 2018, 291; Teplitzky GRUR 2013, 408.

196 BGH MDR 2018, 291; BGH NJW 2017, 61; BAG NJW 2014, 717; ThP/Seiler Einl. II Rn. 24 ff.

109 **b)** Der **prozessuale eingliedrige Streitgegenstandsbegriff**

Maßgeblich ist **allein der Antrag.** Der zur Begründung vorgetragene Sachverhalt ist kein selbstständiges Bestimmungselement, sondern lediglich ein Auslegungskriterium dieses Antrages, das dann heranzuziehen ist, wenn die Identität gleichlautender Anträge infrage steht.[197]

Auch für diese Ansicht ist demnach der Lebenssachverhalt in gewissem Umfang zur Bestimmung des Streitgegenstandes von Bedeutung: So handelt es sich auch nach dieser Ansicht bei zwei Klagen auf Zahlung von je 1.000 € – natürlich – um zwei verschiedene Streitgegenstände, wenn die eine Klage auf ein Darlehen, die andere auf den Verkauf einer Sache gestützt wird.

110 **c)** Die in sich unterschiedlichen **materiell-rechtlichen Lehren**, die bei einer Mehrheit von behaupteten Ansprüchen i.S.v. § 194 BGB überwiegend darauf abstellen, ob Gesetzeskonkurrenz vorliegt (ein Streitgegenstand) oder ob die Ansprüche selbstständig nebeneinander stehen (Anspruchskonkurrenz: mehrere Streitgegenstände). Durchgesetzt haben sich diese Lehren nicht.[198]

d) Umstritten ist jedoch auch, ob sich überhaupt ein einheitlicher Streitgegenstandsbegriff für den gesamten Prozess definieren lässt – so die h.M. – oder ob nicht für die einzelnen prozessualen Zusammenhänge, in denen es auf den Streitgegenstand ankommt, jeweils ein anderer Begriff, je nach dem konkreten prozessualen Erfordernis, zu gelten hat.[199]

111 **2. Keine Auswirkung** hat dieser **Meinungsstreit,** wenn **verschiedene Klageanträge** gestellt werden. Mehrere verschiedene Klageanträge bilden **immer** – nach allen Ansichten – auch **verschiedene Streitgegenstände.**

Dabei kommt es nicht auf die wörtliche, sondern die sachliche Unterschiedlichkeit der Anträge an. Unterschieden werden können folgende Fallgruppen:

- Eindeutige Antragsverschiedenheit: z.B. Kaufpreisklage und nach Abweisung Klage auf Rückübereignung der Ware; Leistungsklage auf Zahlung des Kaufpreises und positive oder negative Feststellungsklage über das präjudizielle Rechtsverhältnis (Wirksamkeit des Kaufvertrages).

- Sachliche Antragsverschiedenheit bei äußerlich gleichlautenden Anträgen: z.B. Zahlungsklage auf 1.000 € aus Darlehen vom 05.01. und neue Klage auf 1.000 € aus weiterem Darlehen vom 07.02. – Die Individualisierung der gleichlautenden Anträge durch die verschiedenen Lebenssachverhalte ergibt eindeutig (auch für den eingliedrigen Begriff), dass es sich um verschiedene Anträge handelt.

- Sachliche Antragsmehrheit bei äußerlich einheitlichem Antrag: z.B. Klage auf Zahlung von 5.000 € bei in der Begründung vorgenommener Aufschlüsselung auf verschiedene Lebenssachverhalte (2.000 € aus Darlehen vom 01.02., 3.000 € aus Kaufvertrag vom 05.03.). – Nur äußerlich zusammengefasste Antragsmehrheit; daher: mehrere Streitgegenstände.

Entsprechend: Antrag auf Zahlung von insgesamt 5.000 € (Sachschaden, Personenschaden, Schmerzensgeld aus Verkehrsunfall vom 03.04.): auch hier liegen trotz des einheitlichen Lebenssachverhalts drei verschiedene Anträge/Streitgegenstände vor.

112 **3.** Von Bedeutung wird der Theorienstreit dagegen dann, wenn es auf die Auswirkung der vorgetragenen Begründung – also des vorgetragenen **Sachverhaltes** – zur Bestimmung des Streitgegenstandes ankommt, d.h., wenn in einem Prozess bei sachlich gleichbleibendem Antrag die Begründung wechselt (Klageänderungs-, Klagehäufungs-

---

197 Vertreter insbes. Schwab: Der Streitgegenstand im Zivilprozess, 1954; Rosenberg/Schwab JuS 1965, 81; 1976, 69, 71.

198 Vgl. dazu u.a. StJ/Roth vor § 253 Rn. 30 ff.; Schilken, Rn. 228.

199 Relativer Streitgegenstandsbegriff, u.a. StJ/Roth vor § 253 Rn. 41 ff., 46 ff.; Zöller/Vollkommer Einl., Rn. 82 ff.; vgl. dazu auch Prütting in: G/M/P/M-G, Einl., Rn. 193 m.w.N.

frage) oder wenn in verschiedenen Prozessen sachlich gleiche Anträge mit unterschiedlicher Begründung gestellt werden (Rechtshängigkeits-, Rechtskraftfrage):

- Nach dem **zweigliedrigen** Streitgegenstandsbegriff ist insoweit entscheidend, **ob der weitere Sachverhalt ein anderer Lebenssachverhalt ist**.

- Nach dem **eingliedrigen** Streitgegenstandsbegriff bleibt dagegen die Identität des Streitgegenstandes grds. erhalten, da er ja nur auf den Antrag abstellt.

Beispiel 1: Der Kläger stützt seine Schadensersatzklage gegen einen Taxifahrer auf Verletzung eines Beförderungsvertrages (schuldhafte Verursachung eines Unfalles). Später stützt K die Klage auch auf unerlaubte Handlung und auf § 7 StVG.

Keine Änderung des Streitgegenstandes und damit auch keine Klageänderung: Für die prozessualen Streitgegenstandslehren spielt die Frage, aus wie vielen materiell-rechtlichen Anspruchsgrundlagen das Klagebegehren hergeleitet werden könnte, grds. keine Rolle. Nach dem eingliedrigen Streitgegenstandsbegriff liegt bereits deshalb nur ein Streitgegenstand vor, weil nur ein einheitlicher Antrag (Geldzahlung) gestellt ist, nach dem zweigliedrigen, weil dem einheitlichen Antrag auch nur ein einheitlicher Lebensvorgang – der den Sachschaden auslösende Verkehrsunfall – zugrunde liegt.

Beispiel 2: Der Kläger, der 1.000 € aus einem Wechsel gegen B einklagt, trägt wegen der vom Gericht geäußerten Bedenken gegen die Formgültigkeit des Wechsels nunmehr hilfsweise auch vor, er habe diese 1.000 € auch deshalb zu bekommen, weil ihm der Beklagte den Wechsel zahlungshalber für die Lieferung einer Sache gegeben habe, sodass ihm also auch ein Kaufpreisanspruch zustehe.

Nach dem eingliedrigen Begriff weder Klagehäufung noch Klageänderung, da der Kläger mit seinem unveränderten Antrag nach wie vor den (einen) Betrag von 1.000 € begehrt.

Nach dem zweigliedrigen Begriff ist dagegen eine Klagehäufung anzunehmen, weil der Kläger zur Begründung seines prozessualen Anspruchs nunmehr alternativ **zwei verschiedene Lebenssachverhalte** mit einer festgelegten Reihenfolge vorträgt – die Annahme des Wechsels und den Abschluss des Kaufvertrages (Grundgeschäft) –; **für die Zulässigkeit gelten daher §§ 260, 263**.[200]

Bei einer neuen auf das Grundgeschäft gestützten Klage nach Abweisung der Wechselklage nimmt der eingliedrige Begriff Identität (und Rechtskraft) allerdings nur an, wenn schon die erste Klage auch auf das Grundgeschäft gestützt war,[201] was eine Inkonsequenz bedeutet: Der zweigliedrige Begriff kann dagegen auch diese Fallgestaltung widerspruchsfrei lösen.

Beispiel 3: Die Klage des K wird abgewiesen, weil die Forderung – wie sich herausstellt – dem A zusteht. Nach Abtretung der Forderung durch A erhebt K erneut Klage.

Nach dem zweigliedrigen Begriff handelt es sich um einen neuen Streitgegenstand, da – durch die Abtretung – ein neuer Lebenssachverhalt Grundlage der neuen Klage ist.[202] Aber auch nach dem eingliedrigen Begriff, da die Individualisierung der Anträge durch die Lebenssachverhalte ergibt, dass K einen „anderen" Betrag verlangt, nämlich eine Forderung (an sich) des A, und erst recht nach den materiell-rechtlichen Theorien, da K nunmehr den Anspruch eines (ursprünglich) anderen Gläubigers einklagt: Die Klage ist daher nach allen Ansichten zulässig.

Weitere Beispiele: s.u. Rn. 335.

4. Im Allgemeinen wird grds. von dem zweigliedrigen prozessualen Streitgegenstandsbegriff auszugehen sein, da er die in der Praxis **eindeutig ganz h.M.** ist, insbesondere der ständigen höchstrichterlichen Rspr. entspricht.[203]

---

200 H.M.: BGH NZG 2016, 1420, 1421; NJW 1992, 117; ThP/Seiler Einl. II Rn. 32; vgl. auch BGH NJW 2018, 1259; BGH RÜ2 2018, 176: Alternative Klagehäufung im Hinblick auf Bestimmtheitsgrundsatz unzulässig, wenn Kläger die Reihenfolge der Streitgegenstände nicht festlegt, sondern die Wahl dem Gericht überlässt und unten Rn. 195.

201 Rosenberg/Schwab, 14.1986, § 156 II 1 a.E.; Schwab, Streitgegenstand S. 157, 172, 180.

202 BGH WM 2020, 785; BGH RÜ 2007, 397; BGH NJW 2008, 2922.

203 Vgl. u.a. BGH MDR 2019, 692; BGH RÜ2 2018, 176; BAG NZA 2020, 248; BAG NZA 2019, 552.

5. Abschnitt: Die Zulässigkeit der Klage – Sachurteilsvoraussetzungen

A. Überblick

113 Voraussetzung dafür, dass es zu einer gerichtlichen Entscheidung in der Sache selbst kommen kann, ist die Zulässigkeit der Klage. Erweist sich die Klage als unzulässig, muss sie aus diesem Grunde durch ein sog. Prozessurteil abgewiesen werden.

Die Zulässigkeit betrifft die – grds. zwingend vorweg zu klärende – Frage, ob das mit der Klage angerufene Gericht in der Sache selbst entscheiden darf. Dagegen betrifft die Begründetheit der Klage die Frage, wie das Gericht – wenn es in der Sache entscheiden darf – den Rechtsstreit nach materiellem Recht zu entscheiden hat.

Die Zulässigkeitsvoraussetzungen einer Klage, die vorliegen müssen, damit eine Entscheidung in der Sache ergehen kann, lassen sich in drei Gruppen einteilen:

- **Echte Prozessvoraussetzungen** (Prozessvoraussetzungen i.e.S.),

   deren Fehlen der Entstehung eines Prozesses entgegen steht, was aber in der Praxis nur selten vorkommt.

   Grds. nur: Wirksame Klageeinreichung, deutsche Gerichtsbarkeit.

- **Sachurteilsvoraussetzungen**,

114 bei deren Fehlen zwar ein Prozess entsteht – also die Klage zugestellt, ein Termin anberaumt, mündlich verhandelt und durch Urteil entschieden wird. Es kann aber **keine Sachentscheidung**, d.h. keine Entscheidung über den geltend gemachten Anspruch ergehen. Ihr Vorliegen ist daher nicht Voraussetzung für die Entstehung des Prozesses, wohl aber für den Erlass eines Sachurteils. Fehlen sie, ist die Klage unzulässig und wird daher **durch ein** sog. **Prozessurteil als unzulässig abgewiesen**.

   Häufig werden allerdings auch diese Sachurteilsvoraussetzungen noch „Prozessvoraussetzungen" genannt, obwohl die Ungenauigkeit dieser Bezeichnung – eben weil es doch zu einem Prozess kommt – inzwischen allgemein anerkannt ist.[204] Eine zusätzliche Sachurteilsvoraussetzung, die bereits im Zeitpunkt der Klageerhebung vorliegen muss, ist auch die Durchführung eines nach dem jeweiligen Landesrecht erforderlichen Schlichtungsverfahrens nach § 15 a EGZPO.[205]

- **Fehlen von Prozesshindernissen**,

115 d.h. von **nur auf Rüge des Beklagten** zu berücksichtigende besondere Prozessvoraussetzungen (sog. prozesshindernde Einreden).

   Solche Prozesshindernisse sind **nur** die verzichtbaren Rügen i.S.d. § 296 Abs. 3: fehlende Ausländersicherheit (§§ 110 ff.), fehlende Kostenerstattung nach Klagerücknahme (§ 269 Abs. 6) und die Schiedsgerichtsklausel (§ 1032).

   Alle anderen Prozess- bzw. Sachurteilsvoraussetzungen sind dagegen – trotz der insoweit missverständlichen Formulierung in § 282 Abs. 3[206] – vom Gericht – auch noch im Revisionsverfahren – von Amts wegen, also ohne besondere Rüge des Beklagten, zu prüfen.

---

204 Vgl. BL/Anders vor § 253 Grundz. Rn. 13; Jauernig/Hess § 33 Rn. 5; Musielak/Voit, Rn. 231 f.

205 Vgl. BGH, Urt. v. 30.04.2013 – VI ZR 151/12, BeckRS 2013, 9813; vgl. aber auch BGH NJW-RR 2014, 1358: Anerkenntnisurteil nach § 307 trotz Nichtdurchführung eines obligatorischen Schlichtungsverfahrens zulässig.

206 BGH NJW 2019, 3065; BGH NJW 2018, 1689; BGH NJW 2004, 2523; Lüke ZPR, § 13 Rn. 1.

B. Echte Prozessvoraussetzungen

Beim **Fehlen** der echten Prozessvoraussetzungen wird bereits die Klage nicht zugestellt **116** und kein Termin anberaumt, sodass auch **kein Prozess** entstehen kann. Es sind nur:

I. Wirksame Klageeinreichung

Eine wirksame Klageeinreichung fehlt nur dann, wenn **besonders schwere Mängel** vorliegen, die die Klage für ihren Zweck, ein Prozessverhältnis zwischen den Parteien zu begründen, **absolut funktionsuntauglich** machen **(Einreichungsmängel).**

Beispiele:[207] Fehlen der Unterschrift (§§ 253 Abs. 4, 130 Nr. 6), bei LG-Klage vor Landgericht: keine Unterschrift eines Anwalts. Die Erhebung ist von einer Bedingung abhängig (z.B. „soll nur als erhoben gelten, wenn sie der Richter als begründet erachtet"), da die Klageerhebung als Prozesshandlung bedingungsfeindlich ist.[208] Die Bezeichnung des Beklagten ist so unvollständig, dass die Klage nicht zugestellt werden kann. Die Klage wird nicht bei einem erstinstanzlichen Gericht eingereicht (z.B. beim OLG).

Bei behebbaren Mängeln hat das Gericht die Klage unter Hinweis auf die Behebbarkeit an den Einreichenden zurückzugeben oder ihm in anderer Weise die Behebung zu ermöglichen.

II. Eingreifen der deutschen Gerichtsbarkeit

1. Die deutsche Gerichtsbarkeit erfasst – als Beklagte – alle Personen, die innerhalb der **117** Bundesrepublik ihren Aufenthalt haben, unabhängig von ihrer Staatsangehörigkeit (mit Ausnahme der sog. Exterritorialen, wie z.B. Diplomaten und ausländische Staaten bei hoheitlicher Tätigkeit, §§ 18 ff. GVG).[209] Wird eine Klage gegen einen Beklagten erhoben, der der deutschen Gerichtsbarkeit nicht unterliegt, und ist mit großer Wahrscheinlichkeit damit zu rechnen, dass er sich ihr auch nicht freiwillig unterwirft, hat das Gericht von der Klagezustellung und einer Terminsbestimmung abzusehen.[210] Wird dagegen erst im Verlauf eines Prozesses das Fehlen der deutschen Gerichtsbarkeit festgestellt, ist die Klage durch ein Prozessurteil als unzulässig abzuweisen.

Besteht Streit über das Vorliegen der echten Prozessvoraussetzungen, kann die Zulässigkeit der Klage unter diesem Gesichtspunkt letztlich nur durch eine gerichtliche Entscheidung geklärt werden, die nicht außerhalb eines Prozesses, sondern nur in einem Prozess ergehen kann.[211] Ein Prozessverhältnis entsteht also auch, wenn die echten Prozessvoraussetzungen streitig sind, wobei über die Zulässigkeit der Klage in diesen Fällen nach § 282 ZPO vorab durch ein Zwischenurteil entschieden werden kann.[212]

2. Für **grenzüberschreitende Rechtsstreitigkeiten innerhalb der EU**

gilt das europäische Zivilprozessrecht, das durch EU-Verordnungen, EU-Richtlinien sowie **118** durch innerstaatliche Ausführungsbestimmungen geregelt ist. Die in prozessrechtlicher Hinsicht praktisch wichtigsten Vorschriften enthält die EU-VO Nr. 1215/2012 vom 12.12.2012 über die gerichtliche Zuständigkeit und die Anerkennung und Vollstreckung von Entscheidungen in Zivil- und Handelssachen **(EuGVVO)**, die mit Wirkung zum 10.01.2015 die EU-VO Nr. 44/2001 vom 22.12.2000 (EuGVVO a.F.) ersetzt.[213]

---

207 Vgl. ThP/Seiler § 253 Rn. 19; Jauernig/Hess § 38 Rn. 15 ff.; Musielak/Voit, Rn. 158.
208 BGHZ 99, 277; vgl. unten Rn. 124 ff.
209 BAG NZA 2018, 739; BGH NJW-RR 2003, 1218: Keine Vollstreckung in ein ausländisches Botschaftsgrundstück.
210 Vgl. OLG München NJW 1975, 2144, 2145; Musielak/Voit, Rn. 235.
211 Vgl. BGH NJW 2018, 854; BGH RÜ 2013, 86; BAG NZA 2018, 739.
212 Vgl. BGH NJW 2018, 1880; BGH NJW 2009, 3164; BAG, Urt. v. 21.03.2017 – 7 AZR 207/15, BeckRS 2017, 119476.
213 Text und Kommentierungen der EuGVVO u.a. bei Zöller/Geimer Anhang I A und ThP/Hüßtege; dazu auch Mäsch/Peiffer RIW 2019, 245; Ries RIW 2019, 32 u. Sujecki EWS 2018, 72; Schnichel/Lenzing/Stein EuZW 2018, 877 zur Rspr. des EuGH.

Diese VO vereinheitlicht die einzelstaatlichen Vorschriften über die internationale Zuständigkeit und regelt die Anerkennung und Vollstreckung gerichtlicher Entscheidungen mit Auslandsbezug.[214]

Im Zuge der Umsetzung entsprechender EU-Richtlinien/Verordnungen[215] enthält das 11. Buch der ZPO (§§ 1067 ff.: Justizielle Zusammenarbeit in der Europäischen Union) Regelungen über Zustellungen, Beweisaufnahme und Prozesskostenhilfe.[216]

Außerdem gibt es Vorschriften für ein vereinfachtes Verfahren zur Vollstreckung von Vollstreckungstiteln über unbestrittene Forderungen (EU-VO Nr. 805/2004, „Europäischer Vollstreckungstitel" = EuVT-VO, die durch die §§ 1079–1086 ZPO ergänzt wird),[217] für ein grenzüberschreitendes „Europäisches Mahnverfahren" (EU-VO Nr. 1896/2006),[218] für ein Verfahren über geringfügige Forderungen (bis 2.000 €, EU-VO 861/2007)[219] und zum familienrechtlichen Verfahren (EU-VO Nr. 2201/2003).[220]

3. Wenn in einem Zivilprozess **Gemeinschaftsrecht der EU** anzuwenden ist – z.B. im Rahmen des Zivilprozessrechts: die EuGVVO – und die Auslegung dieses Rechts zweifelhaft ist, kann bzw. muss das Gericht die das EU-Recht betreffende Rechtsfrage **dem Europäischen Gerichtshof zur – bindenden – Vorabentscheidung vorlegen** (Art. 267 AEUV). Bis zu dieser Entscheidung ist das Verfahren gemäß § 148 auszusetzen.[221]

4. Soweit die deutsche Gerichtsbarkeit zuständig ist, **gilt grds. die ZPO**.

C. Die Sachurteilsvoraussetzungen

I. Allgemeine Grundsätze

119   **1.** Das Fehlen von Sachurteilsvoraussetzungen hindert die Entstehung des Prozesses nicht: Es wird daher die Klage zugestellt und ein Termin anberaumt; über das Vorliegen und Fehlen kann auch **nur aufgrund mündlicher Verhandlung entschieden** werden.

2. Wenn die Sachurteilsvoraussetzungen nicht spätestens im Zeitpunkt der letzten mündlichen Verhandlung vorliegen[222] – bis dahin ist also grds. Nachholung bzw. Heilung möglich –, kann nach ganz h.M. **keine Sachentscheidung** ergehen. Die unzulässige Klage ist vielmehr aus prozessualen Gründen, d.h. **allein wegen Fehlens der Sachurteilsvoraussetzungen, durch Prozessurteil als unzulässig** abzuweisen.

Auf die materiell-rechtliche Rechtslage wird in diesem Prozessurteil nicht eingegangen und es darf darauf auch nicht eingegangen werden. Es ist auch nicht zulässig, die Klage sowohl aus prozessualen als auch aus materiell-rechtlichen Gründen abzuweisen oder die Zulässigkeit der Klage dahingestellt bleiben zu lassen.[223]

Bei jedem zivilprozessualen Fall ist daher zunächst die Zulässigkeit der Klage zu prüfen und erst nach Feststellung der Zulässigkeit auf die Begründetheit der Klage einzugehen: **Zwingender prozessualer Vorrang der Zulässigkeitsprüfung**. Eine **Ausnahme** wird nach h.M. nur für das Rechtsschutzbedürfnis/Feststellungsinteresse zugelassen. Ist es problematisch, kann es offengelassen und die Klage durch

---

214   Vgl. dazu Wagner NJW 2017, 1796; ders. EWS 2016, 79; Ulrici JZ 2016, 127; Staudinger/Steinrötter JuS 2015, 1.

215   Dazu Musielak/Voit, Rn. 237; Texte der EU-Richtlinien/Verordnungen bei ThP/Hüßtege Anh. zu §§ 1071, 1075, 1078.

216   Vgl. dazu ThP/Hüßtege §§ 1067 ff.; Vollkommer/Huber NJW 2009, 1105.

217   Dazu MV/Lackmann Vorbem. zu §§ 1079 ff.; Baumert RIW 2018, 555; Windolf/Zemmrich JuS 2007, 803.

218   Vgl. Ulrici RIW 2018, 718; ders. EuZW 2016, 369; Sujecki EWS 2017, 254; ders. NJW 2007, 1623; Salten MDR 2008, 1141.

219   Vgl. dazu Huber RIW 2018, 625; Sujecki EWS 2017, 254; Staudinger/Frensing-Deutschmann DAR 2016, 181.

220   Vgl. MK/Rauscher Einl. Rn. 519 ff.; Hau FamRZ 2009, 821; Erb-Klünemann/Niethammer-Jürgens FamRB 2019, 454.

221   BVerfG NJW 2010, 1268; Zöller/Greger § 148 Rn. 3 b; Sujecki EWS 2018, 72; 2017, 84; Stadler/Klöpfer ZEuP 2017, 890.

222   BGH FamRZ 2008, 680; BGH NJW-RR 2006, 139; BGH NJW 2000, 289, 738; Stein JuS 2014, 320, 323.

223   BGH NJW 2012, 1209; BAG NJW 2016, 2830; ThP/Seiler Vorbem. v. § 253 Rn. 8.

ein Sachurteil als unbegründet abgewiesen werden. Diese Merkmale sind also nur zwingende Voraussetzungen für eine stattgebende, nicht aber für eine abweisende Sachentscheidung.[224]

Weist das Gericht unzulässigerweise die Klage sowohl als unzulässig als auch als unbegründet ab, dann erwächst die Abweisung als unbegründet nicht in Rechtskraft, wohl aber als unzulässig.[225] Wird dagegen die Zulässigkeit unzulässigerweise offengelassen und die Klage als unbegründet abgewiesen, dann ist eine solche Entscheidung als Sachurteil anzusehen und insoweit auch rechtskraftfähig.[226]

3. Die **Rechtskraft des Prozessurteils ist beschränkt.** Sie erfasst nur die entschiedenen Prozessfragen, der materielle Anspruch ist dagegen – da über ihn gerade nicht entschieden wird – nicht aberkannt. **Der Kläger kann daher unter Vermeidung des prozessualen Mangels erneut klagen.**[227] **120**

4. Das Fehlen von Sachurteilsvoraussetzungen ist zwar – in jeder Lage des Prozesses – **von Amts wegen** zu berücksichtigen,[228] gleichwohl gilt auch hier grds. der Verhandlungsgrundsatz (s.o. Rn. 69). Das Gericht hat gemäß § 139 Abs. 3 auf Bedenken hinzuweisen, aber i.d.R. nur aufgrund des – u.U. nach Hinweis ergänzten – Vortrags der Parteien zu entscheiden. Die Beweislast liegt dabei i.d.R. beim Kläger.[229] **121**

Ein besonderer Vortrag und eine nähere Prüfung sind jedoch i.d.R. entbehrlich, da die Sachurteilsvoraussetzungen normalerweise unproblematisch vorliegen. Auch **in Klausuren** sind nur problematische Voraussetzungen zu erörtern. Soweit Angaben dazu im Fall fehlen, ist vom Vorliegen auszugehen.[230]

5. Ob eine **zwingende Prüfungsreihenfolge** besteht, ist umstritten, für die Praxis aber ohne Bedeutung, weil die Klage bereits dann als unzulässig abzuweisen ist, wenn nur eine Prozessvoraussetzung fehlt. Die Prozessökonomie (effektive Arbeitsweise) gestattet es dabei dem Gericht, bei mehreren fraglichen Prozessvoraussetzungen zuerst diejenigen zu prüfen, die am einfachsten und schnellsten feststellbar sind.[231] **122**

Natürlich müssen logischerweise die echten Prozessvoraussetzungen vorweg geprüft werden. Das ggf. gemäß § 15 a EGZPO dem Prozess vorzuschaltende **Schlichtungsverfahren** wird vom BGH als echte Prozessvoraussetzung verstanden, sodass sie im eingeleiteten Prozess nicht mehr nachholbar ist.[232] Das Fehlen dieser Prozessvoraussetzung steht allerdings dem Erlass eines Anerkenntnisurteils nach § 307 ZPO nicht entgegen, wenn die übrigen Prozessvoraussetzungen vorliegen.[233]

II. Die einzelnen Sachurteilsvoraussetzungen betreffen:

- **die Ordnungsgemäßheit der Klageerhebung,** **123**

- **die Parteien:** Existenz, Parteifähigkeit, Prozessfähigkeit, erforderlichenfalls wirksame Vertretung, Prozessführungsbefugnis,

- **das Gericht:** Zuständigkeit, Zulässigkeit des Rechtswegs und

---

224 BGH, Urt. v. 20.02.2018 – XI ZR 127/16, BeckRS 2018, 4774; BGH NJW 2016, 1578; BAG DB 2003, 1065, krit. ThP/Seiler § 256 Rn. 4; ausführlich zur Prüfung der Sachurteilsvoraussetzungen auch Philipp/Rothermel Jura 2016, 232 ff.

225 Vgl. Zöller/Greger vor § 253 Rn. 10; MV/Musielak § 322 Rn. 46.

226 BGH RÜ 2008, 228; Zöller/Greger vor § 253 Rn. 10; ThP/Seiler § 322 Rn. 3; MV/Musielak § 322 Rn. 46 m.w.N.; a.A. Zöller/Vollkommer Vor § 322 Rn. 43 m.w.N.

227 BGH NJW 1991, 1116; BAG NZA 2017, 593; OLG Brandenburg NJW-RR 2000, 1735; StJ/Althammer § 322 Rn. 126 ff.

228 Vgl. BGH ZInsO 2018, 892; BGH WM 2016, 1714; BGH NJW-RR 2014, 1358; BAG MDR 2017, 1371.

229 BGH DB 2013, 806; BGH NJW 1996, 1059; 2000, 289; BAG NZA-RR 2015, 628; MV/Weth § 56 Rn. 2 ff.

230 Musielak/Voit, Rn. 276; Oestmann JuS 2003, 870; Huber JuS 2010, 201, 202.

231 ThP/Seiler Vorbem. § 253 Rn. 14; zur Prüfungsreihenfolge in einer Klausur: Musielak/Voit, Rn. 278; Gleußner, Rn. 55; Huber JuS 2010, 201, 202.

232 Vgl. BGH NJW 2005, 437 mit Meinungsübersicht und ausführlich zum § 15 a EGZPO Stöber JA 2014, 607 ff.

233 Vgl. BGH NJW-RR 2014, 1358: Grund: Dispositionsmaxime und Prozessökonomie, da Prozessbeendigung.

- **den Streitgegenstand**: Rechtsschutzbedürfnis, Fehlen anderweitiger Rechtshängigkeit und rechtskräftiger Vorentscheidung.

Ferner gelten **besondere Voraussetzungen** für besondere Klagen, z.B. für Feststellungsklagen (s.u. Rn. 184), Urkundenklagen (s.u. Rn. 366) oder die Gestaltungsklagen des Zwangsvollstreckungsrechts (s.u. Rn. 498 ff.), für den neuen Antrag bei Klageänderung (s.u. Rn. 189 ff.).[234]

1. Ordnungsgemäßheit der Klageerhebung (§ 253)

124 Die Klageschrift muss den zwingenden Anforderungen des § 253 Abs. 2 entsprechen **(notwendiger Inhalt der Klage)**:

- Bezeichnung der Parteien und des Gerichts,

- bestimmte Angabe des Gegenstandes und des Grundes des erhobenen Anspruchs,

- bestimmter Klageantrag.

Zulässigkeitsvoraussetzung ist auch die **wirksame Zustellung der Klageschrift** (s.o. Rn. 24). Zustellungsmängel (z.B. nur einfache Klageabschrift zugestellt) sind aber grds. gemäß §§ 189, 295 heilbar.[235]

Mängel hinsichtlich einer ordnungsgemäßen Klageerhebung können unterschiedliche Wirkung haben. Bei Mängeln, die bereits die Einreichung der Klage unwirksam machen (s.o. Rn. 116), fehlt eine echte Prozessvoraussetzung, sodass bereits Terminsanberaumung und Zustellung der Klage abgelehnt werden. Sachurteilsvoraussetzung ist dagegen, dass durch die bestimmten Angaben gemäß § 253 Abs. 2 der Streitgegenstand eindeutig bestimmt wird. Mangelt es hieran, kommt es zwar zum Termin, ohne Behebung des Mangels muss die Klage jedoch als unzulässig abgewiesen werden.

a) Bezeichnung der Parteien, § 253 Abs. 2 Nr. 1

125 § 253 Abs. 2 Nr. 1 regelt zwingend nur dass, nicht aber wie die Parteien zu bezeichnen sind. Erforderlich ist danach eine Parteibezeichnung, die so bestimmt ist, dass über ihre Identität aus der Sicht der Empfänger (Gericht und Gegenpartei) kein Zweifel besteht. Hinsichtlich der mitzuteilenden Anschrift und des Namens der Parteien ist § 253 Abs. 2 Nr. 1 selbst kein zwingendes Erfordernis zu entnehmen. Der sicherste Weg für die genaue Bezeichnung der Parteien ist, wenn die Angaben gemacht werden, die in dem durch § 253 Abs. 4 in Bezug genommenen § 130 Nr. 1 aufgeführt sind. Auch wenn diese Norm ihrem Wortlaut nach nur eine „Soll-Vorschrift" ist, muss die Klageschrift schon deshalb eine ladungsfähige Anschrift des Beklagten enthalten, weil sonst die Zustellung der Klageschrift und damit die Begründung eines Prozessrechtsverhältnisses nicht möglich wäre.[236] Nach ganz h.M. muss die Klageschrift auch die ladungsfähige Anschrift des Klägers enthalten (Ausnahme: triftiger Grund für die Geheimhaltung der Anschrift), weil dieser sonst zu dem Termin nicht geladen werden könnte.[237] Angesichts der Bedeutung der Klageschrift für den Gang des Verfahrens ist daher davon auszugehen, dass eine ordnungsgemäße Bezeichnung der Parteien grds. nur dann vorliegt, wenn diese **namentlich unter Angabe der ladungsfähigen Anschrift** bezeichnet werden.[238]

---

234 Vgl. dazu Schellhammer, Rn. 357.
235 BGH, Beschl. v. 12.03.2020 – I ZB 64/19, BeckRS 2020, 6358; BGH NJW-RR 2019, 1465; BGH NJW 2007, 775; NJW 1992, 2099; vgl. aber auch BGH NJW 2017, 2472.
236 BGH NJW 2017, 564; BGH NJW 2001, 885; ThP/Seiler § 253 Rn. 7; MV/Foerste § 253 Rn. 20 m.w.N.
237 BGH FamRZ 2004, 943; ThP/Seiler § 253 Rn. 7 m.w.N.
238 BGH NJW 2017, 564; MV/Foerste § 253 Rn. 17; vgl. auch BGH JA 2017, 945 m. Anm. Schmidt zur Möglichkeit und zu Grenzen der Auslegung der Klageschrift bei unklarer oder unrichtiger Parteibezeichnung und unten Rn. 130.

Kennt der Kläger den Namen des Beklagten nicht und kann er ihn auch nicht ermitteln (z.B. bei ihm unbekannten Hausbesetzern, gegen die er Räumung durch eine einstweilige Verfügung erwirken will), wird auch eine generelle Bezeichnung für zulässig erachtet. Erforderlich ist aber auch in diesem Fall, dass **bestimmt** genug ist, welche **konkreten** Personen gemeint sind, sodass ihnen zugestellt werden kann.[239] Zu unbestimmt ist nach dem BGH eine Räumung „gegen eine Anzahl von 40 männlichen und weiblichen Personen, die sich als „Kulturkollektiv Arno-Nitzsche" bezeichnen und sich zum Zeitpunkt der Zustellung in einem ganz genau bezeichneten Haus befinden". Der Verzicht auf das Erfordernis einer sicheren Identifizierung des Schuldners aufgrund der Bezeichnung im Vollstreckungstitel ist auch nicht deshalb geboten, weil der Hauseigentümer ansonsten vollständig rechtlos gestellt wäre. Eine Räumung gegenüber Hausbesetzern kann vielmehr nach dem Polizei- und Ordnungsrecht erfolgen.[240]

b) Bestimmter Antrag

Der Antrag muss so bestimmt sein, dass das Gericht und auch der Beklagte – damit dieser sich verteidigen kann – sicher feststellen können, welche Entscheidung der Kläger konkret begehrt und damit auch der Umfang der Rechtskraft feststeht.[241] **126**

Es muss z.B. erkennbar sein, ob der Kläger eine Leistung oder nur eine Feststellung begehrt. Bei Zahlungsklagen muss der Betrag grds. genau **beziffert** werden,[242] herausverlangte Sachen sind genau zu bezeichnen (z.B. Opel Omega Fahrgestell-Nr. 88721), damit das Herausgabeurteil einen **vollstreckungsfähigen Inhalt** hat.[243]

Ausnahmen von diesem Bestimmtheitserfordernis: **127**

- Wenn nach materiellem Recht Inhalt und Umfang der Verpflichtung des Beklagten gerade durch Urteil bestimmt wird (§§ 315, 319, 2156 BGB).

- Bei **Beeinträchtigungen i.S.v. § 1004 BGB** ist die Klage einfach auf deren „Beseitigung" zu richten. Auf welche Weise der Beklagte einer solchen Verurteilung nachkommt, liegt in seiner Wahl.[244]

- **Stufenklage** (§ 254): Ist dem Kläger die genaue Bezeichnung der von ihm geforderten Leistung erst nach einer Rechnungslegung, Vorlage eines Verzeichnisses oder Auskunftserteilung durch den Beklagten möglich, dann kann er mit dem – zunächst zu erledigenden – Auskunftsantrag den noch unbezifferten, erst demnächst bezifferbaren Leistungsantrag verbinden, der damit sofort rechtshängig wird, was zugleich die Verjährung des gesamten Anspruchs hemmt.[245]

  Beispiel: Klage eines Pflichtteilsberechtigten gegen den Erben aus § 2314 BGB auf Auskunft über den Bestand des Nachlasses, verbunden mit dem Antrag, „den Beklagten zur Zahlung des sich nach der Auskunftserteilung ergebenden Pflichtteils an den Kläger zu verurteilen".

- Nach allgemeiner Auffassung kann bei **Zahlungsklagen ein unbezifferter Antrag** dann gestellt werden, wenn die genaue **Bezifferung dem Kläger nicht möglich oder aus besonderen Gründen nicht zumutbar ist**.[246]

---

239 LG Berlin NJW-RR 1998, 713; MV/Foerste § 253 Rn. 18 m.w.N.
240 BGH JuS 2018, 587 m. Anm. Schmdit; Büßler JuS 2018, 538; Dierck NJW 2018 2018, 401; Bruns NZM 2018, 167; a.A. LG Kassel NJW-RR 1991, 382; MV/Foerste § 253 Rn. 18.
241 BGH ZfIR 2020, 98; BGH RÜ 2019, 287; BGH RÜ 2016, 212; BAG NZA 2018, 515; Sutschet ZZP 119, 279.
242 BGH AG 2020, 124; BAG ZTR 2004, 496; BGH NJW 1994, 587.
243 BGH NJW 2016, 317; BGH NJW 2003, 668; OLG Dresden ZMR 2019, 484; OLG Köln GRUR-RR 2014, 419.
244 BGH NJW 2019, 757; BGH NJW 2018, 1671; BGH NZM 2005, 318; Palandt/Herrler § 1004 BGB Rn. 51.
245 BGH FamRZ 2006, 862; OLG Brandenburg, BGH NJW-RR 2015, 188; ausführlich zur Stufenklage Huber JuS 2019, 1057.
246 BAG NJW 2018, 1497; BAG NJW 2014, 1130; BGH GRUR-RR 2009, 319; BGH NJW 2002, 212.

Dies ist dann gestattet, wenn die Höhe des geschuldeten Betrages vom Gericht nach billigem Ermessen, aufgrund einer Schätzung (§ 287) oder nach Einholung eines Sachverständigengutachtens festzusetzen ist. Wäre in diesen Fällen eine Bezifferung erforderlich, liefe der Kläger – wenn das Gericht einen anderen Betrag für angemessen erachtet – Gefahr, dass die Klage entweder teilweise abgewiesen wird (Kostenrisiko!) oder aber weniger zu erhalten als ihm eigentlich zusteht (§ 308).

Wichtigster Fall in der Praxis: Klage auf ein **unbeziffertes „angemessenes" Schmerzensgeld** (§ 253 Abs. 2 BGB; praktisch gewohnheitsrechtlich gestattet).

Zulässigkeitserfordernisse: Vortrag der zur Bestimmung des Betrages durch das Gericht erforderlichen Tatsachen. Denn dem Kläger wird nur die genaue Bezifferung als solche erspart, er muss aber die Umstände vortragen, die dem Gericht die Festsetzung (Schätzung/Ermessen) ermöglichen.

Der Kläger muss grds. auch die **Größenordnung** des erstrebten Betrages angeben, was aber nicht zwingend die Angabe eines Mindestbetrages erfordert und noch durch Hinnahme des festgesetzten Streitwertes „geheilt" werden kann.[247] Bei der Festsetzung des angemessenen Betrages, insbes. eines verlangten Schmerzensgeldes, ist dem Gericht durch diese Angabe **nach oben aber keine Grenze** gezogen.[248] Eine Unterschreitung der Größenordnungsangabe oder eines verlangten Mindestbetrages ist dagegen eine teilweise Klageabweisung mit entsprechender Rechtsmittelmöglichkeit.[249] Wird dagegen Schmerzensgeld in Höhe des genannten Mindestbetrages zuerkannt, ist ein Rechtsmittel zur Erlangung eines höheren Betrages ausgeschlossen (keine Beschwer).[250]

c) Bestimmte Angabe des Gegenstandes und des Grundes des Anspruchs

128   Unter Anspruchs- oder Klagegrund sind die Tatsachen – der Lebenssachverhalt – zu verstehen, aus denen der Kläger sein behauptetes Recht herleitet.[251]

„Gegenstand" hat neben Klageantrag und Klagegrund keine selbstständige Bedeutung.

Fall 3: Der unbestimmte Klagegrund

A klagt gegen B auf Zahlung von Schadensersatz i.H.v. 1.000 € mit der Begründung, B habe ihn durch eine unerlaubte Handlung verletzt, wodurch ihm ein Schaden von 1.000 € entstanden sei. – Ist der Klagegrund hinreichend bestimmt?

---

1. Nach der früheren – heute nicht mehr vertretenen – **Individualisierungstheorie** genügte zur Bestimmung des Klagegrundes die Angabe des Rechtsverhältnisses, aus dem der Antrag hergeleitet wird, sodass die Bezeichnung „aus unerlaubter Handlung" genügt hätte.

2. Nach der **Substantiierungstheorie** ist die Angabe der Gesamtheit der Tatsachen erforderlich, die nach materiellem Recht den Klageanspruch begründen.[252]

3. Die heute herrschende abgewandelte oder **verbesserte Individualisierungstheorie** verlangt zwar auch den Vortrag von Tatsachen, jedoch **nicht aller**, sondern nur derjenigen, die zur Bestimmung und **Individualisierung des Streitgegenstandes** – d.h. **zur Abgrenzung** des Gegenstandes dieses Prozesses vom Gegenstand eines anderen Prozesses mit gleichem Antrag – erforderlich sind.[253]

---

247   Vgl. BGH AG 2020, 124; BAG ArbR 2020, 36 m. Anm. Bauer; BAG NZA 2018, 584: Entschädigung nach § 15 Abs. 2 AGG; BAG ArbR 2013, 207: Schadensschätzung nach § 287 u. BAG NJW 2013, 2699; Huber JuS 2019, 209 zum Schmerzensgeld.

248   BGH NJW 1996, 2425; BGH NJW 2002, 3769; ThP/Seiler § 253 Rn. 12.

249   BGH MDR 2016, 788; BGH NJW-RR 2004, 102.

250   BGH, Beschl. v. 28.10.2015 – III ZB 75/14, BeckRS 2015, 20308; BGH NJW-RR 2004, 863; ThP/Reichold Vorbem. v. § 511 Rn 23.

251   BGH NZM 2018, 444; BGH NJW 2016, 2747; ThP/Seiler § 253 Rn. 10; MV/Foerste § 253 Rn. 25.

252   Vgl. BL/Anders § 253 Rn. 32.

253   BGH RÜ 2019, 287; BGH MDR 2017, 1044 m. Anm. Dötsch; ThP/Seiler § 253 Rn. 10; MV/Foerste § 253 Rn. 25.

Dies sind also geringere Anforderungen als nach der Substantiierungstheorie. Es reicht aus, dass ersichtlich ist, auf welchen Streitgegenstand sich der Rechtsstreit bezieht. Schlüssigkeit der Klage wird nicht gefordert.[254] **Die zwar individualisierte, aber nicht schlüssige Klage wird nicht wegen Unzulässigkeit abgewiesen, sondern deshalb, weil sie materiell-rechtlich nicht begründet ist.**[255]

Hier hat A keine individualisierenden Tatsachen vorgetragen, sodass seine Klage unzulässig ist. Er hätte zumindest angeben müssen, um welchen Vorfall es sich gehandelt hat (z.B. Unfall vom ...). Darauf hat ihn das Gericht vor einer Klageabweisung hinzuweisen (§ 139), damit er den erforderlichen Tatsachenvortrag noch nachholen kann.

---

2. Die Parteifähigkeit (§ 50)

a) Die Parteien des Prozesses (formeller Parteibegriff)

Parteien des Zivilprozesses sind diejenigen Personen, von denen und gegen die im eigenen Namen Rechtsschutz begehrt wird.   **129**

„Im eigenen Namen": Bei Vertretung ist nicht der Vertreter Partei, sondern der Vertretene, z.B. der Minderjährige, für den seine Eltern den Prozess führen.

aa) Es gilt der **formelle Parteibegriff**.[256] Partei ist danach unabhängig von der materiell-rechtlichen Berechtigung oder Verpflichtung, wer im eigenen Namen Rechtsschutz begehrt oder gegen den Rechtsschutz begehrt wird. Über die Parteistellung entscheidet allein die **Bezeichnung in der Klage**.

Beispiel 1: A klagt gegen B auf Schadensersatz, weil B ihn am 01.01.2018 angefahren habe. B erklärt, er könne mit der Sache nichts zu tun haben, weil er – was zutrifft – noch niemals Auto gefahren sei; A müsse von jemand anderem angefahren worden sein. Wird die Klage mangels Parteistellung des B abgewiesen, weil B nicht der Schädiger gewesen sein kann?

Nein: Da der formelle Parteibegriff gilt, ist B, der in der Klage als Beklagter bezeichnet ist, Partei. Er ist allerdings, da er nicht der Schädiger ist, nicht die „richtige" Partei; da gegen ihn kein Anspruch besteht, wird die Klage durch ein Urteil in der Sache selbst (Sachurteil) abgewiesen.

Beispiel 2: K hat gegen B Schadensersatzklage auf Zahlung von 200 € erhoben, weil dessen 6-jähriger Sohn eine Fensterscheibe in seinem Hause eingeworfen habe. Im Termin erscheint nicht B, sondern dessen Nachbar N und erklärt, B habe die Klageschrift „zuständigkeitshalber" an ihn weitergegeben, weil die Scheibe in Wahrheit die 8-jährige Tochter des N eingeworfen habe.

Partei ist B. Da dieser nicht erschienen ist, könnte gegen ihn ggf. ein Versäumnisurteil ergehen. N ist – obgleich sich nach seinem eigenen Vorbringen der mögliche Anspruch (§ 832 BGB) gegen ihn richtet – nicht Partei. Damit ein Urteil gegen N ergehen kann, müsste er erst noch verklagt werden.

bb) Entscheidend ist, wie die Bezeichnung in der Klageschrift bei **objektiver Würdigung (Auslegung) zu verstehen** ist.   **130**

Bei objektiv unrichtiger oder mehrdeutiger Bezeichnung ist die Person als Partei anzusehen, die erkennbar durch die fehlerhafte Parteibezeichnung betroffen werden soll.

---

254 BGH NZM 2018, 444; BGH NJW-RR 2004, 639; ThP/Seiler § 253 Rn. 10.

255 Vgl. BGH NZM 2018, 444; BGH NJW 2016, 2747; StJ/Roth § 253 Rn. 54; Zöller/Greger § 253 Rn. 12 m.w.N.

256 BGH NJW 2014, 1386; BGH NJW-RR 2005, 1237; ThP/Hüßtege vor § 50 Rn. 10; MV/Weth § 50 Rn. 3.

Für die Ermittlung der Parteien durch Auslegung ihrer Bezeichnung sind nicht nur die im Rubrum der Klageschrift enthaltenen Angaben, sondern auch der gesamte Inhalt der Klageschrift einschließlich etwaiger beigefügter Anlagen zu berücksichtigen. Entscheidend ist hierbei, welchen Sinn die Erklärung aus der Sicht des Gerichts und des Prozessgegners als Empfänger hat. Bei einer ungenauen oder ersichtlich falschen Parteibezeichnung ist eine entsprechende Berichtigung der Parteibezeichnung **(Rubrumsberichtigung) jederzeit** – auf Antrag oder von Amts wegen – **möglich.**[257]

z.B.: Klage gegen eine KG, vertreten durch den persönlich haftenden Gesellschafter A. In Wirklichkeit war die KG bereits bei Klageerhebung eine Einzelfirma mit A als Inhaber: Beklagter ist von vornherein A, eine entsprechende Rubrumsberichtigung daher zulässig.

Eine bloße Berichtigung scheidet jedoch aus, falls die **Identität** der Partei verändert würde: Dann ist ggf. nur ein Parteiwechsel möglich, s.u. Rn. 218 ff.

131 **cc)** Die **Zustellung** an einen anderen als den in der Klage bezeichneten Beklagten macht diesen anderen nicht zur Partei. Denn die Zustellung soll nicht die Partei bestimmen, sondern nur die in der Klage bestimmte Partei finden.[258]

Fall 4: Die fehlgegangene Zustellung

A klagt gegen Josef Müller in Münster, X-Straße. Durch ein Versehen der Geschäftsstelle wird die Klage dem gleichnamigen Josef Müller in Münster, Y-Straße zugestellt, der im Termin erscheint. Rechtslage?

Partei des Prozesses – Beklagter – ist Josef Müller, X-Straße, weil er eindeutig in der Klageschrift als Beklagter bezeichnet worden ist. Da ihm die Klage jedoch nicht zugestellt worden ist, liegt noch keine wirksame Klageerhebung vor, sodass mit ihm auch kein Prozessverhältnis begründet worden ist.[259] Er ist daher auch nicht säumig, sodass ein Versäumnisurteil nicht gegen ihn ergehen kann. Die Zustellung der Klage und die Terminsanberaumung müssen nachgeholt werden.

Der erschienene Josef Müller, Y-Straße, ist nicht Partei des Prozesses, da die bloße Zustellung der Klage ihn nicht zur Partei macht.

Obwohl Müller, Y-Straße, nicht Partei, ist er jedoch zur Verhandlung zuzulassen, damit er darlegen kann, dass er nicht der Beklagte ist, da er sonst – nämlich wenn sich das Versehen nicht herausstellt – Nachteile erleiden kann. Dabei kann er jedoch grds. nicht Klageabweisung beantragen, da er eben nicht Partei ist und daher keine sachliche Entscheidung verlangen kann, wohl aber eine Kostenentscheidung gegen den Kläger, wenn dieser – auch ohne Verschulden – die unrichtige Zustellung veranlasst hat.[260]

Ergeht gleichwohl ein Urteil gegen den Nicht-Beklagten (Scheinbeklagten), kann dieser Rechtsbehelfe/-mittel gegen das ihn zu Unrecht belastende Urteil einlegen.[261]

---

257 BGH RÜ2 2018, 1; BGH NZI 2018, 482; BGH NJW 2015, 2577; BGH NJW-RR 2013, 394; BAG NZA 2015, 1074; OLG Braunschweig ZIP 2019, 1911; ThP/Hüßtege vor § 50 Rn. 3 ff.; MV/Weth § 50 Rn. 6 ff. m.w.N.
258 BGH NJW-RR 1995, 764; BAG NZA-RR 2015, 380; Schellhammer, Rn. 1172.
259 Vgl. BAG NZA-RR 2015, 380; ThP/Hüßtege vor § 50 Rn. 5; MV/Weth § 50 Rn. 10 m.w.N.
260 BGH NJW-RR 2008, 582; BAG NZA-RR 2015, 380; ThP/Hüßtege vor § 50 Rn. 5; Zöller/Vollkommer vor § 50 Rn. 8.
261 BGH MDR 2008, 524; BGH NJW-RR 1995, 764; Zöller/Vollkommer vor § 50 Rn. 8.

dd) Jemand kann auch Partei werden, ohne von dem Prozess erfahren zu haben.

Beispiel: K verklagt B auf Zahlung. Die Zustellung der Klage erfolgt, weil B abwesend ist, an dessen Hausgehilfin (Ersatzzustellung: § 178 Abs. 1 Nr. 1). Es ergeht Versäumnisurteil gegen B, das ebenfalls der Hausgehilfin zugestellt wird. B kommt erst nach einem Monat zurück.

Das Versäumnisurteil ist wirksam. Die Einspruchsfrist ist inzwischen abgelaufen. B kann jedoch nach § 233 (Einspruchsfrist ist Notfrist, § 339) **Wiedereinsetzung in den vorigen Stand** beantragen, wobei innerhalb der Antragsfrist (§ 234) auch der Einspruch nachzuholen ist (§ 236 Abs. 2). Dem Wiedereinsetzungsantrag ist zu entsprechen, wenn den B an der Versäumung der Einspruchsfrist kein Verschulden trifft (vgl. Rn. 356); der Prozess wird dann ohne Rücksicht auf das Versäumnisurteil fortgesetzt (§ 342).

ee) Falls eine in der Klageschrift bezeichnete Partei – Kläger oder Beklagter – **nicht exis-**   **132**
tiert, ist die Klage unzulässig und durch Prozessurteil abzuweisen. Ein in Unkenntnis der Nichtexistenz ergangenes Sachurteil ist wirkungslos, kann aber – zur Klarstellung – mit Rechtsmittel oder Wiederaufnahmeklage beseitigt werden.[262]

Beispiel: Kläger oder Beklagter ist bereits **vor** der Klageerhebung verstorben.

Bei Tod **nach** Klageerhebung ist die Klage dagegen zulässig erhoben worden. Der Rechtsstreit wird jedoch nach Maßgabe der §§ 239, 246 unterbrochen und kann bzw. muss dann von oder gegen die Erben aufgenommen werden.

b) Die Parteifähigkeit

Die Parteifähigkeit bedeutet die Fähigkeit, Partei – also Kläger oder Beklagter – eines   **133**
Prozesses sein zu können.

Klagt ein Parteiunfähiger oder wird ein Parteiunfähiger verklagt, so kommt es zwar zum Prozess, in dem der Parteiunfähige als Partei behandelt wird. Die Klage ist jedoch durch Prozessurteil als unzulässig abzuweisen, weil der Parteiunfähige nicht Partei sein kann.

aa) Grundsätzliche Regelung (§ 50 Abs. 1): **Parteifähig ist, wer rechtsfähig ist**.

Parteifähig sind daher **alle natürlichen und juristischen Personen** (z.B. AG, GmbH), auch juristische Personen des öffentlichen Rechts (z.B. Länder und Kommunen). Parteifähig ist auch das dreijährige Kind, das allerdings nicht prozessfähig ist und daher durch seine gesetzlichen Vertreter vertreten werden muss (s.u. Rn. 138 ff.).

Die Parteifähigkeit endet mit dem Verlust der Rechtsfähigkeit. Die gemäß § 394 FamFG im Handelsregister als **vermögenslos gelöschte GmbH** ist grds. nicht mehr parteifähig, gilt aber als parteifähig, soweit sie gleichwohl noch Vermögen, z.B. Ansprüche, besitzt oder soweit dies behauptet wird.[263]

bb) Keine juristischen Personen, aber kraft ausdrücklicher gesetzlicher Regelung voll, also aktiv und passiv, parteifähig (wichtigste Fälle) sind:

- Die **OHG** und **KG** (§§ 124 Abs. 1, 161 Abs. 2 HGB).

- Die **Partnerschaftsgesellschaft** (§ 7 Abs. 2 PartGG).

- Die **politischen Parteien** (§ 3 Parteiengesetz).

- Nach § 10 ArbGG sind Gewerkschaften und Arbeitgebervereinigungen für das Arbeitsgerichtsverfahren parteifähig, auch soweit sie nicht rechtsfähig sind. Den Gewerkschaften hat der BGH[264] die volle Parteifähigkeit auch für den Zivilprozess zuerkannt.

---

262 Vgl. BGH NJW 2010, 3100; Zöller/Althammer Vorbem. zu §§ 50-59 Rn. 11 m.w.N.

263 BGH GRUR 2020, 738; BGH RÜ 2015, 576 = JA 2015, 627 m. Anm. Schmidt; Baumann EWiR 2015, 629.

264 BGHZ 50, 325; 109, 15; BGH NJW 2008, 69.

134 **cc)** Die **BGB-Gesellschaft** ist, soweit sie durch Teilnahme am Rechtsverkehr eigene Rechte und Pflichten begründet **(Außengesellschaft)**, nach heute ganz h.M. rechtsfähig und insoweit auch im Zivilprozess **aktiv und passiv parteifähig.**[265]

Fall 5: Die BGB-Gesellschaft

Die vermögenden Pferdeliebhaber A und B betreiben einen Rennstall. Zu diesem Zweck haben sie gemeinsam Pferde und die erforderlichen Gebäude und Ländereien erworben und Trainer und Pfleger eingestellt.

A und B verkaufen die Stute „Elvira" an K. Als das Pferd wider Erwarten ein Rennen gewinnt, wollen sie es behalten. K will auf Lieferung klagen.

---

1. K kann gegen A und B aus § 433 BGB auf Übereignung und Übergabe der Stute klagen. Da diese zum Gesellschaftsvermögen der von A und B betriebenen BGB-Gesellschaft gehört, die Gesellschafter aber nur gemeinsam über Gesellschaftsvermögen verfügen können (§ 719 BGB), müssen A und B gemeinsam verklagt werden (notwendige Streitgenossen, § 62).[266] Mit einem entsprechenden Urteil kann K gemäß § 736 in das Gesellschaftsvermögen vollstrecken.

   Dies war früher der einzige Weg eines Vorgehens gegen eine BGB-Gesellschaft.

2. Da die von A und B betriebene Gesellschaft am Rechtsverkehr teilnimmt, also eine Außengesellschaft ist, kann K nunmehr auch unmittelbar gegen sie – unter einer entsprechenden Bezeichnung – klagen und mit einem Urteil unmittelbar in das Gesellschaftsvermögen vollstrecken.

   Vorteile eines solchen Vorgehens u.a.: Ein Gesellschafterwechsel ist kein Parteiwechsel; eine Klage ist auch möglich, wenn der genaue Gesellschafterstand nicht bekannt ist.

   Daneben ist **auch das Vorgehen gemäß § 736 gegen alle Gesellschafter möglich** und ein solcher Titel ebenfalls zur Vollstreckung in das Gesellschaftsvermögen ausreichend.[267] – Für Klagen gegen eine **reine Innengesellschaft** ist dies ohnehin nach wie vor der einzige Weg.

Abwandlung: A und B haben ein Pferd von K gekauft. K verlangt den Kaufpreis.

---

135 1. K kann gegen A und B klagen: Als BGB-Gesellschafter haften sie – neben der Gesellschaft – für die Gesellschaftsschulden auch persönlich.[268] Sie sind insoweit Gesamtschuldner. K kann sie daher auch einzeln verklagen. Mit einem Urteil gegen A und B kann er zum einen in deren Privatvermögen vollstrecken, nach § 736 auch in das Gesellschaftsvermögen.

2. K kann auch die BGB-Gesellschaft als solche verklagen.

---

265 BGH NJW-Spezial 2018, 495; BGH JA 2016, 704 m. Anm. Schmidt; BGH BeckRS 2016, 01912; BAG NZA 2005, 318; BGH NJW 2001, 1056: Aufgabe der früheren Rspr., die die Parteifähigkeit verneint hatte, verfassungsrechtlich nicht zu beanstanden: BVerfG NJW 2002, 3533; Schäfer NJW 2017, 3089; a.A. StJ/Bork § 50 Rn. 23.

266 Vgl. dazu MK/Schultes § 62 Rn. 32.

267 BGH RÜ 2011, 501; BGH NJW 2007, 1813.– Dies soll allerdings nicht für Klagen auf Abgabe von Willenserklärungen gelten, BGH NJW 2008, 1378: nur gegen die Gesellschaft, da nur diese Schuldnerin ist; str., a.M. Schmidt NJW 2008, 1841.

268 BGH WM 2016, 748; NJW 1999, 3483; Schmidt NJW 2008, 1841, 1842 f.

3. Mit einem Urteil nur gegen die BGB-Gesellschaft kann K auch nur in das Gesellschaftsvermögen vollstrecken.[269] Das Urteil hätte ebenso keine Rechtskraftwirkung gegen die Gesellschafter wie ein gegen alle Gesellschafter ergangenes Urteil gegen die BGB-Gesellschaft.[270] Daher ist es zweckmäßig, dass K **A und B persönlich als „echte" Gesamtschuldner und daneben die Gesellschaft** verklagt, um so sowohl in deren Privatvermögen als auch in das Gesellschaftsvermögen (unabhängig vom Gesellschafterstand) vollstrecken zu können.[271]

Abwandlung: A und B möchten ihrerseits auf Lieferung des Pferdes klagen.

Aktivprozess: Unproblematisch kann nunmehr die aus A und B bestehende Gesellschaft als solche klagen, vertreten durch A und B (§§ 709, 714 BGB).[272]

Die Gesellschafter A und B können aber nicht (mehr) persönlich klagen, auch nicht als notwendige Streitgenossen, da der **Anspruch der BGB-Gesellschaft** zusteht, nicht ihnen persönlich.[273]

dd) Der **nichtrechtsfähige Verein ist ebenfalls – aktiv und passiv – parteifähig**, was nunmehr in **§ 50 Abs. 2** ausdrücklich geregelt ist. **136**

Nach § 50 Abs. 2 a.F. konnte der nichtrechtsfähige Verein als solcher nur verklagt werden, war also nur passiv parteifähig; seine aktive Parteifähigkeit war dagegen längere Zeit umstritten.

ee) Nicht rechts- u. parteifähig ist dagegen nach ganz h.M. die **Erbengemeinschaft**, da sie nicht für die dauerhafte Teilnahme am Rechtsverkehr bestimmt oder geeignet ist.[274]

ff) Nicht parteifähig ist auch die **Firma** eines Kaufmannes: Die Firma ist **nur ein Name** des Kaufmannes, unter dem er klagen und verklagt werden kann (§ 17 HGB). **Partei ist aber der Kaufmann selbst**, und zwar der Firmeninhaber im Zeitpunkt der Klagezustellung;[275] er bleibt auch bei Firmenübertragung Partei (aber § 729 Abs. 2: Klauselumschreibung gegen den Übernehmer, s.u. Rn. 391).

gg) Eine nicht parteifähige Prozesspartei – z.B. eine nicht (mehr) bestehende Gesellschaft – kann gegen ein in erster Instanz gegen sie ergangenes Urteil **Berufung** einlegen, mit der sie – bei Abweisung ihrer Klage wegen Parteiunfähigkeit – ihre Parteifähigkeit bzw. bei einer Verurteilung durch Sachurteil ihre Parteiunfähigkeit geltend machen kann. Für das Berufungsverfahren selbst wird die Partei **als parteifähig behandelt**, damit die Frage der Parteifähigkeit in diesem Verfahren geklärt werden kann.[276] **137**

Dies gilt auch dann, wenn die Partei mit der Berufung eine andere Sachentscheidung erstrebt.[277]

269 BGH MDR 2007, 1160; ThP/Seiler § 736 Rn. 4.
270 BGH RÜ 2011, 501; zu Problemen der Rechtskrafterstreckung bei einer BGB-Gesellschaft Weller ZZP (2011), 124, 491 ff.
271 Vgl. BGH RÜ 2001, 160; BL/Gehle § 736 Rn. 1 ff.
272 Vgl. umfassend dazu Lutz GWR 2012, 30; Markgraf/Kießling JuS 2010, 312.
273 BGH GWR 2016, 120; BGH NJW-RR 2006, 42.
274 BGH NJW 2006, 3715; OLG Stuttgart MDR 2019, 45; LAG Hamm FamRZ 2012, 1907; ThP/Hüßtege § 50 Rn. 6 a.
275 BSG SozR 4-2600 § 118 Nr. 12; Zöller/Vollkommer § 50 Rn. 26; ThP/Hüßtege vor § 50 Rn. 7.
276 BGH GmbHR 2019, 472; BGH MDR 2017, 541; BGH NJW 2010, 3100; BAG MDR 2014, 1095.
277 BGH NJW 2010, 3100; Zöller/Vollkommer § 50 Rn. 8 m.w.N.

3. Die Prozessfähigkeit

138 ist die Fähigkeit, Prozesshandlungen selbst oder durch einen selbst bestellten Vertreter wirksam vorzunehmen oder entgegen zu nehmen.[278]

a) Nach § 52 ist eine Person insoweit prozessfähig, als sie sich durch Verträge verpflichten kann: **Prozessfähig ist, wer voll geschäftsfähig i.S.d. BGB ist.**

aa) Wichtiger Unterschied zum materiellen Recht: Das Prozessrecht kennt nur die **volle Prozessfähigkeit**/Prozessunfähigkeit, **nicht aber eine „beschränkte Prozessfähigkeit"** i.S.d. beschränkten Geschäftsfähigkeit des § 106 BGB.

Fall 6: Der minderjährige Kläger

Der 17-jährige Azubi K hat von B einen CD-Player gekauft und den Kaufpreis aus dem ihm von seinen Eltern zur freien Verfügung überlassenen Arbeitsverdienst vorausgezahlt. Als B nicht liefert, erhebt K Klage. Seine Eltern, denen er von dem Kauf erzählt hatte, haben ihm hierzu ihre Einwilligung gegeben. Im Termin ist B nicht erschienen. K beantragt Versäumnisurteil.

---

139 Das Versäumnisurteil kann nicht ergehen, weil eine Sachurteilsvoraussetzung fehlt. Der minderjährige K ist zwar parteifähig nach § 50, aber nicht prozessfähig nach § 51 Abs. 1.

Dass der Kaufvertrag zwischen K und B über § 110 BGB wirksam war, ändert daran nichts: In § 52 Abs. 1 ist die **generelle Fähigkeit** gemeint, sich selbstständig durch Verträge zu verpflichten; dass ein einzelnes Geschäft nach § 107 BGB oder § 110 BGB wirksam sein kann, ist nicht entscheidend.[279] Die Prozessfähigkeit des K wird daher weder durch die vorherige Zustimmung seiner Eltern zum Prozess noch dadurch, dass ihm die Erlangung des VU einen rechtlichen Vorteil brächte, herbeigeführt.

Eine beschränkte Prozessfähigkeit entsprechend § 106 BGB gibt es nicht, da die Frage der Wirksamkeit einzelner Prozesshandlungen im Prozess nicht in der Schwebe, nämlich abhängig von einer Genehmigung des gesetzlichen Vertreters, bleiben darf und eine vorherige Einwilligung des gesetzlichen Vertreters in den Prozess wegen des ungewissen Verfahrensablaufs mit seinen Prozessrisiken dem Schutzgedanken des BGB zuwiderliefe.

Der Mangel ist aber rückwirkend dadurch **heilbar**, dass der gesetzliche Vertreter den Prozess für die prozessunfähige Partei übernimmt und deren bisherige Prozessführung genehmigt.[280] Darauf ist vor einer Klageabweisung unter Fristsetzung hinzuweisen (§§ 139, 56 Abs. 2 S. 2).

---

bb) Es gibt jedoch eine sachlich beschränkte – **partielle** – Prozessfähigkeit:

140 ■ Soweit nach §§ 112, 113 BGB unbeschränkte Geschäftsfähigkeit auf einem **Teilgebiet** besteht, ist entsprechend auch partiell die volle Prozessfähigkeit gegeben.

---

278 ThP/Hüßtege § 51 Rn. 2; vgl. dazu auch Plum JR 2018, 483.
279 RS/Gottwald § 44 Rn. 6; Zöller/Vollkommer § 52 Rn. 8.
280 Vgl. BGH FamRZ 2008, 680; BGH NJW-RR 1998, 63; OLG München BeckRS 2017, 105158; ThP/Hüßtege § 51 Rn. 17.

■ Im sog. **Zulassungsstreit**, wenn also gerade über die Prozessfähigkeit einer Partei gestritten wird, gilt diese Partei – auch für Rechtsmittel – (zunächst) als prozessfähig, damit überhaupt diese Frage im Prozess geklärt werden kann. Wird Prozessunfähigkeit festgestellt, kann das Gericht die Klage nicht sofort als unzulässig abweisen, sondern muss zunächst der prozessunfähigen Partei Gelegenheit einräumen (Rechtliches Gehör), für eine ordnungsgemäße Prozessvertretung zu sorgen.[281]

b) Für die prozessunfähige Partei muss ihr **gesetzlicher Vertreter handeln.** Wer gesetzlicher Vertreter ist, bestimmt das materielle Recht.

z.B. kann ein unfallverletztes Kind, vertreten durch seine Eltern (§ 1629 BGB), gegen den Schädiger auf Schadensersatz klagen. – Weitere gesetzliche Vertreter u.a.: Vormund (§§ 1773, 1793 BGB), Pfleger (§§ 1909 ff. BGB), Betreuer (§§ 1896, 1902 BGB); die Betreuung führt zwar für sich grds. nicht zur Geschäftsunfähigkeit (§ 1896 BGB), sodass der Betreute grds. prozessfähig bleibt, bei Auftreten des Betreuers im Prozess aber als prozessunfähig gilt (§ 53).

c) Zustellungen an eine prozessunfähige Partei sind unwirksam (§ 170 Abs. 1 S. 2).   **141**

Entgegen dieser eindeutigen Bestimmung hält die h.M. jedoch insbesondere aus Gründen der Rechtssicherheit die Zustellung eines Urteils an einen unerkannt Prozessunfähigen für wirksam, sodass die Rechtsmittelfrist beginnen und das Urteil rechtskräftig werden könne, aber, was dies auch bestätige: Wiederaufnahme gemäß §§ 579 Abs. 1 Nr. 4, 586 Abs. 3 möglich.[282]

d) Umstritten ist, ob **juristische Personen** als solche prozessfähig sind.[283] Da sie aber ohnehin nur durch ihre Organe als gesetzliche Vertreter handeln können, haben sie jedenfalls eine **Stellung wie Prozessunfähige.** Die Frage hat daher im Ergebnis keine praktische Bedeutung.[284]

4. Wirksamkeit der Vertretung

Wird der Kläger durch einen Prozessbevollmächtigten vertreten oder muss er bei Prozessunfähigkeit durch den gesetzlichen Vertreter vertreten werden, ist das Bestehen der Vertretungsmacht ebenfalls Sachurteilsvoraussetzung. Fehlt die Vertretungsmacht, ist daher die Klage als unzulässig abzuweisen.[285]   **142**

Die Kosten des Rechtsstreits sind nach dem sog. Veranlasserprinzip demjenigen aufzuerlegen, der das Auftreten des vollmachtlosen Vertreters veranlasst hat. Der vollmachtslose Vertreter hat danach nur dann die Kosten zu tragen, wenn er den Vollmachtsmangel kannte.[286]

5. Prozessführungsbefugnis, Prozessstandschaft (§ 51)

Die Prozessführungsbefugnis ist die Befugnis, über das behauptete, im Prozess streitige, Recht **im eigenen Namen** einen Rechtsstreit zu führen.[287]   **143**

---

281 BGH MDR 2019, 887; BGH NJW-Spezial 2016, 303; BGH FamRZ 2012, 631; BAG NJW 2015, 269; Tiedemann ArbRB 2018, 284, 287 – Es gilt Gleiches wie hinsichtlich der Parteifähigkeit, s.o. Rn. 137.

282 BGH NJW 2014, 937; StJ/Roth § 170 Rn. 5; MV/Wittschier § 170 Rn. 2; a.A., insbes. zum Schutz des Prozessunfähigen: MK/Häublein/Müller § 170 Rn. 4, 5; Zöller/Althammer § 52 Rn. 13; Eyinck MDR 2008, 1255.

283 Vgl. MV/Weth § 51 Rn. 6.; StJ/Bork § 51 Rn. 12 m.N.

284 RS/Gottwald § 44 Rn. 7; MV/Weth § 51 Rn. 6.

285 BGH, Beschl. v. 14.12.2017 – V ZB 35/17, BeckRS 2017, 140257; BGH NJW-RR 2014, 349; BGH RÜ 2010, 631.

286 BGH NJW 2017, 2683; BGH, Beschl. v. 22.07.2008 – IX ZB 209/07, BeckRS 2008, 16746; BAG NZA 2005, 1076.

287 BGH NJW-RR 2018, 288; BGH GRUR 2016, 1048; ThP/Hüßtege § 51 Rn. 19 ff.; Büßer JA 2017, 530; Schreiber Jura 2010, 750.

144 **a)** Die Prozessführungsbefugnis ist i.d.R. unproblematisch, wenn der **Kläger behauptet, selbst** Inhaber des geltend gemachten Rechts oder Anspruchs zu sein; **ein behauptetes eigenes Recht kann eine Partei grds. auch einklagen.**

aa) Die Prozessführungsbefugnis ist streng zu unterscheiden von der sog. **Sachbefugnis** – „Sachlegitimation" als sog. **Aktiv- bzw. Passivlegitimation** –, d.h. von der wirklichen materiell-rechtlichen Stellung der Parteien zum Streitgegenstand.

Die **Prozessführungsbefugnis** bezieht sich darauf, ob der Kläger berechtigt ist, den Prozess über den Streitgegenstand zu führen (Zulässigkeitsvoraussetzung der Klage). Dies ist grds. dann der Fall, wenn er nach seiner Behauptung ein eigenes gegen den Beklagten gerichtetes Recht geltend macht. Bei der **Aktiv- bzw. Passivlegitimation** (Frage der Begründetheit der Klage) geht es dagegen darum, ob der Kläger nach materiellem Recht wirklich der Rechtsinhaber und der Beklagte wirklich der Verpflichtete ist.

Beispiel: Der Kläger klagt eine an ihn abgetretene Forderung ein, die Abtretung ist aber nach § 134 BGB unwirksam. Der Kläger ist prozessführungsbefugt, seine Klage daher zulässig, da er einen behaupteten eigenen Anspruch einklagt. Er ist aber nicht materiell berechtigt (aktivlegitimiert), da die eingeklagte Forderung nicht ihm, sondern noch dem bisherigen Gläubiger zusteht: Klage daher unbegründet.

bb) Ausnahmsweise fehlt dem Träger des materiellen Rechts die Prozessführungsbefugnis, wenn ihm die Verfügungsbefugnis genommen ist.

Wichtig: Klagt K, nachdem über sein Vermögen das **Insolvenzverfahren** eröffnet worden ist, eine zur Insolvenzmasse gehörende Forderung selbst ein, so ist diese Klage als unzulässig abzuweisen, weil dem Schuldner – obgleich er auch im Insolvenzverfahren noch der Inhaber der Forderung ist – nach § 80 InsO die Verfügungsbefugnis und damit auch die Prozessführungsbefugnis fehlt; **die Prozessführungsbefugnis steht dem Insolvenzverwalter als Partei kraft Amtes zu.**[288]

Eröffnung des Insolvenzverfahrens während des Prozesses: Unterbrechung (§ 240).

145 **b)** Eine **Prozessstandschaft** liegt vor, **wenn eine Partei im eigenen Namen über ein behauptetes fremdes Recht prozessiert.** Diese bedarf zu ihrer Zulässigkeit einer **besonderen** Prozessführungsbefugnis, da eine Partei nicht ohne besondere Berechtigung ein fremdes Recht geltend machen kann (grds. Ausschluss der „Popularklage"). Eine solche besondere Prozessführungsbefugnis kann sich kraft Gesetzes ergeben (sog. **gesetzliche** Prozessstandschaft). Sie kann aber auch auf einer Prozessführungsermächtigung durch den Rechtsträger beruhen (sog. **gewillkürte Prozessstandschaft**).

146 **aa)** Fälle der **gesetzlichen Prozessstandschaft** sind:

■ Die sog. **Parteien kraft Amtes** (s. § 116 S. 1 Nr. 1).[289]

    Wichtigste Fälle: Insolvenzverwalter (§ 80 InsO, s.u. Rn. 593 ff.); Zwangsverwalter (§ 152 ZVG); Nachlassverwalter (§ 1984 BGB); Testamentsvollstrecker (§§ 2212, 2213 BGB).

■ Prozessstandschaft im **eigenen Interesse des Prozessstandschafters**

    Wichtigste Fälle: Mitgläubiger, Miteigentümer (§§ 432, 1011 BGB); der Miterbe hinsichtlich zum Nachlass gehörender Forderungen (§ 2039 BGB); der Pfändungsgläubiger einer ihm zur Einziehung überwiesenen Forderung (s.u. Rn. 458); der Kläger im Falle des § 265 Abs. 2 (s.u. Rn. 198)

■ Das Recht zu **Unterlassungsklagen zum Verbraucherschutz** für bestimmte Interessen-, Wettbewerbs- und Verbraucherschutzvereine und -verbände gemäß §§ 8 UWG, 3 UklaG – sog. **Verbandsklagen** – bedeutet keine bloße Prozessstandschaft; diese Verbände haben nunmehr viel-

---

288 BFH ZInsO 2020, 726; BGH NJW 2018, 706; BGH NZI 2013, 747; BAG NJW 2004, 1972.
289 Vgl. dazu näher u.a. StJ/Bork vor § 50 Rn. 27 ff.; Zöller/Vollkommer Vorbem. v. § 50 Rn. 21.

mehr eigene Unterlassungsansprüche.[290] – Weitere Verbandsklagen, etwa von Naturschutzverbänden, kennt der Zivilprozess (noch) nicht, anders als das Verwaltungsrecht (vgl. § 2 UmwRG).[291]

bb) Eine **gewillkürte Prozessstandschaft** – die Geltendmachung eines fremden **147** Rechts im eigenen Namen aufgrund einer **Ermächtigung** des Rechtsträgers – ist nach allgemeiner Ansicht unter folgenden Voraussetzungen zulässig:

■ **Übertragbarkeit** der Verfügungsbefugnis über das Recht bzw. den Anspruch – mindestens zur Ausübung – an einen Dritten.

> **Zu § 985 BGB:** Der Anspruch ist zwar nicht selbstständig abtretbar. Der Eigentümer kann aber einen Dritten zur Geltendmachung ermächtigen, der dann in gewillkürter Prozessstandschaft im eigenen Namen Herausgabe verlangen kann.[292]

■ Der gewillkürte Prozessstandschafter muss ein eigenes **rechtsschutzwürdiges Interesse** haben, das fremde Recht im eigenen Namen geltend zu machen, d.h., die angestrebte Entscheidung muss die eigene Rechtslage des Prozessstandschafters günstig beeinflussen. Ein wirtschaftliches Interesse reicht dabei nach BGH aus.[293]

> z.B. Klage des Sicherungsgebers gegen den Besitzer auf Herausgabe der sicherungsübereigneten Gegenstände an den Sicherungsnehmer (Sicherungseigentümer).[294]

> Unterschied zur **materiell-rechtlichen Einziehungsermächtigung**, d.h. der Übertragung des Rechts zur Einziehung einer Forderung durch den Forderungsinhaber an einen Dritten: Diese ist materiell-rechtlich ohne diese Einschränkung wirksam (§ 185 BGB).[295]

■ Grds. **Offenlegung/Erkennbarkeit der Prozessstandschaft**[296]

■ **Keine unzumutbare Beeinträchtigung des Prozessgegners**

> z.B. nicht allein zu dem Zweck, das Prozesskostenrisiko auf eine vermögenslose GmbH als Prozessstandschafterin zu verschieben.[297] Die Vermögenslosigkeit einer natürlichen Person, die nach einer Forderungsabtretung in Prozessstandschaft die Forderung geltend macht, und die daraus folgende Gefährdung eines Kostenerstattungsanspruchs des Gegners bedeuten noch keinen Missbrauch, da auch sonst keine Partei vor einer Klage durch einen vermögenslosen Kläger geschützt ist.[298]

Fall 7: Die Sicherungszession

Der Bauunternehmer A hat eine Werklohnforderung gegen B zur Sicherung eines Kredits an die Sparkasse S abgetreten. Er klagt mit Ermächtigung der Sparkasse gegen B auf Zahlung an die Sparkasse.

A klagt in gewillkürter Prozessstandschaft. Diese ist zulässig: Das eigene rechts- **148** schutzwürdige Interesse des A an der Klage folgt daraus, dass die Forderung der Sicherung eines Anspruchs der Sparkasse dient, sodass daher ihre Durchsetzung auch seine

---

290 BGH NJW 2017, 3289; BGH NJW 2016, 1382; Zöller/Vollkommer Vorbem v. § 50 Rn. 58; Koch DZWIR 2016, 351.

291 Vgl. zu Greenpeace: OLG Hamburg NJW 1993, 1867 und Prütting ZIP 2020, 197 zum kollektiven Rechtsschutz.

292 BGH MDR 2018, 225; BGH NJW-RR 1986, 158; ausführlich dazu Kensy JuS 2015, 501 ff.

293 St.Rspr.; BGH RÜ 2017, 498; BGH NJW 2017, 487; BAG NZA 2014, 915; Gruber NJW 2017, 487; Büßer JA 2017, 530.

294 Weitere Fälle u.a. bei MV/Weth § 51 Rn. 28; BL/Vogt-Beheim Grundz. § 50 Rn. 34 ff.

295 Vgl. Palandt/Grüneberg § 398 BGB Rn. 32 ff., 36; ausführlich dazu Schmitt-Gaedke/Arz JA 2016, 770 ff.

296 BGH NJW 1994, 653, 2550; BGH MDR 2004, 1365.

297 BGH NJW 1995, 3186; OLG München TranspR 2017, 136; OLG Rostock MDR 2004, 770.

298 Vgl. BGH RÜ 2011, 773; BGH NJW 1999, 1717; anders grds. bei einer überschuldeten vermögenslosen GmbH: BGH NJW 1986, 850; ThP/Hüßtege § 51 Rn. 35 a.

Rechtslage günstig beeinflusst (Tilgung seiner Verbindlichkeit bei der Sparkasse).[299] B wird nicht unzumutbar beeinträchtigt, denn seine Rechtsposition verschlechtert sich nicht.

Weitere Zessionsfälle:

- Bei der **stillen Sicherungszession** (Abtretung wird nicht bekannt gegeben) sieht der BGH[300] den Abtretenden sogar als den (noch) materiell Berechtigten an, der bereits deshalb zulässigerweise – ohne Offenlegung – im eigenen Namen auf Leistung an sich klagen könne.

- **Abtretung erfüllungshalber:** Zulässige Prozessstandschaft, wenn der Abtretende mit Ermächtigung des Neugläubigers auf Leistung an diesen klagt.[301]

- **Inkassozession:** Der Zessionar kann natürlich als materieller Forderungsinhaber im eigenen Namen klagen.[302] – Bei bloßer Einziehungsermächtigung muss der Inkassoermächtigte dagegen nach h.M. ein eigenes (z.B. Provisions-)Interesse haben,[303] während nach a.M. auch ein verständliches Interesse des Forderungsinhabers an der Fremdeinziehung ausreichen soll.[304]

---

c) Auswirkungen einer wirksamen Prozessstandschaft:

149   **aa)** Prozessführungsbefugnis des Prozessstandschafters.

Die Prozessführungsermächtigung kann nach h.M. auch noch während des Prozesses widerrufen werden. Erfolgt der Widerruf, nachdem die beklagte Partei zur Hauptsache mündlich verhandelt hat, hat er verfahrensrechtlich keine Auswirkungen auf die Prozessführungsbefugnis des Klägers, sofern nicht der Beklagte einer Abweisung der Klage als unzulässig zustimmt (Rechtsgedanke des § 269 Abs. 1).[305]

bb) Der **Klageantrag** ist grds. auf Leistung an den Inhaber der Forderung zu richten. Der Prozessstandschafter kann aber dann auf Leistung an sich klagen, wenn der Schuldner an ihn gemäß § 362 Abs. 2 BGB befreiend leisten kann, z.B. bei Vorliegen einer Einziehungsermächtigung.[306]

cc) Da der Schuldner nicht der Gefahr einer doppelten Klage ausgesetzt sein darf – d.h. auch noch durch den materiellen Rechtsinhaber selbst –, bedeutet der Prozess einer Partei kraft Amtes oder eines gewillkürten Prozessstandschafters eine **anderweitige Rechtshängigkeit** i.S.v. § 261 Abs. 3 Nr. 1 und das im Prozess des Prozessstandschafters ergehende Urteil entfaltet grds. auch **Rechtskraft für und gegen den materiellen Rechtsinhaber.**[307]

Die Klage in Prozessstandschaft hemmt entsprechend auch die Verjährung.[308]

Anders ist dies bei gesetzlicher Prozessstandschaft im Interesse des Prozessstandschafters, z.B. bei § 2039 BGB: Das Urteil bewirkt keine Rechtskraft gegen die übrigen Erben, die ihrerseits selbst ebenfalls klagen konnten und daher auch noch weiterhin klagen können.[309]

---

299   Vgl. BGH NJW 1995, 3186; BGH, Urt. v. 04.02.2015 – IV ZR 460/14, BeckRS 2015, 3016, zur Sicherungsabtretung.

300   BGH NJW 2019, 2156; BGH BauR 2010, 1792; BGH NJW 2000, 3561.

301   BGH NJW 1999, 1717.

302   ThP/Hüßtege § 51 Rn. 35 b. – Klage grds. nur durch Anwalt, s. § 79 Abs. 1 S. 2: MV/Weth § 79 Rn. 3.

303   BGH WM 1985, 613; Zöller/Althammer vor § 50 Rn. 43.

304   Vgl. dazu MK/Lindacher/Hau vor § 50 Rn. 62 ff.

305   Vgl. dazu BGH NJW 2015, 2425 mit Meinungsübersicht.

306   BGH NJW 2019, 2156; BGH NJW 2015, 3789; StJ/Bork vor § 50 Rn. 63; ThP/Hüßtege § 51 Rn. 39.

307   BGH RÜ2 2019, 51; BGH NJW-RR 1993, 3072; NJW-RR 1986, 158; 1990, 47.

308   BGH BauR 2010, 1792; BGH NVwZ 2011, 1150; BGH NJW 1999, 2110; 3707.

309   BGH MDR 2006, 1291.

6. Zuständigkeit des angerufenen Gerichts

Zu unterscheiden sind: funktionelle, sachliche und örtliche Zuständigkeit. **150**

Die funktionelle Zuständigkeit ist stets **ausschließlich** – d.h. **zwingend**, nicht durch Vereinbarung oder Verhalten der Parteien beeinflussbar[310] –, die sachliche und die örtliche Zuständigkeit dagegen nur bei besonderer gesetzlicher Regelung.

a) Die funktionelle Zuständigkeit

Die **funktionelle Zuständigkeit** betrifft die Zuweisung der Aufgaben der Rechtspflege- **151**
organe im Gesamtverfahren, also die Frage, ob ein angerufenes Rechtspflegeorgan
nach seinem generellen Aufgabenkreis zuständig ist.

Beispiel: Im Erkenntnisverfahren können erstinstanzlich nur die Amts- u. Landgerichte entscheiden;
OLG und BGH sind in Zivilsachen ausschließlich Rechtsmittelgerichte. Wird eine Klageschrift beim OLG
eingereicht, so wird daher, weil das OLG erstinstanzlich funktionell unzuständig ist, kein Termin anberaumt (schwerer Einreichungsmangel, s.o. Rn. 116).

b) Die sachliche Zuständigkeit

aa) Die sachliche Zuständigkeit betrifft die Abgrenzung der **erstinstanzlichen Zustän- 152
digkeit** zwischen Amts- und Landgericht. Sie ist **im GVG geregelt** (§ 1 ZPO).

- Vor die **Amtsgerichte** gehören die Streitigkeiten mit Streitwert **bis 5.000 €** (§ 23
  Nr. 1 GVG) sowie die nach § 23 Nr. 2 GVG zugewiesenen Sachen (u.a. Mietstreitigkeiten über Wohnraum).

- Vor die **Landgerichte** gehören alle Streitigkeiten, die nicht den Amtsgerichten zugewiesen sind (§ 71 Abs. 1 GVG), also grds. die Streitigkeiten mit einem Streitwert **ab
  5.000 €**, ferner aus Amtspflichtverletzung (§ 71 Abs. 2 Nr. 2 GVG, und einige Sonderzuständigkeiten).

Die **Streitwertzuständigkeit ist nicht ausschließlich.** Die Parteien können daher insoweit anderes vereinbaren (vgl. u. Rn. 156). Die Zuweisung der Mietstreitigkeiten über
Wohnraum an die Amtsgerichte und der Amtshaftungsansprüche an die Landgerichte
ist dagegen ausschließlich, die Parteien können diese Zuständigkeiten nicht verändern.

bb) Das Verhältnis der ordentlichen Gerichte zu den **Arbeitsgerichten** ist nach ganz
h.M., insb. nach ständiger höchstrichterlicher Rspr., keine Frage der sachlichen Zuständigkeit (mehr), sondern der Zulässigkeit des Rechtsweges (§§ 17 ff. GVG, § 48 ArbGG).[311]

Ausschließliche Zuständigkeit der Arbeitsgerichte: § 2 ArbGG.

Beispiel: A, Angestellter der Firma F, klagt vor dem Amtsgericht gegen Frau B, Sekretärin der Firma F,
auf Schadensersatz, weil diese beim Zurücksetzen ihres Wagens auf dem Firmenparkplatz seinen Wagen beschädigt hat.

Nach § 2 Abs. 1 Nr. 9 ArbGG ist das Arbeitsgericht auch für zivilrechtliche Streitigkeiten von Arbeitnehmern untereinander aus unerlaubten Handlungen zuständig, soweit diese mit dem Arbeitsverhältnis in
einem inneren Zusammenhang stehen. Die Beschädigung (§ 823 Abs. 1 BGB) des Pkw des Arbeitneh-

---

310 S. RS/Gottwald § 29 Rn. 14 ff. sowie zu den einzelnen Zuständigkeiten allgemein Huber JuS 2012, 593.
311 BGH FA 2019, 174; BGH NJW-RR 2018, 250; BGH NJW-RR 2013, 1511; BAG NZA 2020, 67; BAG NJW-RR 2018, 250.

mers A durch die Arbeitnehmerin B auf dem Parkplatz des gemeinsamen Arbeitgebers stand im Zusammenhang mit dem gemeinsamen Arbeitsverhältnis. Das Amtsgericht ist also unzuständig und wird deshalb den Rechtsstreit gemäß § 17 a GVG von Amts wegen an das Arbeitsgericht verweisen.

cc) Keine Frage der sachlichen Zuständigkeit ist auch die Zuweisung von Handelssachen an die **Kammer für Handelssachen** (§§ 93 ff. GVG). Insoweit handelt es sich lediglich um eine Art gesetzlicher Geschäftsverteilung innerhalb der sachlichen Zuständigkeit des Landgerichts; daher bei „Unzuständigkeit" nur Abgabe („Verweisung") an die zuständige Kammer, nicht aber Klageabweisung.

c) Die örtliche Zuständigkeit

153 ist grds. **in der ZPO** geregelt – generell in den §§ 12 ff., ferner in Einzelbestimmungen, wie z.B. in § 771 für die Drittwiderspruchsklage –, zum Teil aber auch in anderen Gesetzen (u.a. in § 14 UWG, § 215 VVG).

Das Gesetz bezeichnet die örtliche Zuständigkeit im Allgemeinen als **„Gerichtsstand"**.

aa) Zu unterscheiden sind der allgemeine Gerichtsstand und die besonderen Gerichtsstände: Im allgemeinen Gerichtsstand kann eine Person mit allen gegen sie zu erhebenden Klagen verklagt werden, sofern nicht für die Klage ein anderes Gericht örtlich ausschließlich zuständig ist (§ 12). Die besonderen Gerichtsstände sind dagegen nur für Klagen mit bestimmtem Streitgegenstand gegeben.

■ Der **allgemeine** Gerichtsstand richtet sich nach dem **Beklagten** (§ 12), und zwar bei natürlichen Personen nach dem Wohnsitz (§ 13), bei juristischen Personen und anderen parteifähigen Gebilden nach dem Sitz (§§ 17, 18).

Grund: Da der Beklagte gegen seinen Willen in den Prozess gezogen wird, soll er grds. davor geschützt werden, dass er vor einem auswärtigen Gericht verklagt wird.

■ Die wichtigsten **besonderen** Gerichtsstände sind: der dingliche Gerichtsstand (§ 24, ausschließlich), der Gerichtsstand des Erfüllungsortes (§ 29), der Mieträume (§ 29 a, ausschließlich), für Haustürgeschäfte (§ 29 c) und der unerlaubten Handlung (§ 32).

Zur Begründung der Zuständigkeit reicht bereits die schlüssige Darlegung einer unerlaubten Handlung oder eines Vertragsanspruchs aus.[312]

Der Gerichtsstand des Erfüllungsorts ist bei **gegenseitigen Verträgen** grds. für jede Vertragsverpflichtung **gesondert** zu bestimmen,[313] z.B. beim Kaufvertrag für die Kaufpreisklage gemäß §§ 269, 270 Abs. 4 BGB grds. der Wohnsitz des Käufers, für die Klage auf Lieferung der des Verkäufers bei Vertragsschluss.[314]

Nur **ausnahmsweise** ist für alle beiderseitigen Ansprüche ein **einheitlicher Gerichtsstand** gegeben, z.B. beim Werkvertrag der Ort des Bauwerks, weil hier nicht nur der Unternehmer seine Bauleistung zu erbringen, sondern auch der Bauherr mit der Abnahme gemäß § 640 BGB eine Hauptpflicht zu erfüllen hat.[315] Dass an einem Ort der Vertragsschwerpunkt liegt, kann allein noch nicht einen einheitlichen Erfüllungsort und damit Gerichtsstand begründen, weil dies mit der grundsätzlichen Regelung in § 269 BGB unvereinbar wäre.[316]

---

312 BGH GRURPrax 2016, 384; BGH NJW-RR 2014, 830; BayObLG, Beschl. v. 01.08.2019 – 1 AR 44/19, BeckRS 2019, 20004.
313 BGH NJW 2014, 279; BGH NJW-RR 2004, 932.
314 Vgl. dazu BGH NJW 2017, 2758; BGH RÜ 2011, 414; vgl. dazu auch Brors NJW 2013, 3329.
315 BGH NJW 2004, 54; BGH NJW 1986, 935; OLG Hamm NJW-Spezial 2012, 205; Balthasar JuS 2004, 571.
316 BGH NJW-RR 2007, 777; vgl. auch BGH RÜ 2008, 299.

bb) Unter mehreren zuständigen Gerichten hat der Kläger die Wahl (§ 35), sofern nicht **154** ein ausschließlicher Gerichtsstand – mit zwingendem Vorrang – besteht.

z.B.: Begehungsort i.S.v. § 32 ist bei einer Verletzung von Persönlichkeitsrechten durch Druckschriften oder auf Internetseiten auch jeder Ort, an dem diese bestimmungsgemäß verbreitet wurden (sog. Erfolgsort),[317] sodass eine Vielzahl von Gerichten zuständig sein kann ("fliegender Gerichtsstand der Presse"): Das Wahlrecht nach § 35 ermöglicht dann ein **"forum-shopping"**, vgl. aber auch § 104 a UrhG.

cc) Umfassende Zuständigkeit: Das aufgrund einer bestimmten Anspruchsgrundlage **155** zuständige Gericht – z.B. Vertragsanspruch und Erfüllungsort (§ 29) – hat den Rechtsstreit nach § 17 Abs. 2 S. 1 GVG **unter allen in Betracht kommenden rechtlichen Gesichtspunkten (Anspruchsgrundlagen) desselben Streitgegenstandes zu entscheiden**, auch aus solchen Anspruchsgrundlagen, für die eine Zuständigkeit des Gerichts nicht selbstständig bestehen würde, also auch aus § 823 BGB, und zwar auch dann, wenn der besondere Gerichtsstand des § 32 nicht vorliegt (Ausnahme: § 17 Abs. 2 S. 2 GVG – ausschließliche Zuständigkeit der Zivilgerichte für Amtshaftungsansprüche). Insoweit besteht daher hinsichtlich der örtlichen Zuständigkeit nach h.M. ein **Gerichtsstand des Sachzusammenhangs** (Gründe: Prozessökonomie, Schutz des Beklagten vor mehrfacher Inanspruchnahme, insbesondere Rechtsgedanke des § 17 Abs. 2 GVG).[318]

Früher hatte der BGH eine "gespaltene" Zuständigkeit dahin angenommen, dass das Gericht nur über die Anspruchsgrundlagen entscheiden könne, für die es unmittelbar zuständig ist, während die Klage hinsichtlich der anderen Anspruchsgrundlagen unzulässig sei.[319]

d) Gerichtsstandsvereinbarung (Prorogation) und Zuständigkeitsbegründung durch rügelose Einlassung

aa) Eine von der Gerichtsstandsregelung abweichende Vereinbarung der Parteien ist **156** grds. ausgeschlossen (**grundsätzliches Prorogationsverbot**).[320]

bb) Nur in folgenden Fällen ist eine Gerichtsstandsvereinbarung hinsichtlich der örtlichen und sachlichen Zuständigkeit der ersten Instanz (nicht hinsichtlich des zulässigen Rechtsweges) zulässig, falls **kein ausschließlicher Gerichtsstand** besteht (§§ 38, 40):

- wenn die Parteien **Kaufleute** oder juristische Personen des öffentlichen Rechts oder öffentlich-rechtliche Sondervermögen sind (§ 38 Abs. 1);

- **nach** Entstehung der Streitigkeit (§ 38 Abs. 3 Nr. 1; **allgemein, gilt daher auch für Privatpersonen!**);

- in den Fällen des § 38 Abs. 2, 3 Nr. 2 (kein allgemeiner Gerichtsstand im Inland);

- durch **rügelose Verhandlung** des Beklagten zur Hauptsache (§ 39).

Diese Zulässigkeit der Gerichtsstandsvereinbarung gilt grds. auch **in nichtvermögensrechtlichen Streitigkeiten** (s. § 40 Abs. 2 S. 1 Nr. 1).

---

317 OLG Düsseldorf GRUR 2020, 204; KG AfP 2018, 64; BL/Bünningmann § 32 Rn. 17 f.; zum "fliegenden" Gerichtsstand u. den Reformvorschlägen Eickemeier/Brodersen, BB 2019, 1859; Polley/Pesch/Tönnies WuW 2019, 494; Dölling NJW 2015, 124.
318 BGH RÜ 2003, 163; Zöller/Vollkommer § 12 Rn. 20, § 32 Rn. 20.
319 So noch BL/Bünnigmann § 32 Rn. 14; MV/Heinrich § 12 Rn. 9 ff.; Jauernig § 12 II und BGH NJW 2002, 1425 zum § 17 a Abs. 2 GVG a.F., wenn der Kläger die unerlaubte Handlung mit dem Gerichtsstand des § 32 nicht schlüssig dargelegt hat.
320 BGH NJW 1983, 159, 162; Zöller/Vollkommer vor § 38 Rn. 4, 5; kritisch auch Jauernig/Hess § 11 Rn. 8.

Fall 8: Die Gerichtsstandsvereinbarung

Der Möbelhändler K in Bielefeld klagt vor dem Amtsgericht in Bielefeld gegen den B, der in Dortmund wohnhaft ist, auf Zahlung von 3.000 € Kaufpreis für eine gelieferte Schrankwand. Zur örtlichen Zuständigkeit des Amtsgerichts Bielefeld trägt K vor, dass nach dem schriftlich abgeschlossenen Kaufvertrag (Allgemeine Geschäftsbedingungen) als Erfüllungsort und als Gerichtsstand Bielefeld vereinbart sei. Im Termin bestreitet der Beklagte diese Vereinbarung nicht. Er beantragt Klageabweisung, weil er wegen Mängel der Schrankwand vom Kaufvertrag zurückgetreten sei.

Örtliche Zuständigkeit des Amtsgerichts Bielefeld?

1. Ein **gesetzlicher Gerichtsstand** besteht insoweit nicht:

   a) Seinen allgemeinen Gerichtsstand (§§ 12, 13) hat der Beklagte in Dortmund.

   b) Der besondere Gerichtsstand des Erfüllungsortes (§ 29 Abs. 1) ist nach §§ 269, 270 BGB ebenfalls Dortmund, da es sich bei der Geldschuld um eine Schickschuld handelt, sodass der Wohnort des Schuldners Erfüllungsort bleibt.[321] Die vertragliche, von dieser gesetzlichen Regelung abweichende Erfüllungsortvereinbarung kann die Zuständigkeit des AG Bielefeld nach § 29 Abs. 1 nicht begründen, da nach § 29 Abs. 2 für eine solche Zuständigkeitsbegründung erforderlich ist, dass beide Parteien Kaufleute sind.

   Die Vorschrift des § 29 Abs. 2 soll verhindern, dass die Wirkung einer unzulässigen Prorogation über den Umweg einer Erfüllungsortvereinbarung herbeigeführt wird.

157 2. Eine wirksame **Gerichtsstandsvereinbarung** ist nicht getroffen worden, da weder der Beklagte Kaufmann ist (§ 38 Abs.1) noch die Regelung in den Geschäftsbedingungen des Klägers nach – sondern vielmehr: vor – Entstehung der Streitigkeit vereinbart worden ist (§ 38 Abs. 3 Nr. 1).

Mit **Nichtkaufleuten** ist somit eine Gerichtsstandsvereinbarung in AGB nicht möglich, eine **AGB-Regelung daher unwirksam**.[322]

158 3. Zuständigkeit des Amtsgerichts Bielefeld durch **rügelose Einlassung**?

Nach § 39 S. 1 wird die Zuständigkeit eines Gerichts des ersten Rechtszuges auch dadurch begründet, dass der Beklagte, ohne die Unzuständigkeit geltend zu machen, zur Hauptsache mündlich verhandelt.

Diese Regelung soll – im Interesse und zum Schutz des Klägers – verhindern, dass der Beklagte es in der Hand hätte, noch nach längerem Prozessverlauf mit Erfolg die Zuständigkeit zu rügen[323] und dadurch den bisherigen Prozess praktisch hinfällig zu machen.

   a) Dies gilt auch in den Fällen, in denen eine Gerichtsstandsvereinbarung durch § 38 nicht zugelassen ist.[324] Dass der Beklagte kein Kaufmann ist, steht also einer Zuständigkeitsbegründung über § 39 nicht entgegen.

---

321 Palandt/Grüneberg § 269 BGB Rn. 15, § 270 Rn. 1.
322 BGH NJW 1983, 1323; OLG Hamm OLG Report NRW 11/2014 Anm. 9; RS/Gottwald § 37 Rn. 20.
323 Vgl. MV/Heinrich § 39 Rn. 1.
324 ThP/Hüßtege § 39 Rn. 1.

b) Bei einem **Amtsgerichtsprozess** kann die Zuständigkeitsbegründung durch rügelose Einlassung gemäß § 39 S. 2 jedoch nur dann eintreten, wenn der Beklagte vor seiner Einlassung zur Hauptsache darauf hingewiesen wurde (§ 504).

Das Gericht muss daher zunächst den Hinweis nach § 504 geben. Wenn der Beklagte sich **danach** rügelos einlässt, wird das Amtsgericht über § 39 S. 1 zuständig. Lässt sich dagegen der Beklagte daraufhin nicht mehr zur Sache ein, bleibt das Amtsgericht Bielefeld unzuständig, die Klage also unzulässig. Darauf muss das Gericht dann den Kläger hinweisen (§ 139), der die Klageabweisung als unzulässig dadurch vermeiden kann, dass er den Antrag stellt, den Rechtsstreit an das Amtsgericht Dortmund zu verweisen (§ 281).

e) Verweisung

Ein sachlich oder örtlich unzuständiges Gericht hat auf Antrag des Klägers den Prozess durch Beschluss an das zuständige Gericht zu verweisen (§ 281).   **159**

aa) Die Verweisung ist **grds. unanfechtbar** – keine Beschwerde – und für das Gericht, an das verwiesen wird, **bindend** (§ 281 Abs. 2 S. 2, 4), auch wenn die Verweisung unrichtig oder verfahrensfehlerhaft ist.[325]

Grund: Mit der Verweisung soll die Zuständigkeitsfrage endgültig geklärt sein.

bb) Ausnahmsweise jedoch keine Bindungswirkung – dann ggf. auch Beschwerde –:

- soweit das verweisende Gericht **nicht binden wollte**, daher bei Verweisung wegen sachlicher Zuständigkeit Weiterverweisung mangels örtlicher Zuständigkeit zulässig.[326]

- bei Irrtum des verweisenden Gerichts über den Gerichtsbezirk.[327]

- wenn der Verweisung **jede rechtliche Grundlage fehlte (Willkür)**,[328] aber nicht schon bei bloßer Abweichung – unter vertretbarer Begründung – von „fast einhelliger" oder „herrschender" Ansicht oder bekannter Rspr. (keine Präjudizienbindung!).[329]

- wenn das **rechtliche Gehör** verletzt worden[330] und die Verweisung als solche unrichtig ist.

7. Zulässigkeit des Zivilrechtsweges (§§ 13, 17 GVG)

Die Zulässigkeit des Zivilrechtsweges betrifft die Frage, ob für eine Streitigkeit der Rechtsweg vor ein Zivilgericht gegeben ist. – Vor die Zivilgerichte gehören: **160**

- allgemein: alle **bürgerlich rechtlichen Streitigkeiten**, soweit keine abweichende Zuständigkeitsregelung vorliegt (§ 13 GVG).

- durch **gesetzliche Zuweisung**: die Zivilprozesssachen kraft Zuweisung.

   Wichtigste Fälle: Enteignungsentschädigung (Art. 14 GG), vermögensrechtliche Ansprüche aus Aufopferung, öffentlich-rechtlicher Verwahrung und Verletzung öffentlich-rechtlicher Pflichten (außer Vertrag, § 40 Abs. 2 VwGO), aus Amtshaftung (§ 839 BGB, Art. 34 GG).

---

325 BGH NZA-RR 2015, 552; BGH MDR 2015, 51; Fischer MDR 2016, 500.

326 OLG Celle FamRB 2014, 202; BayObLG NJW-RR 1996, 956; OLG Köln VersR 1994, 77.

327 OLG Hamm FamRZ 2009, 442; BL/Anders § 281, 37, 50: Weiterverweisung oder Rückgabe an das Verweisungsgericht.

328 BGH NZA-RR 2015, 552; BAG NJW 2016, 3469; ausführlich dazu und einzelne Fallgestaltungen Fischer MDR 2020, 75; 2018, 646; 2016, 500; 2013, 573; 2009, 486.

329 BGH NJW-RR 2002, 1498; BGH NJW 2003, 3201; OLG München MDR 2017, 233.

330 BGH NJW 2002, 3634; BAG NJW 2016, 3469; OLG Hamm RÜ2 2020, 97; StJ/Thole § 281 Rn. 48 ff.

Fall 9: Widerruf einer dienstlich geäußerten Beleidigung

Der Leiter des Bauamtes der Stadt B hat auf einer Pressekonferenz zu dem Grund der Bauverzögerung bei der Umgehungsstraße erklärt, das liege allein an der gemeinschädlichen Uneinsichtigkeit des Grundstückseigentümers K, der zunächst für das benötigte Grundstück den dreifachen Verkehrswert verlangt habe und nun das Enteignungsverfahren durch bewusst unwahre Behauptungen hinauszögere. Diese Erklärung erscheint am folgenden Tage mit voller Namensnennung des K in der Presse. K erhebt Klage vor dem Landgericht gegen die Stadt B auf Widerruf der von ihrem Baudirektor gemachten unwahren Äußerungen.

---

1. Kraft besonderer gesetzlicher Zuweisung (Art. 34 S. 3 GG, § 40 Abs. 2 VwGO) wäre der Zivilrechtsweg eröffnet, wenn das Klagebegehren auf Amtshaftung (Art. 34 GG, § 839 BGB) gestützt werden könnte. Das ist jedoch nicht der Fall: Wegen einer Amtspflichtverletzung kann grds. nur Schadensersatz in Geld verlangt werden.[331]

161 2. Entscheidend ist daher, ob eine bürgerliche (§ 13 GVG) oder eine öffentlich-rechtliche Streitigkeit (§ 40 Abs. 1 VwGO) vorliegt. Dafür ist die – wahre – **rechtliche Natur des Streitgegenstandes** maßgebend, d.h. des Rechtsverhältnisses, aus dem das Klagebegehren hergeleitet wird, nicht die vom Kläger vorgenommene Zuordnung.[332]

    a) Dabei ist grds. vom Tatsachenvortrag **des Klägers** auszugehen, da dieser Vortrag den Streitgegenstand bestimmt.[333]

    Maßgeblich ist dabei die wahre Natur des Anspruchs, wie er sich nach dem Sachvortrag des Klägers darstellt, und nicht, ob der Kläger sich auf eine zivilrechtliche oder auf eine öffentlich-rechtliche Anspruchsgrundlage beruft. Die rechtliche Beurteilung des Klägers ist daher unerheblich.[334]

    Abzustellen ist auf den Klageanspruch als solchen. Über Vorfragen aus anderen Rechtsbereichen kann das für den Anspruch zuständige Gericht dagegen grds. entscheiden (**Vorfragenkompetenz**), z.B. bei Amtshaftungsklage: Das Zivilgericht kann über die Rechtswidrigkeit eines Verwaltungsakts in Amtshaftungs- und Entschädigungsprozessen trotz Bestandskraft selbstständig entscheiden.[335]

    Ist das Tatsachenvorbringen des Klägers zur Begründung der Zulässigkeit des Rechtsweges streitig, kann nur dann allein darauf abgestellt werden, wenn die gleichen Tatsachen auch für die Begründetheit der Klage entscheidend sind (sog. **doppelrelevante Tatsachen**, z.B. Klage auf Feststellung des Bestehens eines Arbeitsverhältnisses bei Streit über die Rechtsnatur eines Vertragsverhältnisses § 2 Abs. 1 Nr. 3 b ArbGG). Ist dies nicht der Fall, müssen die streitigen Tatsachen nach der bisher h.M. bereits im Rahmen der Prüfung der Zulässigkeit des Rechtsweges ggf. durch Beweisaufnahme geklärt werden (vgl. auch Fall 15, Rn. 180).[336]

---

331 Vgl. Palandt/Sprau § 839 BGB Rn. 78.

332 GmS-OGB NJW 1988, 2295; BGHZ 114, 221; BGH MDR 2016, 201; BAG NZA 2015, 252; OLG Stuttgart 2019, 2169.

333 BGH MDR 2016, 201; BAG NZA 2015, 252; BVerwG, Beschl. v. 28.01.2016 – 4 B 43.14, BeckRS 2016, 42164.

334 BGH MDR 2016, 201; BGH MDR 2013, 1481; Musielak/Voit, Rn. 65 m.w.N.

335 BGH NJW 1991, 1168; anders bei Urteilen von VerwG, deren Rechtskraft vom ordentlichen Gericht zu beachten ist, BGH NJW 1998, 1398; BGH NJW 2005, 748; bei sonstigen Verwaltungsakten außerhalb der Amtshaftung, die nicht von Amts wegen oder auf Rechtsbehelfe hin in dem dafür vorgesehenen Verfahren aufgehoben wurden: BGH NJW 1993, 1580.

336 BGH NJW 2016, 316; BGH NJW 2013, 616; OLG München RuS 2020, 238; a.A. LAG Hessen NZA-RR 2019, 505; OLG Dresden NZA-RR 2005, 215; MV/Wittschier § 17 a GVG Rn. 13: Schlüssigkeit reicht aus; offengelassen vom BAG NJW 2015, 3469.

b) Zu fragen ist daher vorliegend, ob der Streitgegenstand bürgerlich- oder öffentlich-rechtlicher Natur ist. Dies betrifft die – allgemeine – Frage nach der Bewertung eines Rechtsverhältnisses als bürgerlich-rechtlich oder öffentlich-rechtlich.

Insoweit wird auf unterschiedliche Kriterien abgestellt: u.a. **Interessentheorie, Subjektions-(Unterordnungs-)theorie, Subjekts- oder Zuordnungstheorie**.[337]

    aa) Bei einem Anspruch auf Abwehr von Beeinträchtigungen aus dienstlichen Äußerungen ist entscheidet, ob die Äußerung im Zusammenhang mit einer ausschließlich erwerbswirtschaftlichen oder fiskalischen Tätigkeit gemacht worden ist – dann bürgerlich-rechtliche Streitigkeit – oder mit einer (auch schlicht) hoheitlichen Tätigkeit – dann öffentlich-rechtliche Streitigkeit.[338]

    bb) Hier: Die Äußerung, gegen die K vorgeht, ist von dem Beamten im Rahmen seines hoheitlichen Verwaltungshandelns (amtliche Pressekonferenz) gemacht worden. Die Streitigkeit ist daher öffentlich-rechtlicher Natur,[339] sodass der Rechtsweg zu den Zivilgerichten nicht eröffnet ist.

3. Die Klage ist allerdings nicht als unzulässig abzuweisen. Der Rechtsstreit ist vielmehr **von Amts wegen** durch **Beschluss** an das Verwaltungsgericht zu verweisen (§ 17 a Abs. 2 GVG). Ein rechtskräftiger Beschluss ist hinsichtl. des Rechtsweges bindend, eine Weiterverweisung an eine dritte Gerichtsbarkeit daher nicht mehr möglich.[340]   **162**

Eine solche Verweisungsmöglichkeit besteht im Verhältnis aller Gerichtszweige (vgl. § 87 VwGO, § 98 SGG, § 70 FGO, § 48 ArbGG). Dadurch werden die Schwierigkeiten, die sich aus der Einrichtung der verschiedenen Gerichtszweige ergeben, zum Teil beseitigt.

Über die Zulässigkeit des Rechtsweges ist für jeden prozessualen Anspruch (Streitgegenstand) gesondert gemäß § 17 a Abs. 2 GVG vorab durch Beschluss zu entscheiden, wenn das angerufene Gericht den zu ihm beschrittenen Rechtsweg – wie hier – für unzulässig hält. Hält es dagegen den Rechtsweg für zulässig, dann kann es und nur bei einer Rechtswegrüge muss es darüber durch einen Vorabbeschluss entscheiden, § 17 a Abs. 3 GVG. Der Rechtswegbeschluss ist nach § 17 a Abs. 4 S. 2 GVG mit einer sofortigen Beschwerde anfechtbar.

Die Rechtswegfrage ist nach § 17 a GVG vor der Verhandlung zur Sache in der ersten Instanz abschließend zu klären. In der Berufungsinstanz kann daher die fehlende Zulässigkeit des Rechtswegs gemäß § 17 a Abs. 5 GVG nicht mehr gerügt werden. Ausnahme: das erstinstanzliche Gericht hat trotz Rüge des Rechtsweges den nach § 17 a Abs. 3 S. 2 GVG gebotenen Vorabbeschluss unterlassen.[341]

Das angerufene und zumindest für eine Anspruchsgrundlage zuständige Gericht hat den Rechtsstreit unter **allen** in Betracht kommenden rechtlichen Gesichtspunkten, auch aus anderen (Rechtsweg-) Rechtsgebieten (Ausnahme: Amtshaftungsansprüche), zu entscheiden (**§ 17 Abs. 2 GVG**).

8. Das Rechtsschutzbedürfnis (Rechtsschutzinteresse)

Es fehlt, wenn der Kläger kein rechtlich anzuerkennendes Interesse daran hat, die mit der Klage beantragte Entscheidung zu erwirken.   **163**

337 Vgl. dazu MV/Wittschier § 13 GVG Rn. 4 ff.; MK/Zimmermann § 13 GVG Rn. 5 ff.; Zöller/Lückemann § 13 GVG Rn. 4 ff.
338 BGH NJW 1978, 1860; OLG Hamm NStZ 2017, 663; Zöller/Lückemann § 13 GVG Rn. 29; BL/Vogt-Beheim § 13 GVG Rn. 72.
339 BVerwG NJW 1989, 412; Bayerischer VGH NVwZ-RR 1999, 549.
340 BGH ZInsO 2019, 1260; BAG NJW 2015, 3469; Schneider NJW-Spezial 2017, 539 zu Kosten bei Verweisung an das ArbG.
341 BGH NJW 2008, 3572; BAG NZA 1992, 954; MV/Wittschier § 17 a GVG Rn. 21.

Grund für die Unzulässigkeit der Klage bei Fehlen des Rechtsschutzbedürfnisses: Der Beklagte soll dann nicht mit der Klage belastet, die Arbeitskraft der Gerichte darf im Allgemeininteresse nicht mutwillig oder unnötig in Anspruch genommen werden.

a) Leistungsklagen

164 Bei einer **Leistungsklage** – der Geltendmachung eines Anspruchs – **ist das Rechtsschutzbedürfnis grds. anzunehmen** und braucht daher i.d.R. nicht besonders dargetan oder festgestellt zu werden, weil es bereits aus der Nichterfüllung des behaupteten Anspruchs folgt, dessen Vorliegen für die Prüfung des Interesses an seiner gerichtlichen Durchsetzung zu unterstellen ist.[342]

165 Nur **ausnahmsweise** fehlt daher insoweit das Rechtsschutzbedürfnis:

- wenn der Kläger **bereits einen vollstreckbaren Titel** auf die Leistung gegen den Beklagten besitzt.

    z.B. eine vollstreckbare Urkunde (§ 794 Abs. 1 Nr. 5). – Das Rechtsschutzbedürfnis für eine neue Klage besteht jedoch, wenn mit Vollstreckungsgegenklage zu rechnen ist.[343] Dies gilt nicht bei Urteilen, bei denen grds. die Rechtskraft einer neuen Klage entgegensteht (s.u. Rn. 174).

    Begründet ein Prozessvergleich einen Anspruch auf Abgabe einer Willenserklärung, ist eine neue Klage zur Herbeiführung der Abgabefiktion des § 894 zulässig, da sie einen Vergleich nicht auslöst.[344]

- **wenn für den Kläger ein wesentlich einfacherer, schnellerer, kostengünstigerer und gleich sicherer Weg zur Durchsetzung seines Anspruchs besteht als die Erhebung der Leistungsklage.**[345]

> **Fall 10: Möglichkeit der Titelumschreibung**
>
> A hat gegen B aus § 433 BGB ein Urteil auf Übergabe eines Pferdes erwirkt und anschließend – vor der Vollstreckung – seinen Anspruch gegen B an X abgetreten. X erhebt gegen B Klage auf Übergabe des Pferdes.

X besitzt zwar gegen B einen Anspruch aus §§ 433, 398 BGB, der grds. auch gerichtlich durchgesetzt werden kann.

Vorliegend ist jedoch X aufgrund der Abtretung des Herausgabeanspruchs nach Urteilserlass Rechtsnachfolger des A in Bezug auf die titulierte Forderung geworden. X kann das Urteil, das A bereits gegen B erwirkt hat, **gemäß § 727 ZPO auf sich umschreiben lassen**. Aus dem auf ihn umgeschriebenen Urteil – vollstreckbare Ausfertigung – kann X die Vollstreckung gegen B betreiben, sodass es einer neuen Klage nicht mehr bedarf. Die Titelumschreibung ist der einfachere und billigere Weg. Für eine neue Leistungsklage fehlt daher das Rechtsschutzbedürfnis.[346] Die Klage ist unzulässig.

Nicht einfacher als eine neue Klage ist jedoch nach h.M. die Klauselklage (§ 731).[347]

---

342 BGH GRUR 2017, 1236, 1240; BGH FamRZ 2011, 97; BAG ArbR 2020, 63; vgl. aber auch BAG NZA 2015, 179; ThP/Seiler vor § 253 Rn. 27: Ausnahmsweise kein Rechtsschutzbedürfnis, wenn die Leistungsklage objektiv schlechthin sinnlos ist.

343 BGH NJW 1994, 3227; OLG Bamberg MDR 2008, 1269; OLG Brandenburg NJW-RR 2010, 1169.

344 BGHZ 98, 127; K. Schmidt JuS 1987, 150.

345 BGH NJW 2011, 2966; 1998, 1637; ThP/Seiler vor § 253 Rn. 27; MV/Foerste Vorbem. v. § 253 Rn. 7 f. m.w.N.

346 BGH NJW 1957, 1111; vgl. dazu auch unten Rn. 391.

347 BGH NJW 1987, 2863; Zöller/Seibel § 731 Rn. 7; a.A. StJ/Münzberg § 731 Rn 6.

- Für eine **Klage auf eine künftige Leistung** besteht ein Rechtsschutzbedürfnis nur unter den Voraussetzungen der §§ 257–259.   **166**

- Für eine Zahlungsklage über eine **Bagatellforderung** kann – außer bei Schikane oder Rechtsmissbrauch seitens des Klägers – das Rechtsschutzbedürfnis nicht verneint werden, da der Gläubiger grds. auch eine solche Forderung gerichtlich durchsetzen können muss und da anderenfalls der Schuldner Bagatellbeträge einfach einbehalten könnte.[348]

b) Feststellungsklagen

Bei **Feststellungsklagen** nach § 256 Abs. 1 ist dagegen das Vorliegen eines Rechtsschutzinteresses stets besonders darzulegen und festzustellen: Der Kläger muss ein **„rechtliches Interesse an alsbaldiger Feststellung"** haben.   **167**

aa) Dieses Feststellungsinteresse setzt voraus, dass eine **tatsächliche Unsicherheit das Rechtsverhältnis gefährdet** und dass die **begehrte Feststellung geeignet ist, diese Gefährdung zu beseitigen.**[349]   **168**

- bei **positiver Feststellungsklage** (auf Feststellung des **Bestehens** des Rechtsverhältnisses): wenn der Beklagte das Rechtsverhältnis ernstlich bestreitet;[350]

- bei **negativer Feststellungsklage** (auf Feststellung des **Nicht**bestehens des Rechtsverhältnisses): wenn der Beklagte das Rechtsverhältnis ernsthaft behauptet, insbesondere sich des vom Kläger verneinten Anspruchs **ernsthaft „berühmt".**[351]

Fall 11: Feststellungsinteresse bei Möglichkeit der Leistungsklage

Der Pressefotograf A ist von einem Polizeiwagen angefahren worden. Er hat dabei einen Sachschaden von 800 € sowie Personenschaden und Verdienstausfall erlitten, deren Höhe sich zur Zeit noch nicht beziffern lässt; es ist auch ungewiss, ob nicht noch Folgeschäden eintreten werden. A klagt gegen das Land mit dem Antrag festzustellen, dass es verpflichtet sei, ihm allen aus dem Verkehrsunfall entstandenen und eventuell noch entstehenden Schaden zu ersetzen.

Für eine Feststellungsklage besteht **i.d.R. kein Rechtsschutzinteresse, wenn der Kläger eine sein Begehren vollständig erfüllende Leistungsklage erheben kann.**[352]   **169**

Dies folgt daraus, dass ein Feststellungsurteil nur über das Bestehen oder Nichtbestehen eines Rechtsverhältnisses entscheidet, aber keinen Vollstreckungstitel auf Leistung gibt. Kommt der Beklagte dem Urteil nicht nach, wird daher ein zweiter Prozess – auf Leistung – erforderlich. Dadurch entsteht eine unnötige Belastung der Gerichte, die vermieden wird, wenn der Kläger sofort auf Leistung klagt.

Beispiel: Klage auf Feststellung von Baumängeln i.d.R. mangels Rechtsschutzinteresses unzulässig, da auch nach (bloßer) Feststellung der Mängel i.d.R. noch eine Leistungsklage auf Beseitigung oder Geldausgleich notwendig wird.[353]

---

348 Zöller/Greger vor § 253 Rn. 18 e; Kirchner Rpfleger 2004, 395; Schmieder ZZP 2007, 199; Schneider MDR 1990, 893.
349 BGH RÜ2 2019, 196; BGH NJW 2017, 402; BAG NZA 2020, 541; Th/Seiler § 256 Rn. 15 f.
350 BGH RÜ2 2019, 196; BGHZ 118, 80; BGH NJW 1999, 432; Th/Seiler § 256 Rn. 15.
351 BGH WM 2020, 189; BGH NJW-RR 2018, 563; BGH NJW 2012, 3294; BAG ZInsO 2015, 47; ThP/Seiler § 256 Rn. 14, 19.
352 Vgl. dazu BGH NJW 2019, 1002; BGH BKR 2019, 24; BGH NJW-RR 2016, 759; krit. MV/Foerste § 256 Rn. 12 ff.
353 OLG Celle MDR 2007, 582; BauR 2010, 915; vgl. aber auch BGH BauR 2010, 812.

1. Hier ist, soweit A den entstandenen und eventuell noch entstehenden Schaden nicht konkret beziffern kann, eine Leistungsklage nicht möglich. Ein rechtliches Interesse an alsbaldiger Feststellung der grundsätzlichen Ersatzverpflichtung ergibt sich jedoch daraus, dass für den Kläger die Beweismöglichkeiten kurz nach dem Unfall besser sind und dass durch die Klage die Verjährung des Anspruchs zunächst gehemmt und durch ein Urteil die 30-jährige Verjährungsfrist gemäß § 197 Abs. 1 Nr. 3 BGB erreicht wird. Bei nicht bezifferbaren, noch in der Entwicklung begriffenen oder künftig zu erwartenden Schäden ist daher eine Feststellungsklage zulässig.[354]

2. Soweit A den entstandenen Sachschaden konkret beziffern kann (800 €), hätte er allerdings Leistungsklage erheben können.

   Trotz Möglichkeit der Leistungsklage wird jedoch eine Feststellungsklage dann für zulässig erachtet,

   - wenn erwartet werden kann, **dass der Beklagte bereits aufgrund eines (bloßen) Feststellungsurteils die Leistung erbringen wird**,[355]

   - allgemein: wenn die Feststellungsklage **den Streitstoff sinnvoller, einfacher, sachgemäßer oder umfassender erledigen kann** (Prozessökonomie!).[356]

     Es kann daher nicht – wie vielfach formuliert wird – gesagt werden, dass die Feststellungsklage gegenüber der Leistungsklage schlechthin „subsidiär" sei.[357]

   Hier liegen diese beiden Fallgestaltungen vor:

   a) Bei öffentlich-rechtlichen Körperschaften kann i.d.R. angenommen werden, dass der Beklagte einem Feststellungsurteil nachkommen wird.[358]

      Dies gilt grds. auch gegenüber Parteien kraft Amtes, Banken und Versicherungen.

   b) Wenn ein Anspruch erst teilweise bezifferbar ist, ist es zulässig, insgesamt – auch hinsichtlich des bezifferbaren Teils – Feststellungsklage zu erheben, um so sogleich den Gesamtstreitstoff zu klären.[359]

      Somit: Die Feststellungsklage des A ist insgesamt zulässig.

---

170 **bb)** Bei der **Zwischenfeststellungsklage** nach § 256 Abs. 2 braucht ein Feststellungsinteresse i.S.d. § 256 Abs. 1 nicht dargetan zu werden. Es ergibt sich aus der Vorgreiflichkeit (Präjudizialität) des für die Entscheidung des Hauptanspruchs maßgeblichen streitigen Rechtsverhältnisses für weitere Rechtsbeziehungen der Parteien. Die begehrte Feststellung muss sich allerdings grds. auf einen Gegenstand beziehen, der über den der Rechtskraft fähigen Gegenstand des Hauptsachebegehrens hinausgeht.[360]

---

354 BGH NZBau 2018, 347; BGH NJW-RR 2010, 750; BGH NJW-RR 2007, 601; ThP/Seiler § 256 Rn. 14 m.w.N.

355 BGH NJW 1995, 2219; 1999, 3774; BGH NJW 2006, 2548.

356 BGH NJW-RR 2016, 759; BGH NJW 2015, 873; 3; BAG NZA 2020, 594; BAG NZA 2020, 582; ThP/Seiler § 256 Rn. 18.

357 BGH NJW-RR 2016, 759; BGH NJW 2015, 873; BAG NZA 2020, 582; BAG NZA 2018, 515; Musielak/Voit, Rn. 131.

358 BGH NJW 1984, 1119; NJW-RR 1999, 362; BAG JZ 1990, 194; MV/Foerste § 256 Rn.13.

359 BGH NJW-RR 2016, 759; BGH NJW-Spezial 2012, 266; BGH NJW 1996, 397; BAG NZA 2020, 594.

360 BGH NJW 2018, 703; BAG NJW 2019, 1833; MV/Foerste § 256 Rn. 40 ff.; zur Vorgreiflichkeit Fall 16 Rn. 181.

Beispiel: K klagt aus § 985 BGB auf Herausgabe einer Sache. B bestreitet das Eigentum des K. – K kann zusätzlich einen Antrag auf Feststellung seines Eigentums stellen. Für diesen Antrag braucht gemäß § 256 Abs. 2 das Rechtsschutzinteresse nicht besonders festgestellt zu werden, da das Eigentum vorgreiflich ist für weitere Ansprüche des K, etwa auf Nutzungen oder Schadensersatz (s. näher u. Rn. 346, 350).

c) Bei Gestaltungsklagen

171

ist das Rechtsschutzbedürfnis grds. vorhanden, sodass es nicht besonders dargetan zu werden braucht. Denn Gestaltungsklagen sind immer dort gegeben, wo die Gestaltung von Rechtsverhältnissen dem Richter übertragen ist, der Kläger die erstrebte Gestaltung daher gerade nur über die Gestaltungsklage erreichen kann.

Beispiele: §§ 133, 140 HGB, die Gestaltungsklagen des Vollstreckungsrechts (s.u. Rn. 508 ff.).

d) Wichtige Besonderheit des Rechtsschutzbedürfnisses

172

Nach h.M. ist dann, wenn das Rechtsschutzbedürfnis, dessen qualifizierte Form das Feststellungsinteresse i.S.d. § 256 ZPO ist, **fehlt oder zweifelhaft ist**, die sachliche Unbegründetheit der Klage jedoch bereits feststeht, ausnahmsweise **eine Abweisung der Klage durch Sachurteil als unbegründet** gestattet.[361]

Grund: Prozessökonomie. – Dies verbessert ja auch nur die Rechtsstellung des Beklagten.

Das **Rechtsschutzbedürfnis/Feststellungsinteresse** ist daher nach h.M. nur **zwingende Voraussetzung für ein stattgebendes, nicht aber für ein klageabweisendes Urteil**.

Zur Klarstellung: Dies gilt **nur für das Rechtsschutzbedürfnis/Feststellungsinteresse**; bei anderen Sachurteilsvoraussetzungen ist dagegen nach h.M. eine Prüfung der Begründetheit der Klage nur bei Feststellung ihres Vorliegens gestattet (s.o. Rn. 119); bei Fehlen: Abweisung der Klage als unzulässig.

9. Das Fehlen anderweitiger Rechtshängigkeit (§ 261 Abs. 3 Nr. 1)

173

Anderweitige Rechtshängigkeit der Streitsache liegt vor, wenn die Parteien und der Streitgegenstand eines neuen Prozesses **identisch** sind mit den Parteien und dem Streitgegenstand eines bereits rechtshängigen Prozesses.[362]

Beispiel 1: K erhebt gegen B (positive) Feststellungsklage auf Bestehen eines Kaufvertrages, B danach gegen K (negative) Feststellungsklage dahin, dass der Kaufvertrag nicht wirksam sei. – Da die Klageanträge trotz wörtlicher Verschiedenheit im Ergebnis gleich sind – jeweils nur die Negation des anderen – und da auch der Sachverhalt (Klagegrund) derselbe ist, liegt Identität des Streitgegenstandes vor:[363] Die zweite Klage ist unzulässig.

Beispiel 2: A klagt gegen B vor dem Amtsgericht X auf Feststellung der Nichtigkeit eines Kaufvertrages, aus dem B Ansprüche auf Lieferung eines Klaviers und auf 500 € Verzugsschaden herleitet. Während dieses Prozesses erhebt B gegen A beim Amtsgericht Y Klage auf Lieferung des Klaviers. – Keine Identität der Streitgegenstände: Die negative Feststellungsklage hat einen vom zweiten Prozess unterschiedlichen **Antrag** und betrifft nur die präjudizielle Vorfrage des zweiten Prozesses.[364]

Eine andere Frage ist allerdings, ob für die negative Feststellungsklage noch das **Rechtsschutzbedürfnis** besteht, **nachdem** B Leistungsklage erhoben hat, was i.d.R. zu verneinen ist.[365] Es besteht hier je-

---

361 BGH NJW 2018, 1387, 1390; BGH NJW 2016, 1578; BAG NJW-RR 2017, 1077; OLG Brandenburg WM 2020, 260; StJ/Roth vor § 253 Rn.162; MV/Foerste § 256 Rn. 7; abl. ThP/Seiler § 256 Rn. 4; BL/Anders Grundz. § 253 Rn. 35.

362 BGH ZIP 2018, 802; BGH RÜ 2013, 567; BGH NJW 2001, 3713; BAG NZA 2019, 726; RS/Gottwald § 98 Rn. 18 ff.; Jauernig/Hess § 40 Rn. 8 ff.; ThP/Seiler § 261 Rn. 10 ff. – zur Prozessstandschaft s.o. Rn. 149.

363 BGH NJW 1995, 967, 1757; ThP/Seiler § 261 Rn. 13.

364 Vgl. BGH RÜ 2013, 567; RS/Gottwald § 98 Rn. 22, 23.

365 BGH ZIP 2010, 1874; BGH NJW 1994, 3108; ausführlich dazu Gottwald MDR 2016, 936 ff.

doch deshalb fort, weil B sich außer des Lieferungsanspruchs noch weiterer Ansprüche aus dem umstrittenen Vertrag berühmt; die Feststellungsklage bleibt daher zulässig.

Der Richter des AG Y kann jedoch nach § 148 den Prozess **aussetzen**, bis das AG X über das präjudizielle Rechtsverhältnis (Bestehen des Kaufvertrages?) entschieden hat.

10. Keine rechtskräftige Entscheidung des Streitgegenstandes

174 **a)** Die rechtskräftige Entscheidung des identischen Streitgegenstandes ist in jeder Lage des Verfahrens (auch in der Revisionsinstanz) **von Amts wegen** zu berücksichtigen.[366]

Die häufige Formulierung „Einrede der Rechtskraft" ist daher unzutreffend. Sie beruht – wie die Formulierung „Einrede der Rechtshängigkeit" – noch auf dem überkommenen besonderen Einredebegriff der ZPO (s.u. Rn. 205).

b) Es ist umstritten, ob es sich insoweit entsprechend der herrschenden **„ne-bis-in-idem-Lehre"**[367] um eine **selbstständige negative Sachurteilsvoraussetzung** handelt (= selbstständiges Verbot der neuen Verhandlung und Entscheidung) oder um einen Unterfall des Rechtsschutzbedürfnisses (so die sog. Bindungslehre).[368]

Beispiel: K klagt gegen B vor dem LG Münster auf Zahlung von 12.000 € Schadensersatz aus unerlaubter Handlung, weil B ihm verdorbenes Hühnerfutter geliefert habe, wodurch in seiner Geflügelfarm Hühner im Werte von 12.000 € eingegangen seien. B wendet ein, dass K wegen der angeblichen Schlechtlieferung bereits vor einem Jahr gegen ihn vor dem Landgericht Bielefeld geklagt habe und mit seiner Klage, die er damals auf eine Vertragspflichtverletzung gestützt habe, rechtskräftig abgewiesen worden sei. – Der Streitgegenstand des jetzigen Prozesses ist identisch mit dem des Bielefelder Prozesses, da gleicher Antrag und Lebenssachverhalt (Vertragsverletzung und unerlaubte Handlung sind nur rechtliche Gesichtspunkte, die keine verschiedenen Streitgegenstände schaffen). Mit der rechtskräftigen Klageabweisung steht zwischen den Parteien (§ 325 Abs. 1) fest, dass der Anspruch nicht besteht.

Nach der ne-bis-in-idem-Lehre verbietet die materielle Rechtskraft einer gerichtlichen Entscheidung – als negative Prozessvoraussetzung – eine neue Verhandlung über denselben Streitgegenstand, sodass die neue Klage als unzulässig abzuweisen ist.

Nach der Bindungslehre bedeutet die rechtskräftige Entscheidung nicht schlechthin die Unzulässigkeit einer neuen Klage, sondern zunächst nur, dass das mit der neuen Klage angegangene Gericht sachlich nicht anders entscheiden darf als das bereits rechtskräftige Urteil lautet, also insoweit gebunden ist (daher „Bindungslehre"). I.d.R. fehlt dem Kläger jedoch das Rechtsschutzbedürfnis für eine solche zweite, dem bereits rechtskräftigen Urteil gleichlautende Entscheidung.

Im Ergebnis sind daher beide Auffassungen praktisch gleich.

175 **c)** Zulässig ist eine neue Klage jedoch dann, **wenn der Kläger wegen besonderer Umstände ein berechtigtes Interesse daran** hat,[369]

weil z.B. die Urteilsurkunde verlorengegangen ist und nicht wiederhergestellt werden kann oder weil wegen drohender Verjährung des titulierten Anspruchs oder zweifelhafter Durchsetzbarkeit die Notwendigkeit eines gleichlautenden Urteils besteht.[370]

I.d.R. ist dann eine entsprechende Feststellungsklage angebracht.[371]

---

366 BGH DNotZ 2018, 352; BGH NJW-RR 2012, 872; ThP/Seiler § 322 Rn. 13 – Zur Rechtskraft näher unten: Rn. 332 ff.
367 So ganz h.M., u.a. st.Rspr. BGH NZBau 2018, 347; BGH RÜ 2013, 776; BGH WuM 2011, 527; BGH NJW-RR 2009, 790; BAG NJW 2020, 564; BAG NZA 2019, 1571; MV/Musielak § 322 Rn. 9; ThP/Seiler § 322 Rn. 7.
368 So u.a. MünchKomm/Gottwald § 322 Rn. 14; Zöller/Vollkommer vor § 322 Rn. 14 ff. mit Meinungsübersicht.
369 BGH NZBau 2018, 347; BGH NJW-RR 1997, 1; Zöller/Vollkommer vor § 322 Rn. 19 m.w.N.
370 BGH NZBau 2018, 347; BGH MDR 2003, 1067; BGH NJW 1994, 1352; OLG Zweibrücken FamRZ 1996, 749; StJ/Roth vor § 253 Rn. 152.
371 BGH NJW-RR 1997, 1; Zöller/Vollkommer vor § 322 Rn. 19.

D. Übungsfälle zu den Prozessvoraussetzungen

Fall 12: K klagt gegen B auf Zahlung von 2.000 € Schadensersatz (Verkehrsunfall vom 15.07.2018) und führt dazu aus, dass ihm Heilungskosten von 1.200 €, ein Sachschaden von 3.000 € und ein Verdienstausfall von mindestens 2.500 € entstanden seien. Der Betrag von 2.000 € wird als Teilbetrag des Gesamtschadens gefordert.

176

Fall 13: Der Insolvenzverwalter, der das Prozessrisiko scheut, eine zur Insolvenzmasse gehörende Forderung gegen S einzuklagen, gestattet dem Schuldner G, diese Forderung selbst einzuklagen. Im Falle des Obsiegens soll G den Erlös an die Insolvenzmasse abführen. G klagt gegen S auf Zahlung an sich.

Fall 14: A hat beim Sozialamt der Stadt S Sozialhilfe beantragt. Die Bearbeitung stagniert. Um die Erledigung zu beschleunigen, spricht A täglich beim Sachbearbeiter vor. Dabei kommt es eines Tages zu einer Auseinandersetzung. Der Behördenleiter verbietet daraufhin dem A, künftig das Sozialamt zu betreten. A erhebt Klage beim Landgericht S gegen die Stadt S auf Gestattung des Betretens des Sozialamtes.

Fall 15: Die Berufsakademie B-GmbH klagt beim Amtsgericht gegen den ausgeschiedenen Assessor A, der bei ihr aufgrund eines Vertrages für freie Mitarbeiter nebenberuflich an 20 Stunden im Monat Unterricht in Rechtskunde erteilt hat, auf Rückzahlung von Fortbildungskosten i.H.v. 2000 €. A rügt die Zulässigkeit des Rechtsweges unter Berufung darauf, dass er aufgrund der tatsächlichen Vertragsdurchführung abweichend von dem Vertragswortlaut Arbeitnehmer gewesen sei, sodass die Arbeitsgerichte zuständig sind. Nach dem Tatsachenvorbringen der B wäre A freier Mitarbeiter, nach dem Vorbringen des A jedoch Arbeitnehmer, sodass der Vertragsstatus des A nur aufgrund einer Beweisaufnahme geklärt werden kann. Kann das AG über den Rechtsweg ohne Beweisaufnahme entscheiden?

Fall 16: B hat bei A einen PC auf Raten von 120 € gekauft. Als B eine Rate nicht bezahlt, erhebt A Klage auf Zahlung von 120 €. B wendet ein, dass ein wirksamer Kaufvertrag überhaupt nicht zustande gekommen sei. Daraufhin erweitert A die Klage um den Antrag auf Feststellung, dass der Kaufvertrag wirksam sei.

Fall 12 (zur Ordnungsgemäßheit der Klageerhebung bei Teilklage)

177

Keine ordnungsgemäße Klageerhebung nach § 253 Abs. 2 Nr. 2: Was Streitgegenstand des Prozesses sein soll, ist nicht eindeutig bestimmt. Der äußerlich eindeutige Antrag (Zahlung von 2.000 €) wird nämlich auf mehrere selbstständige Klagegründe (Verdienstausfall, Personen-, Sachschaden) zurückgeführt, ohne dass erkennbar ist, welcher Betrag aus dem einen oder dem anderen Klagegrund begehrt wird. In Wahrheit sind mehrere Streitgegenstände in den Prozess eingeführt worden (objektive Klagehäufung), wobei unklar bleibt, in welchem Umfang der einzelne Streitgegenstand verfolgt wird. Mangels der gebotenen Individualisierung der Klagegründe bliebe auch der Umfang der materiellen Rechtskraft eines entsprechenden Urteils im Unklaren.[372]

Bestimmtheit nur: bei Aufteilung der Klagesumme auf die einzelnen Klagegründe (z.B. 1.000 € Heilungskosten, je 500 € Sachschaden und Verdienstausfall) oder Geltendma-

---

372 BGH NZM 2018, 454; BGH NJW 2014, 3298; BAG NZA-RR 2020, 260; ThP/Seiler § 253 Rn. 9.

chung im Eventualverhältnis (z.B. in erster Linie 2.000 € als Teil des Verdienstausfalles, hilfsweise aus dem Sachschaden, weiter hilfsweise als Heilbehandlungskosten).[373]

178 **Fall 13** (zur Prozessführungsbefugnis)

Dem Schuldner fehlt – obgleich Rechtsinhaber – die Prozessführungsbefugnis hinsichtlich der zur Insolvenzmasse gehörenden Gegenstände (§ 80 InsO). Diese steht vielmehr dem Insolvenzverwalter als Partei kraft Amtes zu.

Die Prozessführungsbefugnis des G kann sich jedoch aus einer sog. Rückermächtigung durch den Insolvenzverwalter ergeben. Auf eine solche Rückermächtigung – die sich von der bei der gewillkürten Prozessstandschaft vorliegenden Drittermächtigung nur dadurch unterscheidet, dass nicht ein Dritter, sondern der nicht verfügungsbefugte Rechtsinhaber selbst von dem Verfügungsberechtigten ermächtigt wird – sind die Grundsätze der gewillkürten Prozessstandschaft entsprechend anzuwenden.

Es muss also die Übertragung der Verfügungsbefugnis auf einen anderen überhaupt zulässig sein, und der rückermächtigte Rechtsinhaber muss ein eigenes schutzwürdiges Interesse an der Durchsetzung des Rechtes haben.

Da der Insolvenzverwalter eine zur Insolvenzmasse gehörende Forderung freigeben kann, bestehen nach ganz h.M. keine Bedenken gegen die Zulässigkeit einer Einziehungsermächtigung. Das eigene schutzwürdige Interesse des Schuldners an der Geltendmachung der Forderung ergibt sich daraus, dass die Vermehrung der Insolvenzmasse ihm rechtlich und wirtschaftlich – auch nach Ende des Insolvenzverfahrens – zugutekommt. Die Klage des G ist somit grds. zulässig.[374]

179 **Fall 14** (zur Zulässigkeit des Zivilrechtsweges)

Keine besondere gesetzliche Zuweisung an die Zivilgerichte, sodass zu entscheiden ist, ob eine bürgerlich-rechtliche Streitigkeit (§ 13 GVG) oder eine öffentlich-rechtliche (§ 40 VwGO) vorliegt. Dies hängt davon ab, ob das Rechtsverhältnis, aus dem der Klageanspruch hergeleitet wird, dem bürgerlichen oder dem öffentlichen Recht angehört.

Dieses Rechtsverhältnis ist öffentlich-rechtlich: Die streitigen Beziehungen der Parteien liegen im Bereich eines Unterordnungsverhältnisses i.S.d. Subjektionstheorie. Die auf dem Spiel stehenden Interessen – Zweck der Besuche des Klägers zur Regelung öffentlich-rechtlicher Beziehungen, Schutz des Dienstbetriebes – sind öffentlich-rechtlicher Natur. Schließlich betrifft das vom Kläger erstrebte Verhalten einen Träger öffentlicher Gewalt als solchen (Subjektstheorie). Wenn nämlich ein Behördenleiter einem Bürger das Recht versagt, mit der für ihn zuständigen Verwaltungsbehörde zur Erledigung von behördlichen Angelegenheiten persönlich zu verkehren, so erfüllt er damit einen Tatbestand, der so nur von Trägern öffentlicher Gewalt verwirklicht werden kann.

Die Klage ist daher jedenfalls beim Landgericht unzulässig. Ob das Landgericht den Rechtsstreit an das Verwaltungsgericht (Regelfall bei einer Behörde) oder im vorliegenden Fall an das Sozialgericht zu verweisen hat (§ 17 a Abs. 2 GVG), ist umstritten.[375]

---

373 BGH NJW 2018, 1259; BGH NJW 2017, 61; BAG P Nr. 381 zu § 1 TVG Tarifverträge: BauThP/Seiler § 253 Rn. 9.

374 BGH NJW 1987, 2018; BAG NJW 2014, 1037; Uhlenbruck/Uhlenbruck § 80 InsO Rn. 181 ff. mit Meinungsübersicht.

375 Für Verwaltungsgericht OVG Hamburg JA 2015, 159 m. krit. Anm. Hebeler; OVG Münster NJW 2011, 2379; für Sozialgericht BSG NZS 2014, 918; abl. Nolte NZS 2014, 919; LSG NRW, Beschl. v. 08.09.2017 – L 2 AS 1437/17 B, BeckRS 2017, 126403.

Dies ist anders bei einem Hausverbot im Rahmen rein privatrechtlicher, etwa rein arbeitsvertraglicher Beziehungen. Im letzteren Fall ist das Arbeitsgericht zuständig.[376]

Fall 15 (zum Rechtsweg: Abgrenzung Zivilgerichte/Arbeitsgerichte)   **180**

Da die Zulässigkeit des Rechtsweges zu den Zivilgerichten gerügt worden ist, muss das Amtsgericht darüber nach § 17 a Abs. 3 GVG durch einen Vorabbeschluss entscheiden.

Da A nach dem Sachverhalt nur nebenberuflich für die B-GmbH tätig ist, kann die Zuständigkeit des Arbeitsgerichts nicht schon nach §§ 2 Abs. 1 Nr. 3 a, 5 Abs. 1 S. 2 ArbGG wegen wirtschaftlicher Abhängigkeit des A von der B-GmbH bejaht werden.

Nach h.M. wäre es mit dem Grundsatz der Gleichwertigkeit („Waffengleichheit") der Parteien und dem Anspruch auf den gesetzlichen Richter gemäß Art. 101 Abs. 1 S. 2 GG nicht vereinbar, wenn das Gericht im Rahmen der Prüfung der Zulässigkeit des Rechtswegs den Sachvortrag des Beklagten nicht zur Kenntnis nähme und seine Zuständigkeit allein auf der Grundlage eines schlüssigen, aber bestrittenen und nicht bewiesenen Klägervortrags bejahte (so aber die sog. Schlüssigkeitstheorie),[377] es sei denn, es handelt sich um doppelrelevante Tatsachen. Letzteres liegt nicht vor, da der Rückzahlungsanspruch unabhängig von der Rechtsnatur des Vertragsverhältnisses bestehen kann. Das Amtsgericht darf daher durch den Vorabbeschluss über die Zulässigkeit des Rechtsweges erst nach einer Beweisaufnahme entscheiden (sog. Beweiserhebungstheorie).[378] Dafür spricht auch die in § 17 a Abs. 2 S. 1 GVG geregelte Anhörung des Gegners, die überflüssig wäre, wenn allein der schlüssige Sachvortrag des Klägers entscheidend wäre.

Fall 16 (zum Rechtsschutzinteresse bei der Zwischenfeststellungsklage)   **181**

Für den Feststellungsantrag könnte das Rechtsschutzbedürfnis fehlen. Denn zum einen kann A aus einem Feststellungsausspruch nicht auf Zahlung der weiteren Raten – sein eigentliches Ziel – vollstrecken, sodass ihm ein Feststellungsurteil insoweit nichts nützt. Zum anderen könnte er bereits jetzt eine Leistungsklage auf künftige Leistung (§§ 257, 259) erheben, die sein Leistungsinteresse vollständig erfüllen würde und daher Vorrang vor einer Feststellungsklage haben könnte.[379]

Die Zulässigkeit des Feststellungsantrages bestimmt sich hier jedoch nicht nach § 256 Abs. 1. Es liegt vielmehr eine Zwischenfeststellungsklage vor, für die § 256 Abs. 2 erleichterte Voraussetzungen aufstellt: Voraussetzung ist nur, dass das Rechtsverhältnis, hinsichtlich dessen die Feststellung begehrt wird, präjudiziell (vorgreiflich) ist, d.h., dass von seinem Bestehen bzw. Nichtbestehen die Entscheidung des Rechtsstreits abhängig ist, der Bestand dieses Rechtsverhältnis streitig ist und für weitere Beziehungen der Parteien bedeutsam sein kann.[380] Dies ist hier der Fall, denn das wirksame Bestehen eines Kaufvertrages hat Bedeutung auch für die weiteren Ratenansprüche des A.

---

376 ArbG Stuttgart ArbR 2014, 521; VGH Mannheim NJW 1994, 2500; BL/Vogt-Beheim § 13 GVG Rn. 41; vgl. aber LAG Köln NZA-RR 1998, 226: Nach Beendigung des Arbeitsverhältnisses (zu Recht) nur, wenn Zusammenhang damit besteht.

377 So z.B. LAG Hessen NZA-RR 2019, 505; OLGR Dresden 2005, 50; MV/Wittschier § 17 a GVG Rn. 13; Kluth NJW 1999, 342.

378 BGH NJW 2016, 316; BGH NJW 2013, 616; sog doppelrelevante Tatsachen z.B. beim Antrag auf Feststellung des Bestehens eines Arbeitsverhältnisses, da Bestand des AV sowohl Voraussetzung für Zulässigkeit des Rechtsweges als auch für die Begründetheit der Feststellungsklage, vgl. dazu Vielmeier NZA 2016, 1241; offengelassen von BAG NJW 2015, 3469.

379 Ob die Möglichkeit einer Klage auf künftige Leistung das Feststellungsinteresse grds. ausschließt, ist streitig: bejahend u.a. KG MDR 2006, 34; MK/Becker-Eberhard § 256 Rn. 57; verneinend jedoch die h.M., u.a. BGH NJW 2015, 873; BGH NJW-RR 1990, 1532; BAG ZTR 2004, 203; MV/Foerste § 256 Rn.15.

380 BGH RÜ 2013, 153; BAG, Urt. v. 21.01.2020 – 3 AZR 225/19, BeckRS 2020, 5799; ThP/Seiler § 256 Rn. 28.

182

Prozessvoraussetzungen

I. Echte Prozessvoraussetzungen: Keine Einreichungsmängel der Klage; deutsche Gerichtsbarkeit. Bei Fehlen wird die Klage nicht zugestellt: **Es entsteht kein Prozess.**

II. Sachurteilsvoraussetzungen

Voraussetzungen für die Zulässigkeit der Entscheidung in der Sache selbst (Sachurteil). Bei einem Fehlen entsteht zwar ein Prozess (Klagezustellung, Termin). Falls sie bis Schluss der mündlichen Verhandlung nicht vorliegen, **ist die Klage jedoch unzulässig und durch Prozessurteil allein wegen dieser Unzulässigkeit abzuweisen** (beschränkte Rechtskraft); auf die materielle Rechtslage darf nicht eingegangen werden.

Prüfung **von Amts wegen** (Hinweis auf Bedenken, §§ 56 Abs. 1, 139 Abs. 3, Verhandlungsgrundsatz; Beweislast grds. beim Kläger).

1. **Ordnungsgemäßheit der Klageerhebung** (§ 253): Bestimmter Antrag, bestimmte Angabe des Klagegrundes (gemäß der verbesserten Individualisierungstheorie).

2. **Parteifähigkeit der Parteien** (§ 50): Formeller Parteibegriff. Parteifähig ist, wer rechtsfähig ist. – u.a. auch: BGB-Außengesellschaft (BGH), der nichtrechtsfähige Verein.

3. **Prozessfähigkeit der Parteien:** Bei Geschäftsfähigkeit (§ 52); keine „beschränkte", wohl aber eine partielle Prozessfähigkeit möglich. Für prozessunfähige Partei handelt der gesetzliche Vertreter.

4. **Wirksamkeit einer** – gewillkürten oder gesetzlichen – **Vertretung**.

5. **Prozessführungsbefugnis** (§ 51): Steht grds. dem Träger des streitbefangenen materiellen Rechts oder Anspruchs zu; Ausnahmen bei gesetzlicher oder gewillkürter Prozessstandschaft.

6. **Zuständigkeit des angerufenen Gerichts:** Sachlich (= Abgrenzung erster Instanz von AG u. LG, §§ 23 ff., 71 GVG) und örtlich (Gerichtsstand, im Wesentlichen §§ 12 ff. ZPO). Gerichtsstandsvereinbarung nur ausnahmsweise zulässig (Prorogation, §§ 38 ff.); Gerichtsstandsbegründung möglich durch rügelose Verhandlung zur Hauptsache (§§ 39, 40, bei AG nur nach Belehrung).

   Bei Unzuständigkeit: Verweisung auf Antrag des Klägers (§ 281).

7. **Zulässigkeit des Zivilrechtswegs** (§§ 13, 17 GVG): grds. bei bürgerlich-rechtlichen Streitigkeiten, ferner bei Zivilprozesssachen kraft Zuweisung.

   Bei Unzulässigkeit: Verweisung von Amts wegen (§ 17 a GVG).

8. **Rechtsschutzbedürfnis** (Rechtsschutzinteresse): Bei Gestaltungsklagen immer, bei Leistungsklagen grds. gegeben (nicht bei leichterem und einfacherem Weg); bei Feststellungsklagen positiv festzustellen (Feststellungsinteresse, § 256).

   Nach h.M. nur Voraussetzung für ein stattgebendes, nicht für ein abweisendes Urteil.

9. **Fehlen anderweitiger Rechtshängigkeit** (§ 261 Abs. 3 Nr. 1).

10. **Keine rechtskräftige Entscheidung** über den Streitgegenstand.

III. Prozesshindernisse: Verzichtbare, nur auf Rüge zu berücksichtigende Einreden (§§ 110, 269 Abs. 6, 1032).

6. Abschnitt: Die Klage

A. Klagearten[381]

I. Leistungsklage

Der Kläger erstrebt die **Durchsetzung eines Anspruchs** gegen den Beklagten und begehrt deshalb, dass ein bestimmter Befehl an den Beklagten ergeht, der vollstreckt werden kann und soll, wenn der Beklagte nicht leistet. Der Kläger erstrebt also einen **Vollstreckungstitel gegen den Beklagten**.

183

Eine Leistungsklage liegt daher nicht nur dann vor, wenn eine Zahlung oder Herausgabe verlangt wird, sondern z.B. auch bei einer Klage auf Abgabe einer Willenserklärung, auf Beseitigung oder Unterlassung von Störungen, Duldung von Handlungen, Duldung der Zwangsvollstreckung oder Widerruf einer Behauptung: Also bei Leistungen jedweder Art.

II. Feststellungsklage

Begehrt wird die Feststellung des Bestehens oder Nichtbestehens eines Rechtsverhältnisses (positive/negative Feststellungsklage) und damit die **Klärung der Rechtslage**. – Zulässigkeitserfordernisse (§ 256):

184

1. Das Feststellungsbegehren muss sich grds. auf **ein gegenwärtiges Rechtsverhältnis** beziehen. Rechtsverhältnis i.S.v. § 256 Abs. 1 ZPO ist jedes durch die Herrschaft einer Rechtsnorm über einen konkreten Sachverhalt entstandene rechtliche Verhältnis einer Person zu einer anderen Person oder zu einer Sache.[382]

a) Zulässiger Gegenstand einer Feststellungsklage können sowohl das gesamte Rechtsverhältnis als auch einzelne sich daraus ergebende Rechte und Pflichten sein, nicht aber bloße Elemente oder Vorfragen eines Rechtsverhältnisses, reine Tatsachen (Ausnahme: Echtheit/Unechtheit einer Urkunde) oder abstrakte Rechtsfragen, etwa die Wirksamkeit von Willenserklärungen oder die Rechtswidrigkeit eines Verhaltens.[383]

Klage auf Feststellung gegen eine Bank, dass die erteilte Kreditauskunft unrichtig sei: Unzulässig, weil auf Tatsachenfeststellung gerichtet.[384] Aus demselben Grund ist die Klage auf Feststellung der Unwahrheit einer Behauptung unzulässig.[385] Rechtsschutz kann der Betroffene jedoch durch eine **Leistungsklage** auf Unterlassung oder Widerruf erlangen.[386]

Klage auf Feststellung, dass die Kündigung vom 01.05. des zwischen den Parteien bestehenden Mietvertrages unwirksam sei: In dieser Form unzulässig, da sich das Feststellungsbegehren – wörtlich – auf die Unwirksamkeit einer einzelnen Rechtshandlung (der Kündigung) bezieht. Klageanträge sind jedoch **auslegungsfähige prozessuale Erklärungen** (s.u. Rn. 242). Der Kläger erstrebt hier letztlich die Feststellung, dass das **Mietverhältnis** durch die Kündigung nicht beendet worden sei: Dies ist dann ein zulässiger, auf das (Fort-)Bestehen eines Rechtsverhältnisses gerichteter Feststellungsantrag.[387]

---

381 Überblick über die drei Klagearten der ZPO bei Klappstein JA 2012, 606 ff.
382 BGH WuM 2018, 352; BGH NJW-RR 2015, 398; BAG BeckRS 2018, 14055; ThP/Seiler § 256 Rn. 4 ff.
383 Ganz h.M., BGH WRP 2020, 591; BGH WuW 2018, 476; BAG NZA 2020, 541; Zöller/Greger § 256 Rn. 3 ff. m.w.N.
384 BL/Anders § 256 Rn. 14.
385 BGHZ 68, 331; MK/Becker-Eberhard § 256 Rn. 24 ff., 28 f.; str.
386 Vgl. Palandt/Sprau, Einf. v. § 823 BGB Rn. 18 ff., 32 ff.
387 BGH NJW 2000, 354, 356; anders wegen der Sonderregelung des § 4 KSchG bei Klage auf Feststellung der Unwirksamkeit der Kündigung eines Arbeitsverhältnisses; nach StJ/Roth § 256 Rn. 28, 31 ist dagegen eine Klage auf Feststellung (nur) der Wirksamkeit der Kündigung generell zulässig.; vgl. auch §§ 17, 21 TzBfG: Befristung und auflösende Bedingung.

Klage auf Feststellung des Bestehens von **Schuldner- oder Annahmeverzug**: Unzulässig, da nur Element bzw. vorgreifliche Vorfrage eines Rechtsverhältnisses (nur ausnahmsweise zulässig hinsichtlich Annahmeverzug zum Nachweis der Vollstreckungsvoraussetzungen der §§ 756, 765, s.u. Rn. 395).[388]

b) Ein **erst künftiges Rechtsverhältnis genügt nicht.**

Daher: Keine Klage über das künftige Erbrecht nach einem noch Lebenden,[389]

wohl aber über die Wirksamkeit eines Erbvertrages,[390] ein Recht zur Pflichtteilsentziehung[391] oder die Unwirksamkeit einer Pflichtteilsentziehung,[392] da gegenwärtige Rechtsbeziehungen.

Zulässig ist auch eine Klage auf Feststellung einer Ersatzpflicht für künftige Schäden[393] oder andere künftige Rechtsfolgen:[394] Das Rechtsverhältnis als solches – z.B. die Ersatzpflicht – besteht bereits jetzt.

c) **Vergangenes Rechtsverhältnis:** zulässig bei Folgen für Gegenwart oder Zukunft.[395]

Z.B. Feststellung der Wirksamkeit einer – inzwischen beendeten – Bevollmächtigung, wenn davon die Wirksamkeit eines jetzt noch bedeutsamen Vertrags abhängt.[396]

2. Rechtliches Interesse an alsbaldiger Feststellung (s. näher oben Rn. 167)

3. Das Rechtsverhältnis braucht nicht zwischen den Parteien zu bestehen, sondern kann auch einen **Dritten** betreffen, wenn der Kläger ein berechtigtes Interesse an der Feststellung dieses Rechtsverhältnisses gerade gegenüber dem Beklagten hat, das Rechtsverhältnis also zugleich für die Rechtsbeziehungen der Parteien von Bedeutung ist.[397]

Es ist nicht Aufgabe der Gerichte, einem Kläger zu bescheinigen, ob er im Recht war oder nicht, oder eine die Parteien interessierende Rechtsfrage gutachterlich zu klären, die rechtlich ohne Bedeutung ist.

III. Gestaltungsklage

185 Begehrt wird die **Umgestaltung** einer bestehenden Rechtslage in den Fällen, in denen gesetzlich bestimmt ist, dass die Auflösung, Beendigung oder Umgestaltung eines bestehenden Rechtsverhältnisses durch Klage und Urteil zu erfolgen hat, wie z.B.

- bei den **handelsrechtlichen Gestaltungsklagen**: z.B. Gesellschafterausschluss, Nichtigkeit eines AG-Hauptversammlungsbeschlusses (s. §§ 117, 127, 133, 140 HGB; §§ 243 ff. AktG).

- bei den **prozessualen und vollstreckungsrechtlichen Gestaltungsklagen**: z.B. die Abänderungsklage nach § 323; in der Zwangsvollstreckung die Vollstreckungsgegenklage (§ 767), die Klage gegen die Vollstreckungsklausel (§ 768), die Drittwiderspruchsklage (§ 771).

Während mit Leistungs- und Feststellungsklage eine Entscheidung über eine schon vor dem Prozess eingetretene Rechtsfolge bzw. vorhandene Rechtslage begehrt wird, zielt die Gestaltungsklage darauf ab, die bestehende Rechtslage durch die gerichtliche Entscheidung erst **zu ändern.**

---

388 BGH NJW 2015, 873; BGH RÜ 2000, 419; BGH NJW 2000, 2280; BAG MDR 2016, 1042; s. dazu Scherer JR 2001, 441; weitergehend StJ/Roth § 256 Rn. 27.
389 BGHZ 37, 137; OLG Frankfurt MDR 1997, 481.
390 OLG Düsseldorf FamRZ 1995, 58.
391 BGHZ 109, 306.
392 BGH NJW 2004, 1874.
393 BGH Vers 2019, 629; BGH NZBau 2018, 347; BGH NJW-RR 2016, 759; BGH NJW-RR 2007, 601; ThP/Seiler § 256 Rn. 14.
394 BGH NJW-RR 2005, 637.
395 BGH NJW-RR 2016, 1404; BAG NJW 2019, 3101; BAG NJW 2018, 1992; BAG NZA 2013, 1267.
396 BAG, Urt. v. 16.11.2011 – 4 AZR 839/09, BeckRS 2012, 66336; ThP/Seiler § 256 Rn. 8 m.w.N.
397 BGH RÜ 2018, 613; BGH NJW-RR 2004, 595; BAG NZA 2016, 1021.

B. Teilklagen

Der Kläger klagt nicht den vollen von ihm behaupteten Anspruch ein, sondern nur einen **186** Teil davon – **grds. zulässig**.

Vorteil: Verminderung des Kostenrisikos (geringerer Streitwert, u.U. AG-Zuständigkeit ohne Anwaltszwang); Nachteil: Verjährungshemmung nur zu dem eingeklagten Betrag (s.o. Rn. 103).

Zur Rechtskraft: s.u. Rn. 343; zur Bestimmtheit: s.o. Fall 12 Rn. 177.

Teilklagen sind (nur) unzulässig bei Rechtsmissbrauch – kein Rechtsschutzinteresse: z.B., wenn eine Forderung über 15.000 € nur deshalb in fünf Klagen zu 3.000 € aufgeteilt wird, um die Zuständigkeit des Amtsgerichts zu erschleichen, oder wenn eine Forderung von 1.500 € nur deshalb mit drei Klagen über 500 € eingeklagt wird, um die Berufungssumme zu unterlaufen.[398]

Der Beklagte kann über eine negative Feststellungswiderklage – auf Feststellung des Nichtbestehens – die gesamte Forderung rechtshängig machen.

C. Die Klageänderung

Eine Klageänderung liegt vor, wenn der **Streitgegenstand** des Prozesses nach Eintritt **187** der Rechtshängigkeit geändert wird.

Dies ist nach allen Streitgegenstandsbegriffen (s.o. Rn. 108 ff.) der Fall, wenn der **Antrag geändert** wird, nach dem herrschenden **prozessualen zweigliedrigen Streitgegenstandsbegriff** darüber hinaus auch bei einer **Änderung des zur Begründung des Antrags vorgetragenen Lebenssachverhalts**,[399] d.h. wenn durch neuen Vortrag der der Klage zugrunde gelegte Lebenssachverhalt **in seinem Kern verändert** wird.[400]

Z.B. bei Begründung der Klage statt mit einem eigenen nunmehr mit einem abgetretenen Anspruch.[401] – Keine Klageänderung bei nur sprachlicher Antragskorrektur ohne inhaltliche Änderung.[402]

I. Die gesetzliche Regelung (Zusammenspiel zwischen §§ 263, 264)

1. Nach § 263 kann **nach Eintritt der Rechtshängigkeit** der Streitgegenstand nur noch **188** geändert werden:

- mit Einwilligung des Beklagten (auch vermuteter Einwilligung bei rügeloser Einlassung auf die abgeänderte Klage, § 267) oder

- bei Anerkennung der Sachdienlichkeit durch das Gericht.

Dies ist **Sachurteilsvoraussetzung für die neue – geänderte – Klage.**[403]

2. Nach § 264 sind bestimmte Fälle **nicht als Klageänderung** anzusehen.

- **§ 264 Nr. 1** ist nur eine Klarstellung, weil eine Änderung der Rechtsausführungen oder die bloße Ergänzung des Tatsachenvortrags zum Klagegrund unstreitig keine Änderung des Streitgegenstandes ist.

---

398 Vgl. dazu OLG Hamm OLGZ 1987, 337; LG Gießen MDR 1996, 527; BL/Becker § 2 Rn. 7; Schellhammer, Rn. 142.
399 BGH NJW 2019, 3381; BGH NJW-RR 2018, 747; BAG NZA 2016, 1229; Zöller/Greger § 263 Rn. 7; ThP/Seiler § 263 Rn. 2, 3.
400 BGH NJW 2018, 387; BGH NJW 2017, 61; BGH NJW 2012, 1875; vgl. dazu oben Rn. 108.
401 BGH, Beschl. v. 21.01.2010 – IX ZB 281/08, BeckRS 2010, 2859; BGH RÜ 2007, 397 – s. Rn. 112.
402 ThP/Seiler § 263 Rn. 4.
403 Zöller/Greger § 263 Rn. 12; BL/Hartmann § 263 Rn. 18; ThP/Seiler § 263 Rn. 15.

- **§ 264 Nr. 2 und 3** betreffen dagegen Antragsänderungen und damit Streitgegenstandsänderungen, die an sich unter § 263 fallen würden. Insoweit wird jedoch über eine Art Fiktion die Zulässigkeitsvoraussetzung des § 263 ausgeschaltet. In Wirklichkeit handelt es sich hier daher um **kraft Gesetzes zulässige Klageänderungen**.[404]

Aus diesem Zusammenspiel zwischen § 263 und § 264 ergibt sich folgende grundsätzliche Prüfungsreihenfolge: Zunächst ist zu klären, ob überhaupt eine Streitgegenstandsänderung vorliegt, sodann, ob sie gemäß § 264 Nr. 2 oder 3 zulässig ist. Erst wenn kein Fall des § 264 Nr. 2 oder 3 vorliegt, kommt es nach § 263 auf die Einwilligung des Beklagten oder (letztlich) die Sachdienlichkeit an.

Beispiel 1: B hatte von dem inzwischen verstorbenen E eine Schreibmaschine geliehen. A klagt gegen B auf Herausgabe der Schreibmaschine mit der Begründung, diese noch zu Lebzeiten des E durch Abtretung des Herausgabeanspruchs (§ 931 BGB) erworben zu haben. B bestreitet. A trägt nunmehr vor, auf die Wirksamkeit der seinerzeitigen Übereignung komme es ohnedies nicht an, da er außerdem auch Alleinerbe des verstorbenen E sei. B hält das für eine Klageänderung, der er widerspricht.

Nach dem herrschenden zweigliedrigen Streitgegenstandsbegriff ist eine Änderung des Streitgegenstandes und damit eine Klageänderung anzunehmen, da A nunmehr zur Begründung seines Eigentumsherausgabeanspruchs (§ 985 BGB) einen anderen Lebenssachverhalt als ursprünglich vorträgt.[405] Es liegt auch kein Fall einer zulässigen Klageänderung nach § 264 Nr. 2 oder 3 vor, sodass es – da B nicht eingewilligt hat – auf die Sachdienlichkeit ankommt.

Als **sachdienlich** ist eine Klageänderung immer dann zuzulassen, wenn sie die endgültige Beilegung des Streites fördert und einen neuen Prozess vermeidet – **Prozessökonomie!** – und wenn der Streitstoff nicht völlig verändert und die Verteidigung des Beklagten nicht unzumutbar erschwert werden.[406] Hier ist eine solche Sachdienlichkeit anzunehmen.

Beispiel 2: A klagt gegen seinen Mieter B zunächst die Mai-Miete ein und erhöht die Klage dann um die Juni-Miete: Nach § 264 Nr. 2 zulässige Antrags- und Klageänderung.

Beispiel 3: A klagt gegen B auf Rückgabe seines Wagens. Während des Prozesses stellt sich heraus, dass der Wagen bei einem Unfall zerstört worden ist. A klagt nunmehr auf Zahlung von 6.000 € als Schadensersatz: Antrags- und Sachverhaltsänderung, somit Klageänderung: Zulässig nach § 264 Nr. 3.

II. Die Entscheidung des Gerichts bei einer Klageänderung

189   Für die Entscheidung des Gerichts sind **drei Fragen auseinanderzuhalten**:

- die Zulässigkeit der Klageänderung,

- die Entscheidung über den neuen Antrag,

- Entscheidung auch noch über den ursprünglichen Antrag?

190   **1.** Die **Zulässigkeit der Klageänderung** bestimmt sich nach §§ 263 ff.

Ist umstritten oder problematisch, ob überhaupt eine Klageänderung vorliegt, kann das Gericht diese Frage offenlassen, falls es für den Fall einer Klageänderung die Sachdienlichkeit bejaht.[407]

Beispiel: A klagt gegen B auf Zahlung von 3.000 € als Restkaufpreis. Später trägt er vor, dass er von B einen Wechsel über den Betrag erhalten habe und stützt die Klage auf den Wechsel. Nach dem eingliedrigen Streitgegenstandsbegriff keine Klageänderung, wohl aber nach dem zweigliedrigen, da die Wechselannahme ein anderer Lebenssachverhalt ist als der Abschluss des Kaufvertrages.[408] Das Ge-

---

404 Vgl. dazu BAG NJW 2019, 3101; MK/Becker-Eberhard § 264 Rn. 4; RS/Gottwald § 100 Rn. 11 ff.; Jauernig/Hess § 41 Rn. 6.

405 MK/Becker-Eberhard § 263 Rn. 16; a.A. StJ/Roth § 263 Rn. 10.

406 BGH WM 2020, 841; BGH, Urt. v. 24.01.2014 – V ZR 36/13, BeckRS 2014, 5442; Zöller/Greger § 263 Rn. 12 ff.

407 BGH NJW 1994, 2895, 2896; ThP/Seiler § 263 Rn. 15.

408 BGH NJW-RR 1987, 58; Zöller/Greger § 263 Rn. 7.

richt braucht jedoch diesen Theorienstreit nicht zu entscheiden, sondern kann die Frage einer Klageänderung offenlassen, da die Stützung auf das Wechselakzept jedenfalls als sachdienlich zuzulassen ist.

Über die Zulässigkeit der Klageänderung wird i.d.R. erst in den Gründen des Endurteils entschieden.

Eine Zulassung der Klageänderung kann vom Beklagten nicht angefochten werden (§ 268), wohl aber eine Nichtzulassung durch den Kläger (mit dem Endurteil, § 512).

2. Für die **Entscheidung über den neuen Antrag** gilt Folgendes: 191

- Ist die Klageänderung **unzulässig**, ist die neue Klage – weil eine Sachurteilsvoraussetzung fehlt – **durch Prozessurteil abzuweisen**.

- Ist die Klageänderung **zulässig**, ist über die neue Klage nach den allgemeinen Grundsätzen zu entscheiden (Zulässigkeit im Übrigen, Begründetheit).

3. Eine **Entscheidung über den ursprünglichen Antrag** ist nur erforderlich und möglich, wenn dieser Antrag **noch rechtshängig ist**.   192

a) War die Klageänderung **unzulässig**, dann ist die Rechtshängigkeit der ursprünglichen Klage jedenfalls nicht durch die Klageänderung beseitigt worden (keine Verdrängung der bisherigen Klage durch die unzulässige neue Klage!).

- Hat der Kläger den ursprünglichen Klageantrag noch hilfsweise – nämlich für den Fall, dass die Klageänderung nicht zulässig ist (s.u. Rn. 196 ff.) – aufrechterhalten, so ist über diesen Antrag nach den allgemeinen Grundsätzen zu entscheiden.

- Stellt der Kläger den bisherigen Antrag nicht mehr, kann dies insoweit als Klagerücknahme (§ 269), Klageverzicht (§ 306), Erledigungserklärung (§ 91 a) oder Säumnis (§ 333) zu werten sein, was das Gericht aufzuklären hat (§ 139 Abs. 2): Entsprechende Entscheidung hinsichtlich dieses Antrages.[409]

  Bei einer unzulässigen Klageänderung kann sich also der Kläger nicht dem Prozessverhältnis bezüglich der ursprünglichen Klage entziehen.

b) Bei **zulässiger Klageänderung** ist zum Teil umstritten, ob und inwieweit der ursprüngliche Antrag noch rechtshängig geblieben ist.

Fall 17: Klageänderung mit Rücknahmecharakter?

K klagt gegen B auf Zahlung von 500 € Kaufpreis für ein Fernsehgerät. Als sich im Laufe des Prozesses herausstellt, dass B bereits vor Klageerhebung vom Kaufvertrag zurückgetreten war, stellt K seinen Klageantrag um auf Herausgabe des Fernsehgerätes. B widerspricht dieser „Klageänderung" und der darin liegenden Klagerücknahme.

---

1. Der **neue Antrag ist gemäß § 264 Nr. 3 zulässig**: K verlangt anstelle des zunächst geforderten Gegenstandes (Kaufpreis) einen anderen (Fernsehgerät), und zwar „wegen einer später eingetretenen Veränderung". Denn darunter fallen nicht nur Veränderungen nach Klageerhebung, sondern auch solche, die schon vorher eingetreten, dem Kläger aber erst nach Klageerhebung bekannt geworden sind.[410]

---

409 StJ/Roth § 263 Rn. 38; Zöller/Greger § 263 Rn. 17; MK/Becker-Eberhard § 263 Rn. 55; ThP/Seiler § 263 Rn. 17.

410 Auch dann, wenn frühere Unkenntnis auf Fahrlässigkeit beruht, ThP/Seiler § 264 Rn. 7; Zöller/Greger § 264 Rn. 5.

2. Der **neue Antrag** ist aus § 346 BGB begründet.

3. Hinsichtlich des **ursprünglichen Antrags** (Kaufpreis) gilt:

   a) Über den alten Antrag ist nach ganz h.M. grds. nicht mehr zu entscheiden: **Die neue Klage tritt bei Zulässigkeit der Klageänderung an die Stelle der ursprünglichen Klage, ersetzt sie und beseitigt ihre Rechtshängigkeit.**[411]

   b) Sehr umstritten ist das Vorgehen, wenn in der Klageänderung zugleich eine Einschränkung/Ermäßigung des ursprünglichen Antrags liegt, z.B. Fall des § 264 Nr. 2.

      aa) Nach h.M. wird der **bisherige weitergehende** Antrag **nicht** durch den neuen ermäßigten Antrag **ersetzt**, sodass **über den ursprünglichen Antrag noch entschieden werden muss** (falls nicht insoweit eine Klagerücknahme/-verzicht oder eine Erledigungserklärung des Klägers anzunehmen ist).[412]

      Also z.B. bei Ermäßigung des Antrags von 1.000 € auf 800 €: Klagerücknahme zu 200 €, insoweit daher ggf. Zustimmung des Beklagten erforderlich (§ 269).

      bb) Nach der Gegenmeinung ist auch in diesem Fall nur über den neuen Antrag zu entscheiden (Vorrang des § 264 Nr. 2).[413]

Hier: Da in dem neuen Antrag auf Herausgabe keine (teilweise) Ermäßigung des ursprünglichen Zahlungsantrages zu sehen ist, bleibt es bei dem Grundsatz, dass der ursprüngliche Antrag durch den neuen Antrag ersetzt ist; einer Zustimmung des B und einer Entscheidung über den ursprünglichen Klageantrag bedarf es daher nicht.

D. Die objektive Klagehäufung (§ 260)

193 **I. Grundsätzliche Zulässigkeit:** Nach § 260 ist die Verbindung mehrerer Klagebegehren des Klägers gegen denselben Beklagten in einem Prozess gestattet, wenn für sämtliche Ansprüche das Gericht zuständig und dieselbe Prozessart zulässig ist.

Eine solche Klagehäufung liegt immer dann vor, wenn in einem Prozess **mehrere Streitgegenstände rechtshängig** sind. Sie kann dadurch entstehen, dass

- **sogleich mit der Klage** mehrere Streitgegenstände anhängig gemacht werden.

- **nachträglich** in einem bereits anhängigen Prozess ein weiterer Streitgegenstand anhängig gemacht wird (§ 261 Abs. 2).

  Die nachträgliche Klagehäufung ist nach h.M. zugleich eine Klageänderung oder jedenfalls zum Schutz des Beklagten **wie eine Klageänderung** zu behandeln.[414]

- das Gericht mehrere bislang selbstständige Prozesse zum Zwecke der gleichzeitigen Verhandlung und Entscheidung miteinander verbindet (§ 147).

---

411 BGH NJW 1990, 2682; 1992, 2235; MV/Foerste § 263 Rn. 11; Zöller/Greger § 263 Rn. 16; MK/Becker-Eberhard § 263 Rn. 47, 48; ThP/Seiler § 263 Rn. 16; a.A. StJ/Roth § 263 Rn. 31; Jauernig/Hess § 41 Rn. 19.

412 BGH NJW 1990, 2682; StJ/Roth § 264 Rn. 16, 17; Zöller/Greger § 263 Rn. 18 und § 264 Rn. 4 a; ThP/Seiler § 264 Rn. 6.

413 Schellhammer, Rn. 1667; MV/Foerste § 264 Rn. 6; Musielak/Voit, Rn. 385; offengelassen vom BAG ZA 2019, 1308.

414 BGH NJW 2019, 2308; BGH WuM 2016, 98; BAG NZA 2019, 1725; MK/Becker-Eberhard § 263 Rn. 21; StJ/Roth § 260 Rn. 3.

Wichtig: Eine Klagehäufung liegt immer nur dann vor, wenn auch wirklich mehrere Streitgegenstände – Klageanträge und/oder -gründe (Lebenssachverhalte) – zur Entscheidung gestellt werden, nicht aber bei unterschiedlichen tatsächlichen oder rechtlichen Begründungen eines einzigen Streitgegenstandes.[415]

II. Die Arten der Klagehäufung

1. Die kumulative Klagehäufung

Mehrere prozessuale Ansprüche / Streitgegenstände werden **selbstständig nebeneinander** geltend gemacht.

194

Dazu gehört einmal der Fall, in dem dies schon äußerlich durch die Verschiedenheit der Anträge zum Ausdruck kommt (z.B. 1. 500 € Restmiete, 2. Herausgabe/Räumung der Mietwohnung, 3. Feststellung der Beendigung des Mietverhältnisses), zum anderen aber auch der Fall, dass in einem äußerlich einheitlichen Antrag mehrere prozessuale Ansprüche zusammengefasst sind (z.B. 3.000 €, und zwar 1.000 € Sachschaden und 2.000 € Personenschaden wegen des Unfalls vom ...).

Diese kumulative Klagehäufung ist – nach Maßgabe des § 260 – **stets zulässig**. Im Hinblick auf das Bestimmtheitserfordernis muss aber angegeben werden, aus welchen Einzelforderungen (z.B. genaue Geldbeträge) sich die „Gesamtklage" zusammensetzt. Es handelt sich dabei an sich um mehrere Prozesse, die nur aus Zweckmäßigkeitsgründen zu einem einheitlichen Verfahren verbunden worden sind. Jeder Anspruch ist daher hinsichtlich Zulässigkeit und Begründetheit gesondert zu prüfen. Die Entscheidung kann unterschiedlich ausfallen. Ist ein Anspruch entscheidungsreif, ist insoweit grds. nach Maßgabe des § 301 ein Teilurteil zu erlassen (vgl. insbesondere auch § 301 Abs. 1 S. 2).

Hinsichtlich der sachlichen Zuständigkeit jedoch: Zusammenrechnung der Anträge (§ 5).

Nach Zweckmäßigkeit kann das Gericht die Trennung anordnen (§§ 145, 150), sodass dann in – auch äußerlich – selbstständigen Prozessen verhandelt und entschieden wird.

2. Die alternative Klagehäufung

In diesem Fall werden zwei Anträge gestellt und dem Gericht die Wahl überlassen, über welchen es entscheidet, z.B. Verurteilung zur Kaufpreiszahlung oder zur Rückgabe der Kaufsache. Eine solche alternative Klagehäufung ist **unzulässig**, weil der Kläger durch einen bestimmten Antrag (§ 253 Abs. 2 Nr. 2) den Streitgegenstand festlegen muss und dessen Auswahl nicht dem Gericht überlassen kann.[416] Gleiches gilt nach ganz h.M., wenn der Kläger zwar einen Klageantrag stellt, diesen aber auf mehrere verschiedene Klagegründe (Lebenssachverhalte) stützt. Die Klagegründe dürfen also ebenfalls nicht alternativ vorgetragen werden, sondern müssen in einem Eventualverhältnis stehen.[417]

195

In diesen Fällen wird allerdings die richterliche Aufklärung (§ 139) regelmäßig ergeben, dass der Kläger eines seiner Begehren in erster Linie verfolgen will und das andere nur für den Fall, dass das Hauptbegehren nicht durchgreifen sollte – z.B. in erster Linie die Kaufpreiszahlung, nur wenn dies erfolglos ist: Rückgabe der Kaufsache – Dann handelt es sich in Wirklichkeit um einen Haupt- und einen Hilfsantrag.

---

415 BGH NJW 2017, 61; BGH NJW 2000, 1259, 1260; ThP/Seiler § 260 Rn. 5.

416 BGH NJW 2018, 1259; BGH GRURPrax 2014, 117 m. Anm. Elzer; BGH MDR 2013, 417; BGH NJW-RR 1990, 122; ThP/Seiler § 260 Rn. 7; Musielak/Voit, Rn. 379; MV/Foerste § 260 Rn. 7.

417 BGH RÜ 2019, 287; BGH GRUR 2011, 521; BAG NZA 2020, 248; ThP/Seiler § 260 Rn. 3; MV/Foerste § 260 Rn. 7; a.A. Saenger MDR 1994, 860, 863 u. früher für wettbewerbliche Unterlassungsklagen BGH GRUR 2009, 766 ausgehend von der aufgegebenen engen Streitgegenstandsbestimmung; ausführl. dazu Kodde GRUR 2015, 38 u. Stieper GRUR 2012, 5.

Auch die unbestimmte Teilklage (s. Fall 12 Rn. 177) enthält praktisch eine alternative Antragstellung: Auch deshalb muss die Klagepartei im Hinblick auf das Bestimmtheitserfordernis des § 252 Abs. 2 Nr. 2 genau angeben, wie sie die geltend gemachte Gesamtsumme ziffernmäßig auf die verschiedenen Ansprüche verteilt wissen will (kumulativ) und gegebenenfalls auch das Eventualverhältnis bestimmen.

Alternativanträge sind ausnahmsweise dann **zulässig**, wenn sie nach materiellem Recht notwendig oder gestattet sind, wie bei der **Wahlschuld** (§§ 262 ff., insbesondere § 264 Abs. 1 BGB).

3. Die eventuelle Klagehäufung (Hilfsantrag)

196 **a) Echtes Eventualverhältnis:** Der Kläger stellt mehrere Anträge im Verhältnis von Haupt- und Hilfsantrag, d.h., er begehrt eine Entscheidung **über den Hilfsantrag nur für den Fall, dass dem Hauptantrag nicht entsprochen wird.**

Beispiele: A, der dem B einen gebrauchten Wagen verkauft hat, klagt gegen B auf Zahlung von 12.000 € Kaufpreis, hilfsweise – nämlich für den Fall, dass der Kaufpreisanspruch, etwa wegen Unwirksamkeit des Kaufvertrages, nicht bestehen sollte – auf Rückübereignung des bereits gelieferten Wagens. Oder (verdeckt): A verlangt von B 1.000 € aus einem im Jahre 2016 gegebenen Darlehen, hilfsweise aus einem anderen Darlehen aus dem Jahr 2017.

aa) Auch eine solche – **in der Praxis außerordentlich bedeutsame** – eventuelle Klagehäufung ist grds. **durch § 260 gestattet.** Dabei handelt es sich nicht um eine unzulässige bedingte Klageerhebung. Denn der Hauptantrag ist ja ohnehin unbedingt erhoben – was eine unbedingte Klageerhebung begründet –, während der zusätzliche (Hilfs-)Antrag von einer zulässigen innerprozessualen Rechtsbedingung abhängig ist, nämlich dem Unterliegen mit dem Hauptantrag.[418]

Vgl. auch § 45 Abs. 1 S. 2 GKG: Zusammenrechnung der Streitwerte nur dann, wenn auch über den Hilfsantrag eine Entscheidung ergeht.

Nach h.M ist ein Hilfsantrag nur bei rechtlichem oder wirtschaftlichem Zusammenhang mit dem Hauptantrag zulässig (Vermeidung unzumutbarer Belastung des Beklagten – dagegen Prozessökonomie).[419]

bb) Das Gericht ist an die vom Kläger angegebene Reihenfolge gebunden (Dispositionsmaxime!). Über den Hilfsantrag, der sofort rechtshängig wird, darf daher erst und nur dann entschieden werden, wenn dem Hauptantrag nicht entsprochen wird: **Zwingender prozessualer Vorrang der Entscheidung über den Hauptantrag.**[420]

■ Wird dem Hauptantrag entsprochen, fällt die Rechtshängigkeit des Hilfsantrages mit Rückwirkung weg; über den Hilfsantrag wird dann nicht mehr entschieden.[421]

Die Rechtshängigkeit des Hilfsantrags ist also im Ergebnis **auflösend bedingt** durch die Abweisung des Hauptantrags.[422]

■ Ist der Hauptantrag abzuweisen – oder bereits durch Teilurteil abgewiesen[423] –, so muss nunmehr über den Hilfsantrag entschieden werden.

Ob der Hilfsantrag auch dann zur Entscheidung gestellt ist, wenn der Hauptantrag als unzulässig oder nur zum Teil abgewiesen wird, ist durch Auslegung (Frage des Gerichts) zu ermitteln.[424]

---

418 BGH NJW-RR 2020, 176; BGH RÜ 2014, 705; OLG Stuttgart NZKart 2020, 258; BAG NZA 2018, 646; ThP/Seiler § 260 Rn. 8.

419 MK/Becker-Eberhard § 260 Rn. 12; MV/Foerste § 260, Rn. 8; a.A. Zöller/Greger § 260 Rn. 4 m.w.N.

420 BGH NJW-RR 2020, 176; BGH NJW 2007, 909; BAG ZTR 2020, 284; BAG NZA 2018, 656; ThP/Seiler § 260 Rn. 17.

421 BGH NJW-RR 2017, 1197; BGH NJW-RR 2014, 979; BAG ZTR 2020, 284; BAG NJW 2016, 2054; Zöller/Greger § 260 Rn. 6 b.

422 BAG NZA 2018, 646; BAG NJW 2016, 2054; RS/Gottwald § 98 Rn. 20; MV/Foerste § 260 Rn. 4.

423 BGH NJW 1995, 2361; Zöller/Feskorn § 301 Rn. 18 m.w.N.

424 BAG DB 2008, 2839; Zöller/Greger § 260 Rn. 4 a; MV/Foerste § 260 Rn. 4.

b) Zulässig ist auch der sog. **„unechte Hilfsantrag"**, bei dem der weitere Antrag nur für   **197**
den Fall gestellt ist, dass der Hauptantrag **begründet** ist.[425]

Beispiel 1: Klage auf Abschluss eines Kaufvertrages (unbedingte Klageerhebung) und nur für den Fall, dass dieser Antrag auch erfolgreich ist (innerprozessuale Bedingung), ein weiterer Antrag auf Zahlung des Kaufpreises.

Beispiel 2: Klage beim Arbeitsgericht auf Feststellung der Unwirksamkeit einer bestimmten Kündigung (unbedingte Klageerhebung) und für den Fall des Obsiegens mit dem Feststellungsantrag (innerprozessuale Bedingung) ein Weiterbeschäftigungsantrag. – Diese Fallgestaltungen kommen in der arbeitsgerichtlichen Praxis sehr häufig vor, weil sich der unechte Hilfsantrag nach heute h.M. nur dann streitwerterhöhend auswirkt, wenn über ihn entschieden wird, was wegen der Kostensonderregelung des § 12 a ArbGG (Keine Erstattung der Anwaltskosten in der 1. Instanz auch beim Obsiegen) wichtig ist.[426]

Kein Hilfsklageantrag liegt dagegen vor, wenn der Kläger – z.B. aus § 985 BGB – die Verurteilung des Beklagten zur Herausgabe einer Sache und hilfsweise, für den Fall der Nichtherausgabe binnen einer vom Gericht festzusetzenden Frist, zur Zahlung ihres Wertes als Schadensersatz beantragt. In diesem Fall erstrebt der Kläger die **Verurteilung des Beklagten nach beiden Anträgen** – daher kein echtes Eventualverhältnis –, will aber im Ergebnis nur einen Antrag durchsetzen (vollstrecken). Das Eventualverhältnis besteht daher nicht schon für die Klage, sondern erst für die Vollstreckung. Ein solcher „Hilfsantrag" auf künftigen Schadensersatz ist nur nach Maßgabe der §§ 259, 260 zulässig;[427] seine Begründetheit kann sich aus §§ 989, 990 BGB i.V.m. §§ 281 Abs. 1, 280 Abs. 1 BGB, § 255 ZPO ergeben.[428]

E. Veräußerung des streitbefangenen Gegenstandes (§ 265)

I. Die Rechtshängigkeit schließt das Recht der Parteien, die streitbefangene Sache zu   **198**
veräußern oder eine Forderung abzutreten, nicht aus (§ 265 Abs. 1). Eine solche Veräußerung oder Abtretung hat grds. keinen Einfluss auf den Prozess (§ 265 Abs. 2 S. 1), sodass er grds. **zwischen den bisherigen Parteien weitergeführt** wird. Die Partei, die veräußert oder abgetreten hat, hat hierdurch allerdings ihre Sachlegitimation verloren. Sie wird daher in der Fortführung des Prozesses in **gesetzlicher Prozessstandschaft** für den neuen Sachberechtigten oder -verpflichteten tätig.[429]

Zweck des § 265 ist es zu verhindern, dass eine Partei sich der Rechtskraftwirkung entzieht, indem sie den Streitgegenstand nach Rechtshängigkeit veräußert. Gleichzeitig soll der Prozessgegner vor der Gefahr eines neuen Prozesses und der Aufdrängung einer anderen Partei geschützt werden. Der Rechtsnachfolger kann daher den Prozess nur mit Zustimmung des Gegners übernehmen (§ 265 Abs. 2 S. 2). Solange die Klage des Veräußerers rechtshängig ist, ist eine neue Klage des Rechtsnachfolgers wegen anderweitiger Rechtshängigkeit unzulässig.[430]

II. Voraussetzungen dieser Fortführung des Prozesses in Prozessstandschaft:

1. Die Veräußerung oder Abtretung muss sich auf die **streitbefangene** Sache oder Forderung beziehen. Streitbefangenheit i.S. dieser Bestimmung liegt vor, wenn auf der rechtlichen Beziehung zu der Sache oder der Forderung die Sachlegitimation des Klägers oder des Beklagten beruht.[431]

425 Vgl. BGH JW 2001, 1285; BAG NZA 2020, 582; BAG NZA 2018, 728; KG NJW-RR 2018, 63; Ulrici NJ 2018, 309.
426 BAG NZA 2014, 135 u. NZA 2016, 926; Streitwertkatalog für die Arbeitsgerichtsbarkeit Nr. 18 – dazu Richter ArbR 2018, 176; LAG Niedersachsen ArbR 2020, 128; a.A. KG NJW-RR 2018, 63; Zöller/Herget § 3 Rn. 16 „Eventual- und Hauptantrag".
427 BGH NJW 1999, 954; OLG Karlsruhe NJW-RR 1998, 1761; ThP/Reichold § 260 Rn. 8; § 255 Rn. 5.
428 Vgl. dazu BGH JR 2017, 426 m. Anm. Baldus/Raff; s. Gsell JZ 2004, 110. – Einzelheiten umstritten.
429 BGH RÜ2 2019, 51; BGH MDR 2019, 1395; MK/Becker-Eberhard § 265 Rn. 69; Schmitt JuS 2019, 1166 ff.
430 Vgl. BGH RÜ 2018, 295; BGH GRURPrax 2013, 247; ThP/Seiler § 265 Rn. 12 m.w.N.
431 BGH NJW-RR 2018, 719; Zöller/Greger § 265 Rn. 3 ff.; ThP/Seiler § 265 Rn. 3, 4; MV/Foerste § 265 Rn. 3.

Streitbefangen i.S.d. § 265 ist die **Sache**, auf die sich der Rechtsstreit bezieht, als solche dann, wenn das Eigentum oder ein sonstiges **dingliches** Recht an ihr geltend gemacht oder wenn sie aufgrund eines **dinglichen** Anspruchs herausverlangt wird. Bloße **obligatorische** Herausgabe-(Verschaffungs-)ansprüche, wie z.B. aus §§ 433, 812 BGB, machen die Sache nicht streitbefangen. Streitbefangen ist dann dieser schuldrechtliche **Anspruch**.

Beispiele: Wenn A aus § 433 BGB gegen B auf Übereignung eines gekauften Bildes klagt und B während des Prozesses das – nicht streitbefangene – Bild an C übereignet, hat dies nur Einfluss auf den materiell-rechtlichen Anspruch des A, der sich in einen Schadensersatzanspruch umwandelt, den A gemäß § 264 Nr. 3 verfolgen kann. § 265 greift dagegen nicht ein, C wird daher von dem Prozess nicht berührt.

Wenn A dagegen den – streitbefangenen – Anspruch aus § 433 BGB an D abtritt, greift § 265 ein, d.h. A führt den Prozess für den nunmehrigen Forderungsinhaber D in Prozessstandschaft weiter.

2. Eintritt der **Rechtsnachfolge nach Rechtshängigkeit**.

Für die Beurteilung der Frage, zu welchem Zeitpunkt die Rechtsnachfolge i.S.d. § 265 eingetreten ist, ist das materielle Recht entscheidend. Es kommt auf den für den Rechtserwerb notwendigen letzten Teilakt (z.B. Grundbucheintragung) an. Bei Rechtsnachfolge vor Rechtshängigkeit, also vor der Zustellung der Klage, hat dem Kläger bzw. dem Beklagten dagegen von Anfang an die Sachlegitimation gefehlt. Die Klage ist von vornherein unbegründet gewesen und daher abzuweisen.[432] Etwas anderes gilt nur dann, wenn die Voraussetzungen der gewillkürten Prozessstandschaft vorliegen, die grds. auch durch eine Ermächtigung des wahren Rechtsinhabers erst nach Rechtshängigkeit der Klage herbeigeführt werden können.[433]

III. Das Urteil wirkt grds. für und gegen den Rechtsnachfolger (§ 325), sodass daher eine entsprechende **Titelumschreibung** möglich ist (§§ 727, 731). **Ausnahme**: Wirksamer Erwerb vom Nichtberechtigten nach Rechtshängigkeit bei **doppelter Gutgläubigkeit** (§ 325 Abs. 2), also auch bzgl. der Rechtshängigkeit (dazu u. Rn. 351, 364).

§ 325 Abs. 2 schützt den Rechtsnachfolger vor den ungünstigen Folgen, die sich aus § 325 Abs. 1 wegen des Prozessverlustes seines Rechtsvorgängers für ihn ergeben würden. Daraus folgt, dass der Vorschrift keine Bedeutung zukommen kann, wenn der Rechtsvorgänger den Prozess gewonnen hat. Dass sich dann der Rechtsnachfolger auf die ihm günstige Entscheidung berufen kann, folgt aus § 325 Abs. 1.

Wenn das Urteil infolge des Gutglaubensschutzes nicht gegen den Rechtsnachfolger des Klägers wirken würde, kann der Beklagte dem Kläger die Veräußerung mit der Folge der Klageabweisung entgegenhalten (§ 265 Abs. 3); er muss vor der Fortführung des Prozesses durch den Kläger geschützt werden, da er der Inanspruchnahme durch den neuen Berechtigten ausgesetzt bliebe.

IV. Trotz Fortführung des Prozesses zwischen den bisherigen Parteien ist der **Klageantrag** der neuen materiellen Rechtslage **anzupassen**, z.B. auf Leistung an den Rechtsnachfolger des Klägers, die nach h.M. grds. nur noch verlangt werden kann.[434] Bei dieser Anpassung des Klageantrags wegen der eingetretenen Änderung der materiellen Rechtslage handelt es sich nicht um eine nur nach Maßgabe des § 263 zulässige Klageänderung, sondern um eine bloße – jederzeit und unbeschränkt zulässige – Modifizierung des Klageantrages nach § 264, wobei streitig ist, ob Nr. 2 oder Nr. 3 eingreift.[435]

§ 265 will also den Gegner des Veräußerers vor prozessualen Nachteilen der Veräußerung schützen, nicht aber zu einem sachlich unrichtigen Urteil führen. Auf die notwendige Änderung des Klageantrags ist der Veräußerer gemäß § 139 ZPO hinzuweisen. Stellt er den Antrag nicht um, ist die Klage mangels Aktivlegitimation als unbegründet abzuweisen.[436]

---

432 BGH NJW 1998, 156; Zöller/Greger § 265 Rn. 5 a.; Schellhammer, Rn. 1215.

433 Vgl. BAG NJW 2008, 2204; ThP/Seiler § 265 Rn. 11; MV/Weth § 51 Rn. 27 m.w.N.

434 Vgl. BGH RÜ2 2019, 51; BGH NJW 2004, 2152 mit Meinungsübersicht; ThP/Seiler § 265 Rn. 13.

435 Vgl. BGH NJW 2004, 2152 mit Meinungsübersicht; Zöller/Greger § 264 Rn. 3 b für. Nr. 3.

436 Vgl. BGH ZIP 1986, 583; ThP/Seiler § 265 Rn. 13; Zöller/Greger § 265 Rn. 6 a.

Die Klage

I. Klagearten

1. **Leistungsklage** (Verurteilungsklage): Der Kläger erstrebt die Durchsetzung eines Anspruchs und daher einen Vollstreckungstitel gegen den Beklagten.

2. **Feststellungsklage**: gerichtet auf Feststellung des Bestehens (positive) oder Nichtbestehens (negative) eines gegenwärtigen Rechtsverhältnisses (Klärung der Rechtslage).

3. **Gestaltungsklage**: gerichtet auf Umgestaltung der Rechtslage durch richterliches Urteil (nur in den gesetzlich bestimmten Fällen).

II. Klageänderung: Änderung des Streitgegenstandes **nach Rechtshängigkeit**.

1. Grds. nur zulässig (§ 263, als Sachurteilsvoraussetzung für den neuen geänderten Antrag) bei

   ■ **Einwilligung des Beklagten** (auch vermuteter, bei rügeloser Einlassung, § 267) oder

   ■ Anerkennung als **sachdienlich** durch das Gericht (Prozessökonomie).

   § 264 Nr. 2 und 3 enthalten Fälle von kraft Gesetzes zulässigen Klageänderungen!

2. **Entscheidung über den neuen Antrag:** Bei zulässiger Klageänderung nach allgemeinen Regeln (Zulässigkeit, Begründetheit), bei unzulässiger Klageänderung Abweisung als unzulässig (Prozessurteil).

3. **Entscheidung über den ursprünglichen Antrag:**

   ■ **Bei zulässiger Klageänderung** grds. nicht mehr: Die neue Klage tritt an die Stelle der bisherigen, deren Rechtshängigkeit endet (nicht bei Klageänderung mit Rücknahmecharakter hinsichtlich des ermäßigten Antragsteils, h.M.);

   ■ **bei unzulässiger Klageänderung** Entscheidung notwendig (dann keine Verdrängung durch den neuen Antrag), anders bei Rücknahme, Verzicht oder Erledigungserklärung des bisherigen Antrags.

III. Objektive Klagehäufung (§ 260 = Verbindung mehrerer Streitgegenstände in einem einzigen Prozess):

1. **kumulativ:** selbstständige Geltendmachung nebeneinander; stets zulässig.

2. **alternativ:** grds. unzulässig (anders, wenn alternativer Anspruch nach materiellem Recht: Wahlschuld).

3. **eventuell** (hilfsweise): zulässig bei rechtlichem oder wirtschaftlichem Zusammenhang (h.M.).

   Der echte Hilfsantrag ist nur für den Fall gestellt, dass dem Hauptantrag nicht entsprochen wird; bei Erfolg des Hauptantrages fällt die (auflösend bedingte) Rechtshängigkeit des Hilfsantrages rückwirkend weg.

   Das Gericht ist an die Eventualstellung gebunden.

IV. Veräußerung des durch die Klage streitbefangenen Anspruchs oder Rechts:

1. **Streitbefangen:** Die Sachlegitimation der Partei beruht auf der rechtlichen Beziehung zu dem Anspruch oder der Sache.

2. Veräußerung grds. ohne Einfluss auf den Prozess, der mit den bisherigen Parteien fortgesetzt wird (§ 265 Abs. 1, 2); Einwand der Veräußerung gegen den Kläger, falls das Urteil nicht gegen dessen Rechtsnachfolger wirkt (§§ 265 Abs. 3, 325).

3. Klageantrag: Umstellung auf Leistung an Rechtsnachfolger (Relevanztheorie).

7. Abschnitt: Die Einlassung – Verteidigung – des Beklagten

A. Allgemeiner Überblick über die Reaktionsmöglichkeiten

200　**I.** Da im Zivilprozess weder Erscheinens- noch Verhandlungszwang bestehen, kann der Beklagte die Klageschrift und Terminsladung **ignorieren**. Bei einer schlüssigen Klage riskiert er dann allerdings ein **Versäumnisurteil** (§ 331).

Ein solches Untätigbleiben kann durchaus zweckmäßig sein, nämlich dann, wenn der Beklagte nichts Erhebliches vorbringen kann, da bei einem Versäumnisurteil für ihn geringere Kosten entstehen.

II. Der Beklagte kann den Klageanspruch **anerkennen** (**Anerkenntnisurteil**, § 307).

Auch durch ein Anerkenntnis wird die Kostenlast geringer. Ein sofortiges Anerkenntnis erspart dem Beklagten, der keine Veranlassung zur Klageerhebung gegeben hat – z.B. der Kläger hat vor Fälligkeit geklagt –, überhaupt die Belastung mit den Prozesskosten (§ 93).

III. Der Beklagte kann sich auch lediglich **gegen die Zulässigkeit der Klage wenden**. Er erstrebt damit die Klageabweisung durch **Prozessurteil**.

Vorbringen, das sich gegen das Vorliegen der von Amts wegen zu prüfenden Sachurteilsvoraussetzungen richtet (z.B. Rüge der Unzuständigkeit, Behauptung anderweitiger Rechtshängigkeit), und Geltendmachung echter prozesshindernder Einreden (s.o. Rn. 113 ff.).

IV. Meist wird der Beklagte jedoch die **Klageabweisung durch Sachurteil** erstreben und daher zur Sache selbst Stellung nehmen. Dies ist unterschiedlich möglich:

- Der Beklagte kann – ohne das tatsächliche Vorbringen des Klägers anzugreifen – **Rechtsausführungen** gegen die Schlüssigkeit der Klage vortragen.

- Er kann vom Kläger vorgetragene **anspruchsbegründende Tatsachen bestreiten**, sei es, dass er sie schlicht verneint (einfaches Bestreiten), sei es, dass er eine abweichende Sachdarstellung gibt (substantiiertes Bestreiten), vgl. aber § 138.

- Er kann die Sachdarstellung des Klägers unbestritten lassen, aber seinerseits neue Tatsachen vorbringen, die gegenüber der vom Kläger behaupteten Anspruchsgrundlage eine Gegennorm ergeben und damit den Anspruch des Klägers wieder ausräumen (sog. **Einreden** im prozessualen Sinne).

- Verteidigungsmittel sind auch die **Eventualaufrechnung**

- und – im weiteren Sinne – auch die **Widerklage**.

Das sachliche Eingehen auf die Klage in der mündlichen Verhandlung hat die prozesstechnische Bezeichnung „Verhandlung zur Hauptsache" (vgl. §§ 39, 269 Abs. 1, 282 Abs. 3).

V. Der Beklagte kann natürlich – in der Praxis auch die Regel – verschiedene Reaktions- und Verteidigungsmöglichkeiten **miteinander verbinden**.

Z.B.: Hinsichtlich eines Teils der Klageforderung bestreiten, im Übrigen aber anerkennen; anspruchsbegründende Tatsachen bestreiten und zugleich (mehrere) Einreden erheben oder eine Hilfsaufrechnung mit einer Gegenforderung erklären und eine Widerklage erheben. Das Vorbringen darf – solange nicht die Wahrheitspflicht verletzt wird – auch zueinander in Widerspruch stehen: z.B. Bestreiten eines Vertragsschlusses, „hilfsweise" Anfechtung oder Rücktritt wegen Mängel.[437]

437　Vgl. dazu BGH WM 2019, 1441; MK/Fritsche § 138 Rn. 12; ThP/Seiler § 138 Rn. 6; s.o. Rn. 70.

B. Die Einlassung gegenüber dem Tatsachenvortrag des Klägers

Grds. wird die Einlassung des Beklagten für die Entscheidung nur dann von Bedeutung, **201** wenn die Klage schlüssig ist. Besteht der Klageanspruch schon nach dem eigenen Tatsachenvortrag des Klägers nicht, so ist die Klage abweisungsreif, und das Gericht braucht die Einlassung nicht mehr auf ihre „Erheblichkeit" hin zu prüfen.

Vgl. auch Rn. 53. – z.B.: K klagt auf Übereignung eines Bildes, gestützt auf ein privatschriftliches Schenkungsversprechen. B bestreitet seine Unterschrift. K benennt Zeugen dafür, dass B das Schriftstück unterschrieben habe. Die Klage ist wegen § 518 BGB nicht schlüssig und daher bereits „nach dem eigenen Vorbringen des Klägers" abzuweisen. Auf den Vortrag des B und die Zeugen kommt es nicht an.

I. Geständnis und fingiertes Geständnis

Wenn der Beklagte die Richtigkeit des Tatsachenvortrages des Klägers nicht angreift, **202** hat das Gericht für die Beurteilung des Rechtsstreits von der Richtigkeit auszugehen (Verhandlungsgrundsatz! Beweisaufnahme nicht erforderlich). – Es kann dann ein Geständnis oder ein Nichtbestreiten vorliegen.

1. Gerichtliches Geständnis i.S.d. § 288 ist die **Erklärung, dass eine tatsächliche Behauptung des Prozessgegners zutrifft**.

Das gerichtliche Geständnis stellt eine Prozesshandlung dar und **bindet grds. die gestehende Partei** (§§ 290, 535). Ein **Widerruf** ist nur zulässig, wenn sowohl die Unrichtigkeit der zugestandenen Tatsache feststeht als auch bewiesen wird, dass das Geständnis auf einem Irrtum über die Wahrheit dieser Tatsache beruhte (§ 290).

Unterschied zum Anerkenntnis: Das Geständnis bezieht sich auf konkrete Tatsachen, das Anerkenntnis auf den geltend gemachten Anspruch als solchen. Das Geständnis, erübrigt nur den Beweis der konkreten zugestandenen Tatsachen. Das Anerkenntnis erspart dagegen die rechtliche Prüfung (Schlüssigkeitsprüfung) des Anspruchs überhaupt, mit der Folge des Anerkenntnisurteils (s. unten Rn. 249 ff.).

Anerkennen kann nur der Beklagte bzw. Widerbeklagte; den Tatsachenvortrag der Gegenseite zugestehen oder nicht bestreiten/bestreiten kann natürlich auch der Kläger. Ein Geständnis i.S.d. § 288 kann auch konkludent abgegeben werden, allerdings nur von der nicht beweisbelasteten Partei.[438]

Das Geständnis einer Tatsache durch eine Partei in einem anderen Verfahren, z.B. einem Strafprozess, bedeutet für den Zivilprozess kein Geständnis i.S.d. §§ 288, 290, ist aber im Rahmen der freien Beweiswürdigung (§ 286) ein wichtiges Indiz für die Wahrheit der Tatsache.[439]

2. Nichtbestreiten oder nicht ausreichend substantiiertes Bestreiten einer Tatsachen- **203** behauptung führt nach § 138 Abs. 3 zu einer **Geständnisfiktion**, mit der Wirkung, dass ebenfalls von der Richtigkeit der Behauptung auszugehen ist. Im Unterschied zum Geständnis nach § 288 hat dieses fingierte Geständnis jedoch **keine Bindungswirkung**. Die lediglich nach § 138 Abs. 3 als zugestanden „geltende" Tatsache kann daher im Laufe des Prozesses grds. noch bestritten werden,[440] u.U. jedoch eingeschränkt durch die Verspätungsvorschriften (§§ 296, 531).[441]

Bloßes Nichtbestreiten oder Schweigen ist grds. noch kein Geständnis i.S.v. § 288.[442]

---

438 Vgl. dazu OLG Celle IBR 2019, 629 m. Anm. Klein; OLG Thüringen NJW-RR 2018, 260; ThP/Seiler § 288 Rn. 3 m.w.N.; ausführlich zur Reichweite eines Geständnisses im Zivilprozess Gehrlein MDR 2016, 1 ff.
439 BGH NJW-RR 2004, 1001; OLG Nürnberg ZInsO 2017, 2167; OLG Bamberg NJW-RR 2003, 1223; ThP/Seiler § 288 Rn. 8.
440 BGH NJW-RR 2005, 1297; ThP/Seiler § 138 Rn. 18.
441 BGH NJW-RR 2005, 1297; vgl. BGH NJW 2010, 376: Eine Partei kann sich ein Bestreiten wegen § 531 nicht dadurch für das Berufungsverfahren vorbehalten, dass sie einen Sachverhalt lediglich „für die erste Instanz" unstreitig stellt.
442 BGH NJW-RR 1996, 1044; ThP/Seiler § 288 Rn. 3; Zöller/Greger § 288 Rn. 3.

II. Bestreiten

204 der vom Kläger vorgetragenen anspruchsbegründenden Tatsachen:

1. Stellt der Beklagte die entscheidungserhebliche klägerische Behauptung schlicht in Abrede, so handelt es sich um ein **„einfaches Bestreiten"**. Gibt er hierzu eine nähere vom Klägervortrag abweichende Sachdarstellung, so spricht man von einem **„substantiierten"** – begründeten, qualifizierten, motivierten – Bestreiten (Klageleugnen).

2. Das Bestreiten ist **grds. erheblich** und **nötigt den Kläger zum Beweis der bestrittenen klagebegründenden Tatsachen.**

Dem Bestreiten steht gleich, wenn der Beklagte erklärt, er wisse von der vom Kläger behaupteten Tatsache nichts (Erklärung „mit Nichtwissen", vgl. § 138 Abs. 4).

3. Unerheblich ist jedoch – wegen der Erklärungspflicht (§ 138 Abs. 1 und 2) –

- ein **einfaches Bestreiten**, wenn dem Beklagten **nähere Angaben dazu möglich und zumutbar sind**, wie sich der Vorgang abgespielt hat. Der Beklagte kann dann wirksam **nur substantiiert bestreiten**.[443]

  Das ist insbesondere der Fall, wenn sich die entscheidenden Vorgänge im Wahrnehmungsbereich des Beklagten abgespielt haben, während der Kläger keine Kenntnis dieser Vorgänge besitzt.[444]

  Gleiches gilt, wenn der Kläger zur Begründung eines Anspruchs eine **negative Tatsache** vortragen muss – z.B. „ohne rechtlichen Grund" für einen Anspruch aus § 812 BGB –: Der Beklagte muss dann substantiiert bestreiten, d.h. darlegen, welcher rechtliche Grund vorgelegen habe; der Kläger braucht dann seinerseits nur diesen Vortrag zu widerlegen.[445]

  Dies deckt sich mit der **sekundären Darlegungslast** der nicht darlegungs- und beweisbelasteten Partei (s.o. Rn. 73): Wenn z.B. der Beklagte eine arglistige Täuschung mit der Behauptung einer ausreichenden Aufklärung bestreitet, muss er substantiiert darlegen, wie er die Aufklärung vorgenommen hat; ein bloßes Bestreiten einer Täuschung reicht nicht aus.[446]

- ein Bestreiten/Erklären mit Nichtwissen, wenn die vom Kläger behauptete Tatsache eine eigene Handlung oder Wahrnehmung des Beklagten betrifft (§ 138 Abs. 4): Der Beklagte muss dann substantiiert darlegen, weshalb die Behauptung nicht zutrifft.

Entsprechendes gilt, wenn der **Kläger** eine Tatsachenbehauptung des Beklagten bestreiten will.

III. Einreden

205 **1.** Einreden im Sinne der ZPO sind Ausführungen des Beklagten, die sich nicht gegen die Anspruchsvoraussetzungen richten, sondern das Eingreifen einer die Rechtsfolge vereitelnden Gegennorm darlegen. Auch dies ist eine erhebliche Einlassung; die Voraussetzungen der Gegennorm sind jedoch, falls streitig, **vom Beklagten zu beweisen.**

Z.B.: Der Bekl. beruft sich gegenüber der Kaufpreisklage auf Mängel. Er bestreitet dann nicht den Klagevortrag – also: kein „nein" –, sondern verteidigt sich mit einem Gegenrecht: einem **„ja, aber".**[447]

---

443 Vgl. dazu BGH RÜ2 2019, 270; BGH MDR 2004, 898; OLG Stuttgart MDR 2018, 666; ThP/Seiler § 138 Rn. 12.
444 BGH NZG 2018, 308; BGH GRUR 2016, 836; BGH NJW 2008, 982; ThP/Seiler § 138 Rn. 12.
445 BGH NZG 2018, 308; BGH NJW 2013, 1447; BGH NJW 2010, 1813; BGH NJW-RR 2009, 1142; ThP/Seiler § 138 Rn. 12.
446 BGH RÜ 2018, 72; BGH NZG 2018, 596; BGH NJW 2001, 64; ThP/Seiler § 138 Rn. 12.
447 Jauernig/Hess § 43 Rn. 9; ThP/Reichold vor § 253 Rn. 49.

Zu unterscheiden sind dabei:

- **rechtshindernde Einreden:** Vortrag von Gegennormen, die verhindern, dass der Anspruch entstanden ist.

  Z.B.: Geschäftsunfähigkeit, Sittenwidrigkeit (§§ 105, 138 BGB), im praktischen Ergebnis auch fehlendes Verschulden gegenüber Anspruch aus Vertragsverletzung (§ 280 Abs. 1 S. 2 BGB).[448]

- **rechtsvernichtende Einreden:** Vortrag von Gegennormen, die den entstandenen Anspruch wieder beseitigen.

  Z.B.: Erfüllung (§ 362 BGB); Rücktritt (§ 346 BGB); Hinterlegung (§ 372 BGB); Aufrechnung (§ 389 BGB); Anfechtung (wegen § 142 BGB auch als rechtshindernd wertbar).

- **rechtshemmende Einreden:** Vortrag von Gegennormen, die die Durchsetzung des entstandenen Anspruchs dauernd oder vorübergehend hemmen.

  Z.B. Verjährung (§ 214 BGB); Stundung; Einrede des nicht erfüllten Vertrages (§§ 320, 321 BGB), Zurückbehaltungsrecht (§ 273 BGB).

  Die Art der „Hemmung" ist unterschiedlich. Sie ergibt sich aus den jeweiligen materiell-rechtlichen Vorschriften. So führt Verjährung zur endgültigen Klageabweisung, Stundung zur Klageabweisung als zur Zeit unbegründet, die Einrede des nicht erfüllten Vertrages oder eines Zurückbehaltungsrechtes zur Verurteilung „Zug um Zug" (§§ 274, 322 BGB).

2. Einwendungen im materiell-rechtlichen Sinn, die sich aus dem Tatsachenvortrag der Parteien ergeben, sind **von Amts wegen** zu berücksichtigen, (rechtshemmende) **Einreden** dagegen nur, wenn sie der Beklagte – auch konkludent – **geltend macht,**[449]

bei außerprozessualer Geltendmachung allerdings auch, wenn sich diese aus dem Vorbringen des Klägers ergibt (z.B. dass sich der Beklagte auf Verjährung berufen hat).[450]

Beachte die Unterschiede im Sprachgebrauch der ZPO und des BGB: Das BGB bezeichnet die rechtshindernden und rechtsvernichtenden „Einreden" als **Einwendungen** und nur die rechtshemmenden als **Einreden (Leistungsverweigerungsrechte)**.[451] Einwendungen i.S.d. ZPO ist das gesamte Verteidigungsvorbringen einer Partei, während eine Einrede i.S.d. ZPO auch Einwendungen i.S.d. BGB erfasst.

IV. Wirkung der Einlassung

Ist die Einlassung unerheblich, ist die – schlüssige – Klage begründet, sodass ein stattgebendes Urteil zu ergehen hat. Ist sie dagegen erheblich, so muss festgestellt werden, welche der unterschiedlichen Sachdarstellungen der Parteien zutrifft: Beweisfrage.   **206**

C. Aufrechnung

I. Voraussetzungen und Wirksamkeit des Aufrechnungseinwandes

Die Einlassung des Beklagten, die Klageforderung sei durch Aufrechnung erloschen, ist eine rechtsvernichtende Einrede. Unerheblich ist dabei, ob die Aufrechnungserklärung außerhalb des Prozesses oder im Prozess abgegeben worden ist.   **207**

---

448 Vgl. BGH NJW 2009, 2298; Palandt/Grüneberg § 280 BGB Rn. 34, 40; s.o. Rn. 53 f.

449 BGH NJW 2016, 497 (Mitverschulden = Einwendung) – Dies gilt trotz der synallagmatischen Verknüpfung mit dem Vertragsanspruch auch für die Einrede des nicht erfüllten Vertrages, vgl. Palandt/Grüneberg § 322 BGB Rn. 2.

450 BGH RÜ 2008, 772; BGH NJW 1999, 2123.

451 Musielak/Voit, Rn. 723 f.; RS/Gottwald § 103 Rn. 1; Jauernig/Hess § 43 Rn. 16 ff.

1. Dabei ist zu unterscheiden – **Doppeltatbestand** –:

■ Die **Aufrechnungserklärung** als solche ist eine **materiell-rechtliche Willenserklärung**, deren Wirksamkeit sich ausschließlich nach §§ 387 ff. BGB bestimmt. Daran ändert sich auch nichts, wenn diese Erklärung – nach § 388 S. 1 BGB gegenüber dem Aufrechnungsgegner! – während des Prozesses abgegeben wird.

■ Die **Einrede** (Einwendung), dass die Klageforderung durch Aufrechnung getilgt sei, ist dagegen eine **Prozesshandlung** und als solche dem Gericht gegenüber vorzunehmen. Ihre Wirksamkeit beurteilt sich nach Prozessrecht.[452]

Daher z.B. Postulationsfähigkeit erforderlich; als Verteidigungsmittel kann sie u.U. gemäß §§ 296, 530, 531 als verspätet zurückgewiesen werden.[453]

2. Die prozessuale Unwirksamkeit der erklärten Aufrechnung hat zur Folge, dass die Aufrechnung auch materiell-rechtlich unwirksam (wirkungslos) ist.[454]

Gründe: § 139 BGB; fehlende Rechtskraft; entsprechende Bedingtheit der Aufrechnung.

Beispiel: Im Zahlungsprozess vor dem Landgericht macht der Beklagte persönlich geltend, dass die an sich begründete Klageforderung durch die von ihm erklärte Aufrechnung erloschen ist, was wegen des nach § 78 bestehenden Anwaltszwanges keine wirksame Prozesshandlung ist. Wäre die Aufrechnung materiell wirksam, würde der Beklagte seine Gegenforderung verlieren, obwohl er nach der Klageforderung – wegen der prozessualen Nichtberücksichtigung der Aufrechnung – verurteilt wird. Um dieses unbillige Ergebnis zu vermeiden, muss die Aufrechnung auch materiell unwirksam sein.

3. Die Aufrechnung macht die Gegenforderung **nicht rechtshängig**.[455]

Daher: Keine Sachurteilsvoraussetzungen erforderlich; es kann mit bereits anderweitig rechtshängiger oder mit in einem anderen anhängigen Prozess zur Aufrechnung gestellter Forderung (erneut) aufgerechnet werden.[456] – zur Rechtskraft: § 322 Abs. 2 (s.u. Rn. 342).

4. Der Kläger kann sich gegen die Aufrechnung nicht mit einer „Gegenaufrechnung" wehren. Greift nämlich die Aufrechnung des Beklagten durch, dann geht die Aufrechnung des Klägers ins Leere.[457]

II. Die Eventualaufrechnung

> **Fall 18: Klageabweisungstheorie – Beweiserhebungstheorie**
>
> K klagt gegen B eine Kaufpreisforderung von 1.200 € ein. B macht geltend, die Ware sei mangelhaft; außerdem habe er noch eine – von K nicht bestrittene – Forderung von 2.000 € gegen K, mit der er hilfsweise aufrechne.

208   1. Die **hilfsweise** erklärte Aufrechnung – für den Fall, dass die Klageforderung nicht schon aus anderen Gründen abgewiesen wird (Eventualaufrechnung bzw. Hilfsaufrechnung) – ist in der Praxis der häufigste Fall der Aufrechnung im Prozess.

---

452   Vgl. ThP/Seiler § 145 Rn. 11 ff.; ausführlich dazu Eicker: JA 2020, 48 ff., 132 ff.; Wolf JA 2008, 673 ff., 753 ff.

453   BGH NJW 1984, 1964, 1967; StJ/Leipold § 145 Rn. 62; Zöller/Greger § 145 Rn. 15; ThP/Seiler § 145 Rn. 14 ff.

454   BGH NJW 2019, 3385; BGH RÜ 2015, 285; MK/Fritsche § 145 Rn. 25 ff.; ThP/Seiler § 145 Rn. 18; Jauernig/Hess § 45 Rn. 8.

455   BGH NJW-RR 1994, 380; Kleinbauer JA 2007, 416, 417: Aufrechnung keine (Wider-)Klage, sondern nur Verteidigungsmittel.

456   BGH NJW-RR 2004, 1000; Skamel NJW 2015, 2460 zur Verfahrensaussetzung nach § 148.

457   BGH NJW 2008, 2429; BGH NJW-RR 1994, 1203; KG MDR 2006, 1252; ThP/Seiler § 145 Rn.18.

Der Beklagte will seine Gegenforderung natürlich nur und erst dann „opfern", wenn seine anderweitige Verteidigung gegen die Klageforderung nicht durchgreift.

Die Eventualaufrechnung ist nach allg. Auffassung zulässig (s. auch § 45 Abs. 3 GKG): Sie ist nicht unter einer echten Bedingung erklärt, was sie als materiell-rechtliche Gestaltungserklärung (§ 388 S. 2 BGB) und als Prozesshandlung unwirksam machen würde, sondern steht unter der **Tatbestandsvoraussetzung**, dass die Klageforderung besteht bzw. vom Gericht als bestehend erachtet wird.[458]

2. Wenn – wie hier – die hilfsweise zur Aufrechnung gestellte Gegenforderung feststeht, die Klageforderung dagegen noch nicht, stellt sich die Frage, ob über das Bestehen der Klageforderung überhaupt noch Beweis erhoben werden muss. Denn unabhängig davon, wie eine solche Beweisaufnahme ausfällt, steht das Ergebnis des Prozesses „Abweisung der Klage" jetzt schon fest: Entweder besteht die Klageforderung bereits als solche nicht; jedenfalls aber ist sie durch die Aufrechnung erloschen.

a) Nach der sog. **Klageabweisungstheorie** (früher Stölzel) sollte daher – ohne Beweisaufnahme über die Klageforderung – die Klage sofort mit der Begründung abgewiesen werden können, dass die Klageforderung jedenfalls durch die Aufrechnung erloschen sei.

b) Nach der **Beweiserhebungstheorie** muss dagegen zunächst festgestellt werden, ob die Klageforderung – von der Aufrechnung abgesehen – besteht. Es muss also zunächst einmal (hier: hinsichtlich der Mängel) Beweis erhoben werden. Ergibt diese Prüfung, dass die Klageforderung nicht besteht, ist die Klage aus diesem Grunde abzuweisen; die Eventualaufrechnung ist dann bedeutungs- und wirkungslos. Ergibt die Prüfung, dass die Klageforderung besteht, wird die Klage aufgrund der Aufrechnung, die erst jetzt eingreift, abgewiesen.[459]

Richtig ist die Beweiserhebungstheorie: Nur durch sie wird die Rechtslage eindeutig geklärt und auch berücksichtigt, dass die Aufrechnung eben nur hilfsweise erklärt wurde. Die Klageabweisungstheorie ist auch nur scheinbar prozessökonomisch. In Wahrheit provoziert sie gerade einen zweiten Prozess. Bliebe nämlich offen, ob die Klageforderung bestanden hat, kann § 322 Abs. 2 hinsichtlich der Aufrechnungsforderung nicht eingreifen. Diese Forderung könnte daher von dem (früheren) Beklagten in einem neuen Prozess mit der Begründung eingeklagt werden, dass die Forderung durch die frühere Eventualaufrechnung nicht verbraucht sei, da die damalige Klageforderung in Wirklichkeit nicht bestanden habe. Dann müsste nun gerade der – im ersten Prozess ausgesparte – Beweis zur früheren Klageforderung doch erhoben werden.

III. Primäraufrechnung

Verteidigt sich der Beklagte ausnahmsweise allein mit der Aufrechnung gegen die – von ihm als solche anerkannte – Klageforderung, handelt es sich um eine **Primäraufrechnung**. In diesem Fall ist von dem Bestehen der Klageforderung auszugehen und nur die Gegenforderung zu klären; allein nach dem Ergebnis zur Gegenforderung bestimmt sich dann der Erfolg der Aufrechnung und damit der Erfolg oder Nichterfolg der Klage.   **209**

Zur Klageforderung liegt dann ein Anerkenntnis des Beklagten zum Grund vor (s.u. Rn. 250).

Ist die Klageforderung, abgesehen von einer noch nicht möglichen Entscheidung über die Aufrechnungsforderung, begründet, kann das Gericht gemäß §§ 145, 302 zur Klageforderung ein stattgebendes **Vorbehaltsurteil** – unter dem Vorbehalt der Entscheidung über die Aufrechnung – erlassen, um so einer Prozessverschleppung durch den Beklagten entgegenzuwirken.   **210**

---

458 Vgl. BGH, Beschl. v. 25.03.2020 – XII ZR 29/19, BeckRS 2020, 8556; Sponnheimer JA 2018, 18, 22; Wolf JA 2008, 673, 676.
459 Heute allg. Ansicht: BGH DB 2015, 2568; BGH NJW 2009, 1071; OLG Frankfurt NJW 2015, 2512; OLG Brandenburg NJW-RR 2014, 199; ThP/Seiler § 145 Rn. 15, 16; StJ/Leipold § 145 Rn. 55; Sponnheimer JA 2018, 18, 22;

D. Die Widerklage

211 Mit der Widerklage geht der Beklagte seinerseits zum Angriff dadurch über, dass er seinerseits gemäß § 261 Abs. 2 einen Klageantrag gegen den Kläger erhebt. Dies ist eine **echte Klage**, nur **mit entgegengesetzten Parteirollen**. Bei der Widerklage ist also der Beklagte (Wider-) Kläger, der Kläger der (Wider-)Beklagte.

Beispiel: Der Kläger klagt einen Teilbetrag ein. Der Beklagte beantragt Klageabweisung und erhebt Widerklage auf Feststellung, dass dem Kläger auch keine weitergehende Forderung zusteht oder dass das Rechtsverhältnis nicht besteht (Zwischenfeststellungswiderklage, § 256 Abs. 2).

I. Zulässigkeitsvoraussetzungen:

■ **Rechtshängigkeit der (Haupt-)Klage** bei Erhebung der Widerklage.

■ **Parteien:** Beklagter gegen den Kläger als Widerbeklagten.

Allerdings ist auch die Einbeziehung eines Dritten grds. zulässig (sog. **Drittwiderklage**), aber nur als weiteren Widerbeklagten mit dem Kläger. Gegen einen Dritten **allein (isoliert)** ausnahmsweise zulässig, wenn die Sachverhalte von Klage und Widerklage tatsächlich und eng miteinander verknüpft sind und keine schutzwürdigen Interessen des Dritten verletzt werden, z.B. bei Klage des Zessionars einer Forderung eine Widerklage des Beklagten gegen den Zedenten aus demselben Sachverhalt (etwa dem Vertragsverhältnis oder bei gegenseitigen Ansprüchen aus einem Verkehrsunfall).[460]

■ Die Widerklage muss einen **selbstständigen Streitgegenstand** haben, darf also nicht nur in einer Verneinung des Klagebegehrens bestehen.

■ Nach der h.M. muss – aus § 33 hergeleitet – ein **Sachzusammenhang** (einheitliches Lebensverhältnis) zwischen Klage und Widerklage bestehen.[461]

Fehlen gemäß § 295 heilbar. – Das Schrifttum sieht dagegen überwiegend in § 33 keine besondere Zulässigkeitsvoraussetzung, sondern nur einen besonderen Gerichtsstand einer (konnexen) Widerklage, der insbesondere dann von Bedeutung wird, wenn sonst für die Widerklage das Gericht der Klage nicht – auch nicht über § 39 – zuständig wäre.[462]

■ Die sonstigen **allgemeinen Prozessvoraussetzungen einer Klage**.

Zulässig ist – trotz § 863 BGB – eine petitorische Widerklage auf Feststellung des Eigentums gegenüber einer possessorischen Herausgabeklage aus Besitzverletzung; ist die Widerklage begründet, ist ihr stattzugeben und die Besitzklage entsprechend § 864 Abs. 2 BGB abzuweisen.[463]

II. Ist die Widerklage zulässig, wird sie **wie eine selbstständige Klage behandelt**. Sie bleibt also auch dann bestehen und erfordert eine Entscheidung, wenn die Rechtshängigkeit der Hauptklage – z.B. durch Rücknahme – endet.

III. Die Entscheidung über die Widerklage ergeht nach den allgemeinen Grundsätzen, nach denen auch über die Klage zu entscheiden ist: also Untersuchung ihrer Zulässigkeit und ihrer Begründetheit. I.d.R. wird in einem einheitlichen Urteil sowohl über die Klage als auch über die Widerklage entschieden.

Z.B.: „Der Beklagte wird verurteilt, an den Kläger den Pkw Audi A 6 ... herauszugeben. Auf die Widerklage wird der Kläger verurteilt, an den Beklagten 12.000 € zu zahlen."

---

460 BGH RÜ2 2019, 217; BGH NJW-RR 2018, 579; ausführlich zur Wider- und Drittwiderklage Minwegen ZAP 2018, 187; Koch JA 2013, 95; Lühl JA 2015, 374; Thöne JR 2017, 53 u. Leube JR 2016, 39 zur isolierten Drittwiderklage.

461 BGH NJW 2018, 2261; BAG, Urt. v. 24.09.2015 – 6 AZR 497/14, BeckRS 2015, 72934; ThP/Hüßtege § 33 Rn. 4 ff.

462 Zöller/Vollkommer § 33, 1, 2; MV/Heinrich § 33 Rn. 2, 3; Wagner JA 2014, 665, 666; Schreiber Jura 2010, 31, 33, 34.

463 BGHZ 73, 355; BGH NJW 1999, 425; Palandt/Herrler § 863 BGB Rn. 3; Schreiber Jura 2010, 31, 35.

Die Einlassung des Beklagten auf die Klage

1. **Untätigkeit:** Bei schlüssiger Klage und Klägerantrag ergeht Versäumnisurteil.

2. **Anerkenntnis des Klageanspruchs:** Anerkenntnisurteil (§ 307).

3. **Angriff gegen die Zulässigkeit der Klage** mit dem Ziel der Abweisung durch Prozessurteil: Vortrag des Fehlens von Sachurteilsvoraussetzungen, Erhebung echter prozesshindernder Einreden.

4. **Sachliches Eingehen auf die Klage** („Verhandlung zur Hauptsache"):

   a) Hinnahme des Tatsachenvortrags des Klägers:

   - gerichtliches Geständnis mit Bindungswirkung (§§ 288, 290),

   - Nichtbestreiten oder nicht ausreichendes Bestreiten mit Geständnisfiktion, ohne Bindungswirkung (§ 138 Abs. 3).

   b) **Verteidigung mit Rechtsausführungen.**

   c) **Bestreiten** von anspruchsbegründenden Tatsachen: als einfaches oder – u.U. gemäß § 138 Abs. 1, 2 geboten – substantiiertes Bestreiten; grds. erheblich, der Kläger hat dann diese Tatsachen zu beweisen.

   d) **Vortrag von Gegennormen (Einreden im prozessualen Sinne):**

   Rechtshindernde, rechtsvernichtende, rechtshemmende Einreden. – Beweislast für die Normvoraussetzungen beim Beklagten.

   Rechtshindernde und rechtsvernichtende Einreden sind materiell-rechtliche Einwendungen, daher von Amts wegen zu berücksichtigen, rechtshemmende Einreden dagegen nur bei Geltendmachung durch den Beklagten.

5. **Aufrechnung** ist eine besondere rechtsvernichtende Einrede.

   a) Zu unterscheiden sind:

   - Aufrechnungserklärung: materiell-rechtliche Willenserklärung,

   - Geltendmachung im Prozess (Einrede): Prozesshandlung,

   - Erklärung im Prozess: Doppeltatbestand.

   b) **Eventualaufrechnung:** Nur für den Fall, dass die Klage nicht aus anderen Gründen abgewiesen wird; zulässig (nicht bedingt). Zunächst ist über die Klageforderung – mit etwa erforderlicher Beweisaufnahme – zu entscheiden (Beweiserhebungstheorie; streitige Klage kann nicht wegen unstreitiger Aufrechnungsforderung sogleich abgewiesen werden).

6. **Widerklage** (s. § 33): Gegenangriff mit eigenem Klageantrag, mit selbstständigem Streitgegenstand: Echte Klage gegen den Kläger als Widerbeklagten.

7. Der Beklagte kann verschiedene Einlassungsmöglichkeiten verbinden.

8. Abschnitt: Parteimehrheit und Parteiwechsel

A. Parteimehrheit (subjektive Klagehäufung): Streitgenossenschaft (§§ 59 ff.)

213 ■ Eine Streitgenossenschaft liegt dann vor, wenn auf Kläger- und/oder Beklagtenseite **mehrere Personen** Partei sind (aktive bzw. passive Streitgenossenschaft).

Nur gemäß §§ 59 ff. ist eine gemeinsame Klage mehrerer Parteien zulässig.

Der deutsche Zivilprozess ist grds. ein Zweiparteienprozess, das Zivilprozessrecht kennt daher auch (noch) keine – wie nach US-amerikanischem Recht mögliche – **Sammelklage** (class action), nach der für die gesamte Gruppe aus einem gleichartigen Sachverhalt Betroffener geklagt werden kann, ohne dass alle Mitglieder der Gruppe an dem Prozess beteiligt zu sein brauchen, mit Wirkung auch für die nicht am Prozess Beteiligten.[464] Gefordert wurde allerdings eine solche Sammelklagemöglichkeit schon lange, zuletzt insbesondere nach dem Abgasskandal.[465]

Mit Wirkung zum 01.11.2018 wurde in das 6. Buch der ZPO **(§§ 606 ff.)** das Musterfeststellungsklageverfahren eingefügt. Mit der **Musterfeststellungsklage** können anerkannte und besonders qualifizierte Verbraucherverbände in einem Musterprozess die zentralen Haftungsvoraussetzungen für eine Vielzahl von betroffenen Verbrauchern gegenüber einem Unternehmer in einem einzigen Gerichtsverfahren verbindlich feststellen lassen. Voraussetzung dafür ist zunächst, dass mindestens zehn von dem Fall betroffene Verbraucher bei dem Verband die Erhebung der Musterfeststellungsklage begehren und zwei Monate nach der öffentlichen Bekanntmachung der Musterfeststellungsklage mindestens 50 Verbraucher ihre Ansprüche oder Rechtsverhältnisse zur Eintragung in ein Klageregister wirksam angemeldet haben. Erstinstanzlich zuständig für eine Musterfeststellungsklage ist das OLG, in dessen Bezirk der Sitz des beklagten Unternehmens liegt. Danach können die angemeldeten Verbraucher im Wege einer Leistungsklage gegen das Unternehmen Schadensersatzansprüche geltend machen, wobei die Musterfeststellungsklage nach § 204 Abs. 1 Nr. 1 a BGB die Verjährung unterbricht. Eine echte Sammelklage ist allerdings auch die Musterfeststellungsklage, die teilweise als zu aufwendig kritisiert wird, aber nicht, da Verbraucherklagen an die Feststellungen im Klageverfahren – anders als bei der US-amerikanischen Sammelklage – nur dann nach § 613 Abs. 1 gebunden sind, wenn sich der klagende Verbraucher der Musterfeststellungsklage angeschlossen hat.[466] Auch die EU-Kommission plant inzwischen, grenzüberschreitende Verbandsklagen für Verbraucher in allen EU-Staaten zwingend einzuführen, die neben der Musterfeststellungsklage nach dem nationalen Recht möglich sein sollen.[467]

Auch das **Musterverfahren nach dem KapMuG** ist kein Sammelverfahren: Bei Klagen von mindestens zehn Kapitalanlegern wegen unrichtiger Kapitalmarktinformation entscheidet das OLG (§ 118 GVG) auf Antrag/Vorlage in einem dieser Verfahren durch den **Musterbescheid** (nur) über bestimmte anspruchsbegründende oder -ausschließende Vorfragen mit Bindung für das vorlegende Gericht in den anhängigen Klagen, die aber selbstständige Prozesse sind und bleiben.[468]

Eine Art Sammelklage ist aber nunmehr dadurch möglich, dass sich durch ein Ereignis Geschädigte zu einer **BGB-Gesellschaft** zur gemeinsamen Rechtsverfolgung gegen den Schädiger (Gesellschaftszweck) zusammenschließen.[469] Formell ist das aber ein Prozess der Gesellschaft als Partei, er betrifft auch nur die beteiligten Gesellschafter.

464 Vgl. BVerfG NJW 2007, 3709; Geulen/Sebok NJW 2003, 3244, 3245; krit. zu dieser Sammelklage Schütt WuW 2018, 66; ausführlich zu neuen Entwicklungen im Bereich des kollektiven Rechtsschutzes Prütting ZIP 2020, 197 ff.
465 Dazu Meller-Hannich NJW-Beil 2018, 29; Vollkommer MDR 2018, 497; Woopen NJW 2018, 133; Stadler WuW 2018, 189.
466 Vgl. zur Musterfeststellungsklage Röthemeyer VuR 2020, 130; 2019, 87 und MDR 2019, 1421; Beckmann/Waßmuth MWM 2019, 45; 89; Mekat/Nordholtz NJW 2019, 411; Heese JZ 2019, 429 (Musterfeststellungsklage und Dieselskandal) Hartmann VersR 2019, 528; Schneider BB 2018, 1986 und BGH NJW 2020, 341 zum Streitgegenstand und Darlegungslast.
467 Dazu Axtmann/Staudigel ZRP 2020, 80; Wyrobek AnwBl 2020, 85; Clausnitzer AG 2020, R73; Lühmann NJW 2019, 570.
468 Vgl. dazu BGH NJW-RR 2018, 490; BGH VersR 2016, 206; Behrens ZJS 2018, 514; Blankenheim WM 2017, 795 und Halfmeier ZIP 2016, 1705; kritisch zum KapMuG Liebscher AG 2020, 35.
469 Vgl. dazu und zu Grenzen Mann DStR 2013, 765; ders. ZIP 2011, 2393; Faulmüller/Wiewel VuR 2014, 452.

■ Die Streitgenossenschaft kann einfach oder notwendig sein. Die einfache Streitgenossenschaft ist die Regel, die notwendige die Ausnahme.[470]

I. Einfache Streitgenossenschaft (§§ 59–61)

1. Bei der Streitgenossenschaft handelt es sich – wie bei der objektiven Klagehäufung (s.o. Rn. 193 ff.) – lediglich um eine **Zusammenfassung mehrerer an sich selbstständiger Prozesse** aus Zweckmäßigkeitserwägungen zu einem Verfahren.   214

Die einzelnen Prozessrechtsverhältnisse behalten daher grds. ihre **rechtliche Selbstständigkeit** (§ 61). Die Verhandlung, Beweisaufnahme und i.d.R. Entscheidung werden lediglich aus Zweckmäßigkeitsgründen zusammengefasst. Zulässigkeit und Begründetheit der Klage sind für jeden Streitgenossen gesondert zu prüfen. Das Verfahren kann sich gegen jeden einzelnen Streitgenossen unterschiedlich entwickeln, die Streitgenossen können sich unterschiedlich verhalten – insbesondere unterschiedlich vortragen –, die Entscheidungen können daher auch unterschiedlich ausfallen.[471]

Zeuge kann ein Streitgenosse im Prozessrechtsverhältnis eines anderen aber nach ganz h.M. nur hinsichtlich solcher Tatsachen sein, die ausschließlich den anderen Streitgenossen betreffen, weil er anderenfalls als Zeuge in eigener Sache aussagen könnte.[472]

2. Die **Zulässigkeit der Streitgenossenschaft** ergibt sich aus §§ 59, 60. Diese Bestimmungen sind als Zweckmäßigkeitsregelung weit auszulegen.[473]

Beispiele: K wurde bei einem Verkehrsunfall verletzt und klagt gegen H als Halter sowie F als Fahrer des Wagens als Gesamtschuldner auf Schadensersatz oder Schadensersatzklage eines Käufers gegen den Händler und Autohersteller im „Dieselskandalprozess" – Einfache Streitgenossenschaft: Zulässig wegen der geltend gemachten gesamtschuldnerischen Haftung (§ 59). Das Urteil braucht nicht gleich auszufallen; H kann z.B. verurteilt und die Klage gegen F abgewiesen werden, weil dieser sich hinsichtlich eines Verschuldens entlasten kann (§ 18 StVG). Ist eine der Parteien säumig, kann gegen sie ggf. Versäumnisurteil ergehen.

Bei Entscheidungsreife hinsichtlich einzelner Streitgenossen ist insoweit ein Teilurteil (§ 301) grds. möglich.[474]

3. Ist die Streitgenossenschaft nicht zulässig, erfolgt keine Abweisung der Klage (wegen Unzulässigkeit). Die Prozesse werden vielmehr getrennt (§ 145 Abs. 1), da nicht die Klagen selbst unzulässig sind, sondern nur ihre Verbindung.[475]

Auch im Übrigen Trennung nach pflichtgemäßem Ermessen (nicht aber willkürlich).

II. Eine notwendige Streitgenossenschaft (§ 62)

1. Sie besteht dann, wenn aus prozess- oder materiell-rechtlichen Gründen die Entscheidung gegenüber allen Streitgenossen nur **einheitlich ausfallen** kann.   215

■ **Prozessrechtlich** ist dies der Fall, wenn die Rechtskraft des Urteils gegen einen Streitgenossen sich auch auf die anderen Streitgenossen erstreckt oder wenn eine Gestaltungswirkung des Urteils allen Streitgenossen gegenüber eintritt (z.B. Klage mehrerer OHG-Gesellschafter gegen einen anderen Gesellschafter auf Auflösung der OHG, § 133 HGB).[476]

---

470 Ausführlich dazu Pieronczyk/Pieronczyk JuS 2020, 319; zur Beteiligung „Dritter" am Prozess: Petersen Jura 2017, 1271.
471 BGH NJW 2018, 1259; BGH NJW-RR 2003, 1344; Zöller/Vollkommer § 61 Rn. 8, 9; StJ/Bork § 61 Rn. 1.
472 BGH NJW-RR 1991, 256; MV/Weth § 61 Rn. 5; Zöller/Vollkommer § 61 Rn. 4 m.w.N.; a.A. Lindacher JuS 1986, 379, 381.
473 BGH RÜ2 2019, 270; BGH RÜ 2018, 697; BAG BB 2018, 1719 m. Anm. Löw; ThP/Hüßtege §§ 59, 60 Rn. 1.
474 BGH NJW 2018, 2200 m. Anm. Vossler; BGH NJW 2018, 623; BGH NJW-RR 2010, 1725; Regenfuss JA 2018, 888 ff.
475 BGH NJW-RR 2017, 1317; MV/Weth § 60 Rn. 13; Zöller/Vollkommer § 60 Rn. 8; ThP/Hüßtege §§ 59, 60 Rn. 7.
476 BGH GRUR 2020, 110; BGH NJW 2019, 1751; BAG BB 2018, 1719 m. Anm. Löw; MV/Weth § 62 Rn. 3 ff., 10.

- Aus **materiell-rechtlichen** Gründen besteht notwendige Streitgenossenschaft, wenn nach materiellem Recht wegen nur gemeinsamer Verfügungsbefugnis die Klage nur gemeinschaftlich erhoben werden kann oder gegen alle gemeinschaftlich gerichtet werden muss.[477] Z.B.: Aktivprozesse einer Gesamthand;[478] Auflassungsklage grds. nur gegen alle Miteigentümer gemeinsam;[479] die BGB-(Außen-)Gesellschaft kann dagegen, da parteifähig, auch als solche klagen bzw. verklagt werden.[480]

Die Inanspruchnahme mehrerer Beklagter als **Gesamtschuldner** ergibt keine notwendige, sondern nur eine **einfache** Streitgenossenschaft, da der Gläubiger die Leistung von jedem Gesamtschuldner allein verlangen kann (§ 421 BGB); Gesamtschuldner können daher getrennt verklagt werden.[481] Ebenso: Bürge und Hauptschuldner;[482] OHG/KG und Gesellschafter;[483] BGB-Gesellschaft und Gesellschafter.[484]

2. Da die Entscheidung einheitlich ergehen muss, verhindert § 62 den Erlass eines Versäumnisurteils gegen nur einen Streitgenossen, indem er ihn als durch den erschienenen anderen Streitgenossen vertreten fingiert.

Anerkenntnis oder Verzicht nur eines Streitgenossen kann nicht zu einem Anerkenntnis- oder Verzichtsurteil führen, sondern allenfalls ein Indiz bei der Beweiswürdigung ergeben.

B. Die Nebenintervention (§§ 66–71)

216 **I.** Nach § 66 kann ein Dritter, der ein rechtliches Interesse am Obsiegen einer Partei hat, dieser Partei als **Streitgehilfe (Nebenintervenient)** beitreten.

Rechtliches Interesse: Wenn die Entscheidung des Prozesses Auswirkung auf die Rechtsstellung des Dritten hat, sodass durch den Sieg der unterstützten Partei seine Rechtslage verbessert oder durch das Unterliegen verschlechtert würde. Wichtigste Fälle: bei Rechtskrafterstreckung (z.B. der Dritte hat die streitbefangene Sache in Kenntnis des Prozesses erworben, § 325); der Dritte befürchtet bei Unterliegen der Partei Regressansprüche gegen sich.

II. Der Streitgehilfe **unterstützt** lediglich die Partei; er ist jedoch **nicht selbst Partei.**[485]

- Er kann daher zwar grds. **alle Prozesshandlungen vornehmen**,

insbesondere Angriffs- und Verteidigungsmittel geltend machen (z.B. Tatsachenvortrag;[486] Verjährungseinrede[487]), Rechtsmittel für die Partei einlegen, allerdings nur innerhalb der für die Hauptpartei laufenden Rechtsmittelfrist[488] und nicht im Widerspruch zu der unterstützten Partei, § 67.

- **nicht dagegen über den Streitgegenstand verfügen** (z.B. durch Klagerücknahme, Anerkenntnis oder Vergleich); dies können nur die Parteien selbst.

III. Wichtigste Folge der Nebenintervention ist die **Interventionswirkung** (§ 68): Im Verhältnis zur unterstützten Partei (Hauptpartei) kann der Nebenintervenient in einem späteren Rechtsstreit – z.B. einem Regressprozess – nicht mehr geltend machen, dass der seinerzeitige Rechtsstreit unrichtig entschieden worden sei oder dass die Hauptpartei den Prozess mangelhaft geführt habe: **Bindung an die Entscheidungselemente.**

---

477 BGH MDR 2012, 481; BGH NJW 1990, 2689; ThP/Hüßtege § 62 Rn. 7 ff.; Mayer Jura 2015, 1095 ff.
478 BGH RÜ 2014, 548; OLG Hamm, Urt. v. 27.10.2016 – 10 U 61/07, BeckRS 2016, 117427; MV/Weth § 62 Rn. 8 ff. m.w.N.
479 BGH NJW 1996, 1060; MV/Weth § 62 Rn. 12.
480 BGH NJW-Spezial 2018, 495; BGH VersR 2016, 258; BAG NJW 2020, 1456; *s. oben Fall 5 Rn. 135.*
481 BGH NJW 2019, 1751; BAG NJW 2004, 2848; BL/Bünnigmann § 62 Rn. 10.
482 RS/Gottwald § 49 Rn. 11; ThP/Hüßtege § 62 Rn. 15.
483 BGH NJW 1988, 2113; MV/Weth § 62 Rn. 11.
484 BGH RÜ 2012, 500; BGH NJW 2001, 1056.
485 BGH JuS 2017, 75 m. Anm. Schmidt; ThP/Hüßtege § 67 Rn. 5 a; Schreiber Jura 2011, 503 ff. – kann daher Zeuge sein.
486 BGH NJW-RR 1991, 361; ThP/Hüßtege § 67 Rn. 6 m.w.N.; ausführl. zur Nebenintervention auch Petersen Jura 2017, 1271.
487 BGH VersR 1985, 80; MV/Weth § 67 Rn. 2 ff., 6.
488 BGH NJW 2014, 3521; 1997, 2385; BAG NZA 2018, 809; MV/Weth § 67 Rn. 6; ThP/Hüßtege § 67 Rn. 6.

C. Die Streitverkündung (§§ 72–74)

Glaubt eine Partei, im Falle des Prozessverlustes Regressansprüche gegen einen Dritten **217** zu haben oder Ansprüchen eines Dritten ausgesetzt zu sein, so kann sie diesem Dritten den Streit verkünden (§§ 72, 73).

I. Der Zweck der Streitverkündung besteht für die streitverkündende Partei darin, im Verhältnis zu dem Dritten die **Interventionswirkung des § 68** herbeizuführen, um zu verhindern, dass sie durch sich widersprechende Urteile sowohl den ersten als auch den etwaigen Folgeprozess mit dem Dritten verliert.[489]

Die Streitverkündung hemmt zudem die Verjährung (§ 204 Abs. 1 Nr. 6 BGB).

II. Der Streitverkündungsempfänger hat die Möglichkeit, dem Streitverkünder oder auch dessen Gegner[490] beizutreten. Tritt er bei, so hat er die Stellung eines Nebenintervenienten (§ 74 Abs. 1). Unabhängig davon, ob und wann er beitritt, tritt aber im Verhältnis zwischen Streitverkünder und Streitverkündungsempfänger über § 74 Abs. 3 **immer die Interventionswirkung** entsprechend § 68 ein.[491]

Beispiel: A wurde von E auf Herausgabe einer Schreibmaschine verklagt, die A von V gekauft hatte. E stützte die Klage darauf, Eigentümer der ihm abhandengekommenen Schreibmaschine zu sein. A verkündete V den Streit, der dem Prozess nicht beitrat. A wurde zur Herausgabe an E verurteilt. Nunmehr klagt A gegen V auf Schadensersatz wegen Rechtsmangels der gekauften Schreibmaschine. V wendet ein, nicht E, sondern er – V – sei Eigentümer der Maschine gewesen; sie sei dem E auch nicht abhandengekommen. E habe sie ihm seinerzeit freiwillig im Beisein des X übergeben, was X bezeugen könne.

Wegen der Streitverkündung ist im Verhältnis von Streitverkündungsempfänger V zum Streitverkünder A die Interventionswirkung eingetreten (§§ 74 Abs. 3, 68). V kann daher in dem Rechtsstreit mit A nicht mehr vorbringen, dass der Rechtsstreit zwischen A und E falsch entschieden worden sei. Diese Interventionswirkung ist etwas anderes als eine Rechtskraftwirkung. Sie bezieht sich nämlich nicht nur auf den Urteilstenor, sondern auch auf die **tragenden tatsächlichen Feststellungen und rechtlichen Erwägungen** des Urteils, die sog. **Entscheidungselemente**.[492] An diese ist auch das Gericht des Folgeprozesses gebunden. Daraus folgt, dass V in dem Prozess gegen A nichts vorbringen kann, was dem im Urteil angenommenen Eigentum des E und dem Abhandenkommen der Maschine entgegensteht. Vielmehr ist der neuen Entscheidung ohne weitere Prüfung zugrunde zu legen, dass die tatsächlichen Feststellungen und rechtlichen Erwägungen des Urteils zutreffen, dass also die Schreibmaschine dem E als Eigentümer abhandengekommen ist.

Ohne die Streitverkündung hätte die Gefahr bestanden, dass das Gericht des Folgeprozesses, das dann an die Begründung des Urteils nicht gebunden gewesen wäre (s.u. Rn. 342), die Klage mit abweichender Begründung hätte abweisen können, sodass A dann beide Prozesse verloren hätte, obwohl er nach materiellem Recht einen hätte gewinnen müssen.

III. Die Interventionswirkung tritt **grds. nur gegen den Streitverkündungsempfänger** ein, nicht auch gegen die streitverkündende Partei, die daher im Folgeprozess nicht an die Ergebnisse des Vorprozesses gebunden ist. Sie besteht also grds. nur zugunsten, nicht auch zulasten der streitverkündenden Partei, ist also für diese **grds. ohne Risiko**. Sie ist aber **nicht teilbar** und kann dem Streitverkündeten nicht nur hinsichtlich ihm ungünstiger Umstände unter Weglassung günstiger Teile entgegengehalten werden.[493]

---

489 BGH NJW 2009, 1438, 1440; MV/Weth § 72 Rn. 1; Gehrlein ZInsO 2018, 762; Lühl JA 2017, 700; Petersen Jura 2017, 1285.

490 BGHZ 103, 278; BGH VersR 1985, 80; ausführlich zur Reichweite der Streitverkündung Ulrich BauR 2013, 9 ff.

491 BGH NJW 2004, 1521; ausführl. zur Streitverkündung Petersen Jura 2017, 1285; Krüger/Rahlmeyer JA 2014, 202.

492 BGH MDR 2004, 464; BGH NJW 2004, 1521; ThP/Hüßtege § 68 Rn. 5 ff.

493 H.M.; BGH RÜ 2019, 768; BGH RÜ 2015, 299; ThP/Hüßtege § 68 Rn. 1; MV/Weth § 68 Rn. 5: Meinungsübersicht.

D. Parteiwechsel während des Verfahrens

218 Ein Parteiwechsel liegt vor, **wenn eine neue Partei anstelle einer ausscheidenden Partei in den Rechtsstreit eintritt**.

Dies ist zu unterscheiden von der immer ohne Weiteres zulässigen bloßen Berichtigung der Parteibezeichnung bei gleichbleibender (identischer) Partei (s.o. Rn. 129).

I. Parteiwechsel kraft Gesetzes

219 Wichtigster Fall ist der Tod einer Partei: Der Erbe tritt kraft Rechtsnachfolge in die Stellung des Erblassers als Partei. Damit sich die Beteiligten auf die neue – oft noch unklare – Rechtslage einstellen können, wird der Prozess jedoch zunächst unterbrochen (§ 239).

Ferner bei **Insolvenzverfahren** einer Partei: Der Insolvenzverwalter tritt als Partei kraft Amtes an die Stelle der Partei (§ 80 InsO). Der Prozess wird jedoch unterbrochen (§ 240), bis er gemäß §§ 85 ff., 180 Abs. 2 InsO aufgenommen – oder das Insolvenzverfahren beendet – wird.

II. Ein gewillkürter Parteiwechsel

220 Dieser Fall liegt vor, wenn aufgrund Parteihandelns eine Partei ausgetauscht werden soll, etwa deshalb, weil zunächst ein sachlich nicht Legitimierter geklagt hat oder verklagt worden ist und nunmehr an dessen Stelle der sachlich Legitimierte eintreten soll.

> **Fall 19: Der gewillkürte Parteiwechsel**
>
> G besaß eine Kaufpreisforderung gegen E. Nach dessen Tod klagt G gegen A – einen der Miterben – auf Zahlung. Nach Klageerhebung überträgt A seinen Miterbenanteil an K. Da G die Klage gegen A wegen dieser Erbteilsveräußerung für nicht mehr sinnvoll hält, richtet er die Klage nunmehr gegen K. Ein entsprechender Schriftsatz wird dem K zugestellt. A ist damit einverstanden, dass nunmehr K Beklagter sein soll.

Hier soll ein gewillkürter Parteiwechsel durchgeführt werden.[494]

Kein Fall eines gesetzlichen Parteiwechsels, da zwar K infolge des Erwerbs des Erbteils für die Nachlassverbindlichkeiten haftet, A aber nicht aus seiner Haftung ausgeschieden ist (§ 2382 BGB).

221 1. Die Zulässigkeit eines gewillkürten Parteiwechsels ist zwar allgemein anerkannt; seine Behandlung und Durchführung sind aber umstritten.

a) Die **Rspr.** sieht den Parteiwechsel **als eine Klageänderung** an und lässt ihn daher grds. gemäß § 263 nur zu, wenn die neue Partei einwilligt oder wenn der Wechsel sachdienlich ist **(Klageänderungstheorie)**.[495]

Für einen Beklagtenwechsel – auch für eine Beklagtenerweiterung – in der **Berufungsinstanz** verlangt der BGH jedoch grds. auch die Zustimmung des neuen Beklagten, sodass Sachdienlichkeit nicht ausreicht (außer bei rechtsmissbräuchlicher Verweigerung der Zustimmung):[496] Der neue Beklagte soll nicht eine Tatsacheninstanz ohne seine Einwilligung verlieren.

---

494 Ausführlich dazu Eicker JA 2018, 529 ff. und Gruschwitz JA 2012, 689 ff.
495 BGH NJW 2016, 53; BGH GRUR 2015, 159; BGH RÜ 2010, 569; BGH NJW 2006, 1351, 1353.
496 BGH MDR 2011, 1112; MV/Ball § 525 Rn. 6, Musielak/Voit, Rn. 409; Kretschmer jM 2016, 90, 92 ff.

b) Im **Schrifttum** wird dagegen weitgehend eine Gesetzeslücke angenommen, die nach den allgemeinen prozessualen Grundsätzen – unter Berücksichtigung auch der Regeln über Klageänderung, Klagerücknahme und Klageerhebung – auszufüllen sei: **Prozessuales Rechtsinstitut eigener Art.**[497]

2. Danach: Voraussetzungen des **Wechsels des Beklagten in erster Instanz:** **222**

a) Zunächst **(unstreitig)**: entsprechende **Parteiwechselerklärung des Klägers,**

denn nur der Kläger kann bestimmen, wer Beklagter sein soll (Dispositionsmaxime).[498]

b) **zur Einbeziehung des neuen Beklagten:**

aa) Zustellung eines Schriftsatzes gemäß § 253 Abs. 2 – als Klage im Verhältnis zum neuen Beklagten – **(unstreitig**; Rügeverzicht gemäß § 295 möglich!).

bb) Nach der Rspr. außerdem: **Einwilligung des neuen Beklagten oder Zulassung der Einbeziehung als sachdienlich** (entsprechend § 263).[499]

Nach der Schrifttumsansicht dagegen nicht erforderlich, da der Kläger ohnehin gegen den neuen Beklagten eine selbstständige neue Klage erheben könnte.[500]

c) Das **Ausscheiden des ursprünglichen Beklagten** setzt nach allgemeiner Auffassung seine **Einwilligung nach Maßgabe des § 269 Abs. 1** voraus.

Zwar müsste an sich diese Einwilligung nach der Klageänderungstheorie des BGH auch durch Sachdienlichkeit ersetzt werden können. Da aber aus § 269 Abs. 1 folgt, dass der Beklagte **von Beginn der mündlichen Verhandlung** an einen unentziehbaren Anspruch auf eine Sachentscheidung hat, wird auch in der Rspr. von diesem Zeitpunkt an die Einwilligung des ursprünglichen Beklagten zwingend für erforderlich gehalten[501] (also Durchbrechung der Klageänderungstheorie!). Im Schrifttum wird dies ohnehin allgemein vertreten.[502]

Vor Verhandlung reicht dagegen Sachdienlichkeit aus.[503]

d) Für einen **gewillkürten Parteiwechsel auf der Klägerseite** gilt Entsprechendes: Erforderlich **223** sind Parteiwechsel- und damit Einverständniserklärungen des alten und des neuen Klägers (selbstverständlich, daher auch unstreitig), ferner nach Verhandlung zur Hauptsache grds. auch die Einwilligung des Beklagten (entsprechend § 269 Abs. 1), die aber hier nach Ansicht des BGH – wie auch vor Verhandlung – durch Annahme der Sachdienlichkeit ersetzt werden kann.[504]

3. **Hier** ist die Klage gegen den neuen Beklagten K zulässig, da es seiner Zustimmung **224** nicht bedarf (Schrifttum), der Parteiwechsel zudem sachdienlich ist (Rspr.); da der bisherige Beklagte A einverstanden ist – ggf. nach § 269 erforderlich –, ist A aus dem Prozess ausgeschieden. Nur K ist daher nunmehr der Beklagte.

---

497 So nach de Boor, Zur Lehre vom Parteiwechsel und vom Parteibegriff, 1941; StJ/Roth § 263 Rn. 43, 48; Zöller/Greger § 263 Rn. 3; ThP/Hüßtege vor § 50 Rn. 15 ff.; RS/Gottwald § 42 Rn. 16 ff.; Musielak/Voit, Rn. 405 ff., 414.

498 MK/Becker-Eberhard § 263 Rn. 77; ThP/Hüßtege vor § 50 Rn. 22.

499 BGH NJW 2016, 53; BGH GRUR 2015, 159; BGH NJW 2003, 1043, 1044.

500 StJ/Roth § 263 Rn. 54; Zöller/Greger § 263 Rn. 24; RS/Gottwald § 42 Rn. 24; a.A. MK/Becker-Eberhard § 263 Rn 78.

501 BGH NJW 2006, 1351, 1353; BGH NJW 1981, 989; OLG Nürnberg MDR 2016, 1112.

502 MK/Becker-Eberhard § 263 Rn. 77; Zöller/Greger § 263 Rn. 24; RS/Gottwald § 42 Rn. 24.

503 BGHZ 123, 136**;** StJ/Roth § 263 Rn. 54; vgl. auch zum Umfang der Kostenpflicht BGH GRUR 2015, 159.

504 BGH NJW 2016, 53; BGH NJW 2003, 2172; BGH NJW 2003, 1043, 1044; – a.A. (keine Ersetzung): Zöller/Greger § 263 Rn. 30; Schellhammer, Rn. 1680.

4. An den bisherigen Prozessverlauf – Vortrag und Prozesshandlungen des bisherigen Beklagten, Beweisergebnisse – ist der neue Beklagte nur gebunden, wenn er dem Parteiwechsel zugestimmt hat oder den Prozess ohne Widerspruch fortsetzt.[505]

III. Parteierweiterung (Parteibeitritt)

225 Eine **Parteierweiterung (Parteibeitritt)** liegt vor, wenn zu einer Partei eine weitere Partei hinzutritt oder in den Prozess hineingezogen wird. Es entsteht dann eine Streitgenossenschaft. Diese Parteierweiterung unterliegt nach h.M. grds. ebenfalls den Regeln über den gewillkürten Parteiwechsel (Klageänderungstheorie),[506] also Einwilligung der weiteren Partei oder Zulassung der Erweiterung als sachdienlich.

Anders weitgehend das Schrifttum: Keine besonderen Voraussetzungen, da lediglich ein zusätzliches Prozessrechtsverhältnis begründet werde, im bisherigen aber keine Änderung eintrete; die Bestimmungen über die Streitgenossenschaft reichten daher insoweit aus.[507]

Eine solche Parteierweiterung wäre für den Kläger G im Fall 19 (Rn. 221 ff.) die bessere Lösung gewesen, da er dadurch eine Verurteilung von A und K als Gesamtschuldner hätte erreichen können.

9. Abschnitt: Das Versäumnisverfahren (§§ 330 ff.)

226 Die Regelungen des Versäumnisverfahrens beruhen darauf, dass der Rechtsstreit auch dann entschieden werden muss, wenn eine Partei ihrer Obliegenheit zur Mitwirkung nicht nachkommt. Die Mitwirkung wird zwar nicht erzwungen, für den Säumigen ergeben sich jedoch Nachteile, die bis zum Erlass eines Versäumnisurteils gehen können.

Das Versäumnisurteil ist echtes **Sachurteil mit voller Rechtskraftwirkung**, also kein „minderes" Urteil: Bei einem rechtskräftigen Versäumnisurteil gemäß § 330 gegen den Kläger ist der Anspruch endgültig aberkannt,[508] bei einem Versäumnisurteil gemäß § 331 gegen den Beklagten der Anspruch dagegen zugesprochen.

A. Begriff des Versäumnisurteils (VU)

227 **I. Echte Versäumnisurteile** i.S.d. §§ 330 ff. sind nach h.M. nur solche Urteile, die

- **gegen die säumige Partei und**

- **aufgrund ihrer Säumnis** erlassen werden.[509]

II. Urteile, die zwar bei Säumnis einer Partei ergehen, aber nicht gegen die säumige Partei, oder zwar gegen diese, aber nicht wegen ihrer Säumnis, sind **keine Versäumnisurteile i.S.d. §§ 330 ff.**, sondern **normale (streitige/kontradiktorische) Urteile.** Auf sie sind daher die §§ 330 ff. nicht anwendbar; es gelten insbes. die allgemeinen Rechtsmittel.

Solche Urteile werden vielfach als **„unechte Versäumnisurteile"** bezeichnet – missverständlich: denn sie sind ja gerade **überhaupt keine Versäumnisurteile!**

---

505 MK/Becker-Eberhard § 263 Rn. 78, 94 ff.; ThP/Hüßtege Vorbem. § 50 Rn. 22; a.A. Musielak/Voit, Rn. 411.
506 BGH NJW-RR 2008, 176; OLG Stuttgart MDR 2012, 1186; a.A. Zöller/Greger § 263 Rn. 21, 27.
507 MV/Foerste § 263 Rn. 23; Schellhammer, Rn. 1686, Musielak/Voit, Rn. 419 f.; Zöller/Greger § 263 Rn. 21, 27.
508 BGH NJW 2003, 1044; s.u. Rn. 229; vgl. ausführlich dazu Behrens, ZJS 2019, 15; 193; Kellermann-Schröder JA 2017, 931.
509 BGH NJW 1967, 2162; OLG Frankfurt NJW 1992, 1178; Zöller/Herget vor § 330 Rn. 10, 11; MV/Stadler vor § 330 Rn. 10 ff.; a.A. BL/Hartmann Übers. § 330 Rn. 11 (77. Aufl. 2019): Jedes Urteil gegen eine säumige Partei sei echtes VU.

B. Das Versäumnisverfahren bei Verhandlungstermin

I. Voraussetzungen für den Erlass eines (echten) Versäumnisurteils

1. für jedes Versäumnisurteil (gegen den Kläger oder den Beklagten)   228

■ **Antrag** der erschienenen Partei auf Erlass eines Versäumnisurteils.

■ **Säumnis der anderen Partei im Termin,**

d.h. die Partei ist trotz ordnungsgemäßer rechtzeitiger Ladung (§ 335 Abs. 1 Nr. 2) nicht erschienen bzw. – im Anwaltsprozess – nicht durch einen Anwalt vertreten oder sie verhandelt nicht (§ 333).

Termin ist insoweit **jeder einzelne Termin** (§ 332), d.h.: Auch wenn die Partei in einem früheren Termin verhandelt hat, kann gegen sie bei Säumnis in einem späteren Termin ein VU ergehen.

■ **Zulässigkeit der Klage**

Da das Versäumnisurteil ein echtes Sachurteil ist, müssen zu seinem Erlass die **Sachurteilsvoraussetzungen** vorliegen. Fehlen Sachurteilsvoraussetzungen (endgültig), ist die Klage also nicht zulässig, so wird sie, wie auch sonst eine Klage im normalen streitigen Verfahren, **durch Prozessurteil als unzulässig abgewiesen.**[510]

Dieses klageabweisende Urteil ist **kein Versäumnisurteil i.e.S.**: Dies ist unstreitig bei Säumnis des Beklagten der Fall, da es dann nicht gegen die säumige Partei ergeht, gilt nach h.M.[511] aber auch bei Säumnis des Klägers, da es dann zwar gegen die säumige Partei ergeht, aber eben nicht aufgrund ihrer Säumnis, sondern wegen des Fehlens von Sachurteilsvoraussetzungen. Voraussetzung ist allerdings grds., dass zuvor ein entsprechender richterlicher Hinweis nach § 139 Abs. 2 erteilt worden ist. Die Gegenansicht, § 330 bestimme ausdrücklich, dass bei Säumnis des Klägers die Klage ausnahmslos durch (echtes) VU abzuweisen sei,[512] überzeugt nicht, weil danach der abwesende Kläger unberechtigterweise besser gestellt wird, als der Kläger, der erscheint und den Klageantrag stellt.

Bei fehlendem Nachweis einer noch beibringbaren Sachurteilsvoraussetzung gilt § 335 Abs. 1 Nr. 1.

■ **Kein Fall der §§ 335 Nr. 3, 337**

Nicht rechtzeitige Mitteilung von Parteivorbringen, zu kurz bemessene Einlassungs- oder Ladungsfrist, **Verhinderung der säumigen Partei ohne Verschulden** (z.B. durch unvorhersehbaren Verkehrsstau):[513] Dann ist der Antrag auf VU zurückzuweisen oder ein **neuer Termin** anzuberaumen.

2. Bei Säumnis des Klägers

sind keine weiteren Voraussetzungen zu prüfen: Die (zulässige) Klage ist ohne jede   229
Sachprüfung – **durch echtes VU** – abzuweisen (§ 330). Dies beruht darauf, dass, wer seinen eigenen Prozess nicht führt, ihn schon aus diesem Grund verlieren muss.

Dieses VU schließt nach Rechtskraft jede erneute Klage über den Anspruch aus, auch wenn der Kläger das VU nur wegen mangelnder Fälligkeit des Anspruchs hatte ergehen lassen, nach Rechtskraft aber die Fälligkeit eingetreten ist. Da es auf Schlüssigkeit und Begründetheit überhaupt nicht ankommt, kann es auch nicht darauf ankommen, aus welchem Grund die Klage nicht schlüssig war.[514]

---

510 BGH NJW-RR 2008, 846; BGH MDR 1986, 998; OLG München NJW-RR 2019, 886; ThP/Seiler vor §§ 330, 331 Rn. 12.

511 BGH NJW 2001, 2095; OLG Frankfurt NJW 1992, 1178; ThP/Seiler vor §§ 330, 331 Rn. 12; Zöller/Herget § 330 Rn. 7.

512 So noch BL/Hartmann § 330 Rn. 5 und § 331 Rn. 11 (77. Aufl. 2019); vgl. MK/Prütting § 330 Rn. 18 ff.

513 BGH NJW 1999, 724; Zöller/Herget vor § 330 Rn. 3, 4; Zöller/Heßler § 514 Rn. 9; Huber JuS 2013, 18.

514 BGH NJW 2003, 1044; Zöller/Herget § 330 Rn. 9; RS/Gottwald § 154 Rn. 27.

A.A. zum Teil im Schrifttum, da der Kläger insoweit nach einer Klageabweisung durch VU schlechter steht als bei Abweisung durch ein streitiges Urteil, dessen Rechtskraft bei Abweisung nur mangels Fälligkeit auf diesen Abweisungsgrund beschränkt ist.[515]

3. Bei Säumnis des Beklagten

230 ist dagegen noch die **Schlüssigkeit der Klage** zu prüfen. Dies ergibt sich aus der Geständnisfiktion des § 331 Abs. 1 S. 1: (Nur) der Tatsachenvortrag des Klägers gilt als zugestanden. Die rechtliche Prüfung dahin, ob dieses Vorbringen den Klageantrag überhaupt zu rechtfertigen vermag, ist daher noch durchzuführen.

Der Kläger soll insoweit nicht besser stehen, als er ohne Säumnis des Beklagten gestanden hätte.

- Ist die Klage **schlüssig**, ergeht ein **echtes Versäumnisurteil** gemäß dem Klageantrag gegen den Beklagten (§ 331 Abs. 2 Hs. 1).

- Ist die Klage **nicht schlüssig**, so wird sie **abgewiesen** (§ 331 Abs. 2 Hs. 2): **Normales Sachurteil; kein Versäumnisurteil**, da gegen die nichtsäumige Partei.

  Dies gilt auch dann, wenn sich aus dem Klägervortrag ergibt, dass die Forderung verjährt ist **und** dass der Beklagte sich auf Verjährung berufen hat.[516]

II. Prüfungsschemata

231 Da je nach Vorliegen/Fehlen der Voraussetzungen eine Klageabweisung (sog. unechtes VU), ein echtes VU oder auch nur die VU-Ablehnung/neuer Termin in Betracht kommt, eine bereits aussprechbare (endgültige) Klageabweisung aber Vorrang vor der (bloßen) VU-Ablehnung/neuer Termin haben muss, ist folgender Prüfungsaufbau zweckmäßig:

232 **1. Antrag des Klägers auf Erlass eines VU gegen den Beklagten**

(1) **Zulässigkeit der Klage?** d.h. Zulässigkeitsprüfung. – Ergebnis:

(a) Wenn bzw. soweit nicht zulässig (= **endgültiges** Fehlen von Sachurteilsvoraussetzungen): **Klageabweisung durch Prozessurteil.**

(b) Wenn bzw. soweit zulässig: Weitere Prüfung:

(2) **Schlüssigkeit der Klage?** d.h. Schlüssigkeitsprüfung. – Ergebnis:

(a) Wenn bzw. soweit nicht schlüssig: **Klageabweisung** (§ 331 Abs. 2 Hs. 2; **normales Sachurteil**, kein VU).

(b) Wenn bzw. soweit schlüssig: Weitere Prüfung:

(3) Liegen die **besonderen Voraussetzungen** für den Erlass eines VU vor?

§§ 335, 337: **Säumnis** (kein Verschuldensausschluss), ordnungsgemäße Ladung, rechtzeitiger Vortrag, kein Fall des § 335 Abs. 1 Nr. 1 (fehlender Nachweis einer Sachurteilsvoraussetzung, also falls der Mangel **behebbar** ist; bei endgültigem Fehlen: Klageabweisung, s.o. [1]!).

---

515 Vgl. MV/Musielak § 322 Rn. 54 ff.; Jäckel JA 2003, 449; krit. und eingehend dazu Siemon MDR 2004, 301; s.u. Rn. 342 ff.
516 BGH RÜ 2008, 772 (Großer Zivilsenat); BGH NJW 1999, 2120, 2123; ausführlich zu Voraussetzungen des Versäumnisurteils bei Säumnis des Beklagten Spohnheimer JA 2017, 658, 662 ff.; Huber JuS 2013, 18 ff.

(a) Wenn nicht: Zurückweisung des VU-Antrags durch Beschluss (§ 336) oder Anberaumung eines neuen Verhandlungstermins.

(b) **Wenn ja: Erlass des Versäumnisurteils** gegen den Beklagten (§ 331).

Bei Fehlen von Voraussetzungen: Vor Klageabweisung/Antragszurückweisung Hinweis an den Kläger, um ihm ggf. noch die Beibringung zu ermöglichen (§ 139).

2. Antrag des Beklagten auf Erlass eines VU gegen den Kläger   233

(1) **Zulässigkeit der Klage?** d.h. Zulässigkeitsprüfung. – Ergebnis:

(a) Wenn bzw. soweit nicht zulässig: **Klageabweisung (Prozessurteil**, h.M.; nach a.A. echtes Versäumnisurteil, § 330).

(b) Wenn bzw. soweit zulässig: Weitere Prüfung:

(2) Liegen die **besonderen Voraussetzungen** für den Erlass eines VU vor?

d.h. hinsichtlich **des Klägers:** Kein Fall der §§ 335 Abs. 1 Nr. 2, 337.

(a) Wenn nicht: Zurückweisung des VU-Antrags durch Beschluss (§ 336) oder Anberaumung eines neuen Verhandlungstermins.

(b) **Wenn ja: Erlass des klageabweisenden echten Versäumnisurteils** gegen den Kläger (§ 330; **keine Schlüssigkeitsprüfung!**).

III. Liegen die VU-Voraussetzungen **nur zu einem Teil des Streitgegenstandes** vor   234
– nur teilweise Zulässigkeit oder Schlüssigkeit der Klage oder Säumnis durch Nichtverhandeln –: Insoweit Teil-Versäumnisurteil, im Übrigen normales streitiges Verfahren.

IV. Rechtsbehelf gegen das Versäumnisurteil: Einspruch (§ 338)

Der Einspruch ist **bei dem Gericht, das das VU erlassen hat** – nicht Berufung (vgl. § 514   235
Abs. 1) – einzulegen. Wird ein Einspruch nicht eingelegt, **wird das VU rechtskräftig**.

1. Einlegungsfrist: Zwei Wochen ab Zustellung des Urteils (§ 339).

Notfrist, bei Versäumung daher Wiedereinsetzung möglich (§§ 233 ff.). Ohne Zustellung des VU beginnt die Einspruchsfrist nicht zu laufen. Die 5-Monatsfrist der §§ 517, 548 gilt nach h.M. nicht entsprechend.[517] Die Begründung des Einspruchs (§ 340 Abs. 3) ist keine Zulässigkeitsvoraussetzung, eine verspätete jedoch ggf. gemäß § 296 zurückzuweisen. Beachte: Im **Arbeitsgerichtsverfahren** beträgt die Einspruchsfrist gemäß §§ 59, 64 Abs. 7 ArbGG **nur eine Woche!**

2. Das Gericht hat zunächst zu prüfen, ob der Einspruch zulässig ist (§ 341). Ist er unzulässig, ist er durch Urteil **als unzulässig zu verwerfen**. Eine Überprüfung der sachlichen Richtigkeit des VU (Zulässigkeit und Begründetheit der Klage) findet nicht mehr statt.[518]

3. Ist der Einspruch zulässig, so wird der Prozess **in die Lage zurückversetzt, in der er sich vor Eintritt der Versäumnis befunden hat** (§ 342).

---

517 Vgl. StJ/Grunsky § 339 Rn. 4; MK/Prütting § 339 Rn. 3; MV/Stadler § 339 Rn. 1 m.w.N.

518 BGH, Urt. v. 17.07.2012 – VI ZR 226/11, BeckRS 2012, 16852; BGH NJW-RR 2007, 1363; ThP/Seiler § 341 Rn. 5; ausführlich zur Prüfung des Einspruchs Behrens ZJS 2019, 193 ff.; Metzing JuS 2016, 678 ff.; Huber JuS 2015, 985 ff.

a) Es wird sodann im normalen – streitigen (kontradiktorischen) – Verfahren, also aufgrund **mündlicher Verhandlung**, weiterverfahren und entschieden, vor dem **bisher mit dem Rechtsstreit befassten Gericht**. Der Rechtsstreit gerät somit durch den Einspruch nicht an die höhere Instanz; der Einspruch ist daher kein Rechtsmittel.

b) Entscheidung: Ergibt sich nun die sachliche Richtigkeit des Versäumnisurteils, ergeht ein Urteil: „Das Versäumnisurteil vom … wird aufrechterhalten" (§ 343 S. 1). Ergibt sich die sachliche Unrichtigkeit des Versäumnisurteils, so wird unter Aufhebung des Versäumnisurteils in der Sache anderweitig entschieden (§ 343 S. 2).

236 **4.** Ist in dem auf den Einspruch hin anberaumten Termin – nicht erst in einem folgenden – die **säumige Partei erneut säumig**, so ergeht gegen sie auf Antrag das sog. **zweite Versäumnisurteil**, durch das der Einspruch verworfen wird (§ 345).

a) Für dieses zweite Versäumnisurteil ist nach h.M. **allein** die **erneute (schuldhafte) Säumnis entscheidend**. Die Gesetzmäßigkeit des ersten VU, also die **Zulässigkeit und Schlüssigkeit der Klage**, wird dagegen **nicht mehr geprüft**, da dies bereits beim Erlass des ersten VU geschehen ist. § 345 geht also als lex specialis § 342 vor.[519]

Z.B.: Trotz fehlender Schlüssigkeit der Klage wurde ein VU erlassen. Der Beklagte ist im Einspruchstermin erneut säumig; der Kläger beantragt Verwerfung des Einspruchs: Diesem Antrag ist zu entsprechen; ob die Klage schlüssig, das erste VU rechtmäßig ist, ist unerheblich (Umkehrschluss aus § 700 Abs. 6).

Gegenansicht: Gesetzmäßigkeit des ersten VU ist zu prüfen und daher das VU ggf. aufzuheben und die Klage abzuweisen, da Verfahrensvorschriften nicht Selbstzweck seien und das Gericht nicht gezwungen sein könne, ein als unrichtig erkanntes VU aufrechtzuerhalten.[520]

b) Gegen dieses zweite Versäumnisurteil gibt es **keinen Einspruch** mehr (§ 345), sondern nur noch **Berufung** (§ 514 Abs. 2), damit der Säumige nicht durch wiederholte Versäumnisurteile und Einsprüche den Prozess verzögern kann.

Diese Berufung kann jedoch lediglich damit begründet werden, dass bei Erlass des zweiten Versäumnisurteils – nicht des ersten – keine schuldhafte Säumnis vorgelegen habe; nach h.M. kann daher die Berufung auch nicht auf eine andere Gesetzwidrigkeit des zweiten VU, wie fehlende Zulässigkeit oder Schlüssigkeit der Klage, gestützt werden („Prüfungsgleichlauf" mit dem Erlass des VU).[521]

V. Rechtsmittel gegen unechtes Versäumnisurteil

237 Gegen eine **Klageabweisung bei Unzulässigkeit oder Unschlüssigkeit der Klage** – also gegen das sog. unechte Versäumnisurteil – gibt es nicht den Einspruch, sondern, da es sich insoweit gerade nicht um ein Versäumnisurteil i.e.S. handelt, **die allgemeinen Rechtsmittel, d.h. Berufung des Klägers.**

C. Das Versäumnisurteil im schriftlichen Vorverfahren (§ 331 Abs. 3)

238 **I.** Ein echtes Versäumnisurteil kann es im Vorverfahren naturgemäß nur gegen den Beklagten geben, da nur der Beklagte säumig sein kann. – Voraussetzungen:

- Der Beklagte hat es unterlassen, entgegen der Aufforderung nach § 276 Abs. 1 S. 1 und trotz der erteilten Belehrung nach § 276 Abs. 2 (vgl. § 335), dem Gericht seine

---

519 BGH NJW-RR 2020, 575; BGH ZInsO 2018, 488; MV/Stadler § 345 Rn. 4; Huber JuS 2015, 985, 988 m.w.N.

520 So u.a. BAG MDR 1995, 201; StJ/Grunsky § 345 Rn. 7 ff.; Zöller/Herget § 345 Rn. 4; Braun JZ 1999, 1157.

521 BGH ZInsO 2018, 488; BGH NJW 2016, 642; BAG MDR 1995, 201; ThP/Reichold § 514 Rn. 4. – Anders nach Einspruch gegen Vollstreckungsbescheid: § 700 Abs. 6, BGH NJW 1991, 43; MV/Ball § 514 Rn. 10; vgl. auch unten Rn. 372.

Verteidigungsbereitschaft innerhalb der zweiwöchigen Notfrist anzuzeigen. Dieses Erfordernis steht gewissermaßen **anstelle der Säumnis im Termin**.

■ Wie bei Säumnis im Termin: Antrag, Zulässigkeit der Klage, Schlüssigkeit.

II. Das weitere Verfahren bei einem solchen Versäumnisurteil im Vorverfahren – Einspruch/Verhandlungstermin – läuft wie beim normalen Versäumnisverfahren ab.

Es war früher umstritten, ob im Vorverfahren bei Unzulässigkeit oder Unschlüssigkeit der Klage auch ein Urteil **gegen den Kläger auf Abweisung der Klage** ergehen könne.[522] **§ 331 Abs. 3 S. 3 n.F.** bestimmt nunmehr jedoch ausdrücklich, dass eine solche Klageabweisung nur hinsichtlich einer – unzulässigen oder unschlüssigen – **Nebenforderung** (z.B. Zinsen) möglich ist. Daraus entnimmt die jetzt h.M. als **Gegenschluss**, dass eine Klageabweisung im Vorverfahren eben auch **nur** insoweit, nicht aber hinsichtlich der Hauptforderung gestattet ist.[523] Bei Unzulässigkeit oder Unschlüssigkeit der Hauptforderung ist daher ein Termin anzuberaumen, in dem dann ggf. – nach Hinweis, § 139 – die Klage abgewiesen wird.

D. Bei Ausbleiben beider Parteien im Termin

kann das Gericht einen neuen Verhandlungstermin anberaumen (§ 227), das Ruhen des Verfahrens anordnen (§§ 251 a Abs. 3, 251) oder eine Entscheidung nach Lage der Akten erlassen, ein Urteil aber nur bei Entscheidungsreife und wenn über denselben Streitgegenstand bereits mündlich verhandelt worden ist (§ 251 a Abs. 1, Abs. 2).[524]   **239**

Eine **Entscheidung nach Lage** der Akten kann auch die erschienene Partei statt eines Versäumnisurteils beantragen (§ 331 a), um so eine Entscheidung zu erhalten, die der säumige Gegner nicht mit dem Einspruch wieder hinfällig machen kann.

10. Abschnitt: Prozessbeendigung durch Parteihandlungen

I.d.R. wird in der mündlichen Verhandlung von den Parteien streitig verhandelt und dadurch der Streitstoff geklärt. Das Gericht wird dann aufgrund dieses Streitstoffs und erforderlichenfalls einer Beweisaufnahme das Urteil fällen.   **240**

Die Parteien können jedoch durch **Prozesshandlungen** so über den Streitstoff verfügen, dass das Gericht nicht mehr zu einer Sachentscheidung kommt (Dispositionsmaxime!): Klagerücknahme und -verzicht des Klägers, Anerkenntnis des Beklagten, Erledigungserklärung der Parteien und Prozessvergleich.

A. Grundsätzliches zu den Prozesshandlungen der Parteien

I. Prozesshandlungen der Parteien sind solche Handlungen, deren Hauptwirkungen auf prozessualem Gebiet liegen. Dabei werden unterschieden: **241**

■ **Erwirkungshandlungen:** Mit ihnen soll ein Verhalten des Gerichts erwirkt werden (z.B. Klage, Anträge).

■ **Bewirkungshandlungen:** Mit ihnen soll im Prozess unmittelbar etwas bewirkt – d.h. eine Gestaltung oder Änderung der Prozesslage herbeigeführt – werden (z.B. Klagerücknahme, Anerkenntnis, Verzicht).[525]

---

522 Dafür noch Saenger/Sandhaus NJW 2014, 421; Stieper JR 2005, 397; vgl. auch BL/Anders § 331 Rn. 20 m.w.N.

523 StJ/Grunsky § 331 Rn. 46 ff.; Zöller/Herget § 331 Rn. 13; MV/Stadler § 331 Rn. 18; a.A. Stieper JR 2005, 397 ff.

524 BAG NJW 2015, 269; MV/Stadler § 314 a Rn. 2 m.w.N.

525 Vgl. StJ/Leipold vor § 128 Rn 221 ff.; RS/Gottwald § 64 (nach Goldschmidt, Prozess als Rechtslage, 1925).

II. Voraussetzungen für die wirksame Vornahme: Partei- und Prozessfähigkeit, bei Vertretung: Vertretungsmacht und Postulationsfähigkeit des Handelnden.[526]

242 **III. Auslegung von Prozesshandlungen (Prozesserklärungen)**

Prozesserklärungen der Parteien sind **entsprechend § 133 BGB gemäß dem wirklichen Willen der Partei** auszulegen, daher u.U. auch über ihren Wortlaut hinaus. Dabei ist im Zweifel anzunehmen, dass von der Partei bzw. dem für die Partei Handelnden (Anwalt) dasjenige gewollt ist, was nach den Maßstäben der Rechtsordnung vernünftig ist, ihrer recht verstandenen Interessenlage entspricht und zur Durchsetzung des von ihr verfolgten Rechts oder Anspruchs prozessual sinnvoll ist.[527]

Z.B. Auslegung einer unrichtigen Parteibezeichnung entsprechend dem erkennbar Gewollten (s.o. Rn. 129), eines Klageantrags auf Freigabe einer gepfändeten Sache als zulässigen Antrag einer Drittwiderspruchsklage auf Unzulässigerklärung der Vollstreckung (s.u. Rn. 522).

Auslegung aber nur bei auslegungsbedürftiger, nicht bei eindeutiger Erklärung, daher z.B. nicht bei einer eindeutigen Klagerücknahme in eine Erledigungserklärung.[528]

Es kommt u.U. auch eine **Umdeutung** einer unwirksamen oder unzulässigen Prozesshandlung entsprechend § 140 BGB in eine wirksame und zulässige vergleichbare Handlung in Betracht,[529] z.B. eines unzulässigen unbestimmten Leistungsantrags in einen Feststellungsantrag.[530]

IV. Prozesshandlungen sind grds. bedingungsfeindlich: Die Notwendigkeit der Eindeutigkeit der jeweiligen Prozesssituation verbietet es, dass Prozesshandlungen unter einer Bedingung vorgenommen werden und ein Schwebezustand entsteht. So darf z.B. eine Klage nicht bedingt erhoben oder zurückgenommen, ein Rechtsmittel nicht bedingt eingelegt, ein Anerkenntnis nicht bedingt erklärt werden.[531]

1. Zulässig ist allerdings i.d.R. eine Abhängigkeit von **innerprozessualen Bedingungen**,[532] da durch sie keine Unklarheit der Prozesslage entsteht.

Z.B. bei der Klage: **Hilfsantrag, neben einem unbedingten Hauptantrag**, durch den die Klage wirksam (unbedingt) erhoben wird, unter der innerprozessualen auflösenden Bedingung des Erfolgs oder Nichterfolgs des Hauptantrags (s.o. Rn. 196 ff.). Zulässig ist auch ein hilfsweise gestellter Beweisantrag für den Fall, dass das Gericht die Behauptung noch nicht als bewiesen erachtet.

2. Prozesshandlungen, die den Prozess einleiten oder beenden oder die den Streitgegenstand verändern – wie Klage, Klagerücknahme, Einlegung oder Rücknahme von Rechtsmitteln, Klageänderung, Parteiwechsel –, vertragen jedoch auch keine innerprozessuale Bedingung.[533]

Daher erfordert eine wirksame Klageerhebung **mindestens einen unbedingten Klageantrag**.

243 **V.** Prozesshandlungen unterliegen **grds. nicht den Regelungen des BGB über Willensmängel**; daher: keine Anfechtung nach §§ 119 ff. BGB (Ausnahme: Prozessvergleich wegen seiner Doppelnatur, dazu unten Rn. 260 ff.).[534]

---

526 Vgl. StJ/Leipold vor § 128 Rn. 234; ThP/Seiler Einl. III Rn. 10 ff.; Spohnheimer/Deutschmann AL 2020, 9 ff.
527 BGH NJW 2019, 3727; BGH MDR 2019, 567; BGH ZInsO 2018, 1379; BGH NJW-RR 2012, 503; ThP/Seiler Einl. III Rn. 16.
528 BGH NJW 2007, 1460.
529 BGH NJW-RR 2019, 695; BGH NJW 2013, 2361; BGH NJW-RR 2011, 618; ThP/Seiler Einl. III Rn. 20.
530 BGH MDR 2016, 512; BGH MDR 2005, 435; NJW 2000, 664, 667; a.A. StJ/Leipold vor § 128 Rn. 254: Feststellungsantrag als Minus im Leistungsantrag enthalten.
531 BGH NJW-RR 2020, 246; BGH NJW-RR 2017, 1145; BGH ZInsO 2018, 1377; BGH WM 2018, 1103; ThP/Seiler Einl. III Rn. 14.
532 BGH NJW-RR 2012, 503; BAG NZA 2020, 192; ThP/Seiler Einl. III Rn. 14; RS/Gottwald § 65 Rn. 28.
533 BGH ZInsO 2018, 1379; BGH NJW-RR 2008, 85; BGH NJW-RR 2004, 640; ThP/Seiler Einl. III Rn. 14.
534 BGH NJW 2007, 1460; BAG NJW 2017, 1498; RS/Gottwald § 65 Rn. 45 ff.; Reither JuS 2017, 125.

Auch ein **Widerruf** ist grds. ausgeschlossen, ausgenommen bei Vorliegen eines Restitutionsgrundes gemäß § 580 und beim vereinbarten Widerrufsvorbehalt im Prozessvergleich[535] – Näheres bei den einzelnen Prozesshandlungen.

VI. Auch Prozesshandlungen stehen unter dem Gebot von **Treu und Glauben**: Unzulässigkeit prozessualer Arglist und des Rechtsmissbrauchs.[536]

Z.B. Verbot der Zuständigkeitserschleichung (s.o. Rn. 186); Verhalten entgegen einem Prozessvertrag *(s.u. Rn. 247);* Ausnutzung eines arglistig erschlichenen Urteils (s.u. Rn. 359).

VII. Prozessverträge: Von den Prozesshandlungen der Parteien sind die Prozessverträge zu unterscheiden, d.h. Vereinbarungen der Parteien untereinander mit Wirkung auf prozessualem Gebiet. Grds. **zulässig:** Die Parteien eines (auch künftigen) Prozesses können sich vertraglich zu jedem prozessualen Verhalten verpflichten, das möglich ist und nicht gegen ein gesetzliches Verbot oder die guten Sitten verstößt.[537]

244

Z.B. über den Gerichtsstand, die Nichteinlegung oder Rücknahme von Klage oder Rechtsmittel, Vollstreckungsverträge (s.u. Rn. 383 und Fall 42 Rn. 544).

Wirksamkeitserfordernisse **nur nach materiellem Recht,** daher: Ohne Postulationsfähigkeit, nicht bedingungsfeindlich, nach §§ 119 ff. BGB anfechtbar (aber nicht mehr nach Eintritt einer bindenden Prozesslage, z.B. nach Erklärung einer vereinbarten Klagerücknahme).[538]

B. Die Klagerücknahme (§ 269)

bedeutet die Rücknahme nur der konkreten anhängigen Klage, also einen Verzicht des Klägers **nur auf die Durchführung dieses Prozesses.**

245

I. Einseitige Erklärung des Klägers gegenüber dem Gericht (§ 269 Abs. 2).

1. Nach Verhandlung des Beklagten zur Hauptsache bedarf die Klagerücknahme zu ihrer Wirksamkeit jedoch der **Einwilligung des Beklagten** (§ 269 Abs. 1), die auch im Unterlassen eines Widerspruchs liegen kann (vgl. § 269 Abs. 2 S. 4). Verweigert der Beklagte diese Einwilligung, so geht der Prozess weiter.

Der Kläger soll sich dann nicht mehr einseitig vom Prozess lösen können, da der Beklagte dann ein schutzwürdiges Interesse an einer – i.d.R. abweisenden – Sachentscheidung hat.

2. Klagerücknahmeerklärung und Einwilligung sind als Prozesshandlungen bedingungsfeindlich, unwiderruflich und unanfechtbar.[539]

II. Wirkungen der Klagerücknahme

246

- Die **Rechtshängigkeit der Sache wird mit Rückwirkung beseitigt** (§ 269 Abs. 3 S. 1 Hs. 1); eine Sachentscheidung ergeht nicht mehr!

- Ein im Prozess bereits ergangenes, noch nicht rechtskräftiges Urteil wird wirkungslos, ohne dass es einer Aufhebung bedarf (§ 269 Abs. 3 S. 1 Hs. 2).

535 BGH RÜ2 2018, 250; BGH NJW 2007, 1460; BGH NJW-RR 1994, 387; BGH ZInsO 2018, 1377.
536 BGH NJW 2007, 3279; StJ/Brehm vor § 1 Rn. 221 ff.; BL/Becker Einl. III Rn. 53 ff.
537 BGH NJW-RR 2006, 632, 634; BGH NJW 1982, 2073; 1986, 198; ThP/Seiler Einl. III Rn. 6.
538 Vgl. StJ/Leipold vor § 128 Rn. 300 ff.; Zöller/Greger vor § 128 Rn. 26 ff.; RS/Gottwald § 66.
539 BGH GRUR 2014, 911; BGH NJW 2007, 1460; Zöller/Greger vor §§ 128 ff. Rn. 14 ff., § 269 Rn. 12; Stein JA 2018, 936 ff.

■ **Der Kläger hat grds. die Prozesskosten zu tragen** (§ 269 Abs. 3 S. 2), nur aufgrund der Klagerücknahme, unabhängig von der materiellen Rechtslage **(prozessuale Kostenpflicht).**

Hat der Kläger die Klage deshalb zurückgenommen, weil der **Anlass zu ihrer Einreichung vor Rechtshängigkeit entfallen** ist – z.B. Erfüllung der Klageforderung nach Einreichung, aber vor Zustellung der Klage –, bestimmt sich die Kostenpflicht gemäß § 269 Abs. 3 S. 3 unter Berücksichtigung des bisherigen Sach- und Streitstandes nach billigem Ermessen: also Grundsatz des § 91 a (u. Rn. 252 f.).

Über die prozessualen Wirkungen und Kosten der Klagerücknahme entscheidet das Gericht auf Antrag durch **Beschluss**, § 269 Abs. 4.

III. Da nur die konkrete Klage zurückgenommen worden ist, kann der Kläger jederzeit erneut dieselbe Klage erheben.[540]

247 **IV.** Der Kläger kann sich **vertraglich zur Klagerücknahme verpflichten** (Prozessvertrag, s.o. Rn. 244). – Erklärt der Kläger die Rücknahme nicht, kann der Beklagte

■ die Rücknahmeverpflichtung **einredeweise** geltend machen – Einrede der prozessualen Arglist (s.o. Rn. 243) –, was zur Klageabweisung als unzulässig führt,[541] oder

■ aus dem **Vertrag auf Klagerücknahme klagen** – auch durch Widerklage –: Dann ersetzt die rechtskräftige, zur Rücknahme verurteilende Entscheidung nach § 894 die Rücknahmeerklärung (§ 894).[542]

C. Der Klageverzicht (§ 306)

248 Der Klageverzicht ist die Erklärung des Klägers in der mündlichen Verhandlung gegenüber dem Gericht, dass der Klageanspruch ganz (oder teilweise) nicht besteht. Er bedeutet also einen **Verzicht auf den Klageanspruch** als solchen, nicht nur – wie bei der Klagerücknahme – auf die anhängige Klage. Der Klageverzicht führt auf Antrag des Beklagten zum klageabweisenden **(Verzichts-)Urteil**, das ohne Sachprüfung allein aufgrund des Verzichts ergeht. Die Kosten des Rechtsstreits werden dabei dem Kläger als dem Unterliegenden auferlegt (§ 91). Da die Sache selbst entschieden wird, kann der Kläger nach einem Klageverzicht – im Gegensatz zur Klagerücknahme – keine erneute Klage desselben Inhalts mehr erheben (rechtskräftige Sachabweisung).

Da das Verzichtsurteil ein Sachurteil ist, müssen die Sachurteilsvoraussetzungen vorliegen; anderenfalls: Abweisung der Klage durch Prozessurteil. – In der Praxis sind Verzichtsurteile sehr selten.

D. Das Anerkenntnis (§ 307)

249 **I.** ist die Erklärung des Beklagten an das Gericht, dass der vom Kläger geltend gemachte prozessuale Anspruch (Klageanspruch) besteht. Es bedeutet also eine **Unterwerfung des Beklagten unter das Klagebegehren** und führt zum **Erlass des Anerkenntnisurteils**, d.h. eines klagezusprechenden Urteils **allein aufgrund des Anerkenntnisses.**

Die Kosten trägt grds. der unterliegende Beklagte (§ 91), **bei sofortigem Anerkenntnis und fehlender Klageveranlassung dagegen der Kläger** (§ 93).

---

540 BGH NJW 1984, 658. – Aber ggf. Einrede der fehlenden Kostenerstattung, § 269 Abs. 6.

541 BGH NJW-RR 1989, 802; 1992, 568; Zöller/Greger § 269 Rn. 3; MV/Foerste § 269 Rn. 2; ThP/Seiler § 269 Rn. 2.

542 ThP/Seiler § 269 Rn. 2; a.A. Zöller/Greger § 269 Rn. 3 (kein Rechtsschutzinteresse, Einrede ausreichend).

II. Voraussetzungen des Anerkenntnisurteils: **250**

▪ **Verfügungsbefugnis der Parteien** über den Streitgegenstand.

> Da das Anerkenntnis Ausfluss der Dispositionsmaxime ist, ist es dort nicht wirksam, wo die Parteien über den Streitgegenstand nicht verfügen können,[543] z.B. im Wiederaufnahmeverfahren (§§ 578 ff.), da der Bestand eines rechtskräftigen Urteils nicht zur Disposition der Parteien steht.[544]

▪ Anerkenntnis: **Unbedingt, uneingeschränkt, vorbehaltlos.**

> Ein eingeschränktes Anerkenntnis des Klageantrags – z.B. unter Aufrechnung mit einer Gegenforderung – ist daher kein Anerkenntnis i.S.v. § 307, ein Anerkenntnisurteil also nicht möglich. Denn es muss ja noch über die Aufrechnungsforderung entschieden werden. Es ist aber als ein **Anerkenntnis zum Grund** und als Zugeständnis des Klagevortrags zu werten mit der Wirkung, dass **der Klageanspruch ohne Sachprüfung der Entscheidung zugrunde zu legen** (Dispositionsmaxime)[545] und daher nur noch eine Sachprüfung zur Aufrechnung vorzunehmen ist.

▪ Vorliegen der **Sachurteilsvoraussetzungen**,

> da auch das Anerkenntnisurteil ein Sachurteil ist. Ist die Klage unzulässig, ist sie daher trotz eines Anerkenntnisses durch Prozessurteil abzuweisen.[546] Ein Anerkenntnisurteil kann aber ausnahmsweise dann ergehen, wenn eine fehlende Prozessvoraussetzung ihm nach dem Sinn und Zweck des § 307 (z.B. das obligatorische Schlichtungsverfahren nach § 15 a EGZPO) nicht entgegensteht.[547]

III. Das Anerkenntnisurteil ergeht **grds. ohne jede Sachprüfung** nur aufgrund des Anerkenntnisses. Der anerkannte Anspruch braucht daher nicht schlüssig oder materiell-rechtlich begründet zu sein.[548]

Allerdings: Die anerkannte Rechtsfolge darf nicht ersichtlich unmöglich, gesetzlich verboten oder **sittenwidrig** sein.[549] Insoweit erfolgt also doch eine **eingeschränkte Sachprüfung**.

IV. Beseitigung eines Anerkenntnisses?

Fall 20: Widerruf eines Anerkenntnisses

A klagt gegen B eine Forderung von 3.000 € aus einem Darlehen ein. B erkennt – aus Kostengründen – an, da er die Quittung über die Rückzahlung nicht findet. A beantragt den Erlass eines Anerkenntnisurteils. Noch bevor es ergeht, findet B die Quittung. Kann B das Anerkenntnis wieder beseitigen?

Das Anerkenntnis i.S.d. § 307 ist nach h.M. eine reine Prozesshandlung und hat mit einem materiell-rechtlichen Rechtsgeschäft i.S.v. § 781 BGB nichts zu tun.[550]   **251**

1. Als Prozesshandlung kann ein irrtümlich abgegebenes Anerkenntnis **nicht nach den Anfechtungsregeln des BGB beseitigt oder kondiziert** werden.[551]

---

543 BGH NJW-RR 2014, 1358; BGH NJW 1985, 2716; OLG Frankfurt NZBau 2015, 794; ThP/Seiler § 307 Rn. 5.

544 BGH NJW-RR 2010, 27; StJ/Althammer § 307 Rn. 37; ThP/Seiler§ 307 Rn. 5 f.

545 BGH NJW-RR 2014, 831; BGH NJW 2006, 217, 218; Zöller/Feskorn § 307 Rn. 9 ff.; StJ/Althammer § 307 Rn. 11, 14; a.A. MV/Musielak § 307 Rn. 5 ff.: unzulässige Einschränkung der richterlichen Kompetenz zur Rechtsprüfung.

546 BGH NJW-RR 2014, 831; BGH NJW 2003, 3350; BGH FamRZ 1974, 246; ThP/Seiler § 307 Rn. 10.

547 BGH NJW-RR 2014, 1358; ThP/Seiler § 307 Rn. 10.

548 BGH NJW-RR 2014, 831; BGH NJW 1985, 2716; 1993, 1718; KG NJW-RR 1995, 958; ThP/Seiler § 307 Rn. 10.

549 OLG Stuttgart NJW 1985, 2273; OLG Köln NJW 1986, 1352; Zöller/Feskorn § 307 Rn. 5; MV/Musielak § 307 Rn. 12.

550 BGHZ 80, 389; RS/Gottwald § 132 Rn. 66; Zöller/Feskorn vor §§ 306, 307 Rn. 3; Jauernig/Hess § 47 Rn. 10.

551 BGH NJW 2016, 716; BGH NJW 2002, 436, 438; ThP/Seiler § 307 Rn. 8; Zöller/Feskorn vor §§ 306, 307 Rn. 4.

2. Möglich ist jedoch ausnahmsweise ein **Widerruf des Anerkenntnisses**:

   a) mit Zustimmung des Klägers.[552]

   b) bei einem **Restitutionsgrund (§ 580)**: Es wäre nicht prozessökonomisch, den Beklagten dann nur auf eine Wiederaufnahme zu verweisen.[553]

   c) **nicht dagegen in analoger Anwendung des § 290:**[554] fehlende Vergleichbarkeit von Anerkenntnis und Geständnis.

   d) bei offenbaren Unrichtigkeiten infolge Verschreibens oder Versehens, was aber kein Widerruf i.e.S., sondern eine Berichtigung (Rechtsgedanke des § 319) ist.[555]

3. Eine Berufung des Klägers auf ein erkannt irriges Anerkenntnis kann in Ausnahmefällen **gegen Treu und Glauben** verstoßen[556] (und ist dann auch widerrufbar).

Zum Fall: Es liegt der Restitutionsgrund des § 580 Nr. 7 b vor – Auffinden einer Urkunde, die eine günstigere Entscheidung für die Partei herbeigeführt haben würde –; B kann daher das Anerkenntnis widerrufen. Ein Anerkenntnisurteil kann somit nicht ergehen.

Wäre das Anerkenntnisurteil schon erlassen gewesen, hätte B Berufung einlegen müssen; nach Rechtskraft wäre nur noch die Wiederaufnahmeklage gemäß § 580 Nr. 7 b möglich.

E. Die Erledigung des Rechtsstreits in der Hauptsache

I. Übereinstimmende Erledigungserklärung der Parteien (§ 91 a)

Fall 21: Die übereinstimmende Erledigungserklärung

K klagt gegen B aus Kaufvertrag auf Übereignung des Pferdes Hannibal. B bestreitet den Abschluss eines Vertrages. Während des Prozesses – vor der Beweisaufnahme – geht das Pferd ohne Verschulden des B ein. K erklärt nunmehr den Rechtsstreit in der Hauptsache für erledigt. B widerspricht dieser Erklärung nicht. Wie ist zu verfahren?

252   Der Klageantrag ist **gegenstandslos geworden** – nämlich materiell-rechtlich wegen Unmöglichkeit der Übereignung unbegründet (§§ 275 Abs. 1, 283, 280 Abs. 1 BGB) –, sodass es für K keinen Sinn mehr macht, die Klage noch weiter zu verfolgen.

1. In einer solchen Situation kann der Kläger **den Rechtsstreit in der Hauptsache für erledigt erklären**.

   Zweck: Dem Kläger soll ermöglicht werden, eine Abweisung oder Rücknahme seiner nicht mehr erfolgversprechenden Klage mit der für ihn ungünstigen Kostenfolge nach §§ 91, 269 Abs. 3 S. 2 zu vermeiden, wenn seine Klage während des Prozesses unzulässig oder unbegründet wird.[557]

   Erklärung: In mündlicher Verhandlung, schriftlich oder vor der Geschäftsstelle.

---

552 Zöller/Feskorn vor §§ 306, 307 Rn. 6; ThP/Seiler§ 307 Rn. 8.

553 BGH NJW 2002, 438; OLG Hamm NJW 2015, 357; OLG Rostock FamRZ 2005, 119; ThP/Seiler § 307 Rn. 8; Zöller/Feskorn vor §§ 306, 307 Rn. 4.

554 BGHZ 80, 389; Zöller/Feskorn vor §§ 306, 307 Rn. 6; MV/Musielak § 307 Rn. 14.

555 OLG Karlsruhe MDR 1974, 588; König MDR 1989, 706; MV/Musielak § 307 Rn. 14.

556 BGHZ 80, 389; BGH NJW 1993, 1717, 1719; OLG Frankfurt NJW-RR 1988, 574.

557 Ausführlich zur Erledigungserklärung Heiß/Heiß JA 2019, 15 ff.; JA 2018, 499 ff.; Klawonn/Rohner JuS 2019, 22 ff.; Schreiber Jura 2012, 782 ff.; Knöringer JuS 2010, 569 ff.

Bis zur Einverständniserklärung des Beklagten – oder einer anderweitigen Entscheidung – kann der Kläger seine Erledigungserklärung nach h.M. frei widerrufen, d.h. zu seinem ursprünglichen Klageantrag zurückkehren.[558]

2. **Schließt sich der Beklagte der Erledigungserklärung des Klägers an** oder widerspricht er der Erledigungserklärung nicht oder nicht rechtzeitig (vgl. § 91 a Abs. 1 S. 2 – übereinstimmende Erledigungserklärung), treten folgende Rechtswirkungen ein:

- Die **Rechtshängigkeit** der bisher streitigen Ansprüche wird **beendet**. Über die Ansprüche kann und darf daher nicht mehr entschieden werden.[559]

  Noch nicht rechtskräftige Entscheidungen werden wirkungslos,[560] z.B. ein bereits im Prozess ergangenes, mit Einspruch angefochtenes Versäumnisurteil.

- Es ist nur noch **gemäß § 91 a durch Beschluss über die Kosten des Verfahrens zu entscheiden**.

- Für eine Kostenentscheidung nach § 91 a ZPO ist aber kein Raum, wenn die Parteien in einem gerichtlichen oder außergerichtlichen Vergleich die Kostentragungspflicht geregelt haben, da kein Kostenstreit besteht, der durch eine gerichtliche Entscheidung beendet werden müsste.[561]

3. Die übereinstimmenden Erledigungserklärungen, deren Reihenfolge unerheblich **253** ist, binden nach ganz h.M. das Gericht. Die Rechtshängigkeit der Ansprüche endet **allein aufgrund der Erklärungen der Parteien** (Dispositionsmaxime!). Es kommt daher nicht darauf an und ist daher auch nicht vom Gericht zu prüfen, **ob sich die Hauptsache wirklich erledigt hat und wann die Erledigung eingetreten ist**. Bei Erledigung in der Rechtsmittelinstanz muss aber das Rechtsmittel zulässig sein.[562]

4. Nach § 91 a ist über die Kosten **unter Berücksichtigung des bisherigen Sach- und **254** Streitstandes nach billigem Ermessen** zu entscheiden.

   a) Bei dieser Kostenentscheidung sind die allgemeinen Grundgedanken des Kostenrechts (§§ 91 ff.) heranzuziehen. Es ist dabei entscheidend zu berücksichtigen, welche der Parteien ohne die Erledigung die Kosten zu tragen gehabt hätte, welche Partei also **voraussichtlich im Rechtsstreit unterlegen wäre**.[563]

   Bei der Kostenentscheidung nach § 91 a ist zwar grds. vom Veranlasser- und Unterliegensprinzip der §§ 91 ff. auszugehen, es ist aber nicht Zweck dieser Kostenentscheidung, Rechtsfragen von grundsätzlicher Bedeutung zu klären oder das Recht fortzubilden. Daher grds. nur (summarische) Prüfung, ob die Klage zulässig und schlüssig, die Einlassung des Beklagten erheblich und wie die Beweissituation (Beweisergebnisse, Beweismittel) war, um so den voraussichtlichen Prozessausgang zu ermitteln. Daneben können auch weitere Billigkeitsgesichtspunkte berücksichtigt werden, z.B. ein materiell-rechtlicher Kostenerstattungsanspruch, etwa aus Verzug,[564] Rechtsgedanke des § 93, bei Erledigung durch Vergleich der Umfang des Nachgebens und die Regelung des § 98 (str.).[565]

558 BGH RÜ 2015, 84; Zöller/Althammer § 91 a Rn. 12; Geisler, AnwBl 2017, 1046, 1059.
559 BGH MDR 2006, 1124; ThP/Hüßtege § 91 a Rn. 17; Geisler, AnwBl 2017, 1046, 1060.
560 BGH NJW 2004, 506; BAG NZA 2009, 1273, 1275.
561 BGH FA 2020, 9; BGH RVGreport 2018, 194; Zöller/Herget § 98 Rn. 4.
562 BGH GRUR 2018, 335; BGH ZIP 2040, 2043; BAG NZA 2018, 325; BAG NZA 2016, 64; MV/Lackmann § 91 a Rn. 15, 17; Zöller/Althammer § 91 a Rn. 12, 20; ThP/Hüßtege § 91 a Rn. 22 ff., 28 m.w.N.; vgl. zur Kostenentscheidung bei Erledigungserklärung vor unzuständigem Gericht Hoffmann NJW 2020, 1117 ff.
563 BGH NJW-RR 2018, 524; BAG NZA 2018, 325; MV/Lackmann § 91 a Rn. 22 ff.; ThP/Hüßtege § 91 a Rn. 46 ff., 48.
564 BGH RÜ 2013, 429; ThP/Hüßtege § 91 a Rn. 48; Bischoff JuS 2016, 608, 609.
565 Vgl. OLG Brandenburg FamRZ 2007, 67; Zöller/Althammer § 91 a Rn. 24, 25; MV/Lackmann § 91 a Rn. 23, 24.

b) Bei der Entscheidung ist der **„bisherige"** Sach- und Streitstand zugrunde zu legen, d.h. eine **Beweisaufnahme** über streitige, für die Kostenentscheidung bedeutsame Umstände ist daher nach h.M. **grds. ausgeschlossen.**[566]

5. **Ergebnis zum Fall:** Es war streitig, ob ein Kaufvertrag geschlossen war. Da über diese Frage noch keine Beweisaufnahme stattgefunden hat und jetzt auch nicht mehr erfolgen kann, kann nicht geklärt werden, wie der Prozess ausgegangen wäre. Dann ist es angebracht, die Kosten den Parteien zu gleichen Teilen aufzuerlegen.[567]

Daher Beschluss: „Die Kosten des Rechtsstreits tragen beide Parteien je zur Hälfte" (oder: „werden gegeneinander aufgehoben", vgl. § 92 Abs. 1 S. 2).

Gegen diesen Beschluss ist die sofortige Beschwerde zulässig (§ 91 a Abs. 2).

II. Die einseitige Erledigungserklärung des Klägers

Abwandlung: B widerspricht der Erledigungserklärung des K mit der Begründung, die Klage müsse nach wie vor abgewiesen werden; denn schließlich sei die Klage wegen Nichtzustandekommens eines Kaufvertrages von vornherein unbegründet gewesen, und daran könne sich durch den Tod des Pferdes nichts geändert haben.

255 Es handelt sich hier um eine nur einseitige Erledigungserklärung des Klägers, die zwar gesetzlich nicht geregelt, deren Zulässigkeit jedoch allgemein anerkannt ist.

Eine einseitige Erledigungserklärung des Beklagten ist dagegen nach ganz h.M. unzulässig, weil die Bestimmung des Streitgegenstandes ausschließlich Sache des Klägers ist.[568] Schließt sich allerdings der Kläger dieser Erledigungserklärung an, dann liegt eine übereinstimmende Erledigungserklärung vor.

256 1. Für die einseitige Erledigungserklärung **gilt § 91 a nicht.** Diese Bestimmung betrifft nach h.M. **ausschließlich die übereinstimmende** Erledigungserklärung.[569]

2. Die einseitige Erledigungserklärung des Klägers

■ **beendet daher die Rechtshängigkeit nicht,**[570] sondern

■ hat zur Folge, dass sich das ursprüngliche Begehren des Klägers in ein Feststellungsbegehren ändert: auf **Feststellung der Erledigung der Hauptsache.**

Klageänderungstheorie, nunmehr **eindeutig h.M.**[571] – Zulässigkeit dieser Klageänderung: § 264 Nr. 2 (Beschränkung des ursprünglichen Antrags).[572]

257 3. Eine **Erledigung des Rechtsstreits in der Hauptsache** liegt vor, **wenn die zunächst zulässige und begründete Klage durch ein nach Klageerhebung eingetretenes Ereignis gegenstandslos geworden ist.**[573] – Voraussetzung daher:

---

566 BGH AG 2020, 126; BGH RÜ 2013, 429; ThP/Hüßtege § 91 a Rn. 46 a; Musielak/Voit, Rn. 491 f.; Bischoff JuS 2016, 608, 609.

567 In der Praxis häufig, z.B. BGH AG 2020, 126; OLG Köln VersR 2001, 862; vgl. aber auch OLG Frankfurt NJW 2020, 245

568 Vgl. dazu BGH NJW 1994, 2364; MV/Lackmann § 91 a Rn. 49; ThP/Hüßtege § 91 a Rn. 14, 42 m.w.N.

569 BGHZ 23, 340; MV/Lackmann § 91 a Rn. 45; Huber JuS 2013, 977 ff.; Zöller/Althammer § 91 a Rn. 52: Meinungsübersicht.

570 BGH NJW-RR 2018, 452; BGH RÜ 2009, 553; 1990, 2682; Zöller/Althammer § 91 a Rn. 34 m.w.N.

571 BVerfG NJW 1993, 1061; BGH NJW-RR 2020, 633; BGH RÜ2 2019, 267; Zöller/Althammer § 91 a Rn. 34.

572 BGH, Urt. v. 19. 11.2019 – XI ZR 575/16; BGH MDR 2016, 482; BGH NJW 2008, 2580; ThP/Hüßtege § 91 a Rn. 32.

573 BGH RÜ 2010, 363; BGH NJW 2008, 2580; BGH RÜ 2003, 454; MV/Lackmann § 91 a Rn. 40; vgl. auch BGH RÜ2 2019, 267 zur übereinstimmenden Erledigungserklärung bei Unzuständigkeit des angerufenen Gerichts.

a) **Tatsächliche Erledigung**: Eintritt eines Ereignisses, das die Klage gegenstandslos, d.h. **unzulässig oder unbegründet** macht.[574]

Z.B. Erfüllung durch den Beklagten, auch durch Aufrechnung,[575] Untergang der herausverlangten Sache, (erstmalige) Erhebung der Verjährungseinrede bei verjährter Forderung.[576]

b) **nach Klageerhebung** – h.M. (**Zustellung = Rechtshängigkeit**, §§ 253, 261).[577]

Grund: War die Klage bereits bei Erhebung gegenstandslos, kann sie sich nicht noch erledigen.

Bei Erledigung durch **Aufrechnung**: Trotz § 389 BGB ist der **Zeitpunkt ihrer Erklärung** entscheidend, da erst die Erklärung das Erlöschen der Klageforderung und damit die Erledigung bewirkt, auch bei bereits vor Klageerhebung bestehender Aufrechnungslage.[578]

Entsprechendes gilt für die Verjährungseinrede des Beklagten.[579]

c) **Zulässigkeit und Begründetheit des ursprünglichen Klageantrags im Zeitpunkt des Eintritts der Erledigung**, also nicht zwingend von Anfang an.[580]

Grund: Eine unzulässige oder unbegründete Klage ist abzuweisen, wobei den Kläger nach § 91 die Kosten treffen. Dem soll sich der Kläger nicht einseitig entziehen können, wenn später ein Ereignis eintritt, das die ohnehin erfolglose Klage auch noch gegenstandslos macht.

Entscheidender Unterschied zu § 91 a: Die Feststellung einer Erledigung auf den einseitigen Antrag des Klägers hin erfordert die Feststellung der tatsächlichen Erledigung, ihres Zeitpunktes und der Zulässigkeit sowie Begründetheit der ursprünglichen Klage. Bei der übereinstimmenden Erledigung kommt es auf all das nicht an, sondern allein auf die Erledigungserklärungen der Parteien (Dispositionsmaxime!).

4. Zur Feststellung, ob diese Voraussetzungen vorliegen, insbesondere ob die Klage zulässig und begründet war, ist eine vollständige Sachprüfung durch das Gericht, ggf. mit Beweisaufnahme, durchzuführen.[581] **258**

a) War die Klage unzulässig oder unbegründet, so kann die Erledigung der Hauptsache nicht festgestellt werden. Die Feststellungsklage wird daher **durch Urteil abgewiesen**, mit der Kostenfolge gemäß § 91 gegen den unterliegenden Kläger.[582]

Bei einer einseitigen Erklärung in der Rechtsmittelinstanz ist zunächst die Zulässigkeit des Rechtsmittels zu prüfen. Wird sie verneint, kommt es auf die Erledigung nicht an. Wird sie bejaht, ist dann im zweiten Schritt zu prüfen, ob das Rechtsmittel im Zeitpunkt des erledigenden Ereignisses Erfolg gehabt hätte, beim Rechtsmittel des Klägers also, ob die Klage zulässig und begründet war.[583]

b) War die Klage dagegen bis zum Eintritt des erledigenden Ereignisses zulässig und begründet, so wird **durch Urteil festgestellt, dass der Rechtsstreit in der Hauptsache erledigt ist**.

Die Kosten treffen den Beklagten nach § 91, da er im Streit um die Feststellung der Erledigung unterlegen ist und da er auch sonst im Prozess unterlegen wäre.[584]

574 BGH NJW-RR 2018, 452; BGH NJW 2014, 2199; BGH RÜ 2010, 363.
575 BGH MDR 2015, 143; ThP/Hüßtege § 91 a Rn. 5.
576 BGH RÜ 2010, 363 – dazu Cziupka JR 2010, 372.
577 BGH ZIP 2019, 1172; BGH RÜ 2015, 84; MV/Lackmann § 91 a Rn. 37 f.
578 BGH RÜ 2003, 454; str. – Widerspruch zu § 767? s.u. Fall 38 Rn. 516.
579 BGH NJW 2014, 2199; BGH RÜ 2010, 363.
580 BGH NJW-RR 2020, 125; BGH RÜ2 2019, 267; BGH RÜ 2003, 454; ThP/Hüßtege § 91 a Rn. 31 ff.
581 BGH NJW-RR 2006, 544; NJW 1992, 2236; MV/Lackmann § 91 a Rn. 40 ff.; ThP/Hüßtege § 91 a Rn. 33.
582 BGHZ 83, 12; 91, 127; 106, 367; BGH NJW 1992, 2236; BGH NJW-RR 1993, 391; ThP/Hüßtege § 91 a Rn. 33.
583 BGH GRUR 2018, 335; ThP/Hüßtege § 91 a Rn. 40 m.w.N.
584 BGH GRUR 2018, 335; BGHZ 83, 12; 91, 127; 106, 366; StJ/Bork § 91 a Rn. 50 m.w.N.

5. Ergebnis zum Fall: Es ist durch Beweisaufnahme zu klären, ob ein Kaufvertrag zustande gekommen war. Ist dies nicht der Fall, ist die Klage, die dann von vornherein unbegründet war, abzuweisen. Ist dagegen ein Vertrag anzunehmen, so ist die Erledigung des Rechtsstreits festzustellen. – Gegen das Urteil: Berufung.

III. „Erledigung" vor Rechtshängigkeit

259 **1.** Die früher sehr umstrittene **„Erledigung" vor Rechtshängigkeit** – z.B. der Beklagte erfüllt die Klageforderung vor Zustellung – wird nunmehr in erster Linie durch **§ 269 Abs. 3 S. 3** erfasst: Der Kläger kann die Klage zurücknehmen, über die Kosten ist dann nach den Grundsätzen des § 91 a zu entscheiden (s.o. Rn. 246).

War die Veranlassung zur Klage bereits vor Einreichung der Klage weggefallen, gilt § 269 Abs. 3 S. 3 nach h.M. dann, wenn der Kläger schuldlos erst nach der Einreichung Kenntnis davon erhalten hat.[585]

2. Der Kläger kann aber auch die Klage in einen **Feststellungsantrag** dahin ändern, **dass der Beklagte die Kosten des Rechtsstreits zu tragen habe.** An einem solchen – zulässig gemäß § 264 Nr. 2, 3 geänderten – Feststellungsantrag hat der Kläger jedenfalls dann ein Rechtsschutzinteresse, wenn er einen streitigen materiell-rechtlichen Kostenerstattungsanspruch, z.B. aus Verzug, besitzt, den er dann durch eine Beweisaufnahme nachweisen kann.[586] Bei § 269 Abs. 3 S. 3 findet allerdings grds. keine Beweisaufnahme statt, sodass insoweit die Gefahr besteht, dass bei streitiger Rechtslage die Kosten einfach gegeneinander aufgehoben werden (s.o. Rn. 254).

Auch bei einer **Erledigung während des Prozesses** kommt für den Kläger eine Klageänderung in einen Kostenantrag – statt Erledigungserklärung – in Betracht, wenn er einen materiell-rechtlichen Kostenerstattungsanspruch besitzt, da er dessen Voraussetzungen, falls streitig, bei übereinstimmender Erledigungserklärung nicht mehr beweisen könnte.[587]

F. Der Prozessvergleich (§ 794 Abs. 1 Nr. 1)

260 Der Prozessvergleich dient der gütlichen Beilegung des Rechtsstreits, auf die auch das Gericht ständig hinzuwirken hat (vgl. § 278, s.o. Rn. 100).

Bei Vergleichsverhandlungen und Vergleichsvorschlägen muss das Gericht darauf achten, dass nicht der Verdacht der Bevorzugung einer Partei entsteht oder dass die Parteien sich zum Abschluss eines Vergleichs genötigt fühlen. Es setzt sich sonst der Gefahr der Ablehnung wegen Befangenheit (vgl. §§ 42 ff.) oder sogar einer Anfechtbarkeit des Vergleichs nach § 123 BGB[588] aus.

Vorteile des Vergleichs u.a.: Einverständlichkeit und damit größere Befriedungswirkung; Möglichkeit umfassenderer, u.U. sachgerechterer und flexiblerer Regelung, unter Berücksichtigung des Prozessrisikos; schnellere Prozessbeendigung, i.d.R. mit Vermeidung weiterer Kosten (Beweisaufnahme, Rechtsmittel). **In der Praxis ist daher der Prozessvergleich von großer Bedeutung:** Ein Großteil der streitigen Prozesse wird durch Vergleich beendet.

---

585 MMV/Foerste § 269 Rn. 13 b m.w.N; ausführlich dazu Heiß/Heiß JA 2019, 15 ff.; Becker JuS 2018, 1050 ff.

586 BGH RÜ 2013, 429 = NJW 2013, 2201 m. Anm. Elzer; MV/Foerste § 269 Rn. 13 c; Zöller/Greger § 269 Rn. 18; ThP/Seiler § 69 Rn. 16; Elzer/Nissen NJW 2019, 1116; Hk-ZPO/Gierl § 91 a Rn. 73; a.A. Tegeder NJW 2003, 3327: nur § 269 Abs. 3 S. 3.

587 ThP/Hüßtege § 91 a Rn. 6; Hk-ZPO/Gierl § 91 a Rn. 13; Fischer MDR 2002, 1097; a.A. Lindacher § 91 a JR 2005, 92.

588 BGH NJW 1966, 2399; BAG NZA 2010, 1250 (dazu Deubner JuS 2011, 222).

I. Wirksamkeitsvoraussetzungen des Prozessvergleichs

Der Prozessvergleich ist ein **Vertrag mit Doppelnatur** in der Weise, dass Prozesshandlung und materielles Rechtsgeschäft (Vergleich i.S.d. § 779 BGB) untrennbar miteinander verbunden sind.[589] Daher müssen zu seiner Wirksamkeit die Voraussetzungen einer wirksamen Prozesshandlung und eines materiell-rechtlichen Vergleichs erfüllt sein. **261**

Dieser Vertrag muss naturgemäß von den Prozessparteien geschlossen werden. Darüber hinaus ist aber auch eine **Beteiligung Dritter** möglich, die dem Rechtsstreit zum Vergleichsabschluss beitreten und für die dann in dem Vergleich titulierte Ansprüche oder Verpflichtungen begründet werden können.[590]

1. Wirksamkeitsvoraussetzungen als Prozesshandlung: **262**

■ Abschluss vor einem Gericht – i.d.R., aber nicht notwendig: das Prozessgericht –

  in mündlicher Verhandlung oder schriftlich durch übereinstimmenden Vergleichsvorschlag der Parteien oder Annahme eines gerichtlichen Vergleichsvorschlags mit Feststellung des Vergleichsinhalts durch Beschluss des Gerichts (§ 278 Abs. 6).

■ Der Prozessvergleich muss den Streitgegenstand eines anhängigen Verfahrens betreffen und diesen ganz oder teilweise erledigen,

  kann aber darüber hinaus auch andere Angelegenheiten der Parteien regeln.[591]

■ Verfahren mit Dispositionsmaxime (s.o. Rn. 61).

■ Postulationsfähigkeit der Vergleichsschließenden.

  Soweit Anwaltszwang besteht (vgl. § 78), kann die postulationsunfähige Partei den Prozessvergleich daher nicht selbst abschließen.[592]

■ bei mündlicher Verhandlung: Protokollierung (§§ 160 Abs. 3 Nr. 1, 162).

  Diese Protokollierung ersetzt jede andere materiell-rechtlich vorgeschriebene Form (§§ 127 a, 126 Abs. 4, 127 BGB). Daher kann so z.B. in einem Prozessvergleich auch eine Auflassung erklärt werden (vgl. § 925 Abs. 1 S. 3 BGB).

2. Wirksamkeitsvoraussetzungen als materiell-rechtlicher Vergleich sind die allgemeinen Wirksamkeitsvoraussetzungen eines Vertrages nach materiellem Recht, wie Geschäftsfähigkeit, wirksame Vertretung, Verfügungsbefugnis. **263**

Beispiel: K, vertreten durch seinen Vormund, klagt gegen B 15.000 € ein; ein Vergleich, durch den sich B verpflichtet, an K 9.000 € zu zahlen, bedarf gemäß § 1822 Nr. 12 BGB grds. der vormundschaftsgerichtlichen Genehmigung (anders nach gerichtlichem Vergleichsvorschlag).

Nach § 779 BGB müsste darüber hinaus auch ein **„gegenseitiges Nachgeben"** vorliegen. Ob dies für die Annahme eines Prozessvergleichs i.e.S. überhaupt erforderlich ist, ist streitig,[593] in der Praxis jedoch ohne große Bedeutung, da jedenfalls jedes auch noch so geringe Nachgeben ausreicht, wie z.B. Einverständnis mit Ratenzahlung, Übernahme eines Teils der Kosten[594] oder sogar nur der Verzicht auf ein rechtskraftfähiges Urteil.[595] Dass ein Prozessvergleich ohne gegenseitiges Nachgeben unwirksam sei, wird daher ohnehin nicht angenommen, gestritten wird insoweit aber um die Vergleichsgebühr.

---

589 Ganz h.M., u.a. BGH NJW 2020, 1134; BGH ZInsO 2018, 1377; BGH RÜ2 2018, 250; BAG NZA 2016, 573; Zöller/Stöber § 794 Rn. 3; ThP/Seiler § 794 Rn. 3 ff.; Huber JuS 2017, 1058 ff.; Schreiber Jura 2012, 23 ff.

590 MV/Lackmann § 794 Rn. 7; ThP/Seiler § 794 Rn. 9.

591 BGH NJW 1999, 2807; ausführlich zum Prozessvergleich Huber JuS 2017, 1058 ff.; Schreiber Jura 2012, 23; Zeising NJ 2011, 353; 2012, 1 sowie Schultheiß JuS 2015, 318 ff. zu typischen Problemen des Prozessvergleichs.

592 H.M., BGH NJW 1991, 1743; ThP/Seiler § 794 Rn. 12.

593 Dafür u.a. MV/Lackmann § 794 Rn. 9; ThP/Seiler § 794 Rn. 15; verneinend u.a. MK/Wolfsteiner § 794 Rn. 13.

594 Vgl. BGH NJW-RR 2005, 1303; BGH MDR 2006, 391; BAG NZA 2016, 716; ThP/Seiler § 794 Rn. 15.

595 MV/Lackmann § 794 Rn. 9, 18; StJ/Münzberg § 794 Rn. 17.

264 **3. Wichtig:** Wenn (nur) prozessuale Wirksamkeitsvoraussetzungen fehlen – etwa die erforderliche Form oder die Postulationsfähigkeit –, kann gleichwohl, bei entsprechendem hypothetischen Parteiwillen (§§ 140, 154 Abs. 2 BGB), ein **wirksamer materiell-rechtlicher Vergleich** zustande gekommen sein, nach dem sich nunmehr die materiell-rechtliche Rechtslage beurteilt.[596]

265 **4.** Der Prozessvergleich ist als – auch – materielles Rechtsgeschäft grds. **nicht bedingungsfeindlich.**

Der praktisch wichtigste Fall einer Bedingung ist der **„Widerrufsvorbehalt"**, durch den einer Partei oder auch beiden Parteien noch eine Überlegungsfrist eingeräumt wird. Der Vergleich ist dann i.d.R. **aufschiebend bedingt** durch das Unterlassen des Widerrufs innerhalb einer bestimmten Frist.[597] Der Widerrufsempfänger kann im Vergleich bestimmt werden. Im Zweifel kann der Widerruf dem Prozessgegner oder dem Gericht gegenüber erklärt werden (Doppelnatur des Vergleichs). [598] Die Prozessparteien können eine in einem Prozessvergleich wirksam vereinbarte Widerrufsfrist vor deren Ablauf grds. auch ohne Mitwirkung des Gerichts verlängern.[599]

Eine Bedingung ist aber nicht möglich, soweit ein im Vergleich geregeltes Rechtsgeschäft bedingungsfeindlich ist, daher nicht bei der Auflassung (§ 925 Abs. 2 BGB).[600]

II. Wirkungen des Prozessvergleichs

266 **1.** Soweit der Vergleich reicht, **wird der Rechtsstreit beendet.**

2. Der Prozessvergleich ist ein **Vollstreckungstitel**, soweit er einen vollstreckungsfähigen Inhalt hat (§ 794 Abs. 1 Nr. 1).

Er hat aber **keine materielle Rechtskraft**: § 767 Abs. 2 gilt daher nicht. Im Wege der Vollstreckungsgegenklage können deshalb auch Einwendungen vorgebracht werden, die **zeitlich vor dem Vergleichsabschluss liegen**.[601]

Anders aber, wenn die Einwendung – wie im Regelfall – gerade durch den Vergleich erledigt worden ist und daher vom Vergleich erfasst wird.[602]

III. Unwirksamkeit des Prozessvergleichs

267 **1.** Der Prozessvergleich kann wegen materiell-rechtlicher oder prozessualer Abschlussmängel unwirksam sein oder rückwirkend (z.B. durch Anfechtung) unwirksam werden. Beim **Streit über die Wirksamkeit des Prozessvergleichs** und damit die Beendigung des Rechtsstreits wird der **bisherige Prozess fortgesetzt**.[603]

2. Anders ist es jedoch nach h.M., wenn der Vergleich an sich wirksam ist, die Parteien jedoch um ein Rücktrittsrecht gemäß § 323 BGB oder das Fehlen/den Wegfall der Geschäftsgrundlage streiten. Dies ist in einem neuen Prozess – z.B. durch Vollstreckungs-

---

596 BGH NJW 1985, 1962; MV/Lackmann § 794 Rn. 20 m.w.N.
597 BGH RÜ2 2018, 250; BAG ZTR 2007, 694; MV/Lackmann § 794 Rn. 11.
598 BGH NJW 2005, 3576; MV/Lackmann § 794 Rn. 11 ff.; ThP/Seiler § 794 Rn. 22.
599 Vgl. dazu BGH RÜ2 2018, 250.
600 BGH NJW 1988, 416; MV/Lackmann § 794 Rn. 11; Palandt/Herrler § 925 BGB Rn. 19; a.A. BVerwG NJW 1995, 2179.
601 BGH NJW 1977, 583; JZ 1987, 888; StJ/Münzberg § 795 Rn. 15; Zöller/Geimer § 794 Rn. 16; ThP/Seiler § 767 Rn. 25.
602 BL/Schmidt § 795 Rn. 1; ThP/Seiler § 794 Rn. 30.
603 Allg. M.: BGH RÜ2 2018, 250; BGH NJW 2011, 2141; 1999; BAG NZA 2017, 1467; ThP/Seiler § 794 Rn. 36.

gegenklage (§ 767) oder Feststellungsklage – zu verfolgen. Der frühere Prozess ist und bleibt nach der h.M. durch den wirksamen Prozessvergleich **beendet**.[604]

Nach a.A. ist dagegen auch dieser Streit durch Fortsetzung des bisherigen Rechtsstreits zu klären, da es auch dann letztlich um eine Unwirksamkeit des Vergleichs gehe und die anfänglichen und nachträglichen Unwirksamkeitsgründe nicht prozessual unterschiedlich behandelt werden dürften.[605]

IV. Ein außergerichtlicher Vergleich der Parteien

1. Dieser Vergleich beendet den Rechtsstreit nicht unmittelbar,[606] sondern grds. erst **268** dann, wenn die Parteien aufgrund der Vereinbarung entsprechende Prozesshandlungen – z.B. Prozessvergleich, übereinstimmende Erledigungserklärung – vornehmen; die materiell-rechtliche Rechtslage bestimmt sich allerdings nach dem Vergleich.

Hat sich der Kläger in dem Vergleich zur Klagerücknahme verpflichtet, so wird die Klage, wenn sie fortgeführt wird, auf Einrede als unzulässig abgewiesen (s.o. Rn. 247).

2. Eine besondere Form des außergerichtlichen Vergleichs ist der **Anwaltsvergleich** **269** (§§ 796 a ff.), der durch Vollstreckbarerklärung – durch Gericht oder Notar – zu einem außergerichtlichen Vollstreckungstitel (§ 794 Abs. 1 Nr. 4 b) führen kann. Beide Parteien müssen durch Anwälte vertreten sein.

Der Anwaltsvergleich setzt keinen anhängigen Prozess voraus und kann daher gerade auch **zur Vermeidung eines Prozesses** geschlossen werden.

G. Bei Regelung nur eines Teils des Streitgegenstandes

durch Prozesshandlungen der Parteien treten deren Rechtswirkungen auch nur für die- **270** sen Teil des Rechtsstreits ein, der dann im Übrigen normal weitergeführt wird.

Beispiel: A klagt gegen B auf Zahlung von 5.000 €; im Laufe des Rechtsstreits zahlt B 2.500 €.

Erklären daraufhin die Parteien den Rechtsstreit insoweit für erledigt, so ist hinsichtlich dieses Teils nur noch gemäß § 91 a über die Kosten, im Übrigen – hinsichtlich des nicht erledigten Teils – aber im normalen Verfahren sachlich zu entscheiden (einheitliches Urteil über den verbliebenen Teil mit einer einheitlichen Kostenentscheidung auch nach § 91 a).[607] – Entsprechendes gilt, wenn A die Klage zu 2.500 € zurücknimmt oder sich die Parteien insoweit vergleichen.

---

604 BGH RÜ2 2018, 250; BGH NJW 1999, 2903; OLG Hamm VersR 2006, 562; BL/Hunke Anh. § 307 Rn. 43; MV/Lackmann § 794 Rn. 24; vgl. aber auch BAG NZA 2016, 716: Fortsetzung bisherigen Verfahrens jedenfalls dann, wenn sowohl anfängliche (z.B. Nichtigkeit) als auch nachträgliche Mängel (Rücktritt) geltend gemacht werden.

605 StJ/Münzberg § 794 Rn. 72 ff.; Hk-ZPO/Kindl § 794 Rn. 22; RS/Gottwald § 131 Rn. 51 ff., 59 ff.

606 BGH RÜ 2002, 260; OLG Thüringen FamRZ 2006, 1277.

607 Vgl. BGH NJW 2013, 2361; ThP/Hüßtege § 91 a Rn. 44; MV/Lackmann § 91 a Rn. 52.

271

Beendigung des Rechtsstreits durch Parteihandlungen (Dispositionsmaxime)

I. Klagerücknahme (§ 269)

1. Erklärung des Klägers gegenüber dem Gericht; Einwilligung des Beklagten nach Verhandlung zur Hauptsache notwendig.

2. Wirkungen:

   a) Rückwirkende Beendigung der Rechtshängigkeit;

   b) grds. Pflicht des Klägers zur Tragung der Prozesskosten.

3. Der Kläger kann die Klage erneut erheben.

II. Klageverzicht (§ 306)

1. Verzicht des Klägers auf den geltend gemachten prozessualen Anspruch.

2. Verzichtsurteil (Sachurteil) auf Klageabweisung, ohne Sachprüfung, allein aufgrund des Verzichts.

3. Erneute Klage mit dem durch Verzicht erledigten Anspruch ist nicht mehr zulässig (rechtskräftige Sachabweisung).

III. Anerkenntnis (§ 307)

1. Erklärung des Beklagten, dass der geltend gemachte Klageanspruch besteht.

2. Es ergeht stattgebendes Anerkenntnisurteil (Sachurteil)

   a) bei Vorliegen der Sachurteilsvoraussetzungen (sonst Abweisung der Klage durch Prozessurteil),

   b) grds. ohne Sachprüfung (aber nicht bei Gesetz- oder Sittenwidrigkeit der anerkannten Rechtsfolge).

3. Nicht nach BGB anfechtbar, jedoch widerrufbar bei Zustimmung des Klägers und bei Vorliegen eines Restitutionsgrundes, nicht analog § 290.

IV. Erledigung der Hauptsache

1. **Übereinstimmende Erledigungserklärung** der Parteien: Rechtshängigkeit endet aufgrund Parteierklärungen (keine Prüfung der Erledigung durch das Gericht); Kostenentscheidung nach § 91 a durch Beschluss, grds. danach, wer voraussichtlich im Rechtsstreit unterlegen wäre.

2. **Einseitige Erledigungserklärung des Klägers:** Fällt nicht unter § 91 a; keine Beendigung der Rechtshängigkeit; nunmehr: **Feststellungsbegehren** des Klägers.

   a) **Erledigung:** Wenn die zunächst zulässige und begründete Klage durch ein **nach Klageerhebung** eingetretenes Ereignis gegenstandslos geworden ist.

   b) Bei Unzulässigkeit oder Unbegründetheit der Klage: Klageabweisung.

   c) Bei Erledigung: Feststellung der Erledigung durch Urteil.

   d) Kostenentscheidung: stets nach § 91 gegen die insoweit unterliegende Partei.

V. Prozessvergleich (§ 794 Abs. 1 Nr. 1)

1. Vertrag mit Doppelnatur als Prozesshandlung und materiell-rechtliches Rechtsgeschäft (§ 779 BGB): Voraussetzungen beider Komponenten müssen erfüllt sein.

2. Vergleich ist Vollstreckungstitel, soweit vollstreckungsfähiger Inhalt; für Vollstreckungsgegenklage gilt § 767 Abs. 2 nicht.

3. Bei Unwirksamkeit des Vergleichs oder Streit hierüber: Fortsetzung des Rechtsstreits; bei Streit um vertragliches Rücktrittsrecht oder Störung der Geschäftsgrundlage dagegen: neuer Prozess, str.

11. Abschnitt: Überblick über das Beweisverfahren

A. Beweisbedürftigkeit

I. Um zu einem Urteil zu kommen, muss das Gericht die Schlüssigkeit des Klägervorbringens und die Erheblichkeit des Beklagtenvorbringens prüfen. Diese Prüfung ergibt, ob bzw. auf welche der zwischen den Parteien streitigen Tatsachen es für die Entscheidung des Rechtsstreits ankommt. **Diese streitigen entscheidungserheblichen Tatsachen sind beweisbedürftig** und daher vom Gericht **im Beweisverfahren** festzustellen. 272

Beispiel: Der Kläger erhebt schlüssige Kaufpreisklage aus § 433 Abs. 2 BGB. Der Beklagte B bestreitet eine Einigung über die Kaufsache (erheblich als Bestreiten der Voraussetzungen des § 433 BGB); außerdem auch kein wirksamer Kaufvertrag wegen seiner damaligen Minderjährigkeit (erheblich als rechtshindernde Einrede). Der Kläger bestreitet, dass B damals noch minderjährig gewesen sei; hilfsweise macht er geltend, der gesetzliche Vertreter des B sei mit dem Kaufvertrag einverstanden gewesen (sog. Replik des Klägers gegen die rechtshindernde Einrede des B erheblich, § 107 BGB). Dies bestreitet B.

Beweisbedürftige Tatsachen sind:

(a) Die Einigung über die Kaufsache (anspruchsbegründend, Beweislast: Kläger),
(b) Minderjährigkeit des B bei Vertragsschluss (rechtshindernd, Beweislast: Beklagter),
(c) Einverständnis des gesetzlichen Vertreters (Replik gegen Einrede, Beweislast: Kläger).

Der Kläger gewinnt, wenn entweder: (a) bewiesen + (b) nicht bewiesen, oder: (a) + (c) bewiesen.

II. Keines Beweises bedürfen: 273

1. Zugestandene, unstreitige und nicht wirksam bestrittene Tatsachen.

Dies folgt aus dem Verhandlungsgrundsatz (vgl. § 138 und oben Rn. 63).

2. Offenkundige Tatsachen (§ 291),

entweder allgemeinkundig – allgemein bekannt oder aus allgemein zugänglichen Quellen, z.B. Lexika, feststellbar – oder gerichtskundig, d.h. dem Gericht bereits amtlich bekannt. – Auch privates Wissen oder private Ermittlungen, z.B. aus Besichtigung einer Unfallstelle, darf der Richter verwerten, muss dies den Parteien aber zuvor mitteilen (rechtliches Gehör).[608]

3. Tatsachen, die Gegenstand einer **gesetzlichen Vermutung** sind, § 292 274

Diese Tatsachen stehen fest, wenn die Voraussetzungen der Vermutung unstreitig oder (vom Vermutungsbegünstigten) bewiesen sind. Steht diese Vermutungsbasis fest, muss von dem Begünstigten die gesetzlich vermutete Tatsache nicht mehr vorgetragen werden. Der Vermutungsgegner, also die Partei, zu deren Lasten die Vermutung geht, hat nach § 292 S. 1 das Gegenteil vorzutragen, also einen Beweis dafür anzutreten und zu führen, d.h. **die Vermutung zu widerlegen**. Gelingt ihm das, kann die Tatsache nicht mehr aufgrund der Vermutung angenommen werden, sondern bedarf des Beweises.

Beispiel: A klagt als Besitzer eines Pkw gegen den Vorbesitzer B auf Feststellung seines Eigentums; B behauptet, er sei der Eigentümer. – Als Kläger hat A grds. sein Eigentum zu beweisen. Da er aber der Besitzer ist, wird gemäß **§ 1006 Abs. 1 BGB** vermutet, dass er der Eigentümer ist – genauer: dass er mit dem Besitz auch das Eigentum erlangt habe.[609] A braucht daher sein Eigentum (zunächst) nicht zu be-

---

608 BGH NJW 2019, 3147; allgemein zur Darlegungs- und Beweislast Stein JuS 2016, 896; Kellermann-Schröder JA 2016, 137; zur Beweisführung und -würdigung Muthorst JuS 2014, 686; Jäckel MDR 2020, 317 zu aktuellen Entwicklungen im Beweisrecht; Laumen MDR 2020, 145 sowie 193 zu Beweisanträgen im Zivilprozess und Folgen deren Ablehnung.
609 BGH NJW 1994, 939; Palandt/Herrler § 1006 BGB Rn. 4; Laumen MDR 2016, 370 ff.; 2015, 1, 2; Muthorst JuS 2014, 686, 689.

weisen; von seinem Eigentum ist vielmehr auszugehen. B kann aber gemäß § 292 diese Vermutung widerlegen: Wenn er **beweist**, dass A mit dem Besitz nicht zugleich das Eigentum erworben hat – etwa weil er ihm den Pkw geliehen hatte –, greift die Vermutung nicht mehr ein; A muss dann konkret seinen Eigentumserwerb beweisen, anderenfalls wird seine Klage abgewiesen.

Weitere wichtige gesetzliche Vermutungen: §§ 476, 630 h, 891, 1377 BGB, § 84 Abs. 2 ArzneimittelG.

275   **4.** Tatsachen, für die der **Beweis des ersten Anscheins** (prima-facie-Beweis) – aufgrund einer **tatsächliche Vermutung** – spricht.

a) Der Beweis des ersten Anscheins – die tatsächliche Vermutung – greift ein, wenn aus unstreitigen oder bewiesenen Tatsachen aufgrund allgemeiner Lebenserfahrung, d.h. aus **allgemeinen Erfahrungssätzen bei typischen Geschehensabläufen** auf eine bestimmte Ursache oder einen bestimmten Geschehensablauf geschlossen werden kann. Auf solche tatsächlichen Vermutungen ist § 292 nach h.M. nicht anwendbar, sodass die Partei, zu deren Gunsten die tatsächliche Vermutung greift, die vermutete Tatsache behaupten muss, woran allerdings keine strengen Anforderungen zu stellen sind.[610]

Beispiel: A klagt gegen B auf Schadensersatz, weil B auf den Wagen des A aufgefahren ist. – Anspruchsgrundlage: §§ 7 Abs. 1, 17 Abs. 1, 2 StVG; dabei spricht eine tatsächliche Vermutung aufgrund allgemeiner Lebenserfahrung für ein Verschulden des Auffahrenden – zu geringer Abstand (§ 4 StVO), überhöhte Geschwindigkeit, Unaufmerksamkeit –, was i.d.R. dazu führt, dass der Auffahrende den Schaden voll zu ersetzen hat:[611] Beweis des ersten Anscheins bei typischen Geschehensabläufen.

b) Der Vermutungsgegner kann aber den Beweis des ersten Anscheins **ausräumen, indem er die ernsthafte Möglichkeit eines abweichenden atypischen anderen Geschehensablaufs vorträgt und beweist.**[612]

Im Beispiel: eine völlig grundlose abrupte Vollbremsung des A, Ausfall der Bremslichter des A: Dann wird das Verschulden nicht mehr vermutet; A muss dann einen Verschuldensbeweis durch Vortrag und Beweis entsprechender Tatsachen führen, um vollen Schadensersatz erhalten zu können.

Der Anscheinsbeweis – die tatsächliche Vermutung – wird daher bereits dadurch ausgeräumt, dass der Vermutungsgegner den Anscheinsbeweis (lediglich) **erschüttert**. Es ist – anders als bei der gesetzlichen Vermutung – nicht erforderlich, dass er die Vermutung widerlegt. – Dagegen sind die tatsächlichen Voraussetzungen für das Eingreifen des Anscheinsbeweises/Erfahrungssatzes, falls diese streitig sind, **voll** von der Partei zu beweisen, für die der Anscheinsbeweis sprechen würde.[613]

c) Weitere Beispiele für Anscheinsbeweis: für **Verschulden**, wenn ein Kraftfahrer ohne erkennbaren Anlass von der Fahrbahn abkommt oder auf die Gegenfahrbahn gerät,[614] bzw. ein Linksabbieger mit einem entgegenkommenden Fahrzeug zusammenstößt,[615] für **Kausalität** einer Übertragung von HIV-infiziertem Blut bei anschließender Aids-Erkrankung des Empfängers[616] oder von Schweißarbeiten bzw. Spiel mit Feuerzeug für den Ausbruch eines Brandes,[617] für einen sorgfaltswidrigen Umgang des ec-Karten-Inhabers mit der PIN-Nummer bei missbräuchlicher Abhebung durch einen Dritten, z.B. Notierung der Nummer auf oder Verwahrung mit der Karte.[618]

Gesetzlich geregelter Fall eines Anscheinsbeweises: § 371 a Abs. 1 S. 2.

---

610   BGH NJW 2010, 1072; MK/Prütting § 292 Rn. 27; ausführl. Laumen MDR 2015, 1; Oberheim JuS 1996, 918; 1997, 61; 358.

611   BGH MDR 2017, 443 m. Anm. Laumen; OLG Hamm NJW-RR 2019, 283; OLG Karlsruhe VersR 2018, 566.

612   BGH NJW 2017, 1961; BGH NJW 2016, 2024; Zöller/Vollkommer vor § 284 Rn. 29 ff.; Laumen MDR 2015, 1, 4 f.

613   BGH NJW 2019, 661; BGH NJW 2006, 300; MV/Foerste § 286 Rn. 23; Schellhammer, Rn. 404.

614   BGH MDR 2017, 333 m. Anm. Laumen; BGH NJW 1996, 1828; BGH JZ 1986, 251; Herz NJW-Spezial 2018, 201; Schröder SVR 2015, 19; Wenker VersR 2015, 34; v. Pentz ZfSch 2012, 64: BGH-Rspr. zum Anscheinsbeweis im Verkehrsrecht.

615   BGH MDR 2007, 884; Martis/Enslin MDR 2008, 117; Dörr MDR 2010, 1163 ff.

616   BGH RÜ 2005, 466 (Bspr. Katzenmeier NJW 2005, 3391).

617   BGH NJW 2010, 1071; OLG Frankfurt MDR 2005, 1170; OLG Celle VersR 2009, 254.

618   BGH NJW 2016, 2024; BGH RÜ 2012, 144; BGH NJW 2012, 1277; Karies/Hoeren WM 2015, 549.

5. Tatsachen, die mittels **§ 287** festgestellt werden: **Schadensschätzung.**

Erleichtert wird die Feststellung, ob überhaupt ein Schaden eingetreten ist, welchen Umfang er hat und ob er auf dem verpflichtenden Verhalten beruht (haftungsausfüllende Kausalität): **Gesicherte – überwiegende – Wahrscheinlichkeit ausreichend.** Für die Feststellung des Haftungsgrundes gilt dagegen § 287 nicht, dessen Voraussetzungen regulär nachzuweisen sind (§ 286).[619]   **276**

Materiell-rechtliche Ergänzung durch **§ 252 S. 2 BGB:** Der Geschädigte braucht hinsichtlich eines entgangenen Gewinns nur die Umstände darzulegen, aus denen sich die Wahrscheinlichkeit eines Gewinns bei normalem Geschehensablauf ergibt.

6. Rechtsverhältnisse und Tatsachen, die aufgrund rechtskräftiger Vorentscheidung oder der Interventionswirkung gemäß §§ 68, 74 feststehen (s. Rn. 216 f., 336).

7. Tatsachen, **deren Beweis die gegnerische Partei schuldhaft vereitelt** hat.   **277**

Z.B.: Der Beklagte weigert sich, dem Kläger die nur ihm bekannte Anschrift eines Zeugen mitzuteilen oder die Unfallstelle wird vor der Beweisaufnahme vom Beklagten verändert.[620]

Insoweit folgt aus §§ 427, 441 Abs. 3 S. 3, 444, 446, 453 Abs. 2, 454 Abs. 1 ZPO, § 242 BGB ein allgemeiner Rechtsgedanke: Wer dem Prozessgegner die Beweisführung schuldhaft erschwert oder unmöglich macht, darf daraus keine beweisrechtlichen Vorteile ziehen.[621]

Umstritten ist allerdings die Folge der Beweisvereitelung: Erwiesenheit der Tatsache? Umkehr der Beweislast oder nur Indiz für die Beweiswürdigung?[622] Die Rspr. dazu ist nicht eindeutig, wohl Frage der Umstände des Einzelfalles, insbesondere des Grades des Verschuldens. Jedenfalls bei vorsätzlicher Vernichtung des Beweismittels wird die Annahme der Richtigkeit der Behauptung sehr naheliegen.[623]

B. Beweisarten – Beweismittel

I. Beweisarten

1. Strengbeweis

Er ist auf die Herbeiführung der **vollen richterlichen Überzeugung** von der Wahrheit der zu beweisenden Tatsache im förmlichen Beweisverfahren nach den §§ 355 ff. gerichtet. **Grds. für eine Sachentscheidung – Sachurteil – erforderlich.**   **278**

Das Strengbeweisverfahren kennt **fünf Beweismittel:**

■ **Augenscheinseinnahme** (§§ 371 ff.).

■ **Zeugen** (§§ 373 ff.).

Zeuge kann jeder sein, der **nicht als Partei und nicht als gesetzlicher Vertreter vernommen** werden kann. Z.B. auch die prozessunfähige Partei (grds. keine Parteivernehmung, § 455 Abs. 1); ihr gesetzlicher Vertreter wird dagegen als Partei vernommen und scheidet daher als Zeuge aus.

Pflichten des Zeugen: zum Erscheinen (§ 380), zur Aussage – nicht wenn Aussageverweigerungsrecht besteht (§§ 383 ff., z.B. Ehegatten, nahe Verwandte, Lebenspartner i.S.d. LPartG, nicht aber Lebensgefährten) –, zur Informierung (§ 378) und zur Eidesleistung (§ 391).

---

619 BGH RÜ2 2019, 226; BAG NZA 2017, 323; MV/Foerste § 287 Rn. 3 ff.; ThP/Seiler § 287 Rn. 2.
620 Vgl. dazu BGH, VU v. 13.6.2012 – VIII ZR 356/11, BeckRS 2012, 16127 (Zeuge) und OLG Köln VersR 1992, 355 (Unfallstelle).
621 BGH GRUR 2016, 88; BGH NJW 2006, 434; ausführlich zur Beweisvereitelung Huber JuS 2020, 208 ff.
622 BGH NJW 2017, 1093; BGH GRUR 2016, 88; MK/Prütting § 286 Rn. 83 ff, 87 ff.; Büßer JA 2016, 618, 619 f.
623 Schellhammer, Rn. 532 und eingehend Huber JuS 2020, 208 ff., 209; Thole JR 2011, 327; Laumen MDR 2009, 80.

- **Sachverständigengutachten** (§§ 402 ff.).

  Sachverständiger: Helfer und Berater des Richters mit der Aufgabe, dem Richter Erfahrungssätze oder Spezialkenntnisse aus seinem Fachgebiet zu vermitteln, die für die Entscheidung benötigt werden. Zuziehung im pflichtgemäßen Ermessen des Gerichts, bei der Beurteilung einer Fachwissen voraussetzenden Frage aber grds. geboten,[624] daher praktisch immer in Arzthaftungsprozessen. I.d.R schriftliches Gutachten, aber grds. Recht der Parteien auf mündliche Erläuterung (§ 411). Mit konkreten Einwänden gegen die Feststellungen des Sachverständigen muss sich das Gericht auseinandersetzen, da sonst der Anspruch auf rechtliches Gehör verletzt ist.[625]

  Unterschied zum Zeugen: Der Sachverständige ist durch einen anderen ersetzbar, der Zeuge dagegen nicht, da er eine gerade von ihm gemachte Wahrnehmung bekunden soll.[626]

- **Urkunden** (§§ 415 ff.).

  Urkunde über ein Rechtsgeschäft begründet eine Vermutung für Richtigkeit und Vollständigkeit.[627]

- **Parteivernehmung** (§§ 445 ff.).

  Grds. nur unter den engen Voraussetzungen der §§ 445 ff. zulässig. Ob eine Erweiterung aus dem Gesichtspunkt der **„Waffengleichheit"** geboten sein kann, insbesondere dann, wenn der Gegner einen auf seiner Seite stehenden Zeugen eines Vier-Augen-Gesprächs mit der Partei hat (z.B. Gespräch: Personalleiter/Arbeitnehmer), ist umstritten.[628] Die Möglichkeit der Verwertung einer Partei**anhörung** gemäß §§ 141, 137 Abs. 4 bei der Beweiswürdigung und der Grundsatz der freien Beweiswürdigung werden i.d.R zur angemessenen Berücksichtigung der Beweissituation der Partei ausreichen.[629]

  Bei Nichtaussage: Würdigung gegen die Partei möglich, bis zur Annahme, dass die Behauptung bewiesen sei (§§ 446, 453 Abs. 2, 454); die Parteivernehmung ist also nicht erzwingbar, es sind aber Schlüsse gegen die sich weigernde Partei möglich.

2. Freibeweis

279   Zwar ebenfalls auf die volle richterliche Überzeugung gerichtet, braucht aber nicht im Verfahren und mit den Mitteln des Strengbeweises geführt zu werden; Verfahren und Beweismittel stehen im Ermessen des Gerichts.

z.B. Einholung einer amtlichen Auskunft, telefonische Vernehmung eines Zeugen.

Freibeweis ist **zulässig** bei **Einverständnis der Parteien** (§ 284 S. 2, 3), nach h.M. auch bei der Feststellung der **Prozessvoraussetzungen**,[630] ferner im Prozesskostenhilfe-Verfahren (§ 118 Abs. 2), im Beschwerdeverfahren[631] und amtsgerichtlichen Schieds-verfahren (§ 495 a, s.o. Rn. 59).

3. Glaubhaftmachung (§ 294)

280   Beweisführung, die dem Richter lediglich die Vorstellung hinreichender **Wahrschein-lichkeit** vermitteln soll. Sie reicht nur aus, wo sie gesetzlich vorgesehen ist (z.B. §§ 920 Abs. 2, 936 für Arrest und einstweilige Verfügung). Als Beweismittel kommen hier auch eidesstattliche Versicherungen – auch der Partei selbst – in Betracht.

---

624 BGH MedR 2020, 284; BGH NJW 2019, 2765; BGH BauR 2019, 1011; Müller JuS 2015, 33 zur Würdigung des Gutachtens.

625 BGH NJW 2020, 1141 m. Anm. Beate; BGH NJW-RR 2020, 186; zur Ablehnung eines Sachverständigen Milde NJW 2018, 1149 ff.

626 Vgl. BVerwG NJW 2011, 1983.

627 BGH WM 2018, 817; BGH NJW 2002, 3164; ausführlich dazu Hennings/Feige JA 2012, 128 ff.

628 Vgl. EGMR NJW 1995, 1413; BGH NJW 2013, 2601; Ahrens MDR 2015, 185; Greger MDR 2014, 313; Zuck NJW 2010, 3764.

629 BVerfG NJW 2008, 2170; BGH NJW-RR 2018, 249; BAG NJW 2014, 1326; Müller EuGRZ 2019, 297; Ahrens MDR 2015, 185.

630 BGH JW 2007, 1457; MV/Weth § 56 Rn. 5 f.; Bockholdt NZS 2019, 169, 171; a.A. StJ/Berger vor § 355 Rn. 24: Strengbeweis.

631 BGH ZInsO 2017, 1789; BGH NJW 2008, 1531.

II. Beweisrichtung

Nach der **Beweisrichtung** ist zu unterscheiden: **281**

- **Hauptbeweis**

  Die beweisbelastete Partei muss die Tatsachen nachweisen, die die Tatbestands-
  merkmale der ihr günstigen Rechtsnorm ausfüllen: **Volle richterliche Überzeugung
  erforderlich.**

- **Gegenbeweis**

  Der Prozessgegner will damit tatsächliche Behauptungen der anderen Partei widerlegen. Er bezieht sich also auf das „Nichtvorliegen" der beweisbedürftigen Tatsache
  und hat bereits Erfolg, wenn die richterliche Überzeugung von der Wahrheit der beweisbedürftigen Tatsache **erschüttert** ist,[632] denn dann ist der Hauptbeweis nicht
  erbracht.

- **Beweis des Gegenteils**

  Es soll eine für den Gegner sprechende gesetzliche Vermutung – z.B. die Eigentumsvermutung nach § 1006 BGB – ausgeräumt werden (vgl. § 292): **Volle richterliche
  Überzeugung** erforderlich. Die bloße Erschütterung der Vermutung reicht nicht.

III. Beweisnähe

Nach der **Beweisnähe** ist zu unterscheiden: **282**

- **Unmittelbarer Beweis**

  Das Beweismittel betrifft unmittelbar ein zu beweisendes Tatbestandsmerkmal einer
  entscheidungsbedeutsamen Rechtsnorm (Haupttatsache), z.B. einen streitigen Vertragsschluss oder den Zugang einer Kündigung.

- **Mittelbarer Beweis**

  Der Schluss auf das Vorliegen oder Nichtvorliegen der Haupttatsachen wird **mit
  Hilfstatsachen (Indizien)** geführt, mit denen die Hauptsache bewiesen werden soll,
  z.B. die Täterschaft des Beklagten an einer Brandstiftung, vorsätzliches Handeln.

  Dabei sind immer eine **Gesamtwürdigung und Abwägung** aller für und gegen die Annahme der
  Haupttatsache sprechenden Indizien erforderlich.[633] – Z.B. aus verschiedenen Indizien dahin, dass
  ein Verkehrsunfall, bei dem der Schaden entstanden sein soll, manipuliert ist.[634]

C. Die Durchführung des Beweisverfahrens

I. Beweisantrag

Durch „Beweisantritt" – **Beweisantrag** – führt die Partei das Beweismittel für eine be-   **283**
stimmte Behauptung (Beweisthema) in den Prozess ein.

---

632 BGH NZI 2019, 850; BGH NJW 2001, 2096, 2099.

633 BGH, Urt. v. 25.05.2020 – VI ZR 252/19, BeckRS 2020, 10555; BGH NJW-RR 2016, 1140; BGH NJW 2012, 2427.

634 Vgl. BGH NJW 2020, 1072; OLG Karlsruhe NJW-RR 2007, 1172; OLG München VersR 2008, 1250; Hansen JuS 1992, 417.

Beweisantrag: Benennung eines ganz bestimmten Beweismittels zum Beweis einer ganz bestimmten Tatsachenbehauptung.[635] – Dadurch Abgrenzung zum unzulässigen bloßen **Beweisermittlungsantrag**, bei dem es an der Behauptung einer bestimmten Tatsache oder an der Bezeichnung eines bestimmten Beweismittels fehlt, der also auf eine **Ausforschung des Sachverhalts** abzielt.[636]

Das Gericht hat auf – ordnungsgemäße – Beweisanträge hinzuwirken (§ 139 Abs. 1).

1. Ein Beweisantrag ist grds. **nur noch für den Zeugenbeweis zwingend erforderlich** (§ 373). Im Übrigen ist dagegen das Gericht – trotz der Verhandlungsmaxime – zu einer Beweisaufnahme von Amts wegen berechtigt (s.o. Rn. 77).

284   **2.** Grds. muss das Gericht **allen erheblichen Beweisantritten nachgehen.**[637]

Jede Vorwegnahme der Beweiswürdigung hat daher zu unterbleiben: Daher darf ein Beweisantritt nicht mit der Begründung abgelehnt werden, dass das Gegenteil der behaupteten Tatsache bereits erwiesen sei[638] oder dass die beantragte Beweisaufnahme wahrscheinlich erfolglos bleiben werde, weil z.B. der benannte Zeuge als Ehemann der Klägerin voraussichtlich unglaubwürdig sei oder keine Kenntnis von dem Vorgang haben könne.[639] Denn dies soll ja gerade in der Beweisaufnahme geklärt werden.

3. Nur ausnahmsweise kann daher ein Beweisantrag abgelehnt werden.

Die ZPO enthält hierzu keine besonderen Vorschriften. Im Wesentlichen werden die Regelungen in § 244 StPO entsprechend angewendet.[640] – **Weitere Ablehnungsfälle:**

Zurückweisung/Nichtberücksichtigung wegen Verspätung (§§ 282, 296, 296 a).

Unzulässig ist der sog. Ausforschungsbeweis: Beweisantrag für willkürliche, erkennbar ohne jeden greifbaren tatsächlichen Anhaltspunkt aufgestellte Behauptung („ins Blaue hinein", „auf gut Glück")[641] – nur ausnahmsweise anzunehmen; Tatsachen, die nur vermutet werden, dürfen behauptet werden, über sie ist Beweis zu erheben (s.o. Rn. 71).

Unzulässig ist ferner ein Beweisantrag auf Erhebung rechtswidrig, insbesondere unter **Verletzung des Persönlichkeitsrechts des Gegners**, erlangter Beweismittel **(Beweiserhebungsverbot):** z.B. Zeuge durch Mithören eines Telefonats ohne Einwilligung des Gesprächsgegners[642] (Verkehrs- oder Geschäftsüblichkeit rechtfertigt das Mithören grds. noch nicht)[643] – aber nur bei zielgerichteter Veranlassung des Mithörens[644] –, heimliche Tonbandaufnahme von Telefonat,[645] heimlicher Zeuge/Mithörer zu vertraulichem Gespräch (Spitzel),[646] heimlicher DNA-Test,[647] heimlich eingesetzter GPS-Sender,[648] für Aufnahmen aus verdeckter (u.U. auch aus offener) Videoüberwachung;[649] – Allerdings ist immer auch eine **Interessen- und Güterabwägung** mit dem Beweisinteresse des Beweisführers erforderlich:[650] Diesem kann unter besonderen Umständen – etwa einer Notwehr- oder notwehrähnlichen Lage (z.B. Diebstähle im Betrieb) – der Vorrang vor dem Schutz des Persönlichkeitsrechts einzuräumen

---

635 BGH JR 1994, 364; MV/Foerste § 284 Rn. 14 ff.; zu Problemen von Beweisanträgen Laumen MDR 2020, 145 ff.; 93 ff.

636 Vgl. dazu BGH NJW 2020, 1679; BGH NJW 2020, 393; BGH ZIP 2018, 1173; BGH NJW 2012, 2427; ThP/Seiler § 284 Rn. 3.

637 Vgl. BVerfG FA 2019, 104; BGH RÜ2 2019, 198; ausführlich dazu Laumen MDR 2020, 145; 193.

638 BGH NJW-RR 2002, 1072; BAG NJW 2010, 104.

639 Vgl. BGH, Beschl. v. 18.02.2020 – XI ZR 196/19, BeckRS 2020, 7082; BGH TranspR 2019, 376; BGH ZInsO 2014, 707.

640 BGHZ 53, 245, 259; BGH, Beschl. v. 23.04.2015 – V ZR 200/14, BeckRS 2015, 10179; ThP/Seiler § 284 Rn. 4.

641 BVerfG NJW 2009, 1585; BGH NJW 2020, 1679; BGH NJW 2020, 393; BGH NJW 2019, 1137; BGH ZIP 2018, 1173.

642 BGH MDR 2010, 689; BGH NJW 2003, 1727.

643 BVerfG NJW 2002, 3619; ausführlich dazu Gehrlein VersR 2011, 1350 ff.

644 BAG NJW 2010, 104.

645 BGH NMDR 1988, 306; OLG Hamm NJW-RR 1996, 735; vgl. aber auch BGH FuR 2020, 57 zu Angaben über Straftaten.

646 BGH NJW 1991, 1180; JZ 1994, 915; BAG JZ 1998, 790.

647 BGH NJW 2005, 497. – Problem „entschärft" durch § 1598 a BGB.

648 BGH NJW 2013, 2668; OLG Oldenburg FamRZ 2008, 2138.

649 Vgl. dazu BAG NZA 2017, 1179; BAG NZA 2017, 443; Zimmermann DB 2017, 1910.

650 BVerfG RÜ 2003, 36; EGMR AuR 2020, 131 m. Anm. Lörcher; BGH RÜ2 2018, 223 (Verwertbarkeit von Dashcam-Aufzeichnungen bejaht); BAG NZA 2019, 1212; ausführlich Betz RdA 2018, 100 und BAG NJW 2017, 3258: Sogar Sachvortragsverwertungsverbot wegen besonders schwerwiegender Persönlichkeitsverletzung bejaht.

sein; das allgemeine Interesse an der Wahrheitsfindung im Zivilprozess und das Interesse des Beweisführers an dem Beweismittel rechtfertigen allein jedoch eine Persönlichkeitsverletzung noch nicht.[651]

Ausnahmsweise Ablehnung bei völliger Ungeeignetheit des Beweismittels (z.B. Lügendetektor).[652]

4. Da das Gericht auf – ordnungsgemäße – Beweisanträge hinzuwirken hat (§ 139), muss es vor einer Ablehnung auf eine Unbestimmtheit oder Unzulässigkeit hinweisen.

Ablehnung erst im Urteil, nicht zuvor durch Beschluss (also anders als § 244 Abs. 6 StPO).

5. Falls Beweise vom Gericht entgegen einem Beweiserhebungsverbot erhoben worden sind, stellt sich die Frage, ob die Ergebnisse gleichwohl bei der Beweiswürdigung verwertet werden dürfen oder nicht: **auch Beweisverwertungsverbot?** – ungeklärt.   **285**

Ein Verstoß gegen ein Beweiserhebungsverbot wird nicht ausnahmslos auch ein Verwertungsverbot zur Folge haben, sondern es wird jeweils auf den **Schutzzweck des verletzten Verbots** abzustellen sein:[653] Falls z.B. Beweis erhoben worden ist, der an sich wegen Verspätung hätte zurückgewiesen werden müssen, kann das Ergebnis verwertet werden, da der Zurückweisungszweck nicht mehr erreicht werden kann.[654] Dagegen wird ein unter schwerer Verletzung des Persönlichkeitsrechts des Gegners rechtswidrig erlangtes Beweismittel bei der Beweiswürdigung jedenfalls dann nicht verwertet werden dürfen, wenn über das schlichte Beweisinteresse keine besonderen Aspekte hinzutreten.[655]

Die Aussage eines nicht über ein Aussageverweigerungsrecht belehrten Zeugen darf nicht verwertet werden,[656] auch nicht eine solche Aussage aus einem Strafprozess; grds. anders bei einer Partei: Interessen- u. Güterabwägung.[657] – Zu einem strafprozessualen Geständnis s.o. Rn. 202.

Wird aufgrund eines rechtswidrig erlangten Beweismittels oder einer rechtswidrig erlangten Information nunmehr ein zulässiger Beweis erhoben – z.B. aufgrund eines unzulässigen heimlichen DNA-Tests ein gerichtliches Blutgruppengutachten –, wird dieses zulässige Beweismittel verwertet werden können[658] (keine generelle Fernwirkung des vorausgegangenen Rechtsverstoßes als „fruit of the poisonous tree" wie im US-Prozessrecht).[659]

II. Beweisbeschluss

Die Anordnung der Beweiserhebung trifft das Gericht durch **Beweisbeschluss**, falls die Beweisaufnahme nicht sofort erfolgen kann, sondern ein besonderes Verfahren – z.B. einen Beweistermin – erfordert (§§ 358, 359).   **286**

III. Beweisaufnahme

Die Beweisaufnahme erfolgt grds. vor dem erkennenden Gericht (§ 355 Abs. 1, **Grundsatz der Unmittelbarkeit der Beweisaufnahme**; s.o. Rn. 86).   **287**

Grds. im Verfahren gemäß §§ 355 ff., also z.B. Zeugenvernehmung in mündlicher Verhandlung (§ 370), aber Erweiterung durch Freibeweismöglichkeit nach § 284 S. 2, z.B. für nachträgliche ergänzende telefonische Fragen an Zeugen oder Sachverständigen.[660] – Ein Gutachten aus einem anderen Prozess kann verwertet werden (§ 411 a).

---

651 BGH RÜ 2010, 277; BAG NZA 2019, 1212; BAG NZA 2014, 143.

652 BGH NZM 2020, 376; BGH NJW 2003, 2527; Gehrlein VersR 2011, 1350, 1351.

653 Vgl. BGH RÜ 2006, 300; BAG NZA 2017, 112; MK/Prütting § 284 Rn. 64 ff.

654 BGH RÜ 2006, 300.

655 BGH NJW 2003, 1727; u.U. sogar Sachvortragsverwertungsverbot, vgl. dazu BAG NJW 2017, 3258; Koch ZfA 2018, 109 ff.

656 Vgl. MK/Prütting § 284 Rn. 67: Verwertbarkeit aber, wenn der Mangel nicht rechtzeitig gerügt wird, § 295.

657 BGH NJW 2003, 213.

658 BGH RÜ 2006, 300.

659 Vgl. BGH RÜ 2006, 300.

660 Vgl. MV/Foerste § 284 Rn. 26.

IV. Beweiswürdigung

288 Die **Beweiswürdigung** ist die Prüfung des Beweisergebnisses dahin, ob die Behauptung, über die der Beweis erhoben worden ist, bewiesen ist oder nicht.

1. Die Behauptung ist **bewiesen**, wenn das Gericht **von ihrer Wahrheit überzeugt** ist.

Dafür ist keine absolute oder unumstößliche Gewissheit im Sinne des wissenschaftlichen Nachweises erforderlich, sondern nur ein „**für das praktische Leben brauchbarer Grad von Gewissheit**, der Zweifeln Schweigen gebietet, ohne sie völlig auszuschließen". Bloße Wahrscheinlichkeit oder Vermutungen genügen dagegen nicht.[661]

2. Ob eine Behauptung bewiesen ist, entscheidet das Gericht unter Berücksichtigung des gesamten Inhalts der Verhandlungen und des Ergebnisses der Beweisaufnahme nach freier Überzeugung (§ 286 Abs. 1; **Grundsatz der freien Beweiswürdigung**).

Also Zusammenspiel von z.B. Zeugenaussagen, Erfahrungssätzen, Parteivortrag. Dabei sind der gesamte Sachverhalt und alle Beweise erschöpfend zu berücksichtigen und im Urteil zu begründen.[662]

Beweisregeln binden das Gericht nur in den gesetzlichen Fällen (§ 286 Abs. 2; z.B. §§ 415–418 bei Urkunden). Im Übrigen ist das Gericht **völlig frei**. Es kann also z.B. einer uneidlichen Zeugenaussage mehr glauben als einer eidlichen, den Angaben einer Partei mehr als der Aussage eines Zeugen; es braucht einem Sachverständigengutachten nicht zu folgen. Andererseits darf die Beweiswürdigung natürlich nicht willkürlich erfolgen; die Gesetze der Logik binden auch das Gericht.[663]

D. Die Beweislast

289 Die Beweislast regelt, wer im Falle der Nichtaufklärung oder Nichtaufklärbarkeit einer entscheidungserheblichen bestrittenen Tatsache den Prozess verliert.

I. Beweislastfragen

Beweislastfragen stellen sich **in zweifacher Richtung:**

290 **1. Subjektive Beweislast (Beweisführungslast):** Wenn die beweisbelastete Partei für eine erhebliche streitige Tatsache keinen Beweis antritt, verliert sie den Prozess.

Beispiel: K verlangt von B Schadensersatz aus § 823 BGB mit der Behauptung, B habe am 03.04. seinen Gartenzaun beschädigt. B bestreitet das und benennt X als Zeugen dafür, dass er am 03.04. an einem anderen Ort war. – Beweisbedürftige Tatsache ist die Eigentumsbeschädigung durch B. Für diese anspruchsbegründende Tatsache i.S.d. § 823 BGB trägt K die Beweislast; insoweit muss also K „den Hauptbeweis" führen. Dass B den „Gegenbeweis" (für das Nichtvorliegen!) angetreten hat, entbindet K nicht von seiner Beweisführungslast. Ein vom Gegner etwa – wie hier – angebotener Gegenbeweis wird nicht erhoben, wenn der Hauptbeweis nicht angetreten wird.[664] Tritt also K für die Sachbeschädigung durch B trotz richterlicher Aufforderung (§ 139!) keinen Beweis an, bleibt er also „beweisfällig", so wird seine Klage – ohne dass es zu einer Beweisaufnahme hinsichtlich des Gegenbeweises kommt – als unbegründet abgewiesen, weil er die Beschädigung nicht bewiesen hat.

2. Objektive Beweislast: Wenn das Ergebnis einer Beweisaufnahme das Gericht nicht von der Wahrheit oder Unwahrheit der beweisbedürftigen Tatsache zu überzeugen ver-

---

661 BGH NJW 2020, 1072; BGH WM 2016, 1710; ausführl. zur richterlichen Überzeugungsbildung Stein JuS 2016, 980 ff.
662 BGH NJW 2020, 776; BAG NZA 2018, 1405; MV/Foerste § 286 Rn. 2 ff., 17 ff.; Kopp/Schmidt JR 2015, 51.
663 Vgl. dazu BGH ZIP 2020, 716; BGH NJW-RR 2018, 249; MV/Foerste § 286 Rn. 9 ff.; Laumen MDR 2015, 1, 4.
664 BL/Anders Grundz. § 284 Rn. 26; RS/Gottwald § 116 Rn. 5.

mag, geht dieses „non liquet" zulasten desjenigen, der die Beweislast trägt.[665] Die Tatsache ist dann nicht bewiesen.

II. Die Verteilung der Beweislast

1. Grundsatz: Jede Partei trägt die Beweislast für das Vorliegen der tatsächlichen Voraussetzungen der ihr günstigen Rechtsnormen.[666]

291

Der Kläger hat daher grds. alle anspruchsbegründenden Tatsachen zu beweisen, der Beklagte dagegen die Tatsachen, die eine rechtshindernde, rechtsvernichtende oder rechtshemmende Einrede (Gegennorm) begründen. Repliktatsachen gegen solche Einreden hat wiederum der Kläger zu beweisen.[667]

Beispiele: K verlangt Kaufpreiszahlung. B behauptet, bei Vertragsabschluss noch minderjährig gewesen zu sein: damit macht er eine rechtshindernde Einrede geltend, für die er daher die Beweislast trägt. Behauptet nun der Kläger, dass der gesetzliche Vertreter des B seinerzeit genehmigt habe, so macht er eine Repliktatsache geltend, um die Gegennorm wieder auszuräumen; dafür trägt er die Beweislast.

Für eine Stundung trägt der Schuldner die Beweislast, da Abweichung von der gemäß § 271 Abs. 1 BGB grundsätzlichen sofortigen Fälligkeit, daher auch für die Ratenzahlungsvereinbarung.[668]

Behauptet der Schuldner Erfüllung, trägt er hierfür die Beweislast (rechtsvernichtende Einrede),[669] auch der Bürge bei Inanspruchnahme durch den Gläubiger,[670] der Gläubiger dagegen für Nichterfüllung nach Annahme der Leistung als Erfüllung (§ 363 BGB).

Wer ein Recht in Anspruch nimmt, hat nur die Entstehung zu beweisen (Anspruchsvoraussetzung), der Gegner einen Fortfall (Fortbestand des Rechts nach Entstehung wird vermutet).[671] Wer sich auf eine nachträgliche Vertragsänderung beruft, hat diese zu beweisen.[672]

2. Der Grundsatz ist zum Teil durchbrochen:

292

- soweit gesetzliche **Beweislastregeln eingreifen** (z.B. §§ 179, 345, 363, 932 [„es sei denn"], 2336 Abs. 3 BGB).

- soweit **gesetzliche oder tatsächliche Vermutungen** eingreifen.

  Z.B. § 280 Abs. 1 S. 2 BGB: Steht bei einem Schuldverhältnis die objektive Pflichtverletzung fest, wird das Verschulden des Schädigers vermutet.[673] Ausnahme im Arbeitsrecht: § 619 a BGB.

  Z.B. § 477 BGB: Grds. muss der Käufer das Vorliegen des Sachmangels bereits bei Gefahrübergang beweisen; für den Verbrauchsgüterkauf durchbrochen: Falls der Mangel innerhalb von sechs Monaten festgestellt wird, wird sein Vorliegen bei Gefahrübergang vermutet, was dann vom Verkäufer zu widerlegen ist (§ 292).[674] – Vgl. auch §§ 280 Abs. 1 S. 2, 832 BGB.

  § 22 AGG: Wenn der Betroffene Indizien für die Vermutung einer Diskriminierung beweist, trifft den Gegner die Beweislast, dass kein AGG-Verstoß vorgelegen hat.[675]

---

665 BGH RÜ2 2019, 201; MV/Foerste § 286 Rn. 32; Jauernig/Heß § 50 Rn. 4, 10; Zöller/Greger vor § 284 Rn. 15 f.
666 BGH DB 2016, 2290; ThP/Seiler vor § 284 Rn. 23; Stein JuS 2016, 896 ff.
667 BGH, Urt. v. 25.05.2020 – VI ZR 252/19, BeckRS 2020, 10555; ThP/Seiler vor § 284 Rn. 23; Schmidt JuS 2003, 1007.
668 BGH NJW-RR 2004, 209; MünchKomm/Krüger, 8. Aufl. 2019, § 271 BGB Rn. 37.
669 BGH NJW-RR 2007, 705.
670 BGH MDR 1995, 1108.
671 Vgl. dazu BGH NJW-RR 2004, 209; BGH FamRZ 1976, 81.
672 BGH BauR 2003, 1884; OLG Saarbrücken VersR 2004, 624.
673 BGH ZIP 2013, 766.
674 Vgl. BGH RÜ 2017, 1; Sagan/Scholl JZ 2016, 501; Schwab JuS 2015, 71.
675 BGH RÜ 2012, 564; BAG NZA 2019, 1419 und ausführlich dazu Stein NZA 2016, 849 ff.

■ durch eine Verteilung nach **Gefahrenbereichen (Sphären).**

> **Beispiele:** Die Schauspielerin K klagt auf Schadensersatz gegen den Friseur B, weil ihr Haar unter der Trockenhaube verbrannt ist. B wendet ein, die Friseuse F, die die K bedient habe, sei eine besonders sorgfältige und tüchtige Kraft, ein Verschulden der F sei daher ausgeschlossen; es müsse sich um einen zufälligen Defekt der Trockenhaube gehandelt haben. – Da der Schaden im **Gefahrenbereich** des B entstanden ist, hat B sich hinsichtlich einer Pflichtwidrigkeit zu entlasten,[676] ebenso gemäß § 280 Abs. 1 S. 2 BGB hinsichtlich eines Verschuldens (vgl. oben Rn. 205). B trägt daher die Beweislast dafür, dass der Schaden nicht auf Pflichtwidrigkeit und Verschulden der F (§ 278 BGB) beruht hat; wenn sich dies nicht feststellen lässt, haftet B daher.
>
> Beispiel im Mietrecht zu §§ 536, 536 a BGB: Der Mieter muss einen Mangel der Mietsache beweisen. Beweist demgegenüber der Vermieter, dass der Mangel nicht aus seinem **Verantwortungsbereich** stammt, sondern dem des Mieters, hat dieser zu beweisen, dass er den Mangel nicht zu vertreten hat; gelingt dies, haftet der Vermieter, anderenfalls hat der Mieter keine Ansprüche.[677]

■ in **bestimmten wichtigen Sonderfällen:**

> Bei der **Produzentenhaftung nach der Rspr.:** Grds. Beweislast für objektiven Mangel des Produkts beim Geschädigten (Anspruchsvoraussetzung), für das Fehlen von objektiver Pflichtwidrigkeit und Verschulden beim Hersteller (entsprechend auch § 1 Abs. 4 ProdukthaftungsG).[678]
>
> Bei der **Arzthaftung,** wo jetzt § 630 h BGB unter weitgehender Übernahme der bisherigen Rspr. **die Beweislast bei Aufklärungs-, Dokumentations- und Behandlungsfehlern ausdrücklich regelt.** Danach trägt insbesondere zwar der Patient grds. die Beweislast für den objektiven Behandlungsfehler und dessen Kausalität für den eingetretenen Gesundheitsschaden (vgl. aber auch § 630 h Abs. 1 BGB). Bei grobem Behandlungsfehler, der geeignet ist, den Schaden herbeizuführen (Beweislast: Patient), trifft den Arzt die Beweislast für fehlende Kausalität (vgl. § 630 h Abs. 5 S.1).[679]

E. Das selbstständige Beweisverfahren (§§ 485 ff.)

293   Es dient der vorsorglichen Feststellung von Tatsachen vor Beginn eines möglichen Prozesses oder während eines anhängigen Urteilsverfahrens, in dem eine Beweiserhebung noch nicht angeordnet wurde oder (z.B. wegen Ruhens) nicht angeordnet werden kann.

Unabhängig von einem Streitverfahren nach § 485 Abs. 1 durch Augenschein, Zeugenvernehmung oder durch Sachverständigengutachten, wenn der Gegner zustimmt, die Gefahr besteht, dass das Beweismittel verloren geht (z.B. Vernehmung eines todkranken Zeugen) oder seine Benutzung erschwert wird. **Vor einem Prozess** generell zur Feststellung von Tatsachen i.S.d. § 485 Abs. 2 durch Sachverständigengutachten zur Vermeidung eines Rechtsstreits durch Vorwegklärung streitiger Fragen.

Z.B. von streitigen Baumängeln. – Denn das Sachverständigengutachten kann bewirken, dass sich die Beteiligten außergerichtlich über eine Regelung einigen oder auch, dass der Anspruchsteller von einer Klage Abstand nimmt, weil sie nach den Feststellungen im Gutachten nicht erfolgversprechend wäre.

Verjährungshemmung (§ 204 Abs. 1 Nr. 7 BGB).

Vergleich der Verfahrensbeteiligten: § 492 Abs. 3 (Vollstreckungstitel).

Beweisaufnahme nach den allgemeinen Vorschriften (§ 492). Benutzung des Beweisergebnisses im Hauptprozess (§ 493): **wie eine unmittelbare Beweisaufnahme im Hauptprozess selbst.**

---

676   Vgl. dazu BGH RÜ 2018, 749; ThP/Seiler vor § 284 Rn. 25 ff.; Brand VersR 2015, 10 ff.

677   BGH NJW-RR 2016, 849; BGH NJW 2006, 1061; Palandt/Weidenkaff § 536 BGB Rn. 5.

678   BGH RÜ 2014, 346; OLG München MDR 2011, 540; Mitterhuber ZJS 2019, 264; Fuchs/Baumgärtner JuS 2011, 1057.

679   BGH NJW-RR 2018, 205; BGH RÜ 2016, 568; Fellner MDR 2020, 267; Süß MedR 2020, 111; Laumen MDR 2018, 256.

12. Abschnitt: Die gerichtlichen Entscheidungen

A. Verfügungen, Beschlüsse, Urteile

Es gibt drei Arten von Entscheidungen (s. § 160 Abs. 3 Nr. 6): Verfügungen, Beschlüsse und Urteile.

294

I. Verfügungen sind Anordnungen zur Durchführung des Verfahrens (prozessleitende Maßnahmen). Sie werden nicht rechtskräftig, sondern sind – nach den wechselnden Erfordernissen des Verfahrens – abänderbar.

Beispiele: Anordnung eines Verfahrens mit frühem ersten Termin oder Anordnung eines schriftlichen Vorverfahrens, § 272; Terminsanberaumung, § 216 Abs. 2; Fristbestimmungen. – Wegen ihrer Abänderbarkeit gibt es gegen Verfügungen keine besonderen Rechtsmittel; die Parteien können aber natürlich jederzeit eine Abänderung anregen.

Zu beachten: Die „einstweilige Verfügung" (§§ 935 ff.) ist keine Verfügung in diesem Sinne, sondern ergeht durch Beschluss oder Urteil (vgl. §§ 936, 922; s.u. Rn. 552 ff.).

II. Beschlüsse sind Entscheidungen, die grds. ohne obligatorische mündliche Verhandlung ergehen und nicht der Urteilsform unterliegen (§ 128 Abs. 4).

295

Weitgehend gelten jedoch die Urteilsregelungen (§ 329), insbesondere müssen grds. auch die Sachurteils-/Zulässigkeitsvoraussetzungen vorliegen.[680]

1. Die Abgrenzung von Urteil und Beschluss ist formaler Natur und beruht nur auf der jeweiligen konkreten gesetzlichen Regelung. Eine allgemeine Abgrenzung gibt es nicht, auch nicht dahin, dass Urteile den Streitgegenstand beträfen, Beschlüsse nur das Verfahren. Zwar betrifft ein Großteil der Beschlüsse die Verfahrensdurchführung (z.B. Vertagung, § 227 Abs. 4; Verweisung, § 281; Beweisbeschluss, § 358; Bewilligung/Ablehnung von Prozesskostenhilfe, § 127). Es gibt jedoch auch **verfahrensbeendende und sachliche Entscheidungen in Beschlussform:** z.B. Kostenbeschluss, § 91 a; einstweilige Verfügung, §§ 936, 922; Verwerfung oder Zurückweisung einer Berufung nach § 522.

2. Beschlüsse binden das erkennende Gericht grds. nicht.

Insoweit aber, als sie **urteilsähnliche – verfahrensbeendende – Wirkungen** haben, sind Beschlüsse aus Gründen der Rechtssicherheit nicht frei abänderbar, sondern nur auf Rechtsbehelf des Betroffenen (i.d.R. sofortige Beschwerde). Ist ein solcher Beschluss unanfechtbar, ist er grds. auch unabänderbar.[681]

Z.B. § 91 a-Beschluss, einstweilige Verfügung: Abänderbar nur nach sofortiger Beschwerde (§ 91 a Abs. 2, 572 Abs. 1) bzw. Widerspruch (§§ 935, 936, 924, 925).

III. Urteile sind gerichtliche Entscheidungen, die in **bestimmter Form** (§§ 313 ff.) und in aller Regel aufgrund mündlicher Verhandlung ergehen. Sie können vom erlassenden Gericht grds. **nicht mehr abgeändert** werden (§ 318), sondern nur noch nach einem zulässigen Rechtsmittel – Berufung, Revision – vom Rechtsmittelgericht.

296

---

680 StJ/Brehm vor § 1 Rn. 243; ThP/Seiler § 329 Rn. 9 ff.; ausführlich zum Beschluss im Zivilprozess Etzer JuS 2004, 36.

681 Vgl. MK/Musielak § 329 Rn. 11 ff.

Das Urteil ist die **wichtigste Entscheidung des Prozesses**, der **i.d.R. durch Urteil beendet** wird: Durch das Urteil entscheidet das Gericht den Rechtsstreit.

IV. Durchbrechung der Unabänderbarkeit von Urteilen und ggf. Beschlüssen:

297   **1.** Bei (bloßen) **Versehen des Gerichts: Berichtigung und Ergänzung** der Entscheidung in engen Grenzen, §§ 319 ff.

2. Gehörsrüge gemäß § 321 a bei Verletzung des rechtlichen Gehörs.

Wenn ein unanfechtbares Urteil oder verfahrensbeendender Beschluss auf einer Verletzung des rechtlichen Gehörs beruht, ist auf Rüge des Betroffenen der Prozess beim Gericht der angefochtenen Entscheidung (iudex a quo) fortzusetzen, **soweit** die Entscheidung von der Gehörsverletzung betroffen ist. Das Gericht kann dann zu einer anderen Entscheidung kommen und das Urteil bzw. den Beschluss abändern.

Normzweck: Erübrigung entsprechender Verfassungsbeschwerden; Ermöglichung der Selbstkorrektur des Fehlers durch das Gericht. – Bedeutsam insbesondere für die sog. „Pannenfälle": Das Gericht hat z.B. Vorbringen nicht berücksichtigt, weil ein Schriftsatz durch Versehen nicht zur Akte gelangt ist.

a) Die Gehörsrüge ist statthaft nur bei unanfechtbaren instanzbeendenden Entscheidungen, also u.a. bei erstinstanzlichen Urteilen mit einer Beschwer unter 600 € ohne Zulassung der Berufung. Bei anfechtbaren Entscheidungen muss dagegen eine Gehörsverletzung mit den entsprechenden Rechtsmitteln/-behelfen – z.B. Berufung, Einspruch – gerügt werden. Insoweit ist also die Gehörsrüge subsidiär.

b) Rügefrist: Zwei Wochen.

c) Verletzung des **rechtlichen Gehörs**: Es ist streitig, ob nur Gehörs**verletzungen i.S.v. Art. 103 Abs. 1 GG** relevant sind,[682] oder ob weitergehend jeder Verstoß gegen zivilprozessuale Gehörspflichten ausreicht.[683]

§ 321 a betrifft dem eindeutigen Wortlaut nach nur Verletzungen des rechtlichen Gehörs. Eine Selbstkorrektur von Entscheidungen aufgrund **analoger Anwendung bei Verletzung anderer Grundrechte** (z.B. Verstoß gegen den gesetzlichen Richter, Willkür) wird überwiegend verneint, weil das AnhörungsrügenG 2004 trotz Kenntnis dieser Problematik den Anwendungsbereich des § 321 a ausdrücklich auf Gehörsverletzungen beschränkt habe (keine Regelungslücke).[684] – Bei solchen Verstößen kommen aber die Gegenvorstellung (s.u. Rn. 311) und letztlich die Verfassungsbeschwerde (s.u. Rn. 361) in Betracht – das Verhältnis aller dieser Möglichkeiten zueinander ist allerdings noch nicht völlig geklärt.

Eine Verwerfung/Zurückweisung der Rüge ist unanfechtbar (§ 321 a Abs. 4).

B. Urteilsarten

Zu unterscheiden sind:

298   **I.** Nach der **Tragweite der Entscheidung:**

- **Sachurteile** als Entscheidung in der Sache selbst,

- **Prozessurteile** als Entscheidung nur über die Zulässigkeit der Klage, mit entsprechend begrenzter Rechtskraft (s.o. Rn. 120; s.u. Rn. 338).

---

682   BGH MDR 2016, 1350; StJ/Althammer § 321 Rn. 38 f.

683   Vgl. dazu Zöller/Vollkommer § 321 a Rn. 3 a, 7 m.w.N.

684   BGH FA 2019, 137; BGH GRUR-RR 2017, 416; BGH BeckRS 2016, 15523; BGH VersR 2015, 82; StJ/Althammer § 321 a Rn. 72 ff.; MK/Musielak § 321 a Rn. 14; Zöller/Vollkommer § 321 a Rn. 3 b; a.A. ThP/Seiler § 321 a Rn. 18.

II. Nach dem **Inhalt des Urteilstenors:** 299

- **Leistungsurteile:** Sie enthalten einen bestimmten Leistungsbefehl an den Beklagten (auf Zahlung, Herausgabe, Handlung, Duldung, Unterlassung, Abgabe einer Willenserklärung). Sie sind Vollstreckungstitel.

- **Feststellungsurteile:** Sie enthalten einen deklaratorischen Ausspruch über das Bestehen oder Nichtbestehen eines Rechtsverhältnisses. Da sie keinen Leistungsbefehl an den Beklagten enthalten, haben sie keinen vollstreckungsfähigen Inhalt und sind daher keine Vollstreckungstitel (mit Ausnahme der Kostenentscheidung).

  Auch klageabweisende Urteile sind Feststellungsurteile, da durch sie festgestellt wird, dass dem Kläger der geltend gemachte prozessuale Anspruch nicht zusteht.[685]

- **Gestaltungsurteile:** Sie führen – mit Eintritt der Rechtskraft – eine bisher nicht bestehende Rechtsfolge herbei. Sie wirken also konstitutiv, indem sie die bestehende (materielle) Rechtslage umgestalten.

  Z.B. OHG-Auflösung (§ 133 HGB).

III. Nach dem Zustandekommen: **Versäumnis-/kontradiktorische Urteile.** 300

Der Ausdruck „kontradiktorische Urteile" ist ungenau, denn darunter werden **alle Urteile** verstanden, **die nicht Versäumnisurteile sind.** Es muss also keineswegs vorher zwingend „streitig" verhandelt worden sein; auch Entscheidungen nach Aktenlage (§§ 251 a, 331 a), Anerkenntnisurteile (§ 307) und Verzichtsurteile (§ 306) und sog. unechte Versäumnisurteile (dazu Rn. 227) sind „kontradiktorische Urteile".

Wichtig: Gegen ein echtes Versäumnisurteil gibt es nur den Einspruch (§ 338, s.o. Rn. 235 ff.), gegen die kontradiktorischen Urteile dagegen die allgemeinen Rechtsmittel.

IV. Danach, ob sie das **Verfahren erledigen oder nicht: End- und Zwischenurteile.**

1. Endurteile (§ 300) können 301

a) entweder den Streitgegenstand oder die mehreren in einem Prozess rechtshängigen Streitgegenstände vollständig erledigen: **Vollendurteil**

b) oder nur einen selbstständigen Teil davon: **Teilurteil** (§ 301). 302

Beispiel: Klage auf Zahlung von 5.000 €, und zwar 4.000 € aus Kaufvertrag vom 05.03. und weitere 1.000 € aus Werkvertrag vom 20.03. Soweit Entscheidungsreife hinsichtlich eines dieser miteinander verbundenen Streitgegenstände (objektive Klagehäufung) vorliegt, kann darüber durch Teilurteil entschieden werden. Entsprechendes gilt, wenn von einem einheitlichen Anspruch ein selbstständiger, abtrennbarer Teil entscheidungsreif ist, z.B. ein Teil des Schadens eines einheitlichen Schadensersatzanspruchs.

Das Urteil über den verbliebenen Rest des Streitgegenstandes heißt **Schlussurteil**.

Ein Teilurteil darf nur dann erlassen werden, wenn es von dem weiteren Prozessverlauf unter keinen Umständen mehr berührt werden kann. Der entschiedene Teil muss also unabhängig davon sein, wie der Streit über den Rest ausgeht, also die **Gefahr inhaltlich widersprechender Entscheidungen** – auch infolge abweichender Beurteilung durch das Rechtsmittelgericht – **ausgeschlossen** ist.[686] Daher darf über einen Teil eines einheitlichen Anspruchs ein Teilurteil nur ergehen, wenn zugleich ein entsprechendes Grundurteil hinsichtlich des restlichen Anspruchs erlassen wird (§ 301 Abs. 1 S. 2). Diese Grundsätze müssen auch bei Teilurteilen gegen einfache Streitgenossen beachtet werden.[687]

---

685 Jauernig/Hess § 59 Rn. 3.
686 BGH NJW 2019, 3718; BGH NJW 2018, 623; BGH NJW 2016, 1648; Zöller/Vollkommer § 301 Rn. 2, 7.
687 BGH MedR 2019, 562; BAG NZA 2019, 34 und ausführlich dazu Regenfuss JA 2018, 888 ff.

Das Teilurteil zerlegt den Prozess in für Rechtsmittel selbstständige Teile.[688] Dadurch kann ein sonst zulässiges Rechtsmittel ausgeschlossen werden – z.B. Klage über 1.000 €, Teil- und Schlussurteil über je 500 € (§ 511). In einem solchen Fall sollte ein Teilurteil grds. unterbleiben (vgl. § 301 Abs. 2).[689]

303 **2.** Auflösend bedingte Endurteile sind die **Vorbehaltsurteile** (§§ 302, 599).

Sie verurteilen den Beklagten, behalten ihm jedoch bestimmte Einwendungen vor (Aufrechnungseinrede, im Urkundenprozess unstatthafte Einwendungen), über die im Nachverfahren durch das **Schlussurteil** entschieden und bei deren Durchgreifen das Vorbehaltsurteil wieder aufgehoben wird.

304 **3. Zwischenurteile** erledigen dagegen „nur einzelne Streitpunkte", niemals – auch nicht teilweise! – den geltend gemachten Anspruch (Streitgegenstand).

a) Nach § 280 kann bei einem Streit über die **Zulässigkeit** der Klage durch Zwischenurteil die Zulässigkeit bejaht werden; der Rechtsstreit wird dann fortgesetzt. Wird die Zulässigkeit der Klage dagegen verneint, so ist für ein Zwischenurteil kein Raum, sondern die Klage ist durch Prozessurteil (Endurteil) abzuweisen.[690]

305 **b)** Der in der Praxis wichtigste – und zugleich der einzige auf die Sache selbst bezogene – Fall eines Zwischenurteils ist die **Vorabentscheidung über den Grund** (§ 304, **Grundurteil**), durch das bei einem bestehenden Streit der Parteien über den Grund und die Höhe einer Forderung zunächst eine Entscheidung nur zum Grund getroffen wird.

Beispiel: Der Beklagte bestreitet die Verursachung des Verkehrsunfalles und wendet auch Mitverschulden des Klägers ein; außerdem bestreitet er, dass dem Kläger Sachschaden, Heilungskosten und Verdienstausfall in der geforderten Höhe entstanden seien. – Bei der vorliegenden Leistungsklage kann es zweckmäßig sein, stofflich die Prüfung zunächst auf die Haftungsfrage zu beschränken und diese Haftung, ggf. in einer Quote, durch Grundurteil festzustellen, damit die u.U. zeit- und kostenaufwendige Feststellung der Schadenshöhe erst dann vorgenommen werden muss, wenn rechtskräftig feststeht, dass und in welchem grundsätzlichen Umfang der Beklagte überhaupt ersatzpflichtig ist. Oft erledigt sich auch der Streit zur Höhe nach Klärung des Grundes durch Vergleich. Urteilstenor dann z.B.: „Der Klageanspruch ist dem Grunde nach zur Hälfte gerechtfertigt"; wenn der Kläger die volle Verurteilung des Beklagten beantragt hatte, muss dann die Klage im Übrigen abgewiesen werden.

aa) Das Grundurteil kann mit Rechtsmitteln angefochten werden (§ 304 Abs. 2).

bb) Dem Grundurteil folgt dann in derselben Instanz das sog. **Betragsverfahren** nach, in dem dann – ohne dass noch Einwendungen gegen den bereits vorab entschiedenen Haftungsgrund zulässig sind – nur noch über die Höhe der Forderung verhandelt und durch Endurteil **(Schlussurteil)** entschieden wird.

In der Praxis wird i.d.R. vor Fortsetzung des Verfahrens zur Höhe die Rechtskraft des Grundurteils abgewartet: Gerade Zweck des Grundurteils.

cc) Das Grundurteil setzt voraus, dass zwar der Rechtsstreit zur Höhe noch nicht entscheidungsreif ist, der Anspruch aber mit hoher Wahrscheinlichkeit jedenfalls in irgendeiner Höhe besteht.[691] Stellt sich später im Betragsverfahren heraus, dass die Anspruchshöhe = Null ist (z.B. doch kein Schaden), so ist die Klage abzuweisen;[692] denn

688 BGH NJW 1998, 686; 2000, 218; MV/Musielak § 307 Rn. 22.

689 Zöller/Vollkommer § 301 Rn. 10; MV/Musielak § 301 Rn. 22, 24; Adam ZIP 2020, 701, 704; jeweils m.w.N.

690 BGH NJW 2019, 3377; ThP/Seiler § 280 Rn. 4; MV/Foerste § 280 Rn. 6; Zöller/Greger § 280 Rn. 6.

691 BGH JA 2019, 947 m. Anm. Schmidt; BGH RÜ 2015, 282; ThP/Seiler§ 304 Rn. 4; Adam ZIP 2020, 701, 703 ff.

692 BGH MDR 2005, 1241; ThP/Seiler § 304 Rn. 23; Zöller/Vollkommer § 304 Rn. 24.

das Grundurteil bindet nur in der Beurteilung des Anspruchsgrundes, steht daher einer Abweisung aus anderen Gründen nicht entgegen.

V. In einem einzigen Urteil können bei mehreren prozessualen Streitgegenständen – je **306** nach der Entscheidungssituation – mehrere Urteilsarten miteinander verbunden sein.

Beispiele: Leistungs- und Feststellungsurteil bei Verurteilung des Beklagten zur Zahlung eines Geldbetrages – als Schadensersatz – mit Feststellung der Ersatzpflicht für Zukunftsschäden. Oder: Teilversäumnisurteil gegen den Beklagten und Klageabweisung im Übrigen (kontradiktorisches Urteil) bei nur teilweiser Schlüssigkeit der Klage; Grundurteil zu einem Teil (Zwischenurteil) und Klageabweisung hinsichtlich des Restes (Endurteil).

Nicht zu einer einheitlichen Entscheidung verbunden werden können dagegen **Urteil und Beschluss**, wie z.B. Teilurteil und Beweisbeschluss hinsichtlich des übrigen Teils; möglich ist aber natürlich der gleichzeitige Erlass (Verkündung).

C. Nichturteil und unwirksames Urteil

I. Grds. sind Urteile – wie alle staatlichen Akte – auch dann **wirksam, wenn sie fehler-** **307** **haft ergangen sind**. Fehlerhafte Urteile sind grds. **nur anfechtbar**, d.h. mit **Rechtsmitteln beseitigbar**, soweit deren Voraussetzungen vorliegen.

II. Ausnahmsweise Unwirksamkeit von Urteilen:

1. Nichturteil (Scheinurteil): Die Entscheidung ist nur scheinbar ein Urteil, in Wirklichkeit aber nicht. Sie löst keinerlei Rechtswirkungen aus und ist unbeachtlich.

Beispiele: Versehentlich herausgegebener Entwurf eines Urteils; Fehlen der erforderlichen richterlichen Unterschriften;[693] **Fehlen der Verkündung**, durch die das Urteil erst existent wird (§ 310),[694] im Unterschied zu bloßen Mängeln der Verkündung, die der Wirksamkeit nicht entgegenstehen,[695] wie z.B. Zustellung statt Verkündung, Fehlen des vollständig abgefassten Urteils im Verkündungstermin.[696]

Falls der äußere Anschein eines Urteils entstanden ist (z.B. durch Ausfertigung eines Entwurfs durch die Geschäftsstelle und Zustellung), kann ein Rechtsmittel zur Beseitigung dieses Anscheins eingelegt[697] oder eine Klage auf Feststellung erhoben werden, dass der Gegner aus dem Urteil keine Rechte herleiten kann.[698]

2. Unwirksames (wirkungsloses bzw. nichtiges) Urteil: Das Urteil kann wegen der **308** Natur des Fehlers keine Rechtswirkungen im Hauptausspruch auslösen.

Beispiele: Urteil gegen eine nicht der deutschen Gerichtsbarkeit unterliegende Person, für oder gegen eine nicht existierende Partei (s.o. Rn. 132), bei Anordnung einer der deutschen Rechtsordnung unbekannten Rechtsfolge, bei unverständlichem, widersprüchlichem oder völlig unbestimmtem Urteilsausspruch.[699]

Solche Urteile binden das Gericht (§ 318) und können formell rechtskräftig werden. Gegen sie sind – zur Klärung der Rechtslage und zur Vermeidung von Nachteilen (z.B. Beseitigung der Kostenentscheidung) – Rechtsmittel und Wiederaufnahme möglich, auch Klage auf Feststellung der Unwirksamkeit[700] oder eine Vollstreckungsgegenklage („Titelabwehrklage", § 767 analog).[701]

---

693 BVerfG JuS 1985, 478; Beispiele auch bei ThP/Seiler vor § 300 Rn. 11.

694 BGH NJW-RR 2015, 508; BGH NJW 2004, 2019; OLG Düsseldorf FamRZ 2020, 53.

695 BGH NJW-RR 2018, 127; BGH NJW-RR 2012, 1359; BGH NJW 1989, 1157.

696 BGH NJW-RR 2015, 508; BGH NJW 2004, 2019.

697 BGH NJW 1996, 1969, 1970; 1999, 1192; OLG Brandenburg NJW-RR 2002, 356; OLG München NJW 2011, 689.

698 OLG Frankfurt MDR 1991, 63.

699 BGHZ 5, 245; BAG NZA-RR 2015, 546; ThP/Seiler § 300 Rn. 15 m.w.N.

700 BGH VersR 1984, 1192; RS/Gottwald § 62 Rn. 22; ThP/Seiler § 300 Rn. 19; BL/Hunke Grundz. § 300 Rn. 14 ff.

701 BGH NJW 2009, 3164; vgl. dazu näher unten Rn. 520.

13. Abschnitt: Die Rechtsmittel

A. Begriff des Rechtsmittels

309 Der zivilprozessuale Instanzenzug ist grds. dreistufig ausgestaltet. Rechtsmittel sind die prozessualen Rechtsbehelfe, mit denen eine Partei die Überprüfung und Korrektur einer gerichtlichen Entscheidung durch das im Instanzenzug übergeordnete Gericht erreichen kann.[702] Für den **Begriff des Rechtsmittels** im eigentlichen Sinne und zur Abgrenzung von sonstigen Rechtsbehelfen sind zwei Merkmale charakteristisch:

- **Devolutiveffekt**: über das Rechtsmittel entscheidet die höhere Instanz.

- **Suspensiveffekt**: die Einlegung des Rechtsmittels schiebt den Eintritt der formellen Rechtskraft der angefochtenen Entscheidung hinaus (§ 705 S. 2).

310 **I. Rechtsmittel sind daher nur:**

- **Berufung** §§ 511–541

   Überprüfung des erstinstanzlichen Urteils (AG oder LG) in tatsächlicher und rechtlicher Hinsicht zur Fehlerkontrolle durch das Berufungsgericht (LG oder OLG).

- **Revision** §§ 542–566

   Überprüfung der Berufungsurteile (LG oder OLG) in grundsätzlichen Fällen ausschließlich in rechtlicher Hinsicht durch den BGH, die auch auf eine **Nichtzulassungsbeschwerde** (§ 544) hin erreicht werden kann.

   Die Nichtzulassungsbeschwerde ist dagegen nach h.M. kein Rechtsmittel in Bezug auf die Hauptsache.[703] Ihre Einlegung hemmt zwar gemäß § 544 Abs. 5 S. 1 den Eintritt der Rechtskraft des Berufungsurteils, die erst mit Ablauf der Einlegungsfrist des § 544 Abs. 3 eintritt, ihr fehlt jedoch hinsichtlich der Hauptsache der Devolutiveffekt. Dieser fällt in der Revisionsinstanz erst dann an, wenn das Revisionsgericht der Nichtzulassungsbeschwerde stattgibt und die Revision zulässt (§ 544 Abs. 6).

- **Sofortige Beschwerde** (§§ 567–572)

   Überprüfung der erstinstanzlichen Entscheidungen der Amts- und der Landgerichte durch das nächsthöhere Gericht, die das Verfahren bis zur Hauptsacheentscheidung betreffen oder dieser nachfolgen. Das sind in erster Linie Beschlüsse. In gesetzlich geregelten Ausnahmefällen sind auch Urteile mit der sofortigen Beschwerde anfechtbar (z.B. § 71, § 99 Abs. 2, § 135 Abs. 3, § 387 Abs. 3). Der Devolutiveffekt tritt bei der sofortigen Beschwerde allerdings nur im Fall der Nichtabhilfe ein (§ 572 Abs. 1).

- **Rechtsbeschwerde** (§§ 574–577)

   Revisionsähnliche Überprüfung der Beschlüsse der Landgerichte im Berufungs- und im Beschwerdeverfahren sowie gegen erstinstanzliche Beschlüsse des OLG durch den BGH. Die Rechtsbeschwerde passt also den Instanzenzug in Beschwerdesachen dem des Urteilsverfahrens an.

---

702 Vgl. dazu Pils JA 2011, 451 ff.
703 ThP/Reichold § 544 Rn. 1; MV/Ball § 544 Rn. 2; Zöller/Heßler § 544 Rn. 5 m.w.N.

II. Keine Rechtsmittel i.e.S. sind daher die nachfolgenden **Rechtsbehelfe**, da darüber 311
das Gericht der angefochtenen Entscheidung (iudex a quo), nicht die höhere Instanz
entscheidet, sie also keinen Devolutiveffekt haben:

- **Rüge der Verletzung des rechtlichen Gehörs** (§ 321 a, vgl. oben Rn. 78)

- **Einspruch gegen ein Versäumnisurteil** (§ 338)

- **Erinnerung** (§§ 573, 766, § 11 RPflG)

Bedeutung im Vollstreckungsrecht: Vollstreckungserinnerung, vgl. unten Rn. 500 ff.

- **Gegenvorstellung**, die ein gesetzlich nicht geregelter Rechtsbehelf ist, mit dessen
  Hilfe eine Korrektur unanfechtbarer Entscheidungen in derselben Instanz erreicht
  werden soll

Die Zulässigkeit ist im Prinzip allgemein anerkannt. Sie findet vorwiegend in den Fällen Anwendung, in
denen sich nachträglich herausstellt, dass eine nicht oder nicht mehr anfechtbare Entscheidung auf einer Verletzung fundamentaler Verfahrensgrundsätze beruht. Die Korrektur solcher Verstöße innerhalb
der ordentlichen Gerichtsbarkeit macht eine sonst allein in Betracht kommende Verfassungsbeschwerde überflüssig und entlastet damit das BVerfG. Nachdem jedoch ihr früherer Hauptanwendungsfall, die
Verletzung des rechtlichen Gehörs, jetzt ausdrücklich in § 321 a geregelt ist, ist ihr verbliebener Anwendungsbereich noch nicht abschließend geklärt. Die Gegenvorstellung ist statthaft gegenüber Beschlüssen, soweit kein spezieller Rechtsbehelf gegeben ist und das Gericht seine Entscheidung noch abändern kann (z.B. Streitwertbeschluss). Unstatthaft ist die Gegenvorstellung dagegen (Ausnahme: Anhörungsrüge nach § 321 a) gegenüber Urteilen und gegenüber Beschlüssen, die in materielle Rechtskraft
erwachsen sind oder diese herbeigeführt haben (z.B. Verwerfung bzw. Zurückweisung der Berufung
durch das Berufungsgericht, § 522, oder der Nichtzulassungsbeschwerde oder Revision durch den BGH,
§§ 544 Abs. 5 S. 3, 552, 552 a).[704] Denn es widerspräche der Rechtssicherheit und der Rechtsklarheit neben der nunmehr ausdrücklich geregelten Anhörungsrüge (§ 321 a) eine Gegenvorstellung als unge-
schriebenen außerordentlichen Rechtsbehelf gegen solche rechtskräftigen Entscheidungen zuzulassen.[705] Ob mit einer Gegenvorstellung entsprechend § 321 a (Frist: 2 Wochen) ausnahmsweise eine
nachträgliche Zulassung eines Rechtsmittels erreicht werden kann, wenn die Nichtzulassung eine willkürliche Verletzung von Verfahrensgrundrechten des Beschwerdeführers darstellt, ist noch nicht abschließend geklärt.[706]

Angesichts der unterschiedlichen Beurteilung der Statthaftigkeit der Gegenvorstellung durch die
obersten Gerichte hält das BVerfG ihre Einlegung nunmehr generell nicht mehr vor Einlegung einer Verfassungsbeschwerde für erforderlich. Die Verfassungsbeschwerde muss daher innerhalb der Monatsfrist des § 93 Abs. 1 BVerfGG unmittelbar gegen die anzugreifende Entscheidung eingelegt werden,
wenn ein anderweitiger Grundrechtsverstoß als eine Verletzung des rechtlichen Gehörs – dann (zunächst) § 321 a – gerügt wird.[707]

III. Kein Rechtsmittel ist auch die **Dienstaufsichtsbeschwerde**, mit der der Dienstvor- 312
gesetzte des Richters zum Einschreiten gegen Pflichtverstöße veranlasst werden soll.
Sie ist unzulässig, soweit die richterliche Unabhängigkeit reicht (§ 26 DRiG), kann also
nur die Äußerlichkeiten der richterlichen Tätigkeit betreffen und nie zur Änderung einer
Entscheidung führen.[708]

---

704 BVerfG NJW 2009, 829; BGH, Beschl. v. 20.02.2019 – VII ZR 158/18, BeckRS 2019, 2806; MV/Ball § 567 Rn. 27. m.w.N.

705 BVerfG NJW 2006, 2907; BGH, Beschl. v. 20.02.2019 – VII ZR 158/18, BeckRS 2019, 2806; ThP/Reichold Vorb. v. § 567 Rn. 13.

706 Vgl. dazu BGH NZI 2018, 958; BGH FamRZ 2018, 936; vom BGH MDR 2016, 1352; BGH BeckRS 2012, 20256 für Rechtsbeschwerde beim Verstoß gegen den gesetzlichen Richter (Art. 101 Abs. 1 S. 2 GG) bejaht; für Revision vom BGH, Beschl. v.
20.02.2019 – VII ZR 158/18, BeckRS 2019, 2806; BGH NJW-RR 2014, 1470 verneint: Grund für die Differenzierung; Nichtzulassungsbeschwerde bei Nichtzulassung der Revision, keine Anfechtbarkeit bei Nichtzulassung der Rechtsbeschwerde.

707 BVerfG, Beschl. v. 18.02.2020 – 1 BvR 1750/19, BeckRS 2020, 4580; vgl. zur Subsidiarität Peters/Markus JuS 2013, 887.

708 BVerfG NJW 2004, 2891; ausführlich zur Dienstaufsicht und zur Dienstaufsichtsbeschwerde Heinz DÖD 2020, 65 ff.

B. Allgemeine Grundsätze

313 Das Rechtsmittel hat **Erfolg**, wenn und soweit es **zulässig und begründet** ist.

I. Generelle Zulässigkeitsvoraussetzungen

314 **1. Statthaftigkeit:** Das Rechtsmittel muss seiner Art nach in Betracht kommen.

Bei **formell inkorrekter Entscheidung** (z.B. Beschluss statt Urteil) ist – damit der Partei aus dem Fehler des Gerichts kein Nachteil entsteht – nach dem Grundsatz der **Meistbegünstigung** grds. sowohl das Rechtsmittel statthaft, das der inkorrekten Entscheidungsform entspricht (Beschwerde), als auch das, das bei korrekter Entscheidung gegeben wäre (Berufung).[709] Aber: Kein Rechtsmittel, falls auch bei korrekter Entscheidung keines gegeben wäre (keine Erweiterung der Anfechtbarkeit).[710]

2. Frist- und formgerechte Einlegung sowie Begründung (bei Berufung, Revision und Rechtsbeschwerde zwingend, sofortige Beschwerde soll begründet werden, § 571 Abs. 1) – Bei Fristversäumung: Wiedereinsetzung in den vorherigen Stand (§§ 233 ff.).

3. Allgemeine Prozesshandlungsvoraussetzungen, insbesondere Partei-, Prozess- und Postulationsfähigkeit, die bei Einlegung und Begründung vorliegen und bis zum Schluss der mündlichen Verhandlung nachgewiesen werden müssen (Hinweispflicht des Gerichts), wenn das Gericht nicht durch Beschluss entscheidet.[711]

4. Beschwer, deren Beseitigung das Rechtsmittel bezweckt: Der Inhalt der angefochtenen Entscheidung muss für den Rechtsmitteleinlegenden **rechtlich nachteilig** sein, ihn also belasten (ungeschriebenes Rechtsschutzerfordernis eines jeden Rechtsmittels).[712]

- **Der Kläger** ist nur beschwert, wenn ihm nach der angefochtenen Entscheidung weniger als beantragt zugesprochen wird (**formelle** Beschwer – allgemeine Ansicht),[713]

- der **Beklagte** dagegen bereits dann, wenn die Entscheidung für ihn materiell nachteilig ist (**materielle** Beschwer).[714]

Beispiele: A klagt gegen B auf Zahlung von 5.000 €. Wird B verurteilt, ist er, nicht A, beschwert. Wird die Klage abgewiesen, ist A, nicht B, beschwert. Wird B zur Zahlung von 2.500 € verurteilt und die Klage im Übrigen abgewiesen, sind A und B beschwert.

Der Kläger ist z.B. beschwert, wenn der Beklagte nach dem Hilfsantrag verurteilt und der Hauptantrag abgewiesen wird, der Beklagte, wenn die Klage aufgrund einer Eventualaufrechnung nicht wegen Nichtbestehens der Klageforderung, sondern nur wegen der Aufrechnung abgewiesen wird. Rechtsmittel nur zulässig, wenn das ursprüngliche Begehren zumindest teilweise weiterverfolgt wird.

315 **5. Kein Rechtsmittelverzicht** (§§ 515, 565) und **keine Verwirkung**, die aber bei fristgebundenen Rechtsbehelfen nur in krassen Ausnahmefällen in Betracht kommt.[715]

Bei **Rücknahme** des Rechtsmittels, die bis zur Entscheidungsverkündung möglich ist (§§ 516, 565), kann das Rechtsmittel – anders als nach Verzicht – erneut eingelegt werden, solange die Einlegungsfrist noch läuft. Bei Fortführung trotz Verzicht/Rücknahmeverpflichtung ist das Rechtsmittel unzulässig.[716]

---

709 BGH NJW 2018, 2269; BGH NJW 2014, 3102; BGH NJW-RR 2011, 939; ThP/Reichold vor § 511 Rn. 8 ff.
710 BGH NJW 2018, 2497; BGH NJW-RR 2018, 451; BGH NJW-RR 2015, 1346; ThP/Reichold vor § 511 Rn. 8, 10.
711 Vgl. dazu BGH NJW-RR 2012, 515; ThP/Reichold Vorbem. v. § 511 Rn. 35.
712 BGH NZI 2020, 445; BGH GRUR 2019, 813; BGH FamRZ 2004, 1553; ThP/Reichold Vorbem. v. § 511 Rn. 16 ff.
713 BGH NJW 2020, 687; BGH NJW-RR 2016, 759; BGH NJW-RR 2015, 1203.
714 BGH, Beschl. v. 07.04.2016 – I ZR 174/14, BeckRS 2016, 9450; BGH MDR 2015, 853; a.A. MK/Rimmelspacher vor § 511 Rn. 13 f.
715 Vgl. dazu BGH MDR 2018, 459 m. Anm. Schörnig; BGH MDR 2011, 62.
716 BGH NJW 2007, 3640; BGH NJW-RR 1991, 1213; 1989, 802.

II. Begründetheit: Soweit die angefochtene Entscheidung unrichtig ist.

1. Über die Begründetheit darf nur entschieden werden, **wenn das Rechtsmittel zuläs-** **316**
sig ist! Das unzulässige Rechtsmittel wird als unzulässig verworfen – im Gegensatz zur
Zurückweisung bei Unbegründetheit – ohne Eingehen auf die Begründetheit: **Vorrang**
der Zulässigkeitsfeststellung.[717]

Insoweit gilt Entsprechendes wie zur Zulässigkeit der Klage (s.o. Rn. 119).

2. Zulässigkeit des Rechtsmittels und Zulässigkeit der angefochtenen Entscheidung
sind streng zu unterscheiden. Ob z.B. die Klage zulässig war, ist keine Frage der Zulässigkeit, sondern der **Begründetheit des Rechtsmittels.**

Beispiel: A klagt gegen B vor dem LG. Gegen das klagestattgebende Urteil legt er Berufung ein mit der
Begründung, die Klage sei nicht zulässig, da sie bereits anderweitig rechtshängig sei. Wie entscheidet
das OLG, wenn der Rechtsstreit tatsächlich bereits vor Klageerhebung anderweitig rechtshängig war?

Die Berufung ist zulässig, da gegen Urteile des LG die Berufung an das OLG statthaft ist. Sie ist nicht etwa
deshalb unzulässig, weil die Klage unzulässig ist. Das Urteil des LG ist zwar unrichtig, weil die Klage als
unzulässig hätte abgewiesen werden müssen. Das Berufungsgericht soll aber gerade die Richtigkeit des
Urteils der 1. Instanz nachprüfen und ein unrichtiges Urteil beseitigen, wobei es keinen Unterschied
macht, ob diese Unrichtigkeit auf prozessualen oder materiell-rechtlichen Gesichtspunkten beruht.

Die Berufung ist auch begründet, da das LG-Urteil unrichtig ist. Die Entscheidung des OLG lautet daher:
„Das Urteil des Landgerichts ... wird aufgehoben. Die Klage wird abgewiesen." Bei teilweiser Unrichtigkeit des Urteils wird das Urteil teilweise abgeändert; bei Unklarheit ausnahmsweise aufgehoben.[718]

III. Keine Verschlechterung zum Nachteil des Rechtsmittelführers – Verbot der re- **317**
formatio in peius (§§ 528, 557).

1. Wird gegen ein Urteil ein Rechtsmittel eingelegt, darf das angefochtene Urteil **nicht**
weiter abgeändert werden, **als dies beantragt ist.** Wer also ein Rechtsmittel einlegt
(Rechtsmittelkläger), läuft somit grds. nur Gefahr, dass es erfolglos bleibt. Dagegen
kann das Urteil nicht zu seinem Nachteil geändert werden, es sei denn, dass auch der
Rechtsmittelbeklagte ein **eigenes Rechtsmittel** eingelegt hat. Im letzteren Fall liegen
zwei Rechtsmittel und damit auch **zwei unterschiedliche Rechtsmittelanträge** vor.

Beispiel: A klagt gegen B auf Zahlung von 5.000 €. B wird zur Zahlung von 2.500 € verurteilt. Im Übrigen
wird die Klage abgewiesen.

Legt nur A Berufung ein, kann seine Berufung lediglich zurückgewiesen werden, sodass es auch dann
bei der Verurteilung des B (2.500 €) bleibt, wenn das Berufungsgericht der Ansicht ist, dass die Klage insgesamt unbegründet war und vom Erstgericht hätte abgewiesen werden müssen.

Legt nur B Berufung ein, so kann ebenfalls nur seine Berufung zurückgewiesen, B aber nicht etwa zur
Zahlung von 5.000 € verurteilt werden, auch wenn das Berufungsgericht die Klageforderung in vollem
Umfang für begründet hält.

Legen dagegen beide Parteien (Berufungskläger zu 1. und zu 2.) Berufung ein, kann das Gericht je nach
Begründetheit des Rechtsmittels die Klage voll abweisen, den Beklagten im vollen Umfang verurteilen
oder aber auch beide Rechtsmittel ganz oder teilweise zurückweisen.

2. Derjenige, der die gerichtliche Entscheidung an sich akzeptieren, also kein eigenes
Rechtsmittel einlegen wollte, kann sich dem von der anderen Partei eingelegten Rechts-

---

717 BGH NJW 2018, 2269; ThP/Reichold vor § 511 Rn. 11; AS-Skript Die zivilgerichtliche Assessorklausur (2018), Rn. 882.
718 Vgl. dazu ThP/Reichold Vorbem. v. § 511 Rn. 41 ff. mit weiteren Formulierungsbeispielen.

mittel anschließen, um das Verschlechterungsverbot zulasten des Rechtsmittelführers auszuschalten (Anschlussberufung, Anschlussrevision, Anschlussbeschwerde, Anschlussrechtsbeschwerde, §§ 524, 554, 567, 574). Die **Anschließung an ein fremdes Rechtsmittel**, die unter erleichterten Zulässigkeitsvoraussetzungen erfolgen kann (z.B. Einhaltung der Rechtsmittelfrist nicht erforderlich), ist nach h.M. selbst kein Rechtsmittel im eigentlichen Sinne, sondern „nur ein auch angriffsweise wirkender Antrag innerhalb des fremden Rechtsmittels".[719] Sie ist in ihrem **Verhältnis zum Hauptrechtsmittel nur akzessorisch** und verliert daher ihre Wirkung, wenn das Hauptrechtsmittel zurückgenommen, als unzulässig verworfen oder durch Beschluss zurückgewiesen wird (§ 524 Abs. 4, § 554 Abs. 4, § 567 Abs. 3 S. 2, § 574 Abs. 4 S. 3). Wer sich sein Rechtsmittel auf jeden Fall unabhängig vom Gegner erhalten will, muss also selbst ein Rechtsmittel einlegen, da auch die Anschließung, die noch während der Rechtsmittelfrist erfolgt,[720] ohne weiteres hinfällig wird, wenn das Hauptrechtsmittel zurückgenommen, verworfen oder durch Beschluss zurückgewiesen wird. Die Anschließung erfolgt in der Praxis recht häufig, um zu verhindern, dass bei einer teilobsiegenden Entscheidung nicht allein die Anträge des Rechtsmittelführers die Grenzen bestimmen, innerhalb deren der Rechtsstreit einer Überprüfung zugeführt wird. Durch die Möglichkeit der Anschließung soll insbesondere die Rechtsstellung des Rechtsmittelgegners geschützt werden, der in Unkenntnis des Rechtsmittels der Gegenpartei trotz eigener Beschwer die Rechtsmittelfrist im Vertrauen auf den Bestand der getroffenen Entscheidung verstreichen lässt.

Beispiel: A klagt gegen B auf Zahlung von 10.000 €. B wird zur Zahlung von 8.000 € verurteilt. Im Übrigen wird die Klage abgewiesen.

A legt gegen das erstinstanzliche Urteil frist- und formgerecht Berufung ein, um eine vollständige Verurteilung des B zu erreichen. Nach Ablauf der Berufungsfrist, aber in der Berufungserwiderungsschrift schließt sich B der Berufung des A an. Nach ausführlicher Erörterung der Rechtslage in der mündlichen Verhandlung und einer Zwischenberatung bringt der Vorsitzende recht deutlich zum Ausdruck, dass die Berufung des A voraussichtlich zurückgewiesen wird, die Anschlussberufung des B dagegen zumindest im erheblichen Umfang Erfolg haben könnte. Um eine drohende Klageabweisung zu verhindern nimmt A die Berufung zurück, womit allerdings B nicht einverstanden ist.

B hat zwar nach Ablauf der Berufungsfrist, aber mit der Berufungserwiderungsschrift zulässigerweise eine (unselbstständige) Anschlussberufung eingelegt (§ 524 Abs. 2 S. 2). Da jedoch dieses bloße **„Anschlussrechtsmittel"** im Verhältnis zu dem Hauptrechtsmittel der Berufung akzessorisch ist, verliert es mit der erklärten Rücknahme der Berufung seine Wirkung. Die Berufungsrücknahme selbst ist nach § 516 Abs. 1 bis zur Verkündung des Urteils auch ohne Zustimmung des Berufungsbeklagten möglich (vgl. aber für Klagerücknahme § 269 Abs. 3), sodass der Widerspruch des B unerheblich ist. Wird die Hauptberufung zurückgenommen, treffen allerdings den Berufungskläger nicht nur die Kosten der Berufung, sondern auch die Kosten der damit wirkungslos gewordenen Anschlussberufung.[721]

3. Der Grundsatz des Verbots der „reformatio in peius" gilt im Zivilprozessrecht nicht nur im Urteilsverfahren, sondern nahezu ausnahmslos auch im **Beschwerdeverfahren**. Umstritten ist insoweit lediglich, ob und inwieweit dieser Grundsatz auch bei sofortigen Beschwerden im Streitwertrecht gilt.[722]

---

719 Vgl. BGH GRUR 2017, 785; BGH NJW 1984, 1240; ThP/Reichold § 524 Rn. 1; Zöller/Heßler § 524 Rn. 4 m.w.N.

720 Insoweit Wahlrecht, BGH NJW 2011, 1455; BGH NJW 2003, 2388 zur Auslegung einer eingelegten „Anschlussberufung", die die Anforderungen an die Zulässigkeit einer eigenständigen Berufung erfüllt.

721 BGH NJW-RR 2005, 727; OLG Düsseldorf WRP 2020, 626; Zöller/Heßler § 524 Rn. 43; ausfürhl. dazu Reuß NJW 2018, 1846.

722 Dagegen z.B. OLG Düsseldorf FamRZ 2018, 450; OLG München NJW-RR 2017, 1487; OLG München, Beschl. v. 22.01.2016 – 19 W 142/16, BeckRS 2016, 3642; MDR 2009, 1187; dafür LAG Hamm JurBüro 2012, 532.

C. Die einzelnen Rechtsmittel

I. Die Berufung (§§ 511–541)

Nach der Umgestaltung der Rechtsmittel durch die Zivilprozessreform 2002 dient die **318** Berufung nicht mehr der umfassenden Neuverhandlung des Prozesses, sondern nur noch der **Kontrolle des erstinstanzlichen Urteils auf Fehler,**[723] also auf Rechtsfehler und/oder durch konkrete Anhaltspunkte belegte Zweifel an der Richtigkeit und Vollständigkeit der Tatsachenfeststellung (§ 520). Entsprechend ist der Prüfungsumfang des Berufungsverfahrens begrenzt (§ 529). Im Übrigen werden die Feststellungen der ersten Instanz auch der Berufungsentscheidung zugrunde gelegt.

1. Zulässigkeit

a) Die **Berufung** ist **statthaft nach Maßgabe des § 511 gegen Urteile der Amtsge- 319 richte und erstinstanzliche Urteile der Landgerichte,** und zwar

- als **streitwertabhängige Berufung** (§ 511 Abs. 2 Nr. 1): Wert der Beschwer und einem Berufungsangriff (Berufungssumme) von **mehr als 600 €** oder

- als **streitwertunabhängige Berufung bei Berufungszulassung** durch das erstinstanzliche Gericht (§ 511 Abs. 2 Nr. 2).

  Die streitwertabhängige Berufung ist nicht bereits dann zulässig, wenn die Beschwer über 600 € liegt (Beispiel: Abweisung der Klage über 1200 €). Erforderlich ist vielmehr, dass auch eine Abänderung der erstinstanzlichen Entscheidung um mehr als 600 € begehrt, also die Berufungssumme des § 511 Abs. 1 Nr. 1 erreicht wird (Beispiel: Berufung unzulässig, wenn der Kläger sie nur teilweise mit dem Antrag einlegt, den Beklagten zur Zahlung von weiteren 500 € zu verurteilen).

  Die Berufung ist nach § 522 Abs. 2 Nr. 2 zuzulassen, wenn die Sache grundsätzliche Bedeutung hat oder die Fortbildung des Rechts oder die Sicherung einer einheitlichen Rspr. eine Entscheidung des Berufungsgerichts erfordert.

  Die Zulassungsberufung gibt es erst seit dem 01.01.2002 (ZPO-RG). Sie soll einen Rechtsmittelzug – letztlich bis hin zum BGH – auch in vom Streitwert weniger, aber in der Sache selbst bedeutsamen Rechtsstreitigkeiten ermöglichen. Früher gab es nur eine Streitwertberufung (1.500 DM).

  Ist die Berufungssumme nicht erreicht und die Berufung nicht zugelassen, ist eine Berufung grds. endgültig ausgeschlossen. Bei der Berufung gibt es **keine Nichtzulassungsbeschwerde**!

  Ob bei einer willkürlichen Nichtzulassung der Berufung neben der Verfassungsbeschwerde wegen Verstoßes gegen den gesetzlichen Richter (Art. 101 Abs. 2 S. 1 GG)[724] auch eine Gegenvorstellung mit dem Ziel der nachträglichen Zulassung der Berufung durch das erstinstanzliche Gericht in Betracht kommt, ist noch nicht abschließend geklärt (vgl. dazu oben Rn. 297, 311).

b) Einlegung: Innerhalb **eines Monats** nach Zustellung des Urteils durch Einreichung **320** einer Berufungsschrift **beim Berufungsgericht** (iudex ad quem, §§ 517, 519).

Berufungsgericht ist entweder das **Landgericht** (bei AG-Urteilen, § 72 GVG) **oder das Oberlandesgericht** (bei LG-Urteilen, § 119 GVG).

Die Berufungsfrist von einem Monat beginnt grds. spätestens fünf Monate nach Verkündung des Urteils zu laufen, wenn nicht vorher eine wirksame Zustellung erfolgt ist.

---

723 ThP/Reichold vor § 511 Rn. 46; MK/Rimmelspacher vor §§ 511 ff. Rn. 3, 4; Längstfeld JA 2013, 289; 362 (Grundfälle).

724 Vgl. dazu VerfGH Berlin NJW-RR 2009, 1094.

c) Die Berufung ist frist- und formgerecht entsprechend dem Prüfungsumfang des Berufungsgerichts zu **begründen** (§§ 513, 520):

321 ■ **Berufungsanträge:** Nach § 520 Abs. 3 S. 2 Nr. 1 muss die Berufungsbegründung eine Erklärung enthalten, inwieweit das erstinstanzliche Urteil angefochten wird und welche Abänderungen beantragt werden. Da diese Vorschrift jedoch keine durch die Sache nicht gerechtfertigte Formalisierung erstrebt, muss die Erklärung nicht zwingend in einem bestimmt gefassten Antrag niedergelegt werden. Fehlt ein ausdrücklicher Berufungsantrag, ist die Berufung dennoch zulässig, wenn die Begründungsschrift ihrem gesamten Inhalt nach eindeutig erkennen lässt, in welchem Umfang das Urteil der ersten Instanz angefochten werden soll, sodass keine Zweifel am Umfang der Anfechtung des erstinstanzlichen Urteils bestehen.[725]

Wird die Berufung unbeschränkt eingelegt (§§ 517, 519), was in der Praxis recht häufig vorkommt, so erstreckt sich die dadurch eintretende Hemmung der Rechtskraft (§ 705 S. 2 ZPO) grds. auch dann auf das gesamte Urteil, wenn die nachfolgende Berufungsbegründung (§ 520) einen beschränkten Antrag enthält. Allein aus dem Umstand, dass dieser Antrag hinter der Beschwer zurückbleibt, lässt sich kein teilweiser Rechtsmittelverzicht entnehmen. Der Berufungskläger kann daher das Rechtsmittel auch nach Ablauf der Begründungsfrist bis zum Schluss der Berufungsverhandlung erweitern, soweit die fristgerecht vorgetragenen Berufungsgründe die Antragserweiterung decken.[726]

322 ■ **Berufungsgründe:** Begründung der geltend gemachten Rechtsverletzung und/oder der Zweifel an der Richtigkeit der Tatsachenfeststellung, ggf. Bezeichnung neuer Angriffs- und Verteidigungsmittel nach Maßgabe des § 520 Abs. 3 Nr. 2–4. Fehlt eine ordnungsgemäße Berufungsbegründung, ist die Berufung ebenfalls unzulässig.

Konkrete, auf den Einzelfall zugeschnittene Begründung zu allen das Urteil selbstständig tragenden Erwägungen erforderlich. Pauschale Formulierungen (z.B. Auffassung des Erstgerichts ist unrichtig) und abstrakte Rechtsausführungen reichen daher nicht. Unzureichend ist in aller Regel auch die bloße Bezugnahme auf Sachvortrag und Beweisangebote erster Instanz. Sie genügt ausnahmsweise, soweit das erstinstanzliche Gericht ein unter Beweis gestelltes Vorbringen für nicht beweisbedürftig gehalten hat, die der Kläger nach der Berufungsbegründung weiterhin für beweisbedürftig hält.[727] Unerheblich ist dagegen, ob die Ausführungen in sich schlüssig oder rechtlich haltbar sind, da dies keine Frage der Zulässigkeit, sondern der Begründetheit der Berufung ist.[728] Wird das erstinstanzliche Urteil auf zwei selbstständige Erwägungen gestützt, die jeweils selbstständig und unabhängig voneinander die getroffene Entscheidung rechtfertigen sollen, so ist die Berufung nur dann zulässig, wenn sich die Berufungsbegründung gegen jede der tragenden Erwägungen richtet.[729]

Beispiel: Die Schadensersatzklage des A über 10.000 € wird vom LG mit der einzelfallbezogenen Begründung abgewiesen, dass der Kläger die Voraussetzungen für den geltend gemachten Schadensersatzanspruch bereits dem Grunde nach nicht schlüssig dargelegt habe. Unbegründet sei die Klage zumindest aber deshalb, weil der Schadensersatzanspruch jedenfalls verjährt sei. A legt im vollen Umfang Berufung ein, mit der er pauschal geltend macht, dass das LG zu Unrecht den Schadensersatzanspruch verneint hat und legt im Einzelnen dar, weshalb der Anspruch auch nicht verjährt ist.

Die Berufung ist unzulässig. Da das LG die Entscheidung auf zwei tragende Gründe, die jeweils unabhängig voneinander die Klageabweisung rechtfertigen, gestützt hat, ist die Berufung unzulässig, weil A sich in der Berufungsbegründung zwar mit der Annahme der Verjährung durch das LG, nicht aber mit der Verneinung des Bestehens des Anspruchs dem Grunde nach auseinander gesetzt hat.

---

725 BGH NJW-RR 2019, 1022; NJW-RR 2019, 1293; BGH NJW-RR 2015, 188; BAG NJW 2018, 571; ThP/Reichold § 520 Rn. 17.
726 BGH NJW-RR 2018, 386; BGH NJW 2001, 146; MV/Ball § 520 Rn. 19 ff. m.w.N.
727 BGH NJW-RR 2018, 386; BGH NJW 2016, 2890; BGH NJW-RR 2015, 511; ThP/Reichold § 520 Rn. 20 ff. 31 ff.
728 BGH NJW-RR 2020, 503; BGH NJW 2016, 2890; BGH NJW 2013, 174; ThP/Reichold § 520 Rn. 21; MV/Ball § 520 Rn. 28 ff.
729 BGH NJW-RR 2020, 503; BGH NJW-RR 2019, 180; BGH NZI 2018, 325; BAG NZA 2020, 469; ThP/Reichold § 520 Rn. 26.

- **Neues Angriffs- und Verteidigungsvorbringen** ist in der Berufungsinstanz nur nach Maßgabe der §§ 529 f. zulässig.

  Neues **unstreitiges** Vorbringen ist aber grds. beachtlich,[730] auch neue Einreden aufgrund unstreitigen Sachverhalts, wie z.B. erst in der Berufungsinstanz erhobene Verjährungseinrede,[731] selbst wenn dadurch eine Beweisaufnahme erforderlich wird.[732]

2. Verfahren und Entscheidung

a) Entscheidung durch Beschluss ohne mündliche Verhandlung, wenn   **323**

- **Berufung unzulässig** ist, § 522 Abs. 1 (Kann-Bestimmung). Vor dem Beschlusserlass ist dem Berufungskläger rechtliches Gehör zu gewähren.[733] Gegen die Verwerfung der Berufung durch Beschluss ist Rechtsbeschwerde nach § 522 Abs. 1 S. 4 möglich.

- **Voraussetzungen des § 522 Abs. 2 Nr. 1–4 vorliegen** (Sollbestimmung), also das Berufungsgericht die Berufung **einstimmig für in der Sache offensichtlich aussichtslos** hält, keine Rechtssache vorliegt, die die Zulassung der Revision rechtfertigt und eine mündliche Verhandlung nicht für geboten gehalten wird. Dieser Verwerfungsbeschluss ist nur nach einem Hinweis nach § 522 Abs. 2 S. 2 zulässig.

Gegen diesen Verwerfungsbeschluss ist das Rechtsmittel gegeben, das bei einem entsprechenden Urteil statthaft wäre (§ 522 Abs. 3), d.h. die **Nichtzulassungsbeschwerde**.

Nach § 522 Abs. 3 a.F. (bis zum 26.11.2011) war die Zurückweisung der Berufung durch Beschluss unanfechtbar, was wegen der erheblichen Schlechterstellung des Berufungsführers im Verhältnis zur Zurückweisung durch Urteil als sehr problematisch angesehen wurde.[734]

b) Entscheidung durch Urteil, soweit keine Beschlussentscheidung.

aa) Überprüfung des erstinstanzlichen Urteils im Rahmen der Berufungsanträge (§ 528)   **324**
in rechtlicher Hinsicht im vollen Umfang. In tatsächlicher Hinsicht dagegen nach § 529 nur, soweit konkrete Zweifel an der Richtigkeit und Vollständigkeit der Feststellungen bestehen oder neues Vorbringen nach Maßgabe des § 531 Abs. 2 zuzulassen ist. Insoweit u.U. neue oder wiederholte Beweisaufnahme erforderlich (§§ 529, 538).

Bereits aufgrund eines einzigen zulässigen Berufungsangriffs hat das Berufungsgericht innerhalb des zur Überprüfung gestellten Streitgegenstands den gesamten Streitstoff und das erstinstanzliche Urteil insgesamt in rechtlicher und ggf. tatsächlicher Hinsicht zu überprüfen (§ 529 Abs. 2 S. 2).[735]

bb) Die **Entscheidung durch Urteil über die Berufung** kann folgenden Inhalt haben: **325**

- Verwerfung bei – u.U. erst später festgestellter – Unzulässigkeit (§ 522 Abs. 1).

- Zurückweisung der Berufung, wenn sie nicht begründet ist.

- Teilweise Aufhebung oder Abänderung und insoweit Ersetzung durch eine neue Entscheidung, wenn die Berufung – ganz oder zum Teil – zulässig und begründet ist.

---

730 BGH NJW 2005, 291; BGH MDR 2009, 996; ThP/Reichold § 531 Rn. 1.

731 BGH RÜ 2008, 772; Jacoby ZZP 2009, 358; ThP/Reichold § 531 Rn. 1 m.w.N.

732 BGH NJW 2009, 685; dazu Kroppenberg NJW 2009, 642.

733 BGH NJW-RR 2020, 60; BGH NJW-RR 2010, 1075; ThP/Reichold § 522 Rn. 2.

734 Zum § 522 n.F. und a.F. Brückner/Guhling/Menges DRiZ 2017, 200; Hinrichs DRiZ 2016, 66; Baumert MDR 2011, 1145.

735 BVerfG NJW 2019, 1433; BGH, Beschl. v. 26.02.2020 – XII ZB 402/19, BeckRS 2020, 4561; BGH NJW-RR 2020, 60.

■ Zurückverweisung des Rechtsstreits an das erstinstanzliche Gericht aus den abschließend in § 538 Abs. 2 geregelten Gründen, wenn eine weitere Verhandlung erforderlich ist und eine Partei dies beantragt (Ausnahme: § 538 Abs. 2 S. 3).

Allen Fällen des § 538 Abs. 2 ist gemeinsam, dass noch eine weitere Verhandlung zur Sache nötig ist, wobei in den Fällen der Nr. 2–7 das Erstgericht sachlich nicht oder nicht endgültig entschieden hat, den Parteien also ein Rechtszug verloren ginge, wenn das Berufungsgericht entscheiden würde. Die Zurückweisung, die regelmäßig eine Verzögerung zur Folge hat, ist der gesetzliche Ausnahmefall. Sie darf daher niemals aus reinen Zweckmäßigkeitserwägungen oder bei nur materiellrechtlich anderer Beurteilung[736] erfolgen und muss im Urteil immer besonders begründet werden.

II. Die Revision (§§ 542–566)

326   **1.** Die Revision führt zu einer Überprüfung der Berufungsurteile (LG/OLG) **allein in rechtlicher Hinsicht** durch den **Bundesgerichtshof** (§§ 542, 545).

2. Nach der Neugestaltung der Rechtsmittel durch das ZPO-RG ist die Revision nur noch statthaft als **Zulassungsrevision** (§§ 543, 544), d.h. bei **Zulassung**

a) durch das Berufungsgericht (im Berufungsurteil, unabhängig vom Wert) oder

b) durch den BGH auf **Nichtzulassungsbeschwerde** der beschwerten Partei, wenn das Berufungsgericht die Revision nicht zugelassen hat.

Die Nichtzulassungsbeschwerde ist nach § 544 Abs. 2 nur zulässig, wenn der Wert des Beschwerdegegenstandes 20.000 € übersteigt oder die Berufung als unzulässig verworfen wurde.

327   **3.** Die Revision ist nach § 543 Abs. 2 zuzulassen, wenn die Sache **grundsätzliche Bedeutung** hat oder wenn die **Fortbildung des Rechts** oder die **Sicherung einer einheitlichen Rspr.** eine Entscheidung des BGH erfordert.[737]

Dadurch wird eine Konzentration der Rspr. des BGH auf die eigentlichen Aufgaben eines Revisionsgerichts bezweckt: Entscheidung grundsätzlicher Rechtsfragen, Rechtsfortbildung und Sicherung der Rechtseinheitlichkeit.

Grundsätzliche Bedeutung i.S.d. § 543 Abs. 2 S. 1 Nr. 1 kommt einer Sache zu, wenn sie eine entscheidungserhebliche, klärungsbedürftige und klärungsfähige Rechtsfrage aufwirft, die sich in einer unbestimmten Vielzahl weiterer Fälle stellen kann und deshalb das abstrakte Interesse der Allgemeinheit an der einheitlichen Fortentwicklung und Handhabung des Rechts berührt. Klärungsbedürftig sind solche Rechtsfragen, deren Beantwortung zweifelhaft ist oder zu denen unterschiedliche Auffassungen vertreten werden oder die noch nicht oder nicht hinreichend höchstrichterlich geklärt sind.

Nach § 543 Abs. 2 S. 1 Nr. 2 Alt. 2 ist die Revision zuzulassen, wenn die Sicherung einer einheitlichen Rspr. eine Entscheidung des Revisionsgerichts erfordert. Dieser Zulassungsgrund ist insbesondere in den Fällen einer Divergenz gegeben, wenn also die anzufechtende Entscheidung von der Entscheidung eines höher- oder gleichrangigen Gerichts abweicht und auf dieser Abweichung beruht.

Eine offensichtliche Unrichtigkeit des Urteils allein ist dagegen noch kein hinreichender Grund für eine Zulassung der Revision durch den BGH. Etwas anderes gilt zur Sicherung einer einheitlichen Rspr. nach der Rspr. des BGH, wenn die angefochtene Entscheidung sich als objektiv willkürlich (Rechtsanwendung schlechthin unhaltbar) darstellt oder Verfahrensgrundrechte einer Partei verletzt und die Entscheidung darauf beruht.[738]

---

736   BGH NJW-RR 2005, 22; BGH MDR 2010, 1072; BGH NJW 2001, 1500; ThP/Reichold § 538 Rn. 14 ff.

737   Vgl. dazu BVerfG WM 2016, 1434; BGH MDR 2018, 1393 ThP/Reichold § 543 Rn. 4 ff.

738   BGH, Beschl. v. 17.06.2010 – IX ZR 187/08, BeckRS 2010, 16580; BGH NJW 2003, 1943; vgl. aber auch BGH NJW 2004, 2222 zur Zulassung der Revision wegen grundsätzlicher Bedeutung nach § 543 Abs. 2 S. 1 Nr. 2 Alt. 2 bei ernsthafter Gefahr der Wiederholung des Rechtsfehlers durch dasselbe Gericht oder der Nachahmung durch andere Gerichte.

4. Revisionsgrund kann **nur eine Rechtsverletzung** sein (§ 545).   **328**

Das Berufungsurteil muss auf dieser Rechtsverletzung beruhen, was in den Fällen der absoluten Revisionsgründe des § 547 unwiderlegbar vermutet wird. – **Neues tatsächliches Vorbringen** ist in der Revisionsinstanz grds. **ausgeschlossen** (§ 559).

5. Bei Entscheidungsreife aufgrund rechtlicher Erwägungen: Endurteil des BGH. Bei Notwendigkeit weiterer tatsächlicher Aufklärung: Zurückverweisung an das Berufungsgericht, das dann **an die rechtliche Beurteilung durch den BGH gebunden** ist (§ 563).

Über diese Bindung im konkreten Prozess hinaus bindet die BGH-Rspr. nicht: **Keine Präjudizienrechtsprechung im deutschen Recht**.

III. Die Beschwerde (§§ 567–577)

1. Die sofortige Beschwerde (§§ 567–572)

a) Statthaft gegen erstinstanzliche **Beschlüsse** der Amts- oder Landgerichte: bei gesetzlicher Zulassung, ferner grds. gegen Entscheidungen, durch die ein das Verfahren betreffendes Gesuch abgelehnt worden ist (§ 567).[739]   **329**

Beispiele: Gegen Kostenbeschluss nach § 91 a sofortige Beschwerde (gesetzliche Anordnung); gegen Ablehnung der öffentlichen Zustellung sofortige Beschwerde nach § 567 (Ablehnung eines Verfahrensgesuchs); gegen Rechtswegbeschlüsse sofortige Beschwerde nach § 17 a Abs. 4 GVG,[740] gegen Beweisbeschluss keine Beschwerde (weder gesetzliche Anordnung noch Antragszurückweisung);[741] gegen Vertagungsbeschlüsse keine Beschwerde, da ausgeschlossen (§ 227 Abs. 4 S. 3).

Eine **„außerordentliche" Beschwerde wegen „greifbarer Gesetzeswidrigkeit"**, die früher auch bei an sich unanfechtbaren Beschlüssen zugelassen wurde, ist nach Einführung des § 321 a **nicht mehr statthaft**. Der BGH kann nur noch in den Fällen des § 574 Abs. 1 ZPO angerufen werden.[742]

b) Einlegungsfrist: **Zwei Wochen** (§ 569).

Die frühere unbefristete – „einfache" – Beschwerde ist durch das ZPO-RG abgeschafft worden. Aber keine Befristung, wo sie naturgemäß ausscheidet, wie bei der Untätigkeitsbeschwerde (s.o. Rn. 2).

c) Neues Vorbringen ist grds. zulässig (§ 571).

d) Über die Beschwerde entscheidet das LG bzw. OLG als übergeordnetes Gericht durch Beschluss. Das Gericht, dessen Entscheidung angefochten ist, kann jedoch der Beschwerde abhelfen, wenn es sie für begründet hält (§ 572).

2. Rechtsbeschwerde an den BGH

Gegen Beschwerdeentscheidungen, Beschlüsse von Berufungsgerichten und Beschlüsse der Oberlandesgerichte ist bei gesetzlicher Bestimmung oder Zulassung die Rechtsbeschwerde statthaft. Eine Überprüfung der Beschlüsse findet entsprechend zum Revisions-Verfahren **nur in rechtlicher Hinsicht** statt (§§ 576, 577).   **330**

---

739 Vgl. ausführlich zur sofortigen Beschwerde Hein JuS 2018, 33 ff.

740 Vgl. BGH VersR 2019, 59; allg. zur Wirksamkeit von Verweisungsbeschlüssen Fischer MDR 2020, 75 *und oben Rn. 164 f.*

741 Vgl. BGH MDR 2008, 30; anders bei Verletzung des rechtlichen Gehörs, BGH NJW 2020, 1679; BGH NJW-RR 2009, 1223.

742 BGH, Beschl. v. 19.03.2020 – III ZB 8/20, BeckRS 2020, 4814; BGH, Beschl. v. 20.03.2018 – I ZB 7/18, BeckRS 2018, 7666; ThP/Reichold § 567 Rn. 7 ff.; a.A. Bloching/Kettinger NJW 2005, 860; Schneider MDR 2006, 969; krit. Greger NJW 2017, 3089 und oben Rn. 311 zur Gegenvorstellung.

331

Rechtsmittel

1. Wesensmerkmale des Rechtsmittels: **Devolutiveffekt, Suspensiveffekt**.

2. Rechtsmittel (in diesem Sinne) sind nur: Berufung, Revision, Beschwerde.

3. **Generelle Zulässigkeitsvoraussetzungen** der Rechtsmittel (zu unterscheiden von der Zulässigkeit der Klage: Frage der Begründetheit des Rechtsmittels):

   a) Statthaftigkeit des Rechtsmittels.

   b) Form und Frist.

   c) Beschwer des Rechtsmittelführers.

   d) Zulassung, bei Berufung auch Streitwertberufung.

   Vorrang der Zulässigkeitsfeststellung. – Erleichterte Zulässigkeitsvoraussetzungen bei Anschlussrechtsmittel.

4. **Begründetheit des Rechtsmittels**:

   a) Wenn und soweit die angefochtene Entscheidung fehlerhaft ist.

   b) Es gilt das **Verbot der reformatio in peius**: Abänderung ist nur möglich i.R.d. mit dem Rechtsmittel – oder Anschlussrechtsmittel – verfolgten Anträge.

5. **Berufung**:

   a) Zulässigkeitsvoraussetzungen:

      aa) Statthaft gegen **erstinstanzliche Urteile des AG und des LG**.

      bb) **Beschwer-/Berufungssumme von mehr als 600 €** oder **Zulassung**.

      cc) Form und Frist: Einlegung **bei Berufungsgericht (LG, OLG)**, Frist: 1 Monat, Frist zur Begründung: 2 Monate, jeweils ab Zustellung des Urteils.

   b) Überprüfung (Fehlerkontrolle) des erstinstanzlichen Urteils: In rechtlicher Hinsicht; in tatsächlicher Hinsicht: wenn konkrete Zweifel an der Richtigkeit und Vollständigkeit der Feststellungen bestehen, im Übrigen Bindung an die erstinstanzlichen Feststellungen.

6. **Revision:**

   a) Statthaft: Gegen **Berufungsurteile (LG, OLG)**, bei Zulassung durch Berufungsgericht (§ 543) oder BGH (Nichtzulassungsbeschwerde, § 544).

   b) **Revisionsgericht: BGH**.

   c) **Überprüfung nur in rechtlicher Hinsicht**; Revisionsgrund ist nur Rechtsverletzung.

7. **Beschwerde:**

   a) **Sofortige Beschwerde** – Frist: zwei Wochen –: Bei erstinstanzlichen AG- u. LG-Beschlüssen bei gesetzlicher Zulassung oder Zurückweisung eines Verfahrensgesuchs. Überprüfung in rechtlicher und tatsächlicher Hinsicht durch das übergeordnete Gericht; Abhilfe durch Gericht der angefochtenen Entscheidung möglich.

   b) **Rechtsbeschwerde an den BGH:** Gegen Beschwerdeentscheidungen und gegen Beschlüsse von LG als Berufungsgericht und OLG, bei gesetzlicher Bestimmung oder Zulassung. Überprüfung nur in rechtlicher Hinsicht.

8. Besondere Rechtsbehelfe – keine Rechtsmittel i.e.S. – bei **Grundrechtsverletzungen durch an sich unanfechtbare/unabänderbare Entscheidungen:**

   a) **Gehörsrüge nach § 321 a** bei Verletzung des rechtlichen Gehörs: ausdehnende analoge Anwendung auf Verletzung anderer Verfahrensgrundrechte?

   b) **fristgebundene Gegenvorstellung:** Zwar nunmehr weitgehend zugelassen (BGH), nicht bei gesetzlicher Bindung des Gerichts an die Entscheidung (u.a. Urteil, § 318).

   c) außerordentliche Beschwerde bei **greifbarer Gesetzwidrigkeit?** str., BGH verneint.

14. Abschnitt: Die Rechtskraft

Das Prozessinstitut der Rechtskraft dient dem **Rechtsfrieden** und der **Rechtssicherheit** zum einen dadurch, dass der Prozess bei Eintritt der formellen Rechtskraft endgültig abgeschlossen ist und nicht wieder neu aufgerollt werden kann. Zum anderen dadurch, dass die im Urteil erkannte Rechtsfolge für die Parteien endgültig verbindlich ist (materielle Rechtskraft).[743]   **332**

Auch ein materiell unrichtiges Urteil löst diese Rechtskraftwirkungen aus. Es wird so dem Streit der Parteien entzogen. Rechtssicherheit und Rechtsfrieden haben insoweit Vorrang.

A. Die formelle Rechtskraft

I. Formelle Rechtskraft bedeutet, dass eine prozessbeendigende Entscheidung – Urteil oder Beschluss – **nicht mehr** mit den Rechtsmitteln der Berufung, Revision oder Beschwerde bzw. dem Rechtsbehelf des Einspruchs (beim Versäumnisurteil) **angefochten werden kann** (§ 705). Der Prozess als solcher ist dann beendet.   **333**

II. Die formelle Rechtskraft tritt ein:

- bei letztinstanzlichen Entscheidungen: sogleich mit deren Wirksamwerden,

- mit Ablauf der Frist zur Einlegung eines Rechtsmittels oder Einspruchs (der Frist für Einlegung der Nichtzulassungsbeschwerde bei Nichtzulassung der Revision) oder

- mit Verzicht der Parteien auf Rechtsmittel/Einspruch (vgl. §§ 515, 565, 346).

III. Mit dem Eintritt der formellen Rechtskraft beginnt die 30-jährige Verjährungsfrist (§§ 197 Abs. 1 Nr. 3, 201 BGB).

B. Die materielle Rechtskraft

I. Begriff und Wesen der materiellen Rechtskraft   **334**

1. Die materielle Rechtskraft des Urteils bedeutet, dass die Entscheidung in jedem weiteren Prozess der Parteien, in dem die rechtskräftig festgestellte Rechtsfolge erheblich wird, maßgeblich und bindend ist.

Dies wirkt sich **in zweifacher Hinsicht** aus:

a) Das rechtskräftige Urteil steht jedem neuen Prozess über **denselben** Streitgegenstand entgegen: **Hindernis der Rechtskraft bei Identität des Streitgegenstandes; die neue Klage ist unzulässig.**[744]   **335**

Beispiel 1: K klagt gegen B auf Schadensersatz aus einem Verkehrsunfall, wobei er unter Darstellung des Vorganges seine Klage auf § 823 BGB und auf § 7 StVG stützt. Die Klage wird abgewiesen, weil eine unerlaubte Handlung mangels Verschuldens nicht vorgelegen habe. Auf eine verschuldensunabhängige Gefährdungshaftung aus § 7 StVG ist das Gericht in dem Urteil nicht eingegangen. Das Urteil wird rechtskräftig. Kann K nochmals klagen, um seinen Anspruch aus § 7 StVG durchzusetzen?

---

743 BVerfG NJW 2009, 829, 831; BGH NJW 2018, 338; BGH NJW 2010, 1192; ThP/Seiler § 322 Rn. 5 ff. und ausführlich zur Rechtskraft Eicker JA 2019, 52 ff.; 132 ff. sowie Thomale JZ 2018, 430 ff.; 1125 ff.

744 BGH NJW 2019, 1745; BGH JR 2019, 81 m. Anm. Lieder/Müller; BAG NZA 2019, 1571; ThP/Seiler § 322 Rn. 11 – s.o. Rn. 174.

Die Rechtskraft des Urteils steht der neuen Klage entgegen, wenn der Streitgegenstand der neuen Klage mit dem der alten Klage **identisch** (= derselbe prozessuale Anspruch) ist. Sowohl nach dem eingliedrigen (Identität des Antrages) als auch nach dem herrschenden zweigliedrigen Streitgegenstandsbegriff (Identität von Antrag und Lebenssachverhalt) liegt hier Identität des Streitgegenstandes vor. Auch die materiell-rechtliche Auffassung würde zu keinem anderen Ergebnis kommen, da § 823 BGB und § 7 StVG nur einen einzigen materiell-rechtlichen Anspruch ergeben (s.o. Rn. 110).

Eine erneute Klage ist daher unzulässig, da über den Streitgegenstand – Zahlungsantrag (Antrag) aufgrund des Unfalles (Lebenssachverhalt) – entschieden worden ist. Dabei ist unerheblich, ob das Gericht über alle in Betracht kommenden Anspruchsgrundlagen oder Einwendungen entschieden hat, und auch, ob die Parteien alle diesen Lebenssachverhalt betreffenden Tatsachen vorgetragen hatten oder nicht.[745] Über den rechtskräftig entschiedenen Streitgegenstand ist eine neue Klage nicht mehr möglich. – K hätte Berufung einlegen müssen.

Beispiel 2: Nach rechtskräftiger Abweisung einer Klage auf Rückabwicklung eines Kaufvertrags über einen Gebrauchtwagen wegen eines ihm beim Vertragsabschluss unbekannten Unfallschadens erhebt der Käufer K unter Anfechtung des Kaufvertrags eine erneute Klage auf Rückzahlung des Kaufpreises, weil der Verkäufer V den Unfallschaden gekannt und daher arglistig gehandelt habe, was er – K – erst jetzt, nach dem Vorprozess, erfahren habe. Diese neue Klage ist unzulässig, da mit der Abweisung der ersten Klage rechtskräftig feststeht, dass K wegen des Unfallschadens keinen Anspruch auf Rückzahlung des Kaufpreises besitzt. Die – jetzt neu vorgetragene – Kenntnis des V von dem Vorschaden und die jetzt ausgesprochene, aber objektiv schon während des ersten Prozesses mögliche Anfechtung gehörten zu dem Lebenssachverhalt und damit Streitgegenstand des ersten Prozesses.[746]

Beispiel 3: Ebenfalls unzulässig: Eine nach rechtskräftiger Abweisung einer Arzthaftungsklage erhobene neue Klage wegen eines anderen bei demselben Behandlungsgeschehen (Lebenssachverhalt) unterlaufenen Behandlungsfehlers.[747]

Beispiel 4: Zulässig ist dagegen nach rechtskräftiger Abweisung einer Klage aus abgetretenem Recht eine erneute Klage aus nunmehr eigenem Recht: Anderer (nicht identischer) Streitgegenstand.[748]

Beispiel 5: Identität des Streitgegenstandes besteht nach dem herrschenden zweigliedrigen Streitgegenstandsbegriff nicht, wenn mit der neuen Klage zur Erreichung desselben Klageziels (Antrag) ein **im Wesentlichen – im Kern – anderer Lebenssachverhalt** (Klagegrund) vorgetragen wird.[749] Dies ist z.B. anzunehmen, wenn nach Abweisung einer auf Eigentum gestützten Herausgabeklage nunmehr die Herausgabe aufgrund Mietvertrages verlangt wird.[750]

336 **b)** In jedem späteren Prozess über einen anderen Streitgegenstand ist die rechtskräftig festgestellte **Rechtsfolge** bindend, wenn diese Rechtsfolge dort **vorgreiflich – präjudiziell, präjudizierend – ist (Präjudizialität der Vorentscheidung)**.[751]

Beispiel: K hat gegen B auf Feststellung seines Eigentums an einem Lkw geklagt und ein obsiegendes Urteil erhalten, das rechtskräftig wurde. In einem späteren Prozess verklagt K den B auf Schadensersatz wegen Beschädigung dieses Lkw. B bestreitet das Eigentum des K.

Für einen Schadensersatzanspruch aus dem Eigentümer-Besitzer-Verhältnis (§§ 989, 990 BGB) oder Verletzung des Eigentums nach § 823 Abs. 1 BGB ist entscheidend, dass K Eigentümer des Lkw ist (präjudizielle Vorfrage). Das den Schadensersatzprozess entscheidende Gericht ist an das, das Eigentum des K feststellende, rechtskräftige Urteil gebunden. Es kann daher im Schadensersatzprozess diese Vorfrage rechtlich nicht anders beurteilen, sondern hat sie seiner Entscheidung ohne erneute sachliche Prüfung zugrunde zu legen. Das Eigentum des K steht somit fest, die Klage ist unbegründet.

---

745 BGH NJW 2018, 1753; BGH RÜ 2013, 776; BGH NJW 2004, 1252.

746 BGH NJW 2004, 1252; dazu Rimmelspacher JuS 2004, 560.

747 OLG Saarbrücken VersR 2002, 193.

748 BGH NJW 2008, 2922. – s.o. Rn. 112.

749 BGH NJW 2016, 1818; BGH RÜ 2013, 776.

750 Musielak NJW 2000, 3593, 3596.

751 BGH NJW 2014, 1306; BGH NJW 2012, 3577 (auch von Amts wegen zu beachten); BAG NZA 2019, 1571; BAG NZA 2019, 928ThP/Seiler § 322 Rn. 9; Zöller/Vollkommer, Vorbem. zu § 322 Rn. 26 f.

Ferner: Die Abweisung einer Zahlungsklage bindet für einen nachfolgenden Prozess über einen Anspruch, der vom Bestehen des Zahlungsanspruchs abhängt, z.B. auf Schadensersatz, weil der Vorprozess wegen einer falschen Auskunft unrichtig entschieden worden sei (wegen des rechtskräftig feststehenden Nichtbestehens eines Zahlungsanspruchs kein Schaden!).[752] – Oder: Ist hinsichtlich eines Anspruchs eine positive Feststellungsklage abgewiesen oder einer negativen stattgegeben worden, so ist eine spätere Leistungsklage als unbegründet abzuweisen, weil das Nichtbestehen des Anspruchs rechtskräftig feststeht (anderer Antrag, daher keine Identität des Streitgegenstandes und daher auch Klage nicht wegen entgegenstehender Rechtskraft unzulässig).[753]

2. Voraussetzung ist die **formelle Rechtskraft:** Nur ein formell rechtskräftiges Urteil kann materielle Rechtskraftwirkung auslösen.[754]　　**337**

3. Der materiellen Rechtskraft sind nicht nur Sachurteile fähig, sondern auch **Prozessurteile** im Umfang ihres Entscheidungsinhalts.　　**338**

Beispiel: Die Klage wurde rechtskräftig wegen Prozessunfähigkeit des Beklagten abgewiesen. Der Kläger will nun erneut klagen.

Da im Vorprozess nicht in der Sache entschieden worden ist, würde einer neuen Klage zwar nicht eine Rechtskraft in der Sache selbst entgegenstehen. Aufgrund des rechtskräftigen Prozessurteils steht aber auch für einen neuen Prozess grds. rechtskräftig fest, dass der Beklagte prozessunfähig ist, sodass – wenn nicht nachträgliche Umstände inzwischen die Prozessfähigkeit begründet haben – auch eine neue Klage wegen Prozessunfähigkeit des Beklagten unzulässig wäre.[755]

4. Wesen, Bedeutung und Wirkung der materiellen Rechtskraft

Nach der **materiellen Theorie**[756] gestaltet das rechtskräftige Urteil die Rechtsbeziehungen der Parteien entsprechend seinem Inhalt; es wirkt also auf die materielle Rechtslage ein.　　**339**

Nach den heute vertretenen **prozessualen Theorien** hat die Rechtskraft Auswirkung nur auf die prozessuale, nicht aber auf die materielle Rechtslage.[757] Dabei ist nach der herrschenden ne-bis-in-idem-Lehre eine erneute Klage und Entscheidung über denselben (identischen) Streitgegenstand wegen der Rechtskraft des ersten Urteils grds. unzulässig, während nach der Bindungslehre eine neue Klage – falls ausnahmsweise ein Rechtsschutzbedürfnis für sie besteht – zulässig ist, die neue Entscheidung mit der ersten jedoch inhaltlich übereinstimmen muss (Bindung) – s.o. Rn. 174.

Praktische Auswirkungen haben diese unterschiedlichen Theorien allerdings nicht.

II. Die Tragweite und die Grenzen der materiellen Rechtskraft

Die Rechtskraft eines Urteils ist in **dreifacher Hinsicht** bestimmt und begrenzt:　　**340**

- **objektiv:** Das Urteil ist nur insoweit der Rechtskraft fähig, als über den erhobenen Anspruch entschieden worden ist (§ 322 Abs. 1).

- **subjektiv:** Die Rechtskraft wirkt grds. nur zwischen den Parteien (§ 325 Abs. 1, also nur „inter partes").

- **zeitlich:** Die Rechtskraft kann sich nur auf den Sachverhalt beziehen, der im Zeitpunkt der letzten Tatsachenverhandlung vorgelegen hat.

---

752 BGH NJW 1993, 3204; ThP/Seiler § 322 Rn. 10.

753 BGH RÜ 2008, 228; BAG NZA 2019, 1571; ThP/Seiler§ 322 Rn. 10.

754 BGHZ 34, 241; MV/Musielak § 322 Rn. 5; ThP/Seiler § 322 Rn. 1.

755 BGH NJW 1985, 2535; Zöller/Vollkommer § 322 Rn. 1 a; s.o. Rn. 120.

756 So früher Kohler, Prozess als Rechtsverhältnis, 1888; vgl. dazu Zöller/Vollkommer vor § 322 Rn. 14 ff.

757 Vgl. ThP/Seiler § 322 Rn. 6, 7; Zöller/Vollkommer vor § 322 Rn. 17 ff.

1. Objektive Grenze

341 **Objektiv reicht die Rechtskraft nur soweit, als über den Streitgegenstand entschieden worden ist**, wobei dem Umfang bewusst **enge Grenzen** gezogen sind.

342 **a)** In Rechtskraft erwächst grds. nur der eigentliche **Entscheidungsausspruch des Urteils – der Urteilstenor, die erkannte Rechtsfolge –**, während die Entscheidungsgründe als solche grds. nicht an der Rechtskraftwirkung teilnehmen.[758]

aa) Daher werden die im Tatbestand oder in den Entscheidungsgründen des Urteils festgestellten oder zugrunde gelegten Tatsachen, Rechte, Rechtsverhältnisse, Einreden, Einwendungen oder Rechtsauffassungen nicht rechtskräftig festgestellt.[759]

Beispiele: Bei Verurteilung des Beklagten Zug um Zug gegen eine Gegenleistung des Klägers erwächst die Entscheidung über die Gegenleistung nicht in Rechtskraft.[760] Will der Beklagte einen Vollstreckungstitel über die Gegenleistung, muss er Klage gegen den Kläger erheben, bei der das Gericht bei der Entscheidung über die (Gegen-)Forderung des Beklagten nicht an das erste Urteil gebunden ist.

Entsprechend erwächst bei einem stattgebenden Urteil über eine Kaufpreisrate die Annahme des Bestehens eines Kaufvertrages in den Entscheidungsgründen nicht in Rechtskraft. Diese Frage könnte daher in einem Folgeprozess auch anders entschieden werden.

Allerdings müssen u.U. Tatbestand und Entscheidungsgründe oder der Parteivortrag zur Feststellung von Tragweite und Bedeutung des Tenors herangezogen werden,[761] z.B. bei einem Versäumnisurteil oder einer **Klageabweisung**, bei der der Tenor für sich nicht erkennen lässt, über welchen prozessualen Anspruch entschieden[762] und ob die Klage als endgültig oder nur – etwa mangels Fälligkeit – als zur Zeit unbegründet, mit entsprechend begrenzter Rechtskraft, abgewiesen worden ist.[763]

bb) Eine Ausnahme von dem Grundsatz, dass die Entscheidungsgründe nicht in Rechtskraft erwachsen, enthält **§ 322 Abs. 2**: Eine Entscheidung bei einer vom Beklagten erklärten Aufrechnung in den Entscheidungsgründen dahin, dass die Gegenforderung nicht bestehe oder zwar bestanden habe, aber **durch die Aufrechnung erloschen sei**,[764] erwächst bis zur Höhe der Klageforderung in Rechtskraft; in diesem Umfang kann daher die Gegenforderung nicht mehr vom Beklagten eingeklagt werden.

343 **b)** Abzustellen ist auf die Entscheidung über den vom Kläger geltend gemachten **prozessualen Anspruch** (§ 322 Abs. 1).

aa) Die Rechtskraft betrifft nur den geltend gemachten prozessualen Anspruch (Streitgegenstand) und kann daher grds. **nicht über diesen Anspruch hinausgehen.**

Beispiel: Die Rechtskraft eines Urteils, in dem eine Schadensersatzpflicht dem Grunde nach festgestellt worden ist, umfasst nicht die Frage, ob und in welcher Höhe ein Schaden eingetreten ist.[765] Einwendungen gegen das Bestehen einer Schadensersatzpflicht als solche sind daher zwar nicht mehr möglich (entschiedener Streitgegenstand), wohl aber gegen den vom Kläger geltend gemachten Schaden.

---

758 BGH NJW 2020, 1364; BGH NJW 2012, 3577; BAG NZA-RR 2015, 255; ThP/Seiler § 322 Rn. 17 ff.

759 BGH NJW 2018, 2550; BGH NJW 2016, 1823; BGH NJW 2010, 2210; KG NJW 2006, 1677; MV/Musielak § 322 Rn. 17; ThP/Seiler § 322 Rn. 28 ff.; Zöller/Vollkommer vor § 322 Rn. 31 ff.

760 BGH NJW 1992, 1172; Zöller/Vollkommer § 322 Rn. 15.

761 BGH VersR 2020, 380; BGH NJW 2018, 235; BGH NJW 2015, 2566; BGH GRUR 2015, 269; ThP/Seiler § 322 Rn. 17 ff.

762 BVerfG NJW 2003, 3759; BGH VersR 2020, 380; BGH NJW 1995, 967, 1757; BGH NJW 1999, 288.

763 BGH NJW-RR 2001, 310 (anders beim VU, s.o. Rn. 229).

764 BGH NJW-RR 2019, 1212; BGH RÜ 2015, 285; BGH MDR 2012, 180; ThP/Seiler § 322 Rn. 44 ff.; ausführlich zur Aufrechnung und § 322 Eicker JA 2020, 52 ff. und 132 ff.

765 BGH NJW 2011, 3242; BGH NJW-RR 2009, 455; BGH NJW-RR 2005, 1157; Zöller/Vollkommer § 322 Rn. 11.

Bedeutsam insbesondere für eine **Teilklage** bei einem teilbaren prozessualen Anspruch: Rechtskräftig entschieden wird – trotz ggf. die gesamte Forderung betreffender Ausführungen – nur über den vom Kläger eingeklagten Teil seiner behaupteten Gesamtforderung. Weder das stattgebende noch das abweisende Urteil haben daher Rechtskraftwirkung für einen Rechtsstreit über die weitere Forderung, auch nicht bei „verdeckter", d.h. nicht als solche kenntlich gemachter Teilklage.[766]

bb) Mit der Entscheidung über eine Rechtsfolge wird jedoch zugleich auch das genaue – mit ihr unvereinbare **(kontradiktorische)** – **Gegenteil** entschieden.[767]   **344**

Beispiele: Wenn auf eine Feststellungsklage das Eigentum des Klägers K an einer Sache festgestellt wird, steht damit auch fest, dass der Beklagte B nicht der Eigentümer ist. B kann daher nicht mehr gegen K eine entgegengesetzte Klage auf Feststellung seines Eigentums erheben.

Wird eine **negative Feststellungsklage** – z.B. dahin, dass ein Vertrag oder eine Forderung **nicht** bestehe – aus Sachgründen abgewiesen, so steht mit der Rechtskraft dieses Urteils rechtskräftig auch das **Gegenteil** fest, dass also der Vertrag oder die Forderung **besteht**.[768]

Aus einer rechtskräftigen Verurteilung zur Herausgabe einer Sache folgt zugleich, dass dem Verurteilten kein Recht zur Verweigerung der Herausgabe zustehen kann (das er einem Verzug mit der Herausgabepflicht entgegenhalten könnte): Denn die Annahme eines solchen Rechts wäre das kontradiktorische Gegenteil zur festgestellten Herausgabeverpflichtung.[769]

c) Die in Rechtskraft erwachsende Entscheidung über den prozessualen Anspruch ist von dem lediglich der Entscheidung **zugrunde liegenden (präjudiziellen, präjudizierenden) Rechtsverhältnis** zu unterscheiden.   **345**

aa) Soweit der prozessuale **Anspruch als solcher** Voraussetzung eines weiteren Anspruchs ist, ist in dem Rechtsstreit über den weiteren Anspruch die Entscheidung über den prozessualen Anspruch des ersten Rechtsstreits bindend (s. auch oben Rn. 336).[770]

Beispiel: Wenn der Kläger gegen den Beklagten Klage auf Herausgabe einer Sache gemäß § 985 BGB erhoben hat, so ist die Entscheidung über diesen Herausgabeanspruch für eine Klage auf Herausgabe von nach Rechtshängigkeit des ersten Prozesses gezogenen Nutzungen bindend, da Voraussetzung für das Bestehen eines Anspruchs auf Nutzungsherausgabe nach § 987 BGB gerade das **Bestehen eines Herausgabeanspruches nach § 985 BGB – Vindikationslage –** ist:

Ist der Herausgabeklage stattgegeben worden, kann daher im Nutzungsprozess nicht mehr eingewandt werden, es bestehe – etwa mangels Eigentums des Klägers – kein Herausgabeanspruch nach § 985 BGB. Ist die Klage abgewiesen worden, so steht damit auch fest, dass der Kläger – mangels eines Herausgabeanspruchs – keinen Anspruch auf Nutzungen hat.[771]

Diese Rechtskraftwirkung der Entscheidung über die Herausgabeklage nach § 985 BGB bezieht sich aber nur auf eine Klage auf Herausgabe der **nach Rechtshängigkeit** des ersten Prozesses gezogenen Nutzungen, denn nur ab diesem Zeitpunkt ist der Herausgabeanspruch festgestellt,[772] nicht daher auf Nutzungen vor Rechtshängigkeit. Für solche Nutzungen ist das Bestehen der Anspruchsvoraussetzungen – Vorliegen eines Herausgabeanspruchs nach § 985 BGB – unabhängig vom ersten Rechtsstreit festzustellen.

---

766 BGH NJW 2017, 893; BAG, Urt. v. 30.10.2019 – 10 AZR 177/18, BeckRS 2019, 35719; ThP/Seiler § 322 Rn. 22 ff.; Zöller/Vollkommer vor § 322, Rn. 47 ff.; Elzer JuS 2001, 224; a.A. für die Abweisung der Teilklage – rechtskräftige Aberkennung des gesamten Anspruchs –: MV/Musielak § 322, Rn. 67 ff., 70 ff., für verdeckte Teilklagen auch Jauernig/Hess § 63 Rn.12.

767 BGH RÜ 2003, 548; BGH NJW-RR 1996, 827; BAG NZA 2019, 928; RS/Gottwald § 155 Rn. 5 ff.

768 BGH RÜ 2012, 633; BGH RÜ 2003, 548; BGH NJW 995, 1757; ThP/Reichold § 256 Rn. 23.

769 BGH JW 2006, 63; 1998, 1709.

770 BGH NJW 2012, 3577; 1993, 3204.

771 BGH NJW 2019, 1745; BGH NJW-RR 2018, 719; BGH NJW 1985, 1553; ThP/Seiler § 322 Rn. 10; RS/Gottwald § 155 Rn. 9.

772 BGH NJW 1985, 1553; BGH NJW 1983, 164; OLG Hamburg ZMR 2003, 255; ThP/Seiler § 322 Rn. 10; grds. auch BGH NJW 2006, 63; MK/Gottwald § 322 Rn. 103.

346 **bb) Auf ein bloßes präjudizielles (präjudizierendes) Rechtsverhältnis bezieht sich die Rechtskraftwirkung dagegen nicht.**

Fall 22: Objektive Grenze der Rechtskraft

K klagte gegen B auf Rückgabe einer Druckmaschine, wobei er die Klage auf Eigentum (§ 985 BGB) und ungerechtfertigte Bereicherung (§ 812 BGB) stützte, weil er den Kaufvertrag und die Übereignung wegen arglistiger Täuschung angefochten habe. B wurde rechtskräftig zur Herausgabe verurteilt. Im Urteil ist ausgeführt, dass K infolge wirksamer Anfechtung der Übereignung Eigentümer der Maschine (geblieben) sei.

Nach Herausgabe der Maschine erhebt K gegen B Klage auf Zahlung von 3.000 € Schadensersatz mit der Begründung, dass B die Maschine fahrlässig beschädigt habe. B wendet ein, dass eine Haftung wegen Beschädigung einer fremden Sache ausscheide, da er selbst der Eigentümer der Maschine sei. Die Anfechtung des Kaufvertrages und der Übereignung sei unbegründet. Das Gericht des Vorprozesses habe zu Unrecht eine arglistige Täuschung angenommen.

I. Die Klage ist **zulässig**: Die Rechtskraft des ersten Urteils steht der neuen Klage nicht entgegen, da sich die beiden Prozesse, in denen **verschiedene Anträge** gestellt wurden, (unstreitig) auf **verschiedene Streitgegenstände** beziehen. Im ersten Prozess wurde Herausgabe der Maschine verlangt, mit der zweiten Klage dagegen wird Schadensersatz (Zahlung) wegen ihrer Beschädigung begehrt.

II. Begründetheit der Klage

   1. Der von K geltend gemachte Schadensersatzanspruch ist schlüssig aus §§ 989, 990 BGB. Da B die arglistige Täuschung und damit den Anfechtungsgrund und das Eigentum des K bestreitet, kann es für die Entscheidung des Rechtsstreits grds. darauf ankommen, ob B tatsächlich den K getäuscht hat, sodass K ein Anfechtungsrecht besaß und daher Eigentümer geblieben ist.

347   2. Über diese Fragen brauchte jedoch nicht neu entschieden zu werden – und dürfte es auch nicht! –, wenn über sie bereits im Vorprozess, in dem die Anfechtung und das Eigentum des K anerkannt wurden, **rechtskräftig entschieden** worden wäre.

     a) **Anfechtbarkeit und Eigentum des K?**

       In Rechtskraft erwächst jedoch nach ganz h.M. nur der Ausspruch im Urteilstenor über den geltend gemachten prozessualen Anspruch. Rechtskräftig festgestellt ist daher nur, dass der Beklagte **zur Herausgabe verpflichtet** ist. Nicht in Rechtskraft erwachsen dagegen tatsächliche Feststellungen, einzelne Urteilselemente und die Beurteilung vorgreiflicher Rechtsverhältnisse. Daher sind eine arglistige Täuschung und damit das **Eigentum des K nicht rechtskräftig festgestellt**.[773]

---

773 BGH NJW 2019, 1745; BGH NJW-RR 2018, 719; BGH WuM 2013, 160; ThP/Seiler § 322 Rn. 28 f.; MünchKomm/Baldus Vorbem. zu §§ 987 ff. BGB, 8. Aufl., 2020; MK/Gottwald § 322 Rn. 103; MV/Musielak § 322 Rn. 17; Lüke JuS 2000, 1042, 1045; a.A. BL/Weber § 322 Rn. 47: auch Eigentum als entscheidende Voraussetzung des § 985 BGB festgestellt.

Entsprechendes gilt für ein stattgebendes Urteil aus § 894 BGB: Rechtskräftig festgestellt wird nur der Berichtigungsanspruch, nicht die dingliche Rechtslage als Vorfrage.[774]

b) Rechtskräftig festgestellt ist dagegen der **Herausgabeanspruch aus § 985 BGB**,[775] da dieser Anspruch unmittelbarer Entscheidungsgegenstand des Urteilstenors des Vorprozesses war.

c) Entscheidend wird daher, was Voraussetzung des Anspruchs aus §§ 989, 990 **348** BGB ist: das Eigentum oder (nur) der Herausgabeanspruch aus § 985 BGB?

    aa) Nach h.M. ist Grundlage des Schadensersatzanspruchs aus §§ 989, 990 BGB der Vindikationsanspruch.[776] Da gerade dieser Vindikationsanspruch durch das Herausgabeurteil rechtskräftig festgestellt ist, steht damit dann auch die entscheidende Voraussetzung des Anspruchs aus §§ 989, 990 BGB rechtskräftig fest.[777] Der Einwand des gemäß § 985 BGB zur Herausgabe Verurteilten im Folgeprozess aus §§ 989, 990 BGB, in Wirklichkeit sei er der Eigentümer, ist daher unerheblich, da nicht dies, sondern die rechtskräftige Feststellung des Herausgabeanspruchs entscheidend ist – wobei diese Feststellung, wie hinsichtlich des Folgeanspruchs auf Herausgabe von Nutzungen (s.o.), nur für Verschlechterungen nach Rechtshängigkeit des Herausgabeprozesses gilt.[778]

    bb) Falls dagegen nicht die Vindikationslage, sondern das Eigentum als Voraussetzung des Schadensersatzanspruchs gesehen wird – und in den §§ 989, 990 BGB nur eine Privilegierung des Besitzers gegenüber der grundsätzlichen Haftung aus § 823 BGB[779] –, so wäre auf das Eigentum abzustellen, das, da durch das Herausgabeurteil nicht festgestellt, erneuter Prüfung und Entscheidung bedürfte, mit möglicherweise anderem Ergebnis als im Vorprozess.

d) Somit: Falls K Beschädigungen einklagt, die **nach** Rechtshängigkeit des Vorprozesses entstanden sind, ist der Einwand des B unerheblich (aber noch ein Verschulden des B als weitere Anspruchsvoraussetzung festzustellen[780]).

Wenn K dagegen Beschädigungen **vor** Rechtshängigkeit des Vorprozesses geltend macht, ist erneut das Bestehen einer Vindikationslage für den betreffenden Zeitraum und damit das Eigentum des K als Voraussetzung dafür festzustellen, ohne Bindung an den Vorprozess, da insoweit weder der Herausgabeanspruch noch das Eigentum des K rechtskräftig festgestellt sind: Dann muss nochmals über die Frage der Täuschung Beweis erhoben und entschieden werden, wobei das Gericht auch zu einem anderen Ergebnis kommen und die Klage mit der Begründung abweisen kann, dass K nicht mehr der Eigentümer gewesen sei.

---

774 BGH RÜ2 2018, 218; Staudinger/Picker (2019) § 894 BGB Rn. 166; jeweils mit Meinungsübersicht.

775 BGH NJW-RR 2018, 719; MünchKomm/Baldus, 8. Aufl., 2020, § 985 BGB Rn. 269 ff.; Palandt/Herrler § 985 BGB Rn. 17; Schilken, Rn. 1031; Schellhammer, Rn. 877.

776 Vgl. Palandt/Herrler vor § 987 BGB Rn. 2; Erman/Ebbing, 15. Aufl. 2017, vor §§ 987–993 BGB Rn. 4.

777 BGH NJW 2006, 63; MK/Gottwald § 322 Rn. 103; Zöller/Vollkommer § 322 Rn. 27.

778 Vgl. BGH NJW 1985, 1553; MK/Gottwald § 322 Rn. 103; Staudinger/Thole § 985 BGB (2019) Rn. 314 ff, 318 ff.

779 Vgl. dazu Staudinger/Thole vor §§ 987–993 BGB Rn. 7 ff.

780 Vgl. dazu Staudinger/Thole § 989 BGB Rn. 23 ff.

349   **d)** Da die lediglich in den Entscheidungsgründen getroffenen Feststellungen über ein präjudizielles Rechtsverhältnis an der Rechtskraft nicht teilnehmen, hat die **Zwischenfeststellungsklage** (§ 256 Abs. 2), die eine rechtskräftige Feststellung solcher Verhältnisse herbeiführt, große Bedeutung.[781] K hätte durch Zwischenfeststellungsklage mit den Anträgen auf Feststellung seines Eigentums und der Nichtigkeit des Kaufvertrages oder B hätte durch Zwischenfeststellungswiderklage auf Feststellung seines Eigentums und der Wirksamkeit des Kaufvertrages eine **rechtskräftige Feststellung im Urteilstenor** gerade über diese präjudiziellen Rechtsverhältnisse erreichen können. Im Schadensersatzprozess wäre dann das Gericht an diese Feststellung gebunden.

2. Subjektive Grenze

350   **Subjektiv wirkt die Rechtskraft grds. nur zwischen den Parteien des Prozesses**, also **nicht gegenüber Dritten**, die am Prozess nicht beteiligt waren. Eine Rechtskraftwirkung für und gegen Dritte ist daher die Ausnahme.

Wenn daher z.B. in einem Prozess des A gegen B das Eigentum des A rechtskräftig festgestellt ist, wirkt dies grds. nicht in einem Prozess des A gegen C. In diesem Prozess kann das Gericht daher auch zu dem Ergebnis kommen, nicht A, sondern C sei der Eigentümer.

351   **a)** Nach **§ 325 Abs. 1** wirkt die Rechtskraft jedoch für und gegen den Rechtsnachfolger einer Partei, wenn die **Rechtsnachfolge nach Rechtshängigkeit** eingetreten ist.

aa) Dabei macht es keinen Unterschied, ob es sich um eine Gesamt- oder um eine Einzelrechtsnachfolge handelt (z.B. Erbfall, Forderungsübergang, Abtretung). Es ist auch unerheblich, ob die Rechtsnachfolge während oder erst nach Ende des Prozesses eingetreten ist. Entscheidend ist allein die Rechtsnachfolge nach Rechtshängigkeit.

Beispiel: K klagt gegen B auf Lieferung einer Schreibmaschine aus Kaufvertrag. Tritt K den **Anspruch** aus § 433 Abs. 1 BGB – der als solcher streitbefangen ist! – während des Prozesses an D ab, so gilt die Kette der §§ 265, 325 Abs. 1, 727 (s.o. Rn. 198): Nach einem obsiegenden Urteil könnte also D das Urteil auf sich umschreiben lassen und gegen B vollstrecken. Bei einem klageabweisenden Urteil stünde die Rechtskraft dieses Urteils einer nunmehrigen Klage des D gegen B auf Lieferung entgegen. Dieselbe Folge ergibt sich über §§ 325 Abs. 1, 727 – es bedarf nur nicht des Kettengliedes § 265 –, wenn die Abtretung des Lieferungsanspruchs erst nach Abschluss des Prozesses erfolgt ist.

Veräußert der Beklagte B nach Rechtshängigkeit die mit dem Lieferungsanspruch verlangte **Schreibmaschine** an X, so tritt keine Rechtskrafterstreckung gegenüber X ein; denn die Rechtsnachfolge i.S.d. § 325 muss immer hinsichtlich des **streitbefangenen** Gegenstandes – des eingeklagten Anspruchs oder einer mit einem dinglichen Anspruch herausverlangten Sache (s.o. Rn. 198) – vorliegen. Gegen X könnten also K oder D den gegen B gerichteten Lieferungstitel nicht umschreiben lassen.

Bei einer Rechtsnachfolge **vor** Rechtshängigkeit findet keine Rechtskrafterstreckung statt; den Parteien fehlte dann die Aktiv- bzw. Passivlegitimation (s.o. Rn. 198).

352   **bb)** Eine **Ausnahme von der Rechtskrafterstreckung gegen den Rechtsnachfolger** bestimmt **§ 325 Abs. 2** für den Fall, dass zugunsten des Rechtsnachfolgers die Regelungen über einen wirksamen **Erwerb vom Nichtberechtigten** eingreifen.

Voraussetzung dafür ist eine **doppelte Gutgläubigkeit**. Zum einen müssen die materiell-rechtlichen Voraussetzungen für den gutgläubigen Erwerb des streitbefangenen Gegenstandes vom Nichtberechtigten (z.B. Gutgläubigkeit hinsichtlich des Eigentums des Veräußerers bei § 932 BGB) vorliegen. Zum

---

[781] Vgl. dazu BGH RÜ2 2018, 219; BGH NJW 2017, 320; BGH NJW 2013, 1744; BGH NJW 2010, 2210, 2211; Zöller/Greger § 256 Rn. 21 ff. – S. auch oben Rn. 170, 181.

anderen muss sich die Gutgläubigkeit auch auf die fehlende Rechtshängigkeit erstrecken.[782] Nach h.M. setzt § 325 Abs. 2 den Erwerb vom Nichtberechtigten zwingend voraus, sodass er beim Erwerb vom Berechtigten bei Gutgläubigkeit hinsichtlich der Rechtshängigkeit nicht anwendbar ist.[783]

Vgl. dazu auch unten Fall 25, Rn. 364. – Grund dieser Ausnahmeregelung: Durch die grundsätzliche Rechtskrafterstreckung bei Rechtsnachfolge soll nicht der materiell-rechtliche Erwerb vom Nichtberechtigten schlechthin beseitigt werden (Übereinstimmung von materiellem und Prozessrecht).

b) Die Rechtskraft erstreckt sich nach § 325 Abs. 1 ferner gegen denjenigen, der nach Rechtshängigkeit Besitzmittler der streitbefangenen Sache geworden ist, z.B.: B verleiht das Bild, das K von ihm herausverlangt, an D. Ein rechtskräftiges Herausgabeurteil wirkt gegen D.

c) Weitere Fälle der Rechtskrafterstreckung: §§ 326, 327; der Partei kraft Amtes zum Rechtsinhaber (z.B. Insolvenzverwalter und Schuldner); des gewillkürten Prozessstandschafters zum Rechtsinhaber (s.o. Rn. 149); in der Kfz-Versicherung (§ 124 VVG); vom Altgläubiger zum Neugläubiger bei Abtretung vor Rechtshängigkeit (§ 407 Abs. 2 BGB).

3. Zeitliche Grenze

a) Zeitlich bezieht sich die Rechtskraft auf die **Tatsachenlage zum Schluss der letzten Tatsachenverhandlung**, da das Urteil auf dieser Tatsachenlage beruht. Alle späteren Änderungen werden daher von der Rechtskraft nicht mehr erfasst.[784]   353

Beispiele: Der mit der Eigentumsherausgabeklage abgewiesene Kläger kann mit der Begründung, er habe **nach** Schluss der letzten Tatsachenverhandlung – z.B. durch nachträglichen Erbfall – das Eigentum erworben, erneut klagen.[785] In diesem Prozess ist dann aber nur dieser nachträgliche Vorgang zu prüfen, da rechtskräftig feststeht, dass der Kläger zuvor keinen Herausgabeanspruch hatte.

Falls der Erbfall bereits zur Zeit des ersten Prozesses vorlag, aber nicht vorgetragen war, wird die neue Klage ebenfalls auf ihn gestützt werden können: neuer (anderer) Lebenssachverhalt, nicht Streitgegenstand des Vorprozesses.[786]

Die Rechtskraft eines Schmerzensgeldurteils schließt ein weiteres Schmerzensgeld für spätere, zuvor nicht berücksichtbare Verletzungsfolgen (mit denen ernsthaft nicht zu rechnen war) nicht aus.[787]

b) Ausfluss dieses Grundsatzes ist auch die **Regelung des § 767 Abs. 2**, nach der mit der Vollstreckungsgegenklage (nur) solche Einwendungen gegen den im Urteil titulierten Anspruch geltend gemacht werden können, die erst nach der letzten mündlichen Tatsachenverhandlung entstanden sind (und daher von der Rechtskraft des Urteils nicht erfasst worden sein können).

C. Beseitigung einer rechtskräftigen Entscheidung

Ein rechtskräftiges Urteil kann grds. nicht mehr aufgehoben oder abgeändert werden,   354
und zwar auch dann nicht, wenn es objektiv falsch ist. Der Rechtsstreit ist beendet (formelle Rechtskraft) und der Inhalt der Entscheidung ist für die Zukunft (materielle Rechtskraft) bindend. Darin liegt gerade der Sinn der Rechtskraft.

---

782 BGH NJW 1991, 2420; ThP/Seiler § 325 Rn. 8; MK/Gottwald § 325 Rn. 107; MV/Musielak § 325 Rn. 24.

783 BGH RÜ2 2019, 51 (Bindung des Rechtsnachfolgers an einen vom Veräußerer abgeschlossenen Vergleich nach Rechtshängigkeit); Zöller/Vollkommer § 325 Rn. 45; MV/Musielak § 325 Rn. 24; BL/Weber § 325 Rn. 9; a.A. ThP/Seiler § 325 Rn. 8; BL/Hartmann § 325 Rn. 9 (77. Aufl. 2019); Stadler/Bensching Jura 2001, 437 ff.

784 BGH NJW-RR 2018, 719; BGH NJW 2014, 1306; BGH NJW-RR 2006, 712; BGH NJW 2006, 63; Zöller/Vollkommer vor § 322 Rn. 53; ThP/Seiler § 322 Rn. 43 m.w.N.

785 Vgl. BGH NJW-RR 2018, 719; BL/Weber § 322 Rn. 47; Staudinger/Thole (2019) § 985 BGB Rn. 318.

786 Vgl. Musielak NJW 2000, 3593, 3597.

787 Vgl. dazu BGH RÜ2 2015, 97; BGH NJW-RR 2006, 712; BGH NJW 1995, 1614.

Von dieser grundsätzlichen Unabänderbarkeit gibt es jedoch folgende **Ausnahmen:**

355   **I. Gehörsrüge** (§ 321 a): bei Verletzung des rechtlichen Gehörs (s.o. Rn. 78).

356   **II. Wiedereinsetzung in den vorigen Stand:** ist die formelle Rechtskraft durch Ablauf der Rechtsmittel- oder Einspruchsfrist eingetreten, so kann unter den Voraussetzungen des § 233 – u.a. fehlendes Verschulden – hinsichtlich der versäumten Frist (Notfristen!) Wiedereinsetzung in den vorigen Stand beantragt und bei Gewährung das Rechtsmittel bzw. das weitere Verfahren trotz des Fristablaufs betrieben bzw. fortgeführt werden.[788]

357   **III. Abänderungsklage** (§ 323): bei wesentlicher Veränderung der Verhältnisse, die für eine Verurteilung zu wiederkehrenden Leistungen maßgebend waren (§ 258).

Z.B. bei Unterhaltsansprüchen oder Verdienstausfall- bzw. Schmerzensgeldrenten.[789] – Keine Durchbrechung der Rechtskraft im eigentlichen Sinne, da nur Berücksichtigung **nachträglich** eingetretener Veränderungen; es muss aber der Inhalt des Titels für die Zukunft richtiggestellt/angepasst werden.

IV. Wiederaufnahme des Verfahrens

358   Eine Beseitigung des rechtskräftigen Urteils durch **Wiederaufnahme des Verfahrens** (§§ 578 ff.) gibt es zum einen bei besonders schweren prozessualen Mängeln über die **Nichtigkeitsklage** (§ 579), zum anderen bei besonders schweren Mängeln der Urteilsgrundlage über die **Restitutionsklage** (§ 580).

1. Die **Wiederaufnahmegründe** sind in §§ 579, 580 erschöpfend aufgezählt.

Der praktisch wichtigste Wiederaufnahmegrund ist § 580 Nr. 7 b: Die Partei erhält nachträglich eine **Urkunde**, die eine ihr günstigere Entscheidung des ersten Prozesses herbeigeführt hätte.[790]

Auf das nachträgliche Auffinden anderer Beweismittel ist § 580 Nr. 7 b nicht entsprechend anwendbar; insbesondere ist – im Gegensatz zum Strafprozess (s. § 359 Nr. 5 StPO) – **das Auffinden eines neuen Zeugen kein Wiederaufnahmegrund im Zivilprozess,**[791] auch nicht ein neues Gutachten (anders aber im Abstammungsprozess, § 185 FamFG).[792]

Einen neuen Wiederaufnahmegrund enthält § 580 Nr. 8: Entscheidung des EGMR, durch die eine für das Urteil kausal gewordene Verletzung der EMRK festgestellt wird. – Für einer Verfassungsbeschwerde stattgebende Entscheidungen des BVerfG bedurfte es dagegen einer solchen Regelung nicht, weil diese bereits unmittelbar zur Durchbrechung der Rechtskraft führen (s.u. Rn. 361).

2. Zuständig: Gericht, dessen Urteil angefochten wird (§ 584). – Frist: Ein Monat ab Kenntnis des Wiederaufnahmegrundes, nicht mehr nach fünf Jahren (§ 586; Ausnahme: mangelnde Vertretung).

3. Das Wiederaufnahmeverfahren gliedert sich in **drei Abschnitte:**

- Prüfung der Zulässigkeit der Wiederaufnahmeklage: Bei Verneinung Verwerfung (nur) der Wiederaufnahmeklage als unzulässig (§ 589).

- Prüfung der Begründetheit: Liegt der Wiederaufnahmegrund vor, so wird das Urteil aufgehoben, andernfalls die Wiederaufnahmeklage abgewiesen.

- bei durchgreifender Wiederaufnahme: Neuentscheidung des Rechtsstreits.

---

788   Vgl. Vossler MDR 2020, 573; 2018, 505; Rohwetter NJW 2019, 1990; 2018, 2019: Rspr.-Übers. zur Wiedereinsetzung.

789   Vgl. BGH NJW 2018, 1753; BGH FamRZ 2013, 534; BGH NJW 2007, 2475; ThP/Hüßtege § 323 Rn. 20 ff.

790   Vgl. BGH GRUR 2017, 428; BGH NJW-RR 2013, 833; BGH NJW-RR 2007, 1448.

791   Vgl. BGHZ 89, 118; Zöller/Greger § 580 Rn. 18.

792   OLG Koblenz VersR 1995, 1374; ThP/Reichold § 580 Rn. 15; Zöller/Greger § 580 Rn. 21.

V. Durchbrechung der Rechtskraft über § 826 BGB?

> **Fall 23: Das sittenwidrig erschlichene Urteil**
>
> A klagt gegen B auf Rückzahlung eines Darlehens. B wendet ein, dass er das Darlehen längst zurückgezahlt habe; er kann sich dafür jedoch mangels anderer Beweismittel lediglich auf die Vernehmung des Klägers A als Partei berufen. A sagt unter Eid aus, das Darlehen sei nicht zurückgezahlt worden. B wird daraufhin zur Rückzahlung des Darlehens verurteilt. Nach Eintritt der Rechtskraft dieses Urteils stellt sich heraus, dass B das Darlehen tatsächlich zurückgezahlt hatte; A hatte vorsätzlich falsch ausgesagt. A wird deshalb wegen Meineides und Prozessbetruges rechtskräftig verurteilt. Ein halbes Jahr nach dieser Verurteilung schickt A sich gleichwohl an, aus dem Urteil gegen B die Vollstreckung zu betreiben. Was kann B dagegen unternehmen?

I. Gesetzlich geregelte Anfechtungsmöglichkeiten hat B nicht. Da das Urteil rechtskräftig ist, scheiden Rechtsmittel aus. Eine Wiederaufnahmeklage (Restitutionsklage, §§ 580 Nr. 1, 4, 581) scheidet ebenfalls aus, da die Monatsfrist des § 586 Abs. 1 verstrichen ist. **359**

Es stellt sich daher die Frage, ob A an der Vollstreckung des unrichtigen Urteils über § 826 BGB gehindert werden kann: A hat durch die Erwirkung des unrichtigen Urteils mittels Meineides und Prozessbetruges den B **sittenwidrig geschädigt**. Der Schadensersatzanspruch des B aus § 826 BGB würde dahin gehen, dass A die Vollstreckung aus dem Urteil unterlässt und die Urteilsurkunde (Vollstreckungstitel) herausgibt.

Nach erfolgter Vollstreckung würde der Anspruch auf Schadensersatz in Geld gerichtet sein.

II. In der Anerkennung eines solchen Anspruches würde jedoch eine Durchbrechung der Rechtskraft des nun einmal vorhandenen, mit der Wiederaufnahmeklage nicht mehr zu beseitigenden Urteils liegen. – Ob dies zulässig ist, ist sehr umstritten. **360**

1. Im **Schrifttum** wird eine solche Durchbrechung der Rechtskraft mittels § 826 BGB weitgehend für unzulässig erachtet. Ihre Anerkennung bedrohe die Rechtssicherheit und führe dazu, dass rechtskräftig entschiedene Prozesse immer wieder – bereits mit der bloßen Behauptung sittenwidriger Schädigung – neu aufgerollt werden könnten, sodass niemals ein endgültiger Rechtsfrieden eintrete; die Beseitigung von rechtskräftigen Urteilen sei vom Gesetz ausdrücklich eben nur mit der Wiederaufnahmeklage zugelassen, und deren enge Voraussetzungen (bestimmte Gründe und Fristen) dürften nicht mit § 826 BGB umgangen werden.[793]

2. Die **Rspr.** und ein Teil der Lit. lassen dagegen in **besonderen Ausnahmefällen** wegen des **Vorrangs der materiellen Gerechtigkeit** unter engen Voraussetzungen einen Schadensersatzanspruch aus § 826 BGB auf Unterlassung der Zwangsvollstreckung und Herausgabe des Urteils zu, wenn

   a) das **Urteil offensichtlich unrichtig ist**

      und diese Unrichtigkeit nicht auf nachlässiger Prozessführung des Betroffenen beruht,[794]

---

793 BL/Weber Grundz. vor §§ 322–327, 28 ff.; Schilken 1072; vgl. dazu auch PG/Völzmann-Stickelbrock § 322 Rn. 49 ff.

794 BAG Urt. v. 19.12.2019 – 8 AZR 511/18, BeckRS 2019, 34894; BGH RÜ 2012, 93; BGH NJW 1974, 557: § 582 entspr.; ThP/Seiler § 322 Rn. 50 ff.

b) der **Urteilsgläubiger die Unrichtigkeit des Titels kennt und**

c) **besondere sittenwidrigkeitsbegründende Umstände** hinzutreten:

aa) wenn entweder das unrichtige Urteil vom Urteilsgläubiger **in unredlicher oder arglistiger Weise erwirkt – „erschlichen"** – worden ist,

z.B. durch arglistiges Erschleichen der öffentlichen Zustellung der Klage,[795]

bb) oder wenn aufgrund anderer besonderer Umstände die Ausnutzung des als unrichtig erkannten Urteils durch den Urteilsgläubiger **mit dem Gerechtigkeitsgedanken schlechthin unvereinbar** wäre.[796]

Diese Rspr. wird inzwischen als **richterliches Gewohnheitsrecht** bezeichnet.[797]

Die bloße Unrichtigkeit des Urteils und auch die Kenntnis des Gläubigers davon hindern – auch nach der Rspr. – die Vollstreckung für sich noch nicht!

3. Nach dieser Rspr. besteht hier ein Schadensersatzanspruch des B, da A das falsche Urteil arglistig durch eine vorsätzliche Irreführung des Gerichts (Meineid und Prozessbetrug) erschlichen hat.[798] Dass eine Wiederaufnahme möglich war, deren Frist von B versäumt worden ist, steht nicht entgegen; denn die Rspr. sieht in den Vorschriften über die Wiederaufnahme keine Beschränkung für den Anspruch aus § 826 BGB. B kann somit von A verlangen, dass A die Vollstreckung unterlässt und das Urteil herausgibt.

Unstreitig hat dagegen der Schuldner **keinen Anspruch aus § 812 BGB** gegen den Gläubiger auf Herausgabe des aufgrund eines rechtskräftigen Urteils Geleisteten – etwa mit der Begründung der Unrichtigkeit –, solange das Urteil besteht und **soweit die Rechtskraft reicht**.[799]

Das Problem einer Durchbrechung der Rechtskraft war besonders bedeutsam bei Vollstreckungsbescheiden über Ansprüche aus sittenwidrigen Ratenkrediten. In der Rspr. sind diese Fälle überwiegend über § 826 BGB gelöst worden, wobei die besonderen Umstände einer Sittenwidrigkeit u.a. in der bewussten Ausnutzung der eingeschränkten Schlüssigkeitsprüfung des Mahnverfahrens (s.u. Rn. 369 ff.) durch einen geschäftlich überlegenen Kreditgeber gesehen wurden. – Heute stellt sich die Problematik u.a. für Titel aus sittenwidrigen Bürgschaften und Partnervermittlungsverträgen.[800]

VI. Verfassungsbeschwerde

361   Eine Durchbrechung der Rechtskraft ist letztlich möglich mit der **Verfassungsbeschwerde**, falls der Betroffene durch das Urteil in **Grundrechten** verletzt wird: Aufhebung des Urteils und Zurückverweisung (§§ 90 ff., 95 Abs. 2 BVerfGG).

Die Verfassungsbeschwerde ist **subsidiär** (§ 90 Abs. 2 BVerfGG). Ihre Zulässigkeit setzt die vorherige Ausschöpfung aller statthaften zivilprozessualen Rechtsmittel und -behelfe voraus, nicht aber (mehr) solcher, deren Statthaftigkeit noch ungeklärt ist, wie z.B. der Gegenvorstellung.[801]

---

795 BGH JZ 2003, 903 m. Anm. Braun; Staudinger/Oechsler § 826 BGB Rn. 499; ThP/Reichold § 322 Rn. 50 ff.

796 BAG, Urt. v. 10.12.2019, Fn. 791; BGH RÜ 2012, 93; BGH RÜ 2005, 624; MK/Gottwald § 322 Rn. 231; ThP/Seiler § 322 Rn. 50 f.

797 MV/Musielak § 322 Rn. 93; Zöller/Vollkommer vor § 322 Rn. 72; Klados JuS 1997, 705; Jauernig/Hess § 64 Rn. 3 f.

798 BAG Urt. v. 19.12.2019 – 8 AZR 511/18, BeckRS 2019, 34894.

799 BGHZ 83, 278, 280; RS/Gottwald § 163 Rn. 1.

800 Vgl. ThP/Seiler § 322 Rn. 52, 53; Zöller/Vollkommer § 700 Rn. 16 m.w.N.

801 BVerfG, Beschl. v. 06.09.2016 – 1 BvR 173/15, BeckRS 2016, 52737; BVerfG NJW 2009, 3710 – s.o. Rn. 311.

Die Verfassungsbeschwerde kommt insbesondere in Betracht, wenn eine **Verletzung von „prozessualen Grundrechten"** durch das Urteil geltend gemacht werden soll:[802]

- des **rechtlichen Gehörs** (Art. 103 Abs. 1 GG; s.o. Rn. 78 ff.);

  Vorrangig ist jedoch zunächst die **Gehörsrüge (§ 321 a)**. Die Entscheidung über die Gehörsrüge ist unanfechtbar (§ 321 a Abs. 4 S. 3); falls bei dieser Entscheidung erneut das rechtliche Gehört verletzt wird, ist dann die Verfassungsbeschwerde möglich.[803]

- des Grundsatzes des **gesetzlichen Richters** (Art. 101 Abs. 1 S. 2 GG),

- des **Gleichheitssatzes** und des **Willkürverbots** (Art. 3 Abs. 1 GG),

  was noch nicht in einem bloßen Rechtsfehler des Gerichts liegt, sondern erst in unter keinem Gesichtspunkt rechtlich vertretbaren, daher offensichtlich sachfremden Erwägungen.[804]

- des Rechtes der Parteien auf **Chancen- und Waffengleichheit** (Art. 3 Abs. 1 GG),[805]

  z.B. durch Anhörung nur einer Partei.

- des Rechtes auf ein **faires Verfahren** (Art. 2 Abs. 1, 20 Abs. 3 GG),[806]

  z.B. durch Überraschungsentscheidungen.[807]

- des Rechtes auf einen **effektiven Rechtsschutz** (vgl. dazu oben Rn. 2),

  z.B. durch eine überlange Verfahrensdauer, aber wegen der Notwendigkeit der Rechtswegerschöpfung erst nach Erhebung der Entschädigungsklage nach § 198 Abs. 1, § 201 GVG.[808]

Die einzelnen rechtlichen Gesichtspunkte können sich überschneiden: So kann in einer Überraschungsentscheidung die Verletzung des rechtlichen Gehörs, des Willkürverbots und des Rechts auf ein faires Verfahren liegen.

D. Übungsfälle

362

Fall 24: K klagt gegen B auf Zahlung von 800 € mit der Begründung, der Beklagte schulde sie ihm aus Kaufvertrag für eine Weinlieferung. Die Klage wird rechtskräftig abgewiesen mit der Begründung, dass ein Kaufvertrag nicht zustande gekommen sei. Nunmehr klagt K erneut auf Zahlung von 800 €, und zwar gestützt auf ungerechtfertigte Bereicherung (§ 812 BGB), weil B den gelieferten Wein, der objektiv auch 800 € wert sei, verbraucht habe. Ist diese neue Klage zulässig?

Fall 25: A klagt gegen B aus § 985 BGB auf Herausgabe seines Wagens. B merkt, dass er unterliegen wird, und veräußert daher den Wagen an X, der zwar den B gutgläubig für den Eigentümer hält, aber Kenntnis von dem anhängigen Prozess hat. B wird zur Herausgabe des Wagens verurteilt. Nunmehr erfährt A von der Veräußerung und möchte daher jetzt gegen X vorgehen.

---

802 Vgl. StJ/Leipold vor § 128 Rn. 3 ff.; MK/Rauscher Einleitung Rn. 236 ff.; Zöller/Geimer Einleitung Rn. 108 ff.
803 BVerfG, Beschluss vom 18.02.2020 – 1 BvR 1750/19, BeckRS 2020, 4580; BVerfG NJW 2017, 318; Allgayer NJW 2013, 3484.
804 BVerfG, Beschl. v. 09.01.2018 – 2 BvR 1405/17, BeckRS 2018, 290; BVerfG RÜ 2016, 726; BVerfG NJW 2005, 409.
805 BVerfG, Beschl. v. 03.06.2020 – 1 BvR 1246/20, BeckRS 2020, 14190; BVerfG NJW 2018, 3631; BVerfG NVwZ 2015, 296.
806 BVerfG, Beschl. v. 27.06.2018 – 2 BvR 1562/17, BeckRS 2018, 14190; BVerfG NStZ 2015, 172 m. Anm. Knauer/Pretsch.
807 BVerfG ZMR 2018, 915; BVerfG MDR 2018, 614; BVerfG NJW 2015, 1166; BVerfG FamRZ 2008, 244; BVerfG NJW 2004, 2887; BVerfG NJW 2002, 1334; BGH NJW-RR 2020, 188; s. auch oben Rn. 79.
808 BVerfG, Beschl. v. 16.10.2014 – 2 BvR 437/12, BeckRS 2014, 59256; BVerfG BayVBl 2012, 314. – s.o. Rn. 89.

363   **Fall 24:** Dem neuen Prozess würde die Rechtskraft des Urteils des ersten Prozesses entgegenstehen, wenn der Streitgegenstand in beiden Prozessen **identisch** wäre.

Nach dem zweigliedrigen Streitgegenstandsbegriff hat die zweite Klage trotz Gleichheit des Antrags einen anderen Streitgegenstand, weil mit dem Vortrag vom **Verbrauch** des rechtsgrundlos gelieferten Weins ein **anderer Klagegrund** (Lebenssachverhalt) als im ersten Prozess vorgetragen wird:[809] Die Klage ist daher zulässig.

Anders wäre es, wenn der Verbrauch des gelieferten Weins bereits im ersten Prozess vorgetragen worden wäre, wenn also beide Klagegründe vorgetragen worden wären (objektive Klagehäufung) und wenn das Gericht bei seinem Urteil lediglich übersehen hätte, dass bei Verneinung des Kaufvertrages der geltend gemachte Zahlungsanspruch aus §§ 812, 818 BGB begründet ist. Dann wäre durch das klageabweisende Urteil die Klage auch hinsichtlich des zweiten Klagegrundes, da auch dieser Streitgegenstand war, – wenn auch unrichtig – rechtskräftig abgewiesen worden.[810]

Wenn in einem rechtskräftigen Urteil versehentlich über einen von mehreren **Anträgen** nicht entschieden worden ist, was nur durch eine Ergänzung des Urteils nach Maßgabe des § 321 korrigiert werden kann, erlischt zwar dessen Rechtshängigkeit, sodass daher insoweit eine neue Klage möglich ist.[811] Dies wird aber nicht auf den Fall mehrerer Klagegründe zur Begründung eines Antrags übertragbar sein, weil dann die Entscheidung über den Antrag alle vorgetragenen Klagegründe erfasst (einheitliche Entscheidung).[812]

364   **Fall 25:** A kann gegen X vorgehen, wenn das Urteil gegen B auch gegen X wirkt. Grds. wirkt ein Urteil allerdings nur zwischen den Parteien. Hier kann jedoch im Verhältnis zu X eine Rechtskrafterstreckung gemäß §§ 265, 325 Abs. 1 (Rechtsnachfolge) vorliegen.

Rechtsnachfolger i.S.d. § 325 ist, wer den streitbefangenen Gegenstand oder eine mindere Stellung (z.B. nach Rechtshängigkeit der Klage) erwirbt.[813] Da der Wagen als solcher streitbefangen war – es wurde ein dingliches Recht geltend gemacht (s.o. Rn. 198) – und da X den Wagen nach Rechtshängigkeit erworben hat, ist er Rechtsnachfolger des B: Das Urteil gegen B wirkt daher grds. auch gegen ihn.

Vom Grundsatz des § 325 Abs. 1 macht jedoch § 325 Abs. 2 eine Ausnahme: Das Urteil wirkt nicht gegen den Rechtsnachfolger, wenn dieser gutgläubig war, wobei eine **doppelte Gutgläubigkeit**, nämlich hinsichtlich des Rechts und der fehlenden Rechtshängigkeit, erforderlich ist (s.o. Rn. 352). Da X nur hinsichtlich des fehlenden Eigentums des B, nicht aber der Rechtshängigkeit gutgläubig war – Maßstab auch insoweit: § 932 Abs. 2 BGB[814] –, greift der Gutglaubensschutz des § 325 Abs. 2 nicht zugunsten des X ein: A kann daher das Urteil gegen X umschreiben lassen (§ 727) oder auf Erteilung der Vollstreckungsklausel klagen (§ 731) und dann aus dem Urteil gegen X auf Herausgabe vollstrecken.

---

809   MV/Musielak Einl., Rn. 75, 76; Musielak NJW 2000, 3593, 3599.

810   Vgl. dazu BGH NJW 2004, 1252; BGH NJW 1990, 1795; 1995, 1757; 1997, 2955; Zöller/Vollkommer Einl. 70; PG/Völzmann-Stickelbrock § 322 Rn. 29; a.A. MV/Musielak, Einl. 75, 76.

811   BGH VersR 2015, 385; BAG NJW 2009, 1165.

812   Vgl. ThP/Seiler § 260 Rn. 3.

813   BGH MDR 2013, 860; MK/Gottwald § 325 Rn. 22; MV/Musielak § 325 Rn. 6 f.; ThP/Hüßtege § 325 Rn. 8 ff.

814   MV/Musielak § 325 Rn. 27; ThP/Hüßtege § 325 Rn. 8 ff.

Die Rechtskraft des Urteils

1. Zu unterscheiden sind:

   a) **formelle Rechtskraft:** Unanfechtbarkeit des Urteils.

   b) **materielle Rechtskraft:** Der Inhalt der Entscheidung ist in jedem weiteren Prozess der Parteien für die Gerichte und die Parteien maßgeblich und bindend.

   Die materielle Rechtskraft setzt die formelle Rechtskraft voraus.

2. Die Bindungswirkung der materiellen Rechtskraft bewirkt:

   a) Ein neuer Prozess mit **identischem Streitgegenstand ist unzulässig.**

   b) **Präjudizialität:** In einem späteren Prozess über einen anderen Streitgegenstand ist die **rechtskräftig festgestellte Rechtsfolge zu beachten.**

3. Diese Bindungswirkung der materiellen Rechtskraft ist bestimmt und begrenzt:

   a) **in objektiver Hinsicht:** Das Urteil ist nur insoweit der Rechtskraft fähig, als über den erhobenen prozessualen Anspruch entschieden worden ist (§ 322 Abs. 1). In Rechtskraft erwächst grds. **nur der Urteilstenor – die erkannte Rechtsfolge –, nicht** dagegen die Begründung, wie Tatsachenfeststellung, präjudizierende Rechtsverhältnisse, Entscheidung über Einreden oder Einwendungen (ausgenommen § 322 Abs. 2: Aufrechnung).

   b) **in subjektiver Hinsicht:** Die Rechtskraft wirkt grds. nur zwischen den Parteien des Prozesses (inter partes); Rechtskrafterstreckung auf Dritte im Falle des § 325 (Rechtsnachfolge, nicht aber bei doppelter Gutgläubigkeit des Rechtsnachfolgers hinsichtlich des Rechts und der Rechtshängigkeit).

   c) **in zeitlicher Hinsicht:** Die Rechtskraft bezieht sich nur auf den Sachverhalt im Zeitpunkt der letzten (Tatsachen-)Verhandlung.

4. Die **Beseitigung eines rechtskräftigen Urteils** ist nur möglich:

   a) gemäß **§ 321 a (Gehörsrüge)** bei Verletzung des rechtlichen Gehörs.

   b) durch **Wiedereinsetzung in den vorigen Stand** (§§ 233 ff.) bei schuldloser Versäumung der Rechtsmittel- oder Einspruchsfrist.

   c) mittels der **Abänderungsklage** (§§ 323, 258).

   d) durch **Wiederaufnahme des Verfahrens:**

      aa) Nichtigkeitsklage (§ 579) bei schwerwiegenden prozessualen Mängeln,

      bb) Restitutionsklage (§ 580) bei schweren Mängeln der Urteilsgrundlage.

   e) nach der **Rspr.** (anders zum Teil im Schrifttum) mittels eines Schadensersatzanspruchs aus § 826 BGB auf Unterlassung der Vollstreckung und Herausgabe des Urteils, wenn

      aa) das Urteil offensichtlich unrichtig ist,

      bb) der Urteilsgläubiger die Unrichtigkeit des Urteils kennt und

      cc) **besondere sittenwidrigkeitsbegründende Umstände** hinsichtlich der Erwirkung oder einer Vollstreckung des Urteils vorliegen, die die Ausnutzung des Urteils durch den Urteilsgläubiger als **mit dem Gerechtigkeitsgedanken schlechthin unvereinbar** erscheinen lassen.

   f) durch **Verfassungsbeschwerde:** unter den Voraussetzungen der §§ 90 ff. BVerfGG.

15. Abschnitt: Überblick über die besonderen Verfahrensarten

A. Der Urkundenprozess (§§ 592–605 a)

366   Zweck dieser Prozessart ist es, für (in erster Linie) **Zahlungsansprüche**, die durch Urkunden belegt werden können, ein erleichtertes summarisches Verfahren zur schnellen Erlangung eines – möglicherweise allerdings **nur vorläufigen** – **Vollstreckungstitels** (§ 599 Abs. 3) zur Verfügung zu stellen.

Der Kläger kann natürlich auch im Normalprozess klagen (Wahlrecht: Dispositionsmaxime).

I. Besondere Zulässigkeitsvoraussetzung der Urkundenklage (§ 592): **Die zur Begründung des Anspruchs erforderlichen Tatsachen müssen vom Kläger durch Urkunden beweisbar sein.**

Keine anderen Beweismittel, also kein Zeugen- und Sachverständigenbeweis; schriftliche Zeugenaussagen, eidesstattliche Versicherungen oder Gutachten gelten demgemäß nicht als Urkunden.[815]

Nach h.M. brauchen allerdings **unstreitige** Tatsachen nicht durch Urkunden belegt zu werden (allgemeiner Grundsatz des § 138 Abs. 3, auch § 597 Abs. 2: „obliegender" Beweis).[816] Es muss jedoch überhaupt eine auf die Klageforderung bezogene Urkunde (Grundurkunde) vorgelegt werden, damit der Urkundenprozess statthaft ist.[817]

Falls der Anspruch nicht durch Urkunden bewiesen wird, wird die Klage nicht generell, sondern „als in der gewählten Prozessart unstatthaft" abgewiesen (§ 597 Abs. 2). Die Klage kann dann im normalen Verfahren erneut erhoben werden. Um einer solchen Klageabweisung zu entgehen, kann der Kläger bis zum Schluss der mündlichen Verhandlung in der 1. Instanz jederzeit vom Urkundenprozess Abstand nehmen, was endgültig ist (§ 596). Der Rechtsstreit wird dann im normalen Verfahren fortgesetzt. Wird die Klage in diesem Verfahren „ergänzend" (auch) auf einen anderweitigen Klagegrund gestützt (z.B. ein der Urkunde zugrunde liegendes Grundgeschäft), gelten die Klageänderungsregeln.[818]

Ist die Klage aber bereits nicht schlüssig, wird sie – wie im Normalprozess – durch ein normales Sachurteil als unbegründet abgewiesen (§ 597 Abs. 1).

367   **II.** Ein weiteres besonderes Merkmal des Urkundenprozesses ist die **Einschränkung der Verteidigungsmöglichkeiten des Beklagten und der Beweisführung**.

Keine Widerklage (§ 595 Abs. 1). Zum Beweis der Einwendungen sind nur Urkunden und Parteivernehmung zulässig (§§ 595 Abs. 2), daher auch insoweit kein Zeugen- oder Sachverständigenbeweis; Einwendungen – z.B. eine Aufrechnung mit einer Gegenforderung [819] –, die nicht durch zulässige Beweismittel bewiesen werden, werden „als im Urkundenprozess unstatthaft" zurückgewiesen (§ 598).

III. Das stattgebende Urteil im Urkundenprozess ergeht wegen dieser Beschränkung der Beweismöglichkeiten jedoch – wenn der Beklagte dem Anspruch widersprochen hat – nur als vorläufiges Urteil, als **Vorbehaltsurteil** (§ 599). Dem Beklagten wird die Ausführung seiner Rechte vorbehalten. Er kann dann in einem anschließenden Verfahren – dem sog. Nachverfahren – neues Verteidigungsvorbringen einführen (z.B. nunmehr die bisher nicht bestrittene Echtheit der Urkunde bestreiten[820]) und sich insbes. auf die Beweismittel berufen, mit denen er im Urkundenprozess ausgeschlossen war.

---

815   BGH NJW 2008, 523 und zum Urkundenprozess Gehle JA 2018, 694; Szerkus Jura 2018, 769 und Tunze JuS 2017, 1073.

816   BGH NJW 2015, 475; OLG München RÜ2 2020, 80; Koch JR 2016, 159 ff.; einschränkend Tunze JuS 2017, 1073, 1075. a.A. MK/Braun § 592 Rn. 14; Wieczorek/Olzen § 592 Rn. 31 ff.: Urkundlicher Beweis für alle anspruchsbegründenden Tatsachen als Voraussetzung des Privilegs des Urkundsprozesses erforderlich.

817   BGHZ 62, 286; Schellhammer, Rn. 1830, 1831; streitig u. Hennigs/Feige JA 2012, 128: Urkundenbeweis im Zivilprozess.

818   BGH NJW-RR 1987, 58 und BGH WM 2020, 841 zur Abstandnahme vom Urkundenprozess in der Berufungsinstanz.

819   OLG Koblenz MDR 2013, 1482; OLG Düsseldorf MDR 2009, 465.

820   Vgl. dazu BGH NJW 2004, 1159; OLG München MDR 2018, 199 m. Anm. Büßer.

Aus dem Vorbehaltsurteil kann bereits vollstreckt werden (§ 708 Nr. 4).

IV. Im **Nachverfahren** – einem ordentlichen (normalen) Verfahren – wird dann über **368** den Anspruch unter **Berücksichtigung des gesamten, auch neuen Vorbringens und insbesondere aller Beweismittel neu entschieden.**

Dabei bindet das Vorbehaltsurteil nach der bisher h.M. gemäß § 318 jedoch grds. insoweit, als es nicht auf den Beschränkungen des Urkundenprozesses, insbes. hinsichtlich der Beweismittel, beruht, z.B. hinsichtlich der nur auf rechtlichen Erwägungen beruhenden Annahme der Schlüssigkeit der Klage.[821] Nach einer (zunehmenden) Gegenmeinung besteht dagegen keine Bindung an das Vorbehaltsurteil, da das Gericht nicht im Nachverfahren an eine als unrichtig erkannte Rechtsauffassung gebunden sein könne.[822]

Je nach Entscheidung wird das Vorbehaltsurteil unter Wegfall des Vorbehalts aufrechterhalten oder das Vorbehaltsurteil wird aufgehoben und die Klage abgewiesen; war bereits aus dem Vorbehaltsurteil vollstreckt worden, so hat der Beklagte im letzteren Falle Anspruch auf Schadensersatz (§§ 600 Abs. 2, 302 Abs. 4: Risiko des Klägers).

B. Das Mahnverfahren (§§ 688–703 d)

ist ein abgekürztes Verfahren, das auf schnelle, einfache und kostensparende Art die Er- **369** langung eines **Vollstreckungstitels** – **Vollstreckungsbescheid** – für **Zahlungsansprüche** (§ 688 Abs. 1) in denjenigen Fällen ermöglichen soll, in denen der Gläubiger nicht mit Einwendungen des Schuldners rechnet.

Das Mahnverfahren ist in der Praxis von – **auch zahlenmäßig – großer Bedeutung.**

I. Der Mahnbescheid

1. Das Mahnverfahren beginnt mit einem **Antrag des Gläubigers, der die in § 690 370 Abs. 1 Nr. 1–5 genannten Angaben**, insbes. Parteien, Höhe des geforderten Geldbetrages, (nur) **hinreichende Individualisierung des geltend gemachten Anspruchs** (s.o. Rn. 128)[823] enthalten und handschriftlich unterzeichnet sein muss, § 690 Abs. 2.

2. Zuständigkeit für das Mahnverfahren: Das Amtsgericht des allgemeinen Gerichtsstands des Antragstellers (§ 689 Abs. 2, ausschließlich, unabhängig vom Streitwert).

Inzwischen sind praktisch bundesweit bestimmte Amtsgerichte als **zentrale Mahngerichte** für größere Gerichtsbezirke bestimmt (§§ 689, 703 b, c).[824] – Zweck: Vereinfachte Abwicklung durch **EDV-Bearbeitung**; Anwälte können daher Mahnanträge nur noch in maschinenlesbarer Form stellen.

3. Funktionell zuständig für das Mahnverfahren ist der **Rechtspfleger** (§ 20 Nr. 1 RPflG); erst dann, wenn das Verfahren – nach Widerspruch oder Einspruch – in das streitige Verfahren übergegangen ist, wird der Richter zuständig.

Der **Rechtspfleger** ist ein Beamter des (gehobenen) Justizdienstes, der in – voller – sachlicher Unabhängigkeit bestimmte Aufgaben der Rechtspflege, insbesondere in der Zwangsvollstreckung, wahrnimmt. Stellung und Aufgaben sind durch das **Rechtspflegergesetz** geregelt.[825]

a) Der Rechtspfleger prüft die Voraussetzungen für einen Mahnbescheid (§ 691).

821 BGH NJW 2004, 1159; ThP/Reichold § 600 Rn. 4; MV/Voit § 600 Rn. 8 ff.
822 MK/Braun § 600 Rn. 13 ff., 19 ff.; Zöller/Greger § 600 Rn. 20; Schilken, Rn. 802.
823 BGH WM 2018, 2052; BGH MDR 2017, 1044 m. Anm. Dötsch; Hein JuS 2018, 1269 ff.; Salten JurBüro 2017, 619.
824 Vgl. MV/Voit § 689 Rn. 3, § 703 c Rn. 3 und Nistler JuS 2011, 990 zur Zweckmäßigkeit des Mahnverfahrens.
825 Vgl. näher RS/Gottwald § 25 Rn. 1 ff.; Mielke ZRP 2003, 442 und Schneider NJW 2020, 378 zu Kosten des Mahnverfahrens.

Stark eingeschränkte Schlüssigkeitsprüfung (s. § 692 Abs. 1 Nr. 2): nur dahin, ob der Anspruch hinreichend individualisiert und nicht erkennbar ungerechtfertigt ist. – Erweiterung bei Verbraucherdarlehen: §§ 688 Abs. 2 Nr. 1, 690 Abs. 1 Nr. 3.

b) Sind, wie im Regelfall, die Voraussetzungen erfüllt, so erlässt der Rechtspfleger den **Mahnbescheid**, ohne den Antragsgegner zu hören (§ 702 Abs. 2). Der Mahnbescheid wird dem Antragsgegner von Amts wegen zugestellt (§ 693).

Die Zustellung des Mahnbescheides **hemmt die Verjährung** (§ 204 Abs. 1 Nr. 3 BGB, Vorwirkung gemäß § 167), aber nur bei hinreichender Individualisierung des Anspruchs.[826]

371   **4.** Gegen den Mahnbescheid kann der Gegner **Widerspruch** erheben (§ 694).

Frist: zwei Wochen ab Zustellung (§ 692 Abs. 1 Nr. 3; vgl. aber § 46a Abs. 3 ArbGG: eine Woche); ein späterer Widerspruch ist noch rechtzeitig, bis der Vollstreckungsbescheid noch nicht verfügt ist (§ 694 Abs. 1).

Bei rechtzeitigem Widerspruch **endet das Mahnverfahren**. Die Sache wird an das für das streitige Verfahren erstinstanzlich zuständige Gericht – Amts- oder Landgericht, je nach Streitwert – abgegeben (§ 696 Abs. 1). Dadurch wird die Sache **im streitigen Verfahren rechtshängig**. Der Antragsteller – jetzt: Kläger – hat den Anspruch in einer der Klageschrift entsprechenden Form zu begründen (§ 697 Abs. 1). Sodann läuft das **normale streitige Verfahren** ab: Schriftliches Vorverfahren (§ 697 Abs. 2 S. 2), Haupttermin oder früher erster Termin.

Daher ist das Mahnverfahren oft der Beginn eines (dann) normalen Prozesses.

II. Der Vollstreckungsbescheid

372   Wird kein Widerspruch gegen den Mahnbescheid erhoben, so erlässt der Rechtspfleger auf Antrag den **Vollstreckungsbescheid** (§ 699 Abs. 1). Der Vollstreckungsbescheid **steht einem für vorläufig vollstreckbar erklärten Versäumnisurteil gleich** (§ 700 Abs. 1); er ist ein **Vollstreckungstitel** (§ 794 Abs. 1 Nr. 4).

Gegen den Vollstreckungsbescheid kann der Antragsgegner innerhalb von zwei Wochen ab Zustellung **Einspruch** einlegen (§§ 700 Abs. 3, 339 Abs. 1; vgl. aber § 59 ArbGG).

1. Legt der Antragsgegner keinen Einspruch ein, wird der Vollstreckungsbescheid **rechtskräftig: Volle Rechtskraft** wie bei einem Urteil (h.M.), **mit allen Rechtskraftwirkungen**.[827] Der Antragsteller erhält daher so relativ schnell einen **vollwertigen und endgültigen Vollstreckungstitel**.

2. Wird Einspruch eingelegt, so endet wiederum das Mahnverfahren: Der Rechtspfleger gibt die Sache an das Streitgericht ab (§ 700 Abs. 3 S. 1). Der Kläger hat zunächst wiederum die Klagebegründung nachzuholen (§§ 700 Abs. 3, 697 Abs. 1). Im Übrigen läuft dann das **normale streitige Verfahren** wie nach Erlass eines Versäumnisurteils ab.

Der nicht rechtzeitige Einspruch wird daher durch Urteil als unzulässig verworfen (§ 341).

Bei zulässigem Einspruch wird ein Termin zur mündlichen Verhandlung anberaumt (§ 341 a). Je nach dem Ergebnis des Verfahrens lautet das spätere Urteil auf Aufrechterhaltung des Vollstreckungsbescheids oder auf – völlige oder teilweise – Aufhebung und Klageabweisung (§ 343).

---

826   BGH NJW 2019, 3079; BGH MDR 2017, 847; BGH NJW 2011, 613; Grote NJW 2015, 17 ff.
827   BGH NJW 1987, 3256; MV/Voit § 700 Rn. 3; a.A. Grün NJW 1991, 2860. – Zu § 826 BGB: s.o. Rn. 359.

Ist der Beklagte im Einspruchstermin säumig, wird der Einspruch durch ein zweites Versäumnisurteil verworfen. Dies geschieht allerdings nach h.M. – anders als beim zweiten Versäumnisurteil nach Klage (s.o. Rn. 236) – erst nach Prüfung der Zulässigkeit und Schlüssigkeit der Klage; entsprechend bei Berufung aufgrund erweiternder Auslegung des § 514 Abs. 2 auch dahin, dass die Klage unzulässig oder unschlüssig gewesen sei.[828] Diese unterschiedliche Regelung erklärt sich damit, dass beim Erlass des ersten Versäumnisurteils bereits eine richterliche Anspruchsprüfung stattgefunden hat, beim Erlass des Vollstreckungsbescheids aber noch nicht und die daher noch nachgeholt werden muss.

C. Das Schiedsgerichtsverfahren (§§ 1025 ff.)

bedeutet die Erledigung bürgerlich-rechtlicher Streitigkeiten statt durch die staatlichen Gerichte durch private, auf Vereinbarung der Parteien – Schiedsvertrag – beruhende Gerichte (**Schiedsgerichte**).

373

Die Schiedsgerichtsbarkeit ist insbesondere im **Handels- und Wirtschaftsverkehr** – besonders auch im **internationalen Rechtsverkehr** – verbreitet. Gründe dafür sind u.a.: die i.d.R. speziellere Sachkunde der Schiedsrichter, kürzere Verfahrensdauer und flexiblere Verfahrensgestaltung als in der staatlichen Gerichtsbarkeit.[829]

Die Regelungen in §§ 1025 ff. lehnen sich an ein **UNO-Modellgesetz** an.

I. Abschluss, Form und Wirksamkeit des Schiedsvertrages: §§ 1029 ff.

II. Der Schiedsvertrag hindert den Kläger nicht, den Rechtsstreit vor das staatliche Gericht zu bringen. Die Zuständigkeit des Schiedsgerichts wird nur **auf Rüge des Beklagten** berücksichtigt (§ 1032, Prozesshindernis); rügt der Beklagte nicht, wird der Prozess vor dem staatlichen Gericht durchgeführt.

III. Schiedsrichter: §§ 1034 ff.

IV. Das **Verfahren** vor dem Schiedsgericht wird grds. durch den Schiedsvertrag und von den Schiedsrichtern bestimmt (§ 1042 Abs. 3, 4).

Einzelne Verfahrensregelungen in §§ 1042 ff. – Wichtig: Gleichbehandlungsgrundsatz, rechtliches Gehör (§ 1042 Abs. 1); eine Verletzung begründet die Aufhebung des Schiedsspruchs durch das staatliche Gericht (§ 1059 Abs. 2 Nr. 1 b, 2 b).

Die Schiedsrichter sind grds. an das materielle Recht gebunden, jedoch kann der Schiedsvertrag sie freier stellen (z.B. Billigkeitsentscheidung, § 1051).

V. Die **Entscheidung** durch das Schiedsgericht – der **Schiedsspruch** – hat die Wirkungen eines **rechtskräftigen gerichtlichen Urteils** (§ 1055).

Ein **Rechtsmittel** gegen den Schiedsspruch gibt es regelmäßig nicht (kein Instanzenzug). Dies kürzt das Verfahren im Verhältnis zum ordentlichen Prozess stark ab, was häufig Grund für die Vereinbarung eines Schiedsgerichtes ist, aber natürlich auch erhebliche Gefahren für die Parteien mit sich bringt. Unter den Voraussetzungen des § 1059 kann der Unterlegene jedoch die Aufhebung des Schiedsspruchs durch das staatliche Gericht erwirken.

VI. Die Zwangsvollstreckung aus dem Schiedsspruch kann erst nach dessen **Vollstreckbarerklärung** durch das staatliche Gericht (OLG) durchgeführt werden (§ 1060). Das Schiedsverfahren steht daher letztlich insgesamt **unter der Kontrolle durch die staatlichen Gerichte**.

---

828 BGH NJW 1991, 43; BGH RÜ 2016, 226; Zöller/Heßler § 514 Rn. 8 a; a.A. MK/Rimmelbacher § 514 Rn. 18.

829 Vgl. Jauernig/Hess § 92 Rn. 2 ff. und Kröll NJW 2020, 1417; 2018, 836; 2017, 864; 2016, 849; 2015, 833 zur Entwicklung des Schiedsrechts sowie Rudkowski JuS 2013, 398 und Hamann/Lennarz JA 2012, 801 zum Schiedsverfahren allgemein.

2. Teil: Die Zwangsvollstreckung

374 **I.** Die Zwangsvollstreckung ist die Durchsetzung eines für den Gläubiger gegen den Schuldner im Vollstreckungstitel festgelegten Anspruches – falls der Schuldner diesen Anspruch nicht freiwillig erfüllt – mit Hilfe **staatlicher Zwangsmaßnahmen durch hoheitlich handelnde staatliche Vollstreckungsorgane.**

Ausfluss einerseits der Justizgewährungspflicht, andererseits des Zwangs- und Gewaltmonopols des Staates.[830] Daher ist auch insoweit keine Selbsthilfe gestattet, auch nicht durch „schwarze Schatten"[831] oder durch andere Formen der öffentlichen Bloßstellung des Schuldners, etwa im Rahmen von Fernsehsendungen („Mahn-Man").[832]

II. Bei der Vollstreckung ist zu unterscheiden:

■ die **Einzelvollstreckung (Zwangsvollstreckung i.e.S.),** d.h. die Vollstreckung von privatrechtlichen Ansprüchen seitens **einzelner** Gläubiger, i.d.R. durch Zugriff in Einzelgegenstände des Vermögens des Schuldners.

■ die **Gesamtvollstreckung,** d.h. die Befriedigung **aller** vermögensrechtlicher Gläubiger durch Verwertung des gesamten Schuldnervermögens: **Insolvenzverfahren.**

Die Einzelvollstreckung ist in der ZPO und im ZVG geregelt, die Gesamtvollstreckung in der Insolvenzordnung (InsO).

III. Im Vollstreckungsverfahren werden die Beteiligten nicht als Kläger und Beklagte bezeichnet, sondern als Gläubiger und Schuldner:

■ **Gläubiger** ist derjenige, dessen titulierter Anspruch vollstreckt werden soll,

■ **Schuldner** ist derjenige, gegen den dieser Anspruch vollstreckt werden soll.

Diese Bezeichnungen finden ihren Grund einmal darin, dass der Zwangsvollstreckung keine Klage vorausgegangen zu sein braucht; so kann z.B. auch aus einem Vollstreckungsbescheid, einem Anwaltsvergleich oder einer notariellen Urkunde vollstreckt werden (s. § 794 Abs. 1 Nr. 4, 4 b, 5). Außerdem kann sich die Zwangsvollstreckung auch gegen den Kläger selbst richten, z.B. wegen der dem Beklagten bei Verlust des Prozesses zu erstattenden Kosten (s. § 794 Abs. 1 Nr. 2) oder wegen in einem Prozessvergleich übernommener Verpflichtungen (§ 794 Abs. 1 Nr. 1).

IV. Das Vollstreckungsverfahren unterscheidet sich erheblich vom Erkenntnisverfahren; denn die Prozessmaximen des Erkenntnisverfahrens gelten nur eingeschränkt:

Die Dispositionsmaxime gilt zwar auch hier (s.u. Rn. 383), nicht dagegen der Grundsatz der Mündlichkeit und Öffentlichkeit, ferner i.d.R. nicht der Verhandlungsgrundsatz, da dies mit dem Zwangscharakter des Verfahrens unvereinbar wäre. Rechtliches Gehör wird i.d.R. erst nach dem Vollstreckungszugriff – mit besonderen Rechtsbehelfen – gewährt, um den Vollstreckungserfolg nicht zu gefährden (s. § 834).[833]

Soweit allerdings im Vollstreckungsrecht als Rechtsbehelfe Klagen vorgesehen sind (s.u. Rn. 498 ff.), gelten für diese uneingeschränkt alle Prozessmaximen des Erkenntnisverfahrens.

830 BVerfG NJW 2016, 930; BVerfG NJW 1983, 559; Gehrlein DZWIR 2019, 516, 519.

831 LG Leipzig DGVZ 1996, 40.

832 Vgl. dazu Wieduwilt K&R 2014, 627; Edenfeld JZ 1998, 645; Huff NJW 2002, 2840; vgl. aber auch BGH NJW 2002, 2879 und BVerfG NJW 2004, 672: RechtsberatungsG verfolgt nicht den Zweck des Persönlichkeitsschutzes oder des Schutzes wirtschaftlicher Interessen der von einer Berichterstattung Betroffenen.

833 Vgl. GS/Gaul § 5 Rn. 78; Baur/Stürner/Bruns § 6.

1. Abschnitt: Überblick über die Zwangsvollstreckung

Die Zwangsvollstreckung i.e.S. ist im **8. Buch der ZPO** geregelt, in einem **sehr systema-** **375** tischen Aufbau (bitte einprägen!).

A. Allgemeine Bestimmungen (§§ 704–802):

Voraussetzungen, Durchführung und Rechtsbehelfe der Zwangsvollstreckung.

B. Die einzelnen Vollstreckungsmaßnahmen

Welche Vollstreckungsmaßnahmen zu treffen sind, bestimmt sich nach dem **Inhalt des zu vollstreckenden Titels**.

Dabei unterscheidet das Gesetz:

- Zahlungstitel – also Titel über Geldforderungen – (§§ 803–882 a),

- Titel auf Herausgabe und Leistung von Sachen (§§ 883–886),

- Titel auf Vornahme, Unterlassung und Duldung von Handlungen (§§ 887–890),

- Titel auf Abgabe von Willenserklärungen (§§ 894–898).

Entsprechend sind die Vollstreckungsmaßnahmen typisiert.

I. Zwangsvollstreckung wegen Geldforderungen (§§ 803–882 a)

1. Die Vollstreckung erfolgt durch Zugriff in **Vermögensgegenstände des Schuldners**, durch deren Verwertung der Gläubiger befriedigt wird.

Zu unterscheiden ist dabei – nach dem Vermögensgegenstand, auf den zugegriffen wird – die Vollstreckung

- **in bewegliche Sachen** (§§ 808–827).

  Vollstreckungsorgan ist der **Gerichtsvollzieher**; Vollstreckungsakte sind Pfändung durch Wegnahme, Siegelanlegung usw. und Versteigerung (Verwertung).

- **in Forderungen und andere Rechte** (§§ 828–863).

  Vollstreckungsorgan ist das Amtsgericht als **Vollstreckungsgericht**; Vollstreckungs-akte sind Pfändungs- und Überweisungsbeschluss, §§ 829, 835.

- **in das unbewegliche Vermögen** (§§ 864–871).

  Vollstreckungsakte sind

  - Eintragung einer Zwangshypothek durch das Grundbuchamt (§§ 866, 867).

  - Zwangsversteigerung und -verwaltung durch das Amtsgericht (§ 866).

Zwangsversteigerung und Zwangsverwaltung sind im **ZVG** geregelt, das gemäß § 869 als Teil der ZPO gilt.

2. Durch **Gläubigeranfechtung nach dem Anfechtungsgesetz**

376 kann der Gläubiger eines Zahlungstitels – mittels neuer Klage und Vollstreckung – aber auch auf das **Vermögen eines Dritten** Zugriff nehmen, an den der Vollstreckungsschuldner in anfechtbarer Weise Vermögensgegenstände weggegeben hat. Hierdurch wird die Zugriffsmasse für den Gläubiger für die Vollstreckung wegen Geldforderungen erweitert und der Gläubiger **vor Vermögensverschiebungen durch den Schuldner** geschützt.

Spezialliteratur zum AnfG: Huber, Anfechtungsgesetz, 11. Aufl. 2016; klausurrelevantes Grundwissen zum AnfG im 2. Staatsexamen AS-Skript Vollstreckungsrecht in der Assessorklausur (2018), Rn. 148 ff.

377 **a) Voraussetzungen der Gläubigeranfechtung**

aa) Unzulänglichkeit des vorhandenen Vermögens des Schuldners zur Befriedigung des anfechtenden Gläubigers,

bb) Weggabe von Vermögensgegenständen durch den Schuldner an den Dritten mittels einer Rechtshandlung unter

- **objektiver Gläubigerbenachteiligung** (§ 1 Abs. 1 AnfG), d.h. Beeinträchtigung der Vollstreckungsmöglichkeiten der Gläubiger[834] und

- Vorliegen eines der **Anfechtungstatbestände (-gründe)** der §§ 3 ff. AnfG, insbesondere:

  - **Vorsatzanfechtung** (§ 3 AnfG): bei Vorsatz des Schuldners zur Gläubigerbenachteiligung und Kenntnis des Dritten von dieser Absicht, bei Rechtshandlungen innerhalb der letzten zehn Jahre.

    Erweiterung gegenüber nahestehenden Personen (§ 138 InsO) – z.B. bei Rechtsgeschäften des Schuldners mit seiner Ehefrau –: Anfechtbar sind grds. auch alle entgeltlichen Verträge innerhalb der letzten zwei Jahre; Gläubigerbenachteiligungsabsicht und Kenntnis werden vermutet (§ 3 Abs. 2 AnfG).

  - **Schenkungsanfechtung** (§ 4 AnfG): Unentgeltliche Leistung des Schuldners, innerhalb der letzten vier Jahre.

378 **b) Wirkung der Anfechtung**

Der Dritte hat das Erlangte dem Gläubiger zur Verfügung zu stellen, soweit es zu dessen Befriedigung erforderlich ist (§ 11 AnfG). Das bedeutet jedoch nicht, dass der Dritte das Erlangte an den Gläubiger herausgeben muss. Der Dritte hat vielmehr (schuldrechtlich) **die Zwangsvollstreckung des Gläubigers in den Gegenstand so zu dulden** wie sie der Schuldner ohne die Weggabe zu dulden gehabt hätte, also: **Wiederherstellung der Zugriffslage für den Gläubiger** beim Schuldner so, wie sie ohne die Weggabe des Vermögensgegenstandes für ihn bestanden hätte.[835]

Die Anfechtung nach dem AnfG hat daher mit der Anfechtung von Willenserklärungen nach §§ 119 ff. BGB (Nichtigkeit, § 142 BGB) nichts gemeinsam.

---

834 Vgl. BGH WM 2015, 1335; BGH NJW-RR 2010, 980; OLG Frankfurt NZI 2017, 805 m. Anm. Lange und Huber DZWIR 2019, 101; 501 sowie Janneck JuS 2014, 1085 zu Voraussetzungen und Rechtsfolgen der Anfechtung nach dem AnfG.

835 BGH NJW 2019, 365; BGH NJW 2016, 246; BGH NJW-RR 2012, 809; Brox/Walker, Rn. 263; Huber § 11 AnfG Rn. 8, 17 ff.

c) Diese Duldungspflicht kann der Gläubiger gegen den Dritten **durch Klage (§ 13** 379
AnfG) durchsetzen und dann vollstrecken.

Beispiel: K hat gegen B ein Urteil auf Zahlung von 10.000 e erwirkt. B ist vermögenslos, hat aber vor drei
Jahren ein wertvolles Bild seiner Ehefrau F geschenkt. K kann die Übereignung des Bildes durch Klage
gegen die F anfechten (§ 4 AnfG); die F wird dann zur Duldung der Vollstreckung in das Bild wegen des
titulierten Anspruchs des K verurteilt. Mit diesem Duldungsurteil kann K das Bild bei der F pfänden und
im Wege der Vollstreckung wegen Geldforderungen in bewegliches Vermögen verwerten lassen.

Ggf. kann der Gläubiger die Anfechtung auch durch Einrede verfolgen (§ 9 AnfG), z.B. gegen eine Drittwiderspruchsklage des Anfechtungsgegners. s.u. Rn. 528, 549.

Bei – zusätzlichem – Vorliegen der Voraussetzungen des § 826 BGB kann auch eine Schadensersatzpflicht des Dritten bestehen.[836]

II. Zwangsvollstreckung zur Erwirkung der Herausgabe und Leistung von Sachen (§§ 883–886)

1. Bei Sachen im **Gewahrsam des Schuldners** ist der Gerichtsvollzieher Vollstreckungs- 380
organ. Die Vollstreckung erfolgt durch Wegnahme bzw. Besitzentziehung (Grundstücke
und Wohnungen) und Übergabe an den Gläubiger.

2. Ist die Sache im **Gewahrsam eines nicht herausgabebereiten Dritten**, so wird dadurch vollstreckt, dass der Gläubiger den Herausgabeanspruch des Schuldners gegen
den Dritten gemäß §§ 829, 835 pfänden und sich überweisen lässt (§ 886, und dann
durchsetzt, erforderlichenfalls im Klageweg). Vollstreckungsorgan ist das Amtsgericht
als Vollstreckungsgericht.

III. Zwangsvollstreckung zur Erwirkung der Vornahme, Duldung oder Unterlassung von Handlungen (§§ 887–890)

Vollstreckungsorgan ist das Prozessgericht erster Instanz. 381

- Geht der Titel auf Vornahme einer **vertretbaren**, d.h. auch durch einen Dritten vor-
nehmbaren **Handlung** (§ 887), so erfolgt die Vollstreckung durch Ermächtigung an
den Gläubiger, die Handlung auf Kosten des Schuldners selbst vornehmen zu lassen
(Ersatzvornahme).

- Bei einem Titel auf Vornahme einer **unvertretbaren Handlung** (§ 888) besteht die
Vollstreckung in der Festsetzung einer Beugestrafe (Zwangsgeld oder -haft) gegen
den Schuldner bis zur Vornahme der Handlung.

- Ein Unterlassungs- oder Duldungstitel (§ 890) wird durch Verurteilung des Schuldners zu Ordnungsgeld oder -haft bei Zuwiderhandlung vollstreckt.

IV. Die Vollstreckung eines Urteils auf Abgabe einer Willenserklärung (§ 894)

Diese wird dadurch bewirkt (ersetzt), dass mit Rechtskraft des Urteils die Abgabe der
Willenserklärung durch den Schuldner fingiert wird (§ 894).

---

836 BGH NJW 2000, 3138.

2. Abschnitt: Die Zwangsvollstreckungsvoraussetzungen

382 Das Vollstreckungsorgan darf nur dann tätig werden, wenn die **Zwangsvollstreckungsvoraussetzungen** vorliegen:

- die allgemeinen Voraussetzungen – für **jede** Zwangsvollstreckung –,

- die besonderen Voraussetzungen – nur in bestimmten Fällen –,

- das Fehlen von Vollstreckungshindernissen.

Diese Voraussetzungen sind grds. für **alle** Arten von Zwangsvollstreckungsmaßnahmen erforderlich, für die Sach- und Forderungspfändung ebenso wie für die Immobiliarvollstreckung und die Vollstreckung wegen Handlungen oder Unterlassungen.

A. Die allgemeinen Voraussetzungen

I. Antrag des Gläubigers an das zuständige Vollstreckungsorgan

383 In §§ 753, 754, 766 Abs. 2 ist unzutreffend von „Auftrag" die Rede. Zwischen Gläubiger und Vollstreckungsorgan besteht jedoch kein privatrechtliches Auftragsverhältnis, das Vollstreckungsorgan wird vielmehr in amtlicher Eigenschaft – durch Amtshandlung – hoheitlich tätig.

1. Das Antragserfordernis ist Ausfluss der **Dispositionsmaxime**.

a) Der Gläubiger entscheidet daher, **ob es überhaupt zur Vollstreckung kommt.**

Er kann den Antrag auch jederzeit zurücknehmen – auch ohne Einwilligung des Schuldners (anders als nach § 269!) – und auf Rechte aus Vollstreckungsmaßnahmen verzichten.

b) Das dann aufgrund des Antrages ablaufende **Verfahren** ist jedoch – als formalisiertes staatliches Zwangsverfahren – weitgehend der Disposition der Parteien entzogen.

Vollstreckungsverträge der Parteien sind daher grds. nur zulässig, soweit sie die Vollstreckung in zeitlicher oder gegenständlicher Hinsicht **beschränken**, was Ausfluss der Dispositionsmaxime für den Gläubiger ist. Wenn er überhaupt nicht zu vollstrecken braucht, dann muss er sein Vorgehen auch begrenzen können.[837] Unzulässig sind dagegen Vollstreckungsverträge **zur Erweiterung der Vollstreckungsmöglichkeiten für den Gläubiger**, etwa durch einen Verzicht des Schuldners auf Pfändungsschutz.[838]

384 **2.** Das angerufene Vollstreckungsorgan prüft:

a) Seine Zuständigkeit zur Vornahme der beantragten Vollstreckungsmaßnahme.

b) Das Vorliegen der allgemeinen Verfahrensvoraussetzungen.

aa) Der Antrag ist Prozesshandlung; der **Gläubiger** muss daher partei- und prozessfähig sein. Einer besonderen Postulationsfähigkeit bedarf es dagegen im Zwangsvollstreckungsverfahren nicht: Die Beteiligten können selbst wirksam handeln.

Bei vollstreckungsrechtlichen **Klagen** ist dagegen die Postulationsfähigkeit der Parteien nach allgemeinen Grundsätzen erforderlich.

---

837 BGH NJW-RR 2016, 319 Zöller/Stöber vor § 704 Rn. 25 – s.u. Fall 42 Rn. 544.

838 MV/Lackmann vor § 704 Rn. 17; Brox/Walker, Rn. 203; eingehend Philipp Rpfleger 2010, 456. – s.u. Rn. 417.

bb) Der **Schuldner** muss nach h.M. ebenfalls partei- und **auch prozessfähig** sein.[839]

Die im Urteil getroffene oder zugrunde gelegte Annahme der Prozessfähigkeit des Schuldners bindet aus Rechtskraftgründen aber auch für das Vollstreckungsverfahren.[840]

Für die prozessunfähige Partei muss ihr gesetzlicher Vertreter handeln bzw. beteiligt werden.

cc) Rechtsschutzbedürfnis des Gläubigers: Grds. gegeben, da der Gläubiger ja gerade der staatlichen Vollstreckung zur Durchsetzung seines Anspruchs bedarf, daher auch bei möglicher Leistungsunfähigkeit des Schuldners, nicht jedoch zur Verfolgung zweckwidriger Ziele, wie z.B. nur zur Schädigung des Schuldners (Schikane).[841]   **385**

Eine Zwangsvollstreckung ist grds. auch wegen **Bagatellforderungen** gestattet, da der Gläubiger auch dann auf die staatliche Vollstreckung angewiesen ist. Anderenfalls könnte der Schuldner Restbeträge einfach unbezahlt lassen, obwohl er den Zwang jederzeit leicht durch Erfüllung abwenden kann.[842]

c) Das Vorliegen der Vollstreckungsvoraussetzungen: Titel, Klausel, Zustellung.

3. Entspricht das Vollstreckungsorgan trotz Vorliegens der Vollstreckungsvoraussetzungen dem Antrag nicht, kann sein Handeln vom Gläubiger durch **Erinnerung bzw. Beschwerde erzwungen** werden (s.u. Rn. 500, 507).   **386**

Ggf. Amtshaftungsansprüche, auch bei anderen Verfahrensfehlern des Vollstreckungsorgans.[843]

II. Das Vorliegen von Titel, Klausel und Zustellung (§ 750)

1. Der Vollstreckungstitel

a) Vollstreckungstitel ist die Urkunde, in der das Bestehen des durchzusetzenden materiellen Anspruchs von der zuständigen Stelle festgestellt worden ist.   **387**

Das Vollstreckungsorgan kann nicht wissen, feststellen oder nachprüfen, ob der Schuldner das vom Gläubiger Begehrte auch wirklich schuldet. Dazu sind andere Stellen in anderen Verfahren berufen (z.B. das Prozessgericht im Erkenntnisverfahren). Das Vollstreckungsorgan legt daher deren Entscheidung – z.B. das Urteil – seinem Vorgehen zugrunde. Es ist daran **gebunden**, kann also den materiellen Anspruch nicht in Frage stellen (Grundsatz der **Formalisierung der Zwangsvollstreckung**).[844]

Einwendungen gegen den titulierten Anspruch kann der Schuldner **(nur) mit der Vollstreckungsgegenklage** geltend machen (§ 767, s.u. Rn. 508).

b) Der Titel bestimmt Art und Umfang des zu vollstreckenden Anspruchs, ferner den Vollstreckungsgläubiger und den Vollstreckungsschuldner.[845]

Auslegung des Titels durch das Vollstreckungsorgan grds. nur aus dem Titel selbst heraus.[846]

---

839 StJ/Münzberg vor § 704 Rn. 80; Brox/Walker, Rn. 25; MV/Lackmann vor § 704 Rn. 21 f.; a.A. BL/Schmidt, Grundz. vor § 704 Rn. 40; ThP/Seiler vor § 704 Rn. 43; Prozessfähigkeit, wenn Schuldner aktiv, nicht wenn er nur passiv beteiligt ist.

840 Vgl. dazu Jauernig/Berger § 1 Rn. 37; Zöller/Seibel vor § 704 Rn. 16 m.w.N.

841 Vgl. dazu BGH NJW-RR 2003, 1650; BGH NJW 2002, 3178; ThP/Seiler vor § 704 Rn. 45; MV/Lackmann vor § 704 Rn. 23.

842 LG Verden DGVZ 2015, 169; vgl. auch Hergenröder DGVZ 2009, 49; Kirchner Rpfleger 2004, 395; Buß NJW 1998, 337, 339; offengelassen v. BVerfG NJW 2018, 531: jedenfalls 1.000 € keine Bagatellforderung; ausführl. dazu Aumann NJW 2020, 6 ff.

843 Vgl. BGH VersR 2009, 931.

844 Vgl. BGH NJW 2020, 1143; BGH Rpfleger 2019, 44; BGH NJW-RR 2016, 319; RS/Gaul § 26 Rn. 9, 13 und zur Entwicklung der Rspr. im Zwangsvollstreckungsrecht Hintzen Rpfleger 2020, 239; 2018, 181 ff.; 2016, 199 ff. und 2014, 353 ff.

845 BGHZ 96, 66; BGH NJW 2007, 3357.

846 BGH NJW 2018, 3247; BGH MDR 2015, 1255; ausführlich dazu Nierwetberg Rpfleger 2009, 201.

388 **c) Titel**, aus denen die Zwangsvollstreckung betrieben werden kann, sind:

■ **Endurteile** (§ 704; die wichtigsten Vollstreckungstitel!).

Das Urteil muss **formell rechtskräftig** oder **vorläufig vollstreckbar** sein.

Vorläufige Vollstreckbarkeit bedeutet, dass das noch nicht rechtskräftige Urteil bereits vor Eintritt der Rechtskraft vollstreckt werden kann (s.o. Rn. 46). Wird das Urteil jedoch später auf Rechtsmittel des Beklagten hin aufgehoben, so muss der Kläger dem Beklagten den durch die Vollstreckung entstandenen Schaden ersetzen (§ 717 Abs. 2; der Kläger vollstreckt daher insoweit auf eigene Gefahr). – Zur vorläufigen Vollstreckbarkeit: §§ 708 ff.

■ Die **Titel des § 794 Abs. 1**: u.a. Vollstreckungsbescheide, Prozessvergleiche, Kostenfestsetzungsbeschlüsse, notarielle Unterwerfungsurkunden.

■ Ferner u.a.: Arrestbefehle und einstweilige Verfügungen (§§ 922 ff.), Arbeitsgerichtsurteile (§ 62 ArbGG), der Zuschlag in der Zwangsversteigerung (§§ 93 ZVG), Auszug aus der Insolvenztabelle, bestätigter Insolvenzplan (§§ 201 Abs. 2, 257 InsO).[847]

389 **d) Ausländische Vollstreckungstitel** sind in Deutschland vollstreckbar nach Anerkennung (§ 328).

Für Vollstreckungstitel aus EU-Staaten gelten insoweit die **EUV 1215/2012 = EuGVVO** und ein vereinfachtes Vollstreckungsverfahren für Titel über unbestrittene Forderungen (EU-VO 805/2004, „Europäischer Vollstreckungstitel", s.o. Rn. 118).

2. Die Vollstreckungsklausel

390 Die Vollstreckungsklausel ist der amtliche Vermerk der Vollstreckbarkeit des Titels auf dem Titel (vollstreckbare Ausfertigung, §§ 724, 725).

Die Vollstreckungsklausel lautet (s. § 725): „Vorstehende Ausfertigung wird dem ... (Bezeichnung der Partei) zum Zwecke der Zwangsvollstreckung erteilt."

a) Grds. bedarf jeder Titel zur Vollstreckung der Vollstreckungsklausel.

Dieses Erfordernis besteht zum einen, um dem Vollstreckungsorgan die Prüfung zu ersparen, ob aus dem Titel vollstreckt werden kann und darf (grds. ebenfalls **Bindung des Vollstreckungsorgans: Formalisierung**).[848] Es ist z.B. möglich, dass der Schuldner aufgrund des Urteils zur Leistung erst nach Eintritt bestimmter Umstände verpflichtet ist (s. § 726 Abs. 1); dies wird grds. im Klauselerteilungsverfahren festgestellt (sog. **titelergänzende Klausel**).

Zum anderen dient das Klauselerfordernis dem Schutz des Schuldners, da von dem Titel grds. nur **eine einzige** vollstreckbare Ausfertigung erteilt werden darf, eine zweite nur bei Verlust der ersten.

Keiner Vollstreckungsklausel bedürfen Vollstreckungsbescheide (§ 796 Abs. 1), Arrestbefehle und einstweilige Verfügungen (§§ 929 Abs. 1, 936); nur bei Titelumschreibung.

b) Voraussetzungen für die Klauselerteilung sind: ein formgültiger vollstreckbarer Titel, vollstreckungsfähiger Inhalt und Bestimmtheit des Titels sowie Identität der Parteien des Titels und des Vollstreckungsverfahrens.[849]

391 **c)** Soll die Vollstreckung **für oder gegen eine andere Person** als den im Titel als Gläubiger oder Schuldner Bezeichneten durchgeführt werden, so muss zuvor die Vollstreckungsklausel entsprechend für oder gegen diesen anderen Beteiligten erteilt – **umgeschrieben** – werden (§§ 727 ff.). – Fälle:

---

847 Vgl. OLG Schleswig ZInsO 2018, 466; BL/Schmidt § 794 Rn. 46 ff.
848 BGH NJW 2018, 399; BGH NJW-RR 2013, 437; BGH NJW 1992, 2160; Jaspersen Rpfleger 1995, 4.
849 Vgl. BL/Gehle § 724 Rn. 8, 9; Brox/Walker, Rn. 108; MV/Lackmann § 724 Rn. 3 ff.; Meerhoff ZfIR 2018, 93 ff.

aa) Rechtsnachfolge aufseiten des Gläubigers oder Schuldners (§ 727).

Beispiele:

Auf **Gläubigerseite:** Umschreibung auf einen Gläubiger, der den titulierten Anspruch hat pfänden und sich überweisen lassen,[850] ferner auf den Neugläubiger bei Abtretung nach Rechtshängigkeit.[851] – Dagegen ist die bloße Einräumung einer Befugnis zur Vollstreckung wegen der im Vollstreckungsrecht herrschenden Formstrenge nicht möglich: **Keine isolierte Vollstreckungsstandschaft.**[852]

Auf **Schuldnerseite:** Gegen einen Rechtsnachfolger des im Titel bezeichneten Schuldners ist gemäß § 727 die Umschreibung im Umfang der Rechtskrafterstreckung nach § 325 möglich. Die Einschränkung gemäß § 325 Abs. 2 bei Gutgläubigkeit (s.o. Rn. 350 ff.) ist bei der Klauselerteilung nicht zu berücksichtigen, sondern vom Rechtsnachfolger durch Erinnerung gemäß § 732 oder Klage nach § 768 gegen die Klauselerteilung geltend zu machen.

Vollstreckung gegen **Erben des Schuldners:** Der Erbe ist Rechtsnachfolger, sodass der Titel gegen ihn umgeschrieben und dann gegen ihn vollstreckt werden kann. Hatte die Vollstreckung schon gegen den Erblasser begonnen, kann sie ohne Klauselumschreibung in den Nachlass fortgesetzt werden (§ 779). Der Erbe kann die Beschränkung der Erbenhaftung nur mit der Klage nach § 781 geltend machen. Ist das Urteil bereits gegen ihn – als Erben – ergangen, ist dazu der Vorbehalt der Haftungsbeschränkung im Urteil erforderlich (§ 780).

bb) Titelumschreibung außerdem möglich: bei Firmenfortführung (§ 729), im Verhältnis von Vor- und Nacherben, Testamentsvollstrecker und Erbe (§ 728), bei Parteien kraft Amtes (entspr. § 727),[853] bei Veränderungen im Gesellschafterbestand bei der Immobiliarvollstreckung gegen eine BGB-Gesellschaft (wegen §§ 47 Abs. 2, 82 S. 3 GBO).[854]

d) Zuständig für die Erteilung der Vollstreckungsklausel zu Urteilen ist grds. der Urkundsbeamte der Geschäftsstelle des Gerichts, das das Urteil erlassen hat (§ 724, sog. „einfache" Klausel), bei Titelumschreibung und -ergänzung der Rechtspfleger (§ 20 Nr. 12 RPflG). **392**

e) Rechtsmittel und -behelfe im Klauselerteilungsverfahren **393**

Sie sind besonders geregelt. Es gelten grds. noch nicht die Rechtsbehelfe des Zwangsvollstreckungsverfahrens (s.u. Rn. 498 ff.), da das Klauselerteilungsverfahren noch nicht zur Zwangsvollstreckung gehört, sondern ihr vorgelagert ist.[855]

■ für den **Gläubiger** gegen eine Versagung der Klausel: befristete Erinnerung gemäß § 573 bzw. sofortige Beschwerde gemäß §§ 567 ZPO, 11 RPflG, Klage auf Erteilung der titelumschreibenden oder titelergänzenden Klausel gemäß § 731;

■ für den **Schuldner** gegen die Erteilung: Erinnerung gemäß § 732 bei Fehlen der **formellen** Voraussetzungen (auch formelle Urteilsmängel),[856] Klage gemäß § 768 bei Fehlen der **materiellen** Voraussetzungen für Titelumschreibung oder -ergänzung.

Für Einwendungen gegen den titulierten materiell-rechtlichen Anspruch: Vollstreckungsgegenklage, § 767 (s.u. Rn. 508).

---

850 BGHZ 86, 339; OLG München FamRZ 2005, 1102.

851 BGH ZInsO 2020, 118; BGH NJW 2012, 2354; BGH RÜ 2011, 561.

852 BGH, Beschl. v. 28.07.2011 – VII ZR 126/10, BeckRS 2011, 19858; LAG Hessen, Beschl. v. 30.11.2015 – 10 Ta 328/15, BeckRS 2016, 67451; MV/Lackmann § 724 Rn. 11; a.A. OLG Dresden NJW-RR 1996, 444; eingehend Petersen ZZP 114 (2001), 485; Maihold JA 2000, 841; Scherer RPfleger 1995, 98 ff.

853 BGH Rpfleger 2016, 168; BAG NZA 2014, 1155; Vgl. StJ/Münzberg § 727 Rn. 27 ff.

854 BGH JuS 2016, 274 m. Anm. Schmidt; BGH RÜ 2011, 225; a.A. Kießling WuB 2016, 288 ff.

855 BL/Schmidt Grundz. § 704 Rn. 51 ff.; MV/Lackmann vor § 704 Rn. 34. s. aber unten Rn. 520: Titelabwehrklage.

856 BGH NJW-RR 2017, 510; BayVGH BayVBl 2018, 139; Zöller/Seibel § 732 Rn. 6 ff. – auch Klage aus § 767? s.u. Rn. 520.

3. Die Zustellung

394 Der Titel muss dem Vollstreckungsschuldner grds. vor Beginn der Vollstreckung, spätestens aber gleichzeitig mit der Vollstreckung zugestellt werden (§ 750 Abs. 1).

Anders bei Arrest und einstweiliger Verfügung (§§ 929 Abs. 3, 935, 936): Überraschungseffekt!

Bei einer BGB-Gesellschaft erfolgt die Zustellung an den geschäftsführenden Gesellschafter oder, wenn ein solcher nicht bestellt ist, an einen der Gesellschafter (§ 170 Abs. 1, 3).[857]

B. Die besonderen Voraussetzungen der Zwangsvollstreckung

395 müssen in drei Fällen vorliegen:

- Bei Verurteilung des Schuldners zur Leistung **Zug um Zug gegen eine Gegenleistung des Gläubigers** darf die Vollstreckung erst dann vorgenommen werden, wenn der Schuldner befriedigt ist oder sich in Annahmeverzug befindet (§§ 756, 765; wörtliches Angebot genügt).

  Nachweis des Annahmeverzugs bereits durch einen Feststellungsausspruch im Urteil möglich.[858]

- Ist der titulierte Anspruch vom Eintritt eines **bestimmten Kalendertages** abhängig, darf erst nach diesem Tag vollstreckt werden (§ 751 Abs. 1).

- Hängt die Vollstreckung von einer **Sicherheitsleistung des Gläubigers** ab, darf die Vollstreckung erst beginnen, wenn diese durch öffentliche oder öffentlich beglaubigte Urkunden nachgewiesen ist (§ 751 Abs. 2).

In diesen Fällen wird die **Vollstreckungsklausel sogleich und ohne Nachweise erteilt**; das **Vollstreckungsorgan** hat jedoch diese besonderen Voraussetzungen festzustellen, bevor es mit der Vollstreckung beginnt.

C. Das Fehlen von Vollstreckungshindernissen

396 Trotz Vorliegens der Vollstreckungsvoraussetzungen ist die Zwangsvollstreckung nicht zulässig, wenn Vollstreckungshindernisse bestehen. Fälle:

- Wenn die Zwangsvollstreckung **eingestellt** oder einzustellen ist:
  - wenn gerichtliche Verfahren gegen den Titel, die Klausel oder die Zulässigkeit der Vollstreckung anhängig sind und das Gericht die Vollstreckung bis zur Entscheidung einstweilen einstellt (§§ 707, 719, 732, 766, 769, 771 Abs. 3).
  - in den Fällen des § 775, insbesondere bei Nachweis einer inzwischen erfolgten Befriedigung des Gläubigers (Nr. 4, 5).
  - aufgrund **Schuldnerschutzes** (§ 765 a; s.u. Rn. 535).

- Im **Insolvenzverfahren des Schuldners** (§ 89 InsO): Einzelvollstreckungen sind unzulässig; die Insolvenzgläubiger können sich nur am Insolvenzverfahren beteiligen. – Grund: Gleichbehandlung der Insolvenzgläubiger (s.u. Rn. 593, Rn. 600 ff.).

---

857 BGH NZG 2016, 517; MV/Lackmann § 736 Rn. 6.
858 BGH NJW 2020, 1287; BGH VersR 2020, 40; BGH RÜ 2000, 419, s.o. Rn. 184.

D. Mängel des Zwangsvollstreckungsverfahrens

Wird eine Vollstreckungsmaßnahme vorgenommen, obwohl die Vollstreckungsvo- **397**
raussetzungen nicht erfüllt sind, so ist die Vollstreckungsmaßnahme fehlerhaft. Die Zulässigkeitsvoraussetzungen der Vollstreckung sind zwingendes Recht. Ihre Verletzung
macht den Vollstreckungsakt daher rechtswidrig.

I. Folge des Gesetzesverstoßes

1. Nur ausnahmsweise Nichtigkeit, d.h. völlige Unwirksamkeit des Vollstreckungsak- **398**
tes (Nichtexistenz): nur bei **evidenten grundlegenden schweren Mängeln**.

Fehlen eines Titels;[859] funktionelle Unzuständigkeit des Vollstreckungsorgans, z.B. das Vollstreckungsgericht pfändet eine Sache;[860] fehlende Inbesitznahme oder Siegelanlegung bei der Sachpfändung
durch den Gerichtsvollzieher (§ 808 Abs. 2 S. 2).[861]

2. I.d.R dagegen lediglich Anfechtbarkeit:

Der Vollstreckungsakt ist zwar **wirksam, aber vernichtbar**, nämlich auf Rechtsbehelf
des Betroffenen, insbesondere Erinnerung (§ 766), aufzuheben. Bis zu einer solchen Aufhebung ist und bleibt der Vollstreckungsakt voll wirksam,[862] bei Aufhebung verliert er
seine Wirkung mit Rückwirkung.[863]

Grund für diese Regelung: Vollstreckungsmaßnahmen sind **staatliche Hoheitsakte**. Staatliche Hoheitsakte sind bei Rechtswidrigkeit grds. nur anfechtbar und nur ausnahmsweise bei besonders
schwerwiegenden Fehlern nichtig (s. §§ 43, 44 VwVfG zum **fehlerhaften Verwaltungsakt**). Dies gilt
entsprechend auch für Vollstreckungsmaßnahmen.[864]

II. Heilung

1. Ein nichtiger Vollstreckungsakt kann nicht geheilt, sondern lediglich – natürlich ohne **399**
Rückwirkung – neu vorgenommen werden.[865]

2. Der fehlerhafte, aber nicht nichtige Vollstreckungsakt kann dagegen **durch spätere
Beseitigung des Mangels geheilt** werden (allgemeine Ansicht). – Dazu:

Fall 26: Die nachträglich erteilte Vollstreckungsklausel

A betreibt aus einem gegen S erwirkten Zahlungsurteil die Zwangsvollstreckung. Der
Gerichtsvollzieher pfändet für A einen Pkw des S, obwohl dem A noch keine Vollstreckungsklausel erteilt ist. Einige Tage später pfändet der Gerichtsvollzieher den Wagen für den weiteren Gläubiger B des S, der einen ordnungsgemäß zugestellten Titel
mit Klausel vorgelegt hat. Nunmehr wird auch dem A die Klausel erteilt. Als der Erlös
des Pkw zur Befriedigung von A und B nicht ausreicht, streiten A und B um die Reihenfolge ihrer Befriedigung.

---

859 BGHZ 70, 313, 317; BGH WM 2016, 1166; StJ/Münzberg vor § 704 Rn. 129; a.A. Zöller/Seibel vor § 704 Rn. 34: anfechtbar.
860 MV/Lackmann vor § 704 Rn. 32; ThP/Seiler vor § 704 Rn. 58; Meier ZZP 2020, 51: Rechtsschutz gegen nichtige Titel.
861 Zöller/Seibel vor § 704 Rn. 34; ThP/Seiler vor § 704 Rn. 58. – S.u. Rn. 411.
862 BGHZ 30, 175; 66, 81; 80, 298; BGH NJW 1979, 2045; Zöller/Seibel vor § 704 Rn. 34.
863 Zöller/Seibel vor § 704 Rn. 34.
864 MV/Lackmann vor § 704 Rn. 32; Zöller/Seibel vor § 704 Rn. 34.
865 StJ/Münzberg vor § 704 Rn. 134; ThP/Seiler vor § 704 Rn. 58; MK/Gruber § 804 Rn. 21.

I. Wird – wie hier – eine Sache für mehrere Gläubiger des Schuldners gepfändet, entscheidet der **zeitliche Rang der Pfändungspfandrechte** über die Reihenfolge der Befriedigung der beteiligten Gläubiger (vgl. § 804 Abs. 3: **Prioritäts- oder Präventionsprinzip**).

Der Pkw war zunächst für A gepfändet worden. Diese Pfändung war allerdings fehlerhaft, da die Vollstreckungsklausel fehlte. Dieser Mangel machte den Vollstreckungsakt jedoch nach ganz h.M. nicht nichtig, sondern nur anfechtbar.[866] Durch die Erteilung der Klausel ist der Mangel daher geheilt worden. Da jedoch vor dieser Heilung der Wagen ordnungsgemäß für B gepfändet worden ist, stellt sich die Frage, ob die Heilung des Mangels mit Rückwirkung oder nur für die Zukunft erfolgt ist.

400 Diese Frage ist streitig.

1. Nach der h.M. besitzt die Heilung eines Mangels beim Fehlen **grds. keine Rückwirkung**, wirkt also lediglich **ex nunc**, es sei denn, dass das materielle Recht eine rückwirkende Heilung anordnet. Dies hat zur Folge, dass eine vor der Heilung des fehlerhaften Vollstreckungsaktes vorgenommene fehlerfreie anderweitige Vollstreckungsmaßnahme den Vorrang erhält. Grund: Ein fehlerhafter Vollstreckungsakt dürfe dem verfrüht und rechtswidrig vollstreckenden Gläubiger keine Vorzugstellung vor anderen korrekt vorgehenden Gläubigern verschaffen.[867]

2. Nach der Gegenmeinung wirkt dagegen die Heilung **ex tunc**, also mit **Rückwirkung**. Begründung: Der anfechtbare Vollstreckungsakt sei von Anfang an wirksam, lediglich auflösend bedingt durch eine Anfechtung. Infolge der Heilung entfalle diese auflösende Bedingung, der Vollstreckungsakt gelte daher als von Anfang an voll wirksam.[868]

Die Frage einer Rückwirkung der Heilung von Verfahrensmängeln hängt letztlich auch mit der Frage nach der Rechtsnatur und der Entstehung des Pfändungspfandrechts (öffentlich-rechtliche/gemischte privatrechtlich-öffentlich-rechtliche Theorie) zusammen.[869] Wenn Voraussetzung der Entstehung eines Pfändungspfandrechts grds. auch die Einhaltung der Vollstreckungsvorschriften ist – so die herrschende gemischte privatrechtlich-öffentlich-rechtliche Theorie –, kann das Pfändungspfandrecht, das die Grundlage des Rechts des Gläubigers zur Befriedigung aus der gepfändeten Sache bildet, erst **mit der Heilung** des Vollstreckungsfehlers, also nur ex nunc entstehen. Nach der öffentlich-rechtlichen Theorie war dagegen das Pfändungspfandrecht sofort **mit der Pfändung** wirksam entstanden, die Heilung hat lediglich den der Pfändung bisher anhaftenden Verfahrensfehler beseitigt und kann daher zurückwirken.

II. Ergebnis: Nach der herrschenden Auffassung hat B den Vorrang vor A; nach der zweiten Ansicht ist dagegen A vor B aus dem Erlös zu befriedigen.

---

866 Vgl. OLG München NJW 2016, 2815; StJ/Münzberg § 725 Rn. 12, vor § 704 Rn. 129; Zöller/Seibel § 724 Rn. 14; ThP/Seiler § 724 Rn. 3; GS/Gaul § 31 Rn. 22: kein grundlegender Mangel wie das Fehlen überhaupt eines Titels, zumal es auch ohne Klausel vollstreckbare Vollstreckungstitel gibt (s.o. Rn. 390); a.A. MK/Wolfsteiner § 724 Rn. 8.

867 MK/Gruber § 804 Rn. 22; Schuschke/Walker vor § 804 Rn. 8; GS/Gaul § 31 Rn. 46; Jauernig/Berger § 7 Rn. 16; ThP/Seiler vor § 704 Rn. 59; Zöller/Seibel vor § 704 Rn. 35 (für das Rangverhältnis); vgl. aber auch BGH, Beschl. v. 22.11.2012 – I ZB 18/12, BeckRS 2013, 7698: Beseitigung der Fehlerhaftigkeit einer Zwangsvollstreckungsmaßnahme ex tunc, wenn die andernfalls erforderliche erneute Vornahme der Zwangsvollstreckung eine leere Formalität wäre.

868 LG München NJW 1962, 2306; BL/Weber Grundz. vor § 750 Rn. 5; StJ/Münzberg vor § 704 Rn. 138 ff.

869 MK/Gruber § 804 Rn. 22; Brox/Walker, Rn. 390, 497; MV/Flockenhaus § 804 Rn. 8 und unten Rn. 422 ff.

401

Die Zwangsvollstreckungsvoraussetzungen

I. Das Vollstreckungsorgan hat die Vollstreckungsmaßnahme vorzunehmen, wenn die **Vollstreckungsvoraussetzungen** vorliegen.

1. Allgemeine Vollstreckungsvoraussetzungen (für **jede** Vollstreckung):

a) Antrag des Gläubigers an das für die beantragte Vollstreckungsmaßnahme zuständige Vollstreckungsorgan: Antrag auf Vornahme einer Amtshandlung. Das Vollstreckungsorgan prüft:

aa) seine Zuständigkeit,

bb) das Vorliegen der allgemeinen Verfahrensvoraussetzungen,

cc) die Vollstreckungsvoraussetzungen im Übrigen:

b) Titel, Klausel, Zustellung

aa) Vollstreckungstitel: Urkunde, in der das Bestehen des zu vollstreckenden materiellen Anspruchs von der dazu zuständigen Stelle festgestellt worden ist (z.B. Endurteil, § 704; ferner u.a. die Titel des § 794 Abs. 1).

bb) Vollstreckungsklausel: Amtlicher Vermerk der Vollstreckbarkeit des Titels auf dem Titel (§§ 724, 725), durch Urkundsbeamten oder Rechtspfleger des Prozessgerichts. Durch titelumschreibende Klausel kann der Titel für oder gegen Dritte, gegen die er wirkt, vollstreckbar gemacht werden (insbesondere bei Rechtsnachfolge, §§ 727, 325).

cc) Zustellung des Titels: vor oder mit der Vollstreckung (§ 750).

An Vollstreckungstitel und -klausel ist das Vollstreckungsorgan gebunden **(Formalisierung des Vollstreckungsverfahrens).**

2. Besondere Vollstreckungsvoraussetzungen: Bei Abhängigkeit der Vollstreckung von einer Gegenleistung des Gläubigers (§§ 756, 765), dem Eintritt eines bestimmten Kalendertages (§ 751 Abs. 1) oder der Erbringung einer Sicherheitsleistung durch den Gläubiger (§ 751 Abs. 2).

3. Fehlen von Vollstreckungshindernissen: u.a. Einstellung der Zwangsvollstreckung, Fälle des § 775, Insolvenzverfahren (§ 89 InsO).

II. Das Fehlen von Vollstreckungsvoraussetzungen

1. macht die Vollstreckungsmaßnahme nur bei evidenten grundlegenden schweren Mängeln nichtig, im Regelfall **nur anfechtbar** (entsprechend Verwaltungsakt!);

2. ist beim anfechtbaren Vollstreckungsakt **heilbar: streitig, ob mit oder ohne Rückwirkung** (h.M., gemischte privatrechtlich-öffentlich-rechtliche Pfandrechtstheorie).

3. Abschnitt: Die Zwangsvollstreckung wegen Geldforderungen in bewegliche Sachen, §§ 803–827

402 Der **Gerichtsvollzieher** als für diese Zwangsvollstreckung – **Mobiliarvollstreckung**, Fahrnisvollstreckung – zuständiges Vollstreckungsorgan pfändet die im Gewahrsam des Schuldners befindliche Sache, verwertet (versteigert) sie und händigt den Erlös dem Gläubiger zu dessen Befriedigung aus.

Rechtsstellung des Gerichtsvollziehers:

Beamter (§ 154 GVG), der bei der Zwangsvollstreckung in **Ausübung eines öffentlichen Amtes**[870] handelt, nicht als Vertreter oder Verrichtungsgehilfe des Vollstreckungsgläubigers (vgl. § 802 a). Erforderliche privatrechtliche Verträge, etwa zur Verwahrung gepfändeter Sachen, schließt er daher nicht für sich oder für den Gläubiger oder Schuldner, sondern als bevollmächtigter Vertreter des Landes (Justizfiskus).[871] Bei Amtspflichtverletzung tritt Staatshaftung ein.[872] Seine Tätigkeit ist weitgehend in der Geschäftsanweisung für Gerichtsvollzieher (GVGA, bundeseinheitliches Landesrecht) geregelt.[873] Darüber hinaus werden die Rechte und Befugnisse des Gerichtsvollziehers, der auf eine gütliche und zügige Erledigung bedacht sein soll (vgl. §§ 802 b, 806 b), auch in den mit dem Gesetz zur Reform der Sachaufklärung in der Zwangsvollstreckung zum 01.01.2013 eingeführten §§ 802 a–802 l geregelt. Diese Normen, die den „Allgemeinen Teil" der Zwangsvollstreckung wegen Geldforderungen in das bewegliche Vermögen bilden, sollen die Stellung des Gerichtsvollziehers als zentrales Vollstreckungsorgan verstärken, dem bei entsprechendem Auftrag des Gläubigers die Instrumente an die Hand gegeben werden, um aktiv selbst zu einer schnelleren und effektiveren Titeldurchsetzung beizutragen.[874]

Auch wenn der Gerichtsvollzieher eine **freiwillige Zahlung** des Schuldners – zur Abwendung oder Aufhebung der Zwangsvollstreckung – entgegennimmt (vgl. auch § 802 b zur Möglichkeit einer Zahlungsvereinbarung), also keine Zwangsvollstreckungsmaßnahme i.e.S. vornimmt, handelt er nach heute h.M. in Ausübung seines öffentlichen Amtes (Amtstheorie), sodass § 815 Abs. 3 entsprechend gilt. Dies führt dazu, dass die Zahlung des Schuldners als Zahlung an den Gläubiger mit schuldbefreiender Wirkung gilt. Der Gläubiger wird zwar erst mit der Aushändigung des Geldes Eigentümer, die Verlustgefahr geht aber bereits mit der freiwilligen Zahlung an den Gerichtsvollzieher auf den Gläubiger über.[875]

A. Der Gegenstand der Mobiliarvollstreckung

403 **I.** Der Begriff der „körperlichen Sachen" in § 808 Abs. 1 entspricht dem der **beweglichen Sachen** i.S.d. bürgerlichen Rechts.[876] – Folge:

- Gegenstand der Mobiliarvollstreckung sind grds. **alle beweglichen Sachen i.S.d. §§ 90 ff. BGB.**

- **Nicht** der Mobiliarvollstreckung unterliegen daher: **Grundstücke** mit ihren wesentlichen Bestandteilen, **Forderungen und andere Vermögensrechte.**

  Software: Das Verwertungs**recht** des Urhebers unterliegt daher der Rechtspfändung, die vom Anwender erworbene Software der Sachpfändung (ebenso natürlich die Hardware).[877]

---

[870] BGH NJW-RR 2009, 658; zur Entwicklung des Gerichtsvollzieherwesens Görtemaker DGVZ 2020, 21; Pilz DGVZ 2014,1; 29.

[871] BAG NZA 2018, 468 und ausführlich zur Zwangsvollstreckung durch den Gerichtsvollzieher Schreiber Jura 2006, 742.

[872] BGH NZA 2018, 468; BGH NJW-RR 2009, 658; BGH NJW 2001, 434.

[873] Vgl. dazu näher Jauernig/Berger § 8; Brox/Walker, Rn. 11 ff.; Götze/Schröder DGVZ 2009, 1; Fischer DGVZ 2018, 53 und Hesterberg/Mathy DGVZ 2018, 136 (Elektronischer Rechtsverkehr).

[874] Vgl. dazu Waldschmidt JurBüro 2017, 7; Salten MDR 2017, 61; Goebel FoVo 2014, 145 und unten Rn. 446.

[875] BAG NZA 2018, 468; BGH RÜ 2009, 226; Zöller/Herget § 815 ZPO Rn. 2; § 754 Rn. 7; a.A. StJ/Münzberg § 754 Rn. 17, § 815 Rn. 23: Gerichtsvollzieher als rechtsgeschäftlicher Vertreter des Gläubigers (Vertretungstheorie) zur gemäß § 362 BGB schuldtilgenden Entgegennahme des Geldes berechtigt.

[876] Brox/Walker, Rn. 214; MV/Flockenhaus § 808 Rn. 2.

[877] MV/Flockenhaus § 808 Rn. 24 m.w.N.

Da die BGB-Regelungen gelten, unterfallen die Scheinbestandteile i.S.d. § 95 BGB – also nur zu einem vorübergehenden Zweck mit dem Grundstück oder Gebäude verbundenen Sachen, wie ggf. das von einem Grundstücksmieter errichtete Gartenhaus – der Mobiliarvollstreckung, da sie als selbstständige – bewegliche – Sache gelten: daher pfändbar.[878]

II. Von dem Grundsatz, dass alle beweglichen Sachen – aber: auch nur sie – der Mobiliarvollstreckung unterliegen, gibt es folgende **Ausnahmen:**

404

1. Gemäß § 865 für Sachen, die der **Hypothekenhaftung** (§ 1120 BGB) unterliegen:

■ In **Grundstückszubehör kann schlechthin nicht durch Pfändung**, sondern nur – zusammen mit dem Grundstück – im Wege der Vollstreckung in das unbewegliche Vermögen vollstreckt werden (§ 865 Abs. 2 S. 1).

Grund: Erhaltung der Funktionseinheit. Dabei ist es nicht notwendig, dass an dem betreffenden Grundstück tatsächlich eine Hypothek besteht, sondern entscheidend ist nur, ob das Zubehörteil gemäß §§ 1120 ff. BGB für eine etwaige Hypothek haften würde (sog. **Haftungsverband der Hypothek – abstrakte Prüfung**;[879] nicht z.B. Zubehör, das nicht im Eigentum des Grundstückseigentümers steht oder das aus dem Haftungsverband ausgeschieden ist).

Da nicht ohne Weiteres erkennbar ist, ob eine Sache wirklich Zubehör eines Grundstücks ist[880] und in den Haftungsverband fällt, ist eine Pfändung entgegen § 865 Abs. 2 S. 1 wegen fehlender Evidenz des Mangels nach h.M. nur anfechtbar, nicht nichtig.[881]

■ Die übrigen Gegenstände der Hypothekenhaftung können dagegen gepfändet werden, solange nicht das Grundstück – und damit auch diese Gegenstände – im Wege der Immobiliarvollstreckung beschlagnahmt worden ist (§ 865 Abs. 2 S. 2).

Eine Pfändung vor der Beschlagnahme wird in der dann anlaufenden Immobiliarvollstreckung für den Pfändungsgläubiger mit dem entsprechenden Rang berücksichtigt (§ 37 Nr. 4 ZVG).[882]

2. Gemäß § 810: Früchte, die vom Boden noch nicht getrennt sind, können dagegen, obwohl sie wesentliche Bestandteile (§ 94 BGB) sind, im Wege der Mobiliarvollstreckung gepfändet werden, solange nicht ihre Beschlagnahme im Wege der Immobiliarvollstreckung erfolgt ist, da ihre Trennung sicher ist.[883]

B. Der Pfändungsvorgang

Die **Pfändung** ist ein staatlicher Hoheitsakt des Vollstreckungsorgans, durch den die Sache der Verfügungsmacht des Schuldners entzogen wird **(Beschlagnahme)**, zu dem Zweck, den Gläubiger zu befriedigen. Diese Pfändung erfolgt bei beweglichen Sachen dadurch, dass der Gerichtsvollzieher sie **in Besitz nimmt** (§ 808 Abs. 1).

405

Voraussetzung einer fehlerfreien Pfändung ist zum einen das Vorliegen der Vollstreckungsvoraussetzungen – wie bei jeder Vollstreckungsmaßnahme (s.o. Rn. 382 ff.) – und zum anderen das Vorliegen der **besonderen Pfändungsvoraussetzungen**, d.h. die Pfändung muss erfolgen:

---

878 Brox/Walker, Rn. 214; Meerhoff ZfIR 2016, 556 ff.

879 Brox/Walker, Rn. 216; Eckardt ZJS 2012, 467.

880 BGH RÜ 2009, 137; OLG Bremen FamRZ 2018, 250 zur Einbauküche; dazu auch Meerhoff ZfIR 2016, 556 ff.

881 MV/Flockenhaus § 865 Rn. 10; Hk-ZPO/Kindl § 865 Rn. 6; Brox/Walker, Rn. 207; Zöller/Seibel § 865 Rn. 11; a.A. OLG München MDR 1957, 428; BL/Nober § 865 a Rn. 13 (fehlende funktionelle Zuständigkeit des Gerichtsvollziehers).

882 ThP/Seiler § 865 Rn. 4; Zöller/Seibel § 865 Rn. 10.

883 Vgl. ausführlich dazu Stamm DGVZ 2018, 25 ff. und Viertelhausen DGVZ 2016, 247 ff.

- zur rechten Zeit

- am rechten Ort

- in der rechten Weise

- im rechten Umfang

406   **I.** Die Pfändung darf nur **„zur rechten Zeit"** erfolgen, d.h. grds. zwar **jederzeit**, aber eingeschränkt zur Nachtzeit und an Sonn- und Feiertagen (§ 758 a Abs. 4).

II. Die Pfändung muss „am rechten Ort" erfolgen:

407   Der Pfändung unterliegen nur bewegliche Sachen, die sich im Gewahrsam des Schuldners, des Gläubigers oder eines zur Herausgabe bereiten Dritten befinden (§§ 808, 809).

1. Gewahrsam i.S.d. §§ 808, 809 (formalisierter Zugriffstatbestand) ist ein **rein tatsächliches Herrschaftsverhältnis** über die Sache.[884]

Im Unterschied zum Besitz i.S.d. bürgerlichen Rechts begründen der nur auf § 857 BGB gegründete Besitz des Erben, der Mitbesitz (§ 866 BGB) und der mittelbare Besitz (§ 868 BGB) grds. keinen Gewahrsam. Der Besitzdiener hat keinen Gewahrsam.

408   **2.** Der Gewahrsam **des Schuldners** (§ 808 Abs. 1):

Der Gerichtsvollzieher darf grds. alle Sachen pfänden, die sich im Gewahrsam des Schuldners befinden. Er prüft daher nur, ob der Schuldner am Pfändungsobjekt Gewahrsam hat, **nicht aber die Eigentumsverhältnisse**. Grund: Der Gerichtsvollzieher kann die Eigentumsverhältnisse nicht überprüfen und klären. Er soll sich daher mit der Prüfung der leichter festzustellenden Gewahrsamsverhältnisse begnügen können. Die Pfändung einer schuldnerfremden Sache, die sich im Gewahrsam des Schuldners befindet, ist daher wirksam und verletzt keine Vollstreckungsbestimmung (daher keine Erinnerung). Dem Eigentümer bleibt es überlassen, sein Eigentum mit der **Drittwiderspruchsklage (§ 771)** geltend zu machen und damit die Vollstreckung zu verhindern.

Ausnahme: Wenn für den Gerichtsvollzieher vernünftigerweise kein Zweifel daran bestehen kann, dass die Sache nicht dem Schuldner gehört (z.B. Reparaturgegenstände beim Handwerker, ein Bibliotheksbuch bei einem Studenten), dann hat eine Pfändung zu unterbleiben.[885] Der Eigentümer kann dann auch mit der Erinnerung gemäß § 766 gegen die Pfändung vorgehen (s.u. Rn. 502).

409   **3.** Der Gewahrsam eines **Dritten** (§ 809):

Sachen, die sich nicht im (Allein-)Gewahrsam des Schuldners, sondern im Allein- oder Mitgewahrsam eines Dritten befinden, darf der Gerichtsvollzieher nur pfänden, wenn der Dritte **zur Herausgabe bereit** ist. Ist der Dritte dazu nicht bereit, kann der Gläubiger nur in den Herausgabeanspruch des Schuldners gegen den Dritten vollstrecken (§ 847).

Der Gläubiger muss also den Herausgabeanspruch pfänden, aufgrund dieser Pfändung den Herausgabeanspruch gegen den Dritten – auf Herausgabe an den Gerichtsvollzieher – einklagen und aus einem entsprechenden Herausgabeurteil vollstrecken, sodass dann der Gerichtsvollzieher nach der Wegnahme die Sache zur Befriedigung des Gläubigers verwerten kann.[886]

Ohne einen solchen Herausgabetitel darf der Gerichtsvollzieher eine gleichwohl gepfändete Sache auch nicht dem Dritten gegen dessen Widerspruch wegnehmen.[887]

---

884   OLG Düsseldorf MDR 1997, 142; ThP/Seiler § 808 Rn. 3; MV/Flockenhaus § 808 Rn. 3 ff.; Gehrlein DZWIR 2019, 516, 518.

885   BGH NJW 1957, 544; BL/Weber § 808 Rn. 2; MV/Flockenhaus § 808 Rn. 5; Zöller/Herget § 808 Rn. 3.

886   Vgl. Brox/Walker, Rn. 256.

887   BGH NJW-RR 2004, 352; Petersen Jura 2017, 1400.

Eine Pfändung ist bei einem nicht herausgabebereiten Dritten nach h.M. auch dann nicht zulässig, wenn der Dritte zur Herausgabe der Sache an den Gläubiger oder den Schuldner verpflichtet ist, da der Gerichtsvollzieher die materiell-rechtlichen Herausgabeansprüche weder sicher beurteilen noch verbindlich entscheiden dürfe.[888] Umstritten ist dabei, ob eine Pfändung ausnahmsweise wenigstens dann zulässig ist, wenn feststeht, dass der Schuldner nur deshalb im kollusiven Einverständnis mit dem Dritten den Gewahrsam an diesen übertragen hat, um die Pfändung zu verhindern (Rechtsmissbrauch).[889]

4. Bei Gewahrsam des **Vollstreckungsgläubigers** selbst ist eine Pfändung naturgemäß – gewissermaßen: „erst recht" – zulässig (§ 809).[890]

5. Der Gewahrsam bei Vollstreckung gegen einen **Ehegatten:**   410

Wird gegen einen Ehegatten vollstreckt, so hat i.d.R. der andere Ehegatte Mitgewahrsam, sodass die Sache an sich – wegen § 809 – nur gepfändet werden könnte, wenn der andere Ehegatte zur Herausgabe bereit ist. Gemäß **§ 739 gilt** jedoch – im Umfang der Vermutung des § 1362 BGB – **nur der Schuldner** als Gewahrsamsinhaber, sodass daher die Pfändung ohne Herausgabebereitschaft des anderen Ehegatten, auf die es dann nicht ankommt, zulässig ist.

§ 739 bedeutet nach heute ganz h.M. eine für die Vollstreckung **unwiderlegbare Vermutung**.[891] Der andere Ehegatte kann daher Eigentumsrechte nur **mit der Drittwiderspruchsklage gemäß § 771** geltend machten – nicht mit Erinnerung gemäß § 766 (kein Verfahrensfehler!) – und dann die Vermutung des § 1362 BGB widerlegen.

Entsprechendes gilt für **Lebenspartner i.S.d. LPartG** (§ 739 Abs. 2 und § 8 Abs. 1 LPartG).

Nach h.M. gelten §§ 1362 BGB, 739 ZPO nicht entsprechend für **nichteheliche Lebensgemeinschaften** (keine planwidrige Regelungslücke), sodass § 809 – Schutz des Dritten – insoweit uneingeschränkt gilt. Da dies zu einer Schlechterstellung von Eheleuten in der Zwangsvollstreckung führt, ist die Verfassungsmäßigkeit der §§ 739 ZPO, 1362 BGB allerdings umstritten.[892]

III. Die Pfändung muss „in der rechten Weise" erfolgen.

1. Die Pfändung wird dadurch bewirkt, dass der Gerichtsvollzieher die Sache **in Besitz**   411
nimmt (§ 808 Abs. 1).

a) Geld, Kostbarkeiten und Wertpapiere nimmt der Gerichtsvollzieher mit.

b) Andere Sachen belässt der Gerichtsvollzieher dagegen im Allgemeinen **beim Schuldner**, sofern dadurch nicht die Befriedigung des Gläubigers gefährdet wird (§ 808 Abs. 2 S. 1). Die Pfändung ist dann jedoch durch Anlegung von Siegelmarken oder auf sonstige Weise **kenntlich zu machen** (§ 808 Abs. 2 S. 2). Diese Kenntlichmachung ist **unbedingtes Wirksamkeitserfordernis** der Pfändung der im Gewahrsam des Schuldners belassenen Sache. Fehlende oder nicht hinreichend bestimmte Kenntlichmachung macht die Pfändung **unheilbar nichtig**, es entsteht keine öffentlich-rechtliche Verstrickung der Sache.[893]

---

888 MK/Gruber § 809 Rn. 14; ThP/Seiler § 809 Rn. 4; Schuschke/Walker § 809 Rn. 3 ff.; Brox/Walker, Rn. 254; a.A. BL/Weber § 809 Rn. 2, wenn die Herausgabepflicht unzweifelhaft bestehe.

889 So Zöller/Herget § 809 Rn. 5; MK/Gruber § 809 Rn. 7; abl. auch dann Schuschke/Walker § 809 Rn. 3 b: Der Gläubiger ist auf Anfechtung und § 826 BGB beschränkt. – Zur entsprechenden Situation bei der Räumungsvollstreckung s.u. Rn. 494.

890 Vgl. dazu AG Bühl DGVZ 2010, 174 (mit Anm. Schlappa); Zöller/Herget § 809 Rn. 7.

891 OLG Celle InVo 2000, 57; StJ/Münzberg § 739 Rn. 22; Zöller/Seibel § 739 Rn. 7; Goebel FoVo 2017, 145.

892 Vgl. dazu BGH RÜ 2007, 132; Geziwotz MDR 2018, 833, 838; a.A. Böttcher FamRZ 2007, 459; Roth JZ 2007, 530.

893 BL/Weber § 808 Rn. 21; Zöller/Seibel § 808 Rn. 18; MK/Gruber § 808 Rn. 35 m.w.N.

Behält der Schuldner die Sache, so ist er unmittelbarer Besitzer. Er vermittelt den Besitz für den Gerichtsvollzieher und den Gläubiger, wobei der Gerichtsvollzieher (Staat) erststufiger, der Gläubiger zweitstufiger mittelbarer Besitzer wird.[894]

412 **2.** Gemäß § 758 ist der Gerichtsvollzieher grds. befugt, zum Zwecke der Pfändung die **Wohnung des Schuldners** zu betreten und zu **durchsuchen** (vgl. auch § 758 Abs. 3). Wenn der Schuldner jedoch damit nicht einverstanden ist, bedarf der Gerichtsvollzieher dazu mit Rücksicht auf das Grundrecht der Unverletzlichkeit der Wohnung (Art. 13 GG) einer besonderen **richterlichen Erlaubnis** (§ 758 a, Ausnahme: Gefahr im Verzug).

Mit Rücksicht auf den Schutzzweck des Art. 13 GG ist die richterliche Erlaubnis bei **jedem** Betreten der Wohnung durch den Gerichtsvollzieher gegen den Willen des Schuldners erforderlich, nicht nur für „Durchsuchungen" i.e.S., sondern auch dann, wenn der Gerichtsvollzieher in der Wohnung offen zutage liegende oder ihm von vornherein bekannte Gegenstände pfänden will.[895]

Zur „Wohnung" zählen – vom Schutzzweck her – auch Arbeits- und Geschäftsräume.[896]

Ausnahme vom Erlaubnisvorbehalt: bei Gefahr im Verzug (Gefährdung des Erfolgs der Durchsuchung).

Zuständig für die Erlaubnis ist der Amtsrichter, in dessen Bezirk die Durchsuchung erfolgt; die Anordnung setzt einen Antrag des Gläubigers voraus, nicht des Gerichtsvollziehers.

Zur Duldung der Durchsuchung ist dann auch ein Mitgewahrsamsinhaber – z.B. Ehegatte – verpflichtet.

IV. Die Pfändung muss „im rechten Umfang" erfolgen.

413 Grds. kann der Gerichtsvollzieher zwar in das gesamte bewegliche Vermögen des Schuldners vollstrecken. Es bestehen jedoch die folgenden **Pfändungsbeschränkungen**, deren Verletzung zwar die Pfändung nicht nichtig macht, aber zur Aufhebung der Pfändung auf Erinnerung (§ 766) des Schuldners hin führt:

1. Verbot der Überpfändung (§ 803 Abs. 1 S. 2; s. auch § 777).

2. Verbot der zwecklosen Pfändung (§ 803 Abs. 2).

3. Verbot der Pfändung von Haushaltsgegenständen, wenn der Verwertungserlös außer Verhältnis zu deren Wert für den Schuldner steht (§ 812).

414 **4. Unpfändbarkeit aus sozialpolitischen Gründen: § 811.** – Wichtigste Fälle:

a) § 811 Abs. 1 Nr. 1: die dem persönlichen Gebrauch oder dem **Haushalt** dienenden Sachen, soweit der Schuldner sie zu einer seiner Berufstätigkeit und seiner Verschuldung angemessenen bescheidenen Lebens- und Haushaltsführung benötigt. Dafür sind die heutigen beruflichen, sozialen und örtlichen Verhältnisse sowie die individuelle Situation des Schuldners (z.B. Alter, Gesundheit, Familienstand) entscheidend.[897]

Grund und Umfang der Verschuldung spielen keine Rolle.[898]

---

894 StJ/Münzberg § 808 Rn. 45, 46; ThP/Seiler § 808 Rn. 15.
895 Brox/Walker, Rn. 325 f.; Gehrlein DZWIR 2019, 516, 517 f.; Corcilius DGVZ 2020, 41 zur Schutzhilfe der Polizei bei der Zwangsvollstreckung durch den Gerichtsvollzieher.
896 BVerfG NJW 1997, 2165; Zöller/Seibel § 758 a Rn. 4.
897 MV/Flockenhaus § 811 Rn. 11; Zöller/Seibel § 811 Rn. 14.
898 Zöller/Stöber § 811 Rn. 13.

Unpfändbar sind daher z.B.: Die notwendige Wohnungseinrichtung, i.d.R. auch Waschmaschine, Kühlschrank, Telefon, Radio, „normales" Farbfernsehgerät (auch bei Vorhandensein eines Radios) und heute auch ein internetfähiger Computer[899] und ein Smartphone jedenfalls dann, wenn der Betroffene weder über einen Fernseher noch über einen Computer verfügt.[900] Dies gilt insb. während der „Corona-Zeit".

Pfändbar sind dagegen: Stereoanlage, CD-Player, Videorecorder,[901] Videokamera,[902] andere Geräte der Unterhaltungselektronik, jedenfalls dann, wenn der Schuldner ein unpfändbares Fernsehgerät hat.

b) § 811 Abs. 1 Nr. 5: Unpfändbar sind bei Personen, die aus ihrer körperlichen oder geistigen Arbeit oder sonstigen **persönlichen Leistungen** ihren Erwerb ziehen, die zur Fortsetzung dieser Erwerbstätigkeit erforderlichen Gegenstände.   415

Z.B.: Pkw, den der Schuldner zur Erreichung seiner Arbeitsstelle benötigt[903] (nicht dagegen, wenn er den Arbeitsplatz mit öffentlichen Verkehrsmitteln zumutbar erreichen kann);[904] u.U. PC oder EDV-Anlage,[905] grds. auch bei einem Studenten;[906] i.d.R. Anrufbeantworter, Fax- und Kopiergerät bei einem Selbstständigen,[907] die Kamera eines Fotografen;[908] Ware/Wechselgeld bei kleinem Ladengeschäft.[909]

Geschützt werden auch solche Gegenstände des Schuldners, die dessen **Ehegatte** zur Erwerbstätigkeit benötigt (arg. § 1360 BGB: Sicherung des Familienunterhalts, Sozialstaatsprinzip).[910]

> ### Fall 27: Pfändung des Lkw eines Fuhrunternehmers
>
> S ist ein Fuhrunternehmer mit nur einem Lkw, den er selbst fährt. Der Gerichtsvollzieher will diesen Lkw pfänden.

Der Lkw ist gemäß § 811 Abs. 1 Nr. 5 unpfändbar, wenn er vom Schuldner zur Erwerbserzielung „aus persönlicher Leistung" benötigt wird. Den Gegensatz zur persönlichen Leistung bildet die **kapitalistische Arbeitsweise**. Gegenstände, mit denen durch den Einsatz von Kapital, aber ohne persönliche Leistung, vom Schuldner Verdienst erzielt wird, fallen daher nicht unter § 811 Abs. 1 Nr. 5 und sind pfändbar.

Ein Lkw, den der Fuhrunternehmer selbst fährt, ist nach § 811 Abs. 1 Nr. 5 unpfändbar. Zwar arbeitet der Fuhrunternehmer insoweit auch mit Kapital, jedoch ist seine persönliche Arbeit und nicht die Ausnutzung des Kapitals für den Erwerb die Hauptsache.[911]

Gleiches gilt für den Pkw eines Vertreters oder eines allein fahrenden Taxiunternehmers.[912]

Pfändbar wären dagegen die Lkw eines größeren Fuhrunternehmers, weil dieser nicht in persönlicher Arbeitsleistung seinen Erwerb findet, sondern insoweit sein Kapital – und auch andere Personen – für sich arbeiten lässt.

---

899 BFH NJW 1990, 1871; VG Gießen NJW 2011, 3179 Biermann/Göler DGVZ 2018, 83 u. MV/Flockenhaus § 811 Rn. 12 mit Rspr.-Beispielen; a.A. aber für Notebook u. Computer VG Münster DGVZ 2013, 183; vgl. auch MK(/Gruber § 811 Rn. 61 f.
900 LSG Rheinland-Pfalz, Urt. v. 16.08.2017 – L 6 AS 353/16, BeckRS 2017, 148479.
901 VGH Mannheim NJW 1995, 2804; Zöller/Herget § 811 Rn. 15; MV/Flockenhaus § 811 Rn. 12.
902 AG Essen DGVZ 1998, 30, Zöller/Herget § 811 Rn. 15; MV/Flockenhaus § 811 Rn. 12.
903 Vgl. dazu BGH NJW 2018, 1083 (Geschäftsfahrzeug); BGH RÜ 2010, 225; MV/Flockenhaus § 811 Rn. 20 a.
904 BGH RÜ 2010, 225; Zöller/Herget § 811 Rn. 27; MK/Gruber § 811 Rn. 62.
905 Vgl. Roy/Palm NJW 1995, 690; BL/Weber § 811 Rn. 39; MK/Gruber § 811 Rn. 62.
906 AG Essen DGVZ 1998, 94 für einen Betriebswirtschaftsstudenten; a.A. AG Kiel JurBüro 2004, 334 für einen Jurastudenten.
907 BL/Weber § 811 Rn. 39 ff.; MV/Flockenhaus § 811 Rn. 20 a.
908 Zöller/Herget § 811 Rn. 28; MK/Gruber § 811 Rn. 62.
909 LG Lübeck DGVZ 2002, 185; Zöller/Herget § 811 Rn. 27.
910 BGH RÜ 2010, 225; Zöller/Herget § 811 Rn. 24; MV/Flockenhaus § 811 Rn. 17; MK/Gruber § 811 Rn. 35.
911 AG Gießen DGVZ 1997, 189; StJ/Münzberg § 811 Rn. 47; BL/Weber § 811 Rn. 33, 35.
912 ThP/Seiler § 811 Rn. 22, 28; MV/Flockenhaus § 811 Rn. 17a, 20 a.

416 **c) Austauschpfändung:** Die Pfändungsbeschränkungen gemäß § 811 Abs. 1 Nr. 1, 5, 6 entfallen, wenn der Gläubiger dem Schuldner ein Ersatzstück, das dem geschützten Zweck genügt – z.B.: einfaches Fernsehgerät statt Luxusgerät;[913] kleinerer statt größerer Pkw[914] – oder den entsprechenden Geldbetrag überlässt (§ 811 a, kaum praktiziert).

d) Generell unpfändbar sind **Haustiere**, § 811 c (vgl. Art. 20 a GG).[915]

417 **e)** Ein **vorheriger Verzicht** auf den Pfändungsschutz ist **ausgeschlossen:**

Die Pfändungsbeschränkungen des § 811 sind zwingend, da sie nicht nur im Interesse des Schuldners, sondern in erster Linie aus sozialpolitischen Gründen bestehen. Der Pfändungsschutz würde sonst in vielen Fällen nur auf dem Papier stehen, weil starke Gläubiger den Verzicht des Schuldners auf den Pfändungsschutz erzwingen würden.[916]

Teilweise wird die Ansicht vertreten,[917] dass der Schuldner **bei oder nach** der Pfändung auf den Schutz verzichten kann, da der Schuldner gegen die Pfändung auch nicht eine Erinnerung einzulegen brauche, sie also gegen sich gelten lassen könne. Zudem könne der Schuldner über die unpfändbaren Gegenstände auch rechtsgeschäftlich frei verfügen. Nach der h.M. ist dagegen ein Verzicht auch insoweit ausgeschlossen, weil die Pfändungsverbote zwingende öffentlich-rechtliche Schranken staatlicher Vollstreckungsgewalt sind. Der Staat muss es zwar hinnehmen, wenn ein Schuldner selbst seine unpfändbaren Sachen veräußert, darf aber nicht die eigene Existenzvernichtung des Schuldners noch durch staatliche Vollstreckungsmaßnahmen fördern.[918]

418 **f)** Umstritten ist, ob die Pfändungsschutzbestimmungen auch bei einer **Pfändung gläubigereigener Sachen** eingreifen.

Fall 28: Pfändung in gläubigereigene Sache

Der Fuhrunternehmer S hat der G-Bank zur Sicherung eines Darlehens seinen einzigen Lkw, mit dem er selbst fährt, zur Sicherung übereignet. Als S das Darlehen nicht zurückzahlt, erwirkt die Bank gegen ihn einen Zahlungstitel, aus dem sie die Vollstreckung betreibt. Darf der Gerichtsvollzieher den Lkw pfänden?

---

1. Der Lkw steht infolge der Sicherungsübereignung im Eigentum der Gläubigerin selbst. Dies steht aber einer Pfändung nicht entgegen, denn nach allgemeiner Ansicht können auch gläubigereigene Sachen wirksam gepfändet werden.[919]

Es mag dann zwar kein Pfändungspfandrecht entstehen (vgl. § 1256 BGB, s.u. Rn. 425 ff.), aber dies wirkt sich mangels einer Drittwiderspruchsklage und der Unnötigkeit eines Bereicherungsausgleichs nicht aus.[920] Die Pfändung einer eigenen Sache kann zur Vereinfachung der Verwertung und zum Ausschluss anderer Gläubiger oder Gewahrsamsinhaber durchaus zweckmäßig sein.[921]

419 2. Der Lkw ist nach § 811 Nr. 5 unpfändbar (s.o. Fall 27, Rn. 415).

---

913 LG Wuppertal DGVZ 2009, 41; MK/Gruber § 811 Rn. 61.

914 Vgl. dazu BGH RÜ 2011, 569; MV/Flockenhaus § 811 a Rn. 2 a.

915 Vgl. ausführlich dazu Deuring DGVZ 2020, 1 ff.; Meller-Hannich MDR 2019, 713 ff.; Schmid JR 2013, 245 ff.

916 Zöller/Herget § 811 Rn. 10; GS/Schilken § 52 Rn. 17; Brox/Walker, Rn. 302.

917 So z.B. GS/Schilken § 52 Rn. 17; Wieczorek/Lüke § 811 Rn. 13.

918 Brox/Walker, Rn. 303, 304; MV/Flockenhaus § 811 Rn. 9; Zöller/Herget § 811 Rn. 10; dazu Bartels Rpfleger 2008, 397.

919 BGH NJW 2007, 2485; ThP/Seiler § 808 Rn. 10; MV/Flockenhaus § 808 Rn. 5.

920 Baur/Stürner/Bruns § 27.13.

921 Vgl. BL/Hartmann § 804 Rn. 7; MV/Flockenhaus § 808 Rn. 5.

Diese Unpfändbarkeit aufgrund des § 811 gilt **jedoch nur für die Vollstreckung wegen Geldforderungen**. Würde die Bank dagegen – was ihr freisteht – aufgrund ihres **Eigentums auf Herausgabe** des Lkw klagen und dann die Herausgabevollstreckung betreiben, würde § 811 Nr. 5 der Vollstreckung daher nicht entgegenstehen. Fraglich ist daher, ob dies auch dazu führt, dass nun auch die Zwangsvollstreckung wegen des Zahlungsanspruches in den Lkw zulässig ist.

Diese Frage ist streitig:

a) Zum Teil wird bei dieser Sachlage die Berufung des Schuldners auf § 811 für treuwidrig (arglistig), die Pfändung demgemäß für zulässig gehalten.[922]

b) Die **h.M. lässt dagegen auch bei dieser Sachlage § 811 eingreifen**, sodass eine Pfändung unzulässig ist:

Vollstreckt der Gläubiger wegen seiner Geldforderung, so stehen ihm auch alle Vollstreckungsverbote entgegen. Will er diese vermeiden, muss er einen Herausgabetitel erwirken und aus diesem vollstrecken. Der Gerichtsvollzieher sei auch weder in der Lage noch dafür zuständig, (inzidenter) über materiell-rechtliche Herausgabeansprüche zu entscheiden.[923]

Abwandlung: Der Lkw war dem S von V unter Eigentumsvorbehalt geliefert worden; V möchte wegen seiner restlichen Kaufpreisforderung in den Lkw vollstrecken.

Einer Pfändung würde an sich wieder § 811 Abs. 1 Nr. 5 entgegenstehen. **420**

Für den **Eigentumsvorbehalt** bestimmt jedoch **§ 811 Abs. 2** ausdrücklich, dass der Lieferant wegen seiner Kaufpreisforderung auch dann in die Kaufsache vollstrecken kann, wenn sie an sich dem Schutz des § 811 Abs. 1 Nr. 1, 4, 5–7 unterliegt (Grund: Vermeidung eines weiteren Prozesses).[924] Der Lkw kann daher für V gepfändet werden.

Sonderregelung nur für den – urkundlich nachgewiesenen – einfachen, nicht für verlängerten oder erweiterten Eigentumsvorbehalt. – Aus dieser Regelung kann als **Gegenschluss** zugleich auch ein Argument für die h.M. dahin gewonnen werden, dass die Pfändungsverbote des § 811 im Übrigen gegenüber Geldforderungen des Eigentümers gerade gelten.

Bei der Pfändung einer unter Eigentumsvorbehalt gelieferten Sache ist beim Verbraucher-Ratengeschäft die **Rücktrittsfiktion gemäß § 508 S. 5 BGB** zu beachten: s.u. Fall 43 Rn. 545.

---

g) Maßgeblicher Zeitpunkt bei Änderung der Pfändbarkeit/Unpfändbarkeit. **421**

aa) Unpfändbarkeit hat der Gerichtsvollzieher nach den Verhältnissen bei Ausführung des Vollstreckungsauftrags zu prüfen und von Amts wegen zu beachten. Wird daher eine bei Pfändung pfändbare Sache **später unpfändbar** – z.B. der Schuldner, der zwei Fernseher besitzt, verkauft den nicht gepfändeten, oder wird ihm dieser gestohlen –, so

---

922 BL/Weber § 811 Rn. 6; eingehend Wacke JZ 1987, 381.

923 OLG Hamm MDR 1984, 855; StJ/Münzberg § 811 Rn. 14; MV/Flockenhaus § 811 Rn. 5; Brox/Walker, Rn. 296, 300.

924 Entsprechend bei anderen Pfändungsverboten, z.B. Nr. 13: BGH NJW-RR 2006, 570 (Pfändung des unter EV gelieferten Grabsteins durch den Steinmetz, dazu Loof Rpfleger 2008, 53).

bleibt nach h.M. die Pfändung zulässig. Anderenfalls könnte der Schuldner die Unpfändbarkeit nachträglich selbst herbeiführen und sich „gesetzlich einrichten".[925]

Nach der Gegenansicht ist das Pfändungsverbot dagegen vom Zeitpunkt einer späteren Erinnerungsentscheidung aus zu beurteilen, sodass eine Unpfändbarkeit anzunehmen und die Pfändung aufzuheben sein könne. Eine rechtsmissbräuchliche Herbeiführung der Unpfändbarkeit – wie etwa ein Verkauf – sei aber unbeachtlich (Beweislast für fehlenden Rechtsmissbrauch beim Schuldner).[926]

bb) Wird eine im Zeitpunkt der Pfändung unpfändbare Sache **nachträglich pfändbar**, so wird der Mangel der Pfändung geheilt (unstreitig).

V. Die Anschlusspfändung (§ 826)

Fall 29: Für den Gläubiger G hat der Gerichtsvollzieher bei S einen Pkw gepfändet. Der Gerichtsvollzieher bekommt von X einen weiteren Auftrag zur Vollstreckung bei S. S hat kein weiteres pfändbares Vermögen. Was macht der Gerichtsvollzieher?

422 Der Gerichtsvollzieher kann eine Anschlusspfändung vornehmen, d.h. den Pkw auch für X pfänden. Dazu genügt seine in das Pfändungsprotokoll aufgenommene Erklärung, dass er die Sache für X pfände. Einer Pfändung gemäß § 808, also etwa einer zweiten Siegelanbringung, bedarf es nicht. Wirksamkeitserfordernis ist eine **wirksame Erstpfändung**, d.h. die Sache muss **(noch) verstrickt** sein.

Die Reihenfolge der Befriedigung der beteiligten Gläubiger richtet sich nach dem Rang der Pfändungspfandrechte, also nach der zeitlichen Reihenfolge der Pfändungen (§ 804 Abs. 3). Bei einem Streit über die Reihenfolge der Befriedigung greift das besondere **Verteilungsverfahren** nach §§ 827 Abs. 2, 872 ff. ein.

Dieses Verteilungsverfahren greift auch im Übrigen bei unklarer oder umstrittener Rangfolge ein, z.B. bei mehrfacher Forderungspfändung (§§ 853, 872): Das Vollstreckungsgericht stellt einen **Teilungsplan** auf; Gläubiger, die mit diesem Plan nicht einverstanden sind, können gegen ihrer Ansicht nach zu Unrecht vorrangig behandelte Gläubiger gemäß § 878 **Widerspruchsklage** erheben, um so eine Abänderung des Plans zu ihren Gunsten zu erreichen.

C. Die mit der Pfändung eintretenden Rechtsfolgen

423 Mit der Pfändung können entstehen – und entstehen auch im Regelfall –:

- die **öffentlich-rechtliche Verstrickung der Sache**,

- ein **Pfändungspfandrecht zugunsten des Gläubigers** (§ 804 Abs. 1).

Diese beiden Wirkungen der Pfändung – öffentlich-rechtliche Verstrickung und Pfändungspfandrecht – müssen voneinander unterschieden werden:

- Wenn die **öffentlich-rechtliche Verstrickung** eingetreten ist, so steht damit fest, dass die Pfändung **als staatlicher Hoheitsakt wirksam** ist. Die Sache ist also **beschlagnahmt**. Die Beschlagnahme ist durch § 136 StGB geschützt.

---

925 So LG Bochum DGVZ 1980, 37, 38; Zöller/Hergert § 811 Rn. 9; ThP/Seiler § 811 Rn. 3 a.

926 So LG Stuttgart DGVZ 2005, 42 für § 811 Nr. 5; StJ/Münzberg § 811 Rn. 17; MV/Flockenhaus § 811 Rn. 7 m.w.N.

■ Wenn ein **Pfändungspfandrecht** entstanden ist, hat der Gläubiger an der gepfändeten Sache ein **Pfandrecht** erlangt, das ihn berechtigt, mit Hilfe des Staates durch die Verwertung der Sache **wegen seiner Forderung Befriedigung zu erhalten**.

I. Öffentlich-rechtliche Verstrickung und Pfändungspfandrecht entstehen unstreitig dann, wenn (1) die Pfändung verfahrensfehlerfrei vorgenommen worden ist – d.h. die Vollstreckungs- und Pfändungsvoraussetzungen vorliegen –, **(2) die zu vollstreckende Forderung besteht und (3) der Schuldner Eigentümer der Sache ist.** 424

Umstritten ist die Rechtslage jedoch, wenn eine dieser Voraussetzungen fehlt.

II. Wenn der Gerichtsvollzieher die Vollstreckungsvorschriften beachtet, also verfahrensfehlerfrei gepfändet hat, der Schuldner jedoch **nicht Eigentümer der Sache** oder der Vollstreckungsgläubiger in Wirklichkeit **nicht Forderungsgläubiger** ist, so gilt:[927] 425

1. Es tritt **unstreitig die öffentlich-rechtliche Verstrickung** ein, da diese **allein durch den wirksamen Pfändungsakt bewirkt** wird.

2. Umstritten ist jedoch, ob damit zugleich auch ein **Pfändungspfandrecht** entsteht.

Hier wird die **Rechtsnatur des Pfändungspfandrechts** von Bedeutung. 426

■ Die früher zum Teil vertretene rein privatrechtliche Theorie sieht im Pfändungspfandrecht eine dritte Art des privatrechtlichen Pfandrechts, neben dem durch Vertrag und Gesetz begründeten Pfandrecht. Es entsteht daher nur bei Vorliegen der materiell-rechtlichen Pfandrechts-Voraussetzungen und ist dann die Grundlage der ganzen weiteren Vollstreckung.[928] Diese Auffassung wird aber der öffentlich-rechtlichen – hoheitlichen – Natur der Zwangsvollstreckung nicht gerecht.

■ Die herrschende **gemischt privatrechtlich-öffentlich-rechtliche Theorie** 427

■ Sie hat zwar den gleichen Ausgangspunkt wie die rein privatrechtliche Theorie: Pfändungspfandrecht als **dritte Art des privatrechtlichen Pfandrechts, akzessorisch, kann nur an schuldnereigenen Gegenständen entstehen.**

Dabei wird (nur) die rechtsgeschäftliche Pfandrechtsbestellung **durch die Pfändung ersetzt**.[929] Ein gutgläubiger Erwerb eines Pfändungspfandrechts ist jedoch nicht möglich.[930]

Hinsichtlich der Akzessorietät ist allerdings nicht das wirkliche Bestehen einer Forderung des Gläubigers erforderlich, sondern das Vorliegen eines Vollstreckungstitels ausreichend. Wenn ein Titel vorliegt – und solange dieser nicht gemäß § 767 oder in anderer Weise beseitigt ist –, ist das Bestehen der titulierten Forderung zugrundezulegen.[931]

■ **Grundlage der Verwertung** ist danach jedoch **allein die Verstrickung** (die staatliche Beschlagnahme) und nicht das Pfändungspfandrecht. Begründet wird dies damit, dass die Vollstreckung Ausübung staatlicher Zwangsgewalt ist, sodass die wesentlichen Pfändungswirkungen in der staatlichen Beschlagnahme liegen. Die Verwertung ist daher nach dieser Theorie solange rechtmäßig, als der öffentlichrechtliche Akt der Verstrickung nicht auf einen Rechtsbehelf hin aufgehoben ist.[932]

---

927 Ausführlich zur Pfändung und Verwertung einer schuldnerfremden Sache Herberger JA 2018, 256; Pfeiffer JA 2012, 892.

928 Vertreter: Wolff/Raiser, Sachenrecht, 10. Aufl. 1957, § 167 III Fn. 7; Pinger JR 1973, 94 ff.; Marotzke NJW 1978, 133, 136.

929 Brox/Walker, Rn. 383.

930 BGHZ 119, 75, 89; MV/Flockenhaus § 804 Rn. 7; ausführlich zum Pfändungspfandrecht Schreiber Jura 2014, 689.

931 MV/Flockenhaus § 804 Rn. 6; ThP/Seiler § 804 Rn. 5; Gehrlein DZWIR 2019, 516, 519.

932 Vertreter u.a.: BGH NJW 1992, 2570; OLG Saarbrücken InVo 2005, 66; MK/Gruber § 804 Rn. 6, 11; MV/Flockenhaus § 804 Rn. 4; Palandt/Herrler, Überblick vor § 1204 BGB Rn. 4; Brox/Walker, 379 ff., 393; ThP/Seiler § 804 Rn. 2.

428 ■ Nach der im Schrifttum verbreiteten (rein) **öffentlich-rechtlichen Theorie** ist das Pfändungspfandrecht rein öffentlich-rechtlicher Natur und entsteht **mit jeder wirksamen Verstrickung**, ohne dass weitere materiell-rechtliche Voraussetzungen vorzuliegen brauchen („prozessuales Pfandrecht"). Der wirksame Pfändungsakt bewirkt immer zugleich auch das Pfändungspfandrecht.[933]

429 **III.** Wenn der Gerichtsvollzieher bei der Pfändung **Vollstreckungsvorschriften** verletzt hat, so gilt:

1. Die Pfändung ist als Hoheitsakt **nur ausnahmsweise**, nur bei besonders schweren Fehlern nichtig (z.B. keine wirksame Besitzergreifung, s.o. Rn. 397 ff., 411 f.). Die nichtige Pfändung ist wirkungslos. Sie begründet **weder eine öffentlich-rechtliche Verstrickung noch ein Pfändungspfandrecht** (unstreitig).

430 **2. I.d.R.** ist dagegen die Pfändung **nur anfechtbar.**

a) Die anfechtbare Pfändung bewirkt unstreitig die **öffentlich-rechtliche Verstrickung**.[934] Die Sache ist also wirksam beschlagnahmt, bis die Beschlagnahme – etwa auf Rechtsbehelf des Betroffenen hin – wieder aufgehoben ist.

431 **b)** Ob auch ein **Pfändungspfandrecht** entsteht, ist streitig:

■ Nach der **privatrechtlich-öffentlich-rechtlichen Theorie** kann nur die fehlerfreie Pfändung die Entstehung eines Pfändungspfandrechts bewirken. Denn die Pfändung durch den Gerichtsvollzieher ersetzt die rechtsgeschäftliche Verpfändung, sodass eine ordnungsgemäße Pfändung und damit das Vorliegen der Vollstreckungs- und Pfändungsvoraussetzungen auch Voraussetzung des Pfändungspfandrechts ist. Bei einer Verletzung von Vollstreckungsvorschriften kann daher **ein Pfändungspfandrecht grds. nicht entstehen**.[935]

Z.B. bei einer Pfändung unpfändbarer Sachen.[936]

Eine Verletzung bloßer Ordnungsvorschriften – z.B. §§ 758 a Abs. 4, 803 Abs. 1 S. 2 – hindert dagegen die Entstehung des Pfändungspfandrechts nicht.

■ Die Vertreter der **öffentlich-rechtlichen Theorie** vertreten demgegenüber überwiegend die Auffassung, dass auch dann mit der öffentlich-rechtlichen Verstrickung zugleich das Pfändungspfandrecht entsteht, weil es eben allein auf der – wirksamen, wenn auch anfechtbaren – Verstrickung beruhe.[937]

432 **IV.** Die öffentlich-rechtliche und die gemischt privatrechtlich-öffentlich-rechtliche Theorie kommen im Wesentlichen zu denselben Ergebnissen.[938]

1. Wenn der **Vollstreckungsschuldner nicht der Eigentümer** der gepfändeten Sache ist, so entsteht zwar nur nach der öffentlich-rechtlichen, nicht aber nach der privatrechtlich-öffentlich-rechtlichen Theorie das Pfändungspfandrecht.

---

933 Vertreter u.a.: StJ/Münzberg § 804 Rn. 1, 7 ff.; BL/Weber, Grundz. vor § 803 Rn. 8; Zöller/Herget § 804 Rn. 2.

934 Vgl. Jauernig/Berger § 16 Rn. 4; MV/Flockenhaus 803 Rn. 9 a, 10.

935 MV/Flockenhaus § 804 Rn. 5 a; Brox/Walker, Rn. 383.

936 MK/Gruber § 811 Rn. 22; s.u. Fall 46 Rn. 550.

937 StJ/Münzberg § 804 Rn. 7; Zöller/Herget § 804 Rn. 3.

938 Zöller/Herrler § 804 Rn. 2; MK/Gruber § 804 Rn. 8; MV/Flockenhaus § 804 Rn. 3; Brox/Walker, Rn. 386 ff.; Lipp JuS 1988, 119; zum Sonderfall des § 50 Abs. 1 InsO s.u. Fall 30 Rn. 448; zur Pfändung unpfändbarer Sachen s.u. Fall 46 Rn. 550.

■ Die **Verwertung** der Sache ist aber auch nach der gemischt privatrechtlich-öffentlich-rechtlichen Theorie verfahrensfehlerfrei, da nach ihr nicht das Pfandrecht, sondern die Verstrickung die Grundlage der Verwertung ist. Der Eigentümer muss sein Eigentum mit der Drittwiderspruchsklage (§ 771) verfolgen. Solange dies nicht geschehen ist, läuft die Vollstreckung weiter.

433

■ In der Versteigerung erwirbt der **Ersteher unstreitig wirksam das Eigentum an der Sache** auch dann, wenn der Vollstreckungsgläubiger kein Pfändungspfandrecht hatte. Denn der Gerichtsvollzieher wird hoheitlich tätig und überträgt das Eigentum durch Hoheitsakt auf den Ersteher (s.u. Rn. 438 ff.).

434

■ Der **Versteigerungserlös gebührt unstreitig nicht dem Vollstreckungsgläubiger, sondern dem früheren Eigentümer.** Der Vollstreckungsgläubiger wird um den ihm vom Gerichtsvollzieher übergebenen Versteigerungserlös ungerechtfertigt bereichert und muss ihn daher gemäß § 812 BGB an den früheren Eigentümer herausgeben (s. näher unten Rn. 536 ff.). Dass der Vollstreckungsgläubiger den Erlös ohne Rechtsgrund erhalten hat, ergibt sich für die gemischt privatrechtlich-öffentlich-rechtliche Theorie zwingend einfach deshalb, weil ein materielles Befriedigungsrecht für den Gläubiger nur aus einem Pfändungspfandrecht folgen kann, das hier aber gerade nicht bestanden hat. Nach der öffentlich-rechtlichen Theorie hat das zwar entstandene, aber rein prozessuale Pfändungspfandrecht an der schuldnerfremden Sache kein endgültiges materielles Befriedigungsrecht – kein Recht zum endgültigen Behaltendürfen des Erlöses – zur Folge.[939]

435

Diese Überlegung – die das Pfändungspfandrecht ganz entscheidend entwertet – ist ein innerer Widerspruch der öffentlich-rechtlichen Theorie, der daher auch gegen sie eingewandt wird.[940]

2. Auf das Pfändungspfandrecht sind nach beiden Theorien weitgehend die **Bestimmungen über das privatrechtliche Pfandrecht des BGB** anwendbar.

436

■ Für die **gemischt privatrechtlich-öffentlich-rechtliche Theorie** ergibt sich dies – ebenfalls einfach – daraus, dass das Pfändungspfandrecht dem privatrechtlichen Pfandrecht gleichsteht, sodass daher auch die BGB-Bestimmungen grds. gelten, soweit nicht Sonderregelungen des Vollstreckungsrechts eingreifen.[941]

■ Für die **öffentlich-rechtliche Theorie** gelten zwar im Ausgangspunkt die privatrechtlichen Pfandrechtsregelungen nicht. Sie kommen aber insoweit als Richtlinien in Betracht, als die zivilprozessualen Regelungen Lücken aufweisen und die Heranziehung der bürgerlichen Pfandrechtsvorschriften mit der Eigenart des Pfändungspfandrechts vereinbar ist,[942] was im Ergebnis oft ebenfalls zur Anwendung führt.

Beispiele:

Der Vollstreckungsgläubiger kann gemäß § 823 BGB Schadensersatz wegen einer Beschädigung der Pfandsache durch einen Dritten verlangen und u.U. den Herausgabeanspruch gemäß §§ 1227, 985 BGB auf Rückgabe an den Schuldner oder an den Gerichtsvollzieher geltend machen.[943]

---

939 StJ/Münzberg § 804 Rn. 16 ff.; vgl. auch Herberger JA 2018, 256, 257; Pfeiffer JA 2012, 892, 894, die auch die einzelnen Anspruchsgrundlagen behandeln.

940 Brox/Walker, Rn. 392; GS/Schilken § 50 Rn. 56, 57; Musielak/Voit, Rn. 1184.

941 Palandt/Herrler Überbl. § 1204 BGB Rn. 4; Brox/Walker, Rn. 382 ff., 393.

942 BL/Weber § 804 Rn. 9; Zöller/Herget § 804 Rn. 2, 3.

943 BL/Weber § 804 Rn. 10; Brox/Walker, Rn. 386.

Gutgläubiger lastenfreier Erwerb hinsichtlich des Pfändungspfandrechts ist gemäß § 936 BGB möglich, z.B. bei Veräußerung der Pfandsache durch den Schuldner, in dessen Besitz sie geblieben war.[944]

3. Bedeutung hat der Theorienstreit für die Frage einer **Rückwirkung der Heilung von Vollstreckungsmängeln**, was Auswirkung auf das Rangverhältnis zwischen mehreren Gläubigern hat (s.o. Rn. 399):

■ nach der öffentlich-rechtlichen Theorie: grds. Rückwirkung; das Pfändungspfandrecht war ja sogleich **mit der Pfändung entstanden**.

■ nach der gemischt privatrechtlich-öffentlich-rechtlichen Theorie: Heilung ohne Rückwirkung, da das Pfändungspfandrecht **nunmehr erst entsteht**.

Dies gilt grds. auch für die nachträgliche Entstehung der materiell-rechtlichen Voraussetzungen, z.B. den nachträglichen Eigentumserwerb des Schuldners. Bei der Pfändung einer schuldnerfremden Sache kann das Pfandrecht jedoch mittels der materiell-rechtlichen Rückwirkung gemäß **§ 185 BGB** u.U. (Genehmigung des Berechtigten, § 184 BGB!) auch ex tunc entstehen.[945]

D. Die Aufhebung der Pfändung

437   Die sog. **Entstrickung** wird vom Gerichtsvollzieher vorgenommen durch Rückgabe der Sache an den Schuldner oder durch Ablösung der Pfandsiegel.

I. Der Gerichtsvollzieher hat die Pfändung **aufzuheben**, wenn die Voraussetzungen der §§ 776, 775 vorliegen (z.B. gerichtliche Entscheidung, etwa auf Erinnerung) oder wenn der Gläubiger durch Erklärung gegenüber dem Gerichtsvollzieher auf die Pfändung verzichtet, die Pfandsache also „freigibt".

Die Freigabeerklärung des Gläubigers allein führt nach h.M. nicht – wie gemäß § 843 bei der Forderungspfändung – von selbst zum Entfallen der Verstrickung.[946]

II. Die Pfändung (Verstrickung) endet dagegen noch nicht dadurch, dass

1. der Gerichtsvollzieher unfreiwillig den Besitz an der Sache verliert, dass das Pfandsiegel sich ablöst oder von einem hierzu nicht Berechtigten entfernt wird

2. oder dass ein **Dritter** den Besitz der Sache erlangt, wohl aber durch **gutgläubigen lastenfreien Erwerb** des Dritten gemäß §§ 136, 135 Abs. 2 BGB.[947]

§ 936 BGB ermöglicht einen gutgläubigen lastenfreien Erwerb hinsichtlich des Pfändungspfandrechts (s.o. Rn. 436), §§ 135, 136 BGB hinsichtlich der Verstrickung; mit der Verstrickung entfällt aber zugleich das Pfändungspfandrecht.

Der Gerichtsvollzieher kann die gepfändete Sache nicht dem Dritten wegnehmen. Mangels einer Ermächtigungsgrundlage besteht **kein Verfolgungsrecht** des Gerichtsvollziehers zur Wegnahme einer verstrickten Sache bei einem Dritten. Die Verstrickung gewährt hoheitliche Gewaltrechte nur gegenüber dem Vollstreckungsschuldner. Gegen den Dritten ist nur eine **Herausgabeklage** des Gläubigers aus seinem Pfändungspfandrecht oder des Gerichtsvollziehers aus seinem verletzten Besitz mit anschließender **Herausgabevollstreckung** möglich.[948] Nach der Herausgabe kann dann die Vollstreckung fortgesetzt werden.

---

944 H.M.: BL/Weber § 804 Rn. 5; StJ/Münzberg § 804 Rn. 43; Brox/Walker, Rn. 385. – Zum gutgläubigen lastenfreien Erwerb von der Verstrickung s.u. Rn. 437.

945 Brox/Walker, Rn. 389 ff.; MK/Gruber § 804 Rn. 22 m.w.N.

946 BGH NJW 2008, 3067; Brox/Walker, Rn. 369 mit Meinungsübersicht.

947 Zöller/Seibel § 804 Rn. 13; StJ/Münzberg § 804 Rn. 43; Brox/Walker, Rn. 370; MV/Flockenhaus § 804 Rn. 12.

948 BGH NJW-RR 2004, 352; MV/Flockenhaus § 808 Rn. 20; Brox/Walker, Rn. 373.

III. Nach der Entstrickung unterliegt die Sache wieder der Verfügungsbefugnis des Schuldners. Verstrickung und Pfändungspfandrecht sind dann erloschen.

E. Die Verwertung der Pfandsache

Die Verwertung der Pfandsache richtet sich nach den §§ 814 ff.: Gepfändetes Geld ist dem Gläubiger abzuliefern (§ 815 Abs. 1). Gepfändete Sachen werden vom Gerichtsvollzieher durch **öffentliche Versteigerung** verwertet (§ 814).   **438**

Bei der Versteigerung wird der Gerichtsvollzieher nach allgemeiner Ansicht **hoheitlich** tätig. Er ist **nicht Vertreter des vollstreckenden Gläubigers.**[949]

I. Zum Begriff der öffentlichen Versteigerung: **§ 383 Abs. 3 BGB.**

Früher war die Versteigerung grds. nur vor Ort möglich. Jetzt ermöglicht § 814 Abs. 2, 3 – nach Wahl des Gerichtsvollziehers – auch die i.d.R. wegen des weitaus größeren Bieterkreises wesentlich zweckmäßigere **Internetversteigerung.**

Unter http://www.justiz-auktion.de betreiben mehrere Länder eine gemeinsame Online-Versteigerungsplattform nach Abs. 2 Nr. 2. Einzelheiten, u.a. Teilnehmerzulassung und -ausschluss, Dauer der Versteigerung, Versteigerungsbedingungen regeln Rechtsverordnungen nach Abs. 3.[950]

II. Dem Meistbietenden wird der **Zuschlag** erteilt (§ 817 Abs. 1).   **439**

Mit dem Zuschlag kommt ein **öffentlich-rechtlicher Vertrag** zwischen Staat und Ersteher zustande, aus dem sich für den Ersteher ein **Anspruch auf Übereignung der Sache** ergibt, den er aber nicht mit einer Klage gegen den Staat durchsetzen kann, sondern nur mit Erinnerung (§ 766) gegen eine Übereignungsweigerung des Gerichtsvollziehers.[951]

Dieser Vertrag ist nach h.M. ein Vertrag eigener Art, **kein privatrechtlicher Kaufvertrag.**[952] Daher trifft den Staat **keine Gewährleistung für Mängel der versteigerten Sache (§ 806)!**

III. Die **Eigentumsübertragung** vollzieht sich wie folgt: **440**

1. Mit der Übergabe der Sache – **„Ablieferung"** (§ 817 Abs. 2) – bringt der Gerichtsvollzieher zum Ausdruck, dass das Eigentum auf den Ersteher übergehen soll; er gibt also als Hoheitsperson eine Erklärung ab, die auf Eigentumsübertragung gerichtet ist.

2. Diese kraft Hoheitsakts vorzunehmende Übereignung ist wirksam, wenn

■ eine **wirksame Verstrickung** der Sache eingetreten war und noch besteht

■ und die Sache in bzw. aufgrund wirksamer **öffentlicher Versteigerung** durch den Gerichtsvollzieher an den Ersteher übertragen wird.[953]

a) Liegen diese beiden Wirksamkeitsvoraussetzungen vor, so geht das Eigentum **kraft staatlichen Hoheitsakts** auf den Ersteher über, unabhängig davon, ob der Schuldner   **441**

---

949 BGH NJW 2008, 3067; Zöller/Herget § 814 Rn. 2,3.

950 Vgl. MV/Flockenhaus § 814 Rn. 5 b; Remmert NJW 2009, 2572 (Gesetz über die Internetversteigerung v. 30.07.2009).

951 BGH NJW 1992, 2570; MV/Flockenhaus § 817 Rn. 3; Brox/Walker, Rn. 405 ff.

952 Vgl. MV/Flockenhaus § 817 Rn. 3: Keine nennenswerte praktische Bedeutung des Streits um die Rechtsnatur.

953 BL/Weber § 817 Rn. 8; MV/Flockenhaus § 817 Rn. 4; Brox/Walker, Rn. 412, 413.

Eigentümer der Sache ist und ob dem Ersteher dies bekannt ist **(originärer Erwerb). Insoweit kommt es also auf Gut- oder Bösgläubigkeit des Erstehers nicht an.**[954]

Der Erwerber wird daher lastenfreier Eigentümer, auch wenn dem Schuldner die Sache nicht gehörte, ein Pfändungspfandrecht daher nicht entstanden war und der Erwerber dies weiß: **Entscheidend ist allein die Verstrickung**.

442   **b)** Versteigert der Gerichtsvollzieher eine Sache, die **nicht verstrickt** ist (z.B. nicht oder unwirksam = nichtig gepfändet), so erwirbt der Ersteher kein Eigentum, auch wenn er hinsichtlich der fehlenden Verstrickung gutgläubig ist.[955]

c) Hat der Gerichtsvollzieher wesentliche Versteigerungsvorschriften verletzt – z.B. keine Öffentlichkeit der Versteigerung –, geht ebenfalls das Eigentum nicht über, wiederum unabhängig von Gut- oder Bösgläubigkeit des Erstehers.[956]

443   **3.** An dem von dem Meistbietenden gezahlten Versteigerungserlös setzen sich die Rechte fort, die an der Sache bestanden haben (analog § 1247 BGB, **dingliche Surrogation**; der Erlös tritt an die Stelle der Sache).[957] Eigentümer wird also zunächst der bisherige Eigentümer der Pfandsache, Verstrickung und Pfändungspfandrecht setzen sich an dem Erlös fort. Der Gläubiger wird dadurch hinsichtlich seiner titulierten Forderung befriedigt, dass ihm der Gerichtsvollzieher den Erlös bzw. den entsprechenden Erlösteil – wiederum **kraft Hoheitsaktes** – übereignet.

Ein etwaiger Überschuss gebührt dem Schuldner.

444   **IV.** Nach § 825 kann der Gerichtsvollzieher auf Antrag die Verwertung in **anderer Weise** – z.B. durch freihändige Veräußerung – durchführen, wenn davon ein höherer Verwertungserlös zu erwarten ist.

In der Praxis von besonderer Bedeutung ist die Zuweisung der Sache **an den Gläubiger selbst**, unter Anrechnung zu dem vom Gerichtsvollzieher festgesetzten Wert auf seine Forderung, z.B. an den Händler, wegen dessen restlicher Kaufpreisforderung die unter Eigentumsvorbehalt verkaufte Sache gepfändet worden ist und der dann die Sache erneut in seinem Geschäft verkaufen kann: Auch dies ermöglicht i.d.R. ein günstigeres Ergebnis als durch Versteigerung.[958]

Das Vollstreckungsgericht kann auch die Versteigerung durch einen Dritten – z.B. einen Auktionator – anordnen. Eine solche Versteigerung hat aber nicht die Wirkung einer Versteigerung durch den Gerichtsvollzieher: Eigentumserwerb des Erstehers nach bürgerlich-rechtlichen Grundsätzen, bei schuldnerfremder Sache daher Gutgläubigkeit hinsichtlich des Eigentums des Schuldners erforderlich.[959]

F. Titelaushändigung

445   Wenn der Gerichtsvollzieher den zur Befriedigung des Gläubigers erforderlichen Betrag oder Versteigerungserlös erhalten hat, gilt der Gläubiger bereits als befriedigt (§§ 815, 819). Der Gerichtsvollzieher händigt dann die vollstreckbare Ausfertigung des Titels an den Schuldner aus (§ 757).

Teilleistungen sind auf der vollstreckbaren Ausfertigung zu vermerken, die dann natürlich zunächst noch dem Gläubiger verbleibt.

---

954   BGHZ 119, 76, 77; BGH NJW 2019, 3638; BGH NJW 2014, 636; BL/Weber vor § 814 Rn. 1; MV/Flockenhaus § 817 Rn. 4; MK/Gruber § 817 Rn. 16; ThP/Seiler § 817 Rn. 9; Pfeiffer JA 2012, 892 ff.; Büchler JuS 2011, 661, 662.

955   Brox/Walker, Rn. 412; vgl. zu Ansprüchen gegen den Erwerber Pfeiffer JA 2012, 892 ff.; Büchler JuS 2011, 779 ff.

956   Baur/Stürner/Bruns § 29.7; Brox/Walker, Rn. 413 ff.

957   BGH NJW 2017, 2768; BGH Rpfleger 2014, 277; StJ/Münzberg § 803 Rn. 10; Büchler JuS 2011, 779.

958   BL/Weber § 825 Rn. 15 ff. – zum Verbraucherkreditschutz s.u. Fall 43 Rn. 545.

959   BGH NJW 2018, 1006; BGH NJW 2013, 2519 zur dinglichen Surrogation am Versteigerungserlös.

G. Die Vermögensauskunft des Schuldners, §§ 802 c, 802 d

Der einzige Weg zur Aufklärung der Vermögensverhältnisse und damit der Vollstreckungsmöglichkeiten war früher an sich nur das Verfahren der eidesstattlichen Versicherung (§§ 899 ff. ZPO a.F.). Da es aber grds. erst eine erfolglose Sachvollstreckung voraussetzte und daher umständlich und zeitraubend war, sind jetzt die Befugnisse und Aufklärungsmöglichkeiten des Gerichtsvollziehers in den §§ 802 a ff. wesentlich erweitert und insbesondere zeitlich vorverlegt worden (Aufzählung der Regelbefugnisse des Gerichtsvollziehers in § 802 a Abs. 2). Die Vermögensauskunft, die die frühere **eidesstattliche Versicherung** abgelöst hat und als „Kernstück" der Gesetzesreform bezeichnet wird,[960] ist nicht erst dann zu erteilen, wenn die Pfändung erfolglos war oder der Schuldner den Zutritt zur Wohnung verweigert hat, sondern bereits immer dann, wenn der Gerichtsvollzieher dies im Rahmen eines Vollstreckungsverfahrens berechtigterweise nach § 802 a Abs. 2 Nr. 2 verlangt (Inhalt § 802 c Abs. 2). Diese Vermögensauskunft hat der Schuldner nicht wie früher am Ende, sondern nach § 802 c Abs. 3 bereits zu Beginn des Vollstreckungsverfahrens an Eides statt zu versichern (Verfahren: § 802 f, insbesondere Abgabefrist: 2 Wochen).[961] Gegen die Ladung zum Termin zur Abgabe der Vermögensauskunft ist eine **Erinnerung** nach § 766 statthaft.[962] Eine erneute Vermögensauskunft muss der Schuldner innerhalb einer zweijährigen Sperrfrist nur nach Maßgabe des § 802 d abgeben.[963] Darüber hinaus kann der Gerichtsvollzieher Auskünfte bei Dritten (§§ 802 a Abs. 2 Nr. 3, 802 l) einholen.[964] So kann der Gläubiger z.B. sogleich in etwa ihm erst durch die Auskunft bekannt gewordenen Forderungen des Schuldners gegen Dritte vollstrecken und muss nicht erst eine erfolglose Sachpfändung abwarten.

446

Die Länder haben nach §§ 802 k, 882 h in ihrem Bereich jeweils ein zentrales Vollstreckungsgericht errichtet, bei denen die vom Gerichtsvollzieher oder im Rahmen der Verwaltungsvollstreckung (§ 284 AO) erhobenen „Vermögensauskünfte" der Schuldner in elektronischer Form hinterlegt werden und wo die Schuldnerverzeichnisse („schwarze Liste" – §§ 882 c ff.) elektronisch geführt werden.[965]

Der Gläubiger kann aber auch – wie früher – einen entsprechenden Vollstreckungsauftrag erteilen (§ 802a Abs. 2 Nr. 4) und sofort die Fahrnisvollstreckung betreiben, sodass weiterhin auch die Möglichkeit besteht (früher § 900 Abs. 2 a.F.), die Vermögensauskunft nach § 807 Abs. 1 unmittelbar (ohne Abwarten der 2-Wochenfrist des § 802 f Abs. 1 S. 1) im Anschluss an einen erfolglosen Vollstreckungsversuch vor Ort abzunehmen (vgl. Widerspruchsrecht, § 802 f Abs. 2), wenn der Gläubiger dies beantragt hat und die dreijährige Sperrfrist des § 802 d nicht entgegensteht. Diese Regelung bezweckt, durch Sofortabnahme dem Gläubiger schnell Kenntnis von denjenigen Vermögensstücken zu verschaffen, die möglicherweise seinem Zugriff im Wege der Zwangsvollstreckung unterliegen.

447

960 So Hascher/Schneider JurBüro 2014, 60; vgl. auch Giers FamRB2017, 114; ders. FamRB 2013, 22 ff., 62 ff.; Salten MDR 2017, 61 und Vollkommer NJW 2012, 3681, 3684 zur Reform der Sachaufklärung in der Zwangsvollstreckung.

961 Vgl. zum Verfahren zur Abnahme der Vermögensauskunft Hergenröder DGVZ 2019, 1; 2018, 221; Goebel FoVo 2017, 61; Sturm JurBüro 2013, 63; zum Umfang der Auskunft Goebel FoVo 2012, 181; 201; allg. zur Vermögensauskunft Schmidt JurBüro 2014, 397; Fischer DGVZ 2014, 49; Wasserl DGVZ 2013, 61; Neugebauer MDR 2012, 1441 und Rechtsprechungsübersicht Giers DGVZ 2014, 252.

962 Vgl. dazu BGH NJW 2020, 1143; Hergenröder DGVZ 2019, 1, 11 m.w.N.

963 Vgl. dazu BGH NJW 2017, 571 m. Anm. Dierck; NJW 2017, 573 und ausführlich dazu Backhaus MDR 2013, 631.

964 Vgl. dazu BGH NJW-RR 2019, 1079; BGH DGVZ 2018, 62; BGH NJW 2015, 2509 m. Anm. Dierck; Walker DGVZ 2020, 61; Volpert RVGreport 2017, 82; Goebel FoVo 2015, 27; Seip DGVZ 2013, 67.

965 Vgl. dazu Jungbauer JurBüro 2012, 629; zum Schuldnerverzeichnis Hergenröder DGVZ 2017, 119; Seip DGVZ 2017, 65.

> **Fall 30: Übungsfall zur Zwangsvollstreckung in bewegliche Sachen**
>
> G lässt wegen einer Forderung von 1.200 € bei S vollstrecken. In einem Raum des S stehen u.a. 60 Kisten Konserven im Wert von 6.000 €, die zur Sicherheit für eine Forderung an E übereignet sind. Der Gerichtsvollzieher bringt in diesem Raum eine Tafel mit einer Siegelmarke an, auf der die Pfändung der Kisten angegeben ist; im Pfändungsprotokoll führt er die gepfändeten 60 Kisten auf. Nach mehreren Monaten wird über das Vermögen des S das Insolvenzverfahren eröffnet. G verlangt vom Insolvenzverwalter die Verwertung der Konserven und aus dem zu erwartenden Verwertungserlös die Zahlung des von S geschuldeten Betrages von 1.200 €. Zu Recht?

448   **Lösung:** G kann vom Insolvenzverwalter gemäß § 170 Abs. 1 S. 2 InsO aus dem Erlös der Verwertung der Konserven die Befriedigung wegen seines Anspruchs verlangen, wenn er durch die Pfändung an den Konserven ein **Pfändungspfandrecht** erworben hat, das ihm nach § 50 Abs. 1 InsO ein Recht auf abgesonderte Befriedigung geben würde.[966]

Dabei kommt es im Verhältnis des G zum Insolvenzverwalter nur auf das Pfändungspfandrecht an. E muss dagegen seine etwaigen Eigentumsrechte selbst und gesondert geltend machen.

Fraglich ist daher, ob G ein Pfändungspfandrecht an den Konserven besitzt.

449   1. Voraussetzung für die Entstehung eines Pfändungspfandrechts ist unstreitig, dass eine wirksame, d.h. eine nicht nichtige Pfändung erfolgt, dass also die **öffentlich-rechtliche Verstrickung** eingetreten ist. Bedenken gegen die Wirksamkeit der Pfändung der Kisten können sich (nur) ergeben:

    a) weil die Konserven **Eigentum des E** sind? Der Gerichtsvollzieher hatte jedoch nur den **Gewahrsam des Schuldners** zu berücksichtigen (§ 808). Dem E bleibt es überlassen, Drittwiderspruchsklage (§ 771) zu erheben.

    b) aus dem Verbot einer **Überpfändung** (§ 803 Abs. 1 S. 2)? Ein Verstoß würde die Pfändung jedoch nicht nichtig, sondern nur anfechtbar machen. Der Schuldner könnte nur mittels Erinnerung (§ 766) ihre Einschränkung erreichen.[967]

    c) **Ausreichende Kenntlichmachung** der Pfändung (§ 808 Abs. 2 S. 2)? Werden mehrere Gegenstände gepfändet (z.B. ein Warenlager), müssen nicht zwingend alle Gegenstände einzeln mit einem Pfandsiegel versehen werden. Es reicht aus, wenn – wie hier – an sichtbarer Stelle eine vom Gerichtsvollzieher unterzeichnete und mit Dienstsiegel versehene **Pfandanzeige** angebracht wird, aus der sich die Pfändung der genau angegebenen Gegenstände zweifelsfrei ergibt.[968]

    Somit: Die Pfändung ist wirksam, die Verstrickung eingetreten.

    Eine unzureichende Kenntlichmachung führt zur Nichtigkeit der Pfändung, sodass weder Verstrickung noch Pfandrecht entstehen. Dieser Mangel kann auch nicht durch spätere Besitzergreifung und Verwertung, sondern nur durch Neupfändung geheilt werden.[969]

---

966   Vgl. BGH DB 2014, 2464; BAG NZA-RR 2013, 86 und allgemein zum Pfändungspfandrecht Schreiber Jura 2014, 689 ff.

967   BL/Weber § 803 Rn. 11; ThP/Seiler § 803 Rn. 18.

968   BL/Weber § 808 Rn. 22; MV/Flockenhaus § 808 Rn. 17, 18.

969   Vgl. Zöller/Herget § 808 Rn. 18; MV/Flockenhaus § 808 Rn. 17 m.w.N.

2. Nach der **öffentlich-rechtlichen Theorie** zum Pfändungspfandrecht ist mit der Verstrickung zugleich auch das Pfändungspfandrecht entstanden, sodass G nach dieser Theorie einen Anspruch gegen den Insolvenzverwalter auf abgesonderte Befriedigung besitzt.

450

3. Nach der **gemischt privatrechtlich-öffentlich-rechtlichen Theorie** ist dagegen zur Entstehung des Pfändungspfandrechts weiterhin erforderlich, dass keine wesentlichen Verfahrensvorschriften verletzt sind, der Vollstreckungsschuldner Eigentümer der gepfändeten Sache ist und die Forderung des Gläubigers besteht (vgl. dazu oben Rn. 424 ff.).

a) Eine Überpfändung würde einem Pfändungspfandrecht allerdings nicht entgegenstehen, da § 803 Abs. 1 S. 2 nur eine Sollvorschrift ist.[970] Eine Verletzung von Soll- oder Ordnungsvorschriften ist auch nach der privatrechtlich-öffentlich-rechtlichen Theorie insoweit unerheblich.

b) Die Entstehung eines Pfändungspfandrechts scheitert jedoch daran, dass S **nicht der Eigentümer** der gepfändeten Kisten ist.

c) Dies führt zu dem Ergebnis, dass **nach der gemischt privatrechtlich-öffentlich-rechtlichen Theorie kein Pfändungspfandrecht**, daher **kein Recht auf abgesonderte Befriedigung nach § 50 Abs. 1 InsO** und demgemäß auch kein Anspruch des G auf Befriedigung aus den Konserven bestehen kann[971]

und übrigens wegen § 89 InsO insoweit auch nachträglich nicht mehr entstehen könnte, etwa dadurch, dass G oder auch der Insolvenzverwalter den E wegen dessen Forderung befriedigt, wodurch dann S wieder Eigentümer der Konserven würde.

Ein Unterschied zwischen der öffentlich-rechtlichen und der gemischt privatrechtlich-öffentlich-rechtlichen Theorie besteht also dann, wenn – wie hier über § 50 Abs. 1 InsO – ein Anspruch oder Recht geltend gemacht wird, das **gerade ein Pfändungspfandrecht voraussetzt**.

451

---

970 BL/Weber § 803 Rn. 10; MV/Flockenhaus § 803 Rn. 16.
971 Vgl. MK/Gruber § 804 Rn. 9; MV/Flockenhaus § 804 Rn. 3, 18; Brox/Walker, Rn. 389; Prütting/Stickelbrock, S. 114.

452

Zwangsvollstreckung wegen Geldforderungen in bewegliche Sachen (Mobiliarvollstreckung)

I. Gegenstand der Mobiliarvollstreckung: Körperliche Sachen (§ 808 Abs. 1) = **bewegliche Sachen i.S.d. §§ 90 ff. BGB** (Ausnahmen bei Gegenständen der Hypothekenhaftung und bei Früchten).

II. **Pfändung:** durch Inbesitznahme durch den Gerichtsvollzieher. – Voraussetzungen:

1. **Vollstreckungsvoraussetzungen**, wie bei jeder Vollstreckungsmaßnahme: Titel, Klausel, Zustellung.

2. **Pfändungsvoraussetzungen:**

   a) **zur rechten Zeit.**

   b) **am rechten Ort:** Sachen im (Allein-)**Gewahrsam des Schuldners** (§ 808).

   aa) Der Gerichtsvollzieher prüft grds. nicht die Eigentumsverhältnisse!

   bb) Pfändung auch bei herausgabebereitem Dritten möglich (§ 809).

   cc) bei Eheleuten: Gewahrsamsfiktion gemäß §§ 739 ZPO, 1362 BGB.

   c) **in rechter Weise:** Inbesitznahme.

   aa) Falls Sachen bei Schuldner verbleiben, Kenntlichmachung der Pfändung durch Pfandsiegel o.Ä. unbedingtes Wirksamkeitserfordernis, sonst: Pfändung nichtig.

   bb) Zum Betreten der Wohnung gegen den Willen des Schuldners: Richterliche Genehmigung notwendig (Art. 13 GG, § 758 a ZPO).

   d) **im rechten Umfang:** Insbesondere ist sozialpolitischer **Pfändungsschutz** gemäß § 811 zu beachten; Verzicht des Schuldners grds. nicht möglich. Gilt nach h.M. grds. auch bei Pfändung gläubigereigener Sache wegen Geldforderung (trotz Herausgabeanspruchs), anders aber bei einfachem Eigentumsvorbehalt (§ 811 Abs. 2).

III. **Rechtsfolgen der Pfändung: Verstrickung, Pfändungspfandrecht** (§ 804 Abs. 1)

1. **Verstrickung:** Beschlagnahme, entsteht mit jeder – nicht nichtigen – Pfändung.

2. **Pfändungspfandrecht:** Entsteht

   a) nach der herrschenden **gemischt privatrechtlich-öffentlich-rechtlichen Theorie:** bei Vorliegen der Vollstreckungs- und Pfändungsvoraussetzungen, Eigentum des Schuldners und Forderung (Titel) des Gläubigers.

   b) nach der **öffentlich-rechtlichen Theorie:** mit wirksamer Beschlagnahme; ist Grundlage der Verwertung, ergibt aber für sich noch kein materiell-rechtliches Befriedigungsrecht.

Praktisch weitgehend gleiche Ergebnisse (insbesondere: bei Pfändung schuldnerfremder Sachen!).

IV. **Aufhebung der Pfändung:** durch **Entstrickung** durch den Gerichtsvollzieher.

V. **Verwertung der Pfandsache:**

1. Grds. durch öffentliche Versteigerung (gepfändetes Geld wird abgeliefert).

2. Grundlage ist die Verstrickung (nicht das Pfändungspfandrecht).

3. Gerichtsvollzieher wird hoheitlich tätig und überträgt originär lastenfreies Eigentum **durch Hoheitsakt** auf den Ersteher; **auf Gut- oder Bösgläubigkeit kommt es nicht an.**

4. Übereignung des Erlöses an Gläubiger durch Hoheitsakt des Gerichtsvollziehers: Befriedigung des Gläubigers. Ein Übererlös steht dem Schuldner zu.

4. Abschnitt: Die Zwangsvollstreckung wegen Geldforderungen in Forderungen und andere Rechte (§§ 828–863)

Zuständiges Vollstreckungsorgan ist das **Vollstreckungsgericht**, d.h. das **Amtsgericht**,   **453**
bei dem der Schuldner seinen allgemeinen Gerichtsstand hat (§ 828), und funktionell: der **Rechtspfleger** (§ 20 Nr. 17 RPflG).

Der Vollstreckungsgläubiger erhält seine Befriedigung dadurch, dass er auf eine Forderung seines Schuldners gegen einen Dritten – oder auf ein anderes Recht des Schuldners – Zugriff nimmt, durch Einziehung verwertet und den so erlangten Betrag zur Tilgung seiner titulierten Forderung verwendet. Dies ist in der Praxis von **großer wirtschaftlicher Bedeutung** – erheblich größer als die „klassische" Pfändung von (weitgehend unpfändbaren!) Sachen. Der Gläubiger kann so z.B. auf Arbeitseinkommen, auf Honorar- und Werklohnansprüche und geschäftliche Außenstände oder auf Bankguthaben seines Schuldners Zugriff nehmen und zu seiner Befriedigung verwenden.

Spezialschrifttum: Stöber/Rellermeyer, Forderungspfändung, 17. Aufl. 2020.

A. Die Vollstreckung in Geldforderungen (§§ 829 ff.)

I. Der Pfändungsbeschluss (§ 829)

Durch ihn wird zugunsten des Vollstreckungsgläubigers Zugriff auf die Forderung genommen.   **454**

1. Im **Antrag** des Vollstreckungsgläubigers an das Vollstreckungsgericht auf Pfändung der Forderung muss die zu pfändende Forderung **hinreichend bestimmt (individualisiert)** werden, sodass sie **eindeutig feststellbar** ist. Es müssen daher angegeben werden:

- der Gläubiger der zu pfändenden Forderung, d.h. der Schuldner des vollstreckenden Gläubigers (Vollstreckungsschuldner),

- der Schuldner der zu pfändenden Forderung (sog. **Drittschuldner**),

- die Forderung und ihr Schuldgrund, und zwar so bestimmt, dass – auch für Dritte – eindeutig feststeht, welche Forderung gepfändet werden soll.[972]

  Entsprechend bestimmt muss insoweit dann auch der Pfändungsbeschluss sein.[973]

2. Das Vollstreckungsgericht stellt (nur) fest, ob die Vollstreckungsvoraussetzungen   **455**
– Titel, Klausel, Zustellung – vorliegen und ob die zu pfändende Forderung so, wie sie angegeben ist, bestehen **kann** und nicht unpfändbar ist.[974] Das Gericht prüft dagegen in dem formalisierten Zwangsvollstreckungsverfahren **nicht** nach, ob die Forderung **tatsächlich besteht**. Gepfändet wird die **„angebliche Forderung"** des Schuldners.[975]

---

972 Vgl. BL/Nober § 829 Rn. 16 ff., 24 ff.; MV/Flockenhaus § 829 Rn. 3; Zöller/Herget § 829 Rn. 3.

973 BGH NJW 2018, 2732; BGH JuS 2018, 77 m. Anm. Schmidt; BGH NJW 2007, 3132; Zöller/Herget § 829 Rn. 7.

974 BGH NJW 2018, 710; BGH NJW-RR 2008, 733 (dazu Wolf JA 2008, 647).

975 BGH DGVZ 2020, 10; BGH NJW 2016, 2810; BGH RÜ 2013, 158; Zöller/Herget § 829 Rn. 4; MV/Flockenhaus§ 829 Rn. 8.

Es ist daher insoweit auch eine gewisse **„Verdachtspfändung"** zulässig, d.h. von Forderungen, deren Bestehen der Gläubiger nicht sicher kennt, z.B. dadurch, dass er mögliche Ansprüche des Schuldners gegen die ortsansässigen Banken pfänden lässt.[976]

Besteht die gepfändete Forderung nicht oder steht sie nicht dem Vollstreckungsschuldner zu – ist sie z.B. anderweitig abgetreten –, so ist die Pfändung gegenstands- und wirkungslos (nichtig), **geht** also **„ins Leere"**.[977] Sie kann auch **nicht mehr wirksam werden,** und zwar selbst dann nicht, wenn der Schuldner die Forderung nachträglich – etwa durch Rückabtretung – erwirbt[978] (§ 185 Abs. 2 BGB gilt nicht!). Der wirkliche Forderungsinhaber wird daher von der Pfändung grds. nicht berührt.

Insoweit besteht also ein **wesentlicher Unterschied zur Sachpfändung**, die auch dann die Verstrickung auslöst, wenn die Sache nicht im Eigentum des Schuldners steht (s.o. Rn. 425 ff.), und bei der auch nach der privatrechtlich-öffentlich-rechtlichen Theorie das Pfändungspfandrecht für den Gläubiger noch nachträglich entstehen kann, wenn der Schuldner das Eigentum an der Sache erwirbt (bei Genehmigung des Berechtigten sogar mit Rückwirkung, §§ 185 Abs. 2, 184 BGB, unstr.).

456 **3.** Sind die Voraussetzungen gegeben, so erlässt das Vollstreckungsgericht den Pfändungsbeschluss, der folgenden Inhalt hat (§ 829 Abs. 1):

■ Ausspruch der Pfändung der bestimmt (s.o.) bezeichneten Forderung,

■ Verbot an den Drittschuldner, an den Schuldner zu zahlen (Arrestatorium, § 829 Abs. 1 S. 1) und

■ Gebot an den Schuldner, sich jeder Verfügung über die Forderung, insbesondere der Einziehung, zu enthalten (Inhibitorium, § 829 Abs. 1 S. 2).

Wirksamkeitserfordernisse der Pfändung sind die hinreichende Bestimmtheit der Forderung und das Zahlungsverbot an den Drittschuldner. Ihr Fehlen macht die Pfändung nichtig.[979]

457 **4.** Der Pfändungsbeschluss wird **mit der Zustellung an den Drittschuldner wirksam** (§ 829 Abs. 2 S. 1, Abs. 3. Die Zustellung an den Schuldner ist kein Wirksamkeitserfordernis). Mit dem Wirksamwerden der Pfändung entstehen die Verstrickung (Beschlagnahme) und das **Pfändungspfandrecht** zugunsten des Gläubigers an der Forderung.

Wenn die gepfändete Forderung einen höheren Betrag hat als die zu vollstreckende Forderung, ist es streitig, ob die Pfändung die gepfändete Forderung in voller Höhe erfasst („Vollpfändung"), wenn der Pfändungsbeschluss nicht ausdrücklich eine Teilpfändung ausspricht,[980] oder nur zu einem der zu vollstreckenden Forderung entsprechenden Teil („Teilpfändung").[981]

5. Der Pfändungsbeschluss ergeht – zur Vermeidung einer Vollstreckungsvereitelung – grds. **ohne vorheriges rechtliches Gehör** des Schuldners (§ 834), der sich aber ggf. gegen die Pfändung mit der Erinnerung (§ 766) wehren kann.

6. Mehrfache Pfändung einer Forderung durch verschiedene Gläubiger ist möglich: Rang gemäß § 804 Abs. 3. Der Drittschuldner ist zur Hinterlegung berechtigt und auf Verlangen eines Gläubigers auch verpflichtet (§ 853, Verteilungsverfahren gemäß §§ 872 ff.).

---

976 BGH NJW 2004, 2096; Hess NJW 2004, 2350.
977 BGH NJW 2018, 710; BGH NJW-RR 2010, 544; OLG München JurBüro 2010, 160; Zöller/Herget § 829 Rn. 4.
978 BGH NJW 2002, 755; Zöller/Herget § 829 Rn. 4.
979 BGH NJW 2008, 3144; Brox/Walker, Rn. 605, 606.
980 So h.M.: BGH ZIP 2019, 1498; BGH JuS 2001, 103 m. Anm. Schmidt; Brox/Walker, Rn. 632; ThP/Seiler § 829 Rn. 32.
981 So u.a. Baur/Stürner/Bruns § 30.21.

II. Der Überweisungsbeschluss (§ 835)

1. Zur Verwertung wird die Forderung an den Gläubiger **überwiesen** (§ 835), und zwar   458
nach seiner Wahl zur bloßen **Einziehung** (in der Praxis die Regel) oder an Zahlungs statt
mit der Wirkung, dass der Gläubiger als zum Nennwert befriedigt gilt (§ 835 Abs. 1 u. 2
– in der Praxis selten , da der Gläubiger als Forderungsinhaber das Bonitätsrisiko trägt).

2. Die Überweisung erfolgt durch den Überweisungsbeschluss, i.d.R. zusammen mit der
Pfändung als **„Pfändungs- und Überweisungsbeschluss"**.

Nach § 829 Abs. 4 S. 2 i.V.m. § 3 der Zwangsvollstreckungsformular-Verordnung (ZVFV) sind für den Antrag auf Erlass eines Pfändungs- und Überweisungsbeschlusses die in § 2 ZVFV eingeführten Formulare
verbindlich zu nutzen. Wegen des Formzwangs wird ein nicht formgerecht eingereichter Antrag als unzulässig zurückgewiesen, wenn der Gläubiger ohne Erfolg zur Nachbesserung aufgefordert wurde.[982]

3. Bedeutung der Überweisung: Sie ersetzt die förmlichen Erklärungen des Schuldners, von denen nach den Vorschriften des bürgerlichen Rechts die Berechtigung zur
Einziehung der Forderung abhängig ist (§ 836). Mit anderen Worten: **Der Gläubiger
wird berechtigt, die Forderung gegen den Drittschuldner geltend zu machen.**

Der Schuldner bleibt zwar bei Überweisung zur Einziehung Inhaber der Forderung[983] und kann auch
noch solche Maßnahmen treffen, die das Pfändungspfandrecht des Gläubigers nicht beeinträchtigen,
z.B. gegen den Drittschuldner auf Leistung an den Gläubiger klagen.[984] Der Gläubiger erhält aber nunmehr ein **eigenes Einziehungsrecht**.[985] Er kann daher erforderlichenfalls die Forderung kündigen[986]
und insbesondere (ebenfalls) den Drittschuldner **auf Leistung an sich verklagen**[987] (**Prozessführungsbefugnis**, gesetzliche Prozessstandschaft).[988] Sofern die gepfändete Forderung bereits tituliert
ist, kann er den Titel gemäß § 727 auf sich umschreiben lassen.[989]

4. Bei der Überweisung zur Einziehung: **Soweit der Gläubiger vom Drittschuldner
Zahlung erhält, gilt er als vom Schuldner befriedigt.**

III. Die Rechtsstellung des Drittschuldners

1. Die grundsätzliche Stellung des Drittschuldners

Fall 31: Die grundsätzliche Stellung des Drittschuldners

G hat eine Forderung des S gegen D gepfändet und zur Einziehung überwiesen erhalten. D weigert sich, an G zu zahlen. Die von G gepfändete Forderung des S bestehe
nicht. Hilfsweise rechne er mit Forderungen auf, die er gegen S und G besitze.

Die Überweisung bewirkt nur, dass die Forderung des Schuldners gegen den Dritt-   459
schuldner vom Gläubiger geltend gemacht – eingezogen – werden kann. Die Rechts-

---

982 Vgl. BGH NJW 2016, 2668; MV/Flockenhaus § 829 Rn. 2; ThP/Seiler § 829 Rn. 51 a; Korves MDR 2019, 396, 399 ff.

983 BGH RÜ 2007, 397; ThP/Seiler § 829 Rn. 33.

984 BGH NJW 2001, 2178; ThP/Seiler § 829 Rn. 33.

985 BGH RÜ 2007, 397; BGH DB 2013, 1105; Hein JuS 2015, 35.

986 MK/Smid § 835 Rn. 12.

987 BGH RÜ 2007, 397.; BAG NZA 2015, 1533; ThP/Seiler § 836 Rn. 3; Reifelsberger/Hufnagel DB 2017, 2159: Lohnpfändung.

988 GS/Schilken § 55 Rn. 37; ThP/Seiler § 836 Rn. 3; s.o. Rn. 146.

989 BGH NJW 1983, 886, 887; Brox/Walker, Rn. 640; ThP/Seiler § 836 Rn. 3.

stellung des Drittschuldners wird dagegen durch die Pfändung und Überweisung im Übrigen **nicht berührt**.[990] Er darf lediglich nicht mehr an den Schuldner leisten. Daher:

460 ■ Der Pfändungs- und Überweisungsbeschluss ist **kein Vollstreckungstitel gegen den Drittschuldner**. Erfüllt der Drittschuldner nicht freiwillig, so muss der Gläubiger gegen ihn **Klage** (Bestimmtheit nach § 253 Abs. 2) erheben und kann erst aus dem gegen den Drittschuldner erwirkten Urteil die Zahlungsvollstreckung betreiben.[991]

Sog. **Einziehungsklage** (oder – missverständlich – Drittschuldnerklage). Dabei handelt es sich um eine **normale Zahlungsklage**.[992] Zuständigkeit wie bei einer Klage des Schuldners selbst.[993]

Damit sich der Gläubiger über ein Vorgehen gegen den Drittschuldner schlüssig werden kann, muss dieser ihm gemäß § 840 **Auskunft** über die Forderung geben. Auf diese Auskunft besteht allerdings nach h.M. kein einklagbarer Anspruch,[994] aber Schadensersatzpflicht des Drittschuldners gemäß § 840 Abs. 2, auch aus einer Unrichtigkeit.[995]

461 ■ Der Drittschuldner kann einwenden, dass der Gläubiger zur Klage nicht befugt sei, weil die Pfändung **nichtig** sei.[996]

Nicht einwenden kann dagegen der Drittschuldner, **dass die** Pfändung **anfechtbar** sei, z.B. wegen Unpfändbarkeit der Forderung. Dies kann der Drittschuldner nur mit der Erinnerung gemäß § 766 beim Vollstreckungsgericht geltend machen (s.u. Rn. 502), das allein befugt ist, die Pfändung aufzuheben. Bis zu einer Aufhebung hat die – anfechtbare – Pfändung nach ganz h.M. Bestand, das Gericht des Einziehungsprozesses ist also daran gebunden.[997]

Ebenfalls **nicht einwenden** kann der Drittschuldner, dass die **Forderung, wegen der der Gläubiger vollstreckt**, nicht bestehe oder dass Einwendungen gegen **diese** Forderung bestünden.[998] Insoweit bleibt es allein dem Schuldner vorbehalten, gemäß § 767 gegen den Titel vorzugehen.

Des Weiteren **nicht**, dass einem **Dritten** an der gepfändeten Forderung ein die **Veräußerung hinderndes Recht i.S.d. § 771** zustehe. Dieses Recht kann grds. nur der Dritte mittels der Drittwiderspruchsklage geltend machen.[999] Dies kann allerdings nicht bei einer (echten) Forderungsinhaberschaft des Dritten gelten, da dann die Pfändung nichtig war (s.o. Rn. 455), was daher auch der Drittschuldner, der grds. dem Anspruch des Dritten ausgesetzt bleibt, einwenden können muss, wohl dagegen bei anderen Interventionsrechten, wie z.B. aus einem Treuhandverhältnis.[1000]

462 ■ Gegenüber der **gepfändeten Forderung** kann der Drittschuldner **alle Einwendungen** erheben, die ihm gegen den Schuldner – also gegenüber **seinem** Gläubiger – zustanden (entsprechend § 404 BGB). Einwendungen des Schuldners kann er dagegen nicht geltend machen.[1001]

Zum Beispiel, dass die Forderung nicht entstanden, bereits erfüllt, untergegangen,[1002] nicht fällig sei.[1003] Es wird dann geklärt, ob die „angebliche" Forderung wirklich besteht bzw. fällig ist.

---

990 MK/Smid § 829 Rn. 71; Zöller/Herget § 829 Rn. 19; Baur/Stürner/Bruns § 30.33; ThP/Seiler § 836 Rn. 4 ff.
991 BAG NZA 2015, 1533; Brox/Walker, Rn. 640; Hein JuS 2015, 35 zur Einziehungsklage.
992 Lüke/Hau S. 91; MV/Flockenhaus§ 835 Rn. 18; Hein JuS 2015, 35 ff.
993 ThP/Seiler § 836 Rn. 3; Brox/Walker, Rn. 641; z.B. bei gepfändetem Lohnanspruch daher das Arbeitsgericht.
994 BGH NJW-RR 2006, 1566; BAG NZA 2015, 1533; Waldschmidt JurBüro 2018, 6 ff. und 172 ff.
995 BAG NZA 2015, 1533; zum Umfang der Auskunftspflicht BGH MDR 2013, 368.
996 BGHZ 70, 317; BAG NJW 2009, 2324; ausführlich zum Schutz des Drittschuldners Pfrang JA 2019, 532 ff.
997 BGH NJW 2009, 2324; MK/Smid § 829 Rn. 67; Brox/Walker, Rn. 653.
998 BGH RÜ 2009, 757; BAG NJW 1989, 1053; MK/Smid § 829 Rn. 66; Brox/Walker, Rn. 661.
999 BGH NJW-RR 2007, 927; BGH RÜ 2009, 757.
1000 Im Fall des BGH NJW-RR 2007, 927 handelte es sich gerade auch um ein Treuhandverhältnis.
1001 BGH NJW 1985, 1768; ThP/Seiler § 836 Rn. 6; Brox/Walker, Rn. 654; Hein JuS 2015, 35; Behr JB 1994, 650.
1002 Brox/Walker, Rn. 654.
1003 MK/Smid § 829 Rn. 71.

Hier muss G daher, wenn er Zahlung erreichen will, gegen D Klage erheben. In diesem Prozess kann D einwenden, dass eine Forderung des S gegen ihn nicht bestehe. D kann gegenüber der gepfändeten Forderung auch aufrechnen und zwar mit Forderungen gegen S, also gegenüber seinem Gläubiger, gemäß §§ 392, 406 BGB[1004] und mit Forderungen unmittelbar gegen den pfändenden Gläubiger. Denn der Drittschuldner kann den Gläubiger in jeder Weise – also auch durch Aufrechnung – befriedigen.

2. Der Schutz des Drittschuldners

a) Bei Unkenntnis der Pfändung

Fall 32: G besitzt gegen S einen Zahlungstitel über 10.000 €. Er pfändet eine Forderung des S von 2.500 € gegen D und lässt sie sich zur Einziehung überweisen. Der Postbeamte trifft den D bei der Zustellung des Beschlusses nicht an und übergibt ihn daher dessen erwachsener Tochter, die aber vergisst, das Schriftstück ihrem Vater D zu geben. Infolgedessen zahlt D die Rechnung an S. G verlangt nunmehr von D Zahlung von 2.500 €.

G hat wirksam die Forderung des S gegen D gepfändet und zur Einziehung überwiesen erhalten, da der Beschluss dem Drittschuldner D wirksam im Wege der Ersatzzustellung zugestellt wurde (§ 178 Abs. 1 Nr. 1). S war daher nicht mehr zur Einziehung berechtigt, das Einziehungsrecht stand dem G zu. Dem D war untersagt, noch an S zu zahlen (§ 829 Abs. 1), sodass ihn daher die Zahlung an S nicht befreit haben könnte. **463**

Analog **§ 407 BGB** wird der Drittschuldner jedoch geschützt, wenn er in Unkenntnis der Pfändung an seinen Gläubiger – also den Vollstreckungsschuldner – zahlt.[1005] D ist daher durch die Zahlung an S frei geworden.

b) Bei Unwirksamkeit der Pfändung

Abwandlung: G hat die angebliche Forderung des S gegen D gepfändet und überwiesen erhalten. D hat daraufhin den Betrag von 2.500 € auch an G gezahlt. S hatte aber bereits vor der Pfändung seine Forderung gegen D an A abgetreten, der nunmehr von D Zahlung von 2.500 € verlangt.

Da die Forderung im Zeitpunkt der Pfändung nicht mehr dem S zustand, sondern dem A als Abtretungsempfänger, ist die Pfändung „ins Leere gegangen" und war daher nichtig (s.o. Rn. 455). G hatte daher kein Einziehungsrecht erlangt. Die Zahlung an G könnte daher den D nicht befreit haben. **464**

Zugunsten des D können aber Schutzvorschriften eingreifen.

1. Gemäß § 836 Abs. 2 wird der Drittschuldner durch Zahlung an den Gläubiger grds. auch dann frei, wenn der Überweisungsbeschluss zu Unrecht erlassen war. Dies gilt

---

1004 BGH NJW-RR 2004, 525; ThP/Seiler § 836 Rn. 4 a; Hein JuS 2015, 35.
1005 BGH NJW 1983, 886; ThP/Seiler § 829 Rn. 37; ausführl. zum Schutz des Drittschuldners Pfrang JA 2019, 532 ff.

aber nur „dem Schuldner gegenüber", nicht also im Verhältnis zum wahren Gläubiger,[1006] also hier nicht gegenüber A.

2. Analog §§ 408 Abs. 2, 407 BGB wird der Drittschuldner aber auch dann geschützt, wenn er in Unkenntnis einer vorausgegangenen Abtretung an den Pfändungsgläubiger leistet.[1007] D ist daher durch die Zahlung an G auch gegenüber A frei geworden. – A besitzt dann aber seinerseits einen Anspruch aus § 816 Abs. 2 BGB gegen G.

> **Abwandlung:** Die von G gepfändete angebliche Forderung des S gegen D stand in Wirklichkeit dem A zu. D zahlt an G. A verlangt Zahlung von D.

465   Die Zahlung hat D nicht befreit. G hatte durch die ins Leere gegangene Pfändung kein Einziehungsrecht gegen D erlangt. Die §§ 408 Abs. 2, 407 BGB greifen nicht zugunsten des D ein, da die Forderung nicht von S an A abgetreten war, sondern von vornherein dem A zugestanden hatte.

A kann daher Zahlung von D verlangen. – D hat aber einen Anspruch aus § 812 BGB gegen G auf Rückzahlung, da für diese Zahlung kein Rechtsgrund – kein Einziehungsrecht – bestanden hatte.[1008]

A kann aber auch die Leistung des D an G genehmigen und damit wirksam machen. Dann erhält er einen Anspruch aus § 816 Abs. 2 BGB gegen G, während D befreit wird.

c) Bei Unsicherheit hinsichtlich des Gläubigers oder Einziehungsberechtigten

kann der Drittschuldner **gemäß §§ 372 ff. BGB, 853 ZPO hinterlegen** und dadurch dem Risiko einer nicht befreienden Leistung entgehen.

IV. Pfändbarkeit

466   **Pfändbarkeit:** Grds. sind **alle Forderungen** des Schuldners pfändbar.

1. Auch **künftige Forderungen** sind pfändbar, wenn sie bestimmt oder hinreichend bestimmbar sind, d.h., wenn bereits eine Rechtsbeziehung (Rechtsverhältnis) zwischen Schuldner und Drittschuldner besteht, aus der die künftige Forderung nach ihrem Inhalt und der Person des Drittschuldners bestimmt werden kann.[1009]

Die Pfändbarkeit künftiger Forderungen ist daher an engere Voraussetzungen geknüpft als ihre Abtretbarkeit, die nicht voraussetzt, dass bereits ein solches Rechtsverhältnis besteht.[1010]

Das Pfändungspfandrecht als solches entsteht zwar erst mit der Forderung (vgl. aber auch § 91 Abs. 1 InsO),[1011] hat aber entsprechend § 185 Abs. 2 S. 2 BGB Vorrang vor einer nachträglichen Abtretung.[1012]

1006 BGH NJW 1988, 495; BGH NJW 2002, 755.

1007 BGH NJW 2002, 755; Pfrang JA 2019, 532, 534 f.

1008 Vgl. BGH RÜ 2002, 448; Pfrang JA 2019, 532, 535 f.

1009 BGH NJW 2020, 843; BGH DGVZ 2017, 128; BGH NJW-RR 2011, 283; BGH NJW 2004, 369; ThP/Seiler § 829 Rn. 10 a.

1010 Vgl. Palandt/Grüneberg § 398 BGB Rn. 11.

1011 BGH NJW-RR 2015, 431; BGH NJW 2004, 1444.

1012 Vgl. Palandt/Ellenberger § 185 BGB Rn. 12.

Pfändbar sind z.B. **künftige Lohn- und Gehaltsansprüche** (s. § 832), Ansprüche aus noch nicht fälliger **Lebensversicherung** (Kündigung und Geltendmachung des Rückkaufwertes).[1013]

Künftiges Arbeitseinkommen: auch für erst künftig fällig werdende Unterhalts- und Rentenansprüche des Gläubigers, mit dem Rang dieser Pfändung (§ 850 d Abs. 3, Ausnahme von § 751 Abs. 1, **Vorratspfändung**; zu unterscheiden von der nicht rangwahrenden Voraus- oder Dauerpfändung für und in andere wiederkehrende Forderungen).[1014]

Ist ein gepfändeter Lohnanspruch anderweitig abgetreten, so wird die zunächst gegenstandslose Pfändung wegen § 832 mit Rückabtretung wirksam:[1015] Ausnahme von dem Grundsatz, dass § 185 Abs. 2 BGB nicht bei einer gegenstandslosen Pfändung gilt (s.o. Rn. 455).

2. Unpfändbar sind jedoch **nicht übertragbare Forderungen** (§ 851 Abs. 1):   **467**

■ Forderungen, die kraft gesetzlicher Bestimmung nicht übertragbar sind.

■ Forderungen, die nach **§ 399 BGB** nicht abtretbar sind: Wenn also die Leistung an einen anderen Gläubiger nicht ohne Inhaltsänderung erfolgen kann oder wenn die Abtretung durch Vereinbarung mit dem Drittschuldner ausgeschlossen ist.

> Eine Pfändung ist jedoch insoweit möglich, als der geschuldete Gegenstand selbst pfändbar ist (§ 851 Abs. 2). Grund: Schuldner und Drittschuldner sollen nicht durch Vereinbarung Vermögenswerte des Schuldners dessen Gläubigern entziehen können.

■ **Zweckgebundene** Forderungen: Pfändbar **nur im Rahmen ihrer Zweckbindung.**[1016]

> Zweckgebunden ist eine Forderung, wenn der Gläubiger bei der Verwendung des Betrages für einen bestimmten Zweck **rechtlich gebunden** ist. Eine bloße Zweckbestimmung ohne Bindung begründet dagegen noch keine Unpfändbarkeit.[1017]

> **Beispiel:** D hat sich verpflichtet, dem S einen Betrag zu zahlen, den S nur zur Renovierung seines Hauses verwenden darf. Die hieraus folgende Forderung des S gegen D kann nicht von allgemeinen Gläubigern des S gepfändet werden, wohl aber von einem Bauhandwerker wegen aus den Renovierungsarbeiten herrührender Ansprüche gegen S.

■ **Schuldbefreiungsansprüche** sind nur an den Gläubiger der zu tilgenden Verbindlichkeit abtretbar[1018] und daher auch nur von diesem pfändbar, unter Umwandlung in einen direkten Zahlungsanspruch.[1019]

> **Beispiel:** S hat im Auftrag des D ein Geschäft mit G getätigt, aus dem er dem G zur Zahlung von 1.000 € verpflichtet ist. Der Anspruch des S gegen D aus §§ 670, 257 BGB auf Befreiung von dieser Verbindlichkeit kann (nur) von G gepfändet werden, der dann von D Zahlung verlangen kann.

3. Der Pflichtteilsanspruch eines Erben ist nach vertraglicher Anerkennung oder   **468** Rechtshängigkeit normal pfändbar, gemäß § 852 Abs. 1 aber auch bereits vorher „als in seiner zwangsweisen Verwertbarkeit aufschiebend bedingter Anspruch", d.h., er kann gepfändet, aber erst nach Anerkennung oder Rechtshängigkeit (Bedingung der Verwertbarkeit) verwertet werden.[1020] Dem Schuldner soll zwar überlassen bleiben, ob er den Anspruch geltend macht. Für diesen Fall aber soll der Gläubiger bereits vorher rangwahrend pfänden können.

1013 BGH NJW-RR 2015, 431; BGH NJW 2012, 1510; ausführl. Waldschmidt JurBüro 2018, 6; 2017, 63; 182; 455; 2016, 451; 563.

1014 BGH NJW 2004, 369; Brox/Walker, Rn. 159 ff.

1015 BAG NJW 1993, 2699; OLG Celle OLGR Celle 1998, 212; Waldschmidt JurBüro 2018, 6 ff.

1016 BGH NJW 1998, 746; 2000, 1270; BAG NZA 2018, 126; StJ/Brehm § 851 Rn. 23; ThP/Seiler § 851 Rn. 3.

1017 BL/Nober § 851 Rn. 4.

1018 BGH NJW 1993, 2233.

1019 MV/Flockenhaus § 851 Rn. 5; Brox/Walker, Rn. 523; Gerhardt EWiR 2001, 1007.

1020 BGH FamRZ 2009, 869.

469 **4. Pfändungsschutz:** Die Pfändbarkeit von Geldforderungen ist gemäß §§ 850 ff. aus sozialpolitischen Gründen eingeschränkt. Besonders bedeutsam ist diese Einschränkung bei Pfändung von **Arbeitseinkommen (Nettobetrag!)**. Es ist pfändbar, soweit es bestimmte, von Unterhaltspflichten abhängige **Pfändungsfreibeträge** übersteigt.[1021]

Durch das **Gesetz zur Reform des Kontopfändungsschutzes** ist mit Geltung ab 01.07.2010 die Möglichkeit von **besonderen Pfändungsschutzkonten** – sog. **„P-Konten"** – geschaffen worden, bei dem der Inhaber eines Girokontos einen automatischen Pfändungsschutz für das Guthaben in Höhe seines monatlichen Pfändungsfreibetrags erhält (§ 850 k), unabhängig davon, aus welchen Einnahmequellen das Guthaben stammt. Kontopfändungen erfassen diesen Betrag nicht, der daher so den Unterhalt des Schuldners und seiner Unterhaltsberechtigten sichert.

Jede Person darf nur ein Pfändungsschutzkonto führen. Zur Einrichtung solcher Konten sind die Kreditinstitute verpflichtet. Seit dem 01.01.2012 ist ein Pfändungsschutz für Einkommen nur noch über ein P-Konto möglich.[1022]

V. Besondere Formen der Forderungspfändung

470 **1.** Vollstreckung in eine durch eine **Hypothek** gesicherte Geldforderung: Die Pfändung erfolgt durch Pfändungsbeschluss und Übergabe/Wegnahme des Hypothekenbriefes bzw. Eintragung der Pfändung im Grundbuch (§ 830). Durch Überweisungsbeschluss (Verwertung, § 837) erhält der Gläubiger die Klagemöglichkeit gegen den Grundstückseigentümer aus § 1147 BGB auf Duldung der Vollstreckung in das Grundstück.[1023]

471 **2. Pfändung von Bankguthaben**

a) Ein normaler Anspruch gegen eine Bank – z.B. auf Auszahlung eines Guthabens oder Rückzahlung eines Festgeldbetrages – ist nach den allgemeinen Regeln pfändbar.[1024]

b) Pfändung eines Guthabens mit Sparkassenbuch

> **Fall 33:** G hat gegen S eine titulierte Kaufpreisforderung von 10.000 €. S besitzt bei der Sparkasse ein Sparguthaben über 10.000 €, das allerdings für zwei Jahre unkündbar ist. Was kann G unternehmen?

Die Vollstreckung in ein Sparguthaben – d.h. in die Forderung des Schuldners gegen die Sparkasse – ist eine Vollstreckung in Geldforderungen. Sie erfolgt daher durch Pfändungs- und Überweisungsbeschluss (§§ 829, 835). Einer Übergabe des Sparkassenbuches bedarf es insoweit nicht (s. § 952 BGB).

Der Gläubiger benötigt das Sparkassenbuch jedoch, um die Forderung gegen die Sparkasse geltend zu machen (§ 808 Abs. 2 S. 1 BGB). Gibt der Schuldner das Buch – wozu er nach § 836 Abs. 3 S. 1 verpflichtet ist – nicht freiwillig an den Gläubiger heraus, muss gegen ihn gemäß § 836 Abs. 3 S. 5 im Wege der Hilfspfändung vorgegangen werden: Weg-

---

1021 BGH NJW 2020, 1371; BAG NZA 2019, 722; Richter ArbR 2013, 382; Tabellen u.a. bei BL/Nober, bei § 850 c.

1022 BGH WuB 2018, 203 m. Anm. Walker; BGH MDR 2013, 548; Ahrens NJW-Spezial 2018, 85 ff.; Sudergart WM 2019, 1196.

1023 Vgl. BGH NJW 2008, 1599; Gehrlein DZWIR 2019, 516, 525.

1024 Baur/Stürner/Bruns § 30.8; Zur Vollstreckung in Wertpapiere: Hollinger MDR 2019, 520; Schmidt DGVZ 2014, 77.

nahme des Sparkassenbuches durch den Gerichtsvollzieher aufgrund des Überweisungsbeschlusses (§ 883).[1025]

Bei der Einziehung der Forderung muss der Gläubiger allerdings die Kündigungsfrist einhalten, da die Stellung des Drittschuldners durch die Pfändung nicht berührt wird. Der Gläubiger könnte daher hier Befriedigung erst in zwei Jahren erreichen. Bei betagten oder bedingten oder von Gegenleistungen abhängigen Forderungen – oder auch, wenn die Einziehung aus anderen Gründen mit Schwierigkeiten verbunden ist – kann jedoch gemäß § 844 das Vollstreckungsgericht auf Antrag eine **andere Art der Verwertung** anordnen (entsprechend § 825 bei der Sachpfändung).

Hier käme ein freihändiger Verkauf in Betracht.

c) Pfändung von Kontoguthaben, insbesondere bei Girokonten 472

Die Pfändung des Guthabens von Bankkonten – insbesondere von Girokonten, aber im Übrigen von Bankkonten aller Art – erfasst gemäß **§ 833 a** sowohl das im Zeitpunkt des Wirksamwerdens der Pfändung bestehende Guthaben, also den **aktuellen Tagessaldo**, als auch die durch spätere Eingänge entstehenden **zukünftigen Tagesguthaben**, ohne dass insoweit eine weitere besondere Pfändung erforderlich wäre.[1026]

Die Formulierung „Tagesguthaben der auf die Pfändung folgenden Tage" ist dahin zu verstehen, dass von der Pfändung **alle** künftigen Guthaben erfasst werden, solange die Pfändung besteht und der Gläubiger noch nicht befriedigt ist (vgl. auch §§ 355–357 HGB).[1027]

Nach Überweisung kann der Gläubiger die so gepfändeten Guthabensbeträge von der Bank einziehen (§ 836, s.o. Rn. 458). Der Gläubiger kann nicht vom Schuldner aus § 830 Abs. 3 S. 1 die Herausgabe der ec-Karte verlangen, da er sie nicht zur Durchsetzung seiner Ansprüche benötigt.[1028]

d) Sehr streitig ist, ob die Pfändung einer **„offenen Kreditlinie"** des Schuldners, insbesondere im Rahmen einer Kontokorrentverbindung (vereinbarter **Dispositionskredit**, nicht nur geduldeter Überziehungskredit), pfändbar ist, mit der Folge, dass der Gläubiger von der Bank als Drittschuldnerin Auszahlung des Kredits verlangen kann. Dies wird im Schrifttum weitgehend – insbes. wegen der persönlichen Vertrauensbeziehung zwischen kreditgebender Bank und Schuldner – verneint,[1029] vom BGH jedoch zugelassen, soweit der Schuldner **den Kredit in Anspruch nimmt**, also für den Fall des Abrufs (nicht also die Kreditlinie als solche oder das Abrufrecht des Schuldners, das unpfändbar ist): Auch auf diesen Vermögenswert müsse der Vollstreckungsgläubiger Zugriff nehmen können[1030] – letztlich ohne realisierbaren Wert, weil der Gläubiger nicht erzwingen kann, dass der Schuldner den Kredit abruft.[1031]

VI. Erlöschen des Pfändungspfandrechts durch Verzicht

Die durch Pfändung und Überweisung entstandenen Rechte erlöschen unmittelbar durch **Verzicht des Gläubigers** (§ 843). Einer besonderen Aufhebung der Beschlüsse bedarf es in diesem Fall nicht, sie ist aber zur Klarstellung zulässig.[1032] 473

Also anders als bei der Pfändung beweglicher Sachen (s.o. Rn. 437).

1025 Vgl. BGH JW-RR 2006, 1576: Bezeichnung bereits im Überweisungsbeschluss.

1026 Vgl. BGH NJW 2020, 843; ThP/Seiler § 833 a Rn. 4, 5; zur Pfändung von Kontoguthaben Schultheiß JuS 2014, 516 ff.

1027 MK/Smid § 833 a Rn. 1 ff.; Schultheiß JuS 2014, 516, 518 ff.

1028 BGH NJW 2003, 1256.

1029 U.a. Brox/Walker, Rn. 529; Bitter WM 2004, 1109 ff.; Fritsche DStR 2002, 265.

1030 BGH NJW 2012, 1081; BGH NJW 2004, 1444; MünchKomm/Berger § 488 BGB (2012) Rn. 147 m.w.N.

1031 Vgl. BGH ZIP 2011, 1324; Schultheiß JuS 2014, 516, 519 f.

1032 BGH NJW 2002, 1788; Zöller/Herget § 843 Rn. 2.

B. Die Zwangsvollstreckung in Herausgabe- und Leistungsansprüche (§§ 846 ff.)

474 Sie erfolgt nach § 846 grds. entsprechend der Vollstreckung in Geldforderungen.

Bei der Vollstreckung in Herausgabeansprüche des Schuldners gegen Dritte ergeben sich gegenüber der Pfändung von Geldforderungen jedoch insofern Besonderheiten, als der Gläubiger, der ja wegen eines Zahlungsanspruchs vollstreckt, keine Sache oder Lieferung erhalten will, sondern im Ergebnis den vom Schuldner geschuldeten **Geldbetrag**. Außerdem muss der Drittschuldner, der aus seinem Schuldverhältnis dem Schuldner zur Leistung verpflichtet ist, durch die Erbringung der Leistung von seiner Verpflichtung befreit werden.

> **Fall 34: Vollstreckung in einen Anspruch auf Herausgabe einer beweglichen Sache**
>
> G hat einen Zahlungstitel gegen S. S hat seinen Pkw dem D geliehen. G will in den Wagen vollstrecken. Wie muss er vorgehen, wenn D den Wagen nicht herausgibt?

475 Die Pfändung des Wagens selbst nach §§ 808 ff. ist nicht möglich, da S keinen Gewahrsam an dem Wagen besitzt und D nicht herausgabebereit ist. S hat nur einen Herausgabeanspruch gegen D. In diesen Anspruch kann G vollstrecken.

1. Die **Pfändung** dieses Anspruches geschieht durch Pfändungsbeschluss (§ 829), in dem zugleich angeordnet wird, dass der Wagen an einen vom Gläubiger zu beauftragenden Gerichtsvollzieher herauszugeben ist (§ 847 Abs. 1). Mit der Zustellung des Beschlusses an D (Drittschuldner) entsteht ein **Pfändungspfandrecht an dem Herausgabeanspruch**.

2. Mit der Herausgabe der Sache an den Gerichtsvollzieher erlischt der Herausgabeanspruch gegen den Drittschuldner und damit das Pfändungspfandrecht an diesem Anspruch. Entsprechend § 1287 S. 1 BGB, § 848 Abs. 2 S. 2 ZPO entsteht nunmehr – von selbst, ohne weitere Pfändung **(dingliche Surrogation)** – ein **Pfändungspfandrecht für den Gläubiger an der Sache selbst**.[1033]

   Gibt der Drittschuldner die Sache nicht freiwillig heraus, muss der Gläubiger gegen ihn auf Herausgabe an den Gerichtsvollzieher klagen und aus dem Urteil gemäß § 883 entsprechend vollstrecken.[1034]

3. Die **Verwertung** erfolgt entsprechend der Verwertung gepfändeter Sachen, also nach §§ 814 ff. (§ 847 Abs. 2); aus dem Erlös wird der Gläubiger befriedigt.

> **Abwandlung:** S hat von D einen Wagen gekauft, aber noch nicht geliefert erhalten. In den Lieferungsanspruch des S gegen D will G vollstrecken.

Die Vollstreckung in den Lieferungsanspruch des S gegen D erfolgt wie im Ausgangsfall. Es ist jedoch folgende Besonderheit zu beachten:

1033 Vgl. dazu BGH NJW 2013, 2519; ThP/Seiler § 847 Rn. 6; MV/Flockenhaus § 847 Rn. 5; Jauernig/Berger § 20 Rn. 6.
1034 Brox/Walker, Rn. 706; MV/Flockenhaus § 847 Rn. 5.

S ist zwar noch nicht Eigentümer des Wagens, D ist aber verpflichtet, das Eigentum an dem Wagen an S zu übertragen (§ 433 Abs. 1 BGB). Damit D durch die Herausgabe des Wagens an den Gerichtsvollzieher von seiner Übereignungsverpflichtung frei wird, ist es notwendig, dass das Eigentum auf S übergeht. Entsprechend § 848 Abs. 2 wird deshalb der Gerichtsvollzieher bei der Herausgabe des Wagens hinsichtlich der Übereignung als Vertreter des Schuldners tätig und **erwirbt daher für S das Eigentum**. Die Verwertung des nunmehr – wieder im Wege der dinglichen Surrogation[1035] – entstehenden Pfändungspfandrechtes des G erfolgt wiederum gemäß §§ 814 ff. (§ 847 Abs. 2).

Übereignet D den Wagen nicht freiwillig, muss G gegen ihn auf Herausgabe an den Gerichtsvollzieher und auf Übereignung an den Schuldner klagen.[1036]

Fall 35: Vollstreckung in einen Anspruch auf Übereignung eines Grundstücks

S hat von D ein Grundstück gekauft. Die Auflassung an S hat noch nicht stattgefunden. Der Gläubiger G des S will in das Grundstück vollstrecken.

1. **Pfändung des Übereignungsanspruches** des S gegen D aus § 433 BGB: Durch Pfändungsbeschluss, in dem zugleich angeordnet wird, dass das Grundstück an einen zu bestellenden Sequester – d.h. an einen Treuhänder – herauszugeben und aufzulassen ist (§ 848 Abs. 1, 2; Zustellung an D als Drittschuldner).   **476**

2. Die Auflassung des Grundstücks erfolgt an den **Sequester als Vertreter des Schuldners** (§ 848 Abs. 2 S. 1). Der Sequester kann nach der Auflassung die Eintragung des Schuldners als Eigentümer im Grundbuch erreichen.

   Lässt der Drittschuldner das Grundstück nicht auf, so muss der Gläubiger Klage (§ 894) erheben, gegen die der Drittschuldner alle ihm gegen den Schuldner zustehenden Einwendungen und Einreden erheben kann, z.B. **Kaufpreis noch nicht bezahlt** (Verurteilung Zug um Zug, § 322 BGB).

3. Mit dem Eigentumserwerb des Schuldners entsteht kraft Gesetzes eine **Sicherungshypothek** zugunsten des Gläubigers (§ 848 Abs. 2 S. 2); sie entsteht außerhalb des Grundbuchs, ihre Eintragung hat nur berichtigende Wirkung.

4. Die Vollstreckung in das Grundstück selbst wird dann aus dieser Hypothek nach den für die Vollstreckung in unbewegliche Sachen geltenden Vorschriften bewirkt (§ 848 Abs. 3), also i.d.R. durch Zwangsversteigerung (§ 866, s.u. Rn. 481 ff.).

Abwandlung: Das Grundstück ist bereits von D an S aufgelassen. S hat auch schon den Eintragungsantrag beim Grundbuchamt gestellt.

1. Da S noch nicht Eigentümer des Grundstücks ist, hat er noch den – nicht erfüllten – **Übereignungsanspruch** aus § 433 BGB gegen D. Dieser Anspruch kann daher auch noch von G gepfändet werden.[1037] Rechtslage insoweit wie im Ausgangsfall.   **477**

2. S hat durch Auflassung und Eintragungsantrag inzwischen aber auch bereits ein **Anwartschaftsrecht auf Eigentumserwerb** an dem Grundstück erlangt.[1038]

1035 Brox/Walker, Rn. 705; Musielak/Voit, Rn. 1219 f.

1036 Brox/Walker, Rn. 706; Musielak/Voit, Rn. 1218 ff. – Vollstreckung: §§ 883, 894, 897 (s.u. Rn. 492).

1037 OLG München Rpfleger 2010, 365; MV/Flockenhaus § 848 Rn. 9.

1038 Vgl. Palandt/Herrler § 925 BGB Rn. 24.

Als selbstständiger Vermögenswert kann auch dieses Anwartschaftsrecht gepfändet werden:[1039] Rechtspfändung (h.M.), gemäß § 857 Abs. 2 durch (nur) Zustellung des Pfändungsbeschlusses an den Schuldner als den Anwartschaftsberechtigten.[1040] Mit der Eintragung des Schuldners, die der Gläubiger nach Überweisung erreichen kann, erhält der Gläubiger auch hier entspr. § 848 Abs. 2 eine Sicherungshypothek.[1041]

3. Der Gläubiger kann den Übereignungsanspruch und das Anwartschaftsrecht gleichzeitig pfänden.[1042]

C. Die Vollstreckung in sonstige Rechte des Schuldners (§§ 857 ff.)

478 **I.** Vollstreckt werden kann nur in **selbstständig übertragbare Vermögenswerte**.

Nicht daher z.B. in Persönlichkeits- und Familienrechte, in Mitgliedschaftsrechte ohne Vermögenswert (Idealverein), in bloße Befugnisse.

II. Die **Pfändung** erfolgt entsprechend den §§ 828 ff., also durch Pfändungsbeschluss (§ 857 Abs. 1). Dabei ist zu unterscheiden:

- Ist ein Drittschuldner vorhanden, so erfolgt die Pfändung nach § 829 Abs. 3: Zustellung des Pfändungsbeschlusses **an den Drittschuldner.**

  Drittschuldner ist jeder, dessen Recht von der Pfändung irgendwie berührt wird, was – vom Schutzzweck her – weit auszulegen ist.[1043]

- **Fehlt ein Drittschuldner**, so wird die Pfändung wirksam mit der Zustellung des Pfändungsbeschlusses **an den Schuldner** (§ 857 Abs. 2).

III. Die **Verwertung** erfolgt entsprechend §§ 835, 844, also durch **Überweisung** oder Anordnung einer – je nach Art des Rechts – anderweitigen Verwertung.

479 **IV. Einzelfälle:**

- Zur Vollstreckung in eine vom Schuldner unter **Eigentumsvorbehalt gekaufte Sache** ist nach h.M. eine **Doppelpfändung** erforderlich. In das für den Schuldner bestehende **Anwartschaftsrecht** als dem eigentlichen Vermögenswert des Schuldners (§§ 857 Abs. 1, 829, der Verkäufer ist Drittschuldner), aber auch – da das Anwartschaftsrecht mit dem Eigentumserwerb des Schuldners untergehen würde und der Gläubiger dann nicht mehr gesichert wäre sowie aus Publizitätsgründen – die **Sache selbst** (Sachpfändung, §§ 808 ff.).[1044] Das Widerspruchsrecht des Verkäufers gemäß § 771 aufgrund seines Eigentums kann der Gläubiger ausräumen, indem er den Restkaufpreis zahlt u. dadurch den Eigentumserwerb des Schuldners herbeiführt. Verwertung der Sache dann nach §§ 814 ff.

- Entsprechendes gilt für die Vollstreckung in das Anwartschaftsrecht des besitzenden Sicherungsgebers auf Rückerwerb des Eigentums an einer **sicherungsübereigneten Sache: Doppelpfändung** von Anwartschaftsrecht und Sache.[1045]

  Bei bloßem **schuldrechtlichen Rückübereignungsanspruch** bei Befriedigung des Gläubigers gilt Gleiches: Da der Sicherungsgeber bereits im Besitz der Sache ist, kann § 847 nicht gelten. Daher ebenfalls Pfändung des Anspruchs und Sachpfändung der Sache.[1046]

1039 BFH NJW 2018, 1422; BGH NJW 1989, 1093; OLG Nürnberg FamRZ 2018, 786; Brox/Walker, Rn. 819 ff.

1040 BGH NJW 1954, 1325; Zöller/Herget § 848 Rn. 13; MünchKomm/H.P. Westermann § 449 BGB (2019) Rn. 65 ff. m.w.N.

1041 Brox/Walker, Rn. 824

1042 MV/Flockenhaus § 848 Rn. 9; Zöller/Herget § 848 Rn. 15.

1043 BL/Nober § 857 Rn. 11; ThP/Seiler § 857 Rn. 10 a; Brox/Walker, Rn. 727.

1044 BGH NJW 1954, 1325; Musielak/Voit, Rn. 1229 ff.; Brox/Walker, 807 ff.; Leible/Sosnitza JuS 2001, 343; Kindl ZJS 2008, 477.

1045 Brox/Walker, Rn. 818; MünchKomm/H.P. Westermann § 449 BGB (2019) Rn. 65 ff. m.w.N.

1046 MK/Smid § 857 Rn. 24.

- Ein **Erbanteil** des Schuldners als solcher – nicht an den einzelnen Nachlassgegenständen, § 2033 Abs. 2 BGB! – ist gemäß §§ 859 Abs. 2, 857 Abs. 1, 829 Abs. 3 pfändbar. Drittschuldner sind die übrigen Miterben.[1047]

  Verwertung: Überweisung des Erbteils an den Gläubiger zur Einziehung, sodass der Gläubiger nunmehr die Auseinandersetzung betreiben (§§ 2042 ff. BGB) und sich aus dem Erlös befriedigen kann, oder Veräußerung des Erbteils gemäß § 857 Abs. 5 an einen Dritten, wobei der Gläubiger aus dem Veräußerungserlös befriedigt wird.[1048]

- Der **Gesellschaftsanteil an einer BGB-Gesellschaft** ist pfändbar (§ 859 Abs. 1) durch Zustellung des Pfändungsbeschlusses an den/die geschäftsführenden Gesellschafter.[1049] Nach Überweisung (Verwertung) kann der Gläubiger die Gesellschaftsrechte des Schuldners ausüben: den Anspruch auf den Gewinnanteil, ferner ggf. die Gesellschaft kündigen und Auseinandersetzung verlangen,[1050] erforderlichenfalls durchsetzbar durch Klage auf Auseinandersetzung und Auszahlung des Auseinandersetzungsguthabens.[1051]

  Hinsichtlich **OHG- und KG-Gesellschaftsanteilen des Schuldners** gilt das Gleiche.[1052]

- **GmbH-Anteil:** § 857, 829; Drittschuldnerin ist nach h.M. die GmbH.[1053]

- **Grundschuld:** wie Hypothekenforderung (§§ 857 Abs. 6, 830, 837, s.o. Rn. 470).

  Nach h.M. gilt § 857 Abs. 6 auch für die Pfändung einer **Eigentümergrundschuld**, sodass daher Übergabe des Briefes bzw. Eintragung der Pfändung im Grundbuch erforderlich ist.[1054] Nach der Mindermeinung reicht ein Pfändungsbeschluss nach § 857 Abs. 2 aus, da wegen der Identität von Grundstückseigentümer und Grundschuldinhaber kein Drittschuldner vorhanden sei.[1055]

- **Internet-Domain:** Nicht als solche pfändbar, wohl aber die Ansprüche gegen die Vergabestelle DENIC (Drittschuldnerin) auf Aufrechterhaltung und Umschreibung der Registrierung.[1056] Verwertung gemäß § 844, z.B. durch Versteigerung in Domain-Börse im Internet.[1057]

- **Miteigentum** an beweglicher Sache: Pfändung des übertragbaren Anteils (§ 747 S. 1 BGB) nach § 857 (unzulässig bei unpfändbaren Sachen nach § 811). Drittschuldner sind die übrigen Miteigentümer. Nach Überweisung: Auseinandersetzung gemäß §§ 749 ff. BGB.[1058] – Miteigentum an unbeweglicher Sache (Grundstück): Immobiliarvollstreckung, s.u. Rn. 481 ff.

- Durch **Pfändung erworbene Rechte** des Schuldners: Hatte der Schuldner seinerseits aufgrund einer titulierten Forderung bei einem Dritten eine Sache oder eine Forderung gepfändet, so erwirbt der Gläubiger mit der Pfändung der Forderung des Schuldners gegen den Dritten zugleich das für den Schuldner bestehende Pfändungspfandrecht als akzessorisches Nebenrecht (gemäß bzw. entsprechend §§ 401, 1250 BGB).[1059] Das Einziehungsrecht des Schuldners kann der Gläubiger gemäß § 857 pfänden und dann die Verwertung der für den Schuldner gepfändeten Sache bzw. Forderung nach den allgemeinen Grundsätzen betreiben. Eine isolierte Pfändung des Pfändungspfandrechts ist dagegen unwirksam, da Nebenrechte rechtlich unselbstständig sind, können also für sich allein nicht übertragen, verpfändet oder verwertet werden; das folgt aus den §§ 401, 1250 Abs. 1 BGB.[1060]

1047 BGH NJW-RR 2019, 970; ThP/Seiler § 859 Rn. 8; MV/Flockenhaus § 859 Rn. 20; Roth NJW-Spezial 2010, 487.

1048 Vgl. dazu BGH NJW-RR 2019, 970.

1049 BGH NJW-RR 2019, 930; BGH NJW 1986, 1991.

1050 BGH NJW-RR 2019, 930; Zöller/Herget § 859 Rn. 4; MV/Flockenhaus § 859 Rn. 4, Koch DZWIR 2010, 441.

1051 BGH MDR 2008, 1168; MV/Flockenhaus § 859 Rn. 6.

1052 Vgl. Brox/Walker, Rn. 777 ff.; MV/Flockenhaus § 859 Rn. 8.

1053 MV/Flockenhaus § 859 Rn. 13, 14 m.w.N.

1054 BGH NJW 1961, 601; 1979, 2045; Zöller/Herget § 857 Rn. 18 ff.; Brox/Walker, Rn. 737 ff., 742.

1055 Baur/Stürner/Bruns, Rn. 32.20; Jauernig/Berger § 20 Rn. 36.

1056 BGH NJW 2005, 3353; Brox/Walker, Rn. 850 a; Boecker MDR 2007, 1234.

1057 BGH ZIP 2019, 1498; Zöller/Herget § 857 Rn. 12 c; Prütting/Stickelbrock, S. 154; MV/Flockenhaus § 857 Rn. 13a.

1058 MV/Flockenhaus § 857 Rn. 8 f.

1059 MK/Smid § 857 Rn. 30; MV/Flockenhaus § 857 Rn. 3; Zöller/Herget § 829 Rn. 20.

1060 Vgl. OLG Nürnberg MDR 2001, 1133; MK/Smid § 857 Rn. 30; BL/Nober § 857 Rn. 6; MV/Flockenhaus § 857 Rn. 3.

480

Die Zwangsvollstreckung wegen Geldforderungen in Forderungen und Rechte

I. Vollstreckungsorgan ist das Vollstreckungsgericht (§ 828; Rechtspfleger).

II. Vollstreckung in Geldforderungen (§§ 829 ff.)

    1. Pfändung erfolgt durch Pfändungsbeschluss (§ 829) auf Antrag des Gläubigers.

        a) Das Vollstreckungsorgan prüft:

            aa) Vorliegen der Zwangsvollstreckungsvoraussetzungen: Titel, Klausel, Zustellung.

            bb) nur, ob die zu pfändende Forderung bestehen **kann**: „Angebliche" Forderung wird gepfändet; besteht sie nicht (für den Schuldner), geht die Pfändung ins Leere.

            cc) Pfändbarkeit: grds., falls übertragbar, § 851 Abs. 1; Pfändungsschutz: §§ 850 ff.

        b) Inhalt des Pfändungsbeschlusses: § 829 Abs. 1.

        c) Wirksamwerden (Verstrickung, Pfändungspfandrecht): Zustellung an den Drittschuldner, § 829 Abs. 3.

    2. Verwertung erfolgt durch Überweisungsbeschluss (§ 835, i.d.R. zugleich mit dem Pfändungsbeschluss).

        a) Überweisung der gepfändeten Forderung an den Gläubiger: an Zahlungs statt (selten) oder **zur Einziehung (Regelfall)**.

        b) Die Überweisung berechtigt den Gläubiger, die Forderung gegen den Drittschuldner geltend zu machen (§ 836, auch Prozessführungsbefugnis); soweit er vom Drittschuldner Zahlung erhält, gilt er als vom Schuldner befriedigt.

        c) Die Rechtsstellung des Drittschuldners wird im Übrigen nicht berührt.

            aa) Erfüllt der Drittschuldner nicht, **ist Klage erforderlich**. Pfändungs- und Überweisungsbeschluss ist grds. **kein Vollstreckungstitel**!

            bb) Alle Einwendungen gegen die gepfändete Forderung möglich.

            cc) Gutglaubensschutz: bei Zahlung an den Schuldner analog § 407 BGB, an den infolge Vorabtretung nichtberechtigten Pfändungsgläubiger: §§ 408 Abs. 2, 407 BGB.

III. Vollstreckung in Herausgabeansprüche (§§ 846 ff.)

    1. Grds. wie Vollstreckung in Geldforderungen (§§ 829 ff.).

    2. Anspruch auf Herausgabe einer **beweglichen Sache**:

        a) Anordnung der Herausgabe an den Gerichtsvollzieher (§ 847 Abs. 1). Mit Herausgabe entsteht das Pfändungspfandrecht an der Sache selbst. Verwertung wie gepfändete bewegliche Sache (§§ 847 Abs. 2, 814 ff.).

        b) Muss der Drittschuldner noch das Eigentum an den Schuldner übertragen, wird der Gerichtsvollzieher insoweit zugleich als Vertreter des Schuldners tätig, sodass dieser das Eigentum an der Sache erwirbt.

    3. Anspruch auf Herausgabe und Übereignung eines **Grundstücks** (§ 848): Das Grundstück ist an einen Sequester herauszugeben bzw. an den Sequester als Vertreter des Schuldners aufzulassen; für den Gläubiger entsteht eine Sicherungshypothek.

IV. Vollstreckung in andere Vermögensrechte (§ 857): Grds. wie §§ 828 ff., durch Pfändungs- und Überweisungsbeschluss; Zustellung bei Vorhandensein eines Drittschuldners an diesen erforderlich, sonst nur an den Schuldner.

5. Abschnitt: Die Zwangsvollstreckung wegen Geldforderungen in das unbewegliche Vermögen des Schuldners, §§ 864–871 (Immobiliarvollstreckung)

A. Gegenstand der Immobiliarvollstreckung

- **Grundstücke** (§ 864 Abs. 1), **einschließlich aller Bestandteile**. 481

  Grundstücksbestandteile sind daher nicht selbstständig pfändbar. Der Mobiliarvollstreckung unterliegen dagegen die Scheinbestandteile (§ 95 BGB).

- grundstücksgleiche Rechte (§ 864 Abs. 1, z.B. Erbbaurechte, Wohnungseigentum).

- **Miteigentumsanteile** an Grundstücken und gleichen Rechten (§ 864 Abs. 2),

  wobei die Vollstreckung dann auch nur den Miteigentumsanteil betrifft, d.h. nur dieser wird z.B. versteigert oder mit einer Zwangshypothek belastet.

- die **Gegenstände**, auf die sich bei Grundstücken und grundstücksgleichen Rechten **die Hypothek erstreckt** (§§ 865 Abs. 1 ZPO, 1120 BGB).

  Grundstückszubehör ausnahmslos (§ 865 Abs. 2 S. 1), aber nicht für sich, sondern nur zusammen mit dem Grundstück. Die anderen Gegenstände des § 1120 BGB bei Beschlagnahme des Grundstückes (§ 20 ZVG, vorher sind sie pfändbar, § 865 Abs. 2 S. 2), s.o. Rn. 404.

  Z.B. **Einbauküchen:**[1061] Falls wesentlicher Grundstücksbestandteil (§§ 93, 94 BGB) oder -zubehör (§ 97 BGB): Immobiliarvollstreckung, andernfalls Mobiliarvollstreckung (aber § 811 Abs. 1 Nr. 1?).

B. Die Arten der Immobiliarvollstreckung

Die Vollstreckung in das unbewegliche Vermögen kann erfolgen (§ 866 Abs. 1): 482

- durch Eintragung einer Sicherungshypothek **(Zwangshypothek)** für die Forderung, wegen der vollstreckt wird,

- durch **Zwangsversteigerung** oder/und

- durch **Zwangsverwaltung**.

I. Zweck und Aufgabe dieser verschiedenen Vollstreckungsmöglichkeiten:

- Durch eine Sicherungshypothek erlangt der Gläubiger nur eine **dingliche Sicherheit** für seine Forderung an dem Grundstück, also noch keine Befriedigung.

- Durch die Zwangsversteigerung soll der **Wert des Grundstücks** selbst realisiert und zur **Befriedigung** des Gläubigers verwendet werden.

- Bei der Zwangsverwaltung wird die Verwaltung des Grundstücks dem Schuldner genommen und durch einen Zwangsverwalter ausgeübt, der den Gläubiger aus den laufenden **Nutzungen befriedigt** (also nicht aus dem Wert).

Der Gläubiger kann diese verschiedenen Vollstreckungsmöglichkeiten wahlweise allein oder nebeneinander ergreifen (§ 866 Abs. 2).

[1061] Vgl. BGH RÜ 2009, 137; OLG Bremen FamRZ 2018, 250; Dietrich ZJS 2012, 467; Schreiber Jura 2006, 597.

483 II. Die Zwangshypothek ist in den §§ 866 ff. geregelt, Zwangsversteigerung und Zwangsverwaltung dagegen in einem besonderen Gesetz, dem **Gesetz über die Zwangsversteigerung und Zwangsverwaltung (ZVG)**.

Das ZVG gilt als Teil der ZPO (§ 869): Soweit das ZVG keine Sonderregelung trifft, gelten daher für das Verfahren grds. die **allgemeinen Vorschriften über die Zwangsvollstreckung**, z.B. hinsichtlich der Vollstreckungsvoraussetzungen und der Rechtsbehelfe (Erinnerung, Drittwiderspruchs- und Vollstreckungsgegenklage).

C. Vollstreckungsorgane

484 ■ für die Eintragung einer Zwangshypothek: das **Grundbuchamt** (§ 867),

■ für Zwangsversteigerung und Zwangsverwaltung: das Amtsgericht, in dessen Bezirk das Grundstück belegen ist, als **Vollstreckungsgericht** (§ 1 ZVG).

Funktionelle Zuständigkeit: Rechtspfleger (§ 3 Nr. 1 h, i RPflG).

D. Die Zwangsversteigerung

485 I. Die Zwangsversteigerung eines Grundstückes wird vom Vollstreckungsgericht auf Antrag des Gläubigers angeordnet (§ 15 ZVG), wenn

■ die allgemeinen Vollstreckungsvoraussetzungen vorliegen, insbesondere also ein vollstreckbarer Zahlungstitel **(persönlicher Titel)**

oder ein Titel auf Duldung der Zwangsvollstreckung zu einem bestimmten Betrag aus einem im Grundbuch eingetragenen dinglichen Recht – z.B. Hypothek oder Grundschuld (§§ 1147, 1192 BGB, **sog. dinglicher Titel**) –, wenn der Gläubiger dieses Recht durch Zwangsvollstreckung verwerten will, und

■ der Schuldner als **Eigentümer des Grundstücks eingetragen**[1062] (oder Erbe des eingetragenen Eigentümers) ist (§§ 16, 17 ZVG).

Besitzer des Grundstücks muss der Schuldner nicht sein, z.B. bei Vermietung an einen Dritten.

II. Der Anordnungsbeschluss gilt zugunsten des Gläubigers als **Beschlagnahme des Grundstücks** (und der Gegenstände des § 1120 BGB, § 20 ZVG). Der Beschluss wird im Grundbuch eingetragen (§ 19 ZVG).

Schuldnerschutz: Einstellung nach §§ 30 a ff. ZVG; daneben: **§ 765 a ZPO** (s.u. Rn. 535).

486 III. Die **Verwertung** des Grundstücks erfolgt durch **Versteigerung**.

1. Diese Versteigerung darf jedoch **nicht solche Rechte beeinträchtigen, die dem betreibenden Gläubiger vorgehen** (z.B. vorrangige Hypotheken).

■ In der Versteigerung wird deshalb nur ein solches Gebot zugelassen, durch das die dem Anspruch des Gläubigers vorgehenden Rechte gedeckt werden (§ 44 Abs. 1 ZVG; **geringstes Gebot, Deckungsprinzip**).

1062 Bei Vollstreckung gegen BGB-Gesellschaft: Wenn alle Gesellschafter im Titel aufgeführt und im Grundbuch eingetragen sind, BGH JuS 2016 m. Anm. Schmidt; BGH NJW 2011, 1449; Reymann NJW 2011, 1413; Demharter EWiR 2011, 99.

Vorgehende Rechte: Bei Vollstreckung aus einem persönlichen Titel **alle** im Grundbuch eingetragenen Belastungen, bei Vollstreckung aus einem dinglichen Titel die dem dinglichen Recht des Gläubigers im Rang vorgehenden Belastungen.

■ Die im geringsten Gebot enthaltenen Rechte braucht der Ersteher jedoch nicht durch Zahlung zu befriedigen. Sie bleiben vielmehr bestehen und werden **vom Ersteher übernommen** (**Übernahmeprinzip**, § 52 Abs. 1 ZVG), werden also durch die Versteigerung nicht berührt.

Dadurch wird die Ersteigerung und damit auch die **Verwertung des Grundstückes erleichtert**. Denn der Ersteher braucht diesen Teil des geringsten Gebots nicht zu zahlen, sondern nur das darüber hinausgehende (Mehr-)Gebot = **Bargebot** (§ 49 ZVG).

Beispiel: Ein Grundstück ist mit drei Hypotheken belastet: 1. über 10.000 €, 2. über 20.000 € und 3. über 25.000 €. Wenn der Gläubiger der 3. Hypothek die Zwangsversteigerung aus dieser Hypothek betreibt, werden die beiden vorrangigen Hypotheken vom geringsten Gebot – insgesamt 30.000 € – erfasst und von der Versteigerung nicht berührt. Sie bleiben auch nach der Versteigerung bestehen und werden vom Ersteher übernommen. Die Gebote in der Versteigerung betreffen das Bargebot,[1063] d.h., wenn ein Mitbieter 50.000 € bietet, muss er diesen Betrag (und die Verfahrenskosten) zahlen und übernimmt zugleich die beiden im geringsten Gebot enthaltenen Hypotheken, sodass er im Ergebnis für den Erwerb des Grundstücks 80.000 € aufwenden muss: das Bargebot von 50.000 € und die übernommenen Hypotheken mit 30.000 €. – Wenn sich der Bieter über die Übernahme und den Umfang der bestehenbleibenden Belastungen irrt, kann er nachträglich sein Gebot nicht anfechten (Motivirrtum).[1064]

2. Dem **Meistbietenden** wird der **Zuschlag** erteilt (§ 81 Abs. 1 ZVG).   487

Meistgebot. – Zur Vermeidung einer Verschleuderung bestehen Mindestgrenzen (§§ 74 a, 85 a ZVG: 7/10, Hälfte des Grundstückswertes), nicht jedoch im neuen Versteigerungstermin.

a) Durch den Zuschlag wird der **Ersteher Eigentümer des Grundstücks** (§ 90 Abs. 1 ZVG), und zwar **kraft Hoheitsaktes**, originär, außerhalb des Grundbuchs. Seine Eintragung im Grundbuch hat **nur berichtigende Bedeutung**.[1065]

Also gleiche Rechtslage wie bei der Versteigerung in der Mobiliarvollstreckung (s.o. Rn. 438 ff.).

Außerdem erwirbt der Ersteher die Gegenstände, auf die sich die Versteigerung erstreckt hat (§ 90 Abs. 2 ZVG, Verweisung auf §§ 55, 20 ZVG, § 1120 BGB), z.B. Grundstückszubehör.

b) Die Rechte, die nicht im geringsten Gebot enthalten waren, also das Recht des Gläubigers und die nachrangigen Rechte, **erlöschen** (§ 91 ZVG). Sie setzen sich nunmehr am Versteigerungserlös fort (§ 92 Abs. 1 ZVG; dingliche Surrogation).[1066]

c) Aus dem Zuschlagsbeschluss kann der Ersteher gegen den Besitzer des Grundstücks   488
die Zwangsvollstreckung auf Räumung und Herausgabe betreiben (§ 93 ZVG).

Hat der Besitzer allerdings ein Besitzrecht, das durch den Zuschlag nicht erloschen ist – z.B. aus **Mietvertrag, § 566 BGB** –, darf gegen ihn nicht vollstreckt werden (§ 93 S. 2, 3 ZVG, ggf. § 771). Der Ersteher hat jedoch ein Sonderkündigungsrecht, § 57 a ZVG.

IV. Nach der Erteilung des Zuschlags findet ein Verteilungsverfahren hinsichtlich des Erlöses statt (§§ 105 ff. ZVG, Rangfolge: § 10 ZVG), in dem der Gläubiger – soweit es aus dem Versteigerungserlös möglich ist – Befriedigung erlangt.

Ein Überschuss gehört dem Schuldner (früherer Eigentümer: dingliche Surrogation).

1063 BGH NJW 2008, 2442; Stöber, ZVG, § 49 Rn. 2.
1064 BGH NJW 2008, 2442; vgl. Böttcher ZfIR 2020, 117; 2019, 113; 2018, 12: Rspr.-Übersicht zum Zwangsversteigerungsrecht.
1065 BGH NJW 2019, 3638; BGH NJW-RR 2015, 629; BGH NJW 2014, 636; Eichelberger Jura 2013, 82.
1066 BGH NJW 1989, 2536; Stöber, ZVG, § 49 Rn. 9.

489 **V.** Die **Auseinandersetzungsversteigerung** (§§ 180 ff. ZVG) zur Aufhebung einer Miteigentumsgemeinschaft an einem Grundstück – z.B. von getrenntlebenden[1067] oder geschiedenen Eheleuten (in der Praxis von erheblicher Bedeutung!) oder von Miterben – ist keine Zwangsvollstreckung im eigentlichen Sinne, sondern mehr eine Art freihändigen Verkaufs.[1068] Dieser Verkauf ist aber in die rechtliche Form einer Zwangsversteigerung gekleidet worden, sodass **ZVG und ZPO gelten**, soweit in §§ 180 ff. ZVG nichts Abweichendes bestimmt ist, z.B. auch § 765 a ZPO.[1069] Der Versteigerungserlös wird unter den Miteigentümern gemäß ihrer Berechtigung (Anteil) verteilt.

E. Die Zwangsverwaltung

490 Anordnung entsprechend der Zwangsversteigerung (§ 146 ZVG), also auf Antrag des Gläubigers. Das Vollstreckungsgericht ernennt einen Zwangsverwalter (§ 150 Abs. 1 ZVG), der die Verwaltung und Nutzung des Grundstücks ausübt (§ 152 Abs. 1 ZVG). Die Überschüsse der Verwaltung werden gemäß § 155 ZVG verteilt, wobei dann – soweit sie hierzu reichen – der Gläubiger Befriedigung erlangt.[1070]

F. Die Zwangshypothek

491 Die Eintragung einer Zwangshypothek erfolgt durch das **Grundbuchamt**.

1. Das Grundbuchamt trägt die Zwangshypothek auf Antrag des Gläubigers ein, wenn die grundbuchrechtlichen Voraussetzungen für die Eintragung vorliegen. Die nach § 19 GBO erforderliche **Einwilligung** des Grundstückseigentümers (Schuldner) wird **durch die Vollstreckungsvoraussetzungen ersetzt**.

2. Gegen die Entscheidungen des Grundbuchamtes sind nach h.M. nicht die Rechtsbehelfe des Zwangsvollstreckungsrechts gegeben, sondern – nur – die des **Grundbuchrechts** gemäß §§ 71 ff. GBO.[1071]

Einwendungen des Schuldners gegen den Titel: § 767,[1072] zulässig, da Zwangshypothek mangels Befriedigung des Gläubigers keine Beendigung der Vollstreckung bedeutet.[1073] Zulässig auch § 771.[1074]

3. Die Zwangshypothek führt nur zu einer Sicherung des Gläubigers. Wenn der Gläubiger Befriedigung aus dem Grundstück erlangen will, muss er daher die Zwangsversteigerung des Grundstücks betreiben. Dies kann er unmittelbar aus der Zwangshypothek – also mit ihrem Rang und damit vor später eingetragenen Belastungen, vor denen ihn daher die Hypothek gesichert hat –, ohne dass er noch einen zusätzlichen dinglichen Titel auf Duldung der Vollstreckung aus der Zwangshypothek gegen den Eigentümer erwirken muss (§ 867 Abs. 3).

1067 § 1365 BGB gilt, BGH RÜ 2007, 636.
1068 BGHZ 13, 133, 136.
1069 BGH NJW 2007, 3430; vgl. auch Eichelberger 2013, 82: Versteigerungen nach BGB, ZPO und ZVG.
1070 Vgl. Keller ZfIR 2020, 397; 2019, 289; 2018, 293; 2017, 297; 2016, 253 (Rechtsprechungsübersichten zum Zwangsverwaltungsrecht); Steffen ZfIR 2016, 92 zur Ersteherverwaltung nach § 94 ZVG und Drasto NJW 2019, 1855; 2018, 1789; 2017, 1709; 2016, 1770; 2015, 1791; 2014, 1855 und NJW 2013, 1775 (Rechte und Pflichten des Zwangsverwalters).
1071 OLG München ZfIR 2015, 733; MV/Flockenhaus § 867 Rn. 12; Jäckel JuS 2006, 410.
1072 OLG München ZfIR 2015, 733; OLG Köln Rpfleger 1991, 149.
1073 Brox/Walker, Rn. 1045 m.w.N. u. Böhringer ZfIR 2018, 373: Rechtsprobleme bei der Eintragung von Zwangshypotheken.
1074 BGH Rpfleger 2007, 134; OLG München ZfIR 2015, 733.

6. Abschnitt: Die Zwangsvollstreckung wegen anderer Ansprüche als Geldforderungen

A. Die Vollstreckung auf Herausgabe von Sachen (§§ 883–886)

I. Sachen im Gewahrsam des Schuldners

1. Bewegliche Sachen

a) Bewegliche Sachen werden dem Schuldner **vom Gerichtsvollzieher weggenommen** und dem Gläubiger übergeben (§§ 883, 884).[1075] 492

- Der Pfändungsschutz gemäß §§ 811, 812 gilt für diese Herausgabevollstreckung nicht!

b) Muss der Schuldner nach dem Urteil die Sache auch an den Gläubiger **übereignen**, so kommt die Übereignung gemäß § 929 BGB wie folgt zustande:

- **Einigung:** Mit Rechtskraft des Urteils gilt die Einigungserklärung des Schuldners als abgegeben (§ 894). Mit – auch schlüssiger – Annahme der Erklärung des Schuldners durch den Gläubiger bzw. entsprechender Einigungserklärung des Gläubigers ist die Einigung zustande gekommen.

- **Übergabe:** wird durch die Wegnahme der Sache ersetzt (§ 897).

Die gemäß § 894 fingierte Willenserklärung steht einer rechtsgeschäftlichen Willenserklärung gleich. Es ist daher auf diesem Wege – im Rahmen einer Zwangsvollstreckung! – auch ein **gutgläubiger Erwerb vom Nichtberechtigten** möglich (§ 898).

2. Ein Anspruch auf **Herausgabe von Grundstücken** – auch auf Räumung von **Wohnungen** – wird gemäß § 885 vollstreckt: Der **Gerichtsvollzieher** setzt den Schuldner aus dem Besitz und weist den Gläubiger in den Besitz ein. 493

Ohne besondere zusätzliche Richtererlaubnis: § 758 a Abs. 2 (da diese immanent im Räumungsurteil liegt). – Räumungsschutz: §§ 721, 765 a (s.u. Rn. 535).

a) Räumung von Mietwohnungen: Nach jetzt h.M. ist ein Räumungstitel gegen **alle Mitbesitzer** der Wohnung – nicht nur der Mieter – erforderlich, da der Mitbesitzer eine eigene Besitzstellung hat, sodass daher zu seiner Besitzentsetzung ein Titel gerade auch gegen ihn vorliegen muss.[1076] Daher kann gegen den **Ehegatten** des zur Räumung verurteilten Mieters nur vollstreckt werden, wenn auch er zur Räumung verurteilt ist.[1077] Gleiches gilt für den in der Wohnung mitlebenden Lebenspartner oder Lebensgefährten und für die Mitglieder einer Wohngemeinschaft[1078] sowie für einen Untermieter:[1079] Räumung nur zulässig, wenn sich der **Räumungstitel auch gegen sie** richtet.

Kein besonderer Räumungstitel ist erforderlich hins. **Besitzdienern** – z.B. minderjährige **Kinder**[1080] – oder anderer Personen, die sich in der Wohnung aufhalten, ohne Mitbesitzer zu sein, wie Besuch.[1081]

1075 Vgl. zur Vollstreckung nach §§ 883 ff. auch Hein JuS 2012, 902 ff.

1076 BGH NJW 2004, 3041; BGH FamRZ 2005, 269; Caspers ZAP 2020, 401; Hansens JurBüro 2017, 69 ff.

1077 BGH NJW 2004, 3041; MV/Lackmann § 885 Rn. 6 ff.; a.A. BL/Schmidt § 885 Rn. 9 ff. (nur abgeleitetes Besitzrecht); ausführlich Klimesch/Wedel ZMR 2012, 679 und Schuschke DGVZ 2016, 37; Horst MDR 2013, 249; Abramenko DGVZ 2013, 42 zu den Regelungen zur vereinfachten Räumung von Wohnraum, insb. zum § 940 a.

1078 Falls Mitbesitzer, BGH FamRZ 2008, 1174; MV/Lackmann § 885 Rn. 10; vgl. auch Scharl/Schmid, FamRB 2018, 279 ff.

1079 BGH NJW-RR 2003, 1450; BGH RÜ 2008, 699.

1080 Vgl. BGH FamRZ 2008, 1174; Zöller/Seibel § 885 Rn. 9; Harsch MietRB 2016, 11: grds. auch bei Verbleiben in der Wohnung nach Eintritt der Volljährigkeit.

1081 BGH RÜ 2008, 699; Zöller/Seibel § 885 Rn. 7; MV/Lackmann § 885 Rn. 6, 9.

b) Drohende Obdachlosigkeit des Räumungsschuldners steht der Räumung grds. nicht entgegen. Sie zu verhindern, ist Aufgabe der Ordnungsbehörde. Bei Wiedereinweisung des Räumungsschuldners ist der Räumungstitel nicht verbraucht.[1082]

c) Entfernung der Habe des Schuldners aus den Räumen: § 885 Abs. 2–4. – Durch die ggf. erforderliche Verwahrung durch den Gerichtsvollzieher können erhebliche Kosten entstehen, die der Gläubiger zunächst zu tragen hat (Vorschusspflicht). Deshalb beantragen Gläubiger oft unter Berufung auf ein Vermieterpfandrecht an **allen** in den Räumen befindlichen Sachen die Herausgabe der Räume unter Verbleib der Sachen („Berliner Modell"). Dies wird in der Rspr. gebilligt, weil der Gläubiger die Vollstreckung beschränken könne und der Gerichtsvollzieher das materiell-rechtliche Bestehen von Vermieterpfandrechten nicht zu prüfen habe.[1083]

II. Gewahrsam eines nicht herausgabebereiten Dritten

494 Die Vollstreckung erfolgt gemäß § 886 dadurch, dass der Gläubiger den Anspruch des Schuldners gegen den Dritten auf Herausgabe nach §§ 829, 835 pfänden und sich überweisen lässt (und den Anspruch dann gegen den Dritten durchsetzt, erforderlichenfalls durch Klage und Vollstreckung gemäß § 883).

Eine unmittelbare Räumungsvollstreckung gegen den Dritten aus dem Räumungsurteil gegen den Schuldner ist auch dann nicht zulässig, wenn dem Dritten der Besitz vom Schuldner nur eingeräumt worden war, um die Räumungsvollstreckung zu vereiteln. Die zwingende – formalisierte – Vollstreckungsvoraussetzung, dass der Vollstreckungsschuldner im Titel oder in der Klausel bezeichnet sei, könne nicht durch materiell-rechtliche oder Billigkeitserwägungen ersetzt werden. Der Gerichtsvollzieher könne und dürfe solche Erwägungen auch nicht anstellen (vgl. auch § 940 a Abs. 2).[1084]

B. Die Zwangsvollstreckung zur Erwirkung von Handlungen

495 **I.** Ein **Anspruch auf Vornahme einer vertretbaren Handlung** wird nach § 887 vollstreckt. Vertretbare Handlungen sind solche, die gleichwertig auch von einem Dritten an Stelle des Schuldners vorgenommen werden können.

Beispiele: Vertretbar sind i.d.R. Dienstleistungen, werkvertragliche Leistungen und Mängelbeseitigung, die Befreiung von einer Geldverbindlichkeit, Abrechnungen. Unvertretbar ist eine Auskunft, die nur der Schuldner selbst erteilen kann, vertretbar dagegen eine Auskunftserteilung, die auch einem Sachverständigen – etwa aus Unterlagen – ohne Mitwirkung des Schuldners möglich wäre.

Bei der **Vollstreckung aus § 887** wird der Gläubiger durch das **Prozessgericht** der ersten Instanz ermächtigt, die Handlung auf Kosten des Schuldners vornehmen zu lassen.

Zivilprozessuale Ersatzvornahme. – Der Gläubiger kann dabei zugleich beantragen, dass das Gericht den Schuldner zur Vorauszahlung der entstehenden Kosten verurteilt (Beschluss, gemäß §§ 794 Abs. 1 Nr. 3, 803 ff. vollstreckbar).

II. Die Vollstreckung wegen eines Anspruches auf Vornahme einer **unvertretbaren Handlung** (Vornahme nur durch Schuldner möglich) wird nach § 888 dadurch bewirkt, dass der Schuldner auf Antrag des Gläubigers vom **Prozessgericht** durch Zwangsgeld oder Zwangshaft zur Vornahme der Handlung angehalten wird (Beugemaßnahmen).

Nur Zwangsmittel, daher kein Verschulden des Schuldners an der Nichterfüllung erforderlich.[1085]

1082 ThP/Seiler § 885 Rn. 14; StJ/Brehm § 885 Rn. 20; Drasto NJW-Spezial 2020, 33.

1083 BGH NJW 2006, 3273; BGH ZMR 2010, 98; a.A. Meller-Hannich DGVZ 2009, 85: Vermieterpfandrecht bestehe nicht an unpfändbaren Sachen, was einfach feststellbar sei.

1084 BGH RÜ 2008, 699; Klüver DGVZ 2012, 116; abl. Wedel JurBüro 2020, 102; ders. ZMR 2019, 253; vgl. zum § 940 a Abs. 2; Wedel ZMR 2020, 14; Caspers ZAP 2020, 401; zur gleichen Situation bei der Sachpfändung, s.o. Rn. 409.

1085 OLG Hamm NJW-RR 1988, 1088; ausführlich zur Zwangshaft Cirullies NJW 2013, 203.

Ausgeschlossen ist diese Vollstreckung bei unvertretbaren Arbeits- und Dienstleistungen (§ 888 Abs. 3), bei Leistungen, die dem Schuldner unmöglich oder die nicht ausschließlich von seinem Willen abhängig sind (z.B. künstlerische Leistung, nicht erreichbare Mitwirkung Dritter).[1086]

Das Zwangsgeld fließt der Staatskasse zu, wird aber vom Gläubiger beigetrieben.[1087]

III. Nach h.M. kann der Schuldner den **Erfüllungseinwand** wegen des Wortlauts des § 887 und der Prozessökonomie bei der Vollstreckung nach § 887 geltend machen. Dies gilt nach h.M. erst recht bei der Vollstreckung nach § 888 (Beugemittelcharakter).[1088]

C. Die Zwangsvollstreckung zur Erwirkung von Unterlassungen und Duldungen, § 890

Der Schuldner ist wegen jeder – schuldhaften[1089] – Zuwiderhandlung auf Antrag des Gläubigers vom **Prozessgericht** der ersten Instanz gemäß § 890 zu Ordnungsgeld oder zu Ordnungshaft zu verurteilen. Der Verurteilung muss eine entsprechende Androhung vorausgehen.

496

Eine Zuwiderhandlung liegt nicht nur bei exaktem Verstoß, sondern immer dann vor, wenn der Kern der Unterlassungsverpflichtung verletzt wurde **(Kerntheorie)**.[1090]

Erfordert die Erfüllung der Unterlassungs- oder Duldungspflicht zugleich ein positives Tun des Schuldners, wird auch dieses von der Verurteilung erfasst und kann nach § 890 erzwungen werden.[1091]

Sonderregelung in § 96 Abs. 1 FamFG: Eine Zuwiderhandlung gegen ein nach § 1 GewSchG angeordnetes Unterlassungsgebot – z.B. eine bestimmte Wohnung zu betreten – kann auch vom Gerichtsvollzieher durch unmittelbaren Zwang beendet werden (Zweck: sofortige Durchsetzung).

D. Die Vollstreckung auf Abgabe einer Willenserklärung, § 894

Mit Eintritt der Rechtskraft des Urteils **gilt gemäß 894 die Erklärung als abgegeben**. Das Urteil ersetzt die Erklärung, weitere Vollstreckungsmaßnahmen sind nicht erforderlich.

497

Nur die Willenserklärung des Schuldners ist damit abgegeben (vgl. auch § 895). Ist zum Zustandekommen eines Vertrages die Annahme durch den Gläubiger erforderlich, so muss dieser die Annahme noch erklären. Zum Zustandekommen einer Auflassung muss daher der Gläubiger die titulierte Auflassungserklärung des Schuldners in notarieller Form annehmen. Das Erfordernis der „gleichzeitigen Anwesenheit" der Auflassungsparteien (§ 925 Abs. 1 S. 1 BGB) wird dadurch gewahrt, dass das die Erklärung des Schuldners enthaltende rechtskräftige Urteil bei der Beurkundung der Annahmeerklärung vorliegt.[1092]

Für die Verpflichtung zur Abgabe einer Willenserklärung in einem Prozessvergleich gilt § 894 nicht: Vollstreckung nach § 888 oder neue Klage auf Abgabe der Erklärung mit Vollstreckung dann gemäß § 894.[1093] – Möglich ist natürlich aber auch die Erklärung in dem Vergleich selbst.

1086 Vgl. BAG NZA 2020, 542 (Beschäftigungsanspruch) und Brox/Walker, Rn. 1078 ff.; Jauernig/Berger § 27 Rn. 15, 16.

1087 BGH NJW 1983, 1859; MV/Lackmann § 888 Rn. 15; ThP/Seiler § 888 Rn. 15.

1088 BGH NJW 2019, 231 u. BAG NZA 2020, 542 (§ 888); BGH NJW 2005, 367 (§ 887 mit Meinungsübersicht); ThP/Seiler § 887 Rn. 4; § 888 Rn. 7 (nicht aber den Einwand, die Vornahme der Handlung sei unzumutbar oder führe nicht zum Erfolg, BGH NJW-RR 2006, 202: nur ggf. Vollstreckungsgegenklage); MV/Lackmann § 887 Rn. 19: Erfüllung nur, wenn Tatsachen unstreitig, mit liquiden Beweismitteln festzustellen oder offenkundig; a.A wegen des formalisierten Zwangsvollstreckungsverfahrens grds. nur Vollstreckungsgegenklage u.a. KG InVo 2002, 435; OLG Celle OLG-Report 1994, 297.

1089 BVerfG NJW-RR 2017, 957; BVerfG NJW-RR 2007, 861.

1090 BGH NJW 2014, 2870; Zöller/Seiler § 890 Rn. 3 a; verfassungsgemäß, BVerfG NJW-RR 2017, 957.

1091 BGH RUR 2020, 548; BGH NJW-RR 2007, 863; OLG Düsseldorf GRUR 2019, 552.

1092 BayObLG Rpfleger 1983, 390; Palandt/Herrler § 925 BGB Rn. 6.

1093 BGH NJW 1986, 2704; OLG Koblenz MDR 2014, 244.

7. Abschnitt: Die Rechtsbehelfe in der Zwangsvollstreckung

498 Den durch ein Vollstreckungshandeln Betroffenen – Schuldner, Gläubiger, Dritten – stehen besondere Rechtsbehelfe zur Verfügung:

- **Erinnerung (Vollstreckungserinnerung**, § 766): Mit ihr kann eine Verfahrensfehlerhaftigkeit einer Vollstreckungsmaßnahme (Art und Weise) beanstandet werden.

- **Sofortige Beschwerde** (§ 793): Gegen gerichtliche Entscheidungen im Zwangsvollstreckungsverfahren.

- **Vollstreckungsgegenklage** (§ 767): Für den Schuldner zur Geltendmachung von Einwendungen gegen den titulierten materiellen Anspruch.

- **Drittwiderspruchsklage** (§ 771): Für einen Dritten zur Beseitigung von Vollstreckungsmaßnahmen in schuldnerfremdes Vermögen.

- **Klage auf vorzugsweise Befriedigung** (§ 805): Für einen anderweitigen Gläubiger des Schuldners zur Erreichung einer Befriedigung aus dem Gegenstand der Vollstreckung vor dem vollstreckenden Gläubiger.

- **Vollstreckungsschutzantrag des Schuldners** (§ 765 a).

499 **1.** Diese Rechtsbehelfe gelten **in allen Vollstreckungsverfahren:** In der Mobiliarvollstreckung genauso wie in der Immobiliarvollstreckung oder in der Vollstreckung wegen Handlungs- und Unterlassungsverpflichtungen.

2. Sie sind im **Rahmen ihres Anwendungsbereichs ausschließlich.**

So können vollstreckungsrechtliche Verfahrensverstöße grds. nur mit der Vollstreckungserinnerung (§ 766), materiell-rechtliche Einwendungen des Schuldners gegen den Vollstreckungstitel nur mit der Vollstreckungsgegenklage (§ 767), Rechte am Vollstreckungsverfahren unbeteiligter Dritter am Vollstreckungsgegenstand – wie Dritteigentum oder Vermieterpfandrechte – nur mit der Drittwiderspruchsklage (§ 771) bzw. der Klage auf vorzugsweise Befriedigung (§ 805) und grds. nicht mit der Vollstreckungserinnerung verfolgt werden.[1094]

3. Soweit diese Rechtsbehelfe eingreifen, ist eine **auf das gleiche Ziel gerichtete materiell-rechtliche Klage ausgeschlossen.**[1095]

4. Diese Rechtsbehelfe gelten grds. nur, **solange ein Zwangsvollstreckungsverfahren anhängig** ist, also bereits begonnen hat und noch nicht beendet ist.

Nach Beendigung des Zwangsvollstreckungsverfahrens – d.h. nach vollständiger und endgültiger Verwertung des Vollstreckungsobjektes und Verteilung des Erlöses – können diese Rechtsbehelfe daher nicht mehr eingreifen; es können dann aber **materiellrechtliche Klagen, insbesondere aus § 812 BGB**, möglich sein.

S.u. Rn. 519, 530, Fälle 41 Rn. 537 ff. und 46 Rn. 550.

1094 Vgl. BGH RÜ 2009, 757 und Spohnheimer JA 2018, 18 zu klausurrelevanten Problemen des Zwangsvollstreckungsrechts.
1095 Baur/Stürner/Bruns § 42.4; Lüke/Hau S. 172/173; Gottwald ZAP Fach 14, 717: Rechtsbehelfe im Verfahren der Zwangsvollstreckung – Überblick.

A. Die einzelnen Rechtsbehelfe

I. Die Vollstreckungserinnerung (§ 766)

Mit ihr wird das Verfahren des Vollstreckungsorgans bei der Vollstreckung – die **„Art** **500**
und Weise" der Vollstreckung (§ 766 Abs. 1 S. 1) – gerügt und die Überprüfung der
Vollstreckungsmaßnahme **in vollstreckungsverfahrensrechtlicher Hinsicht durch**
das Vollstreckungsgericht (§ 764) verlangt.[1096]

Es entscheidet der **Richter**, nicht der Rechtspfleger (§ 20 Nr. 17 RPflG).

1. Zulässigkeit der Vollstreckungserinnerung

a) Die Vollstreckungserinnerung ist **gegeben (statthaft):** **501**

aa) gegen das **gesamte Verhalten des Gerichtsvollziehers:** Gegen Vollstreckungsmaßnahmen, aber auch gegen die Ablehnung des Tätigwerdens (§ 766 Abs. 2).

bb) gegen **Vollstreckungsmaßnahmen des Vollstreckungsgerichts.**

Den Gegensatz zu den Zwangsvollstreckungs**„maßnahmen"** bilden die **„Entscheidun-**
gen" des Vollstreckungsgerichts. Gegen Entscheidungen ist nicht die Vollstreckungserinnerung nach § 766 an das Vollstreckungsgericht gegeben, sondern nach § 793 die
sofortige Beschwerde an das übergeordnete Gericht.

(1) Die demnach sehr wichtige Abgrenzung von gerichtlichen Vollstreckungsmaßnahmen und Entscheidungen ist nach h.M. wie folgt vorzunehmen:

- Vollstreckungs**maßnahmen**: Anordnung von Vollstreckungszugriffen **ohne Anhö-**
  rung des Betroffenen.

- **Entscheidungen:** Vollstreckungsmaßnahmen **nach Anhörung des Betroffenen**,
  ferner **Ablehnung und Aufhebung** von Vollstreckungsmaßnahmen.[1097]

Grund dieser Abgrenzung: Bei einer Entscheidung wurden beide Parteien gehört (Anhörung des Betroffenen bei Aufhebung/Ablehnung) und das Vorbringen konnte berücksichtigt werden. Wendet sich
der Betroffene gegen die nach tatsächlicher und rechtlicher Würdigung getroffene Entscheidung, soll
daher erforderlichenfalls das übergeordnete Beschwerdegericht entscheiden. Bei einer Vollstreckungsmaßnahme ohne Anhörung des Gegners fand dagegen eine solche Auseinandersetzung noch nicht
statt. Es ist daher angebracht, dass dann zunächst das Vollstreckungsgericht über die Einwendungen
des Gegners befindet, also eine Entscheidung trifft, und nicht sogleich das Beschwerdegericht.

(2) Dabei kommt es nicht darauf an, ob die Vollstreckungsmaßnahme oder die Entscheidung vom – wie i.d.R. – **Rechtspfleger** oder vom Richter getroffen worden ist: Nach § 11
Abs. 1 RPflG sind gegen die Entscheidungen des Rechtspflegers die **allgemeinen ver-**
fahrensrechtlichen Rechtsmittel gegeben, hier also entweder die Vollstreckungserinnerung oder die sofortige Beschwerde, je nach Qualifizierung als Vollstreckungs„maßnahme" oder Entscheidung.

1096 Vgl. zur Vollstreckungserinnerung auch Spohnheimer JA 2018, 18 ff.; Glenk NJW 2016, 1864 und Becker JuS 2011, 37.
1097 So OLG Frankfurt JurBüro 1992, 568; MK/Schmidt/Brinkmann § 766 Rn. 12 ff., 18 ff.; Zöller/Herget § 766 Rn. 2, 3; MV/Lack-
mann § 766 Rn. 11 ff.; ThP/Seiler § 766 Rn. 2, 3, § 793 Rn. 3; Zeisig Jura 2010, 930; Klein JA 2006, 445 ff.; a.A. Baur/Stürner/
Bruns § 43.4: Vollstreckungszugriff bleibe auch nach Anhörung eine Vollstreckungsmaßnahme.

Beispiele: Der Pfändungsbeschluss, der gemäß § 834 ohne Anhörung des Schuldners und Drittschuldners erlassen wird, ist keine „Entscheidung" in dem hier relevanten Sinn, sondern eine Vollstreckungsmaßnahme. Gegen ihn ist daher die Vollstreckungserinnerung nach § 766 gegeben.[1098] Ist der Schuldner allerdings vor Erlass gehört worden, so liegt eine „Entscheidung" vor, mit dem Rechtsmittel der sofortigen Beschwerde (§§ 11 Abs. 1 RPflG, 793 ZPO).[1099] Die Ablehnung eines Pfändungsbeschlusses durch den Rechtspfleger ist ebenfalls eine „Entscheidung", gegen die deshalb wiederum die sofortige Beschwerde stattfindet.[1100]

cc) nicht gegen Vollstreckungsmaßnahmen des Prozessgerichts.

Dies sind nach Anhörung gemäß § 891 S. 2 ergangene Beschlüsse und damit immer **Entscheidungen** (z.B. gemäß §§ 887 ff.), gegen die daher die sofortige Beschwerde gemäß § 793 gegeben ist.[1101]

b) Die Erinnerung ist nicht fristgebunden (fristlos).

502 **c) Erinnerungsbefugnis:** Berechtigt zur Einlegung der Erinnerung ist, wer durch die Vollstreckungsmaßnahme **beeinträchtigt (beschwert)**, d.h. in seinen Rechten verletzt worden sein kann.

Dies können der Schuldner und der Gläubiger, aber auch Dritte sein.

- Der **Schuldner** ist bereits durch die Zwangsvollstreckung als solche beschwert und kann daher grds. gegen jede gegen ihn gerichtete Vollstreckungsmaßnahme solange Erinnerung einlegen, bis die Zwangsvollstreckung beendet ist,[1102]

  z.B. wenn der Gerichtsvollzieher eine unpfändbare Sache (§ 811) pfändet; wenn eine der allgemeinen Voraussetzungen für den Beginn der Zwangsvollstreckung fehlt (§§ 750 ff.).

  Er muss aber durch den verfolgten Verfahrensverstoß – zumindest auch – **selbst beschwert** sein. Dies ist nicht der Fall, die Erinnerung also insoweit unzulässig, als er die Verletzung einer Verfahrensnorm geltend macht, die ausschließlich den Schutz eines Dritten bezweckt, oder wenn er seine Beeinträchtigung aus dem Recht eines Dritten herleitet.[1103] Denn dann ist er durch die Vollstreckungsmaßnahme nicht in seinem (eigenen) Recht beeinträchtigt.

  Der Schuldner ist daher nicht beschwert und daher insoweit nicht erinnerungsbefugt, wenn er die Verletzung des Gewahrsams eines nicht herausgabebereiten Dritten an der vom Gerichtsvollzieher gepfändeten Sache rügt, da § 809 nicht seinem Schutz dient, sondern nur dem des Dritten.[1104] Er kann eine Erinnerung auch nicht darauf stützen, dass die gepfändete Sache im Eigentum eines Dritten stehe. Selbst wenn das Fremdeigentum so offenkundig war, dass der Gerichtsvollzieher nicht hätte pfänden dürfen (Verfahrensverstoß, s.o. Rn. 408), wird der Schuldner durch die Pfändung nicht beeinträchtigt, da er eine Beeinträchtigung nicht aus dem Recht eines Dritten ableiten kann.[1105]

- Der **Gläubiger** ist beschwert, wenn der Gerichtsvollzieher oder das Vollstreckungsgericht die Ausführung des Vollstreckungsantrags ablehnt oder verzögert oder von dem Vollstreckungsantrag abweicht.

1098 OLG Köln NJW-RR 2001, 69; OLG Bamberg WM 2013, 649.
1099 Vgl. BGH ZIP 2004, 1379; OLG Bamberg WM 2013, 649; OLG Köln NJW-RR 1992, 894.
1100 Vgl. OLG Koblenz NJW-RR 1986, 679; zur sofortigen Beschwerde Hein JuS 2018, 33 und Schneider/Klein JA 2006, 445.
1101 Brox/Walker, Rn. 1183; Zöller/Heßler § 567 Rn. 32 ff. mit weiteren Beispielen.
1102 BGH WM 2013, 1076; Brox/Walker, Rn. 1196; Zöller/Herget § 766 Rn. 12 ff.
1103 BGH RÜ 2009, 757; ThP/Seiler § 766 Rn. 20, 20 a.
1104 MV/Flockenhaus § 809 Rn. 8; Brox/Walker, Rn. 1196.
1105 BGH RÜ 2009, 757; Brox/Walker, Rn. 259, 1169.

- Ein **nachpfändender Gläubiger** ist wegen § 804 Abs. 3 (Prioritätsprinzip bei mehrfacher Pfändung) durch jede vorrangige Pfändung beschwert.[1106]

- Der **Drittschuldner einer gepfändeten Forderung** ist – wie der Schuldner – bereits durch die Pfändung als solche beschwert, da ihn nunmehr die Pflichten aus § 840 treffen und da er nur noch an den Gläubiger leisten darf.[1107]

  Er kann daher grds. jeden Verfahrensmangel geltend machen.

- Ein **sonstiger Dritter** ist – nur – dann erinnerungsbefugt, wenn er rügt, dass durch die Vollstreckungsmaßnahme eine Verfahrensvorschrift verletzt worden sei, die mindestens auch seinem Interesse oder seinem Schutz dient.[1108]

  Z.B.: Wenn gegen den Dritten vollstreckt wird, obwohl der Titel nicht ihn betrifft und auch nicht gegen ihn umgeschrieben worden ist;[1109] wenn der Gerichtsvollzieher entgegen § 809 bei einem nicht herausgabebereiten Dritten pfändet oder wenn das Eigentum des Dritten offenkundig ist. Der Gerichtsvollzieher hat zwar grds. nur den Gewahrsam, nicht das Eigentum zu prüfen. Die Pfändung offenkundigen Fremdeigentums hat er aber im Interesse des Dritten zu unterlassen (s.o. Rn. 408).

  Einen Verstoß gegen § 811 Abs. 1 Nr. 1 kann auch ein Familienangehöriger rügen.[1110]

d) Erinnerungsgegner: Die Gegenpartei im Vollstreckungsverfahren, also z.B. der Gläubiger bei Erinnerung des Schuldners gegen eine Pfändung durch den Gerichtsvollzieher (nicht etwa der Gerichtsvollzieher, da dieser nicht Partei des Verfahrens ist).[1111]   **503**

e) Rechtsschutzinteresse: Sobald die **konkrete Vollstreckungsmaßnahme** – z.B. eine konkrete Sachpfändung – begonnen hat oder unmittelbar bevorsteht und solange sie noch nicht als solche vollständig beendet ist, ggf. also noch rückgängig gemacht werden kann (daher nicht unbedingt bis zur Beendigung der Vollstreckung im Ganzen).[1112]   **504**

2. Begründetheit

Die Erinnerung ist **begründet**, wenn eine Verfahrensvorschrift des Vollstreckungsrechts verletzt, wenn also die Vollstreckungsmaßnahme – bzw. ihre Ablehnung durch den Gerichtsvollzieher – **verfahrensfehlerhaft** ist.   **505**

a) Das Vollstreckungsgericht hat daher grds. das angegriffene Vollstreckungsverhalten **generell** – auch **über konkrete Rügen hinaus** – auf seine gesamte Verfahrensgemäßheit bzw. -fehlerhaftigkeit zu überprüfen, d.h. dahin, ob

- die allgemeinen und besonderen Vollstreckungsvoraussetzungen vorliegen,

- Vollstreckungshindernisse fehlen und

- der Vollstreckungsakt als solcher ordnungsgemäß durchgeführt worden ist.[1113]

1106 BGH MDR 1989, 633; MV/Lackmann § 766 Rn. 19.
1107 BGHZ 69, 144, 148; MV/Lackmann § 766 Rn.19; Zöller/Herget § 766 Rn. 9; Brox/Walker, Rn.1200.
1108 StJ/Münzberg § 766 Rn. 36; MV/Lackmann § 766 Rn. 19; Brox/Walker, Rn. 1198, 1203; ThP/Seiler § 766 Rn. 20 a.
1109 Brox/Walker, Rn. 1199; ThP/Seiler § 766 Rn. 20 a.
1110 Zöller/Herget § 766 Rn. 18.
1111 BGH NJW 2007, 1276.
1112 BGH NJW-RR 2017, 1158; BGH MDR 2010, 106 und BGH MDR 2005, 648 (keine Feststellung der Rechtswidrigkeit einer bereits beendeten Vollstreckungsmaßnahme); Zöller/Herget § 766 Rn. 13.
1113 MV/Lackmann § 766 Rn. 22; MK/Schmidt/Brinkmann § 766 Rn. 46; Brox/Walker, Rn. 1211.

Z.B.: Einer Erinnerung des Schuldners, mit der dieser (nur) die Unpfändbarkeit der gepfändeten Sache rügt, hat der Richter stattzugeben, wenn sich der Titel nicht gegen den Schuldner richtet, auch wenn die Sache an sich nicht unpfändbar ist.

Legt allerdings ein sonstiger Dritter (s.o. Rn. 502) Erinnerung ein, ist die Prüfung darauf beschränkt, ob der zulässig gerügte Verfahrensfehler vorliegt.[1114]

b) Prüfungszeitpunkt: Erlass der Entscheidung. Daher kann eine zunächst begründete Erinnerung durch Heilung des Mangels unbegründet werden.[1115]

506 **3.** Die Entscheidung ergeht durch **Beschluss**, z.B. auf Aufhebung der Vollstreckungsmaßnahme oder Anweisung an das Vollstreckungsorgan, die beantragte Vollstreckungsmaßnahme vorzunehmen. Gegen den Beschluss des Richters („Entscheidung"!) gibt es die sofortige Beschwerde nach § 793.

II. Die sofortige Beschwerde (§ 793)

507 **1.** Sie ist gegeben gegen **Entscheidungen**, die im Zwangsvollstreckungsverfahren ohne mündliche Verhandlung ergehen können. Gegen „Entscheidungen", also nicht gegen Vollstreckungsmaßnahmen (dann § 766!, s.o. Rn. 501).

Beschwerdebefugnis: Beeinträchtigung (Beschwer) durch die angefochtene Entscheidung.

2. Für die Zulässigkeit gelten die §§ 567 ff.; Frist zur Einlegung: zwei Wochen ab Zustellung (§ 569). Das Gericht der angefochtenen Entscheidung (ggf. der Rechtspfleger) kann der Beschwerde **abhelfen** (§ 572). Anderenfalls legt es die Beschwerde dem Beschwerdegericht zur Entscheidung vor.

3. Die Beschwerdeentscheidung ergeht durch **Beschluss**, gegen den – bei Zulassung – Rechtsbeschwerde an den BGH stattfindet (§ 574 Abs. 1 Nr. 2).

III. Die Vollstreckungsgegenklage (Vollstreckungsabwehrklage, § 767)

508 Sie ist nach ganz h.M. eine **prozessuale Gestaltungsklage**,[1116] mit der der Schuldner die Beseitigung der Vollstreckbarkeit des Vollstreckungstitels aufgrund von **materiellrechtlichen Einwendungen oder Einreden gegen den zu vollstreckenden (titulierten) materiellen Anspruch erstrebt**.

Ziel der Vollstreckungsgegenklage ist es, dass die Vollstreckung aus dem Titel für unzulässig erklärt wird. Sie richtet sich daher gegen die Vollstreckbarkeit des Titels **schlechthin**, nicht nur – wie Erinnerung oder Drittwiderspruchsklage – gegen die Zulässigkeit einzelner Vollstreckungsmaßnahmen.

Die Klage ist nicht nur gegen Urteile statthaft,[1117] sondern bei allen Arten von Vollstreckungstiteln, wie u.a. Vollstreckungsbescheiden, Prozessvergleichen, vollstreckbaren Urkunden.[1118]

1114 MV/Lackmann § 766 Rn. 19.

1115 BGH NJW-RR 2009, 211; MV/Lackmann § 766 Rn. 23 ff.; ThP/Seiler § 766 Rn. 23 – vgl. zur Auswirkung auf die Rangverhältnisse aber oben Fall 26 Rn. 399; zu § 811: oben Rn. 421.

1116 BGH NJW 2017, 1313; BGH NJW-RR 2007, 1554, 1555; Leyendecker JA 2010, 631und 803 (Grundfälle zu § 767).

1117 Auch Unterlassungsurteile BGH RÜ 2010, 140; ausführlich zu § 767 Zott/Singbartl JA 2017, 262 und Els Jura 2018, 1120.

1118 Vgl. § 795 und BGH NJW 2015, 1181; BL/Hunke § 767 Rn. 9 ff.; ThP/Seiler § 767 Rn. 9 ff.; Schultheiß JuS 2015, 318, 321.

1. Zulässigkeit der Vollstreckungsgegenklage

Es müssen die allgemeinen Verfahrensvoraussetzungen (Sachurteilsvoraussetzungen) einer Klage (s.o. Rn. 113 ff.) vorliegen – daher u.a. Postulationsfähigkeit nach den allgemeinen Grundsätzen –, mit **folgenden Besonderheiten:** **509**

■ Ausschließlich zuständig: **Prozessgericht des ersten Rechtszuges** des angegriffenen Urteils (§§ 767 Abs. 1, 797 Abs. 5, 802, unabhängig vom Streitwert).

> **Beispiel:** Klage beim Landgericht über 10.000 €. Der Beklagte wird zu 3.000 € verurteilt, die Klage im Übrigen abgewiesen. – Für eine Vollstreckungsgegenklage des Beklagten gegen dieses Urteil ist das bisherige Landgericht zuständig, auch wenn der Streitwert dieser neuen Klage nur 3.000 € beträgt.

■ **Kläger**: der Schuldner, **Beklagter**: der Vollstreckungsgläubiger.

> Nach Abtretung des titulierten Anspruchs der neue Gläubiger, falls die Klausel auf ihn umgeschrieben ist oder umgeschrieben werden kann.[1119]

■ **Klageantrag** dahin zu stellen, dass die Vollstreckung **aus dem Titel** – nicht nur eine einzelne Vollstreckungsmaßnahme – für unzulässig erklärt wird.[1120]

> Betrifft die Einwendung nur einen Teil des titulierten Anspruchs: Entsprechende Beschränkung des Antrags; dann auch nur teilweise Unzulässigerklärung der Vollstreckung.[1121]

■ **Rechtsschutzbedürfnis** für die Klage: Besteht (bereits), **sobald und solange** der Gläubiger den Vollstreckungstitel in Händen hat, und endet (erst), wenn eine Vollstreckung aus dem Titel nicht mehr droht.[1122]

> Also auch, ohne dass eine konkrete Vollstreckung bevorsteht: Daher früher einsetzender Anwendungsbereich als bei den anderen Vollstreckungsrechtsbehelfen.

2. Begründetheit der Vollstreckungsgegenklage

Die Klage ist **begründet**, wenn der materielle Anspruch, der im Titel niedergelegt ist, **nach materiellem Recht** vom Gläubiger nicht mehr, nicht mehr vollständig oder nur noch eingeschränkt durchgesetzt werden darf. **510**

a) Beispiele für insoweit relevante Umstände: Erfüllung der titulierten Forderung, Erlass oder Verzicht, nachträgliche Unmöglichkeit.

Ferner: Verlust der Sachbefugnis, z.B. infolge Pfändung der titulierten Forderung, aufgrund derer der bisherige Gläubiger nicht mehr vollstrecken darf (s.o. Rn. 391); nachträgliche Verjährung der Hauptforderung bei Verurteilung aus Bürgschaft (nachträgliche Entstehung einer Einrede gemäß § 768 BGB für den verurteilten Bürgen);[1123] Eintritt der Restschuldbefreiung nach Insolvenzverfahren.[1124]

Grds. **nicht: Nachträgliche Änderung** der dem Urteil zugrunde liegenden Gesetzeslage der Rspr., da solche Änderungen die – damalige – materiell-rechtliche Richtigkeit des Urteils nicht beeinträchti-

---

1119 BGH NJW 1993, 1396; MV/Lackmann § 767 Rn. 21; ThP/Seiler § 767 Rn. 19; vgl. auch BAG RÜ2 2019, 6.

1120 BVerfG NJW-RR 2018, 694; BGH, Urt. v. 03.11.2015 – II ZR 443/13, BeckRS 2016, 1912; ThP/Seiler § 767 Rn. 12.

1121 BVerfG NJW-RR 2018, 694; BGH NJW-RR 1991, 759; ThP/Seiler § 767 Rn. 12.

1122 BAG NZA 2018, 1071; BGH NJW 1998, 2967; OLG Hamm WM 2015, 673; ThP/Seiler § 767 Rn. 14 ff.

1123 BGH NJW 1998, 2972; 1999, 278; weitere Beispiele bei MV/Lackmann § 767 Rn. 22 ff.

1124 BGH RÜ 2009, 24; KG Berlin ZInsO 2015, 312 – S.u. Rn. 589 ff.

gen.[1125] Wenn z.B. das Urteil eine Zahlungspflicht aufgrund einer geltenden Rspr. ausgesprochen hat, hat eine spätere Änderung der Rspr. grds. keinen Einfluss mehr auf den Bestand dieses Urteils.[1126]

Ausnahme: Nichtigerklärung der dem Urteil zugrunde liegenden Rechtsnorm durch das BVerfG (**§ 97 Abs. 2 S. 3 BVerfGG**), aber auch Feststellung einer verfassungswidrigen Auslegung der Urteilsnorm, mit der Folge, dass die aufgrund entsprechender Beanstandung durch das BVerfG erfolgte Änderung der Rspr. zur Sittenwidrigkeit von Bürgschaften naher Angehöriger die Vollstreckungsgegenklage gegenüber zuvor ergangenen Verurteilungen begründen kann.[1127]

Dass der Gläubiger eine andere Forderung hat, ist unerheblich. Die titulierte Forderung kann nicht durch eine andere ersetzt, dem Titel kein anderer Anspruch unterlegt werden.[1128]

511 **b)** Die **Rechtskraft des Urteils** darf jedoch nicht angetastet werden.

Daher kann der Schuldner nur solche Einwendungen oder Einreden geltend machen, die erst **nach dem Schluss der letzten mündlichen Tatsachenverhandlung des Vorprozesses entstanden** sind **(§ 767 Abs. 2)**. Alle anderen werden durch die Rechtskraft der Entscheidung des Gerichts abgeschnitten (Präklusion).[1129]

In dieser **Präklusion** liegt die **besondere Problematik des § 767**.

> **Fall 36: Einrede schon vor Schluss der letzten mündlichen Verhandlung entstanden**
>
> S ist zur Zahlung von 1.000 € an G verurteilt worden. Er erhebt Vollstreckungsgegenklage mit dem Antrag, die Zwangsvollstreckung für unzulässig zu erklären. Er macht geltend, das Urteil sei unrichtig, da G die Schuld für 2 Jahre gestundet habe. Im Prozess habe er diese Stundung nicht beweisen können, jetzt aber den Zeugen Z ermittelt, der die Stundung bezeugen könne.

512 Die Vollstreckungsgegenklage des S ist unbegründet:

Die Stundungseinrede ist vor der letzten mündlichen Verhandlung entstanden, sodass § 767 Abs. 2 ihrer Berücksichtigung entgegen steht. Die Tatsache, dass S die Stundung im Prozess nicht beweisen konnte, ändert nichts daran, da in einem Urteil über alle geltend gemachten Einwendungen und Einreden unabhängig davon entschieden wird, ob sie beweisbar sind oder nicht. Ein späterer Angriff auf das Urteil mit der Begründung, es seien neue Beweismittel aufgefunden, verstößt daher gegen die Rechtskraft.[1130]

Allein entscheidend für § 767 Abs. 2 ist, ob die **Einrede bereits vor oder erst nach Schluss der Verhandlung entstanden** ist, nicht dagegen, ob der Schuldner sie **kannte** oder beweisen konnte. Dementsprechend schließt schon die **objektive Möglichkeit** der Geltendmachung der Einrede im Vorprozess ein späteres Vorbringen mit der Vollstreckungsgegenklage aus.[1131]

1125 BGH RÜ 2010, 140; MV/Lackmann § 767 Rn. 28 mit weiteren Beispielen.

1126 Ausnahme hinsichtlich Unterlassungsurteilen, da der Verurteilte nicht für die Zukunft an einer nunmehr infolge Gesetzes- oder Rechtsprechungsänderung nicht mehr bestehenden Unterlassungsverpflichtung festgehalten werden darf, BGH RÜ 2010, 140; MV/Lackmann § 767 Rn. 28.

1127 BVerfG JZ 2006, 968; BGH FamRZ 2006, 1024.

1128 BGH NJW 1995, 1163.

1129 Frage der Begründetheit, nicht der Zulässigkeit der Klage, MV/Lackmann § 767 Rn. 30; ThP/Seiler § 767 Rn. 21 ff.; vgl. auch Zott/Singbartl JA 2017, 262: Fallstricke bei der Vollstreckungsabwehrklage im Referendarexamen.

1130 Vgl. BGH NJW 2019, 3385; StJ/Althammer § 322 Rn. 218 ff.; MK/Gottwald § 322 Rn. 142 ff. – S.o. Rn. 335.

1131 BGH WM 2018, 1168; RÜ 2005, 519; BGH RÜ 2001, 72; MV/Lackmann § 767 Rn. 33; Brox/Walker, Rn. 1342; Makowsky JuS 2014, 901 ff.; vgl. aber zum Restitutionsgrund nach § 580 Nr. 7 bei Auffinden einer Urkunde BGH NJW-RR 2013, 833.

Wenn – wie hier – die Einrede vor Schluss der letzten mündlichen Tatsachenverhandlung entstanden ist, kann der Schuldner daher nicht mit der Vollstreckungsgegenklage vorgehen, sondern die Rechtskraft des Urteils allenfalls mit der Wiederaufnahmeklage oder der Klage aus § 826 BGB angreifen. Für S besteht hier jedoch keine solche Möglichkeit. Das spätere Auffinden eines Zeugen ist kein Wiederaufnahmegrund. Auch ein Anspruch aus § 826 BGB (s.o. Rn. 359), der, wenn überhaupt, nur unter engen Voraussetzungen zugelassen wird, wird für S nicht gegeben sein.

Da die Präklusion gemäß § 767 Abs. 2 Ausfluss der Rechtskraft ist, gilt sie **nicht für Titel ohne Rechtskraft**, wie Prozessvergleich oder Unterwerfungsurkunde (vgl. § 794 Nr. 1 und 5). Insoweit können daher Einwendungen und Einreden gegen den titulierten Anspruch grds. ohne zeitliche Beschränkung geltend gemacht werden (falls sie nicht durch den Titel ausgeschlossen sind).[1132]

Fall 37: Entstehen der Einwendung bei einem Gestaltungsrecht

G klagt gegen S auf Zahlung von 5.000 € als Kaufpreis für einen gelieferten Pkw; S wird verurteilt. S erhebt Vollstreckungsgegenklage mit der Begründung, er sei – wie er erst jetzt festgestellt habe – von G beim Abschluss des Vertrages getäuscht worden, denn der Wagen sei ein Unfallwagen; er fechte daher den Kaufvertrag an.

S hat nach Schluss der letzten mündlichen Verhandlung die **Anfechtung erklärt**, also ein Gestaltungsrecht ausgeübt, sodass seine Vertragserklärung und damit der Kaufvertrag und der Kaufpreisanspruch des G erst **nach** dem in § 767 Abs. 2 bestimmten Zeitpunkt entfallen sind. Der **Grund** für das Gestaltungsrecht – die Täuschung – lag jedoch bereits während des Vorprozesses, also vor dem Zeitpunkt des § 767 Abs. 2, vor.   **513**

Kann dann die Anfechtung mit der Vollstreckungsgegenklage geltend gemacht werden? – Die Frage ist **sehr umstritten** ("klassische" Streitfrage):

1. Nach verbreiteter Literaturansicht[1133] entsteht die Einwendung **als solche** – hier: das **Entfallen** des Kaufpreisanspruches – materiell-rechtlich überhaupt erst mit der **Ausübung des Gestaltungsrechts**, sodass entscheidend ist, wann die Anfechtung vom Schuldner **erklärt** worden ist. Denn vor der Ausübung ist das Gestaltungsrecht als solches weder eine Einwendung noch eine Einrede.   **514**

   Nach einer vermittelnden Meinung ist auf den Zeitpunkt der Ausübung allerdings nur dann abzustellen, wenn in dem Unterbleiben der Erklärung im ersten Prozess kein Verstoß gegen die prozessualen Förderungspflichten gemäß § 282 gelegen hat (§ 296 Abs. 2 entspr, Einzelfallfrage).[1134]

2. Nach der h.M., insbesondere der st.Rspr. des BGH, ist wegen des Vorrangs der Rechtskraft der Zeitpunkt der **objektiven Entstehung des Gestaltungsrechts** maßgeblich. Darauf, wann der Schuldner von dem Gestaltungsrecht Kenntnis erlangt hat, Kenntnis hätte erlangen können oder das Gestaltungsrecht ausgeübt hat, kommt es nicht an. Entscheidend ist also allein, ob die Einwendung bereits vor Schluss der letz-   **515**

1132 BVerfG NJW-RR 2018, 694; BGH NJW 1998, 3121; Zöller/Herget § 767 Rn. 20; ThP/Seiler § 767 Rn. 24 ff.; s.o. Rn. 266.

1133 StJ/Münzberg § 767 Rn. 32 ff.; MV/Lackmann § 767 Rn. 37; Brox/Walker, Rn. 1345 ff.; GS/Gaul § 40 Rn. 62 ff.

1134 MV/Lackmann § 767 Rn. 37; Jauernig/Berger § 12 Rn. 14; Prütting/Stikelbrock S. 227.

ten mündlichen Tatsachenverhandlung **objektiv** hätte geltend gemacht werden **können.**[1135]

Dies gilt nach h.M. nicht beim Widerruf eines Verbrauchervertrages nach § 355 BGB, da das Widerrufsrecht dem nicht belehrten Verbraucher nicht im Wege der Präklusion entzogen werden darf.[1136]

3. Nach dieser h.M. gilt die Maßgeblichkeit der Entstehung des Gestaltungsrechts auch bei Anfechtung wegen Täuschung.[1137] S kann daher nicht mit Erfolg die Vollstreckungsgegenklage erheben (auch keine Klage gemäß § 826).[1138] Die Klage ist nach dieser Rspr. abzuweisen.

Auch im Falle einer Abtretung der titulierten Forderung durch den Gläubiger ist für § 767 Abs. 2 nach der heute h.M. nur auf den Zeitpunkt der Abtretung, nicht – wegen § 407 BGB – auf den Zeitpunkt der Kenntniserlangung des Schuldners abzustellen.[1139] Der Schuldner kann aber bei Ungewissheit über die Person des Gläubigers gemäß §§ 372 S. 2, 378 BGB mit schuldbefreiender Wirkung hinterlegen und dann ggf. auf diese Hinterlegung (= Erfüllung) die Klage stützen.

> **Fall 38: Aufrechnung und selbstständige Zahlungsklage des Schuldners**
>
> G hat gegen S einen Zahlungstitel erwirkt. S rechnet mit einer Gegenforderung gegen G auf, die er – S – bereits vor dem Schluss der letzten mündlichen Verhandlung erworben hat, und erhebt Vollstreckungsgegenklage.

516   S hat wieder nachträglich ein **Gestaltungsrecht** – Aufrechnung – ausgeübt.

1. Nach der h.M., insbes. der st.Rspr. des BGH, entscheidet auch hier der Zeitpunkt der Entstehung des Gestaltungsrechts, d.h. der **Entstehung der Aufrechnungslage**, nicht der Aufrechnungserklärung.[1140] S kann daher die Aufrechnung nicht mit der Vollstreckungsgegenklage geltend machen, da die Aufrechnungslage schon vor der letzten mündlichen Verhandlung bestanden hat: Die Klage ist daher abzuweisen.

Für den Zeitpunkt der Erledigung des Rechtsstreits durch Aufrechnung hat der BGH allerdings auf die Aufrechnungserklärung abgestellt, da erst diese die Erledigung bewirke.[1141] Es ist fraglich, ob dies dann nicht auch für die Vollstreckungsgegenklage gelten muss.

Auch nach Ansicht des BGH führt aber nicht zur Präklusion, dass der Schuldner **eine noch nicht bestehende Aufrechnungslage** oder andere materiell-rechtliche Voraussetzungen einer Einwendung im Vorprozess **hätte schaffen können.**[1142]

2. Nach der grundsätzlichen entgegenstehenden Literaturmeinung entscheidet dagegen die Aufrechnungserklärung.[1143] Die Klage wäre begründet.

1135 BGH NJW 2019, 3385; BGH JuS 2015, 173 m. Anm. Schmidt; BGH ZMR 2011, 25; BL/Hunke § 767 Rn. 52; ThP/Seiler § 767 Rn. 22 a; Zöller/Herget § 767 Rn. 14; Schuschke/Raebel § 767 Rn. 33; vgl. dazu auch Spohnheimer JA 2018, 18, 19.

1136 OLG Hamm Urt. v. 31.07.2017 – 5 U 142/15, BeckRS 2017, 140392; MK/Schmidt/Brinkmann § 767 Rn. 82; Zöller/Vollkommer vor § 322 Rn. 14; Rohlfing NJW 2010, 1787, 1788 u. die Autoren in Fn. 1130; a.A. u.a. Schuschke/Raebel § 767 Rn. 33.

1137 BGHZ 42, 37; BGH NJW 2004, 1252 (Rn. 335).

1138 BGHZ 42, 37; BGH RÜ 2012, 93.

1139 BGH JuS 2001, 402 m. Anm. Schmidt (Meinungsübersicht); ausführlich dazu Brand/Fett JuS 2002, 637 ff.

1140 Für Aufrechnung u.a. BGH NJW 2019, 3385 m. zust. Anm. Ulrici; BGH ZMR 2011; BGH NJW 2009, 1671; BGH RÜ 2005, 519.

1141 BGH RÜ 2003, 454. – S.o. Rn. 257; Feser JA 2008, 525.

1142 BGH NJW-RR 2010, 1598; BGH RÜ 2005, 519.

1143 U.a. Brox/Walker, Rn. 1346; MV/Lackmann § 767 Rn. 37; vgl. dazu auch Zott/Singbartl JA 2017, 262, 264 ff.

Zum Teil aber eingeschränkt dahin, dass dies nur dann gelte, wenn für die Berücksichtigung der Aufrechnung Sachdienlichkeit i.S.d. § 533 Nr. 1 bestehe:[1144] Verhinderung der Prozessverschleppung.

> **Abwandlung:** Nach abgewiesener Vollstreckungsgegenklage erhebt S nunmehr eine Zahlungsklage aus seiner Gegenforderung gegen G.

S hatte bereits die Aufrechnung mit dieser Gegenforderung erklärt, sodass diese Forderung an sich erloschen sein müsste (§ 389 BGB). Da aber der titulierte Anspruch des G wegen der Präklusion des Aufrechnungseinwands nach § 767 Abs. 2 durchsetzbar bleibt,[1145] muss, damit S nicht einerseits seine Forderung verliert, andererseits aber den titulieren Anspruch erfüllen muss, die prozessual unzulässige Aufrechnung auch materiell-rechtlich wirkungslos bleiben.[1146] S hat somit seinen Anspruch gegen G behalten. **517**

c) Tenor eines der Vollstreckungsgegenklage stattgebenden Urteils: „Die Zwangsvollstreckung aus dem Urteil ... wird für unzulässig erklärt" oder „ist unzulässig". Damit ist eine Vollstreckung aus dem Urteil nicht mehr möglich (§§ 775 Nr. 1, 776). **518**

Während des Prozesses kann das Gericht die Vollstreckung einstweilen einstellen (§ 769), damit verhindert wird, dass bis zur Entscheidung noch aus dem Urteil vollstreckt wird.

d) Es ist streitig, ob neben der Vollstreckungsgegenklage auch eine materiell-rechtliche Klage auf **Herausgabe des Titels** – z.B. entsprechend § 371 BGB nach Erfüllung – statthaft ist: Nach h.M. nur nach erfolgreicher oder zugleich mit einer § 767-Klage, ferner auch, wenn die Erfüllung unstreitig, da nur dann eine Umgehung des § 767 nicht zu befürchten ist.[1147]

3. Bereicherungsklage

„Verlängerte Vollstreckungsgegenklage": Nach beendeter Vollstreckung kann die Vollstreckungsgegenklage nicht mehr erhoben werden. Der Schuldner, der die Erhebung versäumt hat, kann aber mit der Bereicherungsklage das vom Gläubiger durch die Vollstreckung Erlangte zurückverlangen, mit der Begründung, die titulierte Forderung sei **nachträglich erloschen**, die Vollstreckung daher rechtsgrundlos erfolgt. Denn die Versäumung der Vollstreckungsgegenklage hat zwar zur Folge, dass der Gläubiger vollstrecken kann, nimmt aber dem Schuldner nicht seine materiell-rechtlichen Ansprüche. **519**

Voraussetzung eines Bereicherungsanspruchs ist jedoch ebenso wie bei der Vollstreckungsgegenklage, an deren Stelle die Bereicherungsklage tritt, ein nach der letzten mündlichen Verhandlung des Vorprozesses entstandener materiell-rechtlicher Einwand i.S.v. § 767 gegen den titulierten Anspruch, da anderenfalls die Rechtskraft des Urteils (Rechtsgrund!) entgegenstehen würde. Die Klage kann daher nicht darauf gestützt werden, dass der Vorprozess unrichtig entschieden worden sei.[1148]

1144 GS/Gaul § 40 Rn. 71, 72; Jauernig/Berger § 12 Rn. 14.
1145 BGH NJW 2019, 3385 m. zust. Anm. Ulrici; BGH RÜ 2009, 294.
1146 BGH NJW 2019, 3385 m. zust. Anm. Ulrici; BGH NJW 2015, 955; BGH RÜ 2009, 294.; MK/Schmidt/Brinkmann § 767 Rn. 83.
1147 BGH NJW-RR 2014, 195; ausführlich dazu Wendt JuS 2013, 33 ff.
1148 BGH RÜ 2018, 557; BGH RÜ 2013, 695 = JuS 2014, 364 m. Anm. Schmidt; BGH RÜ 2005, 519; BGH NJW-RR 2001, 1450.

Es müssen daher inzidenter die Voraussetzungen des § 767 festgestellt werden, insbes. darf der Erfüllungseinwand bei Aufrechnung nicht nach § 767 Abs. 2 präkludiert sein.

Bei Beendigung der Vollstreckung während des Prozesses der Vollstreckungsgegenklage kann die – dann unzulässig gewordene – Klage auf eine entsprechende Bereicherungsklage umgestellt werden. Hierbei handelt es sich um eine nach § 264 Nr. 3 zulässige Klageänderung.[1149]

4. Entsprechende Anwendung von § 767 Abs. 1: Titelabwehrklage

520 Die Vollstreckungsgegenklage ist nach der gesetzlichen Systematik für Geltendmachung von – grds. nachträglich entstandenen – materiell-rechtlichen Einreden und Einwendungen gegen den im Vollstreckungstitel festgestellten materiell-rechtlichen Anspruch bestimmt. Die heute ganz h.M. lässt eine Klage entsprechend § 767 aber auch mit dem Einwand zu, der **Titel selbst sei als solcher unwirksam** (z.B. der titulierte Anspruch zu unbestimmt) oder es könne aus anderen Gründen aus ihm nicht mehr vollstreckt werden (sog. Titelgegenklage oder „**prozessuale Gestaltungsklage** analog § 767 Abs. 1"). Zwar ist für einen solchen Einwand an sich die Klauselerinnerung gemäß § 732 gegeben (s.o. Rn. 393). Mit einer Klage entsprechend § 767 kann aber mit voller Rechtskraftwirkung die Feststellung der Unzulässigkeit der Vollstreckung aus dem Titel schlechthin, nicht nur der Vollstreckungsklausel, erreicht und dadurch die Vollstreckbarkeit des Titels eindeutig beseitigt werden.[1150] Auf die prozessuale Gestaltungsklage analog § 767 Abs. 1 sind die Präklusionsvorschriften des § 767 Abs. 2, 3 nicht anwendbar, weil diese Normen der Sicherung der Rechtskraftwirkung der unanfechtbar gewordenen Entscheidung dienen, in die aber unwirksame Titel nicht erwachsen können.[1151]

In diesen Fällen hat der Schuldner ein Wahlrecht zwischen der Klauselerinnerung gemäß § 732 oder der Klage entsprechend § 767.[1152]

IV. Die Drittwiderspruchsklage (§ 771)

521 **Rechtsnatur, Zulässigkeit:** Die Drittwiderspruchsklage (Interventionsklage) – ebenfalls eine prozessuale Gestaltungsklage[1153] – gibt einem am Gegenstand der Vollstreckung **berechtigten Dritten** die Möglichkeit, die Vollstreckungsmaßnahme durch Klage anzugreifen, mit dem Ziel, dass die Vollstreckung **in diesen Gegenstand für unzulässig erklärt wird**.

Der Gläubiger soll letztlich natürlich nur durch eine Vollstreckung in schuldnereigenes Vermögen befriedigt werden. Bei der Vollstreckung prüfen die Vollstreckungsorgane i.d.R. jedoch nicht, ob der gepfändete Gegenstand im Vermögen des Schuldners steht – z.B. prüft der Gerichtsvollzieher nur den Gewahrsam des Schuldners, nicht die Eigentumsverhältnisse (s.o. Rn. 408). Eine Klage gegen den Gläubiger auf Herausgabe, Freigabe oder Unterlassung der Vollstreckung gemäß §§ 985, 1004 BGB ist während der Dauer des Vollstreckungsverfahrens unzulässig. Die Drittwiderspruchsklage ist diesbezüglich der speziellere und abschließende Rechtsbehelf und ermöglicht dem Dritten, dessen Vermögen durch die Vollstreckungsmaßnahme betroffen wird, gegen die Vollstreckung vorzugehen.

1149 BGH RÜ 2005, 519; Zöller/Greger § 264 Rn. 5.

1150 BGH RÜ2 2019, 6; BGH RÜ 2015, 226; BGH NJW 2010, 2041; ausführlich dazu Özen/Hein JuS 2010, 124 ff.

1151 BGH NJW 1994, 460; MV/Lackmann § 767 Rn. 9 a m.w.N.; a.A. für § 767 Abs. 3 Özen/Hein JuS 2010, 124, 126.

1152 BGH MDR 2005, 113; MV/Lackmann § 767 Rn. 9 a.

1153 BGHZ 58, 207, 214; BGH NJW 2017, 2768 und Petersen Jura 2018, 990 (Drittwiderspruchsklage); Leyendecker JA 2010, 725; 879 (Grundfälle zur Drittwiderspruchsklage) u. Jäckel JA 2010 (Rechtsstellung Dritter in der Zwangsvollstreckung).

1. Zulässigkeit der Drittwiderspruchsklage

Neben den allgemeinen Zulässigkeitsvoraussetzungen (s.o. Rn. 113 ff.) sind folgende **522** Besonderheiten der Drittwiderspruchsklage zu beachten:

- **Dritter:** weder Vollstreckungsgläubiger noch Vollstreckungsschuldner.

  Dritter ist nach h.M. auch die Ein-Mann-GmbH, wenn ein Gläubiger ihres Alleingesellschafters in eine in ihrem Eigentum stehende Sache vollstreckt;[1154] die BGB-Gesellschaft/Mitgesellschafter bei Vollstreckung des Privatgläubigers eines Gesellschafters in Gesellschaftsvermögen.[1155]

- Die Klage des Dritten ist gegen den vollstreckenden **Gläubiger** zu richten.

  Sie kann verbunden werden mit einer Herausgabeklage gegen den Schuldner (§ 771 Abs. 2).

  Beispiel: Der Pkw des D ist bei S von dessen Gläubiger G gepfändet worden. D kann gegen G Drittwiderspruchsklage und gegen S Klage auf Herausgabe des Pkw erheben (die aber natürlich nur bei einem Herausgabeanspruch, z.B. nach Kündigung eines Mietvertrages, begründet ist).

  Neben der Klage aus § 771 kann für den Dritten eine Vollstreckungserinnerung gemäß § 766 in Betracht kommen, wenn die Pfändung zugleich eine seinem Schutz dienende Verfahrensnorm verletzt hat, wenn z.B. klar zutageliegendes Fremdeigentum gepfändet worden ist.[1156]

- Die Klage ist zu richten auf Unzulässigerklärung der Zwangsvollstreckung **in den betreffenden Gegenstand** und nicht – wie bei der Vollstreckungsgegenklage – auf Unzulässigerklärung der Vollstreckung schlechthin; denn die Vollstreckung gegen den Schuldner ist ja zulässig, es darf lediglich nicht Zugriff auf den zum Vermögen des Dritten gehörenden Gegenstand genommen werden.

- Örtlich zuständig ist das **Gericht**, in dessen Bezirk die Vollstreckungsmaßnahme erfolgt ist (ausschließlich, § 802); sachlich: nach dem Streitwert.

- **Rechtsschutzbedürfnis:** Besteht ab Beginn der Vollstreckung. Es entfällt mit der Beendigung der Vollstreckung, z.B. der Verwertung des Gegenstandes.[1157]

2. Begründetheit der Drittwiderspruchsklage

Begründet ist die Klage, wenn der Dritte an dem Gegenstand der Vollstreckung ein die **523** **Veräußerung hinderndes Recht (Interventionsrecht) besitzt und die Berufung darauf nicht ausnahmsweise ausgeschlossen ist**.

a) Ein die Veräußerung hinderndes Recht i.S.d. § 771 liegt vor, wenn der Dritte eine Berechtigung an dem Gegenstand besitzt, aufgrund derer „die Veräußerung der den Vollstreckungsgegenstand bildenden Sache durch den Schuldner dem berechtigten Dritten gegenüber sich als rechtswidrig darstellen würde".[1158]

Ein die Veräußerung hinderndes Recht in dem Sinne, dass eine Veräußerung rechtlich überhaupt nicht möglich wäre, kann es nicht geben, da grds. immer ein gutgläubiger Erwerb bei Veräußerung der Sache durch den Schuldner möglich ist (vgl. aber § 935 BGB). Deshalb ist darauf abzustellen, ob der Schuldner im Verhältnis zu dem Dritten **berechtigt** ist, die Sache zu veräußern.

1154 BGH RÜ 2004, 64; MV/Lackmann § 771 Rn. 30.

1155 MK/Schmidt/Brinkmann § 771 Rn. 19; BGH RÜ 2013, 766: § 771 analog.

1156 MV/Lackmann § 771 Rn. 3; ThP/Seiler § 771 Rn. 2.

1157 BGH NJW-RR 2004, 1210; ThP/Seiler § 771 Rn. 10, 11.

1158 RGZ 116, 366; BGHZ 55, 20, 26; ThP/Seiler § 771 Rn. 14 ff.; MV/Lackmann § 771 Rn. 15 ff. mit Beispielen.

b) Ein **Interventionsrecht ergeben**

524 ▪ **dingliche Rechte.**

Beispiele:

Das **Eigentum** – auch Miteigentum (Vollstreckung aber gemäß § 857 möglich in den Anteil des Schuldners!) – und die sonstigen dinglichen Rechte; das **besitzverbundene Pfandrecht**, etwa das Unternehmerpfandrecht (besitzlose Pfandrechte berechtigen dagegen nur zur Klage auf vorzugsweise Befriedigung nach § 805); die Berechtigung des Leasinggebers.[1159]

Ferner: das **vorbehaltene Eigentum**,[1160] auch das **Anwartschaftsrecht** des Vorbehaltskäufers,[1161] der i.d.R. als Besitzer auch noch über §§ 809, 766 geschützt ist.

Nach h.M. gibt auch das **Sicherungseigentum** dem Sicherungseigentümer (Treunehmer) ein Interventionsrecht, da es materiell-rechtlich voll wirksames Eigentum ist.[1162] Nach a.A. hat der Sicherungseigentümer nur die Klage aus § 805, da Sicherungseigentum in Wirklichkeit nur eine Art besitzloses Pfandrecht sei.[1163] – Im Insolvenzverfahren gibt Sicherungseigentum dagegen nur ein Absonderungs-, kein Aussonderungsrecht (§ 51 Nr. 1 InsO, s.u. Rn. 594).

Umgekehrt kann bei Pfändung durch Gläubiger des Sicherungseigentümers der Sicherungsgeber – insoweit Dritter – nach h.M. aus § 771 vorgehen, jedoch nur bis zum Eintritt der Verwertungsreife, da dann der Sicherungseigentümer auch wirtschaftlich der alleinige Berechtigte wird.[1164]

Entsprechendes gilt bei der **Sicherungsabtretung.**[1165]

Ein Interventionsrecht hat auch der wirtschaftlich **Berechtigte eines Treuhandkontos**.[1166]

Kein Interventionsrecht gibt der Besitz als solcher[1167] (h.M., aber ggf. Erinnerung gemäß §§ 766, 809).

525 ▪ **die Inhaberschaft an einer gepfändeten Forderung,**

obwohl die Pfändung gegen einen Schuldner, der nicht Forderungsinhaber ist, gegenstandslos und „ins Leere" gegangen ist (s.o. Rn. 455). Denn der wirkliche Forderungsinhaber hat ein Rechtsschutzbedürfnis für eine Drittwiderspruchsklage, da er die Möglichkeit haben muss, auch nur den Schein einer wirksamen Forderungspfändung zu beseitigen.[1168]

526 ▪ **schuldrechtliche Ansprüche,**

wenn sie auf **Herausgabe** einer dem Schuldner nicht zu Eigentum überlassenen Sache gerichtet sind (z.B. aus Miete, Verwahrung). Bloße Verschaffungsansprüche – z.B. auf Übereignung aus einem Kaufvertrag – berechtigen dagegen nicht zur Drittwiderspruchsklage, da dann die Sache rechtlich und wirtschaftlich noch zum Vermögen des Schuldners gehört.[1169]

1159 MK/Schmidt/Brinkmann § 771 Rn. 30; Zöller/Herget § 771 Rn. 14.

1160 BGHZ 54, 218; Jauernig/Berger § 13 Rn. 17, 18; Kindl ZJS 2008, 477 (Eigentumsvorbehalt und Anwartschaftsrecht).

1161 BGHZ 55, 20; ThP/Seiler § 771 Rn. 15; Brox/Walker, Rn. 1412; Leyendecker JA 2010, 725, 729.

1162 BGHZ 12, 232, 234; 72, 141, 146; 80, 299; StJ/Münzberg § 771 Rn. 30; Jauernig/Berger § 13 Rn. 14; Brox/Walker 1417; GS/Gaul § 41 Rn. 72; MV/Lackmann § 771 Rn.19; Huber JuS 2011, 588; Smid ZInsO 2009, 1721.

1163 BL/Hunke § 771 Rn. 21, 23 ff.; MK/Schmidt/Brinkmann § 771 Rn. 29.

1164 BGHZ 72, 141; Zöller/Herget § 771 Rn. 14; MV/Lackmann § 771 Rn. 28.

1165 Vgl. MV/Lackmann § 771 Rn. 20.

1166 BGH NJW 1996, 1543; Lange NJW 2007, 2513.

1167 Brox/Walker, Rn. 1419, 1420; MV/Lackmann § 771 Rn. 24 m.w.N.: bei Mobiliarvollstreckung umstr.

1168 BGH JuS 1981, 773; JZ 1986, 498; NJW 1988, 1095; 1994, 1057; Brox/Walker, Rn. 1407, 1413 m.w.N.

1169 BGH NJW 1994, 129; ThP/Seiler § 771 Rn. 18; Brox/Walker, Rn. 1421, 1422; Fleckner ZIP 2013, 389.

3. Die Verteidigung des beklagten Vollstreckungsgläubigers

a) Sie kann zum einen in dem **Bestreiten** liegen, **dass der Kläger überhaupt ein – wirksames – Interventionsrecht besitzt.**   527

Beispiel: Der (dingliche) Erwerb sei als **Scheingeschäft** (§ 117 BGB) oder gemäß § 138 BGB wegen **Sittenwidrigkeit** – u.a. Schuldnerknebelung, Kredittäuschung – nichtig.[1170]

Das Interventionsrecht – z.B. das behauptete Eigentum – ist von dem Dritten zu beweisen.

Falls sich der klagende Ehegatte des Schuldners auf Allein- oder Miteigentum beruft, kann er sich dabei nicht auf die Eigentumsvermutung des § 1006 BGB stützen, da § 1362 BGB eine Vermutung zugunsten des Gläubigers aufstellt, dass der Schuldner der Alleineigentümer der sich im Besitz beider Ehegatten befindlichen Sachen ist. Der Ehegatte hat daher diese Vermutung zu widerlegen und damit die volle Beweislast für sein Eigentum. – § 1362 BGB gilt nicht gegenüber einem Lebensgefährten: Für diesen spricht daher die – dann vom beklagten Gläubiger zu widerlegende – Vermutung des § 1006 BGB.[1171]

b) Zum anderen kann sie dahin gehen, dass der Kläger gerade **zur Duldung der von dem Beklagten in den betreffenden Gegenstand betriebenen Zwangsvollstreckung verpflichtet** sei, sodass daher der Einwand der **unzulässigen Rechtsausübung** (§ 242 BGB) dem Interventionsrecht entgegenstehe.   528

Dies wird im Wesentlichen in folgenden Fällen angenommen:

■ Der Kläger ist verpflichtet, das Eigentum an dem Pfändungsgegenstand an den betreibenden Gläubiger (Beklagten) oder an dessen Vollstreckungsschuldner **(zurück) zu übertragen.**

  Z.B. nach erledigter Sicherungsübereignung.[1172]

■ Die Überlassung der Sache von dem Schuldner an den Kläger kann von dem betreibenden Gläubiger = Beklagten aufgrund des Anfechtungsgesetzes **angefochten** werden (Einrede gemäß § 9 AnfG).[1173]

■ Der betreibende Gläubiger = Beklagte besitzt ein Pfand- oder Pfändungspfandrecht, das dem Recht des Klägers **im Rang vorgeht** oder es mit Wirkung gegen den Kläger belastet („besseres Recht").

  Z.B.: Der Beklagte hatte bereits ein Vermieterpfandrecht an der Sache erlangt. Anschließend hat der Mieter sie dem Dritten sicherheitsübereignet.[1174]

■ Der Kläger haftet für den Anspruch, den der beklagte Vollstreckungsgläubiger vollstreckt, diesem gegenüber ohnehin auch **persönlich.**

  Z.B. als Bürge oder als Mitgesellschafter. Eine anderweitige Verbindlichkeit des Klägers gegenüber dem vollstreckenden Gläubiger reicht aber nicht aus.[1175]

■ Der Kläger hat seine Berechtigung durch eine **unerlaubte Handlung** gegenüber dem Beklagten erlangt.[1176]

1170 Vgl. Schuschke/Raebel/Thole § 771 Rn. 37 ff.; Brox/Walker, Rn. 1430 ff.

1171 BGH NJW 2007, 992; a.A. Roth, JZ 2007, 530 – s.o. Rn. 410.

1172 BGHZ 100, 95, 105; s.u. Fall 39 Rn. 529.

1173 BGH NJW 1986, 2252 MV/Lackmann § 771 Rn. 32; Jäckel JA 2010, 357, 360 – s.o. Rn. 376 ff., s.u. Fall 45 Rn. 549.

1174 Vgl. ThP/Seiler § 771 Rn. 14 a; MV/Lackmann § 771 Rn. 33.

1175 Vgl. Schuschke/Raebel/Thole § 771 Rn. 40 ff.; Zöller/Herget § 771 Rn. 15.

1176 BL/Hunke § 771 Rn. 10; Zöller/Herget § 771 Rn. 15.

> **Fall 39: Drittwiderspruchsklage und unzulässige Rechtsausübung**
>
> Der S hat seinen Pkw an die Bank B zur Sicherheit für einen Kredit übereignet, unter Vereinbarung, dass die Bank nach vollständiger Rückzahlung des Kredits verpflichtet sei, das Eigentum an ihn zurückzuübertragen. S hat den Kredit schon zum größten Teil an die Bank zurückgezahlt. Der Gläubiger G des S pfändet nunmehr den Pkw und den Anspruch des S gegen die Bank auf Rückübereignung des Wagens; er bietet der Bank den von S geschuldeten Restbetrag an. Die Bank lehnt die Entgegennahme der Zahlung ab und erhebt Drittwiderspruchsklage gegen die Pfändung des Wagens.

529   Die Bank besitzt Sicherungseigentum an dem Wagen.

Dieses Eigentum ist noch nicht erloschen, da es nicht auflösend bedingt von S an die Bank übertragen worden war, sondern unbedingt unter Vereinbarung lediglich einer schuldrechtlichen Rückübereignungsverpflichtung für den Fall der völligen Zurückzahlung des Kredits. Eine Rückübereignung hat noch nicht stattgefunden.

Sicherungseigentum begründet nach h.M. die Drittwiderspruchsklage.

Der Klage steht jedoch der Einwand der unzulässigen Rechtsausübung (§ 242 BGB) entgegen. Die Bank ist verpflichtet, das Eigentum an S zurückzuübertragen. Die Bedingung der völligen Zurückzahlung des Kredits ist zwar noch nicht eingetreten, gilt aber wegen der Ablehnung des Zahlungsangebots des G durch die Bank als eingetreten (§ 162 BGB). Die Bank durfte nicht ablehnen, zumal dem S nach der Pfändung des Rückübereignungsanspruches ein Widerspruchsrecht i.S.d. § 267 Abs. 2 BGB nicht mehr zustand. Ist die Bank jedoch verpflichtet, das Eigentum an S zurückzuübertragen – wozu sie von G aufgrund der Pfändung des Rückübereignungsanspruches gezwungen werden kann –, dann muss sie auch verpflichtet sein, die Vollstreckung in den Wagen zu dulden. Ihr lediglich aufgrund ihrer formalen Rechtsstellung als (Noch-)Eigentümerin ausgesprochener Widerspruch ist rechtsmissbräuchlich.[1177]

Die Drittwiderspruchsklage ist daher abzuweisen.

4. Urteil

530   Bei Begründetheit der Drittwiderspruchsklage wird die Zwangsvollstreckung in den Gegenstand **für unzulässig erklärt**. Mit diesem Urteil kann der Dritte dann die Aufhebung der Vollstreckung erreichen (§§ 775 Nr. 1, 776).

Wird während des Verfahrens die laufende Vollstreckung durch Verwertung des Gegenstandes beendet, ist die Drittwiderspruchsklage nicht mehr zulässig (s.o. Rn. 522). Die Vollstreckung kann dann nicht mehr für unzulässig erklärt werden. Um dies zu vermeiden, kann das Gericht die Vollstreckung vorläufig – bis zum Urteil – einstellen (§§ 771 Abs. 3, 769).

Ist die Vollstreckung durchgeführt, können dem Dritten aber immer noch materiell-rechtliche Ansprüche gegen den Gläubiger zustehen: **„verlängerte Drittwiderspruchsklage"**, auf die die Drittwiderspruchsklage dann ggf. umgestellt werden kann, s.u. Rn. 536 ff.

1177 Vgl. BGHZ 100, 95, 105.

V. Die Klage auf vorzugsweise Befriedigung (§ 805)

Sie dient dazu, einem am Vollstreckungsgegenstand Berechtigten eine Befriedigung vor dem **wegen einer Geldforderung vollstreckenden Gläubiger** zu verschaffen.

531

1. Das Klagerecht steht demjenigen zu, der an der Sache, in die vollstreckt wird, ein **besitzloses Pfandrecht** hat, das dem vollstreckenden Gläubiger **im Rang vorgeht.**

Die nur bei einer Vollstreckung wegen einer Geldforderung statthafte Klage ist eine „mindere" („kleine") Drittwiderspruchsklage. Ein Interventionsberechtigter kann sich daher auch mit ihr begnügen.[1178]

Der beklagte Vollstreckungsgläubiger kann gegenüber der Klage einwenden, dass der klagende Dritte – aus denselben Gründen wie gegenüber einer Drittwiderspruchsklage (s.o. Rn. 527) – die Zwangsvollstreckung zu dulden habe, die Geltendmachung eines Rechts auf vorzugsweise Befriedigung daher eine unzulässige Rechtsausübung sei.[1179]

2. Besonders bedeutsam ist insoweit das **Vermieterpfandrecht (§ 562 BGB).**

532

Fall 40: Der Gläubiger G des S pfändet aufgrund eines Zahlungstitels ein Klavier des S, das in dessen Wohnung steht. V, der Vermieter des S, will gegen diese Pfändung vorgehen, da S schon seit Monaten die Miete nicht mehr bezahlt hat.

1. V kann **nicht mit der Drittwiderspruchsklage** gegen diese Pfändung vorgehen, da er kein die Veräußerung hinderndes Recht an dem Klavier besitzt. Sein Vermieterpfandrecht (§ 562 BGB) ist ein besitzloses Pfandrecht, das die Drittwiderspruchsklage nicht begründen kann.[1180]

2. V kann aber nach § 805 **Klage auf vorzugsweise Befriedigung** gegen G erheben, da sein Vermieterpfandrecht, das schon **vor** der Pfändung des Klaviers entstanden ist, dem Pfändungspfandrecht des G im Rang vorgeht. V kann daher die Vollstreckung nicht verhindern, wird aber aus dem Verwertungserlös mit Vorrang vor G befriedigt.

Abwandlung: Der Gerichtsvollzieher hat das Klavier bereits abgeholt.

Nach § 562 a S. 1 BGB erlischt das Vermieterpfandrecht mit der Entfernung der Sache vom Grundstück. Damit das Recht des Vermieters auf vorzugsweise Befriedigung, die ja gerade Verwertung der Sache und damit Entfernung durch den Gerichtsvollzieher voraussetzt, nicht illusorisch wird, nimmt die h.M. an, dass das Vermieterpfandrecht bei Entfernung der Sache durch den Gerichtsvollzieher jedenfalls wegen/entsprechend § 562 a S. 1 Hs. 2 BGB nicht erlischt und dass es auch der Fristwahrung aus § 562 b Abs. 2 S. 2 BGB nicht bedarf.[1181] Es erlischt jedoch dann, wenn die zurückgebliebenen Sachen zur Befriedigung des Vermieters offenbar ausreichen (entsprechend § 562 a S. 2 BGB).[1182] V hat also nur dann die Klage aus § 805, wenn die verbliebenen Sachen seine Forderung nicht mehr decken.

533

1178 MV/Flockenhaus § 805 Rn. 6; Brox/Walker, Rn. 1453 und Kliebisch JuS 2013, 316, 321 zu Problemen des § 805.
1179 MK/Gruber § 805 Rn. 27; MV/Flockenhaus § 805 Rn. 7.
1180 Vgl. dazu BGH RÜ 2009, 757; Musielak/Lackmann § 771 Rn. 23.
1181 BGH NJW 1986, 2426; MK/Gruber § 805 Rn. 9.
1182 BGHZ 27, 227; Brox/Walker, Rn. 1459.

534   **3.** Die Klage nach § 805 greift nicht ein, wenn mehrere Gläubiger in dieselbe Sache vollstreckt haben und sich um den Erlös streiten, etwa weil die Rangverhältnisse unklar sind.[1183] Hinsichtlich des in einem solchen Fall nach § 827 Abs. 2 zu hinterlegenden Erlöses greift dann das **Verteilungsverfahren** gemäß §§ 872 ff. ein. Der Gläubiger, der eine bessere Beteiligung anstrebt als nach dem Verteilungsplan vorgesehen, muss mittels Widerspruchs (§ 876) bzw. Widerspruchsklage (§ 878) gegen die von dem Widerspruch betroffenen Gläubiger vorgehen.

VI. Der Vollstreckungsschutzantrag des Schuldners nach § 765 a

535   § 765 a enthält die **Generalklausel des Schuldnerschutzes.** Auf Antrag des Schuldners kann das Vollstreckungsgericht eine Vollstreckungsmaßnahme ganz oder teilweise aufheben, untersagen oder einstweilen einstellen, wenn die Maßnahme bei Abwägung der Interessen von Gläubiger und Schuldner wegen ganz besonderer Umstände – also **absolute Ausnahme und eng auszulegen!** – eine mit den guten Sitten unvereinbare Härte bedeutet, d.h. zu einem **völlig untragbaren Ergebnis** führen würde.[1184]

Aus dieser engen Gesetzesformulierung ergibt sich, dass bei der vorzunehmenden Interessenabwägung grds. dem **Vollstreckungsinteresse des Gläubigers der Vorrang** zukommt. Nur dann, wenn die für den Schuldner aus einer Vollstreckung folgende Härte **erheblich schwerer** wiegt als das Interesse des Gläubigers an der grds. berechtigten Durchsetzung seines im Erkenntnisverfahren festgestellten Anspruchs, kommt daher die Anwendung des § 765 a in Betracht.[1185]

Als Ausnahmeregelung **subsidiär zu den anderen Rechtsbehelfen des Vollstreckungsrechts**, daher grds. nicht für Umstände, die mit anderen Rechtsbehelfen – z.B. der Vollstreckungserinnerung bei Verfahrensfehlern, wie der Verletzung von Pfändungsschutzvorschriften (§ 811, 850 ff.) – geltend zu machen sind, was daher auch zunächst zu prüfen ist: praktisch also ein **„Auffangrechtsbehelf"**.[1186]

§ 765 a ist von besonderer Bedeutung bei der Vollstreckung von **Räumungsurteilen hinsichtlich Wohnraum**, insbesondere bei alten oder kranken und insbesondere bei durch eine Räumungsvollstreckung **suizidgefährdeten Räumungsschuldnern.** Insoweit ist bei der Abwägung zum einen das naturgemäß besonders gewichtige Grundrecht des Schuldners aus Art. 2 Abs. 1 S. 2 GG – Schutz seines Lebens und seiner Gesundheit – zu berücksichtigen, ferner der Verhältnismäßigkeitsgrundsatz. Zum anderen ist zu beachten, dass sich auch der Gläubiger auf Grundrechte berufen kann: auf Schutz seines Eigentums (Art. 14 GG) und auf einen effektiven Rechtsschutz (Pflicht des Staates zur Durchsetzung von Vollstreckungstiteln).[1187] Daher ist auch bei Bestehen einer konkreten Lebensgefahr sorgfältig zu prüfen, ob diese Gefahr nicht auf andere Weise als durch Einstellung der Vollstreckung – z.B. durch medizinische oder betreuerische Maßnahmen – vermindert werden kann und ob der Räumungsschuldner seinerseits alles ihm Zumutbare unternommen hat, um Gefahren für Leben und Gesundheit möglichst auszuschließen; ggf. kommt auch eine nur befristete Einstellung der Räumungsvollstreckung in Betracht.[1188]

Räumungsschutz nach § 765 a ferner u.a. bei sonst notwendigem Schulwechsel der Kinder kurz vor Ende des Schuljahres, bei kurzfristiger Beziehbarkeit einer Ersatzwohnung.[1189]

Zuständig: Rechtspfleger (Richter gemäß § 6 RPflG), dagegen sofortige Beschwerde (§ 793).

1183   Musielak/Flockenhaus § 805 Rn. 6; GS/Gaul § 42 Rn. 13; ausführlich zum Prätendentenstreit Könen JA 2016, 132 ff.

1184   BVerfG NJW 2019, 2012; BVerfG NJW 2018, 954; BGH NJW-RR 2015, 393; BGH NJW 2010, 1002; BGH NJW 2009, 444; Zöller/Seibel § 765 a Rn. 5; PG/Scheuch § 765 a Rn. 1.

1185   MK/Heßler § 765 a Rn. 42; MV/Lackmann § 765 a Rn. 9.

1186   Brox/Walker, 1472; PG/Scheuch § 765 a Rn. 6; MV/Lackmann § 765 a Rn. 1, 2.

1187   BVerfG NJW 2019, 2012; BVerfG NJW 2016, 3090; BVerfG WM 2016, 556; BGH Rpfleger 2020, 159; BGH NJW-RR 2016, 1104; Nettersheim ZfIR 2017, 174; ausführlich zur Einstellung der Räumungsvollstreckung Suschke NZM 2015, 233.

1188   BVerfG NZM 2013, 93; BGH DGVZ 2010, 149; Muckel JA 2017, 154 ff. Kogel Rpfleger 2017, 372; Seifert Rpfleger 2017, 608.

1189   Zöller/Seibel § 765 a Rn. 11, 12; BL/Weber § 765 a Rn. 22; MV/Lackmann § 765 a Rn. 15.

B. Materiell-rechtliche Ansprüche nach Beendigung der Vollstreckung

Die Rechtsbehelfe des Vollstreckungsrechts gelten grds. nur, solange ein Vollstreckungsverfahren anhängig ist. Nach Durchführung/Beendigung der Vollstreckung können dem Betroffenen **nur noch materiell-rechtliche Ansprüche** zustehen.

536

> **Fall 41: Die Versteigerung einer schuldnerfremden Sache**
>
> Der Gerichtsvollzieher vollstreckt im Auftrag des G bei S. Er pfändet eine Filmkamera, die dem E gehört. Die Kamera wird versteigert; Ersteher ist X. Der Versteigerungserlös von 500 € wird – nach Abzug der Kosten (60 €) – an G ausgezahlt. Welche Ansprüche hat E?

I. Da die Zwangsvollstreckung vollständig abgeschlossen ist, kann E nicht mehr auf Rechtsbehelfe des Zwangsvollstreckungsrechts (Drittwiderspruchsklage) zurückgreifen. Er kann allerdings noch materiell-rechtliche Ansprüche gegen die Beteiligten – ggf. im Wege einfacher Leistungsklage – geltend machen.

537

Dass der Dritte keine Drittwiderspruchsklage erhoben hat, schließt seine materiell-rechtlichen Ansprüche nicht aus. Voraussetzung ist aber, dass sie Erfolg gehabt hätte.[1190]

Hatte der Dritte Drittwiderspruchsklage gegen den Vollstreckungsgläubiger erhoben, kann das auf die Klage hin ergangene Urteil allerdings im Verhältnis dieser Beteiligten Rechtskraftwirkungen auslösen, die auch die materielle Rechtslage beeinflussen. Ist der Drittwiderspruchsklage stattgegeben worden, steht für dieses Verhältnis fest, dass der Vollstreckungszugriff rechtswidrig war. Ist die Drittwiderspruchsklage als unbegründet abgewiesen worden, schließt dies materiell-rechtliche Bereicherungs- oder Schadensersatzansprüche des Dritten gegen den Vollstreckungsgläubiger aus.[1191]

II. Anspruch E **gegen den Ersteher X auf Herausgabe der Kamera**?

538

1. **§ 985 BGB:** Scheidet aus, da X durch die Ablieferung der Kamera in der Zwangsversteigerung durch den Gerichtsvollzieher (§ 817 ZPO) wirksam – durch Hoheitsakt – das Eigentum erlangt hat, unabhängig davon, ob die Sache dem Vollstreckungsschuldner oder einem Dritten gehört hatte (s.o. Rn. 438 ff.).

2. **§ 1007 Abs. 1, 2 BGB:** Entfällt, weil der Ersteher X Eigentümer der Kamera geworden ist (§ 1007 Abs. 2 S. 1 BGB).

3. **§ 861 BGB:** Eine verbotene Eigenmacht des X selbst scheidet schon deshalb aus, weil E im Zeitpunkt der Ablieferung keinen Besitz mehr an der Sache gehabt hat. Auch der Gerichtsvollzieher hat keine verbotene Eigenmacht begangen, da er die Kamera bei der Pfändung kraft Amtes und unter Berücksichtigung der Vollstreckungsvoraussetzungen (= Voraussetzungen der öffentlich-rechtlichen Befugnis seines Tätigwerdens) in Besitz genommen hat.

4. **§ 687 Abs. 2 BGB:** Entfällt, da der Erwerb des Eigentums durch X kein Geschäft des E als des früheren Eigentümers gewesen sein kann.

1190 BGHZ 119, 75, 86; Brox/Walker, Rn. 456; ausführlich zu Ansprüchen bei Pfändung und Verwertung schuldnerfremder Sachen Herberger JA 2018, 256; Pfeiffer JA 2012, 892; Büchler JuS 2011, 691; 779; Stadler/Bensching Jura 2002, 438.

1191 StJ/Münzberg § 771 Rn. 85; StJ/Althammer § 322 Rn. 197; MK/Schmidt/Brinkmann § 771 Rn. 79; Pfeiffer JA 2012, 892.

5. **§ 812 BGB:** X hat zwar das Eigentum an der Kamera unmittelbar auf Kosten des E erlangt; denn mit der Ablieferung durch den Gerichtsvollzieher hat X das Eigentum erworben, E es verloren. Diese Vermögensverschiebung ist jedoch **mit Rechtsgrund** erfolgt, da der **Zuschlag** bei der Versteigerung Rechtsgrund für die vom Gerichtsvollzieher vorgenommene Eigentumsübertragung ist.[1192]

6. **§ 816 BGB:** Entfällt, weil der Gerichtsvollzieher bei der Ablieferung weder eine rechtsgeschäftliche Verfügung getroffen noch als Nichtberechtigter gehandelt und X auch nicht unentgeltlich/rechtsgrundlos erworben hat.[1193]

7. **§ 823 BGB:** Scheidet aus, weil der in dem Eigentumserwerb zu sehende Eingriff in das Eigentum des E nicht rechtswidrig ist. Der Ersteher erlangt das Eigentum durch **rechtmäßigen Hoheitsakt**.[1194]

8. **§ 826 BGB: Kann grds. – bei Vorliegen der besonderen Anspruchsvoraussetzungen – eingreifen.** Denn § 826 BGB gibt eine Anspruchsmöglichkeit gerade auch bei Missbrauch einer formalen Rechtsstellung, sodass der Umstand, dass der Ersteher das Eigentum – jedenfalls: formal – rechtmäßig erworben hat, einem Anspruch aus § 826 BGB nicht entgegensteht.[1195]

Die Voraussetzungen des § 826 BGB werden jedoch kaum einmal gegeben sein; Bösgläubigkeit allein reicht hierzu noch nicht aus.

Somit: Gegen den Ersteher einer schuldnerfremden Sache kommt nur (allenfalls) ein Schadensersatzanspruch aus § 826 BGB in Betracht.

539 III. Anspruch E gegen **den Vollstreckungsgläubiger G auf Herausgabe des Versteigerungserlöses**

1. **§§ 989, 990 BGB:** Setzt voraus, dass zwischen E und G eine Vindikationslage bestanden hat. Dies war jedoch nicht der Fall, da der Eigentümer einer gepfändeten schuldnerfremden Sache gegen den Vollstreckungsgläubiger während des Vollstreckungsverfahrens keinen Herausgabeanspruch aus § 985 BGB, sondern nur die Klagemöglichkeit nach § 771 besitzt. Daher kann nach (wohl noch) h.M. kein Anspruch aus §§ 989, 990 BGB bestehen.[1196]

Nach einer verbreiteten Gegenmeinung ist dagegen ein Anspruch aus §§ 989, 990 BGB möglich. Ein Eigentümer-Besitzer-Verhältnis hat bestanden, da der nur verfahrensrechtliche Vorrang des § 771 das materielle Recht nicht modifizieren könne.[1197]

2. **§ 823 BGB:** Greift ein, wenn der Vollstreckungsgläubiger **schuldhaft** gehandelt hat, d.h. – schon bei Beginn oder erst im Verlauf des Vollstreckungsverfahrens – das **Eigentum des Dritten kannte oder kennen musste**. Die Vollstreckung in

---

1192 BGH NJW 2013, 2519; Palandt/Sprau § 812 BGB Rn. 111; Schuschke/Raebel/Thole Anhang § 771 Rn. 16; Baur/Stürner/Bruns § 29.18; Brox/Walker, Rn. 463; GS/Schilken § 53 Rn. 54.

1193 Vgl. Palandt/Sprau § 812 BGB Rn. 111; Büchler JuS 2011, 692, 693; weitere Nachweise s.u. Rn. 539.

1194 BGHZ 55, 20, 26; Brox/Walker, Rn. 461; GS/Schilken § 53 Rn. 54; Herberger JA 2018, 256, 258.

1195 BGH NJW 1979, 162, 163; StJ/Münzberg § 771 Rn. 84; GS/Schilken § 53 Rn. 54; Brox/Walker, Rn. 462.

1196 RGZ 108, 260; BL/Hunke, Grundz. vor § 771 Rn. 4; Schuschke/Raebel/Thole Anhang § 771 Rn. 8; Brox/Walker, Rn. 465; Prütting/Stickelbrock, S. 123; Herberger JA 2018, 256, 260; Pfeiffer JA 2012, 892, 893; Büchler JuS 2011, 692, 694 f.

1197 MK/Gruber § 804 Rn. 46; StJ/Münzberg § 771 Rn. 90; Stadler/Bensching Jura 2002, 443/444.

eine schuldnerfremde Sache ist nach allgemeiner Ansicht im Verhältnis des Gläubigers **zu dem Dritten materiell rechtswidrig**, da nur das Vermögen des Schuldners rechtens dem Zugriff seiner Gläubiger unterliegt.[1198]

Diese Haftung kann auch den Prozessbevollmächtigten (Rechtsanwalt) treffen, der für den Vollstreckungsgläubiger die Vollstreckung betreibt.[1199]

3. **§ 280 BGB:** Zwischen Vollstreckungsgläubiger und Eigentümer entsteht durch die Pfändung eine gesetzliche Sonderbeziehung **(gesetzliches Schuldverhältnis)** mit der Verpflichtung des Gläubigers zur sorgfältigen Prüfung, ob von Dritten am Vollstreckungsgegenstand geltend gemachte Rechte bestehen. Eine schuldhafte Verletzung – auch über § 278 BGB – macht ersatzpflichtig.[1200]

Zum Teil wird ein solches Schuldverhältnis abgelehnt, da keine privatrechtliche Beziehung bestehe; es werde bei Annahme der Geltung der §§ 989, 990 BGB auch nicht benötigt.[1201]

4. **§ 826 BGB:** Ist ebenfalls grds. möglich, da eine bewusste Befriedigung aus schuldnerfremdem Vermögen als sittenwidrig zu bewerten ist.

5. **§ 687 Abs. 2 BGB:** Kommt ebenfalls in Betracht,[1202] setzt jedoch ebenfalls Kenntnis des Gläubigers von der Schuldnerfremdheit der Sache voraus.

Zu (1)–(5): Es kommt insoweit also auf **Verschulden** – Kenntnis bzw. Kennenmüssen – des Vollstreckungsgläubigers an, was natürlich eine Frage des Einzelfalles ist; ggf. auch Einschränkung durch § 254 BGB (Mitverschulden).

6. **§ 816 BGB:** Scheidet nach allgemeiner Ansicht aus, weil der Gerichtsvollzieher keine rechtsgeschäftliche Verfügung trifft, sondern kraft Hoheitsakts das Eigentum überträgt und weil er auch nicht als Nichtberechtigter handelt.[1203]

7. **§ 812 BGB:** Nach allgemeiner Ansicht als **Eingriffskondiktion** gegeben: **540**

E war im Wege der dinglichen Surrogation (analog § 1247 BGB) Eigentümer auch des Versteigerungserlöses geworden. Durch die Auszahlung des Erlöses durch den Gerichtsvollzieher an G hat dieser kraft Hoheitsaktes das Eigentum an dem Erlös erlangt, während E das Eigentum verloren hat. G hat daher unmittelbar auf Kosten des E das Eigentum an dem Versteigerungserlös erlangt. Für diese Vermögensverschiebung – die nicht durch privatrechtliche „Leistung", sondern in „sonstiger Weise" erfolgt ist – ist im Verhältnis des E zu G **kein rechtfertigender Grund gegeben, da G kein Recht auf Befriedigung aus schuldnerfremdem Vermögen** besitzt.[1204]

1198 BGHZ 55, 20, 26; 58, 207, 209; 67, 378, 382; 118, 201; BGH NJW 1985, 1959, 1960; Pfeiffer JA 2012, 892, 893; BL/Hunke Grundz. vor § 771 Rn. 4; Baur/Stürner/Bruns § 29.18; Brox/Walker, Rn. 467; GS/Gaul § 41 Rn. 183; GS/Schilken § 53 Rn. 57 – ablehnend StJ/Münzberg § 771 Rn. 89 bei fahrlässiger Unkenntnis des Vollstreckungsgläubigers.

1199 BGHZ 118, 205.

1200 BGHZ 58, 207, 214; Brox/Walker, Rn. 466; Pfeiffer JA 2012, 892, 893; Büchler JuS 2011, 692, 694.

1201 GS/Gaul § 7 Rn. 20, § 41 Rn. 189; MK/Gruber § 804 Rn. 37; vgl. dazu auch Büchler JuS 2011, 691, 694.

1202 Palandt/Sprau § 812 BGB Rn. 112; Büchler JuS 2011, 691, 694.

1203 RGZ 156, 399; StJ/Münzberg § 771 Rn. 85; Palandt/Sprau § 812 BGB Rn. 111; GS/Schilken § 53 Rn. 59; Brox/Walker, Rn. 469; Herberger JA 2018, 256, 261; Pfeiffer JA 2012, 892; Büchler JuS 2011, 779.

1204 BGHZ 32, 241; 100, 95, 99; BGH NJW 2019, 2156; Palandt/Sprau § 812 BGB Rn. 112; MK/Gruber § 804 Rn. 42, 47; Schuschke/Raebel/Thole Anhang § 771 Rn. 2 ff; Zöller/Herget § 771 Rn. 23; GS/Schilken § 53 Rn. 59; Baur/Stürner/Bruns § 29.18; Brox/Walker, Rn. 470; Herberger JA 2018, 256, 261; Büchler JuS 2011, 779.

Der Vollstreckungsgläubiger hatte zunächst an der gepfändeten Sache – da schuldnerfremd – kein Pfändungspfandrecht erlangt, demgemäß auch nicht im Wege der dinglichen Surrogation am Versteigerungserlös (gemischt privatrechtlich-öffentlich-rechtliche Theorie), jedenfalls kein materielles Befriedigungsrecht (öffentlich-rechtliche Theorie), s. auch Rn. 432 ff.

Dabei ist der Vollstreckungsgläubiger nach h.M. nur in Höhe des **Nettoerlöses** bereichert, also um den an ihn ausgekehrten Betrag unter Abzug der Vollstreckungskosten.[1205]

Der Gläubiger hat durch die Verwertung der schuldnerfremden Sache, da ihm der Erlös nicht gebührt, seine Forderung gegen seinen Schuldner nicht verloren (kein Titelverbrauch, neue vollstreckbare Ausfertigung möglich);[1206] daher: kein Wegfall der Bereicherung.

Ein Bereicherungsanspruch besteht aber nicht, wenn eine Drittwiderspruchsklage gemäß § 242 BGB wegen einer **Verpflichtung des Dritten, die Zwangsvollstreckung zu dulden, unbegründet** wäre (unzulässige Rechtsausübung, s.o. Rn. 528).[1207] Denn dann war der Vollstreckungsgläubiger zur Vollstreckung in die schuldnerfremde Sache berechtigt, sein Eigentumserwerb am Versteigerungserlös daher nicht rechtsgrundlos. Der Vollstreckungsgläubiger hat daher insoweit dieselben Einwendungen wie gegenüber einer Drittwiderspruchsklage.

Somit: Der frühere Eigentümer hat gegen den Vollstreckungsgläubiger einen Bereicherungsanspruch auf den Versteigerungserlös aus § 812 BGB,

bei Vorliegen der subjektiven Voraussetzungen auch Schadensersatzansprüche aus §§ 823, 826, 687 Abs. 2 BGB und aus Verletzung des gesetzlichen Schuldverhältnisses (oder §§ 989, 990 BGB, str.).

541 Hat der Gläubiger **selber die schuldnerfremde Sache ersteigert** oder ist ihm die Sache gemäß § 825 zugewiesen worden, so gilt nach h.M. grds. das Gleiche: Kein Anspruch auf Herausgabe der Sache selbst – Ausnahme § 826 BGB –, da insoweit der Gläubiger die Stellung des Erstehers hat.[1208] Aber: Verpflichtung aus §§ 812, 818 Abs. 2 BGB (bzw. den anderen in Betracht kommenden Anspruchsgrundlagen) zur Herausgabe des gemäß § 817 Abs. 4 erlangten Erlöses.[1209]

542 **IV. Gegen den Vollstreckungsschuldner** S können nur Ersatzansprüche aus einem zwischen E und S bestehenden Schuldverhältnis gegeben sein,

nicht aber Bereicherungsansprüche, da S nicht von seiner Schuld befreit worden und daher nicht bereichert ist;[1210] u.U. auch Schadensersatzanspruch aus §§ 823, 826 BGB.[1211]

543 **V. Gegen den Staat (Land)** kommen bei rechtswidrigem und schuldhaftem Verhalten des Gerichtsvollziehers **Amtshaftungsansprüche** in Betracht,[1212]

nicht aus Enteignung oder enteignungsgleichem Eingriff, da in der Belastung durch den Vollstreckungszugriff kein Sonderopfer des E zugunsten der Allgemeinheit liegt.[1213]

1205 BGHZ 66, 150, 155; Zöller/Herget § 771 Rn. 23; Herberger JA 2018, 256, 261; Büchler JuS 2011, 779, 780 f.; a.A. StJ/Münzberg § 771 Rn. 67.

1206 Brox/Walker, Rn. 421, 472; MK/Gruber § 815 Rn. 18; Büchler JuS 2011, 779, 781 (u.U. auch neue Klage).

1207 BGHZ 100, 95, 105, 106.

1208 BGH NJW 1987, 1880; Schuschke/Raebel/Thole Anhang § 771 Rn. 10; Büchler JuS 2011, 779, 781 f.; a.A.: auch bei normalem Verschulden gemäß §§ 823, 249 BGB: MK/Gruber § 804 Rn. 48; Brox/Walker, Rn. 475.

1209 BGHZ 100, 95; Büchler JuS 2011, 779, 782.

1210 Hk-ZPO/Kemper § 819 Rn. 5; GS/Schilken § 53 Rn. 55; MK/Gruber § 804 Rn. 50. – Abw. ThP/Seiler § 819 Rn. 8 bei Genehmigung der Vollstreckung durch den Eigentümer: § 816 BGB.

1211 Schuschke/Raebel/Thole Anhang § 771 Rn. 12; Büchler JuS 2011, 779, 784.

1212 BGHZ 32, 240; StJ/Münzberg § 771 Rn. 92; ThP/Seiler § 819 Rn. 9; Schuschke/Raebel/Thole Anhang § 771 Rn. 15.

1213 BGHZ 32, 240; Schuschke/Raebel/Thole Anhang § 771 Rn. 16; MK/Gruber § 804 Rn. 49.

C. Übungsfälle

> **Fall 42: Vollstreckungseinschränkende Vereinbarung**
>
> Der G hat einen Zahlungstitel gegen S auf Zahlung von 10.000 €. Aufgrund dieses Titels pfändet der Gerichtsvollzieher bei S mehrere Bilder. G hatte jedoch zuvor mit S vereinbart, nicht in diese Bilder zu vollstrecken. S fragt daher, was er gegen die Pfändung unternehmen kann.

Die Beteiligten haben dadurch, dass G sich dem S gegenüber verpflichtete, nicht in die Bilder zu vollstrecken, eine **vollstreckungseinschränkende Vereinbarung** getroffen. Die erfolgte Pfändung verstößt gegen diese Vereinbarung.   **544**

I. Vollstreckungseinschränkende Vereinbarungen sind im Rahmen der §§ 134, 138 BGB grds. zulässig, da der Gläubiger von der (uneingeschränkten) Vollstreckung seines Titels absehen und sich dazu dann auch entsprechend verpflichten kann.[1214]

II. Die Frage, wie der Vollstreckungsschuldner eine vollstreckungseinschränkende Vereinbarung geltend machen kann, ist umstritten.

Die Rechtsbehelfe des Vollstreckungsrechts können nicht unmittelbar eingreifen. Eine Erinnerung nicht, weil das Vollstreckungsorgan mit der Vollstreckung keine Verfahrensvorschrift verletzt hat; Vollstreckungsgegenklage nicht, weil der titulierte Anspruch des Gläubigers als solcher von der Vereinbarung nicht betroffen wird. In Betracht kommt daher nur eine entsprechende Anwendung.

1. Der **BGH**[1215] verweist den Schuldner auf den Weg einer **Vollstreckungsgegenklage** entsprechend § 767, da es sich um eine materiell-rechtliche Einwendung handele, die nicht das formelle Vollstreckungsverfahren betreffe. Eine Vollstreckung entgegen einer vollstreckungseinschränkenden Vereinbarung verletze keine vollstreckungsrechtliche Verfahrensnorm.[1216]

    Ob dabei die Klage grds. ohne die Beschränkung des § 767 Abs. 2 zugelassen wird, ist nicht eindeutig,[1217] wird aber für eine echte **ausschließlich** die Vollstreckung beschränkende Vereinbarung zu bejahen sein. Denn die Rechtskraft des Titels wird nicht berührt; die Vereinbarung konnte auch noch nicht im Erkenntnisverfahren gegenüber z.B. einer Zahlungsklage eingewandt werden.

2. Im Schrifttum wird dagegen weitgehend wegen der größeren Ähnlichkeit des Verletzungstatbestandes – die Vollstreckung sei zwar nicht objektiv, aber zwischen den Parteien verfahrensfehlerhaft – auf die **Erinnerung** abgestellt.

    a) Dabei wird zum Teil eine ausschließliche Geltung des § 766 vertreten.[1218]

    b) **Vermittelnd jedoch das überwiegende Schrifttum:** Der Schuldner könne zwar grds. die Vollstreckungsvereinbarung mit der **prozessual einfacheren**

1214 BGH NJW 1968, 700; 1991, 2296; s.o. Rn. 383.
1215 BGH RÜ2 2017, 224; vgl. auch ThP/Seiler § 766 Rn. 26 mit Meinungsübersicht.
1216 BGH NJW 2017, 2202; ebenso: OLG Köln NJW-RR 1995, 576; OLG Karlsruhe MDR 1998, 1432; GS/Gaul § 33 Rn. 54.
1217 Vgl. BGH NJW 1991, 2296; ausführlich zu Vollstreckungsvereinbarungen Hergenröder DGVZ 2013, 145 ff.
1218 Jauernig/Berger § 1 Rn. 29 ff.; Baur/Stürner/Bruns § 10.9.

Erinnerung entsprechend § 766 geltend machen. **Daneben** sei aber auch die **Klage entsprechend § 767** statthaft, wenn die Vereinbarung

aa) auch **materiell-rechtlich** den titulierten Anspruch beeinflusse[1219] oder

bb) **streitig und nicht einfach beweisbar** sei, weil dann die Entscheidung nicht dem Vollstreckungsorgan überlassen bleiben könne und weil das Erkenntnisverfahren die besseren Klärungsmöglichkeiten biete.[1220]

3. Somit: Nach den Literaturmeinungen kann (bzw. muss) S daher gegen die Pfändung Erinnerung entsprechend § 766 beim Vollstreckungsgericht einlegen, nach der BGH-Rspr. dagegen Vollstreckungsgegenklage entsprechend § 767 erheben.

Fall 43: Zwangsvollstreckung und Abzahlungsgeschäft

Der G hat dem S ein Klavier unter Eigentumsvorbehalt verkauft. Als S die vereinbarten Raten nicht mehr zahlt, erwirkt G gegen ihn ein Zahlungsurteil auf Zahlung der rückständigen Beträge. G beauftragt den Gerichtsvollzieher mit der Vollstreckung. Der Gerichtsvollzieher pfändet das Klavier. Wie kann S dagegen vorgehen?

545 I. Eine **Vollstreckungserinnerung** gemäß § 766 ist nicht erfolgversprechend, da durch die Pfändung keine Verfahrensvorschriften verletzt worden sind.

II. S kann **Vollstreckungsgegenklage** gemäß § 767 erheben, wenn ihm eine nachträglich entstandene materiell-rechtliche Einwendung oder Einrede gegen den titulierten Anspruch – den Kaufpreisanspruch des G – zusteht.

1. Eine solche Einwendung könnte durch die Pfändung entstanden sein. In dieser Pfändung könnte eine Rücknahme des Klaviers durch G und damit ein **Rücktritt** vom Kaufvertrag gemäß **§ 508 S. 5 BGB** (früher: § 508 Abs. 2 S. 4 BGB) zu sehen sein, was den titulierten Kaufpreisanspruch hinfällig machen könnte.

Die Rechtslage wird durch die Regelung in § 811 Abs. 2 nicht berührt.[1221] Denn die grds. Pfändbarkeit einer unter Eigentumsvorbehalt verkauften Sache hat keine Bedeutung für die Frage eines Rücktritts und seiner Wirkung.

a) Die **Pfändung** der Sache kann jedoch noch keinen Rücktritt bedeuten, da der Schuldner noch nicht endgültig Besitz und Nutzung der Sache verliert.[1222]

b) Gleiches gilt für die **Wegnahme** durch den Gerichtsvollzieher, da sich das Vollstreckungsverfahren dann immer noch anderweitig, ohne Verlust der Sache für den Schuldner, erledigen kann.[1223]

1219 BL/Schmidt, Grundz. vor § 704 Rn. 25, 27; StJ/Münzberg § 766 Rn. 23; Zöller/Herget vor § 704 Rn. 25; MK/Schmidt/Brinkmann § 766 Rn. 34, 35; vgl. auch ThP/Seiler § 766 Rn. 26.
1220 Schuschke/Walker/Thole § 766 Rn. 15, 16; MV/Lackmann § 766 Rn. 7; Brox/Walker, Rn. 204; Prütting/Stickelbrock, S. 95, 193.
1221 Schuschke/Walker/Thole § 811 Rn. 4.
1222 BGHZ 39, 97 (zum inhaltsgleichen früheren § 5 AbzG); MK/Schmidt/Brinkmann § 767 Rn. 64.
1223 Vgl. dazu Zöller/Herget § 817 Rn. 15; Schuschke/Walker/Loyal Anhang § 825 Rn. 3; Brox/Walker, Rn. 440; a.A. MK/Schmidt/Brinkmann § 767 Rn. 64.

c) Die **Verwertung (Versteigerung) der Sache** löst dagegen die Rücktrittswirkung aus, da der Schuldner durch sie den Besitz endgültig verliert.[1224]

2. Dass der Rücktritt erst in der Verwertung liegt, hat zur Folge, dass **erst in diesem Zeitpunkt** der titulierte Anspruch entfällt. Der Schuldner kann daher die Verwertung durch die Erhebung einer Vollstreckungsgegenklage **nicht verhindern.**   546

> Der Schuldner kann aber jedenfalls **nach der Verwertung** gegen den Gläubiger vorgehen, z.B. aus § 812 BGB, was dann dazu führt, dass auf seine Klage hin sämtliche aufgrund des Rücktritts entstandenen gegenseitigen Ansprüche zu berücksichtigen sind. Der Schuldner kann – unstreitig – auch Vollstreckungsgegenklage erheben, wenn nach der Verwertung der Titel noch nicht vollständig erledigt oder der Erlös noch nicht an den Gläubiger ausgezahlt ist.[1225]

3. Da aber dem Schuldner ein Vorgehen nach der Verwertung oft nichts mehr nützt und da die in der Verwertung der Sache liegende Rücknahme dann ohne Berücksichtigung seiner Ansprüche aus § 346 BGB – die aber nach § 348 BGB gerade Zug um Zug zu erfüllen sind – erfolgt wäre, wird zugelassen, dass der Schuldner **bereits vor der Verwertung** und damit bereits vor dem eigentlichen Entfallen der titulierten Forderung die Vollstreckungsgegenklage erhebt. Der Antrag geht dann dahin, dass die Verwertung der Sache nur für zulässig erklärt wird **Zug um Zug gegen Erfüllung seiner – bestimmt zu beziffernden – Ansprüche.**[1226]

> Die Verwertung ist dann zwar möglich, die – konkret, auch unter Berücksichtigung der Ansprüche des Gläubigers zu berechnenden – Ansprüche des Schuldners werden aber bereits bei der Verwertung berücksichtigt.
>
> Entsprechendes gilt bei Verwertung nach § 825, insbesondere bei Überweisung an den Vorbehaltsverkäufer (s.o. Rn. 444). Die Ablieferung gilt als Rücknahme und damit als Rücktritt.[1227]

Fall 44: Pfändung von Grundstückszubehör

S stellt auf seinem Fabrikgrundstück, das mit einer Hypothek zugunsten der H-Bank belastet ist, Maschinen her. Zum Transport benutzt er einen Lkw. Diesen Lkw lässt G, ein Gläubiger des S, aufgrund eines Zahlungstitels durch den Gerichtsvollzieher pfänden. Welche Rechte haben S und die H-Bank?

I. S und die H-Bank können **Erinnerung** (§ 766) einlegen, da der Gerichtsvollzieher   547
eine Verfahrensvorschrift verletzt hat. Denn Grundstückszubehör (vgl. §§ 97, 98 BGB) darf nicht im Wege der Mobiliarvollstreckung gepfändet werden (§ 865 Abs. 2 S. 1; s.o. Rn. 404). Die Erinnerung wegen einer Verletzung des § 865 Abs. 2 S. 1 steht außer dem Schuldner unstreitig auch den dinglich am Grundstück Berechtigten zu, da diese Bestimmung auch ihrem Schutz dient.[1228]

1224 H.M.: BGHZ 55, 59; Baur/Stürner/Bruns § 29.10; StJ/Münzberg § 814 Rn. 14; Zöller/Herget § 817 Rn. 15; Schuschke/Walker/Loyal Anhang § 825 Rn. 4; Brox/Walker, Rn. 440; Rahak JA 2011, 101 ff.

1225 MK/Gruber § 817 Rn. 26; Baur/Stürner/Bruns § 29.10.

1226 StJ/Münzberg § 814 Rn. 13, 14; MK/Gruber § 817 Rn. 25; MK/Schmidt/Brinkmann § 767 Rn. 64; MV/Flockenhaus § 817 Rn. 8; GS/Gaul § 40 Rn. 42; Brox/Walker, Rn. 441; Rahak JA 2011, 101.

1227 Vgl. MK/Gruber § 825 Rn. 19; Brox/Walker, Rn. 440.

1228 MK/Dörndorfer § 865 Rn. 64 ff.; Zöller/Seibel § 865 Rn. 12; MV/Flockenhaus § 865 Rn. 11; dazu Meerhoff ZflR 2016, 556.

548 II. Streitig ist dagegen, ob der Hypothekengläubiger gegen die Pfändung von Sachen des § 865 auch mit der **Drittwiderspruchsklage** vorgehen kann.

1. Nach einer Ansicht ist dies zu verneinen: Der Hypothekengläubiger könne kein die Veräußerung hinderndes Recht an den der Hypothekenhaftung unterliegenden Gegenständen besitzen, da eine Veräußerung dieser Sachen durch den Schuldner gerade zulässig ist (vgl. §§ 1121 ff. BGB). Die Erinnerungsmöglichkeit reiche zum Schutz des Hypothekengläubigers aus.[1229]

2. Die h.M.[1230] gesteht dagegen dem Hypothekengläubiger die Drittwiderspruchsklage zu. Die Bestimmung des § 865 Abs. 2 S. 1 schütze das Recht des dinglich Berechtigten in gleichem Maße wie das Eigentum, das aber unzweifelhaft die Drittwiderspruchsklage begründe. Würde dem Hypothekengläubiger die Klagemöglichkeit aus § 771 versagt, müsste er, um den Zugriff Dritter auf das ihm nach § 1120 BGB haftende Zubehör zu verhindern, seinerseits aus der Hypothek die Zwangsversteigerung des Grundstücks betreiben, wozu er aber möglicherweise – z.B. mangels Fälligkeit – noch nicht berechtigt sei und was er i.d.R. auch nicht wolle. Denn dem Hypothekengläubiger liege gerade daran, die Zubehörstücke im Haftungsverband zu erhalten, wo sie den Wert des Grundstücks und damit seine Sicherheit erhöhen, nicht aber daran, den Haftungsverband zu zerschlagen.

Fall 45: Drittwiderspruchsklage und unzulässige Rechtsausübung

Der A hat seiner Freundin F einen Flügel geschenkt. Einen Monat später lässt der Gläubiger G des A diesen Flügel, der noch in der Wohnung des A steht, pfänden. Die F erhebt Drittwiderspruchsklage.

549 Die Drittwiderspruchsklage der F nach § 771 gestützt auf ihr Eigentum an dem Flügel ist an sich begründet.

Etwas anderes gilt jedoch dann, wenn A nicht mehr in der Lage wäre, seine Gläubiger zu befriedigen. Denn dann wäre die schenkweise Übereignung des Flügels einen Monat vor der Pfändung gemäß §§ 1, 4 AnfG **anfechtbar**, sodass er gemäß § 11 AnfG dem G zur Befriedigung zur Verfügung gestellt werden müsste, F daher die **Vollstreckung in den Flügel zu dulden** hätte (s.o. Rn. 376 ff.). Dies könnte G gemäß § 9 AnfG durch Einrede geltend machen. Der Klage stünde dann der Einwand der unzulässigen Rechtsausübung entgegen (s.o. Rn. 528).

Vorliegend hätte G auch seinerseits gegen F wegen der unentgeltlichen Leistung i.S.d. § 4 AnfG eine **Anfechtungsklage** auf Duldung der Vollstreckung in den Flügel erheben[1231] und dann aus einem entsprechenden Duldungsurteil den Flügel pfänden können (s.o. Rn. 379). Dann hätte F von vornherein nicht mehr die Drittwiderspruchsklage

---

1229 BL/Nober § 865 Rn. 14; MK/Dörndorfer § 865 Rn. 65; Hk-ZPO/Kindl § 865 Rn. 11.

1230 Zöller/Seibel § 865 Rn. 12; Schuschke/Schuschke/Göbel § 865 Rn. 10, § 771 Rn. 26; MV/Flockenhaus § 865 Rn. 11; Baur/Stürner/Bruns § 34.30; Brox/Walker, Rn. 229; GS/Schilken § 49 Rn. 32.

1231 Vgl. dazu BGH MDR 2015, 978 und Huber DZWIR 2019, 101, 108 f.

mit Erfolg erheben können, da sie in diesem Fall Vollstreckungsschuldnerin und nicht mehr „Dritte" i.S.d. § 771 wäre.

Fall 46: Vollstreckung in unpfändbare Sache

G lässt aufgrund eines Zahlungsurteils über 5.000 € gegen S dessen Pkw pfänden. Den Versteigerungserlös von 6.500 € händigt der Gerichtsvollzieher in Höhe von 5.000 € dem G, im Übrigen dem S aus. S verlangt nunmehr von G (Rück-)Zahlung von 5.000 €, mit der Begründung, der Wagen sei unpfändbar gewesen, da er auf ihn zur Erreichung seiner Arbeitsstelle dringend angewiesen gewesen sei.

Dem S könnte gegen G ein Bereicherungsanspruch aus § 812 Abs. 1 S. 2 Alt. 2 BGB zustehen. **550**

Wenn der Wagen gemäß § 811 Abs. 1 Nr. 5 unpfändbar gewesen sein sollte – wenn S seine Arbeitsstelle nicht anders zumutbar erreichen konnte (s.o. Rn. 415) –, hatte G durch die Pfändung kein Pfändungspfandrecht erlangt. Die Pfändung einer unpfändbaren Sache begründet nach der herrschenden gemischt privatrechtlich-öffentlich-rechtlichen Theorie kein Pfändungspfandrecht.[1232] Der Umstand allein, dass S gegen die Pfändung keine Erinnerung nach § 766 eingelegt hat, kann nicht als Einverständnis oder Genehmigung der Pfändung oder Verzicht auf den Pfändungsschutz gewertet werden.[1233]

Demgemäß hat G das Eigentum an dem Versteigerungserlös, an dem sich zunächst das Eigentum des S an dem Wagen fortgesetzt hatte (dingliche Surrogation, s.o. Rn. 443), ohne Rechtsgrund in sonstiger Weise auf Kosten des S erhalten, was – entsprechend zur Rechtslage bei der Verwertung schuldnerfremder Sachen (s.o. Fall 41 Rn. 537 f.) – einen Anspruch des S aus Eingriffskondiktion nach § 812 Abs. 1 S. 2 Alt. 2 BGB begründet.[1234] Dies setzt dann S wieder in die Lage, einen entsprechenden – unpfändbaren – Wagen zu erwerben und so den ursprünglichen Zustand wiederherzustellen.

Gegen diesen Anspruch könnte G dann aber an sich mit seinem fortbestehenden titulierten Anspruch aufrechnen.[1235] Damit G aber auf diese Weise letztlich nicht doch den Vollstreckungserlös behalten kann und damit aus der unpfändbaren Sache befriedigt wird, wird eine solche Aufrechnung entsprechend § 394 BGB für ausgeschlossen zu halten sein.[1236] G muss daher den Vollstreckungserlös an S zurückzahlen und versuchen, in anderer Weise aus seinem Titel zu vollstrecken.

1232 MV/Flockenhaus § 804 Rn. 7 und oben Rn. 429 ff.

1233 MK/Gruber § 804 Rn. 45; ausführlich zu Pfändungsverboten Özen/Hein JuS 2011, 894.

1234 MK/Gruber § 804 Rn. 45; Schuschke/Walker § 817 Rn. 12; BL/Weber § 811 Rn. 3; Baur/Stürner/Bruns § 23.10; Kaulbach Rpfleger 2008, 9; a.M. (öffentlich-rechtliche Theorie): StJ/Münzberg § 811 Rn. 22; Zöller/Herget § 811 Rn. 9; Wieczorek/Lüke § 811 Rn.12: aber ggf. Anspruch aus unerlaubter Handlung, jedenfalls aus § 826 BGB.

1235 BL/Weber § 811 Rn. 3; Baur/Stürner/Bruns § 23.10.

1236 MK/Gruber § 804 Rn. 45; Kaulbach Rpfleger 2008, 9, 11.

551

Die Rechtsbehelfe in der Zwangsvollstreckung

I. Vollstreckungserinnerung (§ 766):

1. Sie richtet sich gegen einen Verfahrensverstoß des Vollstreckungsorgans bei Vollstreckungsmaßnahmen (Rüge der „Art und Weise" der Vollstreckung).

2. **Gegensatz zur Vollstreckungsmaßnahme: „Entscheidung"** des Vollstreckungsgerichts; dagegen sofortige Beschwerde (§ 793), auch bei Entscheidung durch Rechtspfleger (§ 11 Abs. 1 RPflG).

II. Sofortige Beschwerde (§ 793): Gegen Entscheidungen im Vollstreckungsverfahren.

III. Vollstreckungsgegenklage (§ 767):

1. Prozessuale Gestaltungsklage des Vollstreckungsschuldners, gerichtet auf Unzulässigerklärung der Vollstreckung **aus dem Titel** aufgrund **materiell-rechtlicher Einwendungen oder Einreden** gegen den zu vollstreckenden materiellen Anspruch.

2. Die Klage kann bei Urteil wegen der Rechtskraft nur auf Umstände gestützt werden, die **nach** der letzten mündlichen Tatsachenverhandlung **entstanden** sind (§ 767 Abs. 2). Dabei entscheidet die objektive Möglichkeit der Geltendmachung; auch bei Gestaltungsrechten des Schuldners (h.M.; Schrifttum verbreitet: erst Ausübung).

IV. Drittwiderspruchsklage (§ 771):

1. Prozessuale Gestaltungsklage eines Dritten auf Unzulässigerklärung der Vollstreckung **in einen bestimmten Gegenstand.**

2. **Widerspruchsrecht (Interventionsrecht):** „Ein die Veräußerung hinderndes Recht", insbesondere dingliches Recht des Dritten an der Sache (wie Eigentum, auch Vorbehalts- und Sicherungseigentum, h.M.) und schuldrechtlicher Herausgabeanspruch (nicht Verschaffungsanspruch).

3. Der Klage steht der **Einwand der unzulässigen Rechtsausübung** (§ 242 BGB) entgegen, wenn der Dritte die Zwangsvollstreckung des Gläubigers in die (formal) dem Interventionsrecht unterliegende Sache zu dulden hat.

V. Klage auf vorzugsweise Befriedigung (§ 805): Für einen am Vollstreckungsgegenstand berechtigten Dritten zur Erreichung einer Befriedigung vor dem Vollstreckungsgläubiger (bei besserem Rang des Dritten).

VI. Vollstreckungsschutzantrag des Schuldners (§ 765 a): Wenn die Vollstreckung zu einem völlig untragbaren Ergebnis führen würde (subsidiär, Abwägung der Interessen von Vollstreckungsgläubiger und -schuldner).

VII. Nach Beendigung der Vollstreckung: Nur noch **materiell-rechtliche Ansprüche.** Bei Vollstreckung in schuldnerfremden Gegenstand kann der (frühere) Eigentümer:

1. Herausgabe der Sache vom **Ersteher** grds. nicht verlangen (nur u.U. § 826 BGB),

2. den Versteigerungserlös vom **Vollstreckungsgläubiger** aus **§ 812 BGB** – und u.U. Schadensersatz gemäß §§ 823, 826, 687 Abs. 2 BGB und gemäß § 280 BGB aus der Verletzung eines gesetzlichen Schuldverhältnisses (bzw. §§ 989, 990 BGB, str.), bei Vorliegen der subjektiven Voraussetzungen – beanspruchen.

3. Teil: Arrest und einstweilige Verfügung (§§ 916 ff.)

Die Durchführung eines ordentlichen Prozesses – u.U. durch mehrere Instanzen – und **552** der Zwangsvollstreckung kann längere Zeit in Anspruch nehmen. Es besteht daher ein Bedürfnis nach beschleunigter, wenn auch nur **vorläufiger Regelung und Sicherung** von Ansprüchen und Rechtsverhältnissen. Diesem Bedürfnis dienen die – in der Praxis sehr wichtigen – Eilverfahren des Arrestes und der einstweiligen Verfügung.

Abgrenzung der Geltungsbereiche des Arrestes und der einstweiligen Verfügung:

- Der **Arrest** sichert die künftige Vollstreckung wegen einer **Geldforderung** oder eines Anspruchs, der in eine Geldforderung übergehen kann (§ 916).

- Die **einstweilige Verfügung** ermöglicht eine Sicherung oder vorläufige Regelung hinsichtlich anderer Ansprüche **(Individualansprüche)**, Rechte oder regelungsbedürftiger Situationen (§§ 935, 940).

Die Parteien werden in diesem Verfahren als Gläubiger und Schuldner oder häufig auch als Antragsteller und Antragsgegner (im Urteil häufig auch: Arrest-/Verfügungskläger und -beklagter) bezeichnet.

A. Der Arrest

Zu unterscheiden sind der **dingliche Arrest** – d.h. der Arrest **in das Vermögen des** **553** **Schuldners** – und der kaum praxisrelevante, zum dinglichen Arrest subsidiäre persönliche Arrest (Zugriff auf den Schuldner selbst, §§ 918, 933).

I. Der Arrestprozess

1. Voraussetzungen des Arrestes

- Vorliegen eines **Arrestanspruchs**, also einer Geldforderung oder eines Anspruchs, **554** der in eine Geldforderung übergehen kann (§ 916) und

- Bestehen eines **Arrestgrundes**, d.h., es muss objektiv zu besorgen sein, dass ohne die Verhängung eines Arrestes die **künftige Zwangsvollstreckung wegen dieses Geldanspruchs vereitelt oder wesentlich erschwert** ist (§ 917).

Beispiele für das Bestehen eines Arrestgrundes: Alle nachteiligen Einwirkungen auf das Vermögen des Schuldners, mögen sie vom Schuldner, von Dritten oder vom Zufall ausgehen. Handlungen des Schuldners selbst sind insbes.: Vorbereitungen zur Flucht, Beiseiteschaffen von Vermögenswerten, unmotivierte Belastungen seines Grundbesitzes, Verschlechterung der Zugriffslage durch Umwandlung von Sachwerten in eine Geldforderung, verschwenderische Lebensweise, grds. auch bei Schädigung des Gläubigers durch eine vorsätzliche Vermögensschädigung (z.B. Betrug) und Wiederholungsgefahr.[1237]

Keinen Arrestgrund ergeben dagegen: Allein eine schlechte Vermögenslage des Schuldners, da gegen diese ein Arrest auch nicht hilft. Es muss vielmehr eine (weitere) Verschlechterung drohen.[1238] Keinen Arrestgrund bildet nach h.M. auch die Gefahr, dass andere Gläubiger in das Vermögen des Schuldners vollstrecken **(Gläubigerkonkurrenz)**, da hierdurch das Schuldnervermögen als solches nicht verringert, sondern nur zum Teil – durch Tilgung anderer Verbindlichkeiten – umgeschichtet würde.[1239]

1237 Vgl. dazu OLG Schleswig-Holstein MDR 2014, 1289; OLG Bamberg WM 2013, 649; StJ/Bruns § 917 Rn. 8; Zöller/Vollkommer § 917 Rn. 6 und ausführlich zum dinglichen Arrest Mertins JuS 2008, 692; Keller Jura 2007, 241.

1238 BGH NJW 1996, 321; MV/Huber § 916 Rn. 4; allgemein zum Arrestgrund Mathäser JuS 1995, 442 ff.

1239 BGH NJW 1996, 321; OLG Frankfurt ZHW 2014, 326; OLG Bamberg WM 2013, 649; MK/Drescher § 917 Rn. 8; ThP/Seiler § 917 Rn. 2; Huber JuS 2018, 226, 228; a.A. StJ/Bruns § 917 Rn. 1; Brox/Walker, Rn. 1499; Schuschke/Walker/Kessen § 917 Rn. 8.

2. Verfahrensablauf

555   Es handelt sich um ein **normales, wenn auch summarisches Erkenntnisverfahren.** Die allgemeinen Verfahrensgrundsätze – wie z.B. zur Zulässigkeit des Rechtswegs, Partei- und Prozessfähigkeit – gelten daher auch hier.[1240]

a) Zuständig ist nach § 919 sowohl das Gericht der Hauptsache – das Gericht, bei dem die Hauptsache (d.h. der zu sichernde Anspruch) bereits anhängig ist oder anhängig gemacht werden kann (vgl. § 943) – als auch das Amtsgericht, in dessen Bezirk sich Vermögen befindet, das durch den Arrest in Beschlag genommen werden soll.

b) Das Verfahren beginnt mit dem **Arrestantrag** des Gläubigers, § 920.

Die **Zulässigkeit des Antrags** setzt nach h.M. voraus, dass der **Anspruchsteller sich eines zu sichernden Anspruchs berühmt und den Arrestgrund schlüssig darlegt.** Die **schlüssige Darlegung des Anspruchsgrundes, seine Glaubhaftmachung und die Glaubhaftmachung des Arrestgrundes sind dagegen Fragen der Begründetheit des Arrestantrags.**[1241] Es ist also kein voller Beweis zu führen, sondern (nur) der Nachweis einer hinreichenden Wahrscheinlichkeit des Vorgetragenen (s.o. Rn. 280), was i.d.R. durch eidesstattliche Versicherungen (auch des Gläubigers selbst, § 294) erfolgt.

c) Das Gericht kann ohne mündliche Verhandlung entscheiden oder mündliche Verhandlung über den Antrag anordnen.

Wird ohne mündliche Verhandlung entschieden, kann auch eine vorherige schriftliche Anhörung des Antragsgegners unterbleiben, wenn dies – wie i.d.R. – notwendig ist, um den Arrestzweck nicht zu gefährden.[1242] Entscheidungsgrundlage sind allein die glaubhaft gemachten Angaben des Gläubigers, der allerdings nach h.M. auch in Betracht kommende Einwendungen und Einreden des Schuldners auszuräumen hat.[1243] Rechtliches Gehör für den Schuldner erst durch Widerspruch.

3. Die Entscheidung des Gerichts und die Rechtsbehelfe

556   **a)** Entscheidung **ohne mündliche Verhandlung**: durch **Beschluss** (§ 922).

■ Wird dem Arrestgesuch stattgegeben, so ergeht der **Arrestbefehl**. Gegen diesen kann der Schuldner **Widerspruch** einlegen (§ 924, nicht fristgebunden), über den das Gericht, das den Arrest erlassen hat, nach mündlicher Verhandlung durch **Urteil** – auf Bestätigung oder Aufhebung des Arrestbefehls – entscheidet (§ 925).

■ Bei Zurückweisung des Antrags: Sofortige Beschwerde des Gläubigers (§ 567).

b) Entscheidung **aufgrund mündlicher Verhandlung**: Erlass des Arrestbefehls oder Zurückweisung des Gesuchs durch **Urteil** (§ 922).

In mündlicher Verhandlung können auch Zeugen vernommen werden, aber nur, soweit sie anwesend („präsent") sind (§ 294 Abs. 2), i.d.R. also von den Parteien gestellt werden. Hinsichtlich der Glaubhaftmachungslast gelten dann die allgemeinen Beweislastregelungen entsprechend.[1244]

1240 Vgl. zum einstw. Rechtsschutz Kellermann-Schröder JA 2018, 535; Huber JuS 2018, 226 ff.; 421 ff.; Keller Jura 2007, 241 ff.

1241 Vgl. ThP/Seiler § 916 Rn. 2, 3; § 935 Rn. 1, 4; Zöller/Vollkommer § 917 Rn. 3; StJ/Bruns § 917 Rn. 2; Schuschke/Walker/Kessen vor § 916 Rn. 40 ff. m.w.N.; a.A. Wieczorek/Thümmel § 917 Rn. 2: Arrestgrund als Zulässigkeitsvoraussetzung.

1242 Vgl. dazu BVerfGE 9, 98; MV/Huber § 921 Rn. 2 ff.

1243 StJ/Bruns § 920 Rn. 12 ff.; Zöller/Vollkommer § 922 Rn. 6 ff.; Mertins JuS 2008, 692, 694.

1244 Zöller/Vollkommer vor § 916 Rn. 6 a; ThP/Seiler vor § 916 Rn. 9.

c) Gegen die Urteile ist **Berufung** möglich, wegen des Eilcharakters und der Vorläufigkeit des Verfahrens jedoch keine Revision oder Rechtsbeschwerde (§ 542 Abs. 2).

4. Besondere Rechtsbehelfe des Schuldners

a) Der Schuldner kann beantragen (§ 926), dass das Gericht dem Gläubiger aufgibt, eine noch nicht anhängige Hauptsache innerhalb einer bestimmten Frist anhängig zu machen. Kommt der Gläubiger dieser Anordnung nicht nach, ist der Arrest auf Antrag des Schuldners durch Urteil aufzuheben. **Der Gläubiger wird so gezwungen, die Sache in den ordentlichen Prozess zu bringen.**

557

b) Der Schuldner kann bei einer Veränderung der für die Arrestanordnung maßgeblichen Umstände – z.B. bei Entfallen des Arrestgrundes, Erfüllung des Arrestanspruches und insbesondere **Abweisung des (Arrest-)Anspruchs im ordentlichen Prozess** – die Aufhebung des Arrestes beantragen, die dann durch Urteil ausgesprochen wird (§ 927).

II. Die Vollziehung des Arrestes

1. Sie bedeutet die **Vollstreckung des Arrestbefehls**. Sie kann in das gesamte Vermögen des Schuldners vorgenommen werden und erfolgt nach den allgemeinen Vorschriften über die Vollstreckung (§ 928), mit folgenden **Besonderheiten**, die sich aus der **Natur des Arrestes als Eil- und Sicherungsmaßnahme** erklären:

558

■ Eine Vollziehung ist nicht mehr zulässig, wenn seit Erlass ein Monat verstrichen ist (§ 929 Abs. 2). Verspätete Vollziehungsmaßnahmen sind nichtig.[1245]

■ Die Vollziehung führt **nur zur Sicherung des Anspruchs**. Befriedigung kann **nur über die Erwirkung eines Vollstreckungstitels** erreicht werden.

Bewegliche Sachen werden daher lediglich gepfändet, **nicht versteigert** (Ausnahme § 930 Abs. 3), Geld wird nicht an den Gläubiger ausgekehrt, sondern hinterlegt (§ 930 Abs. 2). Forderungen werden ebenfalls nur gepfändet (durch das Arrestgericht, § 930 Abs. 1 S. 3, sog. Arrestpfandrecht), nicht an den Gläubiger überwiesen (nichtig).[1246] Die Vollstreckung in das unbewegliche Vermögen kann nur durch Eintragung einer Sicherungshypothek (Arresthypothek, § 932) erfolgen.

■ Der Arrestbefehl ist **sofort vollstreckbar**. Er braucht nicht formell rechtskräftig oder für vorläufig vollstreckbar erklärt zu sein. Eine Vollstreckungsklausel ist nicht erforderlich (nur bei Titelumschreibung, § 929 Abs. 1).

■ Eine Zustellung vor der Vollziehung ist nicht notwendig (§ 929 Abs. 3 S. 1). Der Schuldner soll gerade durch den Arrest überrascht werden können! Sie ist jedoch innerhalb einer Woche nach Vollziehung des Arrestes und innerhalb der Monatsfrist des § 929 Abs. 2 nachzuholen (§ 929 Abs. 3 S. 2), andernfalls wird die Vollstreckungsmaßnahme nichtig.[1247]

■ Der Schuldner kann die Vollziehung durch **Sicherheitsleistung** – eines im Arrestbefehl festgesetzten Betrages (**„Lösungssumme"**, § 923) – abwenden.

2. Die Vollziehung eines unberechtigten Arrestes oder einer unberechtigten einstweiligen Verfügung macht den Gläubiger schadensersatzpflichtig **(§ 945, Gefährdungshaf-**

559

1245 BGH NJW 1991, 496; BAG MDR 2008, 576; ThP/Seiler § 929 Rn. 5.
1246 BGH NJW 2014, 2732; zu Wirkungen der Pfändung auch MV/Huber § 930 Rn. 2 ff.
1247 BGH NJW 1999, 3494; MV/Huber § 929 Rn. 2 ff., 7; Zöller/Vollkommer § 929 Rn. 25; Huber JuS 2018, 421 ff.

tung). Der Gläubiger handelt daher bei der Vollziehung mit erheblichem Risiko; der Antragsgegner ist so vor Schäden durch eine unberechtigte Inanspruchnahme geschützt.

B. Die einstweilige Verfügung

I. Arten der einstweiligen Verfügung

560
- ■ **Sicherungsverfügung**
- ■ **Regelungsverfügung**
- ■ **Leistungsverfügung**

Im Verfügungsverfahren werden die Parteien i.d.R. als „Antragsteller" und „Antragsgegner" und bei einem Urteil als Verfügungskläger bzw. Verfügungsbeklagter bezeichnet.

1. Sicherungsverfügung

561 zur Sicherung eines **Individualanspruchs** (§ 935, im Unterschied zum Zahlungsanspruch: Arrest).

Beispiele: Zur Sicherung des Anspruchs auf Herausgabe einer Sache, auf Eintragung einer Bauhandwerkersicherungshypothek (§ 648 BGB, sicherbar durch Vormerkung, §§ 883, 885 BGB), auf Unterlassung von ehrverletzenden oder kreditschädigenden Äußerungen, von unzulässigen Wettbewerbshandlungen (praktisch besonders wichtig) oder von Einwirkungen auf ein Grundstück, zur Sicherstellung einer herauszugebenden Sache.

Nicht dagegen beim Besitzüberlassungsanspruch zur Sicherung vor einer anderweitigen Vermietung des Mietobjekts durch den Vermieter: Keine Regelung von Gläubigerkonkurrenz. Es ist Sache des Vermieters, welchen Mietvertrag er erfüllen und welchem Mieter er Schadensersatz leisten will.[1248]

2. Regelungsverfügung

562 zur Regelung eines einstweiligen Zustandes zur Sicherung des Rechtsfriedens (§ 940).

Beispiele: Regelung von Grenz-, Besitz- oder Mietstreitigkeiten. Anordnung der Räumung von Wohnraum ist nur nach Maßgabe des § 940 a möglich.[1249]

Die Abgrenzung zu § 935 ist nicht scharf. Es sind Überschneidungen denkbar. Dies ist jedoch ohne Bedeutung, da das Verfahren für beide Fälle gleich, eine genaue Abgrenzung daher entbehrlich ist.[1250]

3. Leistungs- oder Befriedigungsverfügung

563 auf vorläufige, zum Teil auch bereits endgültige **Befriedigung des Antragstellers**, insbesondere auf Zahlung dringend benötigter Geldbeträge oder Unterlassungen.

a) Von der Rspr. entwickelt (Richterrecht);

Beispiel: A ist von B bei einem Unfall schwer verletzt worden und dadurch arbeitsunfähig geworden. Er klagt gegen B auf Zahlung von Schadensersatz in Form einer Geldrente von monatlich 2.500 €. Der Prozess dauert bereits längere Zeit. A, der mittellos ist, beantragt gegen B den Erlass einer einstweiligen Verfügung, durch die B verpflichtet werden soll, bis zum Erlass des Urteils eine monatliche Rente von 1.000 € zu zahlen. A ist dringend darauf angewiesen, jetzt und sofort Geldmittel zu erhalten. Sein der-

---

1248   OLG Hamm NJW-RR 2004, 521; OLG Koblenz MDR 2008, 18; a.A. Tolani Jura 2010, 887; Kohler ZZP 123, 439 (ausführlich).
1249   Vgl. dazu Wedel ZMR 2020, 14; Börstinghaus NJW 2014, 2225; Horst MDR 2013, 249; Baer ZMR 2013, 334.
1250   Vgl. ausführlich zur einstweiligen Verfügung Kellermann-Schröder JA 2018, 535 ff. und Huber JuS 2018, 226 ff.

zeitiges Bedürfnis nach Schadensersatz wird nicht dadurch befriedigt, dass er später im Prozess ein obsiegendes Urteil und entsprechende Nachzahlungen erhält.

In Fällen dieser Art, in denen der Lebensunterhalt des Antragstellers gefährdet ist, hat die Rspr. in Anlehnung an § 940 ZPO eine einstweilige Verfügung **auf Geldzahlung** zugelassen, durch die der Antragsteller in gewissem Maße bereits **jetzt befriedigt, die Hauptsache also vorweggenommen** wird.[1251]

Eine solche einstweilige Verfügung kann daher **nur in engen Grenzen** zugelassen werden.[1252] Der Antragsgegner wird, wenn er im Prozess obsiegt, die Klage also abgewiesen wird, die aufgrund der einstweiligen Verfügung gezahlten Beträge vom mittellosen Antragsteller wahrscheinlich nicht mehr zurückerlangen können. Sie ist daher nur dann zulässig, wenn der notwendige Lebensunterhalt des Antragstellers gefährdet ist (Notlage), und kann auch nur auf den Betrag gerichtet sein, der für den Mindestunterhalt notwendig ist (Notbedarf), mit zeitlicher Beschränkung, i.d.R. maximal 6 Monate.

Auf eine Inanspruchnahme von **Arbeitslosengeld II** braucht sich der Antragsteller nach h.M. nicht verweisen zu lassen.[1253] Bezieht er allerdings bereits Sozialhilfe, so wird dies zu berücksichtigen sein.[1254]

Weitere Beispiele: Einstweilige Verfügung auf Lieferung von Strom/Wärme, wenn der Stromversorger den Strom bzw. der Vermieter die Heizung abgestellt hat.[1255] Bei Unterhaltsansprüchen ist eine Leistungsverfügung neben einer einstweiligen Anordnung nach §§ 246–248 FamFG nicht zulässig (vgl. § 119 Abs. 2 FamFG).[1256]

b) Zahlungsansprüche können somit nur ganz ausnahmsweise durch einstweilige Verfügung durchgesetzt, sonst allenfalls durch Arrest gesichert werden. In der Wirtschaft besteht aber ein erhebliches Bedürfnis an sofortigen Zahlungstiteln, insbesondere in der Bauwirtschaft, wenn gegenüber einer unstreitigen Werklohnforderung Baumängel eingewandt werden, deren Klärung längere Zeit erfordert, der Unternehmer aber die alsbaldige Zahlung zur Erhaltung seiner Liquidität dringend benötigt (vgl. auch §§ 632 a, 648 a BGB). Die Wirtschaft hat sich zum Teil durch die sog. **„Bürgschaft auf erstes Anfordern"** geholfen, bei der auf Anforderung Zahlung geleistet werden muss und Einwendungen des Bürgen erst im Rückforderungsprozess aus § 812 BGB geltend gemacht werden können.[1257] **564**

II. Das Verfahren der einstweiligen Verfügung

1. Es entspricht grds. dem des Arrestprozesses (§ 936). **565**

Abweichungen: Zuständig ist grds. das Gericht der Hauptsache (§ 937 Abs. 1), das Amtsgericht der belegenen Sache nur in dringenden Fällen (und bei Grundbucheintragungen, § 942). Entscheidung an sich gemäß § 937 Abs. 2 grds. aufgrund mündlicher Verhandlung, in der Praxis aber auch der Erlass i.d.R. ohne mündliche Verhandlung durch Beschluss.

Zunehmend an praktischer Bedeutung gewinnen **Schutzschriften (§§ 945 a und b)**, mit denen sich jemand, der einen gegen ihn gerichteten Antrag auf Erlass einer einstweiligen Verfügung befürchtet, vorsorglich mit seinem Verteidigungsvorbringen an das zuständige Gericht wendet, damit das Gericht sogleich auch dieses Vorbringen berücksichtigt oder zumindest einen Verhandlungstermin anberaumt.[1258]

2. Verfügungsanspruch und Verfügungsgrund – Gefährdung des Anspruchs, Dringlichkeit der Regelung – **müssen dargelegt und glaubhaft gemacht werden**.

Eine besondere Glaubhaftmachung des Verfügungsgrundes ist nicht erforderlich, wenn die Eintragung einer Vormerkung oder eines Widerspruchs im Grundbuch erstrebt wird (§§ 885 Abs. 1 S. 2, 899 Abs. 2 S. 2 BGB). Die Gefährdung des Anspruchs ergibt sich bereits aus dem Grundbuchsystem, insbesondere der Möglichkeit eines (gutgläubigen) Erwerbs durch Dritte.

1251 Vgl. ThP/Seiler § 940 Rn. 6 ff.; MV/Huber § 940 Rn.12 ff.; Brox/Walker, Rn. 1612 ff., jeweils m.N.

1252 LAG Köln AE 2014, 254; OLG Thüringen MDR 2012, 488; OLG Köln MDR 2005, 290; OLG Köln NJW-RR 1997, 58.

1253 LAG Rheinland-Pfalz BeckRS 2017, 122436; KG NJW-RR 1998, 1381; a.A. OLG Düsseldorf VersR 2012, 1378.

1254 MV/Huber § 940 Rn. 15; a.A. StJ/Bruns vor § 935 Rn. 36: Subsidiarität der Sozialhilfe.

1255 Brox/Walker, Rn. 1621; Veihelmann/Schütte VersorgW 2014, 183.

1256 OLG München EWiR 2019, 75; ThP/Seiler § 940 Rn. 9; Borth/Grandel in: Musielak/Borth (2018) § 119 FamFG Rn. 1.

1257 Vgl. Palandt/Sprau Einf. vor § 765 BGB Rn. 14 ff.; Mertins NJ 2012, 492.

1258 Vgl. ThP/Seiler § 935 Rn. 9; Huber JuS 2018, 1266; Apel/Drescher Jura 2017, 427; Dötsch MDR 2016, 495.

566   **3.** Das Gericht bestimmt **nach freiem Ermessen**, welche Anordnungen getroffen werden sollen (§ 938 Abs. 1). Es kann alle Maßnahmen erlassen, die zur Erreichung des mit dem Antrag verfolgten Zweckes erforderlich sind.

Das Gericht kann z.B. dem Antragsgegner die Vornahme einer bestimmten Handlung gebieten oder verbieten (§ 938 Abs. 2): z.B. Verbot der Veräußerung bestimmter Sachen (Veräußerungsverbot i.S.d. §§ 136, 135 BGB). Ein Verstoß dagegen macht den Erwerb relativ unwirksam, aber Wirksamkeit bei Gutgläubigkeit, bei Grundstück durch Eintragung des Veräußerungsverbots verhinderbar.[1259]

Zulässig ist auch der Erlass eines **Erwerbsverbotes**.

Beispiel: V hat dem K ein Grundstück verkauft und aufgelassen. V stellt fest, dass er einem Irrtum über eine wesentliche Eigenschaft des Grundstückes erlegen ist. Was kann er unternehmen, um zu verhindern, dass K im Grundbuch eingetragen wird?

V kann den Kaufvertrag gemäß § 119 Abs. 2 BGB anfechten und von K die Rechtsstellung aus der Auflassung – bzw. nach Eintragung das Eigentum an dem Grundstück – zurückverlangen (§ 812 BGB). V will jedoch verhindern, dass K überhaupt noch im Grundbuch eingetragen wird, denn mit der Eintragung würde K Eigentümer – jedenfalls Buch-Eigentümer – und könnte wirksam über das Eigentum verfügen, sodass V dann möglicherweise mit seinem Herausgabeanspruch zu spät käme. Dass die Eintragung unterbleibt, kann V mit einer einstweiligen Verfügung erreichen, durch die dem K verboten wird, seine Eintragung im Grundbuch zu beantragen. Eine solche einstweilige Verfügung wirkt als Erwerbsverbot für K und ist vom Grundbuchamt zu beachten, das daher den K, falls er dennoch den Antrag stellen sollte, nicht eintragen wird.[1260] Eine vom Grundbuchamt in Unkenntnis des Erwerbsverbots vorgenommene Eintragung macht den Eigentumserwerb des K gegenüber V relativ unwirksam.[1261]

567   **4.** Das Gericht muss sich jedoch immer **im Rahmen des Begehrens des Antragstellers** halten (§ 308). Es darf grds. auch keine Maßnahme anordnen, die bereits die Hauptsache selbst entscheidet – enge Ausnahme bei der Leistungsverfügung –, und keine endgültige, sondern nur eine **vorläufige** und den Anspruch des Antragstellers **lediglich sichernde Maßnahme** treffen.

Beispiele: Das Gericht darf grds. nicht die Herausgabe einer Sache an den Gläubiger selbst, sondern nur an einen Gerichtsvollzieher oder Sequester (Treuhänder) anordnen, ebenso nicht eine Löschung im Grundbuch, sondern nur die Eintragung eines Widerspruchs.[1262]

Fall 47: Der Besitzschutzanspruch

A hat von B ein Pferd unter Eigentumsvorbehalt gekauft und noch nicht bezahlt. B befürchtet, dass A den Kaufpreis nicht bezahlt und das Pferd weiterverkauft; er holt es deshalb nachts von der Weide des A. A beantragt eine einstweilige Verfügung dahin, dass B das Pferd sofort zurückgibt.

---

568   1. Der Erlass einer einstweiligen Verfügung setzt einen Verfügungsanspruch und einen Verfügungsgrund voraus.

     a) **Verfügungsanspruch:** Zum einen § 433 Abs. 1 BGB, da B aus dem Kaufvertrag zur Besitzübertragung und entsprechend zur Besitzbelassung verpflichtet ist. Zum anderen §§ 861, 858 BGB: Durch die Abholung des Pferdes hat B dem A den Besitz

---

1259   Brox/Walker, Rn. 1586; vgl. auch BGH MDR 2020, 478 zum behördlichen Veräußerungsverbot.

1260   BayObLG NJW-RR 1997, 913; LG Hamburg Rpfleger 2006, 10 m.w.N.

1261   Vgl. dazu OLGR Hamm 2006, 679.

1262   ThP/Seiler § 938 Rn. 3.

durch verbotene Eigenmacht entzogen. Dass B noch Eigentümer des Pferdes ist, gab ihm kein Recht zur Wegnahme (§ 863 BGB). Selbst wenn er zu Recht befürchtet, dass A nicht zahlen und das Pferd weiterveräußern will, gab ihm dies kein Recht zur Selbsthilfe, da er gerichtliche Hilfe – z.B. durch einen eigenen Verfügungsantrag – erlangen konnte (s. § 229 BGB).

b) **Verfügungsgrund:** Bereits das Vorliegen einer verbotenen Eigenmacht begründet – wie aus §§ 861 ff. BGB folgt, durch die eine sofortige Beseitigung/Rückgängigmachung der verbotenen Eigenmacht bewirkt werden soll – die Annahme einer Dringlichkeit. Einer besonderen zusätzlichen Darlegung und Glaubhaftmachung der Gefährdung/Dringlichkeit bedarf es daher nicht.[1263]

2. Kann A **Herausgabe an sich** verlangen?

a) Die einstweilige Verfügung soll grds. nur den Verfügungsanspruch, hier den Herausgabeanspruch des A sichern, wozu ausreicht, dass das Pferd etwa an einen Sequester zur Sicherstellung herausgegeben wird. Eine Herausgabe an A würde eine Befriedigung des A wegen seines Herausgabeanspruchs bedeuten, die aber über eine einstweilige Verfügung grds. nicht erreicht werden kann.

Ausnahme bei der Leistungsverfügung: Eine Leistungsverfügung i.e.S. kommt hier aber nicht in Betracht, da nicht ersichtlich ist, dass A auf das Pferd so dringend angewiesen ist, dass er die sofortige Herausgabe benötigt (wie ggf. bei einem Turnierpferd kurz vor einem wichtigen Turnier).

b) Für einen **Anspruch aus verbotener Eigenmacht** wird aber insoweit eine Ausnahme gemacht: Die verbotene Eigenmacht soll **sofort** vollständig rückgängig gemacht, der rechtswidrige Besitzeingriff **sofort** beseitigt und der **rechtmäßige Besitzzustand wiederhergestellt** werden. Daher kann die Herausgabe unmittelbar an den früheren Besitzer angeordnet werden.[1264]

Auch dies wird als Fall einer Leistungsverfügung verstanden.

B ist darauf zu verweisen, dass er seine Ansprüche seinerseits verfolgen muss, etwa wegen seines Kaufpreisanspruchs (Geldanspruch) – bei Möglichkeit der Glaubhaftmachung einer Gefährdung i.S.v. § 917 – einen Arrest erwirken oder sein Eigentum bei Gefährdung durch eine drohende Veräußerung durch eine einstweilige Verfügung auf Herausgabe des Pferdes an einen Sequester sichern kann, entsprechend auch seinen Anspruch aus § 985 BGB, falls er vom Kaufvertrag zurücktreten kann (§§ 323, 449 BGB). Gegenüber der Besitzschutzverfügung kann er solche etwaigen Gegenansprüche bzw. -rechte nicht einwenden.[1265] Ob dies anders ist, wenn das Gegenrecht – etwa ein Anspruch aus § 985 BGB – feststeht (§ 864 Abs. 2 BGB),[1266] kann hier dahinstehen, da eine solche Situation nicht besteht.

III. Für die Vollziehung der einstweiligen Verfügung

Es gelten die allgemeinen Vorschriften über die Zwangsvollstreckung und die Bestimmungen über die Vollziehung von Arrestbefehlen (§§ 936, 928). Eine Befriedigung des Gläubigers darf auch hier nicht erfolgen (Ausnahme: bei der Leistungsverfügung). **569**

1263 OLG Saarbrücken NJW-RR 2020, 504; OLG Saarbrücken MDR 2003, 1198; Schuschke/Schuschke/Roderburg vor § 935 Rn. 32.
1264 Allg. Ansicht; OLG Celle MDR 2015, 147; OLG Köln VersR 1997, 465; MDR 2000, 152; OLG Saarbrücken MDR 2003, 1198.
1265 Vgl. Nachweise bei Lehmann-Richter NJW 2003, 1717 unter Fn. 7.
1266 So u.a. Lehmann-Richter NJW 2003, 1717 m.N., in entsprechender Anwendung der Grundsätze des BGH zur petitorischen Widerklage (BGHZ 73, 355; BGH NJW 1999, 425, s.o. Rn. 211).

4. Teil: Überblick über das Verfahren nach dem FamFG

A. Einführung

570 Das FamFG vom 17.12.2008 regelt – mit Geltung vom 01.09.2009 – das gerichtliche Verfahren in

■ **Familiensachen**

■ **Angelegenheiten der freiwilligen Gerichtsbarkeit**.

I. Auch diese Verfahren betreffen die Regelung **privatrechtlicher Angelegenheiten von Bürgern** und müssen daher **grds. von den Zivilgerichten erledigt** werden.[1267]

Die Gegenstände dieser Verfahren eignen sich aber generell nicht zur Entscheidung im „klassischen" Zivilprozess nach der ZPO, der grundlegend vom Zwei-Parteien-System und dem Dispositions- und Verhandlungsgrundsatz bestimmt wird, der daher die Führung und Erledigung des Prozesses und insbesondere die Unterbreitung des Streitstoffs, den das Gericht seiner Entscheidung zugrunde legen soll, weitgehend den Parteien selbst überlässt:

So ist in Familiensachen das öffentliche Interesse an auch materiell, nicht nur formell richtigen Entscheidungen weit größer, wie z.B. in Abstammungssachen, was z.B. verbietet, die Aufklärung des Sachverhalts allein den Parteien zu überlassen, sondern eine wesentliche Stärkung der gerichtlichen Aufklärungsmöglichkeiten und damit die **grundsätzliche Geltung des Amtsermittlungsgrundsatzes** erfordert. Entsprechendes gilt weitgehend auch in den zur freiwilligen Gerichtsbarkeit gehörenden Angelegenheiten. Bereits die Einleitung von Verfahren kann nicht immer allein irgendwelchen Beteiligten überlassen werden, wie z.B. in Betreuungs- u. Unterbringungssachen, was daher auch eine Einschreitung von Amts wegen erforderlich machen kann. – Zum Teil sind auch ohnehin nicht mehrere Personen an der Angelegenheit beteiligt, wie z.B. oft in Grundbuch- oder Nachlasssachen, sodass auch von daher ein normaler Zivilprozess nach der ZPO zur Regelung der Angelegenheit ausscheidet.

Diese Gesichtspunkte machten es nach Ansicht des Gesetzgebers geboten, diese Verfahren in einem besonderen Gesetz neben der ZPO zu regeln, wobei allerdings durch die Zusammenfassung der sehr unterschiedlichen Verfahren in Familiensachen und der freiwilligen Gerichtsbarkeit in einem einheitlichen Gesetz und durch die dadurch notwendigen vielfachen Abweichungen und Sonderregelungen ein in sich sehr heterogenes Gesetz entstanden ist, was die Übersichtlichkeit sehr erschwert.

Früher war das Verfahren in Familiensachen im 6. Buch der ZPO, die freiwillige Gerichtsbarkeit – unvollständig – im FGG geregelt.

571 **II.** Die Gerichtsbarkeit nach dem FamFG ist **Teil der ordentlichen Gerichtsbarkeit i.S.d. §§ 12, 13 GVG** und wird daher **grds. von den ordentlichen Gerichten ausgeübt**.

In einigen Bereichen der freiwilligen Gerichtsbarkeit sind aber auch außergerichtliche Amtsträger oder Behörden zuständig, wie z.B. Notare bzw. staatliche Notariate, Standes- und Jugendämter.

572 **III. Die ZPO gilt für die im FamFG geregelten Verfahren unmittelbar nicht (mehr), diese Verfahren sind also keine Zivilprozesse nach der ZPO.**

Das FamFG enthält allerdings **zahlreiche Verweisungen auf die ZPO**, die daher insoweit mittelbar weitgehend gilt.

Dies führt ebenfalls dazu, dass die Regelungen insgesamt sehr unübersichtlich sind.

1267 Zur Entwicklung der Rspr. zum FamFG Streicher FamRZ 2019, 575; 2018, 564; 2017, 416; 2016, 509; 2015, 449; 2014, 614; Roßmann FuR 2020, 135; 210; 278; 2018, 518; 635; 2016, 506; 568; 2015, 449; 2014, 423; 694; Frank FamRZ 2019, 1381.

IV. Das FamFG gliedert sich in **drei Hauptteile:** **573**

- **Allgemeiner Teil** (Buch 1, §§ 1–110 FamFG):[1268] allgemeine Regelungen für Familiensachen **und** Angelegenheiten der freiwilligen Gerichtsbarkeit.

- Sonderregelungen für **Familiensachen** (Buch 2, §§ 111–270)

- Sonderregelungen für die einzelnen **Angelegenheiten der freiwilligen Gerichtsbarkeit** (Bücher 3–8, §§ 271–484)

Schrifttum zum FamFG u.a.: (Teil-)Kommentierung in den ZPO-Kommentaren Münchener Kommentar, Zöller, Baumbach/Lauterbach, Thomas/Putzo, Musielak/Borth, FamFG, 6. Auflage 2018.

B. Allgemeine Grundsätze und Regelungen des Verfahrens nach dem FamFG

Das FamFG enthält **Abweichungen gegenüber dem Zivilprozess der ZPO,** wobei **574** aber bei den verschiedenen im FamFG geregelten Verfahren wiederum zum Teil sehr erhebliche Abweichungen und Besonderheiten bestehen können.[1269]

I. Das Verfahren **beginnt**

- entweder **auf Antrag** (nicht Klage!) – sog. **Antragsverfahren oder Antragssachen** –

  u.a. in Ehe- und Abstammungssachen (§§ 124, 171), im Erbscheinserteilungsverfahren (§ 2353 BGB), grds. auch in Grundbuchverfahren (§ 13 GBO)[1270]

- oder **von Amts wegen** – sog. **Amtsverfahren** –

  u.a. Amtslöschung bei unzulässigen Registereintragungen (§ 395) oder im Grundbuch (§ 53 GBO),

wobei zum Teil das Verfahren sowohl auf Antrag als auch von Amts wegen eingeleitet werden kann, wie z.B. in Betreuungssachen (s. § 1896 BGB).

II. Erstinstanzlich sachlich zuständig ist grds. das Amtsgericht (§ 23 a GVG). **575**

Ausschließlich. – Die örtliche Zuständigkeit ist bei den einzelnen Verfahren gesondert geregelt.

Funktionelle Zuständigkeit: Richter, in der freiwilligen Gerichtsbarkeit vielfach Rechtspfleger (s. RPflG).

III. Beteiligte des Verfahrens sind (§ 7): In Antragsverfahren immer der Antragsteller, **576** im Übrigen – in Antrags- und Amtsverfahren – diejenige(n) Person(en), die durch das Verfahren unmittelbar betroffen wird (werden).

In Verfahren, für die weitgehend die ZPO anzuwenden ist – u.a. Ehe- und Familienstreitsachen –, werden diese Beteiligten statt „Kläger" und „Beklagter" als „Antragsteller" und „Antragsgegner" bezeichnet (§ 113 Abs. 5).

Erforderlich: grds. Partei- und Prozessfähigkeit, (nur) **in Familiensachen weitgehend auch eine Vertretung durch Anwälte** (§ 114, Anwaltszwang).

1268 In diesem Abschnitt beziehen sich die Paragrafen ohne Gesetzesbezeichnung auf das FamFG.
1269 Vgl. Überblick dazu bei Hartmann NJW 2009, 321; Zimmermann JuS 2009, 692.
1270 Zum Grundbuchverfahren nach dem FamFG Böttcher ZfIR 2013, 673; Rpfleger 2011, 53; Böhringer BWNotZ 2010, 2.

577 **IV.** Der **Dispositionsgrundsatz gilt** – wegen des öffentlichen Interesses an den Verfahren – **nur eingeschränkt.**[1271]

In Antragssachen kann der Antrag mit der Wirkung der Beendigung des Verfahrens zurückgenommen werden, das Verfahren auch durch übereinstimmende Beendigungserklärung der Beteiligten erledigt werden (§ 22). In Amtssachen scheiden diese Beendigungsformen naturgemäß aus.

Auch Anerkenntnis und Verzicht i.S.d. ZPO scheiden grds. aus, weil das Gericht nicht in der Entscheidungsgrundlage gebunden werden darf (anders bei den Familienstreitsachen, § 113 Abs. 1, 2).

Die Beteiligten können das Verfahren nur insoweit durch Vergleich erledigen, als sie über den Verfahrensgegenstand verfügen können (§ 36) – was aber weitgehend gerade nicht der Fall ist.

578 **V.** Grds. gilt der **Amtsermittlungsgrundsatz** (§ 26, s.o. Rn. 570; vgl. aber auch § 27).

Das Gericht hat daher alle zur Sachaufklärung erforderlichen Beweise nach pflichtgemäßem Ermessen von sich aus zu erheben, ohne Bindung an das tatsächliche, auch nicht bestrittene oder zugestandene Vorbringen und an Beweisanträge der Beteiligten (§ 29), die demgemäß auch keine subjektive Beweisführungslast trifft.

Dass ein Umstand unstreitig ist, enthebt das Gericht daher nicht von einer Beweisaufnahme, wenn es Bedenken gegen die Richtigkeit des Vortrags hat.

Eine förmliche Beweisaufnahme entsprechend der ZPO ist nur dann zwingend geboten, soweit dies im FamFG ausdrücklich vorgeschrieben ist. Im Übrigen ist grds. **Freibeweis** gestattet, eine förmliche Beweisaufnahme aber dann angebracht, wenn das Gericht seine Entscheidung maßgeblich auf eine von einem der Beteiligten bestrittene Tatsache stützen will (§ 30).

579 **VI.** Die Verfahren sind grds. **nur für die Verfahrensbeteiligten, nicht allgemein öffentlich** (§ 170 GVG).

Eine mündliche Verhandlung ist – soweit sie nicht ausdrücklich vorgeschrieben ist, wie z.B. in Ehesachen (§ 113 Abs. 1 S. 2 i.V.m. § 128 ZPO) – nicht zwingend geboten, aber möglich (§ 32).

Die Beteiligten haben aber natürlich immer **Anspruch auf rechtliches Gehör**. Die persönliche Anhörung eines Beteiligten ist zwingend erforderlich, soweit dies gesetzlich vorgeschrieben ist (§ 34), z.B. bei der Anordnung einer Betreuung (§ 278) oder Unterbringung (§ 319).

580 **VII.** Die **gerichtlichen Entscheidungen ergehen durch Beschluss** (§ 38),

nicht durch Urteil. – Ein anfechtbarer Beschluss muss zwingend eine Rechtsbehelfsbelehrung über die Anfechtbarkeit enthalten (§ 39), also anders als ein Urteil nach der ZPO (s.o. Rn. 48).

Das Gericht kann **einstweilige Anordnungen** treffen (§§ 49 ff., entsprechend der einstweiligen Verfügung der ZPO); besonders bedeutsam in Familiensachen bei Unterhalts- und Sorgerechtsregelungen (s. §§ 246 ff. bzw. §§ 156, 157).

581 **VIII. Rechtsmittel gegen den Beschluss des Amtsgerichts ist demgemäß die – befristete – Beschwerde** (§§ 58 ff., nicht Berufung),[1272] und zwar

■ **grds. an das Oberlandesgericht** (§ 119 Abs. 1 Nr. 1 GVG)

■ nur in Freiheitsentziehungs-, Betreuungs- und Unterbringungssachen – d.h. gegen Entscheidungen des Betreuungsgerichts – das Landgericht (§ 72 Abs. 1 S. 2 GVG).

1271 Vgl. OLG Oldenburg NdsRpfl 2019, 345 und Wieser JR 2009, 353 ff;
1272 Vgl. dazu Fischer FuR 2015, 28 ff.; 2014, 645 ff., 700 ff. und Elzer/Gutowski NZFam 2015, 104 zu Formalien.

Einlegungsfrist: grds. ein Monat (§ 63). – Gegen die Entscheidung des Beschwerdegerichts ist ggf. die **Rechtsbeschwerde an den BGH** statthaft (§§ 70 ff.).

IX. Die **Zwangsvollstreckung** aus den Entscheidungen richtet sich weitgehend, insbesondere bei Zahlungstiteln und grds. auch in Familiensachen nach ZPO-Vollstreckungsrecht (s. §§ 86 ff., 95, 120).

C. Familiensachen (§§ 111 ff.)

I. Die Familiensachen sind in § 111 erschöpfend aufgezählt.

1. Für die Familiensachen zuständig ist das **Familiengericht** (§ 23 b GVG), eine besondere Abteilung des Amtsgerichts. Der insoweit zuständige Amtsrichter trägt die Bezeichnung **Familienrichter** (§ 23 b Abs. 3 S. 1 GVG).

582

2. Das Familiengericht ist nach dem FamFG nunmehr zuständig für (fast) alle Streitigkeiten aus dem „sozialen Verband von Ehe- und Familie": sog. **„Großes" Familiengericht**.

Insbesondere für die Ehe- und Unterhaltssachen,[1273] aber nunmehr auch für solche Sachen, für die bisher die Zuständigkeit des – durch das FamFG abgeschafften – Vormundschaftsgerichts oder der streitigen Zivilgerichtsbarkeit bestanden hatte, wie z.B. für den Ausgleich ehebedingter Zuwendung von Schwiegereltern nach Scheidung der Ehe (§ 266 Abs. 1 Nr. 3: „sonstige" Familiensache).

Nicht zuständig ist das Familiengericht dagegen für erbrechtliche und arbeitsrechtliche Streitigkeiten innerhalb des Familienverbandes:[1274] Normale Zivilprozesse.

3. Zu unterscheiden sind die „normalen" Familiensachen und die **Familienstreitsachen** (§ 112) – im Wesentlichen Unterhalts- und „sonstige" Familiensachen (§ 266) –: Bei den Familienstreitsachen gelten die ZPO-Regelungen weitergehend (§ 113), weil es sich bei ihnen um rein vermögensrechtliche Angelegenheiten der Parteien handelt.

II. Ehesachen (§§ 121 ff.)

Sie betreffen in erster Linie die Verfahren auf Scheidung der Ehe (**Scheidungssachen**).

583

1. Das Scheidungsverfahren beginnt mit einer **Antragsschrift**, die den Anforderungen des § 253 ZPO entsprechen muss (§ 123).

2. Für das Scheidungsverfahren besteht grds. **Anwaltszwang** (§ 114).

Der die Scheidung beantragende Ehegatte muss daher durch einen Anwalt vertreten sein. Eine Zustimmung des anderen Ehegatten zu der beantragten Scheidung kann dieser aber auch persönlich wirksam erklären (§ 114 Abs. 4 Nr. 3). Eine **einverständliche Scheidung** ist daher auch ohne anwaltliche Vertretung des anderen Ehegatten möglich (Kostenersparnis!).[1275]

„Einverständlich" bedeutet dabei nur, dass auch der andere Ehegatte mit der Scheidung einverstanden ist, was die unwiderlegliche Vermutung des Scheiterns der Ehe begründet (§ 1566 Abs. 1 BGB). Dies ist aber kein „Prozessvergleich" i.e.S. Es muss gleichwohl durch Beschluss des Gerichts über den Schei-

1273 Vgl. zur Entwicklung der Rspr. zum Familienverfahrensrecht Bruns NZFam 2020, 54; 97; 2018, 873; 921; Heiter FamRB 2019, 359; Gomille NZFam 2014, 100; Köhler NZFam 2014, 97 zur Beweiserhebung in familiengerichtlichen Verfahren.

1274 RS/Gottwald § 166 Rn. 1.

1275 Vgl. dazu Sarres FamRB 2010, 129.

dungsantrag entschieden werden, was daher auch dann die Feststellung des Vorliegens der Scheidungsvoraussetzungen erfordert, wie den Ablauf des Trennungsjahres (§§ 1565, 1566 BGB).

Reformüberlegungen gehen dahin, einverständliche Scheidungen durch ihre Übertragung auf die Notare zu vereinfachen bzw. zu erleichtern.

584 3. Verfahren

Da es sich um ein Zwei-Parteien-Verfahren mit gegensätzlichen Parteirollen handelt, **gelten weitgehend die ZPO-Regelungen** über das erstinstanzliche Verfahren vor den Landgerichten (§ 113 Abs. 1 S. 2) – daher grds. mündliche Verhandlung (§ 128 ZPO) –, mit folgenden wichtigen **Abweichungen:**

- Beschränkt geschäftsfähige Ehegatten sind verfahrens-, d.h. prozessfähig (§ 125).

- Der **Amtsermittlungsgrundsatz** gilt auch im Scheidungsverfahren: Das Gericht hat daher die entscheidungserheblichen Tatsachen unabhängig vom – auch unstreitigen oder zugestandenen (§ 113 Abs. 4 Nr. 5) – Vortrag der Parteien zu ermitteln (§ 127 Abs. 1).

  Der Amtsermittlungsgrundsatz gilt aber **nur eingeschränkt**: Von den Beteiligten nicht vorgetragene Tatsachen dürfen nur insoweit berücksichtigt werden, als sie der Aufrechterhaltung der Ehe dienen, nicht aber zur Begründung einer Ehescheidung (§ 127 Abs. 2, 3).

- Ein Anerkenntnis des Antragsgegners ist wirkungslos (§ 113 Abs. 4 Nr. 6).

- Bei Säumnis des Antragstellers ergeht eine Versäumnisentscheidung dahin, dass der Scheidungsantrag als zurückgenommen gilt (§ 130 Abs. 1).

- Bei Säumnis des Antragsgegners – oder genereller Nichtbeteiligung am Verfahren – ist hinsichtlich des Scheidungsantrags weder ein Versäumnisurteil noch eine Entscheidung nach Aktenlage zulässig. Das Gericht hat auch dann den entscheidungserheblichen Sachverhalt von Amts wegen zu ermitteln und darauf dann seine Entscheidung zu stützen.

- Die Entscheidung ergeht durch **Beschluss** (§ 38).

585 4. Mit dem Scheidungsverfahren sind auch die notwendigerweise mit einer Ehescheidung verbundenen Folgeprobleme – wie z.B. Unterhaltsfragen, Sorgerechts- und Umgangsregelungen hinsichtlich der Kinder, der Zugewinn- und Versorgungsausgleich – zu regeln: Diese Fragen werden als **Folgesachen** bezeichnet und sind grds. im **Verfahrensverbund** mit der Scheidung selbst zu verhandeln und durch einheitlichen Beschluss zu entscheiden (§§ 137, 142).

Hinsichtlich der Folgesachen ist auch eine Säumnisentscheidung gegen den Antragsgegner zulässig (§ 113 Abs. 1 S. 2 i.V.m. § 331 ZPO), die dann mit der Ehescheidungsentscheidung verbunden wird.

Die Ehegatten können diese Folgesachen auch einverständlich regeln, was bei der einverständlichen Scheidung regelmäßig der Fall sein wird: Dies muss ggf. dann bereits in der Antragsschrift mitgeteilt werden (§ 133 Abs. 1 Nr. 2).

Damit eine bereits aussprechbare Ehescheidung nicht durch noch nicht entscheidbare Folgesachen, wie z.B. hinsichtlich des Versorgungsausgleichs, über Gebühr verzögert wird, können Folgesachen aber auch abgetrennt und dann anschließend selbstständig weitergeführt und entschieden werden (§§ 140 Abs. 2, 137 Abs. 5). – Familienrechtliche Streitigkeiten, die zusammen mit einem Scheidungsverfahren Folgesachen wären, können auch ohnehin als selbstständige Familiensachen betrieben werden, wenn z.B. bei getrennt lebenden Eheleuten Sorgerechts- oder Unterhaltsfragen streitig sind.

III. Zu den übrigen Familiensachen

1. Der Katalog der **Kindschaftssachen** (§§ 151 ff.) ist durch das FamFG wesentlich er-   **586**
weitert worden: u.a. gehören nunmehr auch die Vormundschaft und Pflegschaft über
Minderjährige zu den Kindschaftssachen (§ 151 Nr. 4) und damit zu den Familiensachen
(§ 111 Nr. 2), sodass daher auch für sie das Familiengericht zuständig ist. Früher war dies
das Vormundschaftsgericht.

2. Die **Unterhaltssachen** (§§ 231 ff.) sind nunmehr ebenfalls alle Familiensachen
(§ 111). Einstweilige Anordnungen sind – abweichend von § 49 – ohne besondere
Dringlichkeitsvoraussetzungen möglich. Die Abänderbarkeit von Unterhaltsregelun-
gen richtet sich nunmehr nach §§ 238–240, nicht mehr – wie früher – nach der Bestimmung des § 323 ZPO (Abänderungsklage), die daher ihren wesentlichen bisherigen Geltungsbereich verloren hat.[1276]

3. Die **Verfahren in Gewaltschutzsachen** nach §§ 1, 2 GewSchG sind nunmehr ausnahmslos Familiensachen (§§ 111, 210 ff.), auch wenn zwischen den Beteiligten **keinerlei familienrechtliche Beziehungen** bestehen.

4. Zu den **sonstigen Familiensachen** (§ 266 Abs. 1) gehören – was von besonderer Bedeutung ist – insbesondere die vermögensrechtlichen Ausgleichsansprüche der Ehegatten und ihrer Eltern/Schwiegereltern aus der Abwicklung von ehebedingten Zuwen-
dungen nach Trennung der Ehegatten oder Ehescheidung. Früher waren es normale Zivilprozesse.

Anspruchsgrundlagen: Vertragliche Vereinbarungen, Gesellschafts- oder Bereicherungsrecht.

D. Freiwillige Gerichtsbarkeit

I. Zum Begriff, Gegenstand und Verfahren

Die von der Gesamtbezeichnung „freiwillige Gerichtsbarkeit" erfassten Angelegenhei-   **587**
ten sind in **§ 23 a Abs. 2 GVG erschöpfend aufgeführt**.

1. Die Bezeichnung dieser Verfahren als „freiwillige" Gerichtsbarkeit ist insoweit missverständlich, als die Verfahren in ihrem Geltungsbereich durchaus zwingend sind – so
kann z.B. eine Grundbucheintragung nur nach dem Verfahren der GBO erreicht werden.

Es handelt sich um eine überkommene, aus dem Römischen Recht („iurisdictio voluntaria") stammende
Bezeichnung, die letztlich nur deutlich macht, dass es sich um privatrechtsbezogene gerichtliche Verfahren handelt, die nicht als Zivilprozesse nach der ZPO durchgeführt werden.

2. Eine allgemeine begriffliche Abgrenzung zur streitigen Gerichtsbarkeit, die wiederholt versucht worden ist – Abgrenzungskriterien für die freiwillige Gerichtsbarkeit u.a.:
Freiwilligkeit, „Streitlosigkeit", Rechtsgestaltung, Rechtsfürsorge –, ist nach allgemeine
Auffassung nicht möglich. Die Abgrenzung kann daher nur von der **gesetzlichen Zuweisung** her erfolgen: Im Verfahren der freiwilligen Gerichtsbarkeit sind diejenigen Verfahren zu erledigen, die ihr das Gesetz zugewiesen hat (Enumerationsprinzip).[1277]

1276 Vgl. dazu BGH NJW 2018, 1753; Reinken NZFam 2020, 150; 2019, 153; 2018, 112; 2017, 48; 2016, 1; 2015, 97; Kleffmann/
Kleffmann FuR 2020, 2; 2019, 2; 70; 2018, 3, 66; 2017, 7; 56; 2016, 9; 75; 2015, 80: Rspr.-Übers. zum Unterhaltsrecht.

1277 Vgl. ThP/Hüßtege § 23 a GVG Rn. 4 ff.; RS/Gottwald § 11 Rn. 5 ff.; Schellhammer, Rn. 1391, 1392.

3. Für das Verfahren gelten grds. die oben unter Rn. 584 dargestellten Grundsätze.

4. Rechtskräftige Entscheidungen mit Dauerwirkung können zum Teil bei einer wesentlichen Änderung der ihnen zugrunde liegenden Sach- und Rechtslage **geändert** oder aufgehoben werden (§ 48). – Grund: Diese Entscheidungen sind vielfach in besonderem Maße vom Fortbestand der Verhältnisse zur Zeit ihres Erlasses abhängig, wie z.B. bei der Anordnung einer Betreuung (§ 294).

II. Die wichtigsten Angelegenheiten der freiwilligen Gerichtsbarkeit

1. Betreuungs-, Unterbringungs- und Pflegschaftssachen hinsichtlich Volljähriger (§§ 271 ff., 340)

588 Zuständig dafür ist das **Betreuungsgericht**, eine besondere Abteilung des Amtsgerichts (§ 23 c GVG).

Aufgaben des Betreuungsgerichts u.a.: Die Anordnung von Betreuungen und Pflegschaften und die Bestellung von Betreuern und Pflegern (§§ 1896 ff., 1911, 1913 ff. BGB); die Unterbringung von psychisch Kranken, nach den Unterbringungsgesetzen der Länder (§ 312 Nr. 3).

Ggf. auch Genehmigung der Zustimmung oder Ablehnung ärztlicher Maßnahmen durch den Betreuer (s. § 1904 BGB n.F.).

2. Nachlasssachen (§§ 342 ff.)

Zuständig ist das Amtsgericht als **Nachlassgericht**.

Aufgaben: u.a. (s. § 342 Abs. 1): Testamentseröffnung (§§ 2260 ff. BGB), Erbscheinserteilung (§§ 2353 ff. BGB), Vermittlung der Auseinandersetzung von Miterben (§§ 342 Abs. 2, 363 ff., streitige Auseinandersetzung jedoch durch Zivilprozess).

Reformüberlegungen gehen dahin, die Erbscheinserteilung den Notaren zu übertragen.[1278]

3. Registersachen (§§ 374 ff.)

Handelsregister, Genossenschaftsregister, Partnerschaftsregister (für Partnerschaftsgesellschaften), Vereinsregister, Güterrechtsregister.

Zuständig ist das Amtsgericht als **Registergericht**. – Reformüberlegungen gehen dahin, das Handelsregister auf die Industrie- und Handelskammern zu übertragen.

4. Grundbuchsachen

geregelt in der **Grundbuchordnung**. – Zuständig ist das **Grundbuchamt**, eine besondere Abteilung des Amtsgerichts (§ 1 GBO).

1278 Vgl. dazu Zimmermann FamRZ 2014, 11; Roth ZRP 2010, 187; Kroiß ErbR 2017, 368.

5. Teil: Überblick über das Insolvenzverfahren

A. Einführung und allgemeine Grundsätze

I. Das in der InsO geregelte Insolvenzrecht ist ein Teil des Zivilrechts, das sich auf materiell- und verfahrensrechtlichem Gebiet mit den Rechten von Gläubigern bei Zahlungsunfähigkeit des Schuldners befasst. Die ZPO gilt nach § 4[1279] subsidiär zur InsO.

589

Hauptziel des Insolvenzverfahrens ist eine gemeinschaftliche und gleichmäßige Befriedigung aller vermögensrechtlichen Gläubiger eines zahlungsunfähigen Schuldners durch die bestmögliche Verwertung des gesamten Schuldnervermögens (vgl. § 1).

Beim **wirtschaftlichen Zusammenbruch des Schuldners**, der nicht mehr in der Lage ist, alle seine Gläubiger zu befriedigen, soll ein „Wettlauf" der Gläubiger mit dem Ziel einer vorrangigen Befriedigung (Prioritätsprinzips bei Einzelzwangsvollstreckung, § 804 Abs. 3 ZPO) verhindert werden. Die Gläubiger werden daher in einer **Verlustgemeinschaft** zusammengefasst und – im Grundsatz – **gleichmäßig**, d.h. zu dem auf sie entfallenden Anteil („Quote") aus dem Schuldnervermögen, das zu diesem Zweck vollständig und bestmöglichst eingesetzt wird (daher **„Gesamtvollstreckung"**), befriedigt.

II. Das Insolvenzverfahren wird auf **Antrag** (Antragsgrundsatz: § 13) vom **Amtsgericht als Insolvenzgericht** (§ 2) eröffnet, wenn ein **Eröffnungsgrund** (§§ 16–19, z.B. Zahlungsunfähigkeit des Schuldners) vorliegt.

590

Antragsberechtigt sind der Schuldner (vgl. zur Insolvenzfähigkeit § 11) und jeder Insolvenzgläubiger, der ein rechtliches Interesse an der Eröffnung des Insolvenzverfahrens hat und seine Forderung sowie den Eröffnungsgrund glaubhaft macht, §§ 14, 15. **Antragspflicht für juristische Personen und Gesellschaften** (§ 15 a) nicht nur bei Zahlungsunfähigkeit, sondern bereits bei Überschuldung. Die Antragspflicht des § 15a InsO wird allerdings nach Maßgabe des **§ 1 COVInsAG** (vgl. insbesondere die Vermutungsregelung in S. 3) bis zum 30.09.2020 suspendiert. Diese **Übergangsregelung zur Abmilderung der Folgen der COVID-19-Pandemie** im Zivil-, Insolvenz- und Strafverfahrensrecht gilt rückwirkend ab 01.03.2020. Auf diese Weise sollen die Unternehmen Gelegenheit erhalten, die Insolvenz insbesondere unter Inanspruchnahme der staatlichen Hilfen, ggf. aber auch im Zuge von Sanierungs- oder Finanzierungsvereinbarungen zu beseitigen.[1280]

Nach Antragstellung hat das Insolvenzgericht für die Dauer des Insolvenzeröffnungsverfahrens nach § 21 alle **Sicherungsmaßnahmen** zu treffen, die erforderlich erscheinen, um bis zur Entscheidung über den Antrag eine den Gläubigern nachteilige Veränderung in der Vermögenslage des Schuldners zu verhüten.

591

Es kann insbesondere nach § 21 Abs. 1 Nr. 1, 2 einen vorläufigen Insolvenzverwalter bestellen und dem Schuldner ein allgemeines Verfügungsverbot auferlegen (sog. **vorläufiger „starker" Insolvenzverwalter**) oder anordnen, dass Verfügungen des Schuldners nur mit Zustimmung des vorläufigen Insolvenzverwalters wirksam sind (sog. **vorläufiger „schwacher" Insolvenzverwalter**). Für die Rechtsstellung des vorläufigen Insolvenzverwalters, der primär eine Sicherungsfunktion hat, gilt § 22.

In dem **Eröffnungsbeschluss** (§ 27) bestellt das Insolvenzgericht zugleich den **Insolvenzverwalter oder** ordnet die **Eigenverwaltung** (§§ 270 ff.) an **und** bestellt einen **Sachwalter**.

1279 Paragrafenangaben ohne Gesetzesbezeichnung beziehen sich in diesem Teil des Skriptes auf die InsO; ausführlich zum Insolvenzrecht AS-Skript Insolvenzrecht (2020).

1280 Vgl. zum COVID-19-Insolvenzaussetzungsgesetz, das in §§ 2–4 weitere Regelungen enthält Schmidt, ZVI 2020, 157; Schluck-Amend NZI 2020, 289; Jarchow/Hölken ZInsO 2020, 730; Bitter ZIP 2020, 685; Brünkmans, ZInsO 2020, 797; Hölzle/Schulenberg ZIP 2020, 633; Smid, DZWIR 2020, 251; Deppenkemper, jM 2020, 178.

592 **III.** Die **Schwerpunkte der Verfahrensgestaltung nach der InsO sind insbesondere:**

- ■ **Einheitliches Verfahren**, d.h. Gesamtverfahren zur wirtschaftlich bestmöglichen Regelung der Insolvenz.

- ■ **Förderung der Sanierung:** Nicht nur Verwertung des Schuldnervermögens durch Liquidation, sondern bei Unternehmen auch durch Sanierung (§ 1 S. 1) oder Veräußerung des sanierten Unternehmens (Werterhaltung!).

- ■ **Flexible Verfahrensgestaltung:** Möglichkeit eines **Insolvenzplanes** (§§ 217 ff.), durch den u.a. die Befriedigung der Gläubiger, die Verwertung der Masse und die Haftung des Schuldners nach Verfahrensbeendigung abweichend von dem gesetzlichen Normalablauf des Verfahrens (Regelinsolvenz) gestaltet werden kann. Also: Ermöglichung einer **auf den Einzelfall zugeschnittenen Insolvenzabwicklung**.

  Insolvenzgläubiger, deren Forderungen festgestellt und vom Schuldner im Prüfungstermin nicht bestritten worden sind, können aus dem rechtskräftig bestätigten Insolvenzplan in Verbindung mit der Eintragung in die Insolvenztabelle die Vollstreckung gegen den Schuldner betreiben (§ 257). Die Vollstreckung ist natürlich nur nach Maßgabe des Plans möglich, also u.a. nur zu der geregelten Quote oder den Fälligkeitsterminen.

- ■ **Gerechtere Verteilung der Masse:** Grundsätzliche Gleichbehandlung aller Insolvenzgläubiger (§§ 38, 39, keine unterschiedlichen Rangklassen).

- ■ **Restschuldbefreiung:** Bei **natürlichen Personen** (§§ 1 S. 2, 286 ff.) grds. **nach sechs Jahren** ab Verfahrenseröffnung, unter der Voraussetzung, dass der Schuldner während dieser Zeit sein pfändbares Einkommen an einen Treuhänder zur Befriedigung seiner Gläubiger abgetreten hatte (vgl. aber auch § 300 zur vorzeitigen Befreiung).

  Bei juristischen Personen nicht notwendig, da sie mit der Beendigung des Insolvenzverfahrens i.d.R. ebenfalls beendet sind, z.B. wegen Vermögenslosigkeit gelöscht werden.

- ■ **Verbraucherinsolvenz** bei natürlichen Personen ohne selbstständige wirtschaftliche Tätigkeit (§§ 304 ff.): Zunächst Versuch einer außergerichtlichen, dann gerichtlichen Schuldenregulierung (Schuldenbereinigungsplan), bei Scheitern vereinfachtes Insolvenzverfahren, ggf. mit Restschuldbefreiung.

593 **IV.** Mit der **Eröffnung** des Insolvenzverfahrens **verliert der Schuldner die Verwaltungs- und Verfügungsbefugnis hinsichtlich der Insolvenzmasse** (§ 80), d.h. des (pfändbaren) Vermögens, das ihm zur Zeit der Eröffnung des Insolvenzverfahrens gehört und das er während des Verfahrens erwirbt (§ 35 Abs. 1).

Dementsprechend sind Einzelvollstreckungen gegen den Schuldner nicht mehr möglich (§ 89).

594 Anstelle des Schuldners **übernimmt** der bestellte **Insolvenzverwalter die Insolvenzmasse**, grds. zu dem Zweck, sie zu verwerten und aus ihr – soweit möglich – die Gläubiger des Schuldners gleichmäßig zu befriedigen. **Die Verwaltungs- und Verfügungsbefugnis hinsichtlich der Insolvenzmasse** (§ 80) geht also auf den Insolvenzverwalter über, der **Partei kraft Amtes** ist.[1281] Dies geschieht grds. in folgenden, natürlich zum Teil nebeneinander stattfindenden Schritten **(Regelinsolvenzverfahren):**

1281 Vgl. BGH DZWIR 2020, 229; Pape, ZInsO 2020, 740; 2019, 349; 405; Commandeur/Römer NZG 2020, 133; 2018, 894; Riedel Rpfleger 2020, 178; 2018, 121; Rspr.-Übers. zum InsolvenzR allg.; Vallender NJW 2018, 1359; 2017, 1357: Regelinsolvenzverfahren; Hörnig/Knauth JA 2017, 896: Fälle zu Auswirkungen der Insolvenz auf das Sachen- und ZivilverfahrensR.

■ **Inbesitznahme der Insolvenzmasse, also der** im Besitz des Schuldners befindlichen Sachen, auch Grundstücke, **durch den Insolvenzverwalter**, §§ 148 ff.

> Verweigert der Schuldner die Herausgabe, so kann aufgrund des Eröffnungsbeschlusses als Herausgabetitel gegen ihn vollstreckt werden (§ 148 Abs. 2 S. 1 InsO, §§ 883 ff. ZPO).

■ Bereinigung der Insolvenzmasse: Soweit sich schuldnerfremde Vermögensgegenstände in der Insolvenzmasse befinden, hat der Insolvenzverwalter sie an die Berechtigten herauszugeben (Aussonderung: § 47).

> Die **Aussonderungsberechtigten** sind **keine Insolvenzgläubiger**, sondern können ihre Rechte voll außerhalb des Insolvenzverfahrens gegen den Insolvenzverwalter aufgrund der allgemeinen Anspruchsgrundlagen geltend machen, erforderlichenfalls durch Klage. Dies entspricht im Wesentlichen der Drittwiderspruchsklage (§ 771 ZPO) in der Einzelvollstreckung. Sicherungseigentum begründet im Insolvenzverfahren allerdings nur ein Absonderungsrecht (§ 51 Nr. 1), obwohl es in der Einzelvollstreckung ein Interventionsrecht und nicht nur ein Recht auf vorzugsweise Befriedigung gibt. Das gleiche gilt für **erweiterte und verlängerte Eigentumsvorbehalte**, da sie wegen des Sicherungscharakters mit einer Sicherungsübereignung vergleichbar sind, vgl. dazu Rn. 523 ff.[1282]
>
> Eine Vollstreckung während des Verfahrens in die Masse ist möglich, da das Aussonderungsrecht keine Insolvenzforderung und der Aussonderungsberechtigte kein Insolvenzgläubiger ist (§ 47).

■ **Vergrößerung der Insolvenzmasse:** Der Insolvenzverwalter macht die dem Schuldner gegen Dritte zustehenden Ansprüche geltend. Soweit der Schuldner vor der Eröffnung Vermögenswerte aus seinem Vermögen weggegeben hat, hat der Insolvenzverwalter diese unter den Voraussetzungen der **Insolvenzanfechtung** (§§ 129 ff.) wieder zur Masse zu ziehen. Die Insolvenzanfechtung wirkt nicht dinglich, sondern führt zu einem schuldrechtlichen Rückgewähranspruch, § 143.

■ **Verwertung der Insolvenzmasse:** Realisierung ihres Wertes,

> i.d.R. durch Veräußerung (§§ 159 ff.). Dabei verwertet der Insolvenzverwalter grds. auch die Gegenstände, an denen gesicherte Gläubiger ein Absonderungsrecht (z.B. Sicherungseigentum) besitzen (§§ 49 ff., 165 ff.), muss diese Gläubiger aber aus dem Erlös vorweg befriedigen.

■ **Feststellung der Schuldenmasse**, d.h. Feststellung, welche **Insolvenzgläubiger** aus dem Verwertungserlös der Insolvenzmasse zu befriedigen sind. Dies sind alle die persönlichen Gläubiger des Schuldners, die einen im Zeitpunkt der Eröffnung des Verfahrens begründeten Vermögensanspruch gegen den Schuldner haben (§ 38).

■ **Verteilung des Verwertungserlöses der Insolvenzmasse an die Insolvenzgläubiger** (§ 38) zu deren Befriedigung (§§ 187 ff.). Soweit die Masse hierzu – wie i.d.R. – nicht ausreicht, erhalten die Insolvenzgläubiger auf ihre Forderungen einen **gleichen Anteil: die Insolvenzquote**.

> Vorweg werden allerdings aus dem Verwertungserlös die durch das Insolvenzverfahren selbst entstandenen Verbindlichkeiten – Massekosten und Masseschulden, §§ 54, 55 – gedeckt.

V. Einfluss des Insolvenzverfahrens auf gegenseitige Verträge, die der Schuldner vor Eröffnung des Verfahrens geschlossen hat: 595

1. Ist ein **Vertrag vor der Verfahrenseröffnung bereits von beiden Seiten erfüllt,** wird er vom Insolvenzverfahren natürlich grds. nicht mehr berührt.

Ggf. kann aber eine Insolvenzanfechtung durch den Insolvenzverwalter in Betracht kommen.

1282 Vgl. dazu BGH RÜ 2008, 428; BGH NJW-RR 2004, 340.

596   2. Ist der Vertrag bereits **von einer Seite vollständig erfüllt** worden, so gilt:

- ■ Hatte der **Schuldner** erfüllt, muss der Dritte seine Leistung – ganz normal – noch erbringen. Der Insolvenzverwalter macht diese Forderung (Außenstand) geltend.

- ■ Hatte der **Dritte** seine Leistung vollständig erbracht, so ist er wegen seines Anspruches gegen den Schuldner auf die Gegenleistung Insolvenzgläubiger; er muss also seine Forderung anmelden und erhält die Quote.

597   3. Ist ein gegenseitiger Vertrag i.S.d. §§ 320 ff. bei der Eröffnung des Insolvenzverfahrens noch **von keiner Seite vollständig erfüllt**, gilt **§ 103: Der Insolvenzverwalter hat ein Wahlrecht zwischen Erfüllung und Nichterfüllung.**

598   **a)** Wählt der Verwalter **Erfüllung**, so haben beide Seiten – und zwar **voll** – zu leisten. Der Anspruch des Vertragsgegners ist **Masseschuld** (§ 55 Abs. 1 Nr. 2), also vom Verwalter in voller Höhe – nicht nur zur Quote – zu erfüllen.

599   **b)** Wählt der Insolvenzverwalter die **Nichterfüllung**, so braucht er nicht zu leisten und kann die vom Schuldner bereits erbrachten Teilleistungen zurück bzw. vergütet verlangen. Der Vertragsgegner braucht seine Leistung natürlich auch nicht mehr zu erbringen. Er kann aber seine Teilleistung nicht aus der Masse zurückverlangen (§ 105 S. 2), sondern kann nur **Schadensersatzansprüche wegen Nichterfüllung – als Insolvenzforderung**, also nur auf die Quote – geltend machen (§ 103 Abs. 2 S. 1).

B. Die wichtigsten Auswirkungen der Eröffnung des Insolvenzverfahrens auf prozessrechtliche Fragen

600   **I. Übergang des Verwaltungs- und Verfügungsrechts auf den Insolvenzverwalter** (§ 80). **Verfügungen des Schuldners nach der Eröffnung über Gegenstände der Insolvenzmasse sind unwirksam** (§ 81), und zwar nach allg. Ansicht schlechthin, nicht nur im Verhältnis zu den Insolvenzgläubigern. Ein gutgläubiger Erwerb vom Schuldner ist nicht möglich, ausgenommen gemäß §§ 878, 892, 893 BGB bei Grundstücken.

Die unwirksame Verfügung kann jedoch durch Genehmigung des Insolvenzverwalters gemäß bzw. entsprechend § 185 Abs. 2 BGB geheilt werden.

601   **II. Die Berechtigung zur Einziehung der Forderungen des Schuldners steht dem Insolvenzverwalter zu.** Der Drittschuldner kann daher mit befreiender Wirkung grds. nur noch an den Insolvenzverwalter leisten. Leistungen an den Schuldner befreien ihn aber dann, wenn er die Eröffnung des Insolvenzverfahrens nicht kannte (§ 82).

Der Verwalter muss Ansprüche des Schuldners erforderlichenfalls im Klagewege durchsetzen. Gegen Dritte ist der Eröffnungsbeschluss kein Vollstreckungstitel, da ihre Rechtsstellung durch die Eröffnung des Insolvenzverfahrens nicht beeinträchtigt sein kann. Gegenüber dieser Klage hat der Dritte daher auch alle Einwendungen, die ihm gegenüber dem Schuldner zur Verfügung stehen. Ist der Dritte zugleich auch Gläubiger des Schuldners und bestand bereits vor der Eröffnung des Insolvenzverfahrens eine Aufrechnungslage, so kann der Dritte auch noch nach der Eröffnung aufrechnen (§§ 94 ff.) und dann insoweit volle, nicht nur quotenmäßige Befriedigung erhalten. Zur Verhinderung von Manipulationen zum Nachteil der Insolvenzmasse ist die **Aufrechnung** jedoch **durch § 96 eingeschränkt**.[1283]

1283   Vgl. dazu BGH ZIP 2020, 1253; BGH NJW 2016, 2118 und näher u.a. Höhn/Kaufmann JuS 2003, 751.

III. Der Schuldner verliert dagegen nicht die Befugnis, **Verpflichtungsgeschäfte** einzu-   602
gehen. Für die Verpflichtungen haftet jedoch nicht die Insolvenzmasse, sondern nur das
insolvenzfreie Vermögen des Schuldners.

Ein Neugläubiger ist daher grds. nicht gesichert, da das insolvenzfreie Vermögen nur aus unpfändbaren
Gegenständen besteht (§ 36), während ein Neuerwerb grds. in die Insolvenzmasse fällt (§ 35): Geschäfte
mit dem Schuldner werden daher i.d.R. unterbleiben.

Der **unpfändbare Teil seines Einkommens** verbleibt aber dem Schuldner (§ 36), sodass er die für seinen Lebensunterhalt erforderlichen Geschäfte auch erfüllen kann.

IV. Die **Prozessführungsbefugnis** steht nach der Insolvenzeröffnung dem Insolvenz-   603
verwalter zu. Der Schuldner verliert also mit der Verwaltungs- und Verfügungsbefugnis
auch die Prozessführungsbefugnis, sodass Prozesse grds. nur noch gegen und vom **Insolvenzverwalter als Partei kraft Amtes** geführt werden können.

**V. Unterbrechung rechtshängiger Prozesse kraft Gesetzes, wenn die Insolvenz-   604
masse betroffen ist (§ 240 ZPO).** Dies gilt auch bei Eröffnung des Insolvenzverfahrens
und Anordnung der **Eigenverwaltung.**[1284] Wird das **Insolvenzverfahren vor Rechtshängigkeit eröffnet**, ist die **Klage unzulässig**. Dies gilt auch dann, wenn das Insolvenzverfahren nach Einreichung der Klage bei Gericht, also nach Anhängigkeit, aber noch
vor Zustellung an den Beklagten, also vor Rechtshängigkeit, eröffnet worden ist.[1285]

Eine Verfahrensunterbrechung tritt bereits im Insolvenzeröffnungsverfahren nach **§ 240 S. 2 ZPO** ein,
wenn das Insolvenzgericht einen **sog. starken vorläufigen Insolvenzverwalter** bestellt.

Eine **Betroffenheit der Masse** i.S.d. § 240 ZPO liegt vor, wenn das im Verfahren geltend gemachte
Recht ganz oder teilweise zugunsten oder zulasten des zur Insolvenzmasse gehörenden Vermögens in
Anspruch genommen wird. Die Klageart ist dabei ebenso unerheblich wie die Parteirolle. Es genügt
auch eine mittelbare Betroffenheit der Insolvenzmasse, insbesondere bei Feststellungsklagen oder bei
Klagen auf Rechnungslegung, die einen massebezüglichen Hauptanspruch vorbereiten.[1286]

Die **Insolvenzmasse** ist dagegen **nicht betroffen** bei nichtvermögensrechtlichen Streitigkeiten, bei
denen es ausschließlich um ein höchstpersönliches Verhalten des Schuldners geht, z.B. um einen von
ihm persönlich zu erfüllenden Anspruch auf Auskunft, eine unvertretbare Handlung und ein persönli-
ches Dulden oder Unterlassen. In diesen Fällen behält der Schuldner mangels Betroffenheit der Masse
seine Prozessführungsbefugnis, sodass auch keine Verfahrensunterbrechung nach § 240 ZPO eintritt.

**Aufnahme der nach § 240 ZPO unterbrochenen Prozesse ist nur nach Maßgabe der
§§ 85 ff. möglich.**

VI. Die Insolvenzgläubiger können ihre **Insolvenzforderungen** grds. nur nach den Vor-   605
schriften des Insolvenzverfahrens verfolgen (§ 87), d.h. durch **Anmeldung der Forderungen zur Insolvenztabelle** (§§ 174 ff.). **Einzelzwangsvollstreckungen** der Insolvenzgläubiger sind nicht mehr zulässig (§ 89, Vollstreckungshindernis).

Wenn weder der Insolvenzverwalter noch ein Gläubiger der angemeldeten Forderung widersprechen,
so **gilt die Forderung als festgestellt** (§ 178 Abs. 1). Die Eintragung dieser Feststellung durch das Insolvenzgericht in die Insolvenztabelle gilt gegenüber dem Insolvenzverwalter und den Insolvenzgläubigern wie ein rechtskräftiges Urteil (§ 178 Abs. 3). Bestrittene Insolvenzforderungen sind dagegen unter den in §§ 179, 180 InsO geregelten Voraussetzungen mit einer Klage auf Feststellung zur Insolvenztabelle zu verfolgen. Der Gläubiger kann einen wegen einer Insolvenzforderung geführten und

---

1284   Vgl. BAG DB 2007, 2543; BGH NJW-RR 2007, 629 m. abl. Anm. Meyer ZInsO 2007, 807; Waltenberger NZI 2018, 505 ff.
1285   Vgl. BGH NJW-RR 2009, 566; vgl. dazu auch ThP/Hüßtege § 240 Rn. 3 ff.
1286   Vgl. BGH NZI 2019, 423; ausführlich dazu Gottwald/Eckhardt § 32 Rn. 104 ff. und Waltenberger NZI 2018, 505 ff.

durch die Eröffnung des Insolvenzverfahrens unterbrochenen Rechtsstreit mit dem Ziel der Feststellung der **Forderung zur Tabelle** erst dann aufnehmen (**Zulässigkeitsvoraussetzung**), wenn die Forderung **im Insolvenzverfahren angemeldet, geprüft worden und bestritten geblieben** ist.[1287] Der Übergang von den ursprünglichen Leistungsanträgen (vor Unterbrechung) zum Antrag auf Feststellung der Forderungen zur Insolvenztabelle (nach Aufnahme) ist dabei keine unzulässige Klageänderung i.S.v. § 263 ZPO, sondern gemäß § 264 Nr. 3 ZPO statthaft.[1288]

606 **VII. Masseverbindlichkeiten**, also Ansprüche, die **nach der Eröffnung des Insolvenzverfahrens entstanden** sind, können gegen den **Insolvenzverwalter als Partei kraft Amtes** grds. im Wege der **Leistungsklage** mit Vollstreckung in die Masse (s. § 90) verfolgt werden, da Massegläubiger (§ 53) **keine Insolvenzgläubiger** sind. Ihre Forderungen unterliegen daher nicht den Bestimmungen über die Insolvenzforderungen.

Massegläubiger, u.a. (s. § 55): Gläubiger mit Ansprüchen aus Handlungen oder Rechtsgeschäften des Insolvenzverwalters, insbesondere aus der Verwaltung und Verwertung der Masse und aus gegenseitigen Verträgen, deren Erfüllung der Insolvenzverwalter verlangt hat (§ 103). Reicht die Masse bereits für die Massekosten und -schulden nicht aus, sind diese nach der Rangordnung des § 209 zu befriedigen.

607 Eine Ausnahme gilt allerdings bei einer formgerechten **Anzeige der Masseunzulänglichkeit durch den Insolvenzverwalter**. Macht der Insolvenzverwalter gegenüber der Leistungsklage den Einwand der Masseunzulänglichkeit geltend, können die sog. **Altmasseverbindlichkeiten** nicht mehr mit der Leistungsklage verfolgt werden, weil diese mangels Rechtsschutzbedürfnisses unzulässig ist. Der Gläubiger bleibt vielmehr auf den Weg der Feststellungsklage verwiesen.[1289] Etwas anderes gilt allerdings für die sog. **Neumasseverbindlichkeiten**, also die Verbindlichkeiten, die nach Anzeige der Masseunzulänglichkeit begründet worden sind, aber nicht zu den Kosten des Verfahrens gehören. Die Neumasseverbindlichkeiten können grds. mit der Leistungsklage geltend gemacht werden.[1290]

Nach § 210 ist, sobald der Insolvenzverwalter die Masseunzulänglichkeit angezeigt hat, die Vollstreckung wegen einer Masseverbindlichkeit i.S.d. § 55 Abs. 1 Nr. 3, § 209 Abs. 1 Nr. 3 unzulässig.

C. Die Eigenverwaltung (§§ 270 ff.)

608 bedeutet, dass das Verfahren nicht von einem Insolvenzverwalter abgewickelt wird, sondern **vom Schuldner selbst**, unter der **Aufsicht eines Sachwalters**.

Es wurde bisher nicht als sinnvoll angesehen, dem Schuldner, der seinen wirtschaftlichen Zusammenbruch selbst verursacht haben wird, die Abwicklung seiner Insolvenz und die – ihm bisher selbst gerade nicht gelungene – Befriedigung seiner Gläubiger zu übertragen. Dieses Verfahren gewinnt aber zunehmend an praktischer Bedeutung. Sinnvoll ist ein solches Verfahren insbesondere bei der Insolvenz von Freiberuflern, bei denen eine Praxisfortführung entscheidend von ihrer Person abhängt.

■ Der Schuldner behält die Verfügungs- und Verwaltungsbefugnis (§ 270 Abs. 1) und damit auch die Prozessführungsbefugnis. Durch die Eröffnung des Insolvenzverfahrens wird aber ein rechtshängiger Rechtsstreit zunächst unterbrochen.

■ Das Verfahren läuft grds. nach den Regeln des Regelinsolvenzverfahrens ab. Ziel ist auch hier die bestmögliche Befriedigung der Gläubiger.

1287 Vgl. BGH NJW 2019, 1877; BGH NJW-RR 2016, 303; BGH NJW-RR 2014, 1270; ThP/Hüßtege § 240 Rn. 11.
1288 Vgl. BAG NZA-RR 2014, 574; LAG Rheinland-Pfalz ZInsO 2013, 2279.
1289 Vgl. BAG NZA 2018, 464; BGH NJW 2015, 1109; ausführl. dazu Gottwald/Klopp/Kluth/Wimmer § 59 Rn. 1 ff.
1290 Vgl. BAG BB 2019, 891 m. Anm. Wiesenecker; BAG NZA 2018, 666; BAG NZA 2017, 1618; Knof/Stütze EWiR 2018, 23.

Die Verwaltung und Verwertung der Masse obliegen dem Schuldner, die Insolvenzanfechtung dem Sachwalter. Die Gläubiger haben die Forderungen beim Sachwalter anzumelden (§ 270 Abs. 3 S. 2); die Feststellung der Forderungen erfolgt durch das Insolvenzgericht (§§ 174 ff., 283). Auch die Befriedigung der Gläubiger wird vom Schuldner vorgenommen.

D. Das Verbraucherinsolvenzverfahren (§§ 304 ff.)

I. Die besondere Verfahrensart des Verbraucherinsolvenzverfahrens erhält seine spezifische gesetzliche Legitimation durch den Personenkreis, für den es eröffnet ist. Es kommt grds. nur bei **natürlichen Personen in Betracht**, die **keine selbstständige wirtschaftliche Tätigkeit** ausüben (vgl. auch § 304 Abs. 1 S. 2).[1291]   **609**

II. Grundsätzliche Gestaltung des Verfahrens: **Drei Stufen:**   **610**

■ zunächst: **Versuch einer außergerichtlichen Schuldenbereinigung** (s. § 305 Abs. 1 Nr. 1), bei dessen Scheitern

■ als nächstes: **Versuch einer gerichtlichen Schuldenbereinigung** mittels eines vom Schuldner vorzulegenden Schuldenbereinigungsplans (s. §§ 307 ff.), und erst wenn auch dieser Versuch gescheitert ist,

■ schließlich: **Insolvenzverfahren**

auf Antrag des Schuldners mit einem **Restschuldbefreiungsverfahren** verbunden, damit – wenn eine Schuldenregulierung nicht gelingt – wenigstens eine Restschuldbefreiung erreicht wird.

1. Der **Schuldenbereinigungsplan** wird den Gläubigern zur Stellungnahme zugestellt: Wenn kein Gläubiger widerspricht, ist er **angenommen** (§ 308).   **611**

Der Eröffnungsantrag gilt dann als zurückgenommen: Das Verfahren ist damit erledigt.

Fehlende Zustimmung von Gläubigern kann unter den Voraussetzungen des § 309 vom Gericht **ersetzt** werden, um eine sinnvolle Schuldenregulierung nicht am Widerstand einzelner Gläubiger scheitern zu lassen. Bei Einwendungen kann der Plan auch vom Schuldner geändert werden (§ 307 Abs. 3); dies kann zu Verhandlungen zwischen Schuldner, Gläubigern und Gericht über den Plan führen.

2. Der angenommene Schuldenbereinigungsplan hat nach § 308 Abs. 1 die Wirkung eines Vergleichs i.S.v. § 794 Abs. 1 Nr. 1 ZPO, ist also ein **Vollstreckungstitel**. Soweit in dem Plan Gläubigerforderungen nicht berücksichtigt, also nicht mehr zu erfüllen sind, sind sie grds. zu **erlassen** (s. § 308 Abs. 3).   **612**

Damit erübrigt sich auch ein besonderes Restschuldbefreiungsverfahren. Soweit Forderungen erlassen werden, erlöschen nach den allgemeinen zivilrechtlichen Grundsätzen – mangels gegenteiliger Regelung (wie in § 301 für die Restschuldbefreiung) – auch die Sicherungsrechte, wie z.B. Bürgschaften.[1292]

3. Bei Nichtberücksichtigung des Plans durch das Gericht (§ 306 Abs. 1 S. 3) oder Nichtannahme durch die Gläubiger setzt das vereinfachte Insolvenzverfahren ein, das grds. nach den Regeln des Regelinsolvenzverfahrens mit einigen, im jeweiligen Regelungskontext normierten Abweichungen, abläuft. Damit wird auch in der Verbraucherinsolvenz ein Insolvenzverwalter tätig. Er unterliegt keinen speziellen Aufgabenbeschränkungen mehr und kann deswegen uneingeschränkt Anfechtungsansprüche und   **613**

1291 Vgl. Rspr.-Übersichten zur Verbraucherinsolvenz Sternal NZI 2020, 354; 2019, 313; 2018, 241; 2017, 281; 2015, 301 und Pape NJW 2020, 1931; 2019, 558; 2017, 28; 2015, 2080 sowie Pape/Pape ZInsO 2017, 793; 2017, 1513 und 2016, 293.

1292 Uhlenbruck/Vallender § 308 Rn. 17 ff.

Verwertungsrechte geltend machen. Leistungen aus dem unpfändbaren Vermögen sind indessen nicht anfechtbar, weil sie die Gläubiger nicht benachteiligen. Arbeitseinkommen des Schuldners ist nach § 36 Abs.1 S. 2 i.V.m. §§ 850 ff. ZPO nicht massezugehörig. Pfändungsschutz besteht zudem bei den bar ausgezahlten wiederkehrenden Einkünften nach § 811 Abs. 1 Nr. 8 ZPO und bei den auf ein Pfändungsschutzkonto überwiesenen Beträgen gemäß § 850 k ZPO.

Die Arbeitskraft des Insolvenzschuldners ist Ausdruck der eigenen Persönlichkeit, also kein Vermögensobjekt, und fällt daher auch nicht in die Insolvenzmasse. Gleiches gilt für das Arbeitsverhältnis als solches. Der insolvente Arbeitnehmer behält hinsichtlich des unpfändbaren Nettoeinkommens die Prozessführungsbefugnis und kann daher insoweit auf Zahlung an sich selbst klagen. Die Entscheidung über eine Klage gegen eine Arbeitgeberkündigung und die Prozessführungsbefugnis verbleiben beim Insolvenzschuldner. Die bereits anhängigen Kündigungsschutzverfahren und Zahlungsprozesse wegen unpfändbarer Vergütungen werden daher bei einer Privatinsolvenz nach Rechtshängigkeit nicht nach § 240 unterbrochen.[1293]

614   **III.** Mit dem Insolvenzverfahren kann aufgrund eines Antrages des Schuldners das Restschuldbefreiungsverfahren verbunden werden (§ 305 Abs. 1 Nr. 2). Für den Personenkreis in § 304 Abs. 1 ist daher eine Restschuldbefreiung nur möglich über das (zwingende) Verbraucherinsolvenzverfahren, also erst nach gescheiterten Versuchen einer außergerichtlichen und gerichtlichen Schuldenbereinigung.[1294] Die Restschuldbefreiung ist auf Antrag eines Gläubigers nach Maßgabe des § 290 zu versagen.

Wegen der **Corona-Krise** regelt **§ 1 Satz 4 COVInsAG** eine zeitlich befristete Anwendungssperre für § 290 Abs. 1 Nr. 4 Alt. 3 InsO, wobei nach § 1 S. 5 COVInsAG die Sätze 2 und 3 über die Insolvenzreife, die Besserungsaussichten und die Vermutungswirkung entsprechend gelten.[1295]

1293 BAG NZA 2014, 1155; zur Insolvenz des Arbeitnehmers Reinfelder NZA 2014, 633.
1294 Vgl. zur geplanten Verkürzung des Restschuldbefreiungsverfahrens Schmidt ZVI 2020, 79 u. Blankenburg ZVI 2020, 82.
1295 Vgl. ausführlich dazu Ahrens, NZI 2020, 345.

Stichwortverzeichnis

Die Zahlen verweisen auf die Randnummern.